国际贸易实务与惯例书系

国际贸易实务

PRACTICE OF INTERNATIONAL BUSINESS

（第四版）

姚新超 编著

对外经济贸易大学出版社
中国·北京

图书在版编目（CIP）数据

国际贸易实务 / 姚新超编著 . —4 版 . —北京：
对外经济贸易大学出版社，2023. 3
（国际贸易实务与惯例书系）
ISBN 978-7-5663-2432-0

Ⅰ. ①国… Ⅱ. ①姚… Ⅲ. ①国际贸易－贸易实务
Ⅳ. ①F740. 4

中国版本图书馆 CIP 数据核字（2022）第 154230 号

国际贸易实务（第四版）
PRACTICE OF INTERNATIONAL BUSINESS

姚新超 **编著**
责任编辑： 王延新

出版发行：对外经济贸易大学出版社
社　　址：北京市朝阳区惠新东街 10 号
网　　址：www. uibep. com
资源网址：www. uibepresources. com

邮政编码：100029
邮购电话：010-64492338
发行部电话：010-64492342
E-mail：uibep@ 126. com

成品尺寸：185mm×260mm
印　　张：35. 75
字　　数：870 千字
ISBN 978-7-5663-2432-0

印　　刷：北京市泰锐印刷有限责任公司
版　　次：2023 年 3 月北京第 4 版
印　　次：2023 年 3 月第 1 次印刷
定　　价：69. 00 元

第四版前言

党的二十大报告指出，要“全面贯彻党的教育方针，落实立德树人根本任务，培养德智体美劳全面发展的社会主义建设者和接班人”，要“用党的科学理论武装青年，用党的初心使命感召青年”。在这一精神指引和感召下，笔者及时更新了《国际贸易实务》（第三版）的教学内容，对教学方法予以一定程度的创新，以期准确地将党的二十大精神融入教材中，为培养国际贸易专业人才贡献一份力量。

为保持拙著的连续性和稳定性，本版的篇目及章节安排基本上与第三版相同，但笔者对相关内容予以增添和更新。其中，增添的内容主要包括“跨境电子商务”“重复保险分摊原则”及“进口货物运输保险”等，以确保相关知识的完整性；更新的内容主要包括国际商会的“Incoterms® 2020 术语”、大部分章节之后的“案例分析”及“相关链接”等。相关案例能够反映当前国际贸易实务发展现状及司法和仲裁机构对相关争议的裁决，具有典型代表性和启发性。此外，笔者还对拙著中的一些遣词用语等进一步精雕细琢，以求语言更加精练、准确。

本书的特色和预期目标：

一、体系完整、结构合理、符合学习规律

本书内容分为“国际贸易实务概论”“出口贸易实务”“进口贸易实务”和“与贸易有关的其他问题”四个部分。各部分内容循序渐进，相互联系，紧密衔接，为读者和对外贸易从业者构建一个体系完整、结构合理的国际贸易交易架构，以保证符合学习规律。

二、内容丰富、涉及面广、满足不同需要

除因国际服务贸易的主要内容具有较强的特殊性而未予论述外，本书较为全面地论述了与货物贸易、技术贸易、知识产权贸易及跨境电商等相关的知识及其实务操作的技能与技巧，可谓“大”实务，力求满足不同层次的需要。

三、理论与实际案例有机结合，使知识具体化

本书在各章中附加了相关的案例、样单等内容，使抽象知识更加具体化。相关案例提供了分析参考提示，引导读者和对外贸易从业者进一步领会有关知识的真谛所在。

四、信息量较大、资源丰富，有助于提高效率

本书还有一个与众不同的特色，即在讲述基本知识外，在相关章节增添了“相关链接”栏目，其内容与讲述的知识紧密相关，引导和帮助读者与对外贸易从业者了解、查询有关信息。

五、资料新颖、惯例与规则突出、及时与国际接轨

凡本书涉及的国内政策、国际贸易惯例与规则及相关资料等，均为目前国内外最新内容并保持与国际接轨的状态；引用的相关资料，已在脚注中一一列明。

六、适用性强、适合专业读者和对外贸易从业者阅读

本书可满足国际贸易、国际物流及货代、金融、保险、法律、企业管理等相关专业和从业者的不同需要，具有广泛的适用范围。读者和对外贸易从业者可根据需要，选择阅读不同的章节内容。

由于国际贸易实务的综合性和实践性较强且处于不断发展变化之中，加之笔者的学识水平有限，书中疏漏与不足之处在所难免，尚祈广大读者和对外贸易从业者不吝指正（电子信箱：yxinchao@ 163. com）。

姚新超

2023 年 2 月于北京励博斋

目　录

第一篇　国际贸易实务概论

第二篇 出口贸易实务

第三篇　进口贸易实务

第四篇　与贸易有关的其他问题

第一篇
国际贸易实务概论

第一章　国际贸易实务基本认识

本章主要对国际贸易形态及贸易主体或贸易商；其主管或相关机构；对外贸易经营者备案登记以及国际贸易实务的主要特点予以论述，以使读者和业者对国际贸易实务有一个基本认识。

第一节　国际贸易形态及贸易主体或贸易商

国际贸易（International Trade，International Business，Foreign Trade，Overseas Trade），通常是指国与国之间的团体、组织（如企业或公司）或个人所进行的商品（货物）/技术/服务的买卖或交换行为，是国际分工的具体体现；同时也表明各国间经济上的相互依赖或相互补充，是经济全球化或区域一体化的表现形式之一。

研究国际贸易行为，通常采取两种方法，其一是研究国际贸易理论（Theory of International Trade），其二是研究国际贸易实务（Practice of International Trade）。国际贸易实务的研究则是以国际公约、国际惯例与规则及法律为依据，从企业、公司或个人的角度，探讨国与国之间货物/技术/服务交易的相关知识、技能与实际流程，即国际贸易的实际操作程序，其本质是实际知识与应用技术的融合。国际贸易实务的内容主要包括签订各类合同（货物买卖合同、货款结算合同、运输合同、保险合同等），进行货物包装、检验或检疫、装卸，制作各类单据，办理各种手续并缴纳各种税费，拟定解决争议或纠纷的方案等。因此，国际贸易理论研究与国际贸易实务研究是整个国际贸易研究的两个不可分割的有机整体，任何一方面都不能偏废。

参与国际贸易的当事人，既可以是货物/技术/服务的直接所有人或提供人、购买人或使用人，也可以是接受委托为他人而参与国际贸易的主体。因此，参与国际贸易的身份和目的不同，就会形成不同的国际贸易形态，从而产生不同的贸易主体或贸易商。①

一、国际贸易形态

国际贸易形态主要分为主体制交易和佣金制交易。

---

①　黄清政，刘正松．国际贸易实务——方法、技巧、效益［M］．台北：前程企业管理有限公司，2003：第1章第3节；张锦源．国际贸易实务详论［M］．17版．台北：三民书局股份有限公司，2013：第1章第1-2节．

（一）主体制交易（Business as Principal）

所谓主体制交易是指进出口商或厂商以自己本身的名义从事国际交易，且所有损益归于自己（Owner's Account Business），买卖双方都希望从交易中直接获得利润。为自己本身利益而从事国际交易的企业、组织或个人，依其从事出口、进口或两者兼营，则可分为出口商、进口商或进出口商。

（二）佣金制交易（Business on Commission）

所谓佣金制交易是指贸易商以代理人的身份（as Agent）从事国际交易，其损益归委托人，自己以服务换取一定比例的佣金。这种代理人可以代表出口商或卖方，也可代表进口商或买方。

二、贸易主体或贸易商

从事国际交易的企业、组织或个人被称为贸易主体或贸易商（Trader；Trading Firm；Trading House；Trading Company）。除了专门经营国际交易的进出口商外，一些制造厂商也可以直接与国外贸易商进行交易。因此，不同贸易形态下的贸易主体或贸易商有所不同。

（一）主体制交易的贸易主体

在主体制交易的进出口中，从事国际贸易的主体是进出口商和进出口厂商。

1. 出口商（Exporter；Export Merchant）

出口商通常是指本身并不制造或生产产品，专门从事国际货物买卖的公司、组织或个人。其经营方式是先向国内制造厂商或生产者购买货物，然后再向国外销售，其盈亏由自己承担，因此，具有采购和销售的双重职能。在出口业务中，中国大部分外贸公司属于此类贸易主体。

2. 跨境电商出口商（Exporter in Cross-border e-commerce platform）

跨境电商出口商是指通过电子商务平台达成出口交易，进行支付结算，并通过跨境物流送达商品，完成国际商业交易的国内电商企业，可分为跨境一般贸易商和跨境零售商。

跨境一般贸易商［也称为跨境 B2B（企业对企业）贸易商［是指分属不同关境的企业对企业，通过电商平台达成交易，进行支付结算，并通过跨境物流送达商品，完成国际商业交易的国内电商企业。

跨境零售商又分为跨境 B2C（企业对消费者）和跨境 C2C（消费者对消费者）电商企业。在跨境 B2C 下，是指不同关境的企业直接面对消费者在线跨境销售和服务，进行支付结算，并通过跨境物流送达商品，完成国际商业交易。在跨境 C2C 下，是指电商分属不同关境的个人卖方对个人买方开展在线销售活动和服务，个人卖方在跨境电商第三方的平台发布产品和服务销售等内容，个人买方进行筛选，然后在跨境电商网站上进行一系列的交易流程。

3. 出口厂商（Exporting Manufacture）

出口厂商是指制造企业或生产企业将其制造或生产的产品，除了可销售给国内的出口商外，也可直接销往国外市场，即自己办理出口业务、自负盈亏。目前，中国境内所有类型的企业、组织或个人均可申请外贸经营权，因而他们均有资格成为出口厂商。国内电商企业也可成为这种出口厂商。

4. 进口商（Importer；Import Merchant）

进口商通常是指直接向国外出口商或出口厂商购买货物并运至国内市场销售，而其本身非货物的需要者，由其承担贸易盈亏的贸易商。在进口业务中，中国大部分外贸公司属于此类贸易主体。

5. 跨境电商进口商（Importer in Cross-broder e-commerce platform）

跨境电商进口商可分为“直购进口商”和“保税进口商”。

直购进口商（也称“一般进口商”）是指国内个人购买者在指定的跨境电商网站订购境外商品并进行网上申报和计税，商品由快件邮递等渠道直接从国外寄递进境，通过电商服务平台和通关管理系统实现交易的一种跨境电商进口商。

保税进口商是指电商企业以货物申报进入海关特殊监管区域或保税场所，境内消费者网上交易后，区内货物以物品逐批分拨配送，按物品缴纳税费和监管的一种跨境电商进口商。

6. 进口厂商（Importing Manufacture）

进口厂商是指国内制造厂商或生产企业直接从国外出口商或出口厂商那里购买所需的原材料、半成品或机器设备、零部件等，并由自己办理进口业务、承担贸易盈亏。目前，中国境内所有类型的企业、组织或个人均有资格成为进口厂商。国内电商企业也可成为这种进口厂商。

7. 经销商（Distributor）

经销商是一种特殊的进口商，通常是指进口国的企业、组织或个人与国外供货商达成协议，由其在规定期限和地域内承担购买和销售指定商品义务的进口商。依据经销权的不同，经销商分为独家经销商（包销商）和一般经销商（定销商）。国内电商企业也可成为这种经销商。

（二）佣金制交易的贸易商

在佣金制交易的进出口中，贸易商主要分为国外买方采购代理商、本国厂商的出口代理商、进口代理商、销售代理商和寄售代理商等。

1. 国外买方采购代理商（Buying Agent）

这种代理商是指受国外进口商或制造厂商的委托，在国内采购货物并代为办理出口手续以赚取佣金，其本身不承担贸易盈亏。国外买方采购代理商的出口性质与直接贸易有所不同，但其出口手续完全相同。

2. 本国厂商的出口代理商（Manufacture's Export Agent）

这种代理商是指为本国的制造厂商或生产企业办理出口业务的出口代理人，即制造厂商或生产企业的直接代表。出口代理商是通过国外订单来赚取佣金的，其本身不承担贸易盈亏。

3. 进口代理商（Import Commission House）

这种代理商是指接受国内客户的委托，代向国外洽购货物的进口商，其代办的采购业务属于委托交易，其本身不承担贸易盈亏，只收取购货佣金。

4. 销售代理商（Selling Agent）

这种代理商是指在进口国，代理出口国厂商推销商品的贸易商，其业务一般为争取订单，货物则由出口厂商直接交运进口商或进口厂商。代理商的佣金由出口商或出口厂商按期支付。这种代理商可分为：独家代理商（Exclusive Selling Agent），即在指定的地区，对指定商品只委托一家代理商；非独家代理商（Non-Exclusive Selling Agent），即在指定地区，对指定商品有多家代理商经营。

5. 寄售代理商（Consignment Agent）

这种代理商是指出口国的制造厂商或出口商（寄售人），先将货物运至国外，委托其在进口国的代理商（寄售代销人）代为销售，待货物售出后，再由代理商将货款扣除佣金后汇给寄售人。寄售人与代销人之间是委托代售关系而不是买卖关系，代销人不承担贸易盈亏。货物在售出前，其所有权属寄售人。代销人只为寄售人提供服务并收取佣金，代销人尽力推销并依照寄售人的指示处置货物。货物售出前的一切费用和风险由寄售人承担。

国内电商企业也可成为上述佣金制交易的贸易商。

第二节　国际贸易的主管或相关机构

一、国际贸易的主管机构

根据《中华人民共和国对外贸易法》（以下简称《外贸法》）第3条的规定，中国商务部（Ministry of Commerce of the People's Republic of China，MOFCOM）是中国管理对外贸易工作的主管机构，直接管理进出口贸易，掌握进出口商品的种类和数量，并提供相关的商情服务等。

二、与贸易相关的政府机构

除商务部作为主管机构外，中国还有许多政府机构也参与对外贸易的管理活动。这些机构主要包括国家外汇管理局、海关总署及其设在各口岸的出入境检验检疫机构、外交部等。此外，参与中国对外贸易管理的政府机构还包括国家税务总局、国家工商管理总局、国家发展和改革委员会等。

三、与贸易相关的其他机构

与贸易相关的其他机构包括半官方组织、民间组织和部分有关企业等，如中国贸促会、各类进出口商会等。目前，中国已设立的行业进出口商会是：中国纺织品进出口商会、中国机电产品进出口商会、中国食品土畜进出口商会、中国轻工工艺品进出口商会、中国五矿化工进出口商会、中国医药保健品进出口商会和中国对外承包工程商会。此外，各地也设立了相关的进出口商会、中国出口信用保险公司、中国进出口银行、商业保险公司、中国国际经济贸易仲裁委员会、各类运输机构、货运代理公司、商业银行等。

第三节　对外贸易经营者备案登记

一、外贸经营者的资格

《外贸法》第8条规定，对外贸易经营者，是指依法办理工商登记或者其他执业手续，依照《外贸法》和其他法律、法规的规定，从事对外贸易经营活动的法人、其他组织或者个人。同时，该法第 9 条又规定，从事货物进出口或者技术进出口的对外贸易经营者，应当向国务院对外贸易主管部门或者其委托的机构办理备案登记；备案登记的具体办法由国务院对外贸易主管部门规定；对外贸易经营者未按照规定办理备案登记的，海关不予办理进出口货物的报关验收手续。

依据上述规定，在中国境内的所有企业、组织或个人均有资格成为外贸经营者，只要按规定办理了备案登记手续，就可拥有进出口经营权，从事国际贸易经营活动，成为贸易主体或贸易商。

二、外贸经营者备案登记程序

自 2004 年 7 月 1 日起，中国开始实施《对外贸易经营者备案登记办法》（以下简称《办法》）。

（一）主管机构与备案登记机关

依上述《办法》，商务部是中国对外贸易经营者备案登记工作的主管部门，商务部委托符合条件的地方对外贸易主管部门（简称备案登记机关）负责办理本地区对外贸易经营者的登记手续；受委托的备案登记机关不得自行委托其他机构进行备案登记。

2004 年 6 月 30 日，商务部公布了其委托的对外贸易经营者备案登记机关名单。备案登记实行属地化管理，即对外贸易经营者在其所属的省、区或计划单列市所在地备案登记。

（二）备案登记程序

符合外贸经营者资格的法人、组织或个人可在本地区向商务部委托的备案登记机关办理备案登记手续。

此外，若登记表中的任何事项发生变更时，外贸经营者应在 30 日内办理登记表的变更手续，逾期未办理变更手续的，其登记表自动失效；若外贸经营者已在工商部门办理注销手续或被吊销营业执照，自营业执照注销或被吊销之日起，其登记表自动失效；外贸经营者若超出原核准的经营范围从事进出口经营活动，则需重新办理备案登记。

第四节　国际贸易实务的主要特点

从事国际贸易实务的业者应对其特点有所了解和认识，以保证进出口业务的顺利进行。

一、语言不同

因各国语言不同，给各国贸易商的交流沟通带来一定困难，甚至造成误解或分歧。虽然国际贸易实务以英语为主要语言，但各国所使用的英语也并不完全相同，一词多义的情况经常发生。因此，贸易商至少应对英语较为熟练。如果能熟练掌握运用贸易伙伴国的语言，则更有利于交易的达成。

二、风俗习惯不同

世界各国的风俗习惯差异较大，对同一个问题或事物，可能会有完全不同的观念、看法或理解。贸易商须对交易伙伴的各种风俗习惯有所研究，以免因小失大，丧失贸易机会甚至造成纠纷。

三、法律规范不同

目前，世界上多数国家的法律体系要么属大陆法系，要么属英美法系，但两大法系对许多问题的处理存在差异。两大法系的国家间进行贸易，就有可能因法律规定不同而产生争议或纠纷。为此，贸易商对另一法系国家的法律规范应有所了解和认识，以避免产生冲突。

四、涉及的商品知识和营销技巧复杂

国际贸易的客体是商品，而不同商品的性能、质量、生产方法等各不相同。国际贸易业务的主要内容是商品的营销。因此，成功的贸易商必须对各类商品知识及其营销技巧有充分的了解和深入的研究。

五、国际贸易惯例与规则繁多

为统一国际贸易实务的做法，国际商会等组织制定和颁布了一系列国际贸易惯例与规则，以供贸易商或相关方面使用。贸易的当事人、关系人须对此有深入的研究，以便在贸易实务中正确地使用这些惯例与规则。

六、贸易风险较大

贸易主体或贸易商自接洽开始，要经过报价、还价、接受及订约，出口商交货，货物运输，进口商支付货款等一系列环节。在整个贸易流程中，存在诸多风险，如诈欺、品质不符、运输风险、汇率变化风险、市场价格波动、政治风险等。其中，有些风险可转嫁给保险公司，而有些风险则是事先难以预测的。因此，贸易主体或贸易商应对此有所预防，尽可能将风险损失降至最低限度。

七、行情变化较快

国际贸易经常受外部因素的影响，一些商品的国际市场行情有时瞬息万变，导致贸易商判断失误，遭受损失。为此，贸易商须对经营商品的国际市场行情随时加以关注，及时作出准确的判断，以免行情恶化，导致更大损失。

八、贸易壁垒较多

为保护本国企业的利益，许多国家经常实施关税壁垒和非关税壁垒限制国外产品的进入。中国加入 WTO 后，其他成员的关税壁垒有所降低，但发达成员的非关税壁垒越来越多。目前，许多成员为保护人类健康、保护环境及动植物，制定了种类繁多的法规、技术标准等，限制某些产品的进口。作为贸易的当事人之一，出口商须对此有所认识并采取适当措施加以应对。

九、海关制度复杂

在国际贸易中，货物进出境必须经过各地海关的查验并缴纳一定的关税才能放行。由于各国的海关制度宽严程度不同、关税额不同、贸易商报关或通关手续繁简不一，贸易商的成本高低各不相同。相对而言，进口报关手续比出口报关手续更为复杂，成本更高。

十、涉及外汇管制与外币计算

目前，一些发展中国家仍实行严格的外汇管制措施，进口货物所需的外汇必须向政府申请。因此，出口商与此类国家进行贸易时，必须确保收汇安全和及时；必要时，应投保出口信用保险。另外，在货款计算方面，经常涉及两种或两种以上的外币计算问题。在浮动汇率制度下，两种货币的汇率经常发生变动，若预测不准或未加防范措施，则可能导致巨额损失。为此，贸易商须对国际金融知识有所研究。

十一、市场与资信调查难度大

贸易商在交易前通常要对市场行情和交易伙伴的资信状况进行调查分析，以降低风险。这要比在国内调查更加有难度。若委托银行调查，时间较长；若委托专业征信机构调查，费用较高；另外，市场信息、贸易商的资信也经常发生变化。因此，调查难度较大。贸易商应尽可能从不同渠道收集相关信息。

十二、货运风险较大，需保险

国际贸易货物需由承运人自卖方运至买方。由于两国距离遥远，存在较大的运输风险且承运人在一定条件下不承担货物损失。因此，货主须将其承担的风险、损失向保险公司投保。为此，贸易商还须掌握运输与保险知识，以确保自身的利益不受损害。

相关链接

中华人民共和国商务部职责

根据《国务院办公厅关于印发商务部主要职责内设机构和人员编制规定的通知》（国办发〔2003〕29号），商务部主要职责为：

（一）拟订国内外贸易和国际经济合作的发展战略、政策，起草国内外贸易、外商投资、对外援助、对外投资和对外经济合作的法律法规草案及制定部门规章，提出我国经济贸易法规之间及其与国际经贸条约、协定之间的衔接意见，研究经济全球化、区域经济合作、现代流通方式的发展趋势和流通体制改革并提出建议。

（二）负责推进流通产业结构调整，指导流通企业改革、商贸服务业和社区商业发展，提出促进商贸中小企业发展的政策建议，推动流通标准化和连锁经营、商业特许经营、物流配送、电子商务等现代流通方式的发展。

（三）拟订国内贸易发展规划，促进城乡市场发展，研究提出引导国内外资金投向市场体系建设的政策，指导大宗产品批发市场规划和城市商业网点规划、商业体系建设工作，推进农村市场体系建设，组织实施农村现代流通网络工程。

（四）承担牵头协调整顿和规范市场经济秩序工作的责任，拟订规范市场运行、流通秩序的政策，推动商务领域信用建设，指导商业信用销售，建立市场诚信公共服务平台，按有关规定对特殊流通行业进行监督管理。

（五）承担组织实施重要消费品市场调控和重要生产资料流通管理的责任，负责建立健全生活必需品市场供应应急管理机制，监测分析市场运行、商品供求状况，调查分析商品价格信息，进行预测预警和信息引导，按分工负责重要消费品储备管理和市场调控工作，按有关规定对成品油流通进行监督管理。

（六）负责制定进出口商品、加工贸易管理办法和进出口管理商品、技术目录，拟订促进外贸增长方式转变的政策措施，组织实施重要工业品、原材料和重要农产品进出口总量计划，会同有关部门协调大宗进出口商品，指导贸易促进活动和外贸促进体系建设。

（七）拟订并执行对外技术贸易、进出口管制以及鼓励技术和成套设备进出口的贸易政策，推进进出口贸易标准化工作，依法监督技术引进、设备进口、国家限制出口技术的工作，依法颁发防扩散等与国家安全相关的进出口许可证件。

（八）牵头拟订服务贸易发展规划并开展相关工作，会同有关部门制定促进服务出口和服务外包发展的规划、政策并组织实施，推动服务外包平台建设。

（九）拟订我国多双边（含区域、自由贸易区）经贸合作战略和政策，牵头负责多双边经贸对外谈判，协调谈判意见并签署和监督执行有关文件，建立多双边政府间经济和贸易联系机制并组织相关工作，处理国别（地区）经贸关系中的重要事务，管理同未建交国家的经贸活动，根据授权代表我国政府处理与世界贸易组织的关系，牵头承担我国在世界贸易组织框架下的谈判和贸易政策审议、争端解决、通报咨询等工作，负责对外经济贸易协调工作。

（十）承担组织协调反倾销、反补贴、保障措施及其他与进出口公平贸易相关工作的责任，建立进出口公平贸易预警机制，依法实施对外贸易调查和产业损害调查，指导协调产业安全应对工作及国外对我国出口商品的反倾销、反补贴、保障措施的应诉工作。

（十一）宏观指导全国外商投资工作，拟订外商投资政策和改革方案并组织实施，依法核准外商投资企业的设立及变更事项，依法核准重大外商投资项目的合同章程及法律特别规定的重大变更事项，依法监督检查外商投资企业执行有关法律法规规章、合同章程的情况并协调解决有关问题，指导投资促进及外商投资企业审批工作，规范对外招商引资活动，指导国家级经济技术开发区、苏州工业园区、边境经济合作区的有关工作。

（十二）负责对外经济合作工作，拟订并执行对外经济合作政策，依法管理和监督对外承包工程、对外劳务合作等，制定中国公民出境就业管理政策，负责牵头外派劳务和境外就业人员的权益保护工作，拟订境外投资的管理办法和具体政策，依法核准境内企业对外投资开办企业（金融企业除外）。

（十三）负责对外援助工作，拟订并执行对外援助政策和方案，推进援外方式改革，编制对外援助计划、确定对外援助项目并组织实施，管理具有政府对外援助性质资金的使用，管理多双边对中国的无偿援助和赠款（不含财政合作项下外国政府及国际金融组织对中国赠款）等发展合作业务。

（十四）牵头拟订并执行对香港、澳门特别行政区和台湾地区的经贸规划、政策，与香港、澳门特别行政区有关部门和台湾地区受权机构进行经贸磋商并签署有关文件，负责内地与香港、澳门特别行政区商贸联络机制工作，组织实施对台直接通商工作，处理多双边经贸领域的涉台问题。

（十五）依法对经营者集中行为进行反垄断审查，指导企业在国外的反垄断应诉工作，开展多双边竞争政策交流与合作。

（十六）指导我国驻世界贸易组织代表团、常驻联合国和有关国际组织经贸代表机构以及驻外经济商务机构的有关工作，负责经贸业务指导、队伍建设、人员选派；联系国际多边经贸组织驻中国机构和外国驻中国官方商务机构。

（十七）承办国务院交办的其他事项。

根据《中共中央办公厅 国务院办公厅关于调整商务部职责机构编制的通知》（2018年9月13日），商务部职责调整如下：

1. 商务部经营者集中反垄断执法职责及国务院反垄断委员会办公室、全国打击侵犯知识产权和制售假冒伪劣商品工作领导小组办公室职责，划入国家市场监督管理总局。

2. 商务部拟订对外援助工作的政策和方案，推进援外方式改革，编制对外援助计划，确定对外援助项目，管理对外援助资金规模和使用方向等职责，划入国家国际发展合作署。

3. 商务部食糖储备轮换职责，划入国家粮食和物资储备局。

4. 商务部制定典当行、融资租赁公司、商业保理公司业务经营和监管规则职责，划入中国银行保险监督管理委员会。

资料来源：中华人民共和国商务部官方网站

第二章　国际贸易实务经营策略

贸易经营者在完成备案登记后，要建立内部组织和加强管理外，还要制定切合实际的贸易实务经营策略。①

第一节　内部组织与管理

国际贸易经营者的组织规模大小，应依据主体制交易或佣金制交易而定。作为主体制交易的贸易商，其从业人员可能较多；而作为佣金制交易或个体工商户的贸易商，其从业人员则较少。但无论组织规模大小，贸易商须具有完善的组织、有效的管理，保证贸易业务的顺利进行。

一、内部组织

若贸易公司规模较小，其内部组织相对简单，但至少应由下列人员构成：负责人、销售经理、业务秘书、行政秘书、会计。

若贸易公司规模较大，其分工较细，内部组织会相对健全。除设立董事会、董事长、总经理外，还应成立以下部门：（1）业务部。应由精通国际贸易业务和外语的专业人员组成，并根据需要分设出口部和进口部；也可以按产品不同设立相应的部门。（2）管理部。这是为业务部门服务的行政机构，如策划、公关、后勤、人事等部门，负责处理公司内部的相关事务。（3）财会部。负责处理公司的收支、财务、会计等事务。（4）国内分公司。在国内某地区设立分支机构，配合总公司的经营业务。就出口业务而言，分公司可就地寻找货源，就地出口；就进口业务而言，总公司进口的货物可由分公司转销国内各地。（5）国外分公司。公司可根据需要，在某一（些）国家设立分公司、办事处或派驻代表等，配合总公司进行市场调研、提供情报、处理相关业务等。②

二、内部管理

对外贸易经营者从买卖双方洽商交易开始，到装运结汇为止，其内部管理通常包括以下几方面：（1）通信设备；（2）样品展室；（3）产品类型目录及价格表；（4）工厂验货；（5）运输与报关；（6）货款管理；（7）规范的财务制度。

---

① （本章编写，参考）蔡孟佳．国际贸易实务［M］．台北：智胜文化事业有限公司，2001：第1篇．

② 张锦源．国际贸易实务详论［M］．17版．台北：三民书局股份有限公司，2013：30-31.

第二节 经营策略

贸易公司除了建立合理的内部组织结构及规范与严格的管理制度外，还应制定切实可行的贸易经营策略。

一、经营策略应考虑的主要因素

无论何种贸易公司，在制定经营策略时，首先应有正确的经营理念。为此，必须考虑以下因素。

（一）成本（Cost）

成本与利润有着密切的关系，贸易商除了对交易的商品本身有深入的了解外，还应对一笔交易的相关成本有较为准确的估算。只有做到心中有数，才能在洽谈中具有较强的讨价还价能力；否则，即使争取到订单，也未必能够获得利润甚至可能导致亏损。

（二）客户（Customer）

客户是贸易商的财富，贸易商须拥有一定数量的客户，才能保证一定的利润。贸易商在争取客户时，应针对各个客户的不同特点，采取不同的策略，与其沟通并保持良好的交易关系；同时，应树立“客户至上”的观点，在产品的开发、设计、生产中，须为客户着想。

（三）竞争（Competition）

国际贸易是一种开放经济，因而是一种竞争激烈的经济行为。贸易商在国内外都面临其他贸易商或厂商的竞争。为此，贸易商在制定经营策略方面须对此有所准备和采取一定的可行措施，不断提高自身的综合竞争力。

（四）沟通（Communication）

国际贸易实务既是一种经济行为，也是人与人之间的交往行为，良好的沟通能力有助于人际关系的增进与改善。因此，贸易商在国际商务活动中，还应讲究沟通艺术。完善的硬件设施是沟通能力的基础，但更重要的是沟通技巧，如语言水平。因此，贸易商应具备较高的外语听、说、读、写、译能力。另外，在沟通过程中，还应注意国际礼仪，尊重文化差异，了解风土人情、宗教信仰等，以创造更多的商机。

（五）挑战（Challenge）

商场如战场，贸易商在经营活动中，会面临各种挑战，包括向自我挑战。为此，贸易商在制定经营策略的过程中，对各种挑战应有充分的认识并积极采取一切措施应对。

二、产品策略

贸易商特别是出口商一旦决定从事国际贸易，首先应对其经营的产品制定相关的策略。为此，贸易商应在以下四个方面加以考虑：（1）选择熟悉的产品；（2）掌控货源；（3）市场调研后决定经营的产品；（4）选择新产品。

上述产品选择策略比较适合于传统产品的经营，是一种比较稳健的经营策略，虽然经营风险较低，但其利润可能也较低。对于一些资金较雄厚、实力较强的贸易商而言，可适当选择经营国际上最为流行的新产品，其利润可能比较可观，但其风险也相对较高。贸易商应对此做好避险准备。

三、市场策略

贸易商（以出口业务为例）在依据所收集到的信息或资料进行市场前景分析、制定相应的策略时，应重点考虑以下因素。

（一）市场基本因素

通常，一个国家或地区是否构成一个潜在市场，至少应包括以下基本因素：地理因素，即该国或地区所处的地带、气候及其与主要集散地之间的距离远近；自然资源储量；主要产品种类；人口数量、年龄及密度；工业发展水平及发展潜力；收入水平及分配状况；经济与贸易政策，如对外资、外国产品、外汇管制的状况等。

（二）市场潜力

市场潜力一般包括以下因素：该国或地区生产该产品或其替代品的情况以及生产过程及投资状况，该产品进口的数量、金额及增减趋势，进口产品与当地产品的比较，传统产品的销售者对市场的控制状况，新产品进入的难度等。

（三）市场要求

市场要求通常包括以下情况：消费者对产品的偏好状况，当地政府对产品是否要求特定标准，当地进口习惯使用的付款方式，进口商习惯使用的报价条件，当地的度量衡制度等。

（四）市场销售

市场销售一般包括以下情况：该市场习惯采用直接贸易还是间接贸易的方式，（若采用代理）是独家代理还是一般代理，进口商的交易习惯，产品宣传方式，广告时间安排以及会展或商展状况等。

（五）市场限制

市场限制的因素主要包括以下情况：贸易限制（配额、许可证等），外汇管制程度，关税及其他税捐（税率、最惠国税、普惠税、特惠税及各种附加税等），货物限制（价格计算方法、唛头、标签等）。

四、客户策略

贸易商完成产品策略和市场策略的制定之后，则应制定客户策略，即与相关的客户建立良好的交易关系。就出口贸易而言，若出口商本身并不制造或生产产品，一方面他须以买方的身份，与国内供货厂商订立国内购货合同，购买国内供货厂商的货物；另一方面，则须以卖方的身份，与国外进口商订立国际货物买卖合同、销售货物。因此，该出口商作为国内制造厂商与国外进口商的中介，须同时与上下游客户建立良好的交易关系。若出口商本身就是制造或生产厂商，他只须与国外进口商建立交易关系。就进口贸易而言，进口商须与国外出口商或供货厂商订立国际货物买卖合同、购进货物，还要与国内的使用者订立国内销售合同、销售货物或自己使用购进的货物。因此，进口商同样须与国内外客户建立良好的交易关系。

贸易商在经营策略方面，不仅应重视市场的开拓，而且应更加关注如何建立和维护与客户间的良好交易关系。因此，贸易商须采取新的经营理念，应对日益明显的“产销合一”的贸易形态。例如，贸易商一方面扩大与供货厂商的合作关系，由贸易商提供市场信息、产品开发创意或一定的资金，以发挥其特有的优势，与供货厂商结盟，形成共存共荣的发展体系；另一方面，贸易商应向其相关客户提供多元化的服务，如创造自有品牌、资金周转、进出口通关等服务，充分发挥其中介的应有作用。

第三节　国际贸易风险及其规避措施

在国际贸易实务中，买卖双方经常面临的主要风险及其规避措施有以下几种。

一、国家风险

国家风险又称政治风险，是指国际贸易买卖的双方，其中任何一国或地区的社会、政治或法令的变化，有可能使交易无法依据贸易合同的约定履行，从而导致贸易商的损失。如战争、罢工、政府更迭、贸易限制、外汇管制等，均可能导致出口商无法交货或进口商无法支付货款。

贸易商要规避此类风险的措施，主要方法是在签订交易合同之前，对交易伙伴的市场进行调研，特别关注其政治、经济及贸易相关政策或法令的变化，尽可能作出准确的预测并在贸易合同中加以约定。例如，在合同中规定“因政府更迭、法令变更等原因导致无法交货，出口商可以免责”，或“因上述原因导致进口商无法支付货款，则以第三国为付款地”等。作为出口商规避此类风险的措施，最好是出口前投保出口信用保险，将风险转嫁给保险人——这是最简单、最有效的避险措施。

二、商业风险

商业风险是指除国家风险外的完全由贸易商自身原因而产生的风险，致使贸易合同无法履行，导致另一方的损失。商业风险中，最主要的是信用风险，如出口商因自身原因不交货或延迟交货，或者进口商因财务状况或市场变化等原因不付款或延迟付款等。

贸易商规避此类风险的根本措施是做好资信调查，即在交易开始前对交易伙伴的资信状况进行深入调查、仔细评估，并在贸易合同中规定相应的条款，如违约保证金、罚金等；在交易的过程中，随时注意对方资信的变化，随机采取应对措施。出口商最好在交易之初投保出口信用保险，将进口商拒付的商业风险转嫁给保险人，由保险人承担赔偿责任以减少损失。

三、汇兑风险

国际贸易中所使用的计价货币或支付货币多为自由兑换货币，即国际通兑货币，但并非贸易双方的货币均为通兑货币。因此，进出口双方在计价或付款时，可能会产生外汇转移及汇兑时汇率变动的风险。

贸易商规避外汇转移风险的措施是在贸易合同中对付款地预先约定，例如出口商要求以本国或第三地为付款地，或者要求进口商预付货款等。

贸易商规避汇率变动风险的措施很多，例如：出口商要求进口商以出口国货币付款；

在合同中订立保持价格条款，即若用于计算价格的货币汇率发生变动时，出口商保留调整价格的权利，以确保出口商所收到的本国货币不因此而减少；出口商事先将汇率变动风险的成本加在价格中；预售外币贷款，即出口商先向银行贷一笔与交易金额相当的外币贷款，等收到货款时再以该笔货款抵偿外币贷款；与金融机构订立远期外汇预购或预售的合同；运用应收账款买卖业务，即把未来所产生的应收账款债权卖断给应收账款收购商，并在此时以收取现金等方式规避汇率变动的风险；“信用证附加汇率条款”，即在信用证中加注汇率发生变动时，双方如何分摊汇率变动的损益；在信用证中约定，将货物价值按双方约定汇率固定后，允许将汇率变动金额加入商业发票中，超出信用证金额可以向开证银行（进口商）请求支付等。

四、价格波动风险

在国际贸易实务中，订约前与订约后价格发生变动的情况极为常见，从而可能导致交易一方遭受损失。贸易商规避价格变动风险的措施有：进行交易伙伴资信调查，选择较为诚实可信的交易伙伴；尽可能缩短交易时间；在合同中订立价格保持条款，即若货物价格发生变动，当事人可保留价格调整的权利；价格变动所产生的损失由某一方或双方共同承担等。关于价格的问题，本书后续有相关介绍。

五、运输风险

在国际货物买卖中，货物需由承运人将其从出口国运至进口国。国际货物运输通常由海上运输完成。而海上运输本身就存在极大的风险。依据运输的国际惯例，在海上运输中，即使承运人的某些过失导致货物损失，承运人也可免责。因此，货主承担着较大的运输风险。

贸易商规避运输风险的措施包括：依据货物的特征，选择恰当的运输工具；选择资信可靠的承运人；采取适合运输方式的良好包装；投保货物运输险；选择恰当的贸易术语等。关于运输风险的问题，可参见本书与运输和保险相关的章节。

六、产品责任风险

按照大多数国家的产品责任法的规定，若产品存在设计不当、制造上的瑕疵或缺少使用危险品的必要警告等，致使消费者身体、生命或财产损害或损失，相关的产品责任人，如制造商、批发商、出口商、进口商等，都须对受害的消费者承担连带责任，即产品责任。

贸易商规避此类风险的措施包括：严格控制产品质量；熟悉贸易伙伴国的产品责任法；在贸易合同中约定相关的产品责任；投保产品责任险等。关于产品责任问题，可参考《国际商法》的相关内容。

七、知识产权侵权风险

贸易商在交易中可能面临知识产权侵权或被侵权的巨大风险。例如：出口产品进入美国时，有可能违反美国知识产权边境保护的“337条款”；在加工贸易中，使用国外图纸、样品时，其加工品侵犯他国知识产权；进口国外知识产权产品（平行进口）有可能侵犯国内知识产权人的权利；在技术引进中，对国外技术、秘密泄密等。

贸易商规避此类风险的措施包括：学习和掌握知识产权知识；熟悉《与贸易有关的知识产权协议》(TRIPs)的相关规定；出口商及时将出口商品商标到国外注册，了解《巴黎公约》关于驰名商标保护的规定；向国外申请专利权，获得国际保护；在加工贸易合同中约定知识产权责任等。

相关链接

国际贸易商品分类

在国际贸易中，各国对进出口商品征税时，需要对商品进行分类；政府为了解进出口贸易情况，需要借助于商品目录进行统计。因此，许多国家不同程度地开发了对进出口商品的分类和编码工作。但各国的商品目录在商品名称、目录结构和分类方法等方面存在种种差别，给贸易商造成很大不便。为了系统、科学地分类，适应国际贸易的发展，国际上开始探索如何制定一个国际统一的商品分类目录。经过几十年的努力，制定了国际通用的分类编码标准。

1948 年，联合国统计委员会参照日内瓦商品分类，编写了一套“国际贸易标准分类”(Standard International Trade Classification，SITC)，于 1950 年由联合国经济社会委员会通过，并建议各国采用。

1949 年，欧洲关税联盟参考日内瓦商品分类，制定了布鲁塞尔税则分类（Brussels Tarrif Nomenelature，BTN）。之后，欧洲经济委员会（欧洲海关同盟）于 1950 年 12 月 15 日在布鲁塞尔签订了《海关税则商品分类目录公约》；1976 年修订后，改名为“海关合作理事会商品分类目录”（Customs Cooperation Council Nomenclature，CCCN）。1989 年之前，大多数国家都采用 CCCN 作为海关税则分类。

SITC 和 CCCN 的产生，对简化国际贸易程序、提高工作效率起到积极的推动作用。但两套编码同时存在，仍不能避免商品在国际贸易往来中，因分类方法不同而需重新对应分类、命名和编码。这些都阻碍了信息的传递，降低了贸易效率，增加了贸易成本，不同体系的贸易统计资料难以进行比较分析；同时，也给利用计算机等现代化手段来处理外贸单证及信息带来很大困难。因此，从 1973 年 5 月开始，海关合作理事会以 CCCN 和 SITC 为基础，以满足海关进出口管理、关税征收和对外贸易统计以及生产/运输/贸易等方面的需要为目的，着手编制一套国际通用的协调统一商品分类目录。1983 年 6 月，海关合作理事会第 61 届会议上通过了《商品名称及编码协调制度国际公约》及其附件《协调制度》，以 HS 编码“协调”涵盖了 CCCN 和 SITC 两大分类编码体系，并于 1988 年正式实施。这样，世界各国在国际贸易领域中所采用的商品分类和编码体系有史以来第一次得到了统一。

第三章 国际贸易实务流程

从总体上看，每笔国际贸易通常要经过准备阶段、磋商与订约阶段以及履约阶段。本章以信用证作为付款方式，以船舶作为运输工具，分别从出口商和进口商的角度，介绍一般商品的出口流程和进口流程。

第一节 出口贸易流程

国际贸易出口流程可分为以下若干环节，可从中认识和掌握国际贸易的基本操作程序，如图 3-1 所示。①

一、出口前的准备

出口商拟进行出口贸易时，在出口前应准备以下工作。

（一）国际市场调研

当出口商拟将某类产品出口到某国或某地区时，须事先对出口目标市场的有关情况进行调研。调研的范围一般包括进口目的地、商品和进口商等事项。对进口目的地的调研通常包括该地的政治与经济状况、贸易政策、贸易商品结构、外汇管制以及文化风俗习惯等；对商品的调研一般包括商品的种类、式样、技术水平、生产与消费水平、价格等；对进口商的调研通常包括资信程度、经营作风、经营范围等。

（二）寻找出口货源

出口商在进行国际市场调研之后，应积极寻找出口货源，掌握稳定的货源供应。寻找货源的途径包括出口商自己加工或制造商品或在国内外寻找供应商等。

（三）制订出口计划和商品经营方案

在完成市场调研和掌握了稳定货源供应的前提下，出口商应着手制订出口计划，即拟出口哪些商品、出口到哪些国家或地区。出口计划制订后，再进一步确定商品经营方案，即按照经营意图对出口一类或几类商品在一定时期内作出具体的安排，保证实现预定目标。

（四）建立销售渠道

出口计划和商品经营方案确定后，出口商应开始建立销售渠道，即通过代理、寄售或

---

① （本节编写参考）蔡孟佳．国际贸易实务［M］．台北：智胜文化事业有限公司，2001：第 1 篇；张锦源．国际贸易实务详论［M］．17 版．台北：三民书局股份有限公司，2013：第 3 章．

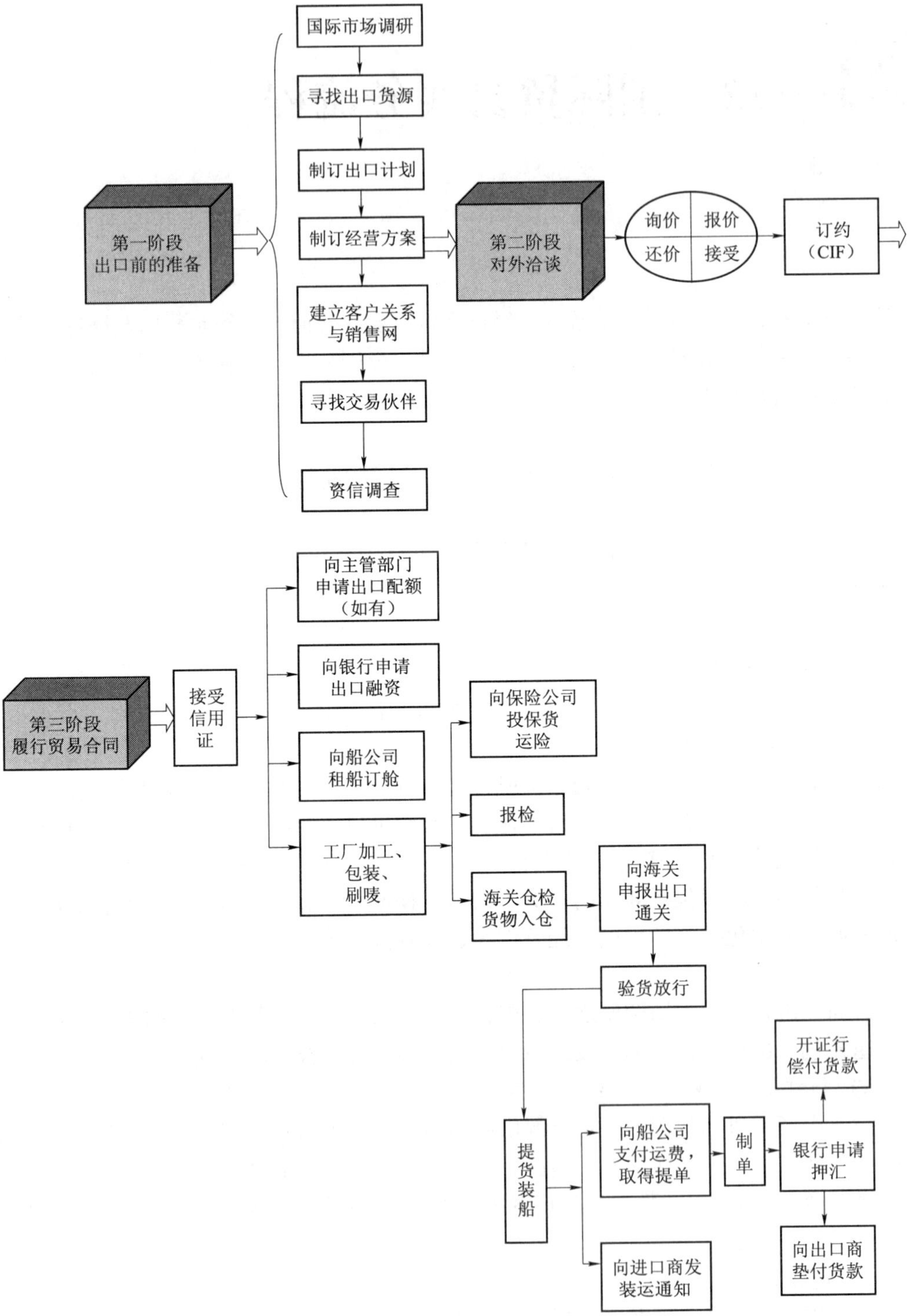

图 3-1　出口贸易流程[①]

①（绘制根据）蔡孟佳．国际贸易实务［M］．台北：智胜文化事业有限公司，2001：第 53 页图 3.

经销等方式寻找销售渠道，将商品打入进口目的地市场。为实现这一目标，出口商还应积极主动地开拓市场，如参加各种国际博览会、在媒体上进行广告宣传、邮寄产品宣传材料等，以扩大商品在进口目的地的影响。

（五）寻找交易伙伴

在开拓市场的过程中，出口商可从潜在的客户中寻找进口目的地的进口商并与其接触和联系。寻找交易伙伴的方法包括从进口目的地的工商名录中寻找和通过网络、报纸、杂志等寻找。

（六）资信调查

出口商找到交易伙伴后，在不了解对方资信时，不可贸然与之签约，须对其资信有充分的了解。尤其是拟采用 D/P 或 D/A 等托收方式出口时，出口商须事先做好资信调查，防患于未然。调查的渠道包括往来银行、专业资讯机构、进口目的地的以往客户等。

二、对外洽谈

出口商完成上述环节后，在确定了交易伙伴并确保其资信程度较高的基础上，应与其进行磋商，洽谈交易的具体内容。这一阶段通常又包括以下环节：（1）询价；（2）报价；（3）讨价还价；（4）接受；（5）签订贸易合同。

交易的成立仅仅是双方对交易的主要事项达成一致。通常，双方还要就交易的具体事项进一步磋商，达成共识后签订书面的合同，作为双方履行各自义务的依据。

三、履行贸易合同

交易成立并签署了贸易合同后，交易双方须依约履行各自的义务。作为交易的当事人，出口商履行贸易合同通常包括以下几个环节：（1）接受信用证；（2）备货；（3）申请出口配额（如有）；（4）办理出口融资；（5）申请检验检疫；（6）租船订舱；（7）投保货运险；（8）货物入仓；（9）出口报关；（10）货物装船；（11）支付运费，取得提单；（12）向进口商发出装运通知；（13）制单；（14）交单结汇。

第二节　进口贸易流程

进口与出口是一笔交易的两个方面，进口流程也分为进口前的准备工作、对外洽谈和履行贸易合同三个阶段，如图 3-2 所示。其中，进口的许多环节与出口流程相同，只是内容有所不同。现将进口流程的主要环节及内容作以下简介。①

一、进口前的准备

进口商拟进行进口贸易时，在进口前应准备以下工作。

① （本节编写参考）蔡孟佳．国际贸易实务［M］．台北：智胜文化事业有限公司，2001：第 1 篇；张锦源．国际贸易实务详论［M］．17 版．台北：三民书局股份有限公司，2013：第 3 章．

（一）国内市场调研

进口商经营进口业务也需要进行市场调研，但应侧重于国内或本地区的销售市场，并制定较为明确的经营策略。

（二）外部货源调查

进口商在完成市场调研、确定了适合的产品后，若该产品在自身市场无法满足的情况下，则应进行外部货源调查，寻找适合的产品。

（三）制订进口计划和商品经营方案

在完成市场调研和外部货源调查的基础上，进口商应制订进口计划，即拟进口哪些商品、进口哪些国家或地区的商品，货比三家。此后，再进一步确定商品经营方案，即按照经营意图对进口一类或几类商品在一定时期内作出具体安排。

（四）建立供应渠道

找到外部货源、确定经营方案之后，进口商应着手建立其供应渠道，与潜在的供应商保持密切联系并不断扩大供应渠道，增加进口商品的选择性。

（五）寻找交易伙伴

进口商在寻找交易伙伴的过程中，可能会收到许多供应商同类的商品报价、目录、样品等，即进口商面临众多的潜在供应商和可选择的商品。此时，进口商应根据上述计划与方案，选择最适合的交易伙伴以期达成交易。

（六）资信调查

这一环节的程序与出口流程类似，进口商对出口商（供应商）的资信程度同样要有深入的了解，并通过各种渠道和手段对其进行深入的资信调查。尤其是交易金额较大并选择信用证付款或预付货款时，更是如此。

二、对外洽谈

进口商完成上述环节后，在确定了交易伙伴并确保其资信可靠的基础上，可主动与境外出口商进行磋商，洽谈交易的具体内容。这一阶段所包括的环节与出口流程基本相同。

三、履行贸易合同

交易达成并签署了书面的贸易合同后，交易双方须依约履行各自的义务。作为交易的当事人，进口商履行贸易合同通常包括以下几个环节：（1）申请进口配额。凡属于限制进口的货物，进口商应视不同货物事先向主管部门（如商务局）申请进口配额或进口许可证。目前，中国大多数商品无须申请进口配额或许可证。（2）投保货运保险。若以FOB或CFR等条件达成交易，则进口商通常投保预约保险。（3）申请开立信用证。（4）租船订舱。若以FOB、FAS或FCA等条件达成交易，则进口商有义务负责租船订舱，与承运人订立运输合同，支付运费。（5）向出口商发出装运通知。（6）付款赎单。（7）支付运费，取得提货单。（8）申请检验检疫。（9）进口通关。（10）提货。

进口商提货后，若发现货物受损、与提单记载不符、与贸易合同规定的品质及规格不一致，应在时效内向有关责任方提出索赔。

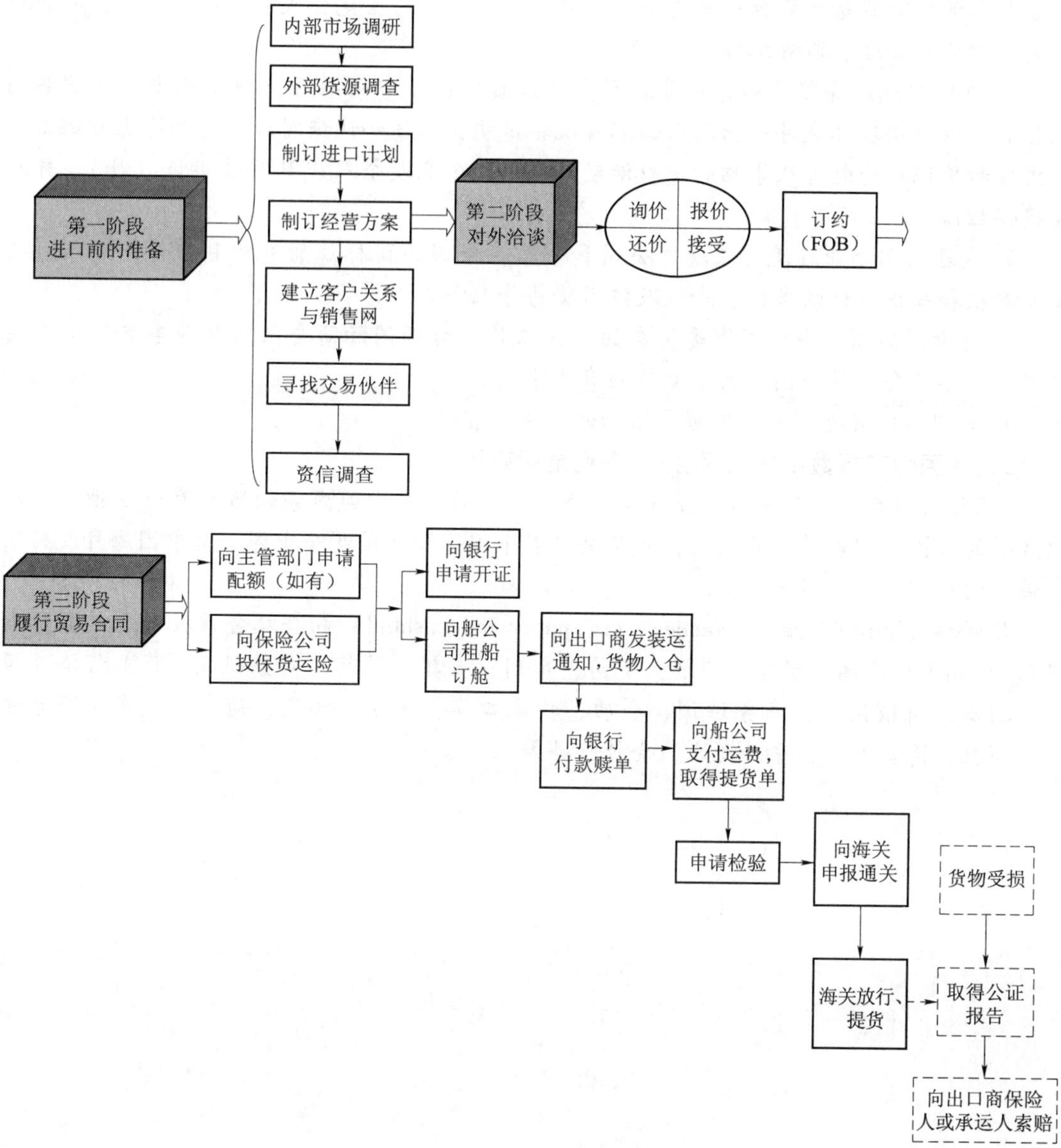

图 3-2 进口贸易流程①

相关链接

一、中国贸促会职责

1. 开展同世界各国或地区经济贸易界、商协会和其他经贸团以及有关国际组织的联络工作；组织、参加或与各国或地区相应机构联合召开有关经济贸易技术合作等方面的国际会议等。

2. 代表国家参加国际展览会的活动，主办、参加世界博览会，赴外主办中国贸易展

① 根据蔡孟佳．国际贸易实务［M］．台北：智胜文化事业有限公司，2001：第 60-63 页图 3 绘制．

览会和参加国际贸易博览会；负责全国赴外举办经济贸易展览会或参加国际博览会的归口协调及相关的管理、监督工作。

3. 办理国际经济贸易和海事仲裁事务；出具中国出口商品原产地证明书；受理共同海损和单独海损理算案件；出具人力不可抗拒证明，签发和认证对外贸易和海上货运业务的文件和单证；为赴外从事临时出口活动的公司、企业或个人出具有关单证（册），并对其提供担保。

4. 代理中国企业在境外或境外公司和个人在中国的商标注册和专利申请，办理有关工业产权和知识产权的咨询、争议及技术贸易等业务。

5. 负责国际商会中国国家委员会的日常工作，协调国际商会的对华业务和国际商会中国国家委员会会员与国际商会交往的有关事宜。

6. 办理其他促进对外经济贸易活动的有关事宜等。

二、《国际商报数字报刊平台》：在线全球商机

《国际商报数字报刊平台》是中国商务部主办的，在中国商务领域具有行业独占性和权威性的日报，国内外公开发行，覆盖全球多个国家和地区及全中国，是中国海外发行区域最大的中国财经报纸之一。

其网站（http://epaper. comnews. cn/xpaper/index. shtml）向全社会开放（在线国际商报）。网站下设要闻、动态、市场、贸易、导刊、专题、国际、商务视频、产业经济、投资、招商、商报论坛、商务培训、会展、物流口岸、商旅、案例、商务、汽车、商务法规、商机、博客互动、中外商友、会员服务等栏目。

第四章　国际贸易合同基本条款

买卖双方对于交易内容的约定须记载于双方签订的进出口合同中，这些约定通常称为合同条款。这些条款是买卖双方履行合同的依据。本章将对国际贸易合同的基本条款予以阐述。

第一节　品名与品质条款

一、品名

品名（Description of Goods），即商品名称或对商品的描述，如 This Contract is made by and between the Buyer and the Seller，whereby the Seller agree to sell and the Buyer agree to buy the under mentioned commodity according to the terms and conditions stated bellowed：×××（商品名称）。

作为贸易合同的当事人，卖方在规定品名时，应特别注意以下几点：（1）内容明确、具体；（2）实事求是；（3）尽可能使用国际标准名称；（4）考虑品名与运费的关系，以节省运费、降低成本。

二、决定品质的方法

在国际贸易中，决定品质所采用的方法一般有以下五种。

（一）凭样品交易（Trade by Sample）

即以“样品”（Sample）作为货物品质的标准。所谓样品是指实际买卖货物中的一个或几个少量足以代表买卖商品质量的现货。在国际贸易中，按样品提供者的不同，可分为“卖方样品”（Seller's Sample）、“买方样品”（Buyer's Sample）和“对等样品”（Counter Sample）。

以样品进行交易时，出口商应注意以下事项：

（1）应保留一份样品（又称复样，Duplicate Sample）并编写号码，以便核对及作为生产和预防进口商提出索赔的依据。有时也可使用“封样”（Sealed Sample），即由公证机构监督，由出样方或双方在样品上作铅封标志，作为交货或处理纠纷的依据。

（2）提供的样品应适中，能真正代表拟销售商品的质量。样品质量过高，可能导致买方索赔；反之，可能影响价格和销路。

（3）所提供的样品应以现在或将来接受订货时能够生产或有充分货源为限。以介绍商品为目的而寄出的样品应注明“仅供参考”（For Reference Only），以免与标准样品混淆。

（4）当样品与大批交货质量不可能完全相符时，应增加机动幅度条件并取得对方的谅解。

（5）对样品的质量说明应尽可能避免使用 Exactly as Shown in the Sample 或 Exactly as Same as Sample 等表述方式。

（6）若样品为买方所提供，卖方应制造出“对等样品”（Counter Sample）寄送买方确认，以作为交货品质的标准。

（7）由买方出样时，合同应规定“一旦出现知识产权争议，由买方负责”。

（8）对卖方而言，尽可能慎重使用以样品表示货物质量，以免被动。

（二）凭标准交易（Trade by Standard）

所谓标准，是指由国际组织、政府或工商团体等统一制定并颁布的商品规格、等级或检验方法。标准可分为国际标准，如 ISO9000，ISO14000 等；区域标准，如欧洲 CE 等；国家标准，如美国 UL 标志等；行业标准，如英国标准协会 BSI 安全标志等；企业标准。

在国际贸易中，常见的表示农产品标准的方法，一是“良好平均品质”（Fair Average Quality，FAQ），即卖方所交货物的质量是以当地的中等平均品质为标准。这种方法一般用于进口澳大利亚、新西兰等国家的小麦以及南美洲国家的大麦交易中。如合同规定，Quality：Australian Wheat，2015 Spring Crop，FAQ。二是“良好适销品质”（Good Merchantable Quality，GMQ），即卖方所交货物的质量良好且适合于市场销售。这种方法通常用于冷冻鱼类或木材的交易中，如合同规定，Quality：GMQ。

（三）凭商标或品牌交易（Trade by Trademark or Brand）

即以已注册商标或品牌作为货物品质的标准。货物一旦约定其商标或品牌，实际上已确定了其质量标准，卖方日后所交货物的质量须完全符合此标准。

（四）凭说明书或目录交易（Trade by Specification or Catalog）

即以说明书或目录上的文字、图样及数字说明货物质量的标准。此种方法适用于较贵重的商品，如电机、交通工具、设备、电脑等。对于此类商品交易，通常由卖方或买方提出详细的说明书，表明货物的规格、结构、原料、型号、尺码及性能等。

（五）看货交易（Trade by Inspection）

即由买方亲自检查交易商品的质量（Actual Quality），再决定是否成交。卖方只要交出买方所指定的现货，买方则不能以其质量不佳提出异议。这种表示品质的方法一般用于寄售、拍卖或展卖业务中。

三、决定品质的时间和地点

在国际贸易中，原则上货物质量的确定应以货物风险转移的时间和地点作为标准。例如 FOB、CFR 和 CIF 等以装货港装船时的品质为准，通常称为“装运品质”（Shipped Quality Final）；DAP、DPU 和 DDP 等以目的地交货时的品质为准，通常称为“卸货品质”（Landed Quality Final）。

在谷物国际贸易中，由于海上长途运输，谷物的质量极易因自然灾害、海水浸湿或其他原因而发生变化。为此，国际上一些机构专门制定了谷物交易的标准合同，以供贸易商采用。例如，伦敦谷物交易协会（London Corn Trade Association）制定了多种标准合同以供英国自世界各地进口谷物使用。这些标准合同对谷物质量的确定方法有以下三种：（1）T. Q. 条件（现状条件）。T. Q. 是拉丁文“Tale Quale”或法文“Tel Quel”的缩写，其意思是“如现状”。该条件是指，卖方仅负责装运时品质良好，即按照现状交货，但对货物到达目的地（港）的状况不予负责（shipped in good condition, but Tale Quale as regards condition on arrival）。换言之，货物在运输途中因受潮或其他原因而致损，由买方承担；但因水或油所致的增量则应予以减价。在糖类贸易中，经常采用这种方法。（2）S. D. 条件（海水损害条件）。S. D. 是“Sea Damaged”（海水损害）的缩写。该条件原来指卖方仅须负责海上运输中海水浸湿导致的损害，而其他原因的损害除非另有约定，卖方不予负责。但现在，其范围已扩大到谷物因散落被扫除（Sweeping）而发生的品质损害及谷物结块（Condensation）的损害。（3）R. T. 条件（黑麦条件）。R. T. 是“Rye Terms”的缩写。该条件原来仅适用于英国自俄罗斯进口黑麦（裸麦）的贸易。后来，在伦敦谷物市场对于其他谷物的贸易，也同样采用这一条件。该条件是指，卖方须负责货物运输到目的地时，其质量与合同相符，即相当于“卸货品质”（landed quality final）。①

第二节　数量条款

在国际贸易中，双方当事人关于货物数量的约定主要包括数量的单位、决定数量的时间和地点以及数量溢短装的解决方法等。

一、数量单位

在国际贸易中，常用的数量单位有重量（Weight）、数量（Number）、面积（Area）、长度（Length）、容积（Capacity）、体积（Volume or Cubic）等。

在国际贸易中，重量是最常用的计量单位。按重量计量时，常用的方法有以下几种：（1）按毛重（Gross Weight）；（2）按净重（Net Weight）；（3）按公量（Conditioned Weight），在羊毛、生丝、棉花等的交易中使用这种方法；（4）按理论重量（Theoretical Weight），这种计量方法一般适用于钢材等的交易中；（5）按法定重量（Legal Weight），海关征收从量税时以法定重量计算。

若贸易合同未明确规定采用哪种计量方法，则通常按净重计量和计算价格。

二、决定数量的时间和地点

货物因其性质和种类，在出口地装运的数量与在进口地卸货时的数量可能有所不同。在此情况下，货物数量究竟以装运数量还是以卸货数量为准？关于这一问题，其原则与决定品质的时间和地点相同。

三、数量溢短装的解决方法

为避免争议，贸易当事人应在合同中对货物数量作出明确、合理的约定。但货物的数

① 张锦源．国际贸易实务详论［M］．17 版．台北：三民书局股份有限公司，2013：149.

量通常不能规定为一个绝对数量，因此，可能出现多装或少装的问题。

1. 一般不宜使用约量

合同中的货物数量通常不使用“大约”“左右”（about，circa or approximate）等带有伸缩性的词语表示。因为各方对此类词语的理解不统一，极易产生争议。若非要使用约量，双方应在合同中明确允许增加或减少的幅度。国际商会 UCP600 第 30 条规定：“约”或“大约”用于信用证金额或信用证规定的数量或单价时，应解释为允许对相关金额、数量或单价有不超过 10%的增减幅度；只要信用证没有以包装单位或件数的方式规定货物数量以及支取的总金额不超过信用证金额，货物数量允许有不超过 5%的增减幅度。

2. 合理使用数量溢短装条款

若货物本身性质特殊（如含有自然损耗），或因生产或制造原因（如农产品的产量不易控制），或为了装满整箱以节省运输成本等，使卖方实际交付的数量与合同约定有出入，通常在合同中应加列“溢短装条款”（More or Less Clause）或“机动幅度条款”（Allowance Clause），约定卖方所交付的货物数量在一定百分比内被视为符合交货数量。如，在合同中约定：One hundred metric tons，5% more or less at seller's （carrier's） option。此时，成交数量为 100 公吨，卖方可在 95 公吨至 105 公吨的范围内装运货物。

数量溢短装条款一般包括以下三部分内容。

（1）溢短装的比例或机动幅度的大小。合同中究竟应规定多大比例的溢短装，应视货物的性质、贸易习惯或运输方式等因素而定。一般采用百分比表示，如 10 000 yds with 5% more or less 或 10 000 yds±5%。另外，有时合同只规定一个总的百分比，而每批分运不规定百分比；有时合同既约定总的百分比，又约定每批的百分比。

（2）溢短装或机动幅度选择权的归属。一般情况下，由卖方行使选择权，但也要视贸易条件而定，如 FOB 一般由买方决定、CIF 由卖方决定，但最终要与船方协商决定。

（3）溢短装或机动幅度部分的作价。一般情况下，多装或少装部分按合同价格计算，如 Yellow Soybean，U. S.，Grade No. 2 5 000M/T，5% more or less at seller's option at contract price。但当市价波动较大时，为了防止有权选择多装或少装的一方利用市价变化，有意多装或少装以获得好处，一般应在合同中规定：多装或少装部分，以装船时或到货时的市价或以某交易所某日的价格计算。

第三节　包装条款

国际贸易中，货物的包装主要是指运输包装和销售包装。买卖双方应在合同中对货物的包装事宜作出明确的规定。

一、运输包装

运输包装（Transport Packing），也称外包装（Outer Packing）或大包装。它是指将货物装入一定的容器内，或以某种方式组合成件、成箱或成包等的一种货物包装。其目的是便于运输、保管以及防止货物灭失或损坏。

（一）运输包装种类

根据不同的情况，外包装又分为以下几种形式：（1）箱装货物（Cased Cargo）；

(2) 袋装货物 (Bagged Cargo); (3) 桶装货物 (Drummed Cargo); (4) 捆装货物 (Baled Cargo); (5) 罐装货物 (Bottled Cargo); (6) 集装箱货物 (Containerized Cargo) 等。

买卖双方对于货物包装的规定，视货物种类及内容的不同而有所不同，但通常采用两种规定方法，即习惯包装和特约包装。习惯包装是指不特别注明包装种类或包装方式，而是依行业习惯采用的方式包装。特约包装是指具体规定包装的方式、所使用的材料、重量、尺寸等。但贸易双方最好在合同中明确约定包装事项。

(二) 运输包装标志

为便于货物的运输、储存、保管、装卸、查验等，运输包装上通常要标明或刷制一些标志，这些标志主要有运输标志、指示性标志、警示性标志、品质标志、重量和体积标志以及原产地标志等。依国际惯例，各种标志的字体最小为 2 平方英寸。买方应将各种标志的要求订明于合同中，否则由卖方决定。

运输标志 (Shipping Mark)，又称主唛头或主标志 (Main Mark)，是为便利识别、装卸货物而印刷在货物外包装上的文字或图形的总称 (如图 4-1 所示)。

若贸易货物为危险品，其包装上应加上危险品标志 (如图 4-2 所示)，即在各种危险品的外包装上刷制各种警告性的标识或简单文字，提醒有关人员特别注意。中国在出口危险品时，要求刷制中国和《国际海运危险货物规则》(简称《国际危规》, IMDGC Code) 所规定的两套标志。

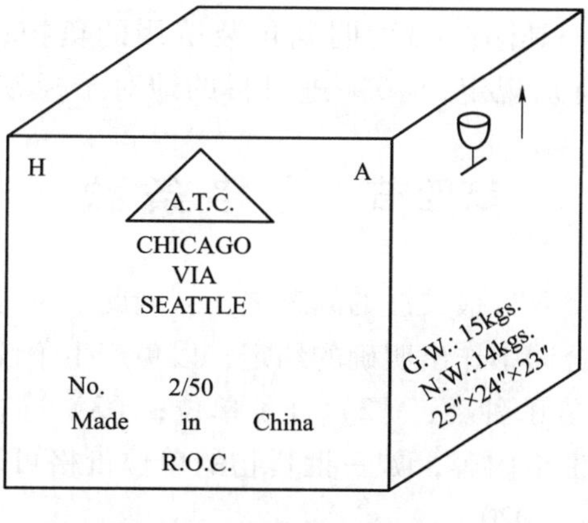

图 4-1 运输标志 (主唛头)

图 4-2 危险品标志

二、销售包装

销售包装（Selling Packing），又称内包装、小包装或直接包装，是指商品的初次包装并随商品进入消费领域。

销售包装上的条形码（Product Code，Bar Code）是商品的代码，反映商品的生产国或地区、生产厂家、品种、规格、价格等一系列信息。目前，国际上使用最广泛的条形码是13位数字，前3位代表国家或地区，其后的4位代表制造商，再后的5位代表商品，最后1位是校验码。国际上通用的条形码主要有两种。一是由欧洲物品编码协会（EAN，2005年更名为GS1）制定的国际物品编码（European Article Number），中国已成为该协会的成员。该协会分配给中国的国别代码一般商品是“690”“691”……“699”，书籍代码是“978”，杂志代码是“977”。二是美国统一代码委员会（UCC，2005年更名为GS1 US）编制的UPC条码（Universal Product Code）。凡向美国、加拿大出口产品应加入美国的编码协会，然后才有资格申请使用UPC系列条形码。2005年2月，EAN和UCC正式合并，更名为GS1。

三、订立包装条款应注意事项

在国际贸易合同中，包装条款通常涉及包装材料、包装方式、规格、标志和包装费用的负担等内容。为此，买卖双方应注意以下事项：（1）充分考虑商品的特点和运输的要求；（2）包装条款应明确、具体；（3）明确包装费用的负担；（4）销售包装的附件；（5）国外对销售包装的特别规定；（6）进口目的地对于标签的规定。

第四节　价 格 条 款

国际交易的价格是买卖双方最关注的问题之一，因此，也是买卖合同中最重要的条款之一。买卖双方应对此在合同中作出明确的约定，以免产生争议。国际贸易中的货物价格通常包含四项内容：（1）货币种类；（2）计价单位；（3）净价或含佣价；（4）贸易术语。这四部分构成贸易的价格内容，如一批货物的单位价格可表示为，USD5 840.00/MT net CIF New York Incoterms®2020。

一、货币种类

国际贸易的交易货币种类可以是本国货币、对方国家货币或第三国货币。究竟采用哪种货币，应由双方在合同中约定。在中国的对外贸易中，绝大多数以美元、欧元、日元等可兑换货币作为交易货币，与部分国家的交易也可使用人民币。以第三国货币计价时，买卖双方均须承担汇兑风险。

合同中的计价货币均以大小写形式表示，如USD8 000.00和SAY U.S. DOLLARS EIGHT THOUSAND ONLY。

若出口商以外币签订合同时，为防止签约后本币升值而导致损失，尽可能争取在合同中订立下列条款：（1）The price of this contract is calculated at rate of USD1.00 to RMB6.90; Any exchange risks are for buyer's account；或（2）When there is any fluctuation in the exchange rate（at present USD1.00 to RMB6.90）at the time of negotiation bill of exchange, the exchange risks shall be for buyer's account。当然，若以本国货币签约则对出口商最为有利。

二、计价单位

计价单位是指一个单位货物的价格，即单价。由于货物在不同国家或地区计算单位的认定标准不同，为防止产生纠纷，合同中的计价单位必须明确、具体，如 USD90.00 PC CIF Shanghai（每件价格为 CIF 上海 90.00 美元）。

三、价格

价格以是否含有佣金或折扣等为标准，合同的价格可分为净价、含佣价或折扣价。

净价（Net Price），是指在价格中不含佣金或折扣，其表示方法通常在价格后面加上 Net 一字，如 USD100.00 Per M/T Net；或在其他单据上注明：The Price is net price without any commission or discount。使用这种方法表明货物交易中不存在中间商，货物也不打折扣。

含佣价（Price Including Commission），是指价格中含有售货佣金，即交易是通过中间商达成的，交易达成后须向中间商支付酬金。实务中，常以 FOBC5 或 CIFC3 等表示该价格中含佣金 5%或 3%。但为了避免纠纷，在订约时应将贸易术语和佣金分开，并用文字说明佣金计算的基础，如 USD180.00 Per Set CIF Tianjin, including your commission 5% on FOB Incoterms®2020 basis；The Price including 4% commission on CIF Incoterms®2020 basis。

折扣价（Discount）是指卖方给予买方一定减让的一种价格，即在一般价格的基础上给予适当优惠的价格。常见的折扣表示方法如 USD80.00 per M/T CIF Shanghai including（less）2% discount。

此外，贸易实务中还可能有基价、推算价、上限价、底价、统一价和指标价等。基价（Base Price）和推算价（Computed Price）是指，在棉花、生丝等交易中，以某种标准品质的价格作为基础价格（基价），其他等级的价格则与基础价格存在一定的差别。订约时无需将各等级品质的价格逐一列出，只需订立标准品质的基础价格即可，至于其他等级品质的价格可从基础价格推算出来（推算价格）。上限价（Ceiling Price），又称最高价，是指一国为防止物价急剧上升，限制某商品的最高价格。该价格一般适用于进口贸易。底价（Floor Price；Check Price）是指，为防止本国出口商在国外恶性竞争或出口商压低价格或外国指控倾销，而由政府或行业协会制定的货物出口最低价格。统一价（Uniform Price）是指，由出口行业协会制定和执行的一种最低价格。底价和统一价适用于出口贸易。指标价（Indication Price）是指，出口商向进口商寄送的产品目录、价目表等中的价格。这种价格并不具有约束力，只供双方参考。①

四、价格构成

价格的构成也称价格的结构，是指价格中是否包括运费、保险费或其他费用。在实务

① （参见）张锦源．国际贸易实务详论［M］．17 版．台北：三民书局股份有限公司，2013：159-160.

中，通常使用贸易术语来表示价格构成的内容。如 CIF 价格表示价格中除了货物本身的成本外，还包括运费、保险费；FOB 价格表示价格中只含货物成本，不包含运费、保险费。买卖双方须在合同中约定使用哪种贸易术语，贸易术语一旦确定，价格的构成通常即可确定。

五、价格条款实例

买卖合同中的价格条款包括单价和总额两部分，现举例如下。

1. 净价条款

Unit Price：at USD12.00 Per set net CIF Huangpu Incoterms® 2020

Total Value：USD11 235.00（SAY US DOLARS ELEVEN THOUSAND TWO HUNDRED AND THIRTY FIVE ONLY）

2. 含佣价条款

Unit Price：at USD300.00 Per M/T CIFC2% Dalian Incoterms®2020

Total Valve：USD100 000.00（SAY US DOLLARS ONE HUNDRED THOUSAND ONLY）

3. 折扣价条款

Unit Price：at GBP50 per M/T FOB London Incoterms®2020 less 2% discount

Total Value：100 000.00（SAY PONDS STERLING ONE HUNDRED THOUSAND ONLY）

第五节 付款条款

支付货款是国际贸易合同的重要条款之一。付款条款主要包括付款的方式及时间，双方应对此有明确规定。在贸易中，通常采用以下几种付款方式。

一、汇付（Remittance）

汇付又称汇款，是债务人或进口商主动通过银行将款项汇交给债权人或出口商的付款方式。汇付方式的种类包括电汇（T/T）、信汇（M/T）和票汇（D/D）（参见第十七章内容）。使用汇付方式的付款条件包括订货付现（CWO）、凭单付款（CAD）、货到付款（COD）、寄售（Consignment）、记（赊）账（O/A）和分期付款（Installment Payment）等。

二、托收付款（Collection）

托收是指卖方先发货、后收款的一种付款方式，这种方式对卖方而言具有一定风险，但有利于商品的销售。在目前大多数商品处于买方市场的情况下，它是一种最主要的支付方式。在国际贸易中所使用的托收多为跟单托收，即卖方发货后取得各种单据，凭单据向买方收取货款（参见第十八章内容）。

三、信用证付款（Letter of Credit，L/C）

信用证付款是国际贸易中最常用的付款方式之一，这种付款方式对出口商比较有利

（参见第十九章内容）。

四、订货付现（Cash with Order，CWO）

订货付现是指在合同中约定，订立合同后或装运货物前，买方预付部分或全部货款。这种方式的付款对买方具有一定风险，因此，比较适合于以下几种交易：（1）合同金额较小，属于试验性订货；（2）特殊规格的货物，如专门为买方定做的产品；（3）卖方的货物供不应求，买方急于购货；（4）买方信用不佳或信用情况不明；（5）双方关系较好，买方充分信任卖方；（6）买方先付款时，可获得一定的价格优惠。若采用这种预付货款方式，合同中可订立为 Payment Shall be made cash with order by means of T/T（习惯称之为“前 T/T”）。订货付现与预付货款（Payment in Advance）或预付现金（Cash in Advance）的含义基本相同。

五、分期付款（Installment Payment）

分期付款是指由卖方先将货物交付买方，货款则依约定的次数与金额分成若干期偿付。这种付款方式一般在大型成套设备交易中使用，付款期限的长短则视交易金额大小、货物性质而定。为了降低货款的风险，卖方可向出口信用保险公司办理保险。

六、凭单付款（Cash against Documents，CAD）

这种付款方式是指卖方发货后，即将货运单据提交给出口地买方指定的银行或其代理人，请求其支付现款。如 C. A. D. payable in Beijing。但有时也可指定进口地为付款地，这样一来，CAD 与托收基本一样。合同条款可约定：Terms of payment：Net cash against documents payable in Beijing。

七、货到付款（Collection on Delivery，COD）

这种付款方式是指卖方将货物运抵目的地后，买方将全部货款交付给卖方或其代理人，才可以提货。该方式通常用于航空运输货物。卖方在托运货物时，委托货运代理办理手续并收取货款；航空公司将货物运抵目的地后，即通知进口商付款提货；航空公司收取货款后，即交给货运代理转交卖方。

八、寄售（Consignment）

所谓寄售是指出口商（寄售人，Consigner or Consignor）先将货物运抵进口目的地的受托人（Consignee），待货物出售后，再由受托人将扣除佣金和有关费用的余款支付给出口商；但有时合同约定由寄售人定期开立光票向受托人收取货款。寄售下的付款条款如 Terms of payment：Payment shall be made by check when the goods have been sold；或 Payment shall be effected by T/T immediately after sale of goods。

九、记（赊）账（Open Account，O/A）

记账又称赊账、专户记账，是指卖方将货物装运后，即将货运单据直接寄交买方提货，而货款则记入买方账户借方，待约定期限届满时再进行结算。合同条款如 Terms of payment：O/A，payment to be made within 20days after B/L date。

在实务中，双方也可约定在一笔交易中采用两种或两种以上的付款方式。如汇付与托收结合，汇付与信用证结合，汇付与托收、信用证结合，汇付与备用信用证结合等。

第六节　交货（装运）条款

交货条款是买卖合同的最主要条款之一。买卖合同中，一般应对交货地点、交货期限（装运时间）、装（卸）货港、分批（分期）与转运、装运通知等事宜作出约定。

一、交货地点（Place of Delivery）

在国际贸易中，关于交货的地点通常由贸易术语决定，即只要双方就贸易术语达成一致，交货地点即随之确定，但双方最好再约定具体的交货点（port）。

二、交货期限（Time of Loading or Discharge）

在国际贸易实务中，交货期限通常表现为装运时间（Time of Shipment）。"装运"（Shipment）一词，其本意是指"将货物装上运输工具"，但在国际货物运输中，包括将货物装载于船、火车、飞机或汽车等运输工具上或交给承运人。装运时间与交货时间（Time of Delivery）有时不完全是同一概念。在 EXW、FAS、FOB、CFR、CIF、FCA、CPT 和 CIP 条件下，"交货时间"与"装运时间"的意思相同；在 DAP、DPU 和 DDP 条件下，"装运时间"是指在出口地的发货时间，"交货时间"是指在进口地的提货时间。

实务中常见的装运时间有以下几种表示方法，双方当事人可约定其中一种。

1. 限定某日前装运

如 Shipment on or Before 15th March 2019；Shipment by 15th October 2019；Shipment Before the end of May 2019。

2. 限定某月内装运

如 Shipment during June 2019；Shipment in June 2019。

3. 限定连续几个月内装运

如 September/October 2019 Shipment；Shipment during September and/or October 2019（2019 年 9 至 10 月装运）。在这一方式下，卖方可选择 9 至 10 月的任何一天装运，若合同未禁止分批装运，则卖方还可跨月分批装运。

4. 限定某月中一段时间内装运

如 Shipment during the first half of May 2019（即在 5 月 1 日至 5 月 15 日之间装运）；Shipment in beginning of July 2019（即 7 月 1 日至 10 日装运）；Shipment in end of October 2019（即 10 月 21 日至 31 日装运）；Shipment must be effected on or about 10th Jan. 2019（即自 1 月 5 日至 1 月 15 日期间内装运）。

5. 限定某一事件后或某一条件装运

如 Shipment within 60 days after receipt of L/C；Shipment within one month after receipt of T/T。

6. 路货贸易交货时间

在先装运、后交易的路货（Afloat Goods）贸易中，交货时间可采用如 Afloat（To Arrive 或 In Transit）per S. S. ××（船名）的方式。

7. 未定交货时间

因某种原因，贸易双方未约定交货时间。此时，卖方应在“合理时间”内交货，但“合理时间”视具体情况而定。为避免争议，最好约定明确的交货时间。

有时卖方约定交货时间要以某一条件为前提，以免日后产生争议，如 Shipment by the end of July 2015 subject to buyer's L/C reaching seller on or before 30th June 2019；再如 Shipment in beginning of April 2019 subject to shipping space available。

三、装货港和卸货港（Port of Loading and Discharge）

在订立装运条款时，装运港一般由卖方提出，经买方同意后确定；卸货港则由买方提出，经卖方同意后确定。

通常，装运港、卸货港分别规定一个（指名港、列名港）。但根据实际需要，装运港可为两个或两个以上，而卸货港为一个；或者装运港为一个，而卸货港为两个或两个以上；或者装卸港均为两个或两个以上。当明确规定一个港口有困难时，可采用选卸港（Optional Ports）办法，如 CIF London，Optional Hamburg/Rotterdam（卸货港伦敦，选择汉堡/鹿特丹）。选卸港必须是原定航线沿途必经的挂靠港（Port of Call），这种货物称为“选卸港货物”（Optional Cargo），其提单称为“选卸港提单”（Optional B/L）。选卸港数量越多，船公司收费越高。

四、分批装运（Partial Shipment）

分批装运又称部分装运。对此，UCP600 第 31 条 b 款规定：“提交包含一套以上的运输单据并表明在同一种运输方式下，货物装运在超过一个运输工具上，将被视为部分装运，即使这些运输工具在同一天起程、驶往同一目的地。”例如，“黄海轮”和“嘉兴轮”均在 5 月 6 日，于青岛港各装运同一个买方的一批货物并分别签发两套提单，同时，该两轮的货物也在同一天运往鹿特丹港，此种情况视为部分装运。因此，分批装运或部分装运，是指将买卖合同或信用证规定的一批货物分成若干部分，并在合同或信用证规定的一个装运期内装运完毕，而不是一次将规定的货物全部装运完毕。ISBP745 也对分批装运进行了具体规定：（1）ISBP745 E18：使用一艘以上船舶的装运为分批装运，即使每艘船舶都是同一天离港，去往同一个目的地。（2）ISBP745 E19：若允许分批装运，提交多套正本提单作为计划或许可的一次交单的组成部分，且这些提单包含不同的装运日期、使用了不同的船舶或不同航程的同一船舶，则装运日期中最早的日期用于计算交单期限，以及这些日期中的每一个日期不得晚于信用证规定的最迟装运日期。

货物是否可分批装运对买卖双方都将产生影响。依 UCP600 和 ISBP745 的规定，一批货物可分批装运。若合同货物的数量较大、生产或加工周期较长或者买方需要分批使用货物，双方在订立交货时间上应考虑分批装运，如 Partial shipments to be allowed 或 Partial shipments to be permitted。这种规定方法对分批装运的具体批次、时间及每批的数量都不作规定，卖方可根据货源、港口、船舶等情况自行掌握。

在分批装运的情况下，卖方只有完成全部货物的装运后，才有权请求开证银行付款、承兑或议付，即无权在每装运一批货物后要求开证银行付款、承兑或议付。

若买方不同意分批装运，则应在合同中予以明确规定，如 Partial shipments not permitted（prohibited）。

五、分期装运（Installment Shipment）

分期装运，是指卖方按信用证或合同规定，将全部货物分为若干次并在信用证或合同规定的不同期限内装运完毕。

在国际贸易中，买方为使到货与生产或销售结合起来，一般要求卖方将全部货物分为若干次（批）并在不同的时期内装运，每期只装运全部货物的一部分。若双方同意分期装运，合同或信用证应特别强调共分几期装运、各期装运的时间和装运的数量。如 Shipments during July，August and September 2019 in three equal installments monthly，each±50M/T，total volume±15 000M/T（2019 年 7 月至 9 月三期，每月平均装运约 50 公吨，共计约 1 500 公吨）。

若信用证规定了分期装运，卖方须严格遵守装运时间和数量，即每个规定的装运期内装运该期应该装运的数量。每一期装运完毕后，卖方即可提交该期的装运单据，请求银行对该期货物付款、承兑或议付。对此，UCP600 第 32 条规定：若信用证规定在指定的期限内分期装运，任何一期未在该期许可的期限内装运，则信用证对该期及其后各期均告失效。

从以上论述可以看出，分批装运与分期装运是不同的，其区别表现为以下两个方面。

1. 装运期不同

分批装运是在一个装运期内分几次（批）装运，卖方必须在该装运期内装运完全部货物；每次装运的时间，信用证一般不作规定，由卖方自行决定且每批数量通常不受限制。分期装运是每期装运都有自己独立的装运期，卖方必须在该期限内按量装运；但在每一独立装运期内，可分几批装运该期的货物，只要在该期限内装运完该期要求的货物数量即可。

2. 结汇时间不同

分批装运，卖方无权就每批装运分别要求银行付款、承兑或议付，只有将全部货物装运完毕才能要求结汇。换言之，最后一批的装运日期视为全部货物装运的日期。分期装运，全部装运完某一期货物后，即可要求银行对该期货物付款、承兑或议付。

六、转运（船）（Transshipment）

当出口地与进口目的地无直达运输，或虽有直达航线但船期不固定，不如在第三方转运便利，在订立交货条款时可考虑转运，如 Transshipment to be allowed at Hong Kong。但转船可能造成货物受损、被盗或丢失等，同时，也带来成本的增加。若可直达运输，买方通常不接受转运，因此，合同须予以明确，如 Transshipment not allowed（forbidden）。

有时买方要求由其指定船舶，此时，必须在合同中予以明确，如 Shipment to be effected per APL Liner steamer 或 Shipment to be effected per American flag vessel。

UCP600 第 19、20、23 和 24 条，对多式联运、海运、航空运输及其他运输方式下的转运分别作出了规定。

ISBP745 E17 也对转运进行了规范：转运是指从信用证规定的装货港到卸货港之间的运输过程中，将货物从一艘船舶卸下再装上另一船舶的行为。根据信用证和 UCP600 第 20 条（b）和（c），若提单未表明在该两港口之间发生卸货和重装，则不视为转运。

七、装运通知（Advice of Shipment；Shipping Advice）

依 Incoterms®2020 的规定，买卖双方都有相互发出装运通知的义务，以便双方相互配合，共同做好船、货、港、保险的衔接工作。因此，买卖双方须在合同中就装运通知的具体内容、发送方式、通知费用的负担等事项作出明确的规定。

（一）卖方的装运通知

在 CIF、CFR 或 CIP 等交易条件下，由卖方安排运输，因此，卖方在开始装运前应向买方发出通知。其内容主要包括货名及货值、货量、合同或信用证号码、船名、装船日期、装运港口、保险等有关情况，使买方了解有关运输和货物的准备工作已就绪。例如，The Sellers shall advise the Buyers 30 days before the month of shipment of the time the goods will be ready for shipment。

货物装运（船）后，卖方应向买方发出实际的装运通知。其目的首先是便于买方安排保险事宜，防止漏保。因为在 FAS、FOB、CFR 等条件的交易中，买方订立买卖合同后，通常先向保险公司投保预约保险，接到卖方的装运通知再通知保险公司承保。若卖方疏于此项通知，导致买方漏保进而货损得不到保险赔偿，则买方有权要求卖方赔偿。因此，卖方向买方发装运通知应做到及时和充分。其次，便于买方做好接货准备。最后，便于买方准备转卖货物。

（二）买方的装运通知

在 FOB、FAS、FCA 等交易条件下，由买方安排运输，因此，当买方接到卖方货物已备妥的通知后，应及时将船舶等运输情况，如预计到港日期、受载日期等通知卖方，以便卖方及时发运或装运并办理有关出口的手续。

八、美国 OCP 运输条款

以芝加哥、底特律等为中心的中西部城市是美国的重要经济区，它与远东之间的贸易货物，大部分要经过内陆运输，其中以铁路运输为主。远东与太平洋沿岸间的集装箱运输，已发展到可经由美国太平洋沿岸港口将集装箱货物运至美国内地，特别是运往美国中西部的货物采用联运。这不仅节约了运输时间、方便了货主安排内陆中转，而且发货量集中，可使货主享受较低的铁路运价。

在中国出口贸易中，美国和加拿大开来的信用证中常出现 OCP 一词。因此，须对 OCP 有所了解，以更好地开展对美、对加贸易。

（一）OCP 运输的概念

OCP 是“Overland Common Points”的简称，意指“内陆地区”，是享受优惠费率通过陆运可抵达的地区。所谓“内陆地区”，根据费率规定，以美国西部 9 个州为界，即以落基（洛矶）山脉为界，其以东地区均为内陆地区。

OCP 费率是太平洋航运公会为争取运往美国内陆地区的货物途经美国西海岸港口转

运而制定的一个比直达美国西海岸港口还低的费率。加拿大与美国毗邻，贸易与运输同美国有密切关系，也有一个 OCP 地区，自西向东的陆运实行与美国相同的优惠费率。

OCP 的优惠费率和陆运的便捷，使原来海陆运至美国东海岸各港的货物被吸引到美国西海岸港口，经营该航线的船公司也日益增多。中国现在运往美国、加拿大 OCP 地区的货物也是经西海岸路线，由陆路转运。

（二）OCP 运输的具体做法

经营美、加西海岸航运的船公司对多数货物定有两种费率：一是本地费率（Local Rate），适用于西海岸地区就地销售和使用的进口货物；二是“内陆地区”费率（OCP Rate），适用于由西海岸各港转运到 OCP 地区的进口货物。后者比前者低 3%～5%。

1. 成交签约

依 OCP 运输条款成交签约后，发货人按 OCP 费率支付运费，将货物运到收货人指定的西海岸港口后，发货人即完成联运提单中的运输责任。货物抵达西海岸港口后，由收货人委托中转人（负责内陆运输的人）持正本提单向船公司提货，并按 OCP 内陆运费，通过内陆运输运至收货人指定的地点。因此，签订 OCP 运输条款对发货人来说，实际上是卖断西海岸港口而不承担任何其他责任和风险，比按 CIF 或 CFR 报价节省运费；对收货人来说，可享受内陆转运的优惠费率。在对美、加贸易中，若采用 OCP 运输条款，对贸易双方都有利。原来成交条款为 CIF 或 CFR 纽约的，可改为 CIF 或 CFR 美国西海岸指定港口。若贸易合同中明确规定货物的运输方式是从中国港口到美国、加拿大西海岸港口转运至 OCP 最终目的地，则可注明 Shipment from China ×× port to ××（如 Seattle） OCP ××（如 Chicago）或 Shipment from China ×× port to ××（如 Vancouver） OCP ××（如 Montreal）。

2. 运输单据

在货物的运输标志内同时注明卸货港和 OCP 的最终目的地，如西雅图转芝加哥，可注明“Seattle OCP Chicago”，在提单卸货港一栏内注明“OCP”字样。为使提单与贸易合同、信用证一致，提单上的卸货港栏内应填写美国西海岸港口名称，另在提单备注栏内注明最终目的地“OCP ××”城市。

例如，中国出口一批货物到美国，卸货港为美国西雅图，最终目的地为芝加哥。西雅图是美国西海岸港口，芝加哥为美国内陆地区城市，这笔交易符合 OCP 规定，经贸易双方同意，可采用 OCP 运输条款。贸易合同和信用证中的目的港（卸货港）可填写“西雅图”（内陆地区）即“CIF Seattle（OCP）”，但提单内填写目的港西雅图外，还须在备注栏内注明“OCP Chicago”字样。

第七节　保 险 条 款

买卖合同中，通常规定保险条款。由卖方还是买方投保，则视合同所选用的贸易术语而定。

一、投保人

若合同所选用的贸易术语为 EXW、FAS、CFR、CPT、FOB、FCA，货物在出口国交付后的运输风险由买方承担。因此，买方应自行投保，进而成为被保险人及保单持有人。

若合同所选用的贸易术语为DAP、DPU、DDP，全部运输风险由卖方承担。因此，保险由卖方办理，卖方进而成为被保险人及保单持有人。

若合同所选用的贸易术语为CIF、CIP，货物在出口国交付后的运输风险由买方承担，但全部运输保险由卖方办理，保单的被保险人记载为卖方，保单将转让给买方。因此，合同中须约定卖方投保的险别、保险条款、保险金额等事宜。

二、保险条款的选择

无论是由买方或卖方投保，贸易商均可选择不同的保险条款。中国的贸易商可使用中国保险条款（CIC），也可使用英国保险条款（ICC）。

三、保险金额与险别

保险金额是保险标的在发生灭失或损害时，保险人负责赔偿的最大金额，即保险公司对被保险人赔偿的最大限度。若贸易合同以CIF或CIP条件以外的其他贸易术语成交，保险是交易当事人单方面的义务，因此，贸易合同中无须双方约定保险金额。若贸易合同以CIF或CIP条件成交，卖方是为买方的利益而投保，因此，双方须在合同中约定有关保险的事项；其中，保险金额与保险险别是最重要的内容。

在CIF、CIP、CFR和CPT等条件下，保险费及运费构成货物价格的一部分，其数额一般是按照报价或订约时的费率计算的。但在实际交货时，该费率可能上涨。这项增加的费用若未明确，则通常由卖方承担。为避免争议，最好在合同中予以规定，如Any increase in insurance premium rate and freight rate at the time of shipment shall be for the buyer's risk and account或In case the rate of insurance premium and freight should be raised between the time of contract concluded and that of shipment, such increase shall be for buyer's account。

第八节 检验检疫条款

对进出口货物实施检验检疫，是指对货物的包装、质量、数量（重量）、卫生及安全性能等进行检验或检疫。

国际货物买卖合同中的货物检验检疫条款一般包括下列内容：有关检验权的规定；检验或复验的时间和地点；检验机构；检验项目和检验证书等。

一、出口货物合同的检验检疫条款实例

It is mutually agreed that the Certificate of Quality and Weight (Quantity) issued by… at the port/place of shipment shall be part of the documents to be presented for negotiation under the relevant L/C. The Buyers shall have the right to reinspect the quality and weight (quantity) of the cargo. The reinspection fee shall be borne by the Buyers. Should the quality and/or weight (quantity) be found not in conformity with that of the contract, the Buyers are entitled to lodge with the Sellers a claim which should be supported by survey reports issued by 8 recognized surveyor approved by the Sellers. The claim, if any, shall be lodged within twenty days after arrival of the goods at the port/place of destination. ①

二、进口货物合同的检验检疫条款实例

It is mutually agreed that the Certificate of Quality and Quantity/Weight issued by the Manufacturer（or . . . Surveyor）shall be part of the documents for payment under the relevant L/C. In case the quality, quantity or weight of the goods be found not in conformity with those stipulated in this contract after reinspection by... within 20 days after discharge of the goods at the port/place of destination, the Buyers shall return the goods to or 1odge claim against the Sellers for compensation of losses upon the strength of Inspection Certificate issued by the said..., with the exception of those claims for which the insurers or the carriers are liable. All expenses (including inspection fees) and losses arising from the return of the goods or claims should be borne by the sellers. In such ease, the Buyers may, if so requested, send a sample of the goods in question to the Sellers, provided that the sampling is feasible. ②

此外，货物买卖合同中的检验条款还可根据不同商品的需要，规定检验的标准和检验方法。

依我国商检法规定，凡列入《目录》的进出口商品，按照国家技术规范的强制性要求进行检验；无国家技术规范的强制性要求的，可参照国家相关管理部门指定的国外有关标准进行检验；法律、行政法规规定由其他检验机构实施检验的进出口商品或者检验项目，依照有关法律、行政法规的规定办理。

第九节 索赔条款

买卖双方为了在索赔和理赔工作中有所依据，一般应在合同中订立索赔条款。索赔条款可根据不同的需要作不同的规定。

一、索赔条款的内容

索赔条款一般应包括以下内容：

1. 索赔依据。指在合同中规定索赔人索赔时必须提供的证据，通常包括买卖合同、相关的法律规定、违约事实及其书面证明等。

2. 索赔期限。指法律规定或在合同中约定的索赔人索赔时的时间限制。常见的约定有：货物到达目的地（港）后××天起算 60 天内索赔；货物运抵买方所在地后××天起算 3 个月内索赔；货物经检验后××天起算 180 天内索赔等。依联合国公约的规定，若合同未约定索赔期限，因货物质量问题，买方向卖方索赔的最长期限为自实际收到货物起不超过 2 年。

3. 索赔办法与数额。由于违约的情况复杂多样，很难预测，因此，合同中通常只对索赔办法和数额作笼统规定。如只规定“买方对于货物的任何异议，必须于货物抵达运

---

① 吴百福．进出口贸易实务［M］. 4 版．上海：上海人民出版社，2003：239.

② 同上．

输单据列明的目的地后××天内提出，并须提供公证机关出具的检验报告。卖方将依据实际损失予以赔偿”。

4. 违约金。它主要是针对卖方延期交货、买方延期接货或延期付款等情况而订立的罚金。该条款一般应规定违约金的最高数额和计算方法，如 10 万美元，按 CIF 价格计算。

二、索赔条款的主要种类

国际货物买卖合同中，通常采用的索赔条款有“异议与索赔条款”“罚金条款”“索赔处理条款”等。

（一）异议与索赔条款

异议与索赔条款（Discrepancy and Claim Clause），通常是针对货物质量、数量或包装而订立的，主要包括索赔依据、索赔期限、索赔范围等。如：

Any claim by the Buyer regarding the goods shipped should be filed within 20 days after the arrival of the goods at the port/place of destination specified in the relative Bill of Lading and/or transport document and supported by a survey report issued by a surveyor approved by the Seller. Claims in respect of matters within responsibility of insurance company, shipping company/other transportation organization will not be considered or entertained by the Seller.

（二）罚金条款

罚金条款（Penalty Clause），又称为违约金条款（Liquidated Damage Clause），是指一方当事人违约时向另一方当事人支付一定金额的罚金。该条款多用于卖方延期交货或者买方延期接货或延期付款的场合，它的特点是预先在合同中规定罚金的数额或罚金的百分率。但各国法律关于罚金有不同的规定，如大陆法系的德国法律规定，合同中的罚金条款有效，应予以承认；而英美法系国家通常不承认合同中的罚金条款。对此，中国《民法典》第 585 条规定：约定的违约金低于造成的损失的，人民法院或者仲裁机构可以根据当事人的请求予以增加；约定的违约金过分高于造成的损失的，人民法院或者仲裁机构可以根据当事人的请求予以适当减少。当事人就迟延履行约定违约金的，违约方支付违约金后，还应当履行债务。

通常情况下，国际货物合同只订立“异议与索赔条款”或“检验与索赔条款”；对于大宗货物买卖合同和机械设备一类商品的合同，可同时订立“罚金条款”。

第十节　不可抗力条款

不可抗力（Force Majeure）条款，是指法律规定或在国际货物买卖合同中约定，当一方当事人因不可抗力事件导致其不能完全履行或不能部分履行合同的义务时，可免除其全部或部分的责任，另一方当事人不得对此提出损害赔偿要求。该条款是合同的免责条款之一。

国际货物买卖合同中的不可抗力条款主要规定不可抗力的范围、对不可抗力的处理原则和方法、不可抗力发生后通知对方的期限和方法以及出具证明文件的机构等。

国际货物买卖合同中的不可抗力条款主要有以下三种表示方法。①

一、概括条款

所谓概括条款，是指在合同中只约定一旦发生不可抗力事件，卖方的交货义务可以免除或推迟且对此不承担责任。至于哪些事件属于不可抗力，合同并没有约定。这类条款简练，但易产生争议。如：

If the shipment of the contracted goods is prevented or delayed in whole or in part due to Force Majeure, the Seller shall not be liable for nonshipment or late shipment of the goods of this contract. However, the Seller shall notify the Buyer by teletransmission and furnish the latter within 20 days by registered airmail with a certificate issued by the China Council for the Promotion of International Trade (China Chamber of International Commerce) attesting such event or events.

二、列举条款

所谓列举条款，是指在合同中详细列明不可抗力事件的种类，只有列明的不可抗力事件导致卖方不能履约时，才可免责或推迟履约。如：

If the shipment of the contracted goods is prevented or delayed in whole or in part by reason of war, earthquake, flood, fire, storm, heavy snow, the Seller shall not be liable for nonshipment or late shipment of the goods of this contract. However, the Seller shall notify the Buyer by teletransmission and furnish the latte within 20 days by registered airmail with a certificate issued by the China Council for the Promotion of International Trade (China Chamber of International Commerce) attesting such event or events.

三、综合条款

所谓综合条款，是指将上述两种类型的条款结合在一起，即在该条款中，既列明不可抗力的具体事故，又包括未列明的其他不可抗力事件。如：

If the shipment of the contracted goods is prevented or delayed in whole or in port by reason of war, earthquake, flood, fire, storm, heavy snow or other causes of Force Majeure, the Seller shall not be liable for non-shipment or late shipment of the goods of this contract; However, the Seller shall notify the Buyer by teletransmission and furnish the latter within 20 days by registered airmail with a certificate issued by the China Council for the Promotion of International Trade (China Chamber of International Commerce) attesting such event or events.

第十一节　仲裁条款

仲裁是目前解决贸易纠纷最常用的方式。因此，贸易合同中最好订立仲裁条款。但也

---

① 吴百福. 进出口贸易实务［M］. 4版. 上海：上海人民出版社，2003：251-252.

可在发生纠纷后再订立仲裁协议。

一、仲裁条款的主要内容

无论是合同中还是仲裁协议中，仲裁条款一般应包括仲裁地点、仲裁机构、仲裁程序与规则及仲裁裁决效力等。关于仲裁的问题，可参见本书第二十八章的相关内容。

二、仲裁条款的类型

中国贸易商在订立货物买卖合同的仲裁条款时，可以选择以下三种条款之一：[①]

（一）规定在中国仲裁的条款

Any dispute arising from or in connection with this contract shall be settled amicably through negotiation. In case no settlement can be reached through negotiation, the case shall then be submitted to the China International Economic and Trade Arbitration Commission for arbitration which shall be conducted by the Commission in Beijing at the Claimant's option in accordance with the Commission's arbitration rules. The arbitration award is final and binding upon both parties.

（二）规定在被申请一方所在国仲裁的条款

All disputes arising out of the performance of, or relating to this contract, shall be settled amicably through friendly negotiation. In case no settlement can be reached through negotiation, the case shall then be submitted for arbitration. The location of arbitration shall be in the country of the domicile of the defendant. If in China, the arbitration shall be conducted by the China International Economic and Trade Arbitration Commission in accordance with its rules of arbitration. If in . . . , the arbitration shall be conducted by. . . in accordance with its rules of arbitration. The arbitral award is final and binding upon both parties.

（三）规定在双方同意的第三国仲裁的条款

All disputes arising out of performance of, or relating to this contract, shall be settled amicably through friendly negotiation. In ease no settlement Call be reached through negotiation, the ease shall then be submitted to . . . for arbitration, in accordance with its roles of arbitration. The arbitral award is final and binding upon both parties.

案例分析

危险货物包装争议案

案情简介[②]

原告（反诉被告）：上海密尔克卫国际集装箱货运有限公司（下称“密克尔卫货运”）

被告（反诉原告）：宁波太一进出口有限公司（下称“太一进出口”）

---

① 吴百福．进出口贸易实务［M］．4版．上海：上海人民出版社，2003：262-263.

② 刘怡如．关于托运人对危险货物的妥善包装义务．上海海事法院民事判决书（2006）沪海法商初字第49号．

某年3月21日，被告（反诉原告）太一进出口委托原告（反诉被告）密克尔卫货运出运4桶、200公斤对硝基苯甲酰氯自上海至巴塞罗那，双方约定不可分批和转船。同年3月31日，密克尔卫货运向太一进出口签发了已装船清洁提单。提单载明托运人为太一进出口，收货人为GLOBAL QULMIA S. L.（下称GLOBAL），装货港为上海，卸货港为汉堡，最终目的地为巴塞罗那。太一进出口向密尔克卫货运出具了安全运输保函，保证所托运货物已根据所适用的国际和国内规定进行了分类、包装、标记以及标志且各方面都处于良好的运输状态，并承担由此引起的一切风险、责任、后果、费用。同年5月9日，太一进出口向密克尔卫货运支付了运费950美元。货物运至汉堡港后发生泄漏。当地调查机构为此出具了调查报告。报告中称，损害发生的原因是装有对硝基苯甲酰氯桶的螺旋盖未适当关闭。相关部门在调查机构的证明下，对装有对硝基苯甲酰氯的桶进行了重装和清洗。此外，收货人GLOBAL发函给密克尔卫货运的代理人ERA表示弃货，涉案货物在汉堡当地也被当作废弃物予以处理，密克尔卫货运为此支付了8 215.34美元的相关费用。12月26日，密尔克卫货运向法院提起诉讼，请求判令太一进出口赔偿货物泄漏后产生的清理费用等损失计8 215.34美元及相应利息。被告太一进出口抗辩认为，被告向原告提供的货物是严格按照国际海事组织及中国有关部门关于国际海上危险货物运输的有关规则操作的，并且提供了出境货物运输包装性能检验结果单和出境危险货物运输包装使用鉴定结果单。

此后，太一进出口提出反诉认为，货物发生泄漏是密克尔卫货运未尽到管货义务造成的，要求其赔偿因弥补损失而另行订购对硝基苯甲酰氯，委托他方通过空运方式出运并由此产生的相关费用共计人民币36 127元。密克尔卫货运辩称，其托运的货物包装桶螺旋盖未适当关闭，因此造成货损和收货人拒绝提货，其相应损失应由太一进出口自行承担，要求驳回太一进出口的诉讼请求。

法院判决

法院经审理认为，太一进出口作为危险品的托运人向承运人提供货物时，应依有关海上危险品运输的规定对货物进行妥善的包装。在密克尔卫货运提供的汉堡调查机构的调查报告中显示，损害发生的原因是装有对硝基苯甲酰氯的桶的螺旋盖未适当关闭，集装箱未遵从《国际海运危险货物规则》（IMDGC Code），由此表明货物事故的发生源于包装问题；而货物的包装由太一进出口负责，若太一进出口认为螺旋盖未关闭系密克尔卫货运在装箱、搬运、积载、运输过程中存在过错所致而非包装不当引起，其应提供相应的证据。太一进出口虽提供了出境危险品运输包装使用鉴定结果单，但该结果单只是货物在交付运输前包装符合相关规定的初步证明，而货物在汉堡港经检验，实际存在螺旋盖未关闭问题，说明货物在交付运输前包装确有缺陷；同时结果单也表明，对危险品所使用的包装容器仅作抽样鉴定，因此，不能由此证明所有货物的包装均与抽样鉴定结果一致。据此认定涉案货物泄漏事故系太一进出口对货物包装不当引起。在本诉中，货物泄漏产生的费用由密克尔卫货运代理人垫付，密克尔卫货运也已向其代理支付了相应费用，所以，太一进出口应对密克尔卫货运运输涉案货物所遭受的损失承担赔偿责任。反诉中，涉案货物运至汉堡港因包装不当发生泄漏，作为承运人的密克尔卫货运根据港口当局的要求，对危险品进行处理符合有关规定，同时，收货人也明确表示弃货，所以，密克尔卫货运无需就货物再承担任何赔偿责任，太一进出口的所谓损失亦应由其自行承担。综上，法院遂判决应由太一进出口承担密克尔卫货运的全部损失。

太一进出口不服一审判决，提起上诉。二审法院判决：驳回上诉，维持原判。

试分析该案例。

（提示：

1. 承运人签发了清洁提单并不能证明货物包装完好。承运人签发清洁提单即表明承运人在接收货物时，货物的外表状态良好。所谓外表状态良好，一般是指承运人凭目力或通常的方法所能观察到的货物状况。外表状态良好，并不排除货物内容存在凭目力或通常的方法不能发现的缺陷，即清洁提单只是货物表面状态良好的初步证明，并不能完全排除货物在交承运人时包装没有瑕疵。

2. 合法单证的证明效力。托运人提供的出境货物运输包装性能检验结果单和出境危险货物运输包装使用鉴定结果单虽然是合法的证明单据，但究其检验方法来看，并不能证明托运人已履行了妥善包装的义务。抽样检验方法的缺陷在于并不能证明所有货物的包装均与抽样鉴定结果一致。

3. 承运人举证责任的免除。本案中的承运人是否负有货物包装桶螺旋盖未适当关闭并不是由承运人造成的举证责任。但根据法律规定，当事人对于根据已知的事实和日常生活经验法则，能推定出的另一事实无需举证。本案中，货物泄漏仅是包装桶的螺旋盖未适当关闭所致，而货物的包装未受到其他损害，所以，若认定承运人在运输中存在过错，是难与常理相符的，故免除密克尔卫货运的举证责任。

本案纠纷起因于托运人太一进出口托运的货物包装桶螺旋盖未适当关闭，造成货物损失和收货人拒绝提货，托运人未就其履行了托运人对货物的妥善包装义务承担举证责任，而应由托运人承担货损责任。）

第五章　国际贸易术语

国际商会（ICC）对在长期的国际贸易中形成的一些习惯做法加以编纂，并对其进行统一解释，因而形成了统一的国际贸易惯例。有关贸易术语的国际惯例就是一种国际贸易惯例。

本章以国际商会发布的 Incoterms® 2020 为重点，探讨贸易当事人如何正确运用贸易术语。

第一节　国际贸易惯例的含义与特点

一、国际贸易惯例的含义

国际贸易惯例是指，在长期的国际贸易实践中形成的一些规范化、成文化并具有一定确定性和指导意义的行为规范以及一些习惯做法。它们一经形成，又反过来对国际贸易实践产生深刻的影响，对国际贸易业务的进行和发展，在当事人意思自治的原则下起着一定的指导和制约作用。

国际贸易惯例随着国际贸易客观情况的发展和变化，不断发生相应的变动和修改。如 Incoterms、UCP、URDG、URR、ISBP 等已进行过多次变动和修改。

二、国际贸易惯例的性质与特点

在形式上，国际贸易惯例与国际公约、法律极为相似，但两者在性质和特点方面有所区别，其发挥的作用也不同。

（一）国际贸易惯例具有广泛的适用性

若一项规范国际贸易行为的规则在许多国家或地区适用，则该规则可视为国际贸易惯例，即使该规则由某一国家制定。例如，《1990 年美国对外贸易定义修订本》就被视为国际贸易惯例。

（二）国际贸易惯例不是法律和国际公约，本身不具有强制性或约束力

法律是主权国家制定的，具有强制性，当事人不得排除其适用或对其进行修改、变更。国际公约（条约）是国际组织制定、诸多国家批准参加的，有关当事人须遵守；通常，当事人也不得加以排除，只有在特殊情况下除外。

而国际贸易惯例不是由主权国家制定或批准的法律，它不具有普遍适用性和约束力，即不是强制性的规范，贸易当事人可采用它，也可不采用它，完全由当事人自由决定。

（三）国际贸易惯例只有在一定条件下，才产生法律约束力，具有强制性

国际贸易惯例只有在以下条件下，才产生法律约束力，对当事人具有强制性。

（1）通过国内立法，将贸易惯例引入国内法中，或在国内法中明文规定适用贸易惯例；

（2）通过国际立法，将国际贸易惯例引入公约或条约中；

（3）通过合同，在合同中直接引用某一国际贸易惯例；

（4）司法实践中引用国际贸易惯例；

（5）默示适用国际贸易惯例。

（四）国际贸易惯例可予以修改或变更

即使贸易当事人在合同中明确约定适用某项国际贸易惯例，但双方当事人也可对该惯例中的有关规则予以修改或变更，即双方当事人在合同中约定了与该惯例不一致的条款。这种修改或变更只要与当事人国家的法律不矛盾，同样可获得有关国家法律的承认和保护，并在履约中以修改或变更后的内容或条款为准。

三、国际贸易惯例的作用

由于国际贸易惯例随着形势的变化和发展而不断完善，其内容已达到相当高度的统一。因此，许多国际贸易惯例已被各国商人所广泛接受，并在国际贸易中发挥了极大的作用。

（1）在国际贸易中适用惯例，不仅可解决各国的法律分歧，且可使一国的国际贸易业务在一定条件下不受外国法律管辖，从而避免被动局面；

（2）国际贸易惯例可作为裁决或判决的依据。

第二节　国际贸易术语惯例

在国际贸易中，有关风险、责任和费用等的划分问题，通常采用贸易术语惯例加以确定。

一、国际贸易术语的含义及其作用

国际贸易术语是在长期的国际贸易实践中产生的，用以明确国际贸易商品的价格构成，说明交货地点或到货地点，划分买卖双方的风险、责任和费用等问题并用三个英文字母表示的一种专门用语。如 CIF 即可表示上述含义。

在国际贸易合同中，贸易术语一般可与其他问题一起表示，如：

Per M/T USD500 CIF New York，USA，Incoterms®2020。

由于贸易术语中包含价格、交易条件等问题，所以通常又将贸易术语称为“价格术语”或“贸易条件”等，如“FOB 价格”或“FOB 条件”等。①

在国际贸易中，采用不同的贸易术语，如 FOB 或 CIF，就使该贸易合同具有了与采用其他贸易术语不同的特点，因而该合同又可称为“FOB 合同”或“CIF 合同”。

---

① 贸易实务中的“贸易条件”与贸易理论中的“贸易条件”（terms of trade，TOT），含义不同。后者是指一单位的出口货物可换取的进口货物数量。

国际贸易术语出现后，可用简单的英文字母代替复杂的语言和文字描述，只要双方同意采用某一种贸易术语，其谈判过程和合同内容就可大为简化。因此，贸易术语的产生推动了国际贸易的发展。其具体表现为，首先，简化交易程序，缩短洽商时间，节省费用。其次，有利于贸易双方进行价格比较，加强成本核算，灵活选择不同的贸易术语。最后，有利于妥善解决贸易争议。当履约中产生争议，无法依合同规定解决时，可援引相关的贸易术语惯例加以处理。

二、贸易术语的国际惯例

进入21世纪，国际贸易出现了诸多变化。为适应形势发展的需要，国际商会再次对贸易术语惯例进行了修订。修订后的贸易术语惯例称为Incoterms®2020，旨在使其更加完善。该惯例是目前使用范围最广、最具权威性的关于贸易术语的国际惯例。

在有关贸易术语的国际惯例中，除了国际商会的Incoterms之外，还有下列两种国际贸易术语惯例，即《1932年华沙-牛津规则》（Warsaw-Oxford Rules 1932）和《1990年美国对外贸易定义修订本》（Revised American Foreign Trade Definition 1990）。

贸易双方在报价或合同中，须表明采用上述何种惯例的贸易术语。由于上述国际贸易术语惯例本身不具有法律约束力，若无明确规定，所采用的贸易术语的解释，依表明的惯例予以解释。

第三节 《国际贸易术语解释通则2020》简介

伴随着国际贸易、国际运输及科学技术的发展，国际商会对《国际贸易术语解释通则》进行了多次修订，以适应客观形势的变化和需要。新版国际贸易术语惯例《国际贸易术语解释通则2020》（下称Incoterms®2020）于2020年1月1日正式实施。

一、Incoterms®2020的主要内容

全球经济的增长给予大多数企业前所未有的进入世界市场的更多机会。因此，当今，货物得以在更多的国家，以更大的数量、更多的品种和更快的节奏进行买卖。但随着全球贸易规模的增长和复杂程度的增加，若买卖合同订立不当，发生误解，则代价昂贵的纠纷发生的可能性也随之增加。Incoterms®2020是适用于国内与国际贸易的术语，以便利全球贸易行为，解决此类风险。

在货物买卖合同中援引Incoterms，可在诸如交货、费用、风险转移以及运输和海关清关安排等方面清晰界定当事人相应的义务，从而减少潜在纠纷发生的可能性。

Incoterms®2020重点对货物运输中的安全、自行运输、保险，以及FCA条件下银行在特定货物买卖融资中对已装船提单的要求予以重点修订。同时，它还以更加简明的方式呈现所有的术语，包括对语言的修改、对引言和解释的扩充以及对条款顺序的重新编排，以更好地反映买卖交易的逻辑。

Incoterms®2020阐述了以下主要内容。（1）义务：买卖双方各需履行哪些义务。例如哪一方负责货物的运输或保险，哪一方获取运输单据和进出口许可证等。（2）风险：卖方在何地何时“交付”货物。换言之，风险在何地何时从卖方转移给买方。（3）费用：

买卖双方各自承担哪些费用，如运输、包装或装卸费用，以及货物查验或与安全有关的费用。Incoterms®2020 在一套 10 个条款中规定了上述事项，按照 A1/B1 等排序，A 条款代表卖方的义务，B 条款代表买方的义务。

Incoterms®2020 本身不是一份买卖合同，因此不能替代买卖合同。Incoterms®2020 设计的目的在于，反映所有种类的货物的贸易实务，而非特定货物的贸易实务。其既可适用于，如散装铁矿石交易，也可适用于，如集装箱或托盘货物等的交易。因此，Incoterms®2020 的适用范围只限于国际贸易合同中与买卖货物有关的部分事宜，即只限于为双方设定的若干特定义务。如卖方将货物交给买方处置，或将货物交运或在目的地交货的义务；买卖双方之间关于货物风险和费用的划分；货物出口与进口的清关义务；货物的包装义务；买方受领货物的义务；相互提供信息；货物的检验等。但 Incoterms®2020 不涉及或不处理下列事项：（1）买卖合同究竟是否存在；（2）出售的货物的规格；（3）货款支付的时间、地点、方式或币种；（4）买卖合同的违约救济；（5）迟延或其他违约行为所导致的后果；（6）制裁的影响；（7）征收关税；（8）进出口禁令；（9）不可抗力或管制情形；（10）知识产权；（11）违约情况下，纠纷解决的方式、地点或适用法律。以上内容通常由合同或其适用的法律决定。最为重要的是，Incoterms®2020 不涉及买卖货物的财产权/所有权的转移问题。同样，这一问题由合同或适用法律决定。

因此，当事人需在其买卖合同中对上述事项作出具体约定，否则，日后极易产生争议。从本质上讲，Incoterms®2020本身并不是买卖合同，该规则只在被并入已存在的合同后才成为合同的一部分。Incoterms®2020 也不提供合同适用的法律。适用于合同的法律或许是国际法，如《联合国国际货物销售合同公约》；或许是，如与健康和安全或环保有关的国内的强制性法律；或许是，与合同、买卖或知识产权等有关的国内任意法。

二、如何将 Incoterms®2020 最佳地并入合同

若当事人期望 Incoterms®2020 适用于其买卖合同，确保实现这一期望的最安全做法是，在其合同中，以下列措辞明确地将术语并入。例如：CIF Shanghai China Incoterms®2020，或 DAP # # Works Beijing China Incoterms®2020 during July，2021。

若术语中遗漏了年份，将可能带来问题。当事人、法官或仲裁员需确定合同适用的是 Incoterms 的哪个版本。

贸易术语之后的指定地点更为重要。在所有术语中，除 C 组术语外，指定地点表明了货物的风险从卖方转移给买方的地点；在 D 组术语中，指定地点为交货地，也是目的地，卖方须组织运输至该目的地；在 C 组术语中，该指定地点表明，卖方须组织货物运输并支付运费到该目的地，但该地点并非交货地或交货港，若该地点不明确，可能导致争议。例如，FOB 中国港口，可能存在买方须向何处派船以便卖方装船和运输货物，及卖方须在何处的船上交货并将货物的风险从卖方转移给买方的争议。再如，对指定目的地不清楚的 CPT 合同（如 CPT 美国港口），可能存在卖方须签订货物运输合同并支付运费到何地的疑问。

为避免此类问题，在术语中，最好依具体情况尽可能地指明港口、地方（place）或地点（point）的具体地理位置。如 CIP555 Lexington Avenue，10th Floor，New York，USA Incoterms®2020。

三、Incoterms®2020 中交货、风险与费用规则及三者的关系

国际商会指出，2010 年之前的 Incoterms 将所有术语分为 E 组、F 组、C 组和 D 组。自 2010 年以后，已按运输方式分组，但以往的分组方式仍有助于理解交货、风险及费用转移界限的关系。

每一术语之后的指定地点或港口（如 CIP# # Chicago 或 Seattle，USA Incoterms®2020）发挥至关重要的作用。

1. 术语之后指定地点或港口的作用

E 组和 F 组术语下（如 EXW # # Beijing China；FOB shanghai China），指定地点或港口被视为卖方已完成将货物“交付”给买方或其处置的地点或港口。

C 组术语下（如 CIF Tianjin China），该地点或港口是卖方组织货物运输到达的地点或港口，即目的地。

D 组术语下（如 DPU Chicago USA），该地点或港口是交货点和目的地。

2. 交货点（Delivery Point）是货物风险划分的界限

EXW 术语下，风险在运输过程开始之前（交货点）就已发生了转移。D 组术语下，风险在运输过程结束后（交货点）转移。F 组和 C 组术语下，风险则在出口国完成“交货”（船边、船上、交付承运人-交货点）之后转移。

3. 交货点也是费用划分核心点

依 Incoterms®2020，每一术语的 A2（Delivery：卖方交货）中所指的交货点（如 FCA Beijing Airport China）也表明了 A9（Allocation of costs：费用划分）中，买卖双方费用划分的核心点。换言之，A9 将交货点之前发生的费用划归卖方承担，其后的费用则由买方承担。

4. 交货点与货物是否实际到达的关系

E 组、F 组及 C 组术语下，无论货物是否实际到达目的地，卖方均在交货点履行了其交货义务。以 F 组及 C 组术语签订的买卖合同，通常称为“装运合同”。

在 D 组术语中，只有货物实际到达了目的地（交货点），卖方才履行了其交货义务。以 D 组术语签订的买卖合同，通常称为“到达合同”。

5. 交货点可能给贸易商履行义务带来不便

Incoterms®2020 中，两端的两个术语分别是 EXW 和 DDP。国际商会建议贸易商对其买卖合同考虑这两个术语的替代术语。

因为在采用 EXW 术语交易时，卖方仅需将货物在出口国交货点交由买方处置，这可能在装货和出口清关方面给买方带来困难。建议买方最好采用 FCA 术语。同样，采用 DDP 术语交易时，卖方对买方承担的某些义务，例如进口清关，只能在买方所在国（交货点）才能履行。卖方要在买方国家履行这些义务，可能会存在实务或法律方面的困难。因此，这种情况下买卖货物，建议卖方最好采用 DAP 或 DPU 术语。

四、Incoterms®2020 对买卖合同的附属合同的作用

买卖双方订立的贸易合同中，总会涉及与此相关的运输、保险甚至信用证等。因此，买卖双方还要订立运输合同、保险合同等。这些与买卖合同相关的其他合同一般称为其附属合同（Ancillary Contracts）。那么，Incoterms®2020 对此起到何种作用？Incoterms 并不

构成该附属合同的一部分。若这些附属合同中加入贸易术语，则 Incoterms 仅约束买卖合同的某些方面的问题。例如，若贸易合同选择 FOB 术语，在与其相关的运输合同中，仅指买方可能须向承运人支付运费而已，别无他指。如 FOB 术语下，依运输惯例，由承运人而非卖方将集装箱装船。再如，若贸易合同选择 CIP 术语，在与其相关的保险合同中，仅指卖方可能须投保 ICC 最高险别（A）条款或类似的最高险别而已，别无它指。如 CIP 术语下，依保险惯例，若买方拒收货物、拒付货款、退回单据，则买方对运输途中的货物并不具有可保利益。

因此，Incoterms®2020 规定的内容，如关于运输或运输单据（A4/B4 和 A6/B6）或关于保险（A5/B5）等，并不约束承运人、保险人或所涉及的银行。承运人仅受其所签订的运输合同的约束并出具运输单据，承运人无需出具符合 Incoterms®2020 要求的运输单据。同理，保险人只需出具与投保人签订的保险合同相符的保单而非符合 Incoterms®2020 的保单，银行只审核信用证要求的单据而非买卖合同的要求。

承运人、保险人或银行等，他们并非买卖合同一方，因而不是 Incoterms®2020 的当事人，也不受该规则约束。但这不等于 Incoterms 对这些附属合同无任何影响。货物进出口是通过一系列合同进行的，这些合同彼此间相互衔接。例如，买卖合同一般会要求提交由承运人在运输合同下向卖方/托运人出具的运输单据，且卖方/托运人/受益人可能希望凭此运输单据在信用证下获得付款。由于起点是买卖合同，若能确保这一系列合同的不同部分彼此衔接是符合卖方和买方利益的，贸易才能顺利进行。因此，在适用 Incoterms®2020 的情况下，应与其衔接，否则很可能产生争议。例如，进口贸易合同选择 FOB 术语，运输方式为航空运输，而买方与保险人签订了以 EXW 术语为条件的保险合同。货物离开卖方仓库，但尚未装机时被盗，买方能否向保险人索赔则会发生争议。可见，贸易术语的适用是否妥当也对买卖合同的附属合同产生影响。

五、11 个 Incoterms®2020 术语的正确选用

Incoterms®2020 中引入的以适用于任一或多种运输方式的术语（包括 EXW、FCA、CPT、CIP、DAP、DPU 与 DDP）和适用于海运与内河水运的术语（FAS、FOB、CFR 与 CIF）的分类以及这些术语之间的区别被保留下来（见表 5-1）。

表 5-1　　Incoterms®2020 简介

术语缩写	贸易术语全称	适用运输方式
EXW	EX Works 工厂交货（注明指定交货地）	任一或多种运输方式
FCA	Free Carrier 货交承运人（注明指定交货地）	任一或多种运输方式
CPT	Carriage Paid To 运费付至（注明指定目的地）	任一或多种运输方式
CIP	Carriage and Insurance Paid To 运费、保险费付至（注明指定目的地）	任一或多种运输方式
DAP	Delivered At Place 目的地交货（注明指定目的地）	任一或多种运输方式
DPU	Delivered At Place Unloaded 目的地卸货后交货（注明指定目的地）	任一或多种运输方式
DDP	Delivered Duty Paid 完税后交货（注明指定目的地）	任一或多种运输方式

续表

术语缩写	贸易术语全称	适用运输方式
FAS	Free Alongside Ship 船边交货（注明指定装运港）	海运和内河水运
FOB	Free On Board 船上交货（注明指定装运港）	海运和内河水运
CFR	Cost and Freight 成本加运费（注明指定目的港）	海运和内河水运
CIF	Cost Insurance and Freight 成本、保险费加运费（注明指定目的港）	海运和内河水运

四个适用于“海运”的术语意在用于卖方在海港或内河港将货物装上船舶（或在FAS下的船边交货），即卖方在此地点向买方交货。使用这些术语时，货物灭失或损坏的风险从该港口开始由买方承担。

另一方面，7个适用于任一或多种运输方式的术语在“多式联运”时，则意在用于未装上船舶的地点：（1）卖方在该地点将货物移交给承运人或交由承运人处置，或者（2）承运人在该地点将货物移交给买方或在该地点交由买方处置，或者（3）包含上述（1）和（2）。

这7个术语的任何一个中，交货和风险转移何时发生取决于使用的特定术语。如在CPT术语下，交货发生于卖方所在地，即当货物移交给卖方指定的承运人时。在DAP术语下，交货发生在指定的目的地或交货点，货物交由买方处置时（见表5-2）。

表5-2　Incoterms® 2020 11个贸易术语归纳对比表

贸易术语	交货地点	风险转移界限	出口海关的责任、费用负担者	进口海关的责任、费用负担者	适用运输方式
EXW	产地或卖方所在地	买方处置货物后	买方	买方	任一或多种运输方式
FCA	出口国内地或港口	承运人处置货物后	卖方	买方	任一或多种运输方式
CPT	出口国内地或港口	承运人处置货物后	卖方	买方	任一或多种运输方式
CIP	出口国内地或港口	承运人处置货物后	卖方	买方	任一或多种运输方式
DAP	进口国指定目的地	买方处置货物后	卖方	买方	任一或多种运输方式
DPU	目的地指定地点	买方处置货物后	卖方	买方	任一或多种运输方式
DDP	进口国指定地点	买方处置货物后	卖方	买方	任一或多种运输方式
FAS	装运港船边	货物交于船边后	卖方	买方	海运和内河水运
FOB	装运港船上	货物装于船舶后	卖方	买方	海运和内河水运
CFR	装运港船上	货物装于船舶后	卖方	买方	海运和内河水运
CIF	装运港船上	货物装于船舶后	卖方	卖方	海运和内河水运

在使用Incoterms规则中，最常见问题之一是特定类型的合同选择了错误的术语。如FOB之后指定了内陆地点（如机场或仓库等）的买卖合同，没有任何道理。为此，买方

须订立何种类型的运输合同？买方是否承担对卖方订立运输合同的义务，且承运人须据此在指定的内陆地点或在离该地点最近的港口接收货物？同样，当买方期待货物运至买方国家的内陆地点时，签订一份指定海港的 CIF 买卖合同，没有任何道理。为此，卖方须订立运输合同和取得保险至当事人意想中的最终内陆目的地，还是须运到买卖合同指定的海港？

上述行为必将产生不必要的成本或纠纷，而所有这一切都是因为对特定的买卖合同选择了错误的贸易术语。造成“错误的”不衔接的原因是对 Incoterms 的两个最重要特征未给予正确的理解，即交货和风险转移的港口、地方或地点。频繁误用不正确术语的原因是 Incoterms 规则经常被认为专指价格。如 EXW 价格、FOB 价格或 DAP 价格等。Incoterms 规则中虽然包含价格，但 Incoterms 规则并非专门或甚至并非主要是价格指标。它是公认的买卖合同中双方相互承担义务的规则，其中最主要的是要指明风险转移的交货港口、地方或地点。为此，贸易当事人必须依运输方式、货物种类、进出口手续、交易意图、进出口国家法律等具体情况，选择最适合的贸易术语。

Incoterms®2020 是第一个包含“横向”展示的版本，即把所有类似条款集中在一起，使贸易商清楚地看到 11 个术语在处理特定问题上的差异。现在，贸易商更容易地看到，例如 FCA 的交货地与 DAP 的交货地之间的区别，或 CIF 由买方承担的费用项目与 CFR 由买方承担的费用项目之间的区别。国际商会希望 Incoterms®2020 这种“横向”展现方式，可进一步帮助贸易商选择最适合其贸易需求的 Incoterms®2020 术语。

六、Incoterms®2010 与 Incoterms®2020 之间的区别

相比 Incoterms®2010，Incoterms®2020 的实质性变化表现为以下几个方面。

（一）FCA 买卖合同下已装船批注提单

FCA 用于单一或多种运输方式。假设货物是在河北石家庄（内陆地点）由国外买方指定的公路运输车辆接货，若期待由承运人出具载有在石家庄装运的已装船批注的提单，是不现实的。因为石家庄没有海港，船舶无法抵达该地装运。但卖方若选择“FCA 石家庄”出口，有时他们确实需要含有已装船批注提单的情况（通常因银行托收或信用证的要求）。该提单必须说明货物在天津港已装船的同时，是在石家庄收妥待运的。为满足卖方使用 FCA 术语出口时对已装船提单的可能需求，Incoterms®2020 FCA 首次提供了可选机制。

若货物以 FCA 术语交易且经由海运方式运输，卖方或买方（或更可能是信用证的开证银行）可能要求已装船批注提单。

但 FCA 术语下的交货在货物装船之前就已完成，无法确定卖方是否能从承运人处获取已装船提单。依运输合同，只有在货物实际装船后，承运人才有义务并有权签发已装船提单。为满足这种情形，Incoterms®2020 的 FCA 术语中，A6/B6 提供了一个附加选项。买卖双方可约定，买方须指示其承运人在货物装船后向卖方签发已装船提单；然后，卖方有义务，一般通过银行向买方提交该已装船提单。

国际商会也意识到，尽管已装船提单与 FCA 交货之间的结合有些不恰当，但这可满足贸易中显而易见的需求。但应强调的是，即使采用了这种可选机制，卖方对买方也不承担运输合同的义务。

[A6：若买方指示承运人向卖方出具 B6 项下的运输单据，则卖方必须向买方提交承运人出具的这一单据。B6：若双方已如此约定，买方必须自担费用及风险，指示承运人向卖方出具载明货物已装载（loaded）的运输单据（document）（如已装船批注提单，B/L with an on board notation）。]

（二）费用

Incoterms®2020 术语内容的新排序中，费用显示在每一术语的 A9/B9 中。

此前，各种费用出现在每一术语的不同部分。如 Incoterms®2010 的 FOB，是在 A8 的标题为“交货单据”中提到与获取交货单据有关的费用，而非在 A6 的标题为“费用划分”之中。

但在 Incoterms®2020 中，相当于 A6/B6 的条款，即 A9/B9 列出了由每一特定术语划分的所有费用。因而，Incoterms®2020 中的 A9/B9 比 Incoterms®2010 中的 A6/B6 篇幅更长。其目的是向用户提供一站式费用清单，以便卖方或买方可在一个地方找到其在特定术语下将负责的所有费用。但各费用项目也在其本身条款中提到，如 FOB 中，与获取交货单据有关的费用仍出现在 A6/B6 及 A9/B9 中。国际商会对此的考量是，有兴趣寻找单据费用具体划分的用户，可能更倾向于在涉及交货单据的特定条款中查找，而非在列出所有费用的一般性条款中查找。

（三）CIF 和 CIP 不同的保险险别

在 Incoterms®2010 中，CIF 和 CIP 的 A3 均规定卖方有义务“自付费用取得货物保险”。“该保险需至少符合英国 ICC（C）条款或类似的最低险别的条款。”

英国 ICC（C）条款是承保范围最小的险别；而 ICC（A）条款则是承保范围最大的险别。

在 Incoterms®2020 制定期间，曾有人提出将英国 ICC（C）条款转为（A）条款的建议，从而提高卖方为买方利益所取得的险别。当然，这涉及额外的保费。相反，即继续维持 ICC（C）条款的建议也同样强烈，尤其是那些参与大宗商品海运交易的贸易商。

在国际商会进行了大量讨论之后，决定在 CIF 及 CIP 术语中规定不同的最低险别。

CIF 更可能用于海运大宗商品贸易，尽管双方当然仍可自由商定较高的保险险别，仍将维持 ICC（C）条款或类似条款作为默示立场的现状。在 CIP 术语中，卖方现在必须取得符合 ICC（A）条款或类似保险险别，尽管双方当然仍可自由商定较低的保险险别。

（四）在 EXW、FCA、DAP、DPU 及 DDP 中使用买方或卖方自有运输工具运输

在 Incoterms®2010 中始终设定，在货物由卖方运往买方的情况下，货物将依具体使用的术语，由卖方或买方为此目的而雇用的第三方承运人运输。然而，在制订 Incoterms®2020 时，国际商会清楚认识到，在某些情况下，虽然货物要从卖方运往买方，但仍可在不雇用任何第三方承运人的情况下进行运输。如，并不能阻止 D 组术语下的卖方，在不将运输外包给第三方承运人的情况下，使用卖方自己的运输工具安排货物运输。同样，对 EXW、FCA 术语下的交易，也不能阻止买方使用自有运输工具到卖方所在地收取货物并运往买方所在地。Incoterms®2010 并未涉及这一问题，而 Incoterms®2020 考虑到了这些可能性，不仅明确允许订立运输合同，且也允许仅安排必要的自有运输工具的运输。如 D 组术语的卖方既可签订运输合同，也可使用其自有运输工具安排运输。（见 A4：The seller must contract or arrange at its own cost for the carriage of the goods to the named place of destination.）

（五）将 DAT 修改为 DPU

在 Incoterms®2010 中，DAT 与 DAP 之间的唯一区别在于，在 DAT 术语下，当货物到达“运输终端”即最终卸货地时，卖方须从到达的运输工具上卸载货物，卖方即完成交货（卖方负责卸货及费用）；而在 DAP 术语下，当卖方将到达目的地的运输工具上可供卸载的货物交由买方处置（卖方不负卸货责任及费用，即由买方负责卸货及承担费用）时，卖方即完成交货。

现在，国际商会对 DAT 和 DAP 作出两项修改。首先，这两个术语呈现的顺序被颠倒过来，交货发生在卸载之前的 DAP 出现在 DAT 之前；其次，DAT 的名称已被改为 DPU (Delivered at Place Unloaded)，强调了目的地可以是任何地方，而不仅仅是“运输终端”的现实。但若该地点不在运输终端，卖方应确保其打算交货的地点是能够卸货（负责卸货及费用）的地点。

（六）在运输义务和费用中加入与安全有关的要求

Incoterms®2010 中，与安全有关的要求是在每个术语中的 A2/B2（安检通关）和 A10/B10（安全信息）里规定的。

21 世纪初，与安全相关的问题变得非常普遍。因与运输要求有联系，与安全相关的义务的明确划分，现已添加到每个术语的 A4（运输）和 A7（清关）中。现在，这些要求产生的费用在费用条款即 A9/B9 中。

（七）用户解释说明

Incoterms®2010 每个术语开头出现的“使用说明”，在 Incoterms®2020 中作为“用户解释说明”出现。这些说明解释了每个术语的基本原理，例如应在何时使用、风险何时转移和买卖双方之间如何划分费用等。其详细程度远远大于此前任何版本。

解释说明的意图是：（1）帮助用户在特定交易中更准确、高效地选择合适的术语。（2）为因 Incoterms®2020 术语而产生的争议或为合同提供解决方案或为咨询者可能需要的解释事项提供指南。对于普遍涉及 Incoterms®2020 术语的基本问题的指引，也可参考引言的内容。

第四节 Incoterms®2020 术语解释

一、EXW 术语

EXW，Ex Works (Insert named place of delivery) Incoterms®2020.

（一）基本特征

EXW，卖方工厂交货（注明指定交货地点），如 EXW ### Works，Beijing，China，Incoterms®2020。

卖方“工厂交货”，其含意是指，卖方在其所在地或合同指定的其他地点（注：如工厂或仓库等），将未经出口清关且未装载于买方指定的任何运输工具上的货物置于买方处置之下（Place the goods at the disposal of the buyer）时，即完成了交货义务，且风险及费用由卖方转移给买方。以该术语签订的买卖合同，在中国习惯称为“产地合同”。

买卖双方应尽可能清楚地指明交货地范围内的精确交货点（Point）。该精确交货点之前的责任、风险及费用等由卖方承担，之后则由买方承担。若双方不指定交货点，则视为留待由卖方选择最适合卖方目的的交货点。因此，买方最好选择交货地范围内的精确地点。

该术语是卖方承担义务最小、买方承担义务最大的术语，因而其价格最低。

（二）适用范围

适用于任一或多种运输方式；也适合于国内贸易。

（三）买卖双方的基本义务（如图5-1所示）

1. 卖方的基本义务

（1）在合同约定日期或约定交货期限内及约定地点将货物置于买方的处置之下，完成交货义务。此时，风险和费用由卖方转移给买方。若在指定交货地未约定特定交货点，且在该地有多个地点可用，则卖方可选择最适合其目的的交货点。

将“货物置于买方处置之下”，业务中一般称为将“货物特定化”，即在货物的包装上打唛头（也即打上适当的标记）、向买方发通知等，交货时间一过，风险即可转移。自货物已置于买方的处置之下时起，买方应承担与货物相关的一切风险和费用。报价时，若卖方仅表明了交货地的城市名称，一旦被买方接受，则卖方应及时通知买方提货的具体地点，否则对于买方未提货而导致的损失，买方不承担责任。

（2）提供符合买卖合同约定的货物和商业发票以及合同可能要求的其他与合同相符的证据（注：一般为检验检疫证书）；卖方提供的任何单据，依双方约定可以是纸质或电子形式，若无约定，则依惯常做法提供。该项通常称为卖方的“一般义务”。

（3）卖方对买方无订立运输合同和保险合同的义务。但在应买方要求并由其承担风险和费用的情况下，卖方须向买方提供买方安排运输所需的信息，包括与运输有关的安全要求以及买方投保所需的信息。

（4）需要时，在应买方要求并由其承担风险和费用的情况下，卖方须协助买方获取出口国/过境国/进口国要求的与出口/过境/进口清关手续有关的单据及/或信息。如出口/过境/进口许可证、出口/过境/进口安检清关、装运前检验及任何其他官方授权。

（5）卖方须支付为交货所需的查验操作费用（如查验品质、丈量、计重、点数的费用）。卖方须自付费用包装货物，除非该特定贸易运输的货物通常无需包装。除非双方已约定具体的包装或标记要求，否则，卖方须以适合该货物运输的方式对货物进行包装和标记。

（6）卖方须向买方发出买方提货所需的任何通知。

2. 买方的基本义务

（1）买方须依买卖合同的约定支付货款。当卖方已完成交货并已向其发出通知时，买方须及时提货（受领货物）。该项通常称为买方的“一般义务与提货义务”。

（2）买方承担交货时起货物灭失或损坏的一切风险及费用。当买方有权决定在约定交货期限内的时间及/或在指定地点的提货点时，买方须给予卖方充分通知。若买方未发出该通知，则买方承担自约定的交货日期起或交货期限届满之时起的货物灭失或损坏的一切风险及费用，但以该货物已被清楚地确定为合同项下货物为前提条件（注：货物已被特定化），即风险可能提前转移。

（3）买方负责签订货物运输合同或自付费用安排自指定交货地起的货物运输。买方自己办理货物保险。

（4）买方须向卖方提供其已提货的适当证据（注：如货代收据等）。

（5）需要时，由买方办理出口国/过境国/进口国所要求的出口/过境/进口清关手续并支付其费用。如出口/过境/进口许可证、出口/过境/进口安检清关、装运前检验以及任何其他官方授权。

（6）买方须承担下列费用：支付交货后与货物有关的所有费用；偿付卖方为其提供协助或信息而产生的所有成本和费用；若需要时，支付货物出口应缴纳的所有关税、税款和其他费用以及办理出口清关手续而产生的费用；支付因其未提取已交由其处置的货物或未发出适当通知而产生的额外费用，但以该货物已被清楚地确定为合同项下货物为前提条件（注：货物已被特定化）。

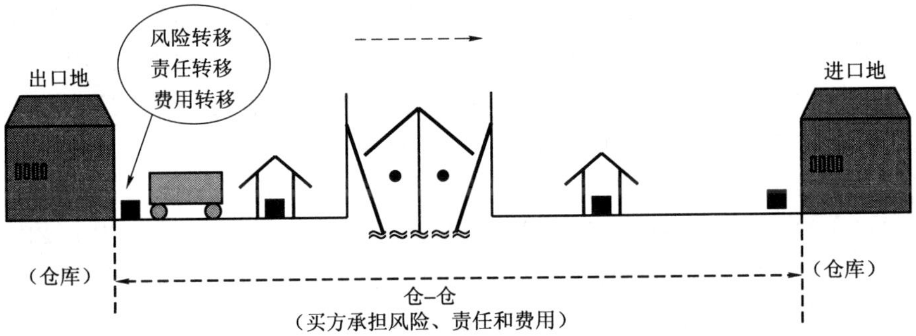

图 5-1　EXW 的风险、责任和费用转移界限

（四）实例

We offer to sell refrigerators LG brand A 1 000 sets USD100 per set Ex seller's Works，###Beijing，China，Incoterms® 2020，delivery during July，2020.（报价出售 LG 牌 A 电冰箱 1 000 台，每台 100 美元 EXW 中国北京××工厂，Incoterms®2020，2020 年 7 月交货。）

（五）使用 EXW 术语应注意的事项

（1）卖方对买方无装货义务，即使实际上卖方也许更方便装货。因为卖方更有可能在其场所拥有必要的装载设备，或因相关的安全规则禁止未经授权人员进入卖方场所。若卖方装货，通常也由买方承担相关风险和费用。在由卖方装载货物时，双方应预先约定由哪方承担货物在装载中发生的灭失或损坏的风险。若约定由卖方负责装载货物并承担其费用或风险时，则须在买卖合同中加以明确，如 EXW the added obligation for the seller to load the goods on the buyer's collecting vehicle（在 EXW 下，卖方承担将货物装上买方的运输工具的额外义务）。若买方希望规避在卖方场所装载货物期间的风险，则应考虑选择 FCA 术语。在 FCA 术语下，若货物在卖方场所交付，则卖方对买方负有装载货物的义务且承担货物在由卖方实施装载作业中发生灭失或损坏的风险。

（2）卖方只有在买方要求时，才有义务协助其办理出口通关事宜（注：如单据或信息等）。

（3）若未约定交货时间（日期或期限），依惯常时间在指定地点卖方将未置于任何运输工具上的货物交给买方处置。

（4）若出口国的海关手续不允许由外国人办理，或买方不能直接或间接地办理出口清关手续，则不应使用 EXW 术语，建议使用 FCA 术语。只有当买方在出口国有分支机构、代理人等时，可使用该术语，否则，买方难以处理在出口国的提货、清关、出口许可证等问题。

（5）该术语下，货物的风险与费用通常一起转移，但风险有时可提前转移。风险提前转移的前提条件是，自合同规定的提货日期或期限届满时起，货物已被特定化，即货物已被清楚地分开或以其他方式特定化为合同货物。风险提前转移的情况主要包括买方怠于通知卖方，且买方有义务决定货物在规定的准确时间或交货地点交货时，买方未及时受领货物等。

（6）若合同未特别规定，卖方只需提供正常运输方式所要求的包装（注：如散装货物使用一般袋装即可，其他货物一般不需特别包装）。

（7）若买方在合同中规定提供适合出口的包装，卖方须依合同规定提供适合于特定运输方式的包装，并在包装上加注标记。

（8）近年来，国外进口商与中国出口商进行贸易时，有时主动要求使用 EXW 术语。此时，卖方可能无法控制货款和货权。

二、FCA 术语

FCA，Free Carrier（Insert named place of delivery）Incoterms®2020.

（一）基本特征

FCA，货交承运人（注明指定交货地点），如 FCA HONGQIAO Airport，Shanghai，China，Incoterms®2020。

“货交承运人”是指，卖方在其所在地或其他指定地点，将已出口清关的货物交付给买方指定的承运人或其他人处置，即完成交货义务，且风险及费用在交货地点由卖方转移给买方。

以 FCA 进行的货物买卖可仅指定交货地在卖方所在地或其他地点，而不具体说明在该指定地点内的详细交货点。但特别建议双方应尽可能清楚地指明指定地点内的详细交货点。该交货点之前的责任、风险及费用等由卖方承担，之后则由买方承担。若合同中未指定详细的交货点，则视为留待由卖方选择最适合卖方目的的交货点。因此，买方最好选择交货地范围内的详细交货点。

需要时，FCA 术语要求卖方办理货物出口清关。但卖方无义务办理货物进口清关或经由第三国过境的清关、支付进口关税或办理进口海关手续。买方承担进口清关手续和相关费用。

Incoterms®2020 首次规范了 FCA 术语下已装船提单的问题。

FCA 可适用于任一或多种运输方式。假设货物在内陆地点（注：如河北廊坊），则由国外买方指定的公路运输车辆接货，卖方完成交货义务。但该货物可能须先由廊坊运至海港（注：如天津港），再装载于船舶运输到国外。此时，须使用多式联运方式。若卖方选择“FCA 廊坊”出口，可能因货款须由银行托收或信用证付款，此时，卖方确实需要含有已装船批注的提单。该提单必须说明货物在天津港已装船的同时，是在廊坊收妥待运的。为满足卖方使用FCA术语出口时对已装船提单的需求，Incoterms®2020 FCA首次提供了可选机制。

若货物以FCA术语交易且经由海运方式运输，卖方或买方或更可能是开证银行要求提交已装船提单。但FCA术语下的交货在货物装船之前就已完成，无法确定卖方是否能从承运人处获取已装船提单。为满足这种情形，依据Incoterms®2020规定，FCA术语现在提供了一个附加选项。买卖双方可约定，买方须指示其承运人在货物装船后向卖方签发已装船提单；然后，卖方有义务，一般通过银行向买方提交该已装船提单，以便买方使用该提单向承运人提货。但应注意，即使采用了这种可选机制，卖方也不承担运输合同义务。另外，若采用该可选机制，内陆交货日期与装船日期可能不同，因而卖方须在信用证中妥善处理这两个时间。

（二）适用范围

该术语适用于任一或多种运输方式，其适用范围最广。

（三）买卖双方的基本义务（如图5-2所示）

1. 卖方的基本义务

（1）卖方须在约定日期或约定期间内或在约定期限届满之时，在指定地（place）的指定点（point）（若有），向买方指定的承运人或其他人交付货物，或以取得已如此交付货物的方式交货。此处的“取得”一词适合于交易链中的多层销售（链式销售），这在大宗商品贸易中尤为常见，尽管其并非仅限于大宗商品贸易。

若指定交货地在卖方所在地，则当货物被装上买方提供的运输工具时，或在任何其他情况下，当货物在卖方的运输工具上做好卸载准备并交由买方指定的承运人或其他人处置时，卖方完成交货义务。

若买方未通知指定交货地内的特定交货点且有数个交货点可用，则卖方可选择最符合其目的的交货点，完成交货义务。

在上述情况下，货物的风险、费用及相关责任由卖方转移给买方。

（2）卖方的“一般义务”与EXW相同。

（3）卖方无订立运输合同与保险合同的义务。但在应买方要求并由其承担风险和费用的情况下，卖方须向买方提供买方安排运输所需的信息，包括与运输有关的安全要求以及买方投保所需的信息。若双方已约定由卖方订立运输合同，则卖方须依惯常条款订立运输合同，由买方承担风险和费用，且卖方须在完成交货之前遵守与运输有关的安全要求。

（4）卖方须自付费用向买方提供已交货的通常证明（注：如货代收据、场站收据或大副收据等）；在应买方要求并由其承担风险和费用的情况下，卖方须协助买方取得运输单据；若买方指示承运人向卖方出具运输单据（注：如已装船提单），则卖方须向买方提交承运人出具的这一单据（注：如已装船提单）。这是FCA术语的新增变化之一。

（5）若需要时，卖方须办理出口国要求的出口清关手续（如出口许可证、出口安检清关、装运前检验及任何其他官方授权）。需要时，应买方要求并由其承担风险和费用，卖方须协助买方获取过境国或进口国需要的与过境/进口清关手续有关的单据及/或信息，包括安全要求和装运前检验。该项通常称为卖方的“出口/进口清关义务”。

（6）卖方须支付为交货所需进行的查验费用（如查验品质、丈量、计重、点数的费用）。

卖方须自付费用包装货物，除非该特定贸易的货物运输通常无需包装。除非双方已约定具体的包装或标记要求，否则，卖方须以适合该货物运输的方式对货物包装和标记。该项通常称为卖方的“查验/包装/标记义务”。

（7）卖方须支付下列费用：完成交货前与货物相关的所有费用，但应由买方支付的费用除外；向买方提供已交货的惯常证据的费用；办理出口清关的关税、税款和其他费用；买方为协助获取单据及信息相关的所有成本和费用。

（8）卖方须就其已完成交货或买方指定的承运人或其他人未在约定期限内收取货物的情况给予买方充分通知。

2. 买方的基本义务

（1）买方的“一般义务与提货义务”与 EXW 相同。

（2）买方承担交货后货物灭失或损坏的一切风险及费用。若买方未指定承运人或其他人或未发出通知，或买方指定的承运人或其他人未接管货物，则自约定日期起或自买方选择的时间起或未通知该时间，或从约定交货期限届满之日起，买方承担货物灭失或损坏的所有风险及费用，只要该货物已被特定化。

（3）买方须订立货物运输合同或自付费用安排从指定交货地开始的货物运输。但买方可委托卖方订立运输合同。买方自己安排货运保险事宜。

（4）买方须接受卖方完成交货的证据。若双方已如此约定，买方须自担费用及风险，指示承运人向卖方出具载明货物已装载的运输单据（如已装船提单）。这是 FCA 术语的新增变化之一。

（5）需要时，买方应卖方要求并由其承担风险和费用，买方须协助卖方获取出口国需要的与出口清关手续有关的单据及/或信息，包括安全要求和装运前检验。需要时，买方须办理过境国和进口国要求的所有手续，如进口许可证及过境所需的许可证；进口及过境安检清关；装运前检验及其他官方授权。该项称之为买方的“出口/进口清关义务”。

（6）买方须承担下列费用。支付交货后与货物有关的所有费用，但由卖方支付的费用除外；卖方为提供协助获取单据及信息相关的所有成本和费用；办理过境或进口清关有关的关税、税款和其他费用；由于以下原因之一产生的任何额外费用：买方未指定承运人或其他人，或买方指定的承运人或其他人未接管货物，只要货物已被特定化。

（7）买方须通知卖方下列事项：指定的承运人或其他人的名称，该通知应留出充分时间，以便卖方完成交货；在约定交货期限内所选择的由指定承运人或其他人收取货物的时间（如有）；指定的承运人或其他人使用的运输方式，包括与运输有关的安全要求；在指定交货地的收货点。

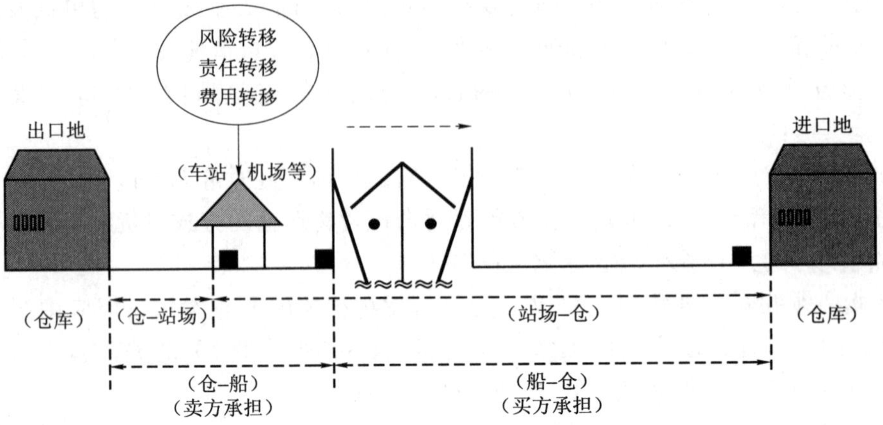

图 5-2　FCA 的风险、责任和费用转移界限

（四）实例

We offer to sell the man's jackets brand Pierre Cardin 1 000 pieces, USD80 per piece FCA International Airport, Beijing, China, Incoterms®2020, delivery during August, 2020.（报价出售皮尔·卡丹牌男式夹克衫 1 000 件，每件 80 美元 FCA 中国北京国际机场，Incoterms®2020，2020 年 8 月交货。）

（五）使用 FCA 术语应注意的事项

（1）集装箱运输、航空运输和陆路运输时，卖方最好采用 FCA 术语而非 FOB 术语。

（2）该术语下，有时风险与费用可提前转移。如因买方的责任导致卖方无法按时交货，只要货物已特定化，则风险与费用转移的时间可提前。

（3）以该术语签订的贸易合同一般称为“装运合同”（Shipment Contract）。“装运合同”是指，卖方只负责将货物在装运地（港）交付给承运人或装上运输工具，而不承担货物在运输途中的风险。该类合同采用的贸易术语通常包括以 F 和 C 开头的贸易术语。

三、FAS 术语

FAS, Free Alongside Ship（Insert named port of shipment）Incoterms®2020.

（一）基本特征

FAS，装运港船边交货（注明指定装运港），如 FAS ### Shanghai, China, Incoterms®2020。

“船边交货”是指，卖方在指定装运港将货物置于船边（如码头、驳船）时完成交货义务。因此，买方须从船边起，承担此后货物灭失或损坏的一切风险及费用。

由于卖方承担船边交货前的风险和费用，且这些费用和相关作业费（如 THC）可能因各港口习惯不同而变化，因此，买卖双方尽可能清楚地约定指定装运港内的装货点（如码头内的具体地点等），货物将在此装货点从码头或驳船装上船舶。

卖方应将货物交至船边或取得已这样交运的货物。此处，“取得”（Procure）一词适用于贸易中常见的交易链的多层销售大宗货物（链式销售或连环贸易）。

需要时，FAS 术语要求卖方办理货物出口清关手续。但卖方无义务办理货物进口清关或经由第三国过境的清关、支付进口关税或办理进口海关手续。买方承担进口或过境清关手续和费用。

在集装箱运输时，卖方通常将货物在集装箱码头移交给承运人而非交至船边。在此种情况下，FAS 术语不适用，而应使用 FCA 术语。

（二）适用范围

该术语仅适用于海运或内河水运。

“船边”是指吊钩能触及的地方。若大船无法靠岸，船边则指水面。此时，卖方须将货物使用驳船运到大船边——吊钩能触及的船边，才视为完成交货。

（三）买卖双方的基本义务（如图 5-3 所示）

1. 卖方的基本义务

（1）卖方须在约定日期或在买方所通知的期限内的交货时间，或若未通知上述时间，则在约定期限届满之时以及依该港口的习惯方式，在买方指定的装运港内的装货点（若有），将货物置于买方指定的船舶旁边；或在连环贸易中，卖方须向买方证明其已取得船边交付货物，该证明通常为提单或海运单等。若船舶不能靠岸，卖方须用驳船自负风险和费用将货物运至大船边。若买方未指定具体的装货点，卖方则可在指定的装运港内选择最符合其目的的装货点，完成交货。上述情况下，风险和费用由卖方转移给买方。

（2）卖方的“一般义务”同 FCA。

（3）卖方的“出口/进口清关义务”同 FCA。

（4）卖方的“运输与保险义务”同 FCA。

（5）卖方须自付费用向买方提供已交货的通常证明（注：如货物收据等）。除非上述证明是运输单据，否则，应买方要求并由其承担风险和费用，卖方须协助买方获取运输单据（注：如提单或海运单）。

（6）卖方的“查验/包装/标记义务”同 FCA。

（7）卖方所支付的相关费用，与 FCA 类似。

（8）卖方须就其已完成交货或船舶未在约定时间内收取货物给予买方充分通知。

2. 买方的基本义务

（1）买方支付货款；受领货物；接受卖方提供的交货单据（注：如货物收据等）；负责订立运输合同（承担运费、装货港滞期费等）及保险合同，但可由买方承担风险和费用，委托卖方办理运输事宜。

（2）买方的“出口/进口清关义务”同 FCA。

（3）买方须就运输相关的安全要求、船舶名称、装货点以及约定期限内所选择的交货时间（如有）给予卖方充分通知，以使卖方做好交货准备。

（4）买方须承担货交船边后的风险并承担下列相关费用。完成交货后与货物相关的费用，应由卖方支付的费用除外；卖方协助获取单据及信息相关的所有成本和费用；需要时，办理进口或过境清关有关的关税、税款和其他费用；自交货期限届满时起，因以下原因之一发生的风险及额外费用：买方未发出通知，或买方指定的船舶未准时到达、未收取货物或早于通知的时间停止装货，只要货物已被特定化。

（四）实例

We offer to sell about 1000M/T wheat, USD109 per ton FAS San Francisco, USA,

Incoterms®2020，Shipment within 30 days after receipt of L/C.（报价出售小麦约 1000 公吨，每公吨 109 美元 FAS 美国旧金山港船边交货，Incoterms®2020，收到信用证后 30 天发货。）

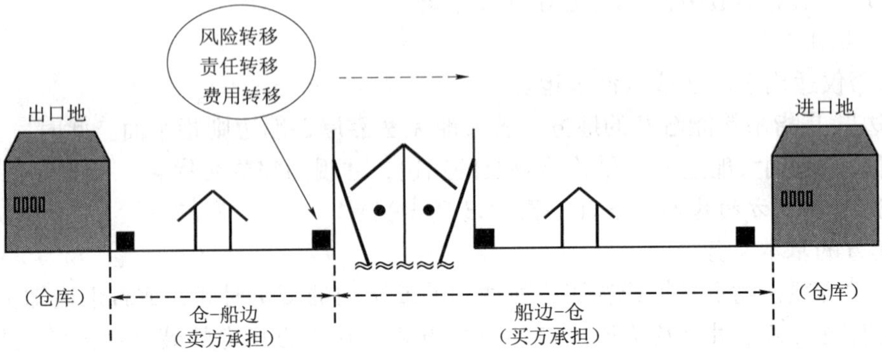

图 5-3 FAS 的风险、责任和费用转移界限

（五）使用 FAS 术语应注意的事项

（1）船边通常是指船舶装卸设备的吊货机或岸上装卸索具可触及的范围。

（2）当装货港口拥挤或大船无法靠岸时，卖方可征得买方同意，将交货条件改为“驳船上交货”（Free on Lighter）。此时，卖方的责任可约定货物到驳船为止。

（3）在大宗货物（如大豆、小麦、棉花、矿石等）及危险品、活动植物或重大件货物的贸易中，出口商通常采用该术语对外报价或订约。

四、FOB 术语

FOB，Free On Board（Insert named port of shipment）Incoterms®2020.

（一）基本特征

FOB，装运港船上交货（注明指定装运港），如 FOB Huangpu，China，Incoterms®2020。

“装运港船上交货”是指，在指定的装运港，卖方将货物装上买方指定的船舶或以取得已交付至船上的货物的方式（链式销售或连环贸易）交货时，卖方即完成其交货义务（注：装运合同）。买方自此时起，承担货物灭失或损坏的一切风险和费用。

需要时，FOB 术语要求卖方办理货物出口清关手续。但卖方无义务办理进口清关、支付进口税或办理进口海关手续。买方承担进口清关手续和费用。

FOB 可能不适合货物在装上船舶之前已交付给承运人的情况。例如在集装箱运输时，通常在集装箱码头交货。此类情况下，应使用 FCA 术语而非 FOB 术语。

（二）适用范围

该术语仅适用于海运或内河水运。

（三）买卖双方的基本义务（如图 5-4 所示）

1. 卖方的基本义务

（1）卖方须在指定的装运港内的装货点（若有），且在约定日期或在买方所通知的约定期限内的交货时间，或若未通知上述时间，则在约定期限届满之时，或依该港口的习惯方式将货物置于买方指定的船上，或在大宗货物连环贸易中，卖方须向买方证明其以取得船上交付货物（注：该证明通常为提单或海运单等）的方式，完成交货义务。若买方未指定具体的装货点，卖方则可在指定的装运港内选择最符合其目的的装货点，完成交货义务。此时，货物的一切风险和费用由卖方转移给买方。

（2）卖方的"一般义务"，与 FCA 相同。

（3）卖方的"运输与保险义务"，与 FCA 相同。

（4）卖方的"出口/进口清关义务"，与 FCA 相同。

（5）卖方须自付费用向买方提供已交货的通常证明（注：如货物收据、提单或海运单）。除非上述证明是运输单据，否则，应买方要求并由其承担风险和费用，卖方须协助买方获取运输单据（注：如提单或海运单）。

（6）卖方所支付的费用与 FCA 类似。

（7）卖方承担的"查验/包装/标记义务"，与 FCA 相同。

（8）卖方须就其已完成交货或船舶未在约定时间内收取货物，给予买方充分通知。

2. 买方的基本义务

FOB 术语下，买方的基本义务与 FAS 类似，不再赘述。

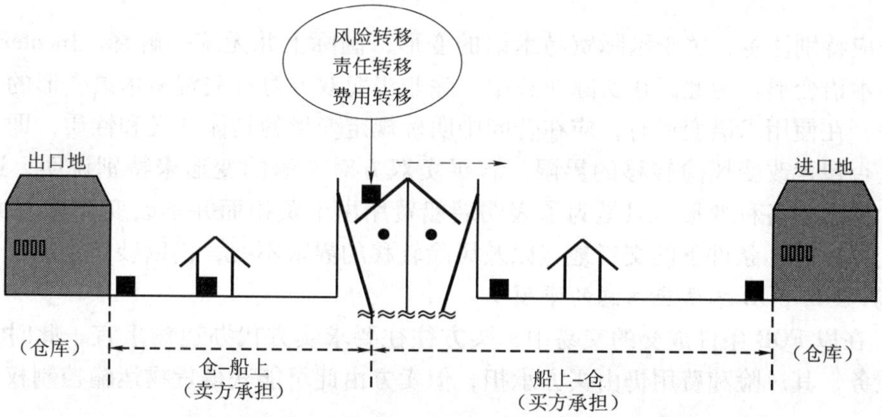

图 5-4 FOB 的风险、责任和费用转移界限

（四）实例

We offer to sell Chinese bean about 1 000M/T, USD450 per M/T FOB Tianjin, China, Incoterms®2020, shipment during August, 2020.（报价出售中国大豆约 1 000 公吨，每公吨 450 美元 FOB 中国天津港口船上交货，Incoterms®2020，2020 年 8 月份装运。）

（五）FOB 术语的变形

装运港装船费用及其他相关费用，是贸易商的主要成本之一。若买方使用班轮装运货物，班轮运费内包括装船费用和在目的港的卸货费用，既然班轮运费由买方支付，则装船费用实际上是由买方负担。但大宗货物使用租船装运时，船方通常不承担货物的装卸费用。因此，买卖双方应在合同中对装运港的货物装船费用作出具体约定。这些约定可采用 FOB 术语的变形来表示。实务中，常见的 FOB 术语变形有以下几种。

（1）FOB Liner Terms（FOB 班轮条件），即装船费用依班轮条件办理，由支付运费的一方（买方）承担。采用这一变形时，卖方不承担装船的有关费用。

（2）FOB Under Tackle（FOB 吊钩下交货），即卖方将货物置于船舶吊钩可及之处，从货物起吊开始时的装船费用由买方承担。

（3）FOB Stowed（FOB 理舱费在内，FOBS 或 FOB&S），即卖方承担将货物装入船舱并支付包括理舱费在内的装船费用。

（4）FOB Trimmed（FOB 平舱费在内，FOBT），即卖方承担将货物装入船舱并支付包括平舱费在内的装船费用。

在许多标准合同中，为表明由卖方承担包括理舱费和平舱费在内的各项装船费用，通常采用 FOB ST（FOB Stowed and Trimmed）表示。

（5）FOB Stowed and Lashed（FOB 理舱费和捆扎费在内），即在 FOB 交易条件下，卖方须负责将钢材等货物装入船舱并负责理舱和捆扎货物的费用。

（6）FOB Ex Spout（FOB 喷管口交货），即在散装粮食以 FOB 交易条件下，当货物使用电动喷管装船时，卖方负责在装船喷管口处交货，但货物进入船舱内的平舱费用由买方承担。

（7）FOB Ex Chute（FOB 斜槽交货），即在 FOB 交易条件下，当货物使用斜槽装货时，卖方须负责将货物从斜槽滑入船舱内为止，但货物进入船舱内的平舱费用由买方负担。

在此应特别注意，关于国际贸易术语的变形，国际上并无统一解释。Incoterms® 2020 也不禁止术语变形。为此，在实际业务中，除非买卖双方对有关贸易术语变形的含义有一致的理解，在使用术语变形时，应在合同中明确规定变形的具体含义和性质，即各种术语的变形是否包含改变风险转移的界限。若买卖双方对术语的变形未特别说明，通常情况下，FOB 的上述各种变形，只是为了表明装船费用由谁负担而并不改变 FOB 性质，即无论何种变形，FOB 条件下的交货地点以及风险转移的界限不变，仍以装运港船上为界。

（六）使用 FOB 术语应注意的事项

（1）在以 FOB 条件成交的交易中，买方往往要求卖方代办运输事宜。此时，卖方仅仅提供服务，其风险和费用仍由买方承担，但卖方由此可能获得货物运输控制权，即取得提单。

（2）卖方在交货后应及时给予买方充分通知，以便买方安排投保、通关、接货。若卖方怠于此项通知致使买方无法投保，即使货物已在装运港装船，但有关货物在此情况下的风险并不被认为已由卖方转移给买方。

（3）在出口旺季或运费、保险费不稳定时，卖方一般采用该术语报价或订约；而买方若与运费同盟订有运输合同或与保险人订立了预约保险，亦愿以 FOB 条件成交。但总体而言，买方使用 FOB 术语比较有利，可控制货物运输权，进而控制提单；相反，卖方可能丧失货物和货款控制权。

（4）为防止货物因意外事故致损而买方又拒绝付款，卖方最好投保出口信用保险或卖方利益险。若卖方担保到货品质，卖方应自行投保运输全程保险；为防范货物在装运前的内陆运输风险，卖方应投保内陆运输险。

（5）FOB 术语下，若卖方发货后收取货款，则卖方应争取成为提单的“托运人”；要求货代向卖方交付提单；卖方应妥善处理其与买方指定货代的关系，以及卖方交货人与“交货托运人”的关系。

附："链式销售"（"连环贸易"）

自 Incoterms®2010 开始，为顺应国际贸易发展趋势，在 FAS、FOB、CFR 和 CIF 适用水上运输的术语中，增加了"路货贸易"责任的划分。Incoterms®2020 又增加了 FCA、CPT、CIP、DAP、DPU 及 DDP 术语下的"链式销售"。

"路货贸易"（String Sales）指在海上货物运输中，卖方先将货物装上船舶，然后再寻找适当的买方以出售尚在运输途中的货物，而买方可能还会继续寻找新的买方，即同一批货物在运输途中几易其主，多次转卖。这种交易在大宗货物交易中较为普遍。

"路货贸易"方式下，在整个销售链中端的"卖方"实际上并不运送货物。这种贸易方式在买卖合同订立时，货物已脱离了"卖方"的实际控制，"卖方"摆脱了订约后运输途中的货损责任（单据交给买方后，即完成交货义务）；但卖方（第一卖方）将货物交付运输时通常对其予以投保，有关在途货物的相关单据，特别是保险单在订约时通常一起转交给"买方"。

依 Incoterms®2020，在上述术语下，若存在连环贸易，货物通常由第一个卖方安排运输，作为中间的"卖方"则无须装运货物，只因"取得"（Procure）运输途中的货物而履行其义务。因此，若采用 FCA、FAS 术语且存在"路货贸易"，则中间"卖方"应向下家"买方"证明其已"取得"船边交付的货物，即向下家交付货物收据（大副收据或场站收据）；若采用 FOB、CFR 和 CIF 术语且存在"路货贸易"，则中间"卖方"应向下家"买方"证明其已"取得"船上交付的货物，即向下家交付提单或海运单；若采用 CFR 和 CIF 术语且存在"路货贸易"，则中间"卖方"应向下家"买方"证明其与承运人订立了运输合同，即向下家交付提单或海运单；若采用 CIF 术语且存在"路货贸易"，则中间"卖方"还应向下家"买方"证明其已履行了投保义务，即向下家交付保险单。

五、CFR 术语

CFR，Cost and Freight（Insert named port of destination）Incoterms®2020.

（一）基本特征

CFR，成本加运费（注明指定目的港），如 CFR New York，USA，Incoterms®2020。

"成本加运费"是指，卖方在装运港船上交货或以取得已如此交付货物的方式完成交货义务（注：装运合同），而无论货物是否实际以良好的状态、约定的数量或是否确实到达目的地。货物灭失或损坏的风险在装运港装上船舶时转移。但卖方须订立将货物从装货港运往约定目的港的运输合同，支付货物运至指定目的港的运费。

该术语下，两个港口很重要。风险转移和运费转移的地点是两个不同的地点，即该术语下，风险和运费的划分点分离。因此，双方应尽可能确切地在指定目的港内明确该地点（运费划分点）。若卖方依运输合同在目的港交货点发生了与卸货相关的费用（注：如 THC、滞期费等），则除非双方事先另有约定，否则，卖方无权向买方要求补偿该项费用。

若买方希望借以确定货物价格中的运费构成是否合理，则特别建议双方在买卖合同中尽可能清楚地指定装运港。

由于卖方须签订涵盖货物运输的一份或多份合同，包括从货物交付到运至指定目的港或买卖合同中已约定的该港口范围内的约定点（point）并承担其运费，因此，建议双方尽可能精准地确定目的港内的约定点。

该术语下，海运的不同航段可能由不同的承运人负责，即多个承运人共同完成运输。如货物先由支线船舶从中国塘沽运到天津港，再由远洋船舶从天津港运至澳大利亚。此时，产生的问题是，货物风险在塘沽还是天津从卖方转移到买方？交货发生在何处？买卖双方可能已在买卖合同中约定。但若无此约定，则默认的立场是风险在货物交付给第一个承运人时转移，即塘沽。这就延长了买方承担货物风险的时间。若买卖双方希望风险在天津转移，则双方需在买卖合同中予以明确。

需要时，CFR 要求卖方办理出口清关。但卖方无义务办理货物进口清关或经由第三国过境的清关、支付进口关税或办理进口海关手续。

（二）适用范围

该术语仅适用于海运或内河水运。CFR 可能不适合于货物在装船前已交给承运人的情况，如集装箱运输的货物通常是在集装箱码头交货。在此情况下，应适用 CPT 术语而非 CFR 术语。

（三）买卖双方的基本义务（如图 5-5 所示）

1. 卖方的基本义务

（1）卖方须在合同约定的日期或期限内以及约定的地点，将符合合同要求的货物依该港口的习惯方式交至装运港船上；或在连环贸易中，卖方须向买方证明其已取得船上交付的货物，该证明通常为提单或海运单等。

卖方须提供符合买卖合同约定的货物和商业发票，以及合同可能要求的其他与合同相符的证据（注：一般为检验检疫证书）。卖方提供的任何单据，依双方约定可以是纸质或电子形式；若无约定，则依惯常做法提供。

（2）卖方须签订或取得运输合同，将货物自交货地内的约定交货点（若有）运送至指定目的港，或位于该港内的任何交货点（若已约定）。运输合同须依惯常条款订立，由卖方承担费用，经由通常航线，使用通常运输该类货物的船舶运送货物。卖方还须遵守运至目的地过程中任何与运输有关的安全要求。

卖方对买方无订立保险合同的义务。但应买方要求并由其承担风险和费用，卖方须向买方提供买方获取保险所需的信息。

（3）卖方须承担费用，向买方提供运至约定目的港的通常运输单据（注：如提单或海运单等）。该运输单据须载明合同货物且其签发日期须在约定的运输期限内，还须能使买方在目的港凭此向承运人索取货物，且除非另有约定，须能使买方通过向其下家买方转让该单据或通知承运人以转卖在途货物。当该运输单据以可转让方式（注：如指示提单或来人提单）签发并有数份正本，则须向买方提交全套正本。

（4）需要时，卖方须办理出口国要求的出口清关手续并支付费用，如出口许可证、出口安检清关、装运前检验及其他官方授权。需要时，应买方要求并由其承担风险和费用，卖方须协助买方获取过境国或进口国需要的与清关手续有关的单据及/或信息，包括安全要求和装运前检验。

（5）卖方须支付为交货所需进行的查验费用（如查验品质、丈量、计重、点数的费用）以及自费包装货物，除非该特定货物通常无需包装。除非双方已约定具体的包装或标记要求，否则，卖方须以适合该货物运输的方式对货物包装和标记。

（6）卖方须支付下列费用：交货之前与货物相关的费用，但应由买方支付的费用除外；运费和其他费用，包括装船费及与运输相关的安全费用；依运输合同应由卖方承担的在卸货港产生的卸货费（注：如可能的滞期费等），以及依运输合同应由卖方承担的过境费；向买方提供已交货的通常证据的费用；办理出口清关有关的关税、税款和其他费用；买方协助获取单据及信息相关的费用和开支。

（7）卖方须向买方发出已完成交货的通知以及买方受领货物所需的通知，以便买方提货。

2. 买方的基本义务

（1）买方承担交货后货物灭失或损坏的一切风险及费用。若买方有权决定装运时间及/或指定目的港的收货点（Point）而未依此发出通知，则买方承担自约定交货日期或约定交货期限届满之时起的货物灭失或损坏的一切风险及费用，只要货物被特定化。买方办理货物从装运港至目的港的保险并承担保险费。

（2）买方须支付货款；接受卖方提供的运输单据（注：如提单或海运单）；当卖方交货时，买方须提取货物并在指定目的港自承运人处受领货物。

（3）需要时，应卖方要求并由其承担风险和费用，买方须协助卖方取得出口国需要的与出口清关手续有关的单据及/或信息，包括安全要求和装运前检验。需要时，买方还须办理过境国和进口国要求的所有手续并支付费用，如进口许可证及过境所需的许可证、进口及过境安检清关、装运前检验及其他官方授权。

（4）买方须支付下列费用：交货之后与货物相关的所有费用，但应由卖方支付的费用除外；过境费用，除非依运输合同该项费用应由卖方承担；包括驳运费和码头费在内的卸货费用（注：视运输合同而定）；卖方协助获取单据及信息相关的所有支出和费用；需要时，办理过境或进口清关有关的关税、税款和其他费用；由于未及时发出通知而产生的自交货日期或自交货期限届满之时起的额外费用，只要货物已被特定化。

（5）若买方有权决定装运时间及/或指定目的港的收货点，则买方必须给予卖方充分通知。

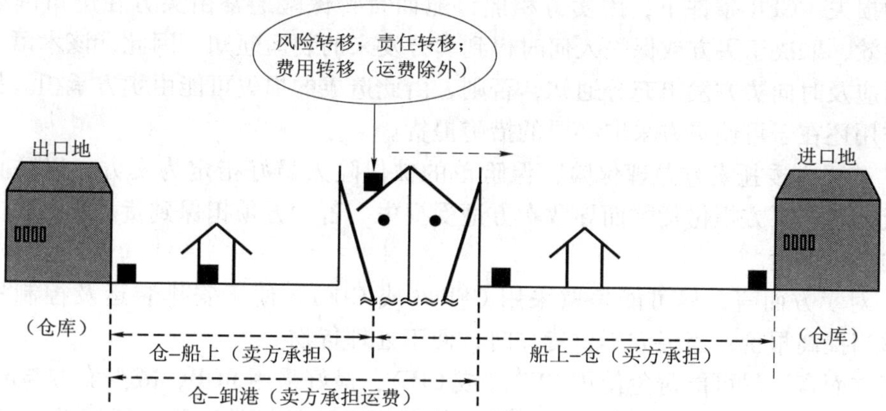

图 5-5　CFR 的风险、责任和费用转移界限

（四）实例

We offer to sell refrigerators brand Hair 1 000, USD400 per set CFR Seattle, USA, Incoterms®2020, shipment during July/Aug. 2020.（报价出售海尔牌电冰箱 1 000 台，每台

400 美元 CFR 目的港美国西雅图，Incoterms®2020，2020 年 7 月至 8 月装运。）

（五）CFR 术语的变形

在 CFR 条件下，若卖方采用班轮运输，因运费中包含装卸费，所以无论是装船费还是卸货费，实际上均由卖方承担。但若卖方租用整船运送货物，船方通常不负担装卸费（Free In and Out，FIO），这就需要买卖双方在合同中订明卸货费由谁负担，以免产生争议。为解决大宗货物租船运输中的卸货费用负担问题，双方可适当采用 CFR 的变形。在国际贸易业务中，常用的 CFR 变形有以下几种可供选择。

（1）CFR Liner Terms（CFR 班轮条件），这一变形是指卸货费用按班轮条件办理，也就是在目的港的卸货费由卖方承担。

（2）CFR Landed（CFR 卸至码头），这一变形是指由卖方负担将货物卸至目的港码头，包括可能产生的驳船费用在内。

（3）CFR Ex Tackle（CFR 吊钩下交货），这一变形是指卖方负责将货物从船舱吊起一直卸至吊钩所及之处（码头或驳船上）的费用。若船舶不能靠岸，驳船费用则由买方承担。

（4）CFR Ex Ship's Hold（CFR 舱底交货），这一变形是指载货船舶到达目的港，双方在船上办理交接手续后，由买方自行启舱并负担货物由舱底卸至码头的费用。

（5）CFR Free Out（CFR FO）（CFR 卖方不负责卸货费），这一变形是指卖方虽承担运费但不负责在卸货港口的卸货费用，卸货费用由买方承担。

上述 CFR 的各种变形也适用于 CIF。

同 FOB 术语的变形一样，CFR 术语的上述变形也只是为解决卸货费用的负担问题，一般不改变术语的性质，即交货地点和风险的划分仍以装货港的船上为界限。

（六）使用 CFR 应注意的事项

（1）卖方应根据货源、船源和泊位的实际情况合理规定装运期。

（2）卖方须向买方发出装船（运）通知，以便买方及时投保和接货，否则要承担买方漏保的损失。CFR 条件下，因卖方租船订舱而货物保险通常由买方在进口国办理，保险何时生效，取决于买方或保险人何时得到卖方发来的装运通知。因此，该术语下，卖方在装船后应及时向买方发出充分通知，否则，由此造成的损失可能由卖方承担。另外，该通知的作用还在于可使买方采取必要的措施提货。

（3）若买方委托卖方办理保险，保险单的被保险人最好指定为卖方，以防止货物中途灭失或损坏，买方拒付货款而导致卖方遭受损失。若卖方须担保到货品质，卖方可自行投保运输全程保险。

（4）对卖方而言，尽可能争取采用 CFR（或 CIF）；便于安排装运及控制货物运输权；可适当提高报价；当买方不付货款时，便于处理货物。

对买方而言，尽可能避免使用 CFR（或 CIF）；最好采用 FOB，减少卖方与船方勾结，共同欺诈买方的可能。如卖方与船方勾结，使用不适航的船舶运货、造假单，发假通知，谎报海事事故等；而事实上，货物并未装运或人为凿船，以致造成买方或保险人损失。因此，若不得不使用 CFR，买方须在合同中对船公司、船级、船龄等加以特别规定。另外，使用 FOB 时，报价低，买方易比较货物的成本。

六、CIF 术语

CIF，Cost Insurance and Freight（Insert named port of destination）Incoterms®2020.

（一）基本特征

CIF，成本、保险费加运费（注明指定目的港），如 CIF Seattle，USA，Incoterms®2020。

CIF 与 CFR 的唯一区别是货物运输保险问题，除此以外，其他完全相同。因此，CIF 下，卖方要为买方在运输途中货物灭失或损坏的风险办理保险。若目的地国家要求在本地购买保险，此种情况下，双方可考虑使用 CFR。贸易商应注意，Incoterms®2020 仍规定，卖方只需投保符合《伦敦保险协会货物保险条款》（ICC）（C）条款或其他类似条款的险别，而非 ICC（A）条款的险别，这一点与 CIP 不同。但双方仍可约定较高的险别。

（二）适用范围

该术语仅适用于海运或内河水运。若使用多式联运方式且货物在集装箱码头交给承运人时，则适合使用 CIP 术语而非 CIF 术语。

（三）买卖双方的基本义务（如图 5-6 所示）

除卖方须办理货运保险外，双方的其他义务完全与 CFR 相同。

（四）货运保险事项

CIF 术语与 CFR 术语的唯一区别在于，CIF 之下，卖方须办理货运保险并支付保险费。卖方办理货运保险对买方至关重要。因为 CIF 之下，货物在装运港船上交货之后，其灭失或损坏的风险从卖方转给了买方。当保险单转让给买方或其他任何合法持有保险单的人，根据保险单转让原则，买方或保险单持有人在货损后可向保险人行使索赔权。因此，卖方的投保直接关系买方或保险单持有人（包括开证银行）的利益。为此，Incoterms®2020 对卖方应如何履行投保义务作出了明确规定。

1. 保险人的选择

卖方须向信誉良好的承保人或保险公司投保，并应使买方或任何其他对货物具有可保利益的人有权直接向保险人索赔。虽然在 CIF 下，卖方是货物的投保人，保险合同成立后则成为其被保险人，但卖方交货后，要将保险单转让给买方。若卖方为节省保费而向信誉不佳的保险人投保，最终可能导致买方或货主的货物灭失或损坏却得不到保险人的赔偿，从而损害买方或货主的利益。此时，卖方应承担损害赔偿责任。

2. 保险险别

在 CIF 下，为自身的利益，买方可依货物的性质和特点，向卖方提出要求，卖方按买方要求投保适当的险别。若买方在订立买卖合同时，未向卖方提出险别要求，则卖方只需投保 ICC 或类似保险条款的最低险别，如 ICC（C）或 CIC 的平安险等，而无义务投保责任范围更大的险别。卖方须向买方提供保险单或保险证明或其他投保证据。

3. 保险期限

依国际保险惯例，在海上保险中，保险人责任期限一般采用“仓至仓条款”原则，即保险人可从卖方存放货物的仓库起运开始承担责任，直到货物到达目的地存入买方指定的仓库为止。若买方未在买卖合同中约定保险期限，在 CIF 下，卖方投保的责任起讫须与货物运输期间相符，且须最迟自买方承担货物灭失或损坏的风险（即自货物在装运港装上船舶）时起对买方的保障开始生效。该保险责任期限还须至少到指定的目的港为止，但双方最好约定至货物到达最终目的地为止。

4. 保险金额

若货物发生灭失或损坏，不仅货物本身受损，买方的预期利润也会受到损失。因此，卖方投保时还应将买方的预期利润加入保险金额之内，即在 CIF 价值的基础上再加一定比例投保（保险加成）。若买方在订立买卖合同时，未提出保险应加成多少，则卖方须在 CIF 价值基础上加成 10% 投保，即保险金额应为 CIF×110%。当然，买方可提出高于 10% 的加成要求，但以保险人接受为限。

5. 特殊险别

依 CIF 规定，卖方无义务投保特殊附加险，但在买方提出加保特殊附加险并由买方承担保险费的情况下，卖方在可能的条件下，可适当地接受并给予加保。如投保符合 ICC “协会战争险条款”（Institute War Clauses）及/或“协会罢工险条款”（Institute Strikes Clauses）或其他类似条款的险别（除非该险别已包括在前款所述的货物保险中）。

6. 投保的货币

CIF 下，若买方未提出要求，卖方投保时应采用合同的计价货币投保。

（五）装运单据的重要性

从交货方式上看，CIF（FOB、CFR 等）是一种典型的“象征性交货”，即只要卖方在装运港将货物装船并提交了全套合格单据，即使货物中途灭失，卖方也完成了交货义务，无须保证到货，可凭有关单据结汇。反之，卖方提交的单据不符合合同或信用证（L/C）要求，即使货物安全到达目的地，也不视为完成交货义务，不能结汇，买方可拒绝付款。因此，CIF（FOB、CFR 等）下卖方凭单交货，交单视为交货；买方凭单付款，而非凭货付款；卖方只保证按时交货，但不保证按时到货。从某种意义上说，CIF 下的单据比货物更重要。但须指出，依 CIF（FOB、CFR 等）条件成交，卖方履行交单义务只是得到买方付款的前提条件。除此之外，卖方还应依合同约定履行交货义务，即若单据合格而交货不符，即使买方已付款，买方仍可依合同约定向卖方索赔。

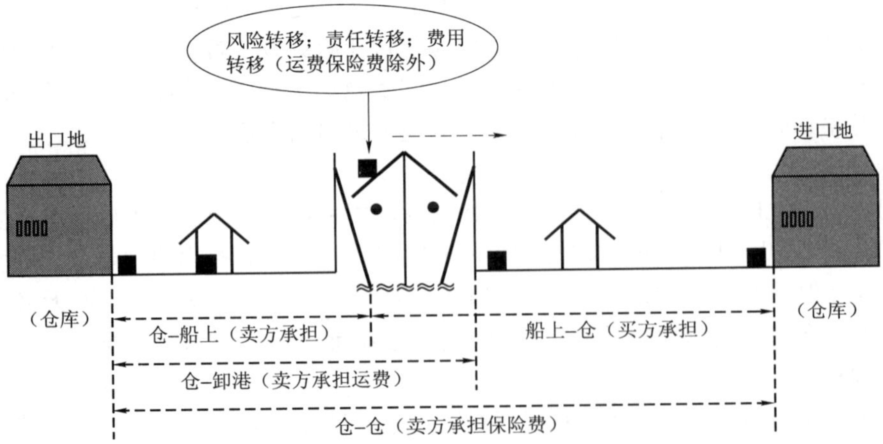

图 5-6　CIF 的风险、责任和费用转移界限

（六）实例

We offer to sell rice grade A about 1 000M/T, USD80 per M/T CIF New York, USA,

Incoterms®2020, shipment during Sept. 2020.（报价出售一级大米约 1 000 公吨，每公吨 80 美元 CIF 目的港美国纽约，Incoterms®2020，2020 年 9 月装运。）

（七）使用 CIF 术语应注意的事项

（1）原则上，卖方有权拒绝接受买方关于限制船舶（国籍、船型、船龄、船级、船公司）的要求，但可依具体情况予以通融（费用可由买方负担）。一旦在合同中对船舶予以约定，卖方必须遵守。

（2）卖方应依运距的远近、是否需要转船（转船比直达船费用高）、运价变动趋势（特别是各种附加运费）等情况，合理核算运费和保费。

（3）双方应明确大宗货物的卸货费（包括滞期费等）由谁负担。

（4）出口时，尽可能争取采用 CIF，避免使用 FOB；进口时，尽可能避免使用 CIF 而应选用 FOB。理由同 CFR 的注意事项。

（5）CIF 条件下，货物风险与运费的划分界限相分离。

（6）CIF 条件下，若货物在装货港装船后发生灭失或损坏，当买方拒收货物、拒付货款、退回货运单据时，则货物的可保利益通常发生回转，即卖方仍具有可保利益，有权向保险人索赔。

（7）FAS、FOB、CFR 与 CIF 的关系表现为：FAS = FOB−装船费；CFR = FOB+F（海运费）；CIF = FOB+F+I（保险费）。

七、CPT 术语

CPT, Carriage Paid To（Insert named place of destination）Incoterms®2020.

（一）基本特征

CPT，运费付至（注明指定目的地），如 CPT ### Chicago，USA，Incoterms®2020。

“运费付至”是指，卖方在出口国将货物在双方约定地点交给卖方指定的承运人或其他人。卖方须签订从交货地运往约定目的地的货物运输合同并支付将货物运至指定目的地所需的运费。

使用 CPT 术语时，当卖方将货物交付给承运人（而不是当货物到达目的地时），即完成交货义务（注：装运合同）。一旦货物以此种方式交付给买方，卖方并不保证货物将以良好的状态、约定的数量或是否确实到达目的地。这是因为在将货物移交给承运人完成对买方的交货时，风险即从卖方转移到了买方。

该术语下，风险转移和运费转移的地点不同。在 CPT 中，交货地（或交货点）和目的地（或目的点）这两个地点很重要。货物在交货地或交货点（若有）风险转移，而目的地或目的点作为卖方签订货物运至的运输合同及运费付至的地点。因此，特别建议双方在买卖合同中尽可能精准地确定交货地和目的地或交货地和目的地内的具体地点。

对于多个承运人各自负责自交货地到目的地之间不同运输路程的情况，应尽可能精准地确定交货地或交货点（若有）。在这种情形下，若双方未约定具体的交货地或交货点，则当卖方在某个完全由其选择的地点将货物交付给第一个承运人时，风险即发生转移。若双方期望推迟风险的转移，如在某海港、河港或机场转移风险甚至提前转移风险，如在某个与海港或河港有一定距离的内陆地点转移风险，则需在买卖合同中明确约定并谨慎考虑在货物灭失或损坏时如此做法的后果。

若卖方在其运输合同项下承担了在指定目的地的相关卸货费用（注：如 THC、滞期费等），除非双方另有约定，卖方无权另行向买方追偿该费用。

“或取得已如此交付的货物”中的“取得”一词，适合于交易链中的多层销售（链式销售），在大宗商品贸易中尤其常见。

需要时，CPT 要求卖方办理货物出口清关。但卖方无义务办理货物进口清关或经由第三国过境的清关，或支付进口关税或办理进口海关手续。进口手续和相关费用由买方承担。

（二）适用范围

该术语适用于所有运输方式，包括多式联运。

（三）买卖双方的基本义务（如图 5-7 所示）

与 CFR（仅适用于海运或内河水运）相比，CPT 除了可适用于各种运输方式与 CFR 不同外，其他事项与 CFR 基本相同。

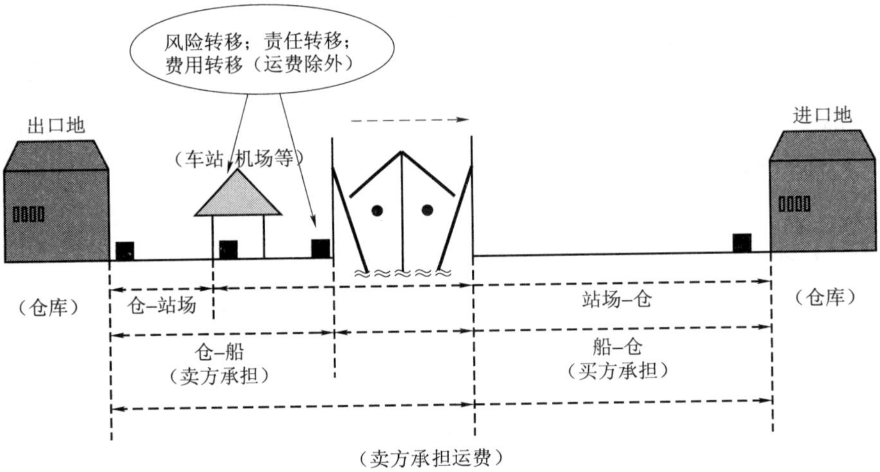

图 5-7 CPT 的风险、责任和费用转移界限

（四）实例

We offer to sell dust catchers brand LG 1 000 sets, USD120 per set CPT ### Chicago, USA, Incoterms®2020, delivery during July 2020.（报价出售 LG 牌吸尘器 1 000 台，每台 120 美元 CPT 目的地美国芝加哥某地，Incoterms®2020，2020 年 7 月交货。）

八、CIP 术语

CIP, Carriage and Insurance Paid To (Insert named place of destination) Incoterms® 2020.

（一）基本特征

CIP，运费和保险费付至（注明指定目的地），如 CIP ### Paris, France, Incoterms® 2020。

“运费和保险费付至”是指，卖方将货物在双方约定地点交给其指定的承运人或其他人。卖方须签订运输合同并支付将货物运至指定目的地所需的运费。卖方还须为买方签订从交货点起至少到目的点的货物灭失或损坏的保险合同。若目的地国家要求在本地购买保险，则双方可考虑适用 CPT。贸易商还应注意，依 Incoterms®2020，CIP 下，卖方需投保符合 ICC(A)条款或其他类似条款的险别而非 ICC(C)条款的险别。但双方仍可自行约定更低的险别。这一点，与 CIF 不同。这是新版术语的主要变化之一。

与 CPT 相比较，CIP 仅增加了卖方的投保义务。除此之外，两个术语的其他事项相同。与 CIF 相比较，在买卖双方无约定时，CIP 卖方投保的险别为 ICC 条款或类似条款的最高险别的保险，而 CIF 则为其最低险别；其他保险事项相同。

（二）适用范围

该术语可适用于所有运输方式，也可适用于多式联运。

（三）买卖双方的基本义务（如图 5-8 所示）

CIP 术语下，买卖双方在风险划分、费用分担以及所适用的运输方式等方面的基本义务，均与 CPT 术语相同。其与 CPT 术语唯一不同的是，卖方须就货物在运输途中灭失或损坏的风险投保并支付保险费。

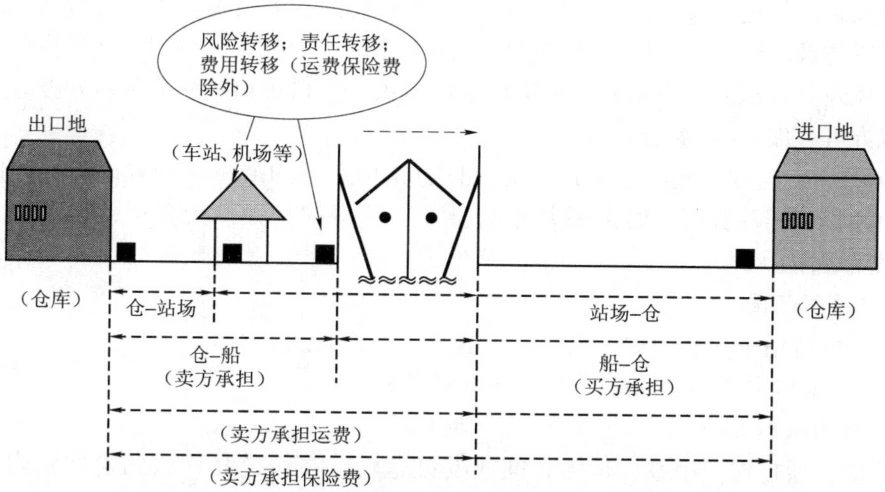

图 5-8 CIP 的风险、责任和费用转移界限

（四）实例

We offer to sell hot-water machines brand Hair 1 000 sets, USD120 per set CIP ### Paris, France, Incoterms®2020, delivery during Aug. 2020.（报价出售海尔牌热水器 1 000 台，每台 120 美元 CIP 目的地法国巴黎某地，Incoterms®2020，2020 年 8 月交货。）

九、DAP 术语

DAP, Delivered at Place（Insert named place of destination）Incoterms®2020.

（一）基本特征

DAP，目的地交货（注明指定目的地），如 DAP ### Detroit, USA, Incoterms®2020。

“目的地交货”是指，当卖方在指定目的地或在该指定目的地内的约定交货点（若有），将仍处于抵达的运输工具上且已做好卸载准备的货物交由买方处置时，即完成交货及风险转移。卖方承担将货物运送到指定地点或交货点的一切风险和费用。该术语下，交货地和到货的目的地相同。以该术语签订的贸易合同一般称为“到达合同”（Arrival Contract）且为“实际交货”。“到达合同”是指，卖方须将货物运送到指定的目的地（港）或交货点实际交付给买方处置，不能以交单代替交货。因而卖方承担货物在运输途中的风险。该类合同采用的贸易术语包括 DAP、DPU 和 DDP。

该术语下，买卖双方应精准确定交货地或交货点/目的地或目的点。这是因为：第一，货物灭失或损坏的风险在上述地方（place）或地点（point）转移至买方，因此，买卖双方对在该地方或地点发生的转移的重要性应有清醒的认识；第二，上述地方或地点之前的费用由卖方承担，该地方或地点之后的费用则由买方承担；第三，卖方须签订运输合同或安排货物运输到约定的交货地或交货点/目的地或目的点，若卖方未履行此义务，卖方即违反了 DAP 下的义务并将对买方随之产生的任何损失承担责任。

若卖方依运输合同在交货地或交货点/目的地或目的点发生了与卸货相关的费用（注：如 THC、滞期费等），除非双方另有约定，卖方无权另行向买方追偿该费用。

需要时，DAP 下要求卖方办理出口清关。但卖方无义务办理进口清关或经由第三国过境的清关、支付进口关税或办理进口海关手续，此由买方负责。因此，若买方未办理进口清关，货物被滞留在目的地的港口或内陆运输终端，则由买方承担可能发生的与此相关的损失或风险。若双方希望卖方办理货物进口清关、支付进口关税或税款并办理进口海关手续，双方可考虑 DDP 术语。

在 DAP 下，若仅适用海运方式，卖方只需在指定目的港将货物置于买方控制之下而无须承担卸货责任及费用，而由买方（或船方）负责卸货并承担费用，因而该术语比较适合程租船运输。

（二）适用范围

该术语可适用于所有运输方式，也可适用于多式联运。

（三）买卖双方的基本义务（如图 5-9 所示）

1. 卖方的基本义务

（1）卖方须自付费用签订运输合同或安排运输，在约定日期或约定期限内，将货物运至指定目的地或指定目的地内的约定交货点（若有）。若未约定该具体地点，也未依惯例确定，则卖方可选择最符合其目的的指定目的地内的交货点，且须遵守运至目的地过程中与运输有关的安全要求。在上述地点将装载于抵达的运输工具上并做好卸货准备的货物交由买方处置，或以取得已如此交付货物的方式向买方交付，此后，货物的风险和费用转移给买方。

（2）卖方须向买方提供符合买卖合同规定的货物和商业发票，以及合同可能要求的其他与合同相符的证据（注：如检验证书等）。卖方提供的任何单据，依双方约定可以是纸质或电子形式；若无约定，则依惯常做法提供。卖方还须向买方提交所要求的运输单据，以便买方能够接管货物。

（3）需要时，卖方须办理出口国和过境国（除进口国之外）要求的出口和过境清关手续并支付费用，如出口/过境许可证、出口/过境安检清关、装运前检验及其他官方授权。需要时，应买方要求并由其承担风险和费用，卖方须协助买方获取进口国所需的与进口清关手续相关的单据及/或信息，包括安全要求和装运前检验。

（4）卖方须支付为交货所需要进行的查验费用（如查验品质、丈量、计重、点数的费用）。卖方须自付费用包装货物，除非该货物通常无需包装。除非双方已约定具体的包装或标记要求，否则，卖方须以适合该货物的运输方式对货物进行包装和标记。

（5）卖方须支付下列费用：交货前与货物及其运输相关的所有费用，但应由买方支付的费用除外；在目的地产生的卸货费用，但仅以运输合同规定应由卖方承担此类费用为限（注：如班轮运输时，目的港的卸货费由卖方承担）；提供交货/运输单据的费用；办理出口和过境清关有关的关税、税款和其他费用；买方提供协助获取单据及信息相关的所有支出和费用。

（6）卖方须向买方发出通知，以便买方收取货物。

2. 买方的基本义务

（1）买方须依买卖合同约定支付货款；及时受领货物；接受卖方提交的运输单据。

（2）买方承担目的地接货后的风险及相关费用。若买方未办理进口手续，或当买方有权决定约定期限内的时间及/或指定目的地的收货点（Point）而未给予卖方充分通知时，则买方承担因此导致货物灭失或损坏的一切风险和费用，只要货物已被特定化。

（3）需要时，应卖方要求并由其承担风险和费用，买方须协助卖方获取出口国和过境国（除进口国之外）所需的与出口/过境清关手续相关的单据及/或信息，包括安全要求和装运前检验。需要时，买方须办理进口国要求的手续并支付费用，如进口许可证、进口安检清关、装运前检验及其他官方授权。

（4）买方须支付下列费用：交货之后与货物相关的费用；在指定目的地从抵达的运输工具上提货所需的卸货费用，除非依运输合同该费用应由卖方承担；卖方协助获取单据及信息相关的支出及费用等。

（5）若买方有权决定约定期限内的时间及/或指定目的地的收货点，买方须给予卖方充分通知，以便于卖方交货。

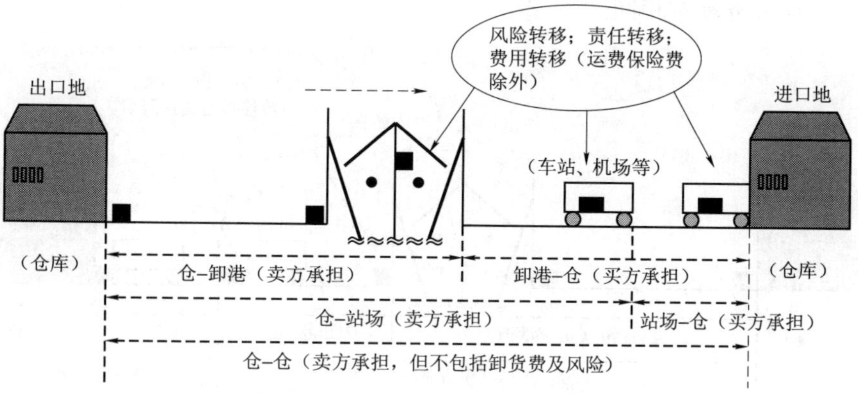

图 5-9 DAP 的风险、责任和费用转移界限

（四）实例

We offer to sell washer-dryer brand Hair 1 000 sets, USD120 per set DAP### Paris, France, Incoterms®2020, delivery during Sept. 2020.（报价出售海尔牌双缸洗衣机 1 000 台，每台 120 美元 DAP 目的地法国巴黎某地，Incoterms®2020，2020 年 9 月交货。）

十、DPU 术语

DPU，Delivered At Place Unloaded(insert named place of destination) Incoterms®2020.

（一）基本特征

DPU，目的地卸货后交货（注明指定目的地），如 DPU Tianjin Port，### Container Yard，China，Incoterms®2020。

“目的地卸货后交货”是指，卖方在指定目的地或在该指定目的地内的约定交货点，将货物从已抵达的运输工具上卸载，已交由买方处置，卖方承担将货物运送到指定目的地以及卸载货物的一切风险及费用，完成交货。以该术语签订的贸易合同也称之为“到达合同”（Arrival Contract）且为“实际交货”。

该术语下，交货地和到达的目的地相同。DPU 是 Incoterms®2020 唯一要求卖方在目的地承担卸货义务的术语。因此，卖方应确保其能够在指定地点安排卸货。若双方不希望卖方承担卸货的风险和费用，则不应适用 DPU，而应适用 DAP。

该术语下，买卖双方同样应精准确定交货地或交货点/目的地或目的点。其原因与 DAP 术语相同。卖方办理出口清关的事宜也与 DAP 术语相同。

若仅为单一的海运方式运输货物，该术语最适合班轮运输，由班轮公司负责卸货并承担费用，这对买卖双方都极为便利。

（二）适用范围

该术语可适用于所有运输方式，也可适用于多式联运。

（三）买卖双方的基本义务（如图 5-10 所示）

关于买卖双方的基本义务，DPU 与 DAP 的主要差别是，DPU 下卖方需在抵达指定目的地，或在该指定目的地内的约定交货点的运输工具上卸载货物并承担卸货费用；而 DAP 下卖方只需在上述地点将货物置于买方控制之下，而无须承担卸货的责任及费用。除此之外，其他义务基本相同。

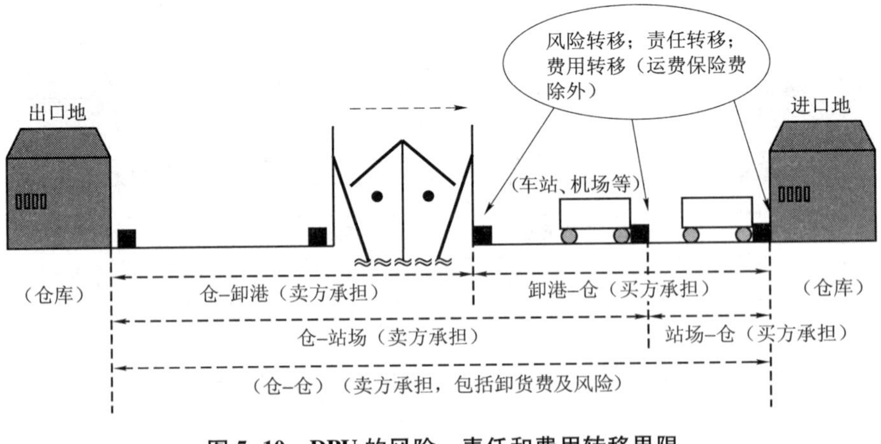

图 5-10　DPU 的风险、责任和费用转移界限

（四）实例

We offer to sell harvesters brand A 1 000 sets USD15 000 per set DAT ### Container Yard, Paris, France, Incoterms®2020, delivery during Oct. 2020.（报价出售 A 牌收割机 1 000 台，每台 15 000 美元 DAT 目的地法国巴黎某集装箱堆场，Incoterms®2020，2020 年 10 月交货。）

（五）使用 DAP 和 DPU 术语应注意的事项

（1）若卖方使用程租船运输大宗货物，欲在目的地指定地点交货且愿意承担货物运送到该地点的费用（卸货费除外）和风险时，可考虑选择 DAP。

（2）若卖方使用班轮运输杂货，除承担 DAP 所须履行的义务外，还愿意承担货物运送到目的地指定地点并从运输工具上卸载的责任及费用时，可考虑选择 DPU。

（3）若卖方除承担 DAP 所须履行的义务外，还愿意承担货物的进口报关和有关关税时，可考虑选择 DDP。

（4）该两种术语下，卖方承担的责任、风险及费用较大，因而报价也较高。但卖方应考虑其可行性。

十一、DDP 术语

DDP, Delivered Duty Paid（Insert named place of destination）Incoterms®2020.

（一）基本义务

DDP，完税后交货（注明指定目的地），如 DDP ### Berlin，Germany，Incoterms®2020。

该术语是卖方承担风险、责任和费用最大（而买方最小）的一种术语。

“完税后交货”是指，当卖方在指定目的地或该指定目的地内的约定交货点，将仍处于抵达的运输工具上（不负责卸货），但已完成进口清关且已做好卸载准备的货物交由买方处置时，即完成交货（到达合同）。卖方承担将货物运至上述地点前的一切风险和费用，且有义务办理货物出口和进口清关手续并支付相关费用。该术语下，交货地和到货目的地相同。

该术语下，买卖双方也同样应精准确定交货地或交货点/目的地或目的点。其原因与 DAP、DPU 术语相同。

若卖方依运输合同在交货地/目的地发生了与卸货相关的费用（注：如 THC、滞期费等），除非双方另有约定，卖方无权向买方追偿该项费用。

需要时，该术语下要求卖方办理货物的出口清关及进口清关并支付进口关税或办理海关手续。因此，若卖方无法办理进口清关而是希望将此项事宜交由买方办理，则卖方应选择 DAP 或 DPU。在 DAP 或 DPU 下，交货仍发生在目的地，但进口清关则由买方办理。

由于 DDP 下，买卖双方所承担的义务过于失衡，换言之，卖方的义务过重，因此，对卖方而言，应谨慎地使用该术语。但若贸易双方之间距离较近且有直达运输工具，卖方无须或愿意承担进口手续和费用时，可适当使用。中国与东盟国家、俄罗斯及中亚国家或地区（如大陆与台湾）间的贸易可使用该术语。

（二）适用范围

该术语可适用于所有运输方式，也可适用于多式联运。

（三）买卖双方的基本义务（如图 5-11 所示）

关于买卖双方的基本义务，与 DAP 相比较，DDP 除增加了卖方办理进口手续并承担相关进口税费外，其他内容与 DAP 基本一致。

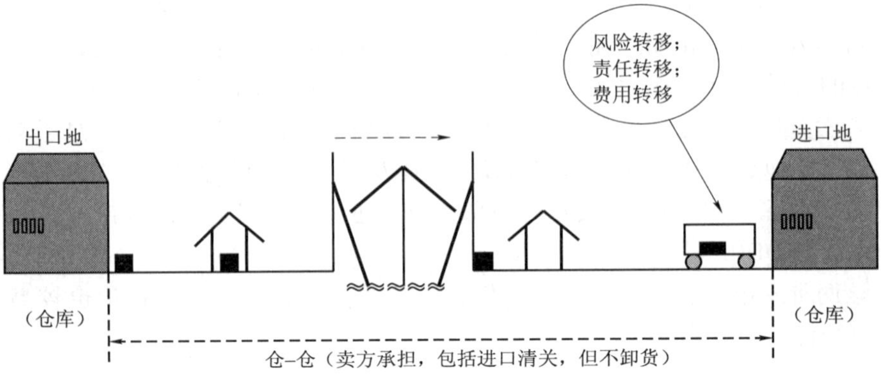

图 5-11　DDP 的风险、责任和费用转移界限

（四）实例

We offer to sell refrigerators brand A 1 000 sets, USD120 per set DDP at 8 Wall ST., New York City, USA, Incoterms®2020, delivery during Aug. 2020.（报价出售 A 牌冰箱 1 000 台，每台 120 美元 DDP 目的地美国纽约市华尔街 8 号，Incoterms®2020，2020 年 8 月交货）。

第五节　国际贸易术语的其他问题

贸易术语决定了买卖合同的性质及交货条件，同时也表明了价格的构成，因而也是贸易商的一种报价策略工具。选用适当的贸易术语，对促进合同的订立和履行、保证买卖双方的利益具有重要作用。因此，恰当地选择贸易术语是国际贸易的重要环节之一。

一、如何选择恰当的贸易术语

针对 Incoterms®2020 的 11 种贸易术语，建议相关业者采取以下策略。

（一）恰当选择适合任一或多种运输方式的贸易术语

Incoterms®2020 中有 7 种适合任一或多种运输方式的贸易术语，但每一术语下，买卖双方所承担的责任与义务也各不相同。如何争取选择既能实现自身的目标，合理地维护自身利益的贸易术语，同时也能被对方接受，这需采取相应的策略。

1. 若卖方欲将其责任仅限于其所在地的某一地点，将货物置于买方处置下（place the goods at the disposal of）而不承担其他义务，包括不承担或无须承担出口清关手续和费用时（FTA），可考虑使用 EXW 术语。但这还需综合考虑其他问题。若卖方对收取货款没有足够把握且无法掌握运输途中的货物控制权时，则不应使用该术语。卖方不应轻易放弃运输权（货物控制权）。反之，买方使用该术语可控制货物和运输单据，但货价较高，手续麻烦。

2. 若卖方愿意自行办理出口清关手续并承担相关费用，且在出口国指定地点将货物交给买方指定的承运人处置时，可考虑使用 FCA 术语。该术语最适合航空运输、铁路运输、多式联运、集装箱运输等，也是适用范围最广的术语。由于这几种运输方式下，货物在出口国的交接方式较为复杂，但卖方只要将货物置于买方指定的承运人或其代理的处置下，即完成交货义务。

新版 FCA 术语下，若采用海运方式运输货物，买卖双方应处理好已装船提单。因海运提单是物权凭证，信用证之下的开证行及买方（控制货权）或卖方（控制货款）都可能要求使用已装船提单。为此，买卖双方须在贸易合同中明确约定，买方应指示其承运人在货物装船后向卖方签发已装船提单，而卖方应通过开证银行向买方提交该已装船提单，以实现各自的合同目标。

卖方应特别注意，使用该术语且为非海运时，其前提条件是卖方对货款的收取要有足够把握。与 EXW 一样，FCA 术语由买方订立运输合同，买方是托运人，拥有运输途中的货物控制权及运输单据（运单中的记名收货人通常是买方），这对买方极为有利。因而卖方只有在保证买方具有良好付款信誉的条件下，才可同意使用该术语。

3. 若买方所在地不是海港，且卖方欲掌握运输途中的货物控制权及运输单据并承担货物运至目的地的运费，可考选择使用 CPT 术语。

但这种贸易条件下，因卖方未掌握货物运输保险单，一旦货物中途灭失或损坏而买方又拒绝付款时，卖方有可能遭受货、款两空损失。因此，卖方可进一步争取选择承担货物运至目的地的保险费的 CIP 术语，或在 CPT 术语下，卖方自行投保运输险。

应特别注意的是，新版 CIP 术语下，若买卖双方无特别约定，卖方应投保最高险别的保险，如 ICC（A）险、CIC“一切险”。这一变化对买卖双方都有利。

4. 若贸易货物为大宗商品，如散装或液体货物等，卖方欲在进口国目的地指定地点交货并愿意承担货物运至该地点的风险和运费，但不承担目的地的卸货费（极易产生卸货港滞期费争议），可考虑选择 DAP 术语。

若目的地为海港，这种贸易条件最适合的运输方式是程租船运输，由买方承担货物在目的港的卸货责任和费用，并由买方承担卸货港的滞期费。

在 DAP 术语基础上，若卖方还愿意承担货物运至目的地并从运输工具上卸货产生的费用，可考虑选择 DPU 术语。若目的地为海港，DPU 术语最适合班轮运输，货物在目的港的卸货责任及费用由船公司承担，买卖双方省时、省力。

这两种术语对买方而言，货物价格较高但可减少麻烦，而卖方承担较大风险和费用，较适合中国对“一带一路”沿线国家的出口贸易。

5. 若贸易双方之间距离较近且有直达运输工具（如中欧班列、中亚班列），卖方（如 FTA 成员）无须或愿意承担货物进口报关手续及关税，可考虑选择 DDP 术语。中国与东盟、欧洲（部分国家）、俄罗斯及中亚等周边国家或地区（如大陆与台湾、内地与港澳）之间的贸易往来较适合选择该术语。这对卖方而言，既不会花费太大成本，又可适当提高报价；而对买方来说，既省时又省力。

（二）恰当选择适合海运及内河水运方式的贸易术语

Incoterms®2020 中有 4 种适合海运及内河水运方式的贸易术语，同样，每一术语下买卖双方所承担的责任与义务也各不相同。如何争取选择有利于自身利益的贸易术语，同时也能被对方接受，需采取相应的策略。

若贸易商依据各种因素决定选择适合海运及内河水运方式的贸易术语，可采取以下策略之一。

1. FOB、CFR 和 CIF 术语下，贸易双方应自行商定风险转移的具体界限

上述三种术语是中国贸易商使用频率最高的术语。尽管 Incoterms®2010 就已取消这三种术语的“船舷”界限，而将货物“装上船舶”（the seller delivers the goods on board the vessel）作为买卖双方划分货物风险的分界点，但“装上船舶”仍是一个不确定的概念，实际业务中还需进一步落实货物风险转移的具体界限。Incoterms®2020 也试图将划分货物风险转移的具体界限留待贸易当事人自行解决。为此，贸易双方在订立买卖合同与运输合同时，应依船舶种类、运输方式、货物性质等因素，协商确定货物风险转移的具体界限。例如，杂货运输时，可将甲板（on deck）、舱内（under deck）、是否包括理舱费（stowed）等作为风险转移的具体界限；集装箱运输时，由于货物需在集装箱堆场（CY）或货运站（CFS）甚至“门到门”（D/D）交接，承运人交接货物的地点可能是内陆工厂、仓库或货运站，港口的堆场或货运站等，由此，承运人所承担的责任也可为多种形式，如“堆场至堆场”（CY/CY）、“货运站至货运站”（CFS/CFS，LCL/LCL）或“门到门”（D/D）等。为此，贸易商在使用上述三种术语且为集装箱运输时，可与承运人约定以堆场（CY）、货运站（CFS）或工厂（仓库）（Door）等为风险转移的具体界限。但集装箱运输时，最好选用 FCA。

2. FOB 术语的适用

若买方具有较强的议价能力且愿意租船或订舱并承担货物运输风险和费用，则可选择使用 FOB 术语。

使用该术语可使买方了解真实报价水平，能掌运输途中的货物控制权甚至控制运输单据，且一旦货物灭失或损坏，买方可凭保险单向保险公司索赔，其利益通常能得到保障。因此，中国企业进口时应争取选择使用 FOB 术语。

但使用该术语对未取得货款的卖方而言，则具有较大风险。因为以 FOB 条件出口时，由买方安排货物运输并与承运人订立运输合同，此时买方是托运人（shipper）。一旦提单记载买方为托运人，卖方交货后，买方掌握了运输中的货物控制权或者货物途中灭失，若此时买方不付款，则会导致卖方货、款两空；若“电放”货物，极易产生买方与外代联手欺诈卖方的风险。若使用记名提单且买方为提单托运人时，则风险更大。通常 FOB 术语下，卖方将货物装船之后，为结算货款需要，必须要求承运人向卖方签发以卖方为“托运人”的提单。

若买方不愿意放弃托运人地位，卖方可控制在向承运人交付货物之后取得的货物收据（包括场站收据或大副收据）而不转交给买方。依目前国际货物运输惯例，在卖方将货物实际交给承运人掌管之后，则可凭借货物收据从承运人处换取提单并在提单上将卖方记载为托运人；假如出现买方和卖方同时要求承运人签发提单的情况，承运人优先考虑签发给 FOB 条件下的卖方。

另外，若卖方担保到货品质，为防止违约时买方拒付货款或扣减货款而导致卖方损失，卖方可考虑自行投保，以便向保险人索赔。依据保险惯例，同一货物可由不同利益的人投保。

3. CIF 或 CFR 术语的适用

卖方应争取使用 CIF 或 CFR 术语。中国是出口贸易大国，卖方应争取使用由其与承运人签订运输合同的 CIF 或 CFR 术语。

使用这两种术语对卖方而言，其好处是可使自己成为提单托运人，以便控制货款和掌握运输途中的货物控制权；但使用 CFR 术语，卖方不拥有保单，一旦货物在运输中受损或灭失而买方又不付款，则卖方会款、货两空。若卖方能争取使用 CIF 术语则对其更为有利。因 CIF 下的卖方不仅掌握货款控制权及运输途中的货物控制权，同时又是货物运输保险单的被保险人，一旦货物在运输途中受损而买方又不付款时，则可保利益发生回转（CFR 则不可），卖方可凭保单获得保险人的赔偿。因此，中国卖方不应轻易放弃（CIF 或 CFR 术语）运输安排的权利而采用 FOB 术语出口，以免与买方之间产生“托运人”之争。

若不得已使用 FOB 术语出口，卖方应争取在贸易合同中明确约定自己有权取得提单；或者保管好场站收据或大副收据等货物收据，若买方不同意卖方为提单的“托运人”，买方无货物收据也无法换取提单。

4. FAS 术语的适用

若贸易货物为危险品、重大件或者其他特殊货物，承运人通常不愿在装船前接受此类货物。此时，若买方愿承担运输风险和费用，则买卖双方可约定选择 FAS 术语，卖方办理出口手续并在装货港船边完成交货义务，此后的风险和相关费用转移给买方。但若为集装箱运输，则不宜使用该术语。因为集装箱货物出口时，卖方与承运人的交接地点通常在集装箱码头堆场或货运站而非在船边，此时（集装箱运输）可选择 FCA 术语。

二、贸易术语不能代替合同条款

Incoterms®2020 在其引言中反复强调，贸易术语本身不是一份买卖合同，因此不能替代买卖合同。Incoterms®2020 设计的目的在于反映一般种类货物的贸易，而非特定货物的贸易。从本质上讲，贸易术语只有在被并入一份已存在的合同后，才成为合同的一部分。贸易术语也不提供合同适用的法律。当事人需在其买卖合同中对合同是否成立、争端解决、货物所有权转移以及其与附属合同的关系等事项作出具体约定，以免日后争议。

上述规范表明，贸易商在交易中选择贸易术语时，除了前述问题外，还须正确处理术语与买卖合同的关系。贸易术语一旦被纳入买卖合同之后，仅构成合同的一部分内容，对合同当事人具有约束力，即成为调整合同双方权利和义务的依据之一。但贸易术语所调整的主要是货物的交付、进出口手续的办理、风险的转移、费用的划分和通知义务的履行等问题。这些问题只是与合同履行有关的法律问题的一部分。除了这些问题之外，在合同的履行中还涉及所有权的转移和保留等许多问题，这是买卖合同中具有核心意义的法律问题，但贸易术语对此并未予以规范。另外，因合同而产生的法律问题还包括合同的成立与生效，合同的变更、解除与修改，合同当事人的违约责任等问题。对于这些问题，贸易术语更没有任何规范。对于这些未涉及的法律问题，须依赖于合同当事人的约定和合同所适用的法律来加以调整。

通常，合同的约定、合同所适用的法律以及贸易术语同时对一个国际货物买卖合同产生效力，共同决定双方当事人的权利和义务。由此可见，贸易术语只是调整货物买卖合同当事人权利和义务的依据之一。换言之，它对买卖合同所产生的作用是有限的，不可能寄希望于它解决合同所有的问题。尽管贸易术语对买卖合同的履行很重要，但由于它未涉及合同履行中可能产生的所有问题，因而它不可能代替一个完整的货物买卖合同所必需的全部条款，即它不能单独使用，必须与买卖合同结合使用。所以，在国际货物买卖中，应结合《联合国国际货物销售合同公约》等有关的公约、法律和其他贸易惯例使用贸易术语。

案例分析

一、EXW 术语下，风险是否提前转移争议

在一案例中，中国卖方与国外买方签订了一份以 EXW 为条件的散装粮食合同。双方约定 9 月底买方派代理到卖方所在地仓库提货，但直到 9 月 30 日，买方代理也未前来提货。在国庆节期间，卖方仓库管理人员疏于管理，导致仓库失火，该仓库的散装粮食绝大部分受损。国庆节后，买方代理前来提货，中国卖方声称，由于买方未按时提货属于违约行为，加之所交货物已灭失，货物风险已提前转移给了买方，卖方对此项损失不负任何责任。

上述损失应由谁承担责任？

（提示：Incoterms®2020 在各个贸易术语的“B3 风险转移”中均规定：买方承担自依规定的交货时间起，货物灭失或损坏的一切风险。若买方未能按其给予卖方的通知的时间受领货物，则买方须从约定的交货日期或交货期限届满之日起，承担货物灭失或损坏的一切风险，但以该项货物已清楚地确定为合同项下的货物为限。Incoterms®2020 在各个贸易术语的“B9 费用划分 ”中均规定：买方必须支付……因买方未收取已处于可由其处置状态的货物或未发出适当通知而产生的额外费用，但以该项货物已清楚地确定为合同项下的货物为限。可见，依 Incoterms，当买方未在约定时间和地点提货，则须从约定的交货日期或期限届满之日时起，承担货物灭失或损坏的一切风险及相关费用，但以货物已清楚地确定为合同项下为限。换言之，若货物已特定化，货物的损失及费用则由买方承担；若货物未特定化，则货物的损失及费用仍由卖方承担，即使交货时间已过。风险及费用提前转移的规定适用所有术语。）

二、FCA 术语下，卖方的交货义务、保函及保险责任争议

FCA 术语下，买卖双方的交货地点不同，则卖方的交货责任不同。若在卖方所在地交货，卖方有责任将货物装上由买方指定的承运人或其代理人提供的运输工具上。下列案例可帮助理解卖方的这一交货义务。①

新加坡卢记商业有限公司（下称“卢记”，卖方）与中国腾飞商贸公司（下称“腾飞”，买方）订立 CIF 上海合同，销售白糖 500 吨，由卢记向保险公司投保“一切险”（包括仓至仓条款）。为联系货源，卢记与马来西亚扎拜股份有限公司（下称“扎拜”）订立 FCA 合同，购买白糖 500 吨，合同约定提货地为扎拜所在地。7 月 3 日，卢记派代理人到扎拜所在地提货，扎拜已将白糖装箱完毕并放置在临时处所（敞篷）。卢记代理人由于人手不够，要求扎拜帮助装货。扎拜认为依国际惯例，货物已交卢记代理人处置，自己已履行了应尽的合同项下的义务，故拒绝帮助装货。无奈，卢记代理人返回。3 天后，卢记再次组织人员到扎拜所在地提取货物。但在货物堆放的 3 天里，因遇湿热台风天气，货物部分受损，造成 10% 的脏包。卢记将货物悉数交与承运人，承运人发现存在 10% 的脏

---

① 罗国强（2002）. 一实体法案例分析 ——FCA 条件下卖方的装货义务、保函效力及海上货物保险的责任期间. http://www.gzhsfy.org/showanli.php? id=864.

包，欲出具不清洁提单。卢记为取得清洁提单以便顺利结汇，出具了保函，承诺承担承运人因签发清洁提单而产生的一切责任。承运人遂出具了清洁提单，卢记得以顺利结汇，提单和保单转移至腾飞手中。7 月 21 日，货物到达上海港。当日，货物被卸下，港口管理部门将货物存放在其所属的仓库中，腾飞开始委托他人办理排港、报关和提货的手续，但腾飞检验出 10% 的脏包，遂申请法院扣留承运人的船舶并要求追究其签发清洁提单的责任。从 7 月 21 日起至 7 月 24 日，腾飞已陆续将 300 吨白糖灌包运往各用户所在地。7 月 24 日晚，港口遭遇特大海潮，未提走的 200 吨白糖受到浸泡，全部损失。腾飞向保险公司办理理赔手续时被保险公司拒绝，理由是腾飞已将提单转让且港口仓库就是腾飞在目的港的最后仓库，故保险责任已终止。

试分析上述案例。

（提示：上述案例中，“卢记”与“扎拜”之间的 FCA 合同中，货物 10% 的损失（脏包）应由扎拜承担，其未完成交货义务。关于保函的效力，《汉堡规则》规定，保函对受让提单的包括收货人在内的任何第三人，不发生效力，但对于托运人有效。由于保函对收货人无效，腾飞有权选择是追究托运人还是承运人的责任。提单具有物权凭证作用，本案中，腾飞持有提单，即享有提单项下的所有权。腾飞委托他人办理排港、报关、提货等手续，发生的是委托代理关系，不属转让提单的行为，提单仍属腾飞所有，提单项下的货物所有权也未转移，腾飞仍为被保险财产所有人，具有可保利益。同时，该投保的险别为“一切险”，海潮属一切险范围内，对尚未提取并因海潮受损的 200 吨货物，保险公司应负责赔偿。）

第二篇

出口贸易实务

第六章　开拓国际市场

中国企业欲从事国际贸易，首先要针对欲进入的某一领域的国际市场进行调研，寻找商机和潜在的贸易伙伴。其次，对未来的客户要进行资信调查；这既可降低贸易风险，也可作为日后正式签订买卖合同的依据。

第一节　国际市场调研

出口商在从事交易活动之前，必须针对市场的特性、状况及发展趋势进行调查和研究并对其进一步分析和评估，然后才能采取有效措施，与进口商达成交易。①

一、国际市场调研的含义

国际市场是指某一商品集中生产或消费的场所。不同的商品，其国际市场的特点和状况有所不同。例如，美国、欧盟、日本等发达国家是轻工产品的主要国际消费市场；日本和中国又是原油消费大国；大多数发展中国家则是工业制成品的消费市场；中国与俄罗斯则是粮食消费大国等。

就出口商而言，从狭义上讲，国际市场调研是指以产品本身的消费为对象，以科学的方法和有效的措施搜集消费者购买和使用商品的动机、愿望、意见及相关的事项等有关信息，进行调查、评估或分析；从广义上讲，国际市场调研是指除了狭义的国际市场调研，还对商品包装、价格、销售渠道、广告种类及效果、进口国的相关情况等一系列与商品推销有关的问题，进行调查、评估或分析。换言之，国际市场调研是以科学的方法和有效的措施，对商品自生产者转移到消费者全过程中所有相关信息进行调研。

二、国际市场调研的目的

出口商所进行的市场调研，其目的主要为以下几点：(1) 掌握国际市场总体趋势；(2) 了解目标市场的主要需求；(3) 比较外来产品与当地产品的差别与竞争状况；(4) 了解目标市场的其他因素。

---

① 黄清政，刘正松．国际贸易实务——方法、技巧、效益［M］．台北：前程企业管理有限公司，2003：115-119.

三、国际市场调研的主要内容

尽管出口商因产品差异对目标市场调研的内容有不同侧重，但对所有出口商而言，其调研内容不外乎下列两大类。

（一）贸易环境

贸易环境是指目标市场上，与产品销售本身直接有关的内容之外的其他因素，通常有：政治、经济、社会总体状况；人文状况，包括人口、语言、宗教、风俗习惯、文化修养、消费偏好等；地理状况，包括位置、气候、面积、地形等；交通状况，包括交通设施、通信方式、交通工具及港口等；产业与商业状况，包括资源分布、生产结构、工农业发展等；商业惯例、国际收支、国民购买力、供需季节及其变化等；经济与贸易政策状况，包括经济类型、汇率制度、通胀率、市场开放度、关税及海关制度等；相关法律状况，包括贸易法、外汇法、海关法、知识产权法等。

（二）商品信息

商品信息是指与出口商拟在进口国销售的商品直接相关的各种因素，一般包括：拟销商品在当地的生产量、消费量以及厂商数量等；拟销商品在当地的进出口状况，如进出口量、贸易商、贸易渠道与方式等；当地潜在竞争对手的状况，如商品质量、规格、价格等；厂商数量、规模，两者的差异等；当地企业的组织结构及与外资企业合资、合作的可能性；当地常用的付款方式及资信程度等；当地习惯使用的广告媒体及其效果等。

四、国际市场调研渠道

任何资讯的来源不外乎两种渠道，一是实地获得资料，二是利用他人的资料。出口商进行国际市场调研以取得相关资讯，同样要使用这两种渠道。①

（一）实地获得资料

实地获得资料是指，出口商或委托有关机构到目标市场进行实地考察，以获得第一手资料（Primary Data）作为决策依据。但通过这种渠道获取相关资料的成本较高，对中小出口商来说不太现实，而且需要较长时间。因此，这种方式不是首选，通常只有跨国大企业或政府采购选择这一渠道。

（二）利用他人资料

利用他人资料（Secondary Data）是指，出口商利用他人已获得的第一手资料，经过整理分析后据以作出决策，而不再进行实地考察或委托相关机构实地考察。他人资料来源较多，出口商进行国际市场调研时，只要针对调查目的，尽力收集相关资料加以整理，一般可获得所需的资讯且时间快、成本低、效率高。这种资讯渠道是大多数出口商所选用的。中国的专业性机构也经常发布各种调查报告、评估报告及进出口贸易信息。因此，出口商从这些信息中可获得相关资讯。

第二节　寻找贸易伙伴

经过国际市场调研，出口商掌握了目标市场的基本情况和消费者需求后，下一步就要

① 陈荣昌．国际贸易实务［M］．2版．台北：新文京开发出版股份有限公司，2013：112.

从该市场上寻找信用可靠的贸易伙伴，提出建立交易关系。

一、寻找贸易伙伴的途径

出口商寻找贸易伙伴的途径主要有下列几种。

1. 出国访问客户

出口商在条件允许时，可以派专人出访目标市场的客户，寻找贸易伙伴。这种途径的好处是可以与客户直接沟通，推销商品。但这种方式的成本较大，通常只有在事前对客户有充分的了解和充分准备的情况下才可使用。

2. 刊登广告

出口商可以选择国内外知名的专业报刊刊登广告、宣传商品，寻找潜在的进口商。

3. 参加国际展览会

目前，世界各地经常举办国际性的商品展览会、博览会、交易会等。这些商展、会展能吸引世界各地的买主前来参观，是出口商与潜在客户进行直接交流的大好时机。目前，中国贸促会等机构常年为出口企业联系世界各地的各种商展，为企业提供各类服务。

4. 参加广交会和地方交易会

中国商务部每年分春季和秋季两次在广州举行中国进出口商品交易会（广交会），这是中国国内最大的进出口商品交易会。每届广交会都吸引上百个国家的客户前来洽谈交易，国内上万家企业参与。出口商可以充分利用这一大好机会推销中国产品。

5. 通过网络

出口商可以通过互联网，按照产品类别，依据所选客户的相关资料，如电话、E-mail、传真、电传号码等，主动与适合的客户接洽联系。还可以在网上设立自己的网页（Home Page），向全球展示商品类型，吸引有意者主动接洽联系。

6. 通过第三方推介

出口商可以通过往来银行、驻外使领馆、驻华使领馆、国外的进出口商会或其他机构向国外推介产品。

7. 在国外设立分支机构

若出口商具有雄厚实力，也可以在国外设立分支机构，随时与潜在客户直接洽商交易。①

二、主动询盘

出口商经过上述环节可能寻找到潜在的交易伙伴，此后，可主动与其接洽，提出询盘内容，提议建立贸易关系。出口商的询盘一般包括下列内容：获悉对方信息的途径；提出与对方建立贸易关系的期望；说明贸易产品种类与范围；建议付款条件及其他交易条件；附加价目表、产品名录等；表明交易的态度与诚意。

---

① 张锦源．国际贸易实务详论［M］．17版．台北：三民书局股份有限公司，2013：64-67；陈荣昌．国际贸易实务［M］．2版．台北：新文京开发出版股份有限公司，2013：113.

三、寄发产品名录、价目表和样品

出口商主动询盘后，可能会得到潜在客户的反应。此时，出口商若认为有成交的可能性，则应继续保持联系，进一步向其寄发产品名录、价目表、样品等相关资料，争取对方主动报价。

第三节　资信调查

对出口商而言，其最大的风险是进口商拒不付款。即使双方订立了买卖合同或开立了信用证，但若进口商缺乏诚信，则有可能千方百计拒绝付款、提出无理条件索赔、故意寻找单据的瑕疵或要求降低价格等。若出口商对进口商的资信缺乏深入了解，最终可能导致货、款两空的结果。因此，出口商一旦选择了贸易伙伴，不能随意立即签订合同，应首先对被选择的伙伴进行深入的资信调查，以保证交易的安全可靠。

一、资信调查时间

出口商对贸易伙伴的资信调查，原则上是在双方订立买卖合同之前进行，特别是第一次与国外客户接洽时即应着手进行。根据调查信息判断对方的资信程度，决定是否订立合同。除此之外，出口商在下列情况下，也必须对贸易伙伴进行资信调查：往来经过一定期限后，对客户近期的资信有待了解；客户要求增加贸易量时；客户的业绩逆转，延迟付款时；对客户进行定期的例行资信调查等。

二、资信调查的主要内容

国际贸易中，对客户进行资信调查通常包括以下五个方面，习惯称“五 C”（Five C's），即资本（Capital）、品性（Character）、能力（Capacity）、状况（Condition）和担保（Collateral）。

三、资信调查方法

国际贸易中，关于贸易商资信调查的方法主要有以下几种，出口商可依据具体情况加以选择。①

（一）委托专业信用调查机构

专业信用调查机构是专门接受委托进行工商业者信用调查的代理人。目前，国际上规模较大的跨国专业信用调查机构遍布世界主要国家或地区，相互联系，提供被调查者的相关信息，如企业经历、信用、财务状况、经营品种、风险评估等。这些机构提供的信息项目较多，资料较新且详细，但费用较高。这类机构所提供的信息资料要求委托人严格保密，并强调机构对调查结果不负任何责任。目前，国际上比较著名的专业信用调查机构有美国的 Dun & Bradstreet, Inc.、日本的东京商业征信社（The Tokyo Mercantile Credit

---

① 蔡孟佳．国际贸易实务［M］．台北：智胜文化事业有限公司，2001：176；张锦源．国际贸易实务详论［M］．17 版．台北：三民书局股份有限公司，2013：72-74.

Agency）以及大阪商业征信社（The Osaka Mercantile Credit Agency）等。

（二）委托国内往来银行

国内出口商可选择委托其往来银行转向进口国的通汇银行进行查询。这种调查方式的好处是，银行通常不收费，属于服务性业务。但其缺点是速度较慢，资料可能不是非常详细，同时，银行对所提供的资料不负任何责任。

（三）委托驻外机构

中国政府派驻国外的使领馆等机构均设有经济商务参赞处、商务代表处等职能部门，他们负有协助国内有关企业与驻地国企业进行商务活动的义务。因此，国内出口商若有需要，也可请其协助查询进口商的有关信息。

（四）其他方法

除了上述方法外，出口商还可以利用以下方法对进口商资信进行调查。

（1）委托进口商国家的商会、协会等代为调查。但商会或协会所提供的多为进口商的基本信息，对于进口商的信用、能力、资金等重要信息一般了解较少。

（2）向进口商的往来银行查询。出口商可请进口商提供其往来银行的名称与地址，向该银行查询进口商的资信状况。

（3）委托进口国的其他客户查询。如果出口商在进口国家拥有自己熟悉的其他客户，也可以请求其代为查询进口商的有关信息。

四、资信等级

通常情况下，接受出口商委托的有关机构接受委托进行资信调查后，要向出口商提交一份调查报告，并在报告中对进口商的资信状况予以评级。多数银行的调查报告将被调查者的资信程度分为优、良、一般、差等级别。

以下是银行调查报告中经常使用的评价被调查者资信状况的评语：①

（一）优级（Excellent）

（1）This company appears to have a very active and increasing business.（该公司的经营活动充满活力且不断上升。）

（2）We consider them quite good for large scale business engagement.（我们认为其经营活动非常优良。）

（3）We recommend them as worthy of your full confidence and consideration.（我们认为他们完全值得你们信赖与考虑。）

（4）This Company has enjoyed good growth over years and considered management of high quality.（该公司近年来业务不断上升且具有高质量的管理水平。）

（5）This company is long established，very experienced and successful in their field.（该公司历史悠久、经验丰富、经营成功。）

（二）良级（Good）

（1）We Consider them good for normal business engagement.（我们认为该公司具有正常的经营能力。）

---

① 蔡孟佳. 国际贸易实务［M］. 台北：智胜文化事业有限公司，2001：178-179.

（2）We Consider the Company as trustworthy for its ordinary business engagement.（我们认为与该公司进行正常业务活动是可信赖的。）

（3）They may be considered good for their normal business engagement.（他们具有正常的经营能力。）

（三）一般级（Ordinary）

（1）We have no experience with the company other than routine current account business.（除了正常的往来账户业务外，我们对该公司不甚了解。）

（2）The Company may be considered good for their moderate business engagement.（可以考虑与该公司进行适当的业务交往。）

（3）This Company operated in order.（该公司经营正常。）

（四）差级（Bad）

（1）We advise you to proceed with very possible Caution in dealing with the Company in question.（建议以非常谨慎的态度与该公司打交道。）

（2）Payments to a few suppliers are slow：the slowness is attributed to a dispute with suppliers regarding to quality of merchandise.（对部分供货商付款迟缓：迟付的理由是对货物质量有争议。）

（3）The reports in circulation indicate that they are in an awkward situation for meeting their obligations.（发布的报告显示，该公司在如期偿付债务方面难以对付。）

专业信用调查机构所调查的项目极其详尽并设有评级标准，如依据被调查者的经济状况、财务状况、管理状况等因素综合评价其资信程度，打出分数，然后再根据近年的一些特殊表现或记录，适当加分或减分，最后作出资信等级报告。如：AA（90~100分），资信优良，往来交易应无问题；A（80~89分），资信良好，目前往来交易应无问题；B+（70~79分），资信尚佳，当前正常交易尚无问题；B（60~69分），资信尚可，担保或有条件的交易尚可；B-（50~59分），资信一般，资产有限，大宗交易须慎重；C（30~49分），资信欠佳，应慎重交易；D（0~29分），资信不良，不宜往来交易。

案例分析

买方信誉不佳纠纷案

某年6月，卖方中国A钢铁公司与买方韩国B公司签订了螺纹钢筋国际货物买卖合同，装运条款是CFR FO CQD Inchoo Korea，装船时间为8月30日前，以信用证付款。合同约定适用《联合国国际货物销售合同公约》。合同签订后，韩国B公司以经济状况不佳为由，数次要求中国A钢铁公司延期装船。最终，双方达成一致：延期发货。随后，全球经济危机发生，该货物价格大幅下跌。11月28日，中国A钢铁公司向韩国B公司发出履行合同通知书，要求B公司在收到通知后7日内，修改信用证或重新开证，做好接货准备。但韩国B公司不仅未在上述期间内履行相应的义务，反而在12月4日向中国A钢铁公司发出通知，要求终止该合同。12月10日，中国A钢铁公司依《联合国国际货物销售合同公约》的相关规定，向韩国B公司发出宣告合同无效声明书。随后，中国A钢铁公司将货物转售。因受金融危机影响，货物转售价值仅为原合同货值的40%，差价达60%。

次年2月，中国A钢铁公司依据合同约定的仲裁条款，向中国国际贸易仲裁委员会提起仲裁，主张因韩国B公司预期违约导致中国A钢铁公司未能按合同约定销售货物，请求裁决韩国B公司支付货物降价损失、利息损失及律师费。

但韩国B公司认为，合同约定的贸易条件是CFR，中国A钢铁公司作为卖方，应租船或订舱装运货物；因货物未交付导致的损失，由中国A钢铁公司自行承担。中国A钢铁公司认为，韩国B公司构成预期违约，中国A钢铁公司中止履行合同是合法的。

试分析该案例。

（提示：经过近一年的审理，在大量的证据支持下，最终，仲裁委确认双方已协商一致“延期发货”，韩国B公司构成违约，支持了中国A钢铁公司95%的仲裁请求。）

第七章　出口交易磋商与订约

对出口商而言，出口交易磋商就是与进口商对买卖合同的有关内容、条件及条款进行讨价还价，一旦双方达成一致，买卖合同关系即告成立。因此，交易磋商的目的是订立合同。交易磋商与订立合同涉及贸易政策、法律与国际公约以及专业技术等一系列问题，它要求出口商具有综合知识和谈判能力与技巧。

第一节　出口交易磋商

国际贸易中的交易磋商既可以是口头方式，如面对面谈判或电话磋商等，也可以是书面形式，如电讯往来（电报、电传、传真、电子邮件等）或信函往来等。

出口交易磋商的程序一般包括询盘、发盘、还盘和接受四个环节。

一、询盘

询盘（Inquiry），又称询价、邀请发盘，是指出口商为推销自己的产品主动向进口商提出交易的咨询，或进口商为购买商品主动向出口商提出交易的咨询。询盘可以只咨询价格，也可咨询与交易有关的所有问题。但通常，咨询的是交易的主要内容，如价格、品质等。若双方从未有过贸易联系，询盘仅为了解产品及市场行情，询盘内容相对简单；若双方已有过贸易联系，目前又有交易愿望，则询盘内容一般较为具体详细。

在国际贸易中，出口商询盘常用的格式是：

We Can Supply...，Please book（order，bid）.（我方可提供……，请订货或递盘。）

We Can Supply...，Interest In...，Please...（我方可提供……，若对……感兴趣，请……）

进口商询盘常用的格式是：

Please Advise...（请告知……）

Please Offer（Quote）...（请发盘……）

至于应由出口商还是进口商主动向对方询盘，没有固定要求，完全由双方自行决定。

询盘实例：①

From：Daniel AIDINIAN

To：Roof Fan Industrial Co.，Ltd.

① 李淑茹．国贸实务菁华［M］．台北：五南图书出版有限公司，2013：116-117.（引用原文，日期有更新，下同）

Sent：Wednesday，November 06，2019 10：16 PM

Subject：Inquiry of Hand Tool

Dear Mr. Tony Chen,

Please quote us as the following terms and conditions.

Model #: RF 2109 F－Colorful 22－Piece Precision Mini Screwdriver Set in PVC Bag 1 200/sets

–FOB price （for minimum order quantity）

–Minimum Order Quantity

–Sample available/cost

–International Standards Met

–Delivery Time

–Trade Show Schedule

–Company Brochure & Full Product Catalog

PLEASE REPLY TO：

Mr. Daniel AIDINIAN/Purchasing Manager

Tel：（××） ××××××××

Fax：（××） ××××××××

Aidinian. d@ wpnduoo. fr

回复询盘实例：①

ABC DEVELOPMENT CO.，LTD.

NO. 12，Wang Fu St.，Beijing，P. R. C.

TEL：×××××××× FAX：××××××××

E-MAIL：ABC. dv@ msa. hinet. Web site：http：//www. abc. com. tw/

TO：DAISOL S. A. DATE：AUG. 15，2019

ATTN：MRS. JENNIIFER RECHLIN FAX NO.：××××××××

RE：Bathroom accessories

Thank you very much for your inquiry expressing that you are interested in our products.

We would like to take this opportunity to introduce you about our company：ABC DEVELOPMENT CO.，LTD. was established in 1990，specializing in the manufacturing of wall shelves，bath shelves，classic trolleys，storage carts，utility carts，multi－function carts and telescopic shelves for bathroom use.

We mainly focus on product design and quality. In 2000，we have obtained ISO 9002 certification and GS TUV Certification for most of products.

---

① 李淑茹．国贸实务菁华［M］．台北：五南图书出版有限公司，2013：120.

Here, we offer you some items that you may be interested in attachment. We will also mail you our latest catalogues for your reference. Please take a look at all range of our products. Please tell us if you have other inquiries or interested in any other products, OEM & ODM products are available upon your request. It will be our pleasure to serve you anytime. We sincerely invite you to our website at http://www. abc. com. tw/for more details.

We look forward to receiving your answer and establishing a pleasant business association in the near future. Thank you very much.

Best Regards,

Michael Wu/Sales Manager

二、发盘

发盘（Offer），又称发价、报盘、报价，在法律上称为“要约”，是指出口商或进口商向对方提出交易的主要条件并希望依此达成协议，是订立买卖合同的意思表示。在国际贸易业务中，发盘既可以在收到对方的询盘之后提出，也可以是一方主动向另一方提出。因此，发盘人可以是出口商，其发盘一般称为“售货发盘”或“卖方发盘”（Selling Offer）；发盘人也可以是进口商，其发盘一般称为“购货发盘”（Buying Offer）或“递盘”（Bid）。

发盘通常采用以下词语表示：Offer（发盘）；Firm Offer，Offer firm（发实盘）；Quote（报价）；Supply，Can Supply（供应）；Book，Booking（订货）；Can book，Bookable（可订货）；Order，Ordering（订货）；Bid Firm，Firm Bid（递实盘）；Bid，Bidding（递盘）；等等。

发盘是交易磋商的正式程序，是法律行为，对双方当事人都有约束力。国际公约和各国法律对此都有严格规定，贸易商应有所了解。

（一）发盘的条件

依据《联合国国际货物销售合同公约》（下称《公约》）第 14 条，发盘是向一个或一个以上特定的人提出订立合同的建议，如果十分确定且表明发盘人在得到接受时受其约束的意旨，即构成发价；一个建议若表明货物且明示或暗示地规定数量和价格，或规定数量和价格的确定方法，即为十分确定。中国《民法典》第 472 条也作出了类似的规定。

另外，《公约》第 15 条规定：发盘于送达受盘人时生效。由此可见，构成一项有效的发盘必须具备以下条件。

1. 向特定的人提出发盘

所谓“特定的人”，是指发盘中指明的个人姓名或企业名称的受盘人。这一规定是为了区别于广告、商品目录、价目表和其他宣传品。通常情况下，广告或其他商品宣传材料不构成发盘，一般视为邀请发盘。但依《公约》第 14 条第 2 款，若广告等内容十分明确、肯定，在一定情况下也可能构成一项发盘。因此，出口商在向进口商发盘时，须对进口商的名称加以明确的规定和确认。当然，进口商可以是一家或几家。若向国外寄发商品目录等宣传材料，出口商最好注明“所列价格仅供参考”（The Prices stated are for reference only）、“价格需经确认”（The Prices Shall be subject to confirmation）等类似语句，以免出口商被动。

2. 表明受约束的意思

出口商在向特定的进口商发盘时，须在发盘中表明，当受盘人（进口商）接受发盘时，出口商须与进口商订立合同。这种表明的方式可以是明示的，如在发盘中写明“发盘”（Offer）、“发实盘”（Offer Firm）或明确规定发盘的有效期等；也可以是暗示的，这需要根据双方磋商的情况、以往的习惯做法/惯例等判断是否暗示了受其约束。若受盘人对发盘人是否受其约束有所怀疑，可要求对方给予明确的答复。因此，发盘人一旦发盘，在有效期内不能随意反悔。

3. 发盘内容必须十分确定

依《公约》的上述规定，若发盘中明确表明了货物的数量和价格，或规定了确定数量和价格的方法，则该发盘的内容是十分确定的，即该发盘是有效的。

在国际贸易中，为避免误解或争议，发盘时，发盘人关于其内容应做到以下几点。

（1）内容明确。发盘中的内容不能使用“参考价格”“估计数量”等含糊不清的语句，特别是货物名称、数量、价格等应十分确定。

（2）各项条件完整。尽管《公约》仅要求表明货物、数量和价格或其确定方法，但在实际业务中，一般发盘内容应包括货物名称、质量、数量、价格、包装、交付与付款方式等主要内容。其他内容在合同成立后，予以补充。

（3）没有保留。发盘内容不应设保留条件或限制条件，一旦受盘人接受，发盘人必须按发盘内容与受盘人订立合同。

此外，依《公约》第 55 条的规定，若合同已有效成立，但没有明示或暗示地规定价格或规定如何确定价格，在没有任何相反的表示的情况下，双方当事人应视为默示地引用合同成立时，此种货物在有关贸易的类似情况下销售的通常价格。依这种情况成立的合同，习惯称为“Open Price Term”合同（议价合同）。换言之，只要双方有订约的意愿，在磋商中所缺少的条件，如价格，可在合同成立后，按照习惯做法、惯例和法律规定予以补充，保证合同内容完整。

4. 发盘送达受盘人生效

《公约》规定，发盘无论是口头的还是书面的，只有送达受盘人才能生效。若发盘在传递途中遗失，受盘人没有收到，则该发盘无效。

（二）发盘的有效期

发盘的有效期（Time of Validity，Validity of Offer or Duration of Offer），是指受盘人对发盘作出接受的时间限制，即限制受益人接受发盘的时间以及约束发盘人的时间。换言之，若受盘人在有效期内接受发盘，则发盘人必须与受盘人订约；若受盘人在有效期之外所谓接受发盘，则发盘人不再受发盘的约束。通常，发盘均有有效期的规定。

发盘规定有效期的好处是，发盘从被送达受盘人开始生效，到规定的有效期届满失效，发盘人不再受其约束。依《公约》第 18 条，若发盘没有规定有效期，受盘人应在“合理时间”内接受才有效。

在国际贸易中，可以采用以下几种方法规定发盘的有效期。

1. 规定最迟接受的期限

如：Offer Subject Reply June 10th Here.（发盘限 6 月 10 日复到。）Offer Subject Reply Reaching Here June 10th.（发盘限 6 月 10 日复到此地。）Offer Subject Reply Reaching Us

June 10th.（发盘限6月10日复到我方。）Offer Valid till Wednesday Our Time.（发盘有效至周三我方时间。）Offer Valid until June 10th Four P. M. Beijing Time.（发盘有效至6月10日下午4时北京时间。）

2. 规定一段接受的时间

如：Offer Valid for 5 Days.（发盘有效期5天。）Offer Reply in 10 Days.（发盘10天内回复。）

这种方法既没有规定有效期从哪天起算，也没有规定有效期的截止时间以哪天为准。对此，《公约》第20条规定：（1）发盘人在电报或信函中规定的接受期间，从电报交发时刻或信函载明的发信日期起算。若信中未载明发信日期，则从信封上所载日期起算。发盘人以电话、电传或其他快捷通信方式发盘时，规定接受期间的，从发盘送达受盘人时起算。（2）在计算接受期间时，此期间内的正式假日或非营业日应计算在内。但若接受通知在接受期间的最后一天未能送达发盘人地址，是由于该日在发盘人营业地为正式假日或非营业日，则接受期间应顺延至下一个营业日。

3. 笼统规定有效期

如：Offer Reply.（发盘回复。）Offer Cable Reply.（发盘电复。）Offer Reply Promptly（Immediately，Urgently）.（发盘即复。）对此种发盘，受盘人应在“合理时间”内答复。但何为“合理时间”并没有统一解释。为避免争议，最好规定发盘的有效期。

受盘人答复发盘人的方式原则是，函来函复，电来电复。但也可使用比发盘更快捷的方式答复。如函来电复；电报来，电传或传真复等。

（三）发盘的撤回

发盘的撤回（Withdrawal），是指发盘送达受盘人之前，即发盘尚未生效时予以取消，阻止该发盘生效的行为。

依《公约》第15条，任何发盘，包括不可撤销的发盘，在其送达受盘人之前（生效前）均可撤回，只要撤回通知在发盘送达受盘人之前或同时送达受盘人。依照英美法系国家的法律，在接受之前，发盘可以撤回或修改。

在国际贸易实务中，只有在使用信函或电报发盘时，发盘才有可能被撤回；而使用电话、电传、电子邮件等发盘时，则有可能无法撤回。因此，发盘人在发盘前应对发盘内容仔细审核与斟酌。

（四）发盘的撤销

发盘的撤销（Revocation），是指在发盘送达受盘人，即发盘已经生效后，发盘人取消该项发盘。

关于发盘能否撤销的问题，目前，国际上分歧较大。

依《公约》第16条的规定，在发盘已送达受盘人（即发盘已经生效），但受盘人还没有接受，只要将撤销通知送达受盘人，仍可将其撤销。但若受盘人已发出接受通知，则发盘人无权撤销发盘。

但《公约》同时规定下列两种情况下，发盘不得撤销。

（1）在发盘中规定了有效期，或以其他方式表示该发盘是不可撤销的。

① 在有效期内，发盘人有义务等待受盘人是否接受，受盘人有权决定是否接受。

②“以其他方式……”是指虽没有规定有效期，但以其他方式承诺了发盘不可撤销。

如发盘使用了“Firm Offer”“Irrevocable Offer”字样，则在“合理时间”内发盘不可撤销。又如买方在发盘中说明：“能否供货，请尽快答复。未获贵方答复前，我方将不另询价。”这是一项不可撤销的发盘。

（2）受盘人有理由相信该发盘是不可撤销的，并本着对该发盘的信任而采取了行动。

这是指受盘人主观上相信发盘是不可撤销的（如老客户之间，子母公司之间），并且在客观上采取了交易行为。如接到发盘后，立即付款、发货、开出信用证等。

（五）发盘的失效

发盘的失效（Termination），是指发盘的法律效力消失，其含义是发盘人不再受发盘的约束，受盘人也失去了接受该发盘的权利。一项发盘在下列情况下失去效力，即对双方都无约束力。

（1）受盘人明示拒绝发盘。

（2）发盘人依法撤销了发盘。

（3）受盘人作出还盘。

（4）发盘的有效期或合理时间届满。

（5）不可抗力事件导致失效，如政府对发盘中的商品或所需外汇发布禁令，突发战争等。

（6）发盘人或受盘人在发盘被接受前丧失行为能力、死亡或破产等。

（六）实盘与虚盘的区别

前述的发盘内容均为实盘（Firm Offer），即一项实盘必须符合前述的四个条件。它是一项法律行为（要约），一旦受盘人接受，则双方之间确立了合同关系，双方均受其约束。

但在国际贸易中，也常见到一些所谓的“发盘”，其中附加了一定的条件限制，即不符合前述发盘的条件，其结果可能是，即使受盘人接受了“发盘”，双方之间也不能确立合同关系。这类“发盘”不是法律行为，人们习惯称其为“虚盘”“有条件发盘”“诱引发盘”或“邀请发盘”等。

国际贸易中，常见的虚盘条件有以下几种。①

1. 销售意向（Selling Idea）或购买意向（Buying Idea）的发盘

这种发盘仅表示一种出售或购买意向而已，并不含有出售或购买的确定意思，因而是一种虚盘。这类发盘的意思表示一般使用下列用语。

（1）We may（will）sell（or buy）...

（2）We are going（willing）to sell（or buy）...

（3）We hope（wish）to sell（or buy）...

（4）We are able to sell（or buy）...

（5）Our buying（selling）idea is...

（6）We will（may）offer...，We are able offer...，We can offer...

2. 经确认后才有效的发盘（Offer Subject to Confirmation）

例如：We offer subject to our（final）confirmation（approval）.

这类发盘须经发盘人（最终）确认后才有效，交易才能成立。对方不能以“We accepted”回答，而必须以“We accepted，please confirm”回答。若发盘人有意确认即可

---

① 张锦源．国际贸易实务详论［M］．17版．台北：三民书局股份有限公司，2013：219-222.

答复“We confirm...”而使合同成立，否则可答复“We can not confirm...”而拒绝。

3. 有权先售（购）的发盘（Offer Ssubject to Prior Sale，Presale Offer；Offer Subject to Prior Purchase，Prepurchase Offer）

例如：We offer subject to prior sale...，We offer subject to being unsold...，We offer subject to prior purchase...

就有权先售发盘而言，卖方可能是存货不多，同时向多个受盘人发盘。若其中有一个受盘人接受一部分或全部货物，则该发盘对其余受盘人无效。就有权先购发盘而言，买方有权先自他人购进。对于此类发盘，受盘人应以“We accepted your offer，please confirm immediately”方式请求对方确认。若发盘人愿意确认，则应以“We Confirm”答复；若不愿意确认，则可以“Regret，Sold Out”或“Regret，Already Bought”答复。

4. 有权变更条件的发盘（Offer Subject to Change/Alteration Conditions）

此类发盘多为发盘人在市场波动剧烈时发出的一种虚盘。在发盘人接到对方接受函时，可以不按照原发盘条件确认，即可以变更原发盘条件。此类发盘通常的表示方式为：We offer subject to change（alteration）without notice；We offer subject to market fluctuation；We offer subject to without engagement。当受盘人请求确认时，发盘人若变更条件，则应答复“Confirmed，subject to following alteration...fax agreement”。若受盘人同意变更条件，则可答复“Agreed”；若不同意，则答复“Disagreed”。

5. 附加装运条件的发盘（Offer Subject to Conditions of Shipment）

当卖方应买方要求发盘而手中又无货，必须寻找货源但又不愿承担必须出售货物的责任时，卖方在发盘中声明“We offer subject to safe arrival of goods at port of shipment”（谨发盘但以货物安全运抵装运港为条件），即若货物不能安全抵达装运港，即使买方接受，发盘仍无效。

6. 附加获取进出口许可证（配额）的发盘［Offer Subject to Approval of Export/Import License（quota available）］

当国家实施外汇和贸易管制时，进出口货物通常需要取得许可证或配额。因此，贸易商发盘时，一般会附加这种条件。

7. 准许退货发盘（Offer on Sale or Return）

例如：We offer on sale... or return.

这种发盘是指，合同成立后，货物也交付给买方，若买方无法转售出去则可以退货。因此，此类发盘对卖方不利。

上述虚盘的最大特征是，交易条件不是终局性的，即使受盘人接受该虚盘，发盘人并不一定与受盘人订立合同，只有满足其中的附加条件，双方才有可能确立合同关系。因此，受盘人应注意实盘与虚盘之间的区别。

（七）发盘方式

发盘方式不外乎三种，即书面方式、口头方式和行为方式。书面方式包括书信、电讯（Fax、Cable、Telex、E-mail、EDI）形式。口头方式包括双方面对面或电话磋商。行为方式包括：买方未向卖方订购货物，而卖方主动将货物发送给买方，表明愿意以一定条件将货物卖给买方；卖方未向买方推销货物，而买方主动将货款汇寄给卖方，表明愿以一定条件向卖方购买货物。①

（八）发盘实例

在国际贸易中，无论是出口商还是进口商，发盘并无固定格式，其方式和内容完全由发盘人自定。通常，一项发盘包括货物名称、质量、数量、价格、包装与唛头、交货与付款条件、有效期、保险、汇率风险等。以下是常见的发盘实例，可供发盘人参考。

1. Fax 发盘实例

目前，国际贸易中，发盘多使用电讯方式。以下以 Fax 为例说明发盘实例。②

Thank you for enquiry dated 10th regarding our refrigerator LG brand A. Now, we offer you as follows:

Article & Quality: refrigerator LG brand A, as per samples sent to you on May 12

Quantity: 1 000 sets

Price: USD100 per set, CIF Tianjin, China, Incoterms®2020

Packing: in export standard packing

Insurance: against CIC（F. P. A）and war risks for 110% of CIF value

Shipment: to be effected in August, 2020

Payment: L/C must reach us by end of July, 2020

Exchange risks: for your account

This offer will remain fixeduntil June 30, 2020

在发出传真电发盘后，发盘人有时再向受盘人寄送确认书，一旦发盘有误，以便在交易前修改。

2. Offer Sheet 发盘实例

以 Offer Sheet 方式发盘也较为常见。以下是 Offer Sheet 发盘实例。③

×××TRADING CO, . LTD.

TO: ××× Co.
P. O. Box 256
New York, N. Y.
U. S. A.

Date: August 9, 2019
No. 190809

OFFER SHEET

Dear Sirs,

We take Pleasure in offering you the following Commodity/Commodities at the price/s and on the terms and Conditions set forth below:

Item No.	Commodity Descriptions & specifications	Quantity	Unit Price	Total Amount
	SPORT SHIRTS STYLE A	500Doz.	CIF New York USD25. 86/Doz.	CIF New York USD12 930. 00

① 张锦源. 国际贸易实务详论［M］. 17 版. 台北：三民书局股份有限公司，2013：219-226.

② 同上：249.

③ 黄清政，刘正松. 国际贸易实务——方法、技巧、效益［M］. 台北：前程企业管理有限公司，2003：141.

Payment：Against 100% confirmed，transferable and sight L/C in our favor.
Shipment：During October，2019 subject to L/C reaches us by the end of September.
Packing：Export Standard packing.
Insurance：ICC（A）plus War Risk for 110% of CIF value.
Validity：Valid until August 20，2019，our time.
Remark/s：
(1) Quality as per sample submitted to you on July 9，2019.
(2) The above price is net，without any commission.

Yours truly，
××× TRADING CO，. LTD.
Authorized Signature
×××

3. 信件发盘实例

在实务中，以信件方式发盘，其格式与普通信件基本相同。以下是信件发盘实例。①

××× TRADING CO.，LTD.

××× CO.，LTD　　Date：March 10，2019
P. O. Box 436
New York，N. Y.
U. S. A.

Dear Sirs，

Thank you for your inquiry of March 5，requesting us to offer you our JACKET，STYLE A. In reply，We have the pleasure of submitting to you firm offer on the following terms and conditions subject to your reply reaches us by March 25，2019.

Commodity：Jacket，style A.
Quality：As per sample submitted to you on April 26，2019.
Quantity：500doz. only.
Price：USD30. 00 Per doz. CIF New York. Total amount：USD15 000. 00.
Payment：Against 100% confirmed，transferable and sight L/C in our favor.
Insurance：ICC（A）plus War Risk for 110% of CIF value.
Shipment：During June，2015 subject to L/C reaches us by the end of May，2019.
Exchange risk：for buyer's account.

We are sure you will find our price very reasonable. The Market is enjoying an upward trend，so we trust you will not overlook this opportunity and hope to receive your Prompt order.

---

① 黄清政，刘正松. 国际贸易实务——方法、技巧、效益［M］. 台北：前程企业管理有限公司，2003：142.

Yours truly,
××× TRADING CO., LTD.
Authorized Signature
×××

三、还盘

还盘（Counter-offer）又称还价、反要约等，是指受盘人不同意或不完全同意发盘提出的各项条件并提出修改意见，建议原发盘人考虑。换言之，还盘是对发盘条件进行添加、限制或变更的答复。

只要受盘人在实质上变更了发盘条件，即构成还盘。

根据《公约》规定：受盘人对货物的价格、付款、质量、数量、交货时间与地点、赔偿责任范围、解决争端办法等条件提出添加或更改，均为实质性变更发盘条件。

还盘是对发盘的拒绝，否定了原发盘，导致原发盘失效，原发盘人不再受约束。还盘是一项新的发盘。双方的位置完全相反。

例如：

May 5. A: Offer until 12th here... USD180 M/T FOB New York...

May 8. B: Your price too high our best USD150 subject to reply by May 15.

May 10. A: New price here suddenly increased to 200 due manufacturers strikes therefore regret have to give up this business time being.

May 11. B: Acceptance your original price USD180 please airmail contract sheet immediately.

还盘实例：

We acknowledge your letter of the 5th May, 2019 together with Price List for your man's jackets brand Pierre Cardin, and are grateful for the supply of samples.

We have studied your quotations with interest, and though your products have impressed us very favorably, we regret that business cannot be considered at the prices stated, and therefore keener prices are necessary. It is our intention to place our orders with you, and we are prepared to take 200 pieces for No. 12 and 300 pieces No. 15 respectively by way of trial, so that we trust you will make every effort to revise you prices.

Your earliest reply will be obliged.

四、接受

接受（Acceptance）在法律上又称“承诺”，是指受盘人在发盘规定的时限内，以声明或行为表示同意发盘提出的各项条件，并愿意按这些条件与发盘人达成交易、订立合同的一种肯定的意思表示。

依《公约》，接受的表示方式可以是声明（口头、书面）或行为。但沉默或不行为一般不构成接受。

（一）接受的构成条件（要件）

接受是一种法律行为，依《公约》第 18 条和 19 条，构成一项有效的接受，必须具备以下四个条件。

1. 接受必须由受盘人作出

由于发盘是向特定人提出的，因此，接受也只能由特定人（受盘人）作出。任何第三方作出的所谓接受，不能视为有效接受，只能视为其他人向发盘人作出的一项新的发盘，除非原发盘人同意。

2. 接受必须明确表示

依《公约》第 18 条的规定，受盘人在接受发盘时，必须明确地表示出来，其方式是用声明或行为。

“声明”表示接受，包括受盘人用口头或书面形式向发盘人表示同意发盘条件，如“接受”（Accept，Accepted）、“确认”（Confirm，Confirmed）或“同意”（Agree）等。这些词语可明确表示受盘人接受发盘。

“行为”表示接受，指受盘人虽然没有用口头或书面形式，但作出了接受的某种行为，如卖方发货、买方付款或开立信用证等。这些行为也可表示受盘人接受了发盘。这些行为表示接受是根据发盘的要求或按照当事人之间的习惯做法或惯例而行事的，而且该行为必须保证在发盘的有效期内或在合理时间内作出才能有效。因此，受盘人在使用行为表示接受时应谨慎。

同时，《公约》还特别强调“缄默或不行为”（Silence or Inactivity）本身不等于接受，即受盘人对发盘既不声明，也不作出某种行为，则不构成接受。

3. 接受必须同意发盘所提出的交易条件

只接受发盘中的部分条件或对其提出实质的修改或提出有条件的接受，均不构成接受，只能视为还盘。

《公约》第 19 条对“实质性变更”作出了明确的规定：有关货物价格、付款、货物质量和数量、交货地点和时间、赔偿责任范围或争端解决等的添加或不同条件，均视为实质上变更发盘的条件。

在接受中，对货物包装条件的修改是否属于“实质性变更”往往会产生争议。《公约》对“实质性变更”项目的规定采取非穷尽的列举方式，不是排他的，即《公约》的上述规定没有包含所有可能发生的实质性变更或者添加，因此，可能引发争议。一般认为，包装的微小改变可能属于非实质性的改变，但也要看交易的具体情况。一项修改在受盘人看来是不重要的，在发盘人看来可能是重要的；反之亦然。

另外，依据《公约》第 19 条第 2 款的规定：若受盘人在表示接受时，对发盘内容提出某些非实质性的添加、限制或变更（如要求增加原产地证明、单据的份数等），只要发盘人不以口头或书面形式反对，则仍构成接受。此时，合同条件以发盘条件和接受中提出的更改为准。

4. 接受必须在发盘规定的时效内到达发盘人

依《公约》第 18 条的规定，接受必须在发盘规定的时间或在合理时间内到达发盘人才能生效。在口头谈判或电话谈判时，应立即接受。

若接受的通知超过发盘规定的有效期或合理时间才到达发盘人，这种接受通常称为“逾期接受”或“迟到接受”（Late Acceptance）。这种接受是否有效？对此，多数国家法律规定，这不是一项有效的接受，发盘人不受其约束，即无法律效力。

但《公约》第 21 条规定：只要发盘人对逾期接受毫不迟延地表示同意，这种接受仍有效。由此可见，若发盘人不表示同意，则接受无效。

若由于邮递延误而造成“逾期接受”，《公约》第 21 条规定：能够证明因邮递延误而造成逾期接受，如果发盘人保持沉默（不立即通知受盘人接受已失效），则这项逾期接受具有效力。

此外，发盘人发盘时，有的具体规定接受的传递方式，受盘人在接受时必须按发盘要求的方式传递；有的未作规定，受盘人可按发盘所采用的方式传递。两种情况下，受盘人采用比发盘所采用的传递方式更快捷的通信方式传递，在法律上是有效的。

（二）接受的生效

根据各国法律和《公约》的规定，接受一旦生效，合同即告成立，双方就要受其约束，承担由合同所产生的权利和义务。但关于接受何时生效的问题，两大法系存在不同的规定。

1. 英美法系的国家采取“投邮生效”原则

即接受通知一经投邮或交电报局发出，则立即生效。换言之，接受一旦表示出来（如发信函、电子邮件、电传等）就生效，即使邮件中途延误、遗失，只要接受在有效期内作出就生效。

2. 大陆法系的国家采取“到达生效”原则

即接受的通知必须送达发盘人的处所（不必送到发盘人手中），接受才生效，若该通知中途延误或遗失则接受不生效。由此可见，接受通知传递的延误或遗失的风险由受盘人承担。

依《公约》第 18 条，接受必须送达发盘人时生效。

（三）接受的撤回

接受的撤回是指接受还未生效时，将其追回，取消接受。

依《公约》第 22 条，如果撤回的通知在接受生效前或同时送达发盘人，接受可以撤回。

关于接受的撤回，受盘人应注意以下几点。

（1）在当前通信非常发达的情况下，当发现接受存在问题而想撤回或修改时，往往已经来不及了。为避免被动，受盘人应审慎行事。

（2）按英美法系的规定，一旦作出接受，则无法撤回了。按《公约》和大陆法系的规定，在一定条件下可以撤回。

（3）接受不存在撤销问题。撤销是指接受已经生效而取消原来的承诺。因为一旦接受生效，合同即告成立。撤销接受，就意味着取消合同，构成违约。

接受实例：

Refrigerator Brand Hair

We acknowledge with thanks the receipt of your offer dated May 12, 2019 and take pleasure in placing our order with you for following:

Refrigerator Brand Hair	Quantity
No. ASGH-231	200sets
No. ASKL-367	200sets

All the goods delivered are the best quantity and that all of them arethoroughly inspected prior to shipment.

We shall arrange with our bankers for issuing the credit as soon as we receive your confirmation of sale.

五、出口交易磋商的实例

以下是中国青岛某公司与美国某进口商以 Fax 方式进行买卖笔记本电脑的交易磋商程序，可供贸易商参考。①

1. 进口商询盘

Please quote your best price FOB QINGDAO，CHINA for 500 sets of your Type 7890 Notebook Computer. Payment would be by sight credit. We would also be grateful if you could assure us of prompt delivery as the goods are needed urgently. We look forward to your reply by fax at your earliest opportunity.

2. 出口商发盘

Thank you for your enquiry dated the May 7th，2019 regarding our Type 7890 Notebook Computer. We can offer a price of USD1 000 per set on an order of 200 set. This price is based on FOB QINGDAO，CHINA and will remain fixed until the end of this month. As for delivery，this is normally completed two months after receipt of your sight credit.

3. 进口商还盘

The price you quoted on your Type 7890 Notebook Computer is unacceptable high. Please therefore supply a new quotation，offering us your most competitive price CIF New York. We would like to hear from you before the 20th of this month.

4. 出口商再还盘

We have received your fax dated the 15th regarding our quotation for the Type 7890 Notebook Computer. After consideration，we are now able to offer a price of USD 950 per set，CIF New York，but we should point out that this is the very lowest we are prepared to go. Subject to your confirmation，the insurance will cover all risks，and all other terms and conditions are as previously stated in our fax dated the 15th.

5. 进口商接受

We are pleased to accept your latest price of USD950 per set for your Type 7890 Notebook Computer，CIF New York. We would therefore like to confirm an order for 500 sets of these computers，for shipment during July.

6. 出口商向进口商确认订单

We confirm receipt of your order for 500 sets of our Type 7890 Notebook Computer at USD950 per set，CIF New York. Please establish a sight credit in our favor your earliest convenience so that we can dispatch the shipment as soon as possible.

若因交易磋商时间较长、双方来往函电次数较多且金额较大，为避免理解有误，受盘

---

① 张锦源. 国际贸易实务详论［M］. 17 版. 台北：三民书局股份有限公司，2013：260-262.

人在接受发盘时，最好将最后商定的交易条件在接受中一一列明。

第二节　一般交易条件

在经过几个回合的磋商后，一旦受盘人接受了发盘内容，依《公约》或法律的规定，接受生效后，买卖双方之间即确立了合同关系，任何一方当事人均不得违约，即双方应签订相关的买卖合同。为了使合同订立过程简化，作为一方当事人，出口商可事先制定一份一般交易条件，再与进口商协商具体内容。

一、一般交易条件的含义

一般交易条件（General Terms and Conditions of Business），是指出口商或进口商为买卖货物而拟定的对每笔交易均适用的一套具有共性的交易条件或条款。出口商所拟定的一般交易条件，通常称为“一般销售条件”（General Conditions of Sale）。而进口商所拟定的一般交易条件，通常称为“一般购货条件”或“订购条件”（General Conditions of Purchase，Conditions of Order）。

二、一般交易条件的拟定与使用方法

出口商拟定的一般交易条件，没有固定格式，既可依商品大类如粮谷类、轻工类、机械类、五金矿产类、服装类、土产畜产类等分别拟定符合此类交易的常用条件或条款，也可按商品种类如棉布、针织、丝织物、工艺品等分别拟定符合此种商品交易的常用条件或条款。若出口商经营的商品范围较广，可按上述方法分别拟定出不同大类或不同品种的多套一般交易条件，以备日后在不同交易中使用。

一般交易条件可印制在合同书的背面或合同书的下方，也可拟定成独立的文件。

一般交易条件可以在与潜在客户磋商之前，将其送交对方以便使其了解相关内容，也可以在进口商接受出口商发盘后将其送交进口商。为了防止对方理解有误，出口商应说明一般交易条件供双方进一步协商。

三、一般交易条件协议实例

出口商将一般交易条件送交进口商后，进口商有可能对其中的某些条件提出不同意见。对此，双方应予以协商，达成一致后，可签订一个一般交易条件协议书，作为订立合同的重要依据。现举例如下，以供参考。

一般交易条件协议书[①]

H公司（以下称卖方，地址：中国北京市……）与G公司（以下称买方，地址：美国芝加哥市……）兹订立本协议，约定以下各项条件：

1. 交易形态：当事人双方均为法律上的本人而非代理人。

---

① 黄清政，刘正松．国际贸易实务——方法、技巧、效益［M］．台北：前程企业管理有限公司，2003：127-129.

2. 买卖货物：买卖的货物以及报价单位，见附件。

3. 报价：除电报或信函中另有规定，本协议书任何一方提出的报价均以美元计算，而且均以“CIF Seattle”为条件。

4. 实盘报价：所有实盘报价，均须在其有效期内回复。在使用“立即回复”方式时，应解释为，回复须在实盘报价发出之日起（包括发送日）3日内被收到，但节假日及银行非营业日除外。

5. 订货：凭电报成立的买卖，应立即用书面确认。订货经确认后，除非经双方同意，不得取消。

6. 信用证：经卖方确认后，买方应立即以不可撤销信用证付款。该信用证应以卖方为受益人，于装运前30天开出。

7. 付款：凭跟单信用证，按发票的全额签发见票后60天付款的汇票。

8. 装运：所有凭本协议书出售的货物，均须在约定时间内发运。提单日期应视为装运日的证明。除非有明确约定，装运港由卖方选择。

9. 海运保险：若未特别约定其他条件，所有装运货物均应投保水渍险，保险金额为发票金额另加10%。所有保险单应载明以美元投保，在芝加哥理赔。

10. 货物质量：卖方应担保所装运货物在质量方面与说明及/或样品相符。

11. 运输中的损失：卖方应保证装运状况良好的货物，买方须承担货物在运输途中的损坏、变质或破损的风险。

12. 索赔：若须索赔，应于货物抵达目的地10日内用电报提出，并邮寄经认可的公证机构签发的证明书。买卖双方不能友好解决的索赔事件，应在北京交付仲裁。仲裁庭包括两人，其中一人由卖方指定，另一人由买方指定。若两人意见不一致，则以仲裁机构所选评判人的决定为准。费用由败方承担。

13. 不可抗力：在所有不可抗力的情况下，卖方对装运迟延不负责任，包括暴动、战争、骚乱、民变、军事冲突、封锁、征用、禁止出口、火灾、洪水、地震、风暴以及在约定期间阻碍装货的其他意外事故。一旦发生上述事故，证明事故发生或存在的文件应由卖方立即寄送买方。

14. 装运迟延：在第13条所列不可抗力的情况下，约定的装运期限可延长30天。若延长期间的装运仍因第13条所列事故或其影响继续存在而受阻，则应由买方选择或接受此后的迟装货物。

15. 装运通知：卖方依买卖合同装运后，应立即发出电报通知。

16. 装货样品：买方要求装货样品时，卖方应依约在装货前，将样品寄送买方。

17. 包装与唛头：所有货物均以出口包装并刷制【K】的唛头。

18. 电报费：拍发电报的费用，应由各方自行负担。

为证明上述约定，H公司于2019年9月1日在本协议书上签字，G公司于2019年10月1日在本协议书上签字。本协议书自2019年11月1日起生效，除非经双方书面同意，本协议书中任何条款不得变更或修改。

买方（G公司）（签字）　　　　　　　　卖方（H公司）（签字）

附件（略）

第三节 签订合同

发盘或接受中通常仅列明交易的主要条件，而影响双方权利与义务的其他条件往往省略。因此，为避免日后的争议或纠纷，进出口双方通常还要签订书面的合同，以确定双方在交易中的权利与义务。

一、国际货物买卖合同的形式

国际货物买卖合同没有统一格式，完全由买卖双方协商决定。但从目前看，大多数贸易商采用订单、售货确认书或合同书作为国际贸易合同的表现形式。

（一）订单

订单（Order，Order Sheet or Order Note），一般是进口商向出口商所发出的订购货物的书面凭证。出口商若对订单的内容表示同意，可将订单签署后，寄还一份给进口商，即具有成交签约的法律效力。订单内容通常包括货物名称、质量、数量、价格、包装、交货和付款等交易的基本条件。

（二）售货确认书

售货确认书（Sales Confirmation，Sales Note），是指经交易磋商并达成一致后，由卖方制作的交易成立的书面凭证。通常情况下，在交易成立后，由卖方制作两份售货确认书，签署后寄送给买方；买方若对此同意，可将售货确认书签字后，寄还给卖方一份，即构成售货合同（Sales Contract），其效力与买卖合同相同。

中国许多出口企业通常将售货确认书印成固定格式，在成交后由业务人员依照双方达成的交易条件逐项填写，再经买卖双方签署，从而成为对双方具有约束力的法律文件。

（三）合同书

买卖双方经过磋商并达成一致后，由一方当事人将交易磋商内容制作成合同书，然后由双方共同签署。这种合同书若由卖方草拟制作，称为“售货合同”（Sale Contract）或“出口合同”（Export Contract）；若由买方草拟制作，称为“购货合同”（Purchase Contract）或“进口合同”（Import Contract）；若由买卖双方互派代表共同制作并当场签字，通常称为“购销合同”（Sales and Purchase Contract）或“进出口合同”（Import & Export Contract），但这种情况比较少见。

此外，在国际贸易中还可见到“意向书”或“备忘录”。

所谓“意向书”（Letter of Intent），是指买卖双方的交易磋商并未最终达成协议，但为了实现交易目标，双方通常将其设想或意愿甚至初步商定的部分交易条件，记录在一份书面文件上，作为日后进一步磋商的参考或依据。由此可见，意向书仅是双方为达成一致所作出的一种意愿表示，因而不是法律文件，对双方当事人不具有约束力。但双方在日后的磋商中，不应过分背离意向书。

所谓“备忘录”（Memorandum），有两种性质。一是买卖双方经磋商后，将商定的交易条件，明确、具体地记录在一份书面的文件中并经双方签署。这种备忘录本质就是书面合同。二是买卖双方经过磋商后，只对某些交易条件达成一定程度的共识并以“备忘录”的形式记录下来，以作为日后进一步磋商其他条件的依据。这种备忘录在性质上不具有法律约束力，因而也不构成书面合同。

二、国际货物买卖合同实例

如前所述，国际货物买卖合同的形式包括订单、售货确认书、合同书等。现分别举实例如下，以供贸易商参考。

（一）订单实例①

ABC Trading Co. , Ltd.

Messrs. Leo Twin & Company　　Date：May 5，2019

123 Fox St. Johannesburg　　Order No. 201955

ORDER SHEET

Dear Sirs,

We have the pleasure to place with you our order for the under mentioned goods on the terms and conditions stated as follows：

ARTICLE："NOBEL" brand solid state AM/FM STEREO Multiplex Receiver，Model 7303

QUANTITY：500 sets

PRICE：USD90. 00 per set CIF Shanghai

TOTAL AMOUNT：USD45 000. 00

PACKING：To be packed in wooden cases，suitable for export

SHIPMENT：Before December 31，2019

DESTINATION：Shanghai，China

INSURANCE：Covering ICC（A）and war risks for CIF value plus 10%

PAYMENT：By credit payable at sight

SHIPPING MARK：ABC in diamond

REFERENCE：TELEGRAMS Yours：

Ours：July 20，2019

LETTERS Yours：July 5，2019

Ours：

We are going to instruct our bank to open a credit for the amount of this order. You will soon hear from your bank.

Yours very truly,

ABC Trading Co., Ltd.

Manager ×××（签字）

（二）售货确认书实例②

ABC TEXTILE EXP. & IMP. CO. , LTD.

Allied Trading Company　　September 5，2019

① 张锦源．国际贸易实务详论［M］. 17 版. 台北：三民书局股份有限公司，2013：275.

② 同上：276-277.

P. O. Box 123

Lagos, Nigeria

SALES CONFIRMATION

Dear Sirs,

We confirm having sold to you the following merchandise on terms and conditions set forth below:

Article: Printed Cotton Sheeting

Specification: #1001

30's×30's, 65×60, 35/36"in width abt. 40 yds. per piece

Quality: As per our sample submitted on August 20, 2019

Quantity: 500 000 yds.

Price: USD0. 76 per yd. CIF Apapa

Amount: USD38 000. 00

Packing: In export standard bales packing

Shipment: During November/December, 2019 partial shipment to be allowed

Destination: Apapa, Nigeria

Payment: Draft at sight under a L/C to be opened by the end of October, 2019

Insurance: Against CIC All Risks only

Remarks: Your commission 3% on FOB value has been included in the above price.

Please open L/C advising through Bank of China, Beijing Branch.

Yours faithfully,

ABC Textile Exp. & Imp. Co., Ltd.

Manager ×××（签字）

（三）合同书实例①

CONTRACT

This contract is made on 9th of June 2019 by ABC Corporation (hereinafter referred to as "SELLERS"), a Chinese corporation having their principal office at 18 Wang Fu St., the People's Republic of China, who agree to sell, and XYZ Corporation (hereinafter referred to as "BUYERS"), a New York corporation having their principal office at 20 Wall St, New York, N. Y., USA, who agree to buy the following goods on the terms and conditions as below:

1. COMMODITY: Double folding umbrellas.

2. QUALITY: 2 section shaft iron and chrome plated shaft, unichrome plated ribs, siliconed coated waterproof plain nylon cover with same nylon cloth sack.

Size: $18\frac{1}{2}$"×10 ribs

as per sample submitted to BUYERS on May 14, 2018

---

① 黄清政，刘正松．国际贸易实务——方法、技巧、效益［M］．台北：前程企业管理有限公司，2003：150.

3. QUANTITY: 10 000 (Twelve thousand) dozen only.

4. UNIT PRICE AND TOTAL AMOUNT: USD14 per dozen CIF New York.

Total amount USD140 000. 00 (Say Total U. S. Dollars one hundred forty thousand only.) CIF New York.

5. PACKING: One dozen in a box, ten boxes in a carton.

6. SHIPPING MARKS:

NY

NEW YORK

NO. 1-UP

7. SHIPMENT: To be shipped on or before September 30, 2019 subject to irrevocable L/C reaches SELLERS before the end of August, 2019, and partial shipments allowed, transshipment allowed.

8. PAYMENT: By a prime banker's sight L/C in SELLER'S favor, for 100% value of goods.

9. INSURANCE: SELLERS shall arrange marine insurance covering ICC2009 (B) plus TPND and war risk for 110% of the invoice value and provided for claim, if any, payable in New York in US currency.

10. INSPECTION: Goods are to be inspected by an independent inspector and whose certificate inspection of quality and quantity is to be final.

11. FLUCTUATIONS OF FREIGHT, INSURANCE PREMIUM, CURRENCY, ETC.:

(1) It is agreed that the prices mentioned herein are all based upon the present IMF parity rate of RMB ¥6. 20 to one US dollar. In case, there is any change in such rate at the time of negotiating drafts, the prices shall be adjusted and settled according to the corresponding change so as not to decrease SELLERS' proceeds in RMB Yuan.

(2) The prices mentioned herein are all based upon the current rate of freight and/or war and marine insurance premium. Any increase in freight and/or insurance premium rate of shipment shall be for BUYERS' risks and account.

(3) SELLERS reserve the right to adjust the prices mentioned herein, if prior to delivery there is any substantial increase in the cost of raw material or component parts.

12. TAXES AND DUTIES, ETC.: Any duties, taxes or levies imposed upon the goods, or any packages, materials or activities involved in the performance of the contract shall be for account of origin of origin, and for account of BUYERS if imposed by the country the of destination.

13. CLAIMS: In the event of any claim arising in respect of any shipment, notice of intention to claim should be given in writing to SELLERS promptly after arrival of the goods at the port of discharge and opportunity must be given to SELLERS for investigation. Failing to give such prior written notification and opportunity of investigation within thirty days after the arrival of the carrying vessel at the port of discharge, no claim shall be entertained. In any event, SELLERS

shall not be responsible for damages that might result from the use of goods or for consequential or special damages, or for any amount in excess of the invoice value of the defective goods.

14. FORCE MAJEURE: Non-delivery of all or any part of the merchandise caused by war, blockage, revolution, insurrection, civil commotions, riots, mobilization, strikes, lockouts, act of God, severe weather, plague or other epidemic, destruction of goods by fire or flood, obstruction of loading by storm or typhoon at the port of delivery, of any other cause beyond SELLERS' control before shipment shall operate as a cancellation of the sale to the extent of such non-delivery. However, in case the merchandise has been prepared and ready for shipment before shipment deadline but the shipment could not be effected due to any of the above mentioned causes, BUYERS shall extend the shipping deadline by means of amending relevant L/C or otherwise, upon the request of SELLERS.

15. ARBITRATION: Any disputes, controversies or differences which may arise between the parties, out of, or in relation to or in connection with this contract may be referred to arbitration. Such arbitration shall take place in Beijing, China, the People's Republic of China, and shall be held and shall proceed in accordance with the Chinese Government arbitration regulations.

16. PROPER LAW: The formation, validity, construction and the performance of this contract are governed by the laws of the People's Republic of China.

IN WITNESS WHEREOF, the parties have executed this contract in duplicate by their duly authorized representative as on the date first above written.

BUYERS	SELLERS
XYZ CORRORATION	ABC CORPORATION
President ×××（签字）	President ×××（签字）

三、Proforma Invoice（形式发票）

在国际贸易磋商与订约中，经常使用一种 Proforma Invoice 单据，实务中称“形式发票”“预期发票”“试算发票”或“估算发票”等。

“Proforma”是拉丁文，其本意为“完全形式上的”。因此，就字面意义而言，Proforma Invoice 应完全是形式上的而无实际交易的发票。通常情况下，Proforma Invoice 是卖方在推销产品时，即交易确定前，卖方开立给买方的仅供买方预先估算成本及费用的一种货运清单，但实际上并未真正发货。

在贸易实务中，有时可用 Proforma Invoice 代替发盘。如依据进口国的规定，申请进口许可证时必须提交发盘，若无发盘则可凭 Proforma Invoice 代替申请。有时，银行开立信用证也要求先出具 Proforma Invoice。另外，在订立买卖合同时，若 Proforma Invoice 具备了发盘的内容，同样可以代替发盘。有时，在合同成立后，卖方向买方发送了 Proforma Invoice。此时，其使用目的并非发盘，而是以 Proforma Invoice 代替合同书，因而其具有售货确认书的性质。可见，Proforma Invoice 在贸易实务中具有广泛的用途。

以下是 Proforma Invoice 作为发盘的实例。①

"Jet Size" Sizing Stuff

Many thanks for your inquiry about the subject stuff as stated in your letter of May 12, 2019 and we are pleased to enclose our Proforma Invoice No. 123 for your consideration.

We are producers of the stuff for many years and our stuff has been very popular among the end-users in Japan as well as in the Southeast Asian countries. Under separate cover and by sea parcel, we have dispatched to you sample bags of 5kgs. each of these two qualities along with brochures explaining the merits of our products.

We are looking forward to receiving your comments on the samples and your early order.

Attachment:

PROFORMA INVOICE

NO. 123

May 20, 2019

TO: ABC Trading Co., Ltd.

Beijing, China

MARKS & NOS. Pakgs.	COMMODITY DESCRIPTION	QUANTITY (kgs)	UNIT PRICE	TOTAL AMOUNT
	"Jet Size" Sizing Stuff No. 66 for Sheeting & jeans		FOB KOBE	
		2 000	USD5. 00/kg	USD10 000
	No. 88-89 for Poplin & Broadcloths	2 000	USD6. 00/kg	USD12 000
		TOTAL	FOB KOBE	USD22 000

Remarks: PACKING: In PE bags, each containing 50 kgs net.

INSURANCE: Buyer's care.

SHIPMENT: Within 30 days after receipt of credit.

PAYMENT: By sight credit which must be opened within 30days after confirmation of sale.

VALIDITY: This offer is valid until June 20, 2019.

以 Proforma Invoice 作为合同确认书的实例:②

XYZ ENTERPRISE CO., LTD.

NO. 78, lincui RD, aoyuncun, Beijing P. R. C.

TEL: ×××××××× FAX: ××××××××

E-mail: xyz@ msa. hinet. net

PROFORMA INVOICE

Messrs.: SUPERSTAR GMBH & CO. DATE: MAR. 16, 2019

MATHILDENSTRAGE 1123, D-28970, P. I. NO. 533333

① 张锦源. 国际贸易实务详论[M]. 17版. 台北: 三民书局股份有限公司, 2013: 255-256.

② 李淑茹. 国贸实务菁华[M]. 台北: 五南图书出版有限公司, 2013: 282.

BREMEN，GERMANY
TEL：543-××××××××
ATTN：MR. ALSION SMITH

SHIPPING MARKS
ARTICLE NUMBER：75205. 565
CONTRACT NUMBER：533333
PACKAGE NO.：1-UP
G. W.： KGS
N. T.： KGS
MADE IN CHINA

TERMS：CIF HAMBUERG，GERMANY
SHIPMENT：By May 01，2019（L/C must reach seller before the end of March.）
PAYMENT：By L/C at sight in ourfavor.
PACKING：By standard export carton with sea worth.
REMARKS：1. Quality as per sample submitted to buyer on the end of January.
2. Please sign and return by fax for confirmation of the order.

Item No.	Description	U/Price	Quantity	Amount
STATIONERY& OFFICESUPPLIS 7 205. 565	2-HOLE PUNCH	USD2. 70/PC	4 512PCS	USD12 182. 40

TOTAL：
SAY TOTAL U. S. DOLLARS TWELVE THOUSAND ONE HUNDRED EIGHTY-TWO AND FORTY CENTS ONLY.

Accepted by：XYZ ENTERPRISE CO.，LTD.
Authorized Signature：Monica Lee
Advising Bank：
BANK OF CHINA，BEIJING BRANCH
ADD：NO. 123，WANGFU ROAD BEIJING，CHINA
SWIFT ADDRESS：BKCHCNBJ
TELEX：×××××BKCH
NAME OF A/C：XYZ ENTERPRISEA/C：×××-×××-×××××

案例分析

国际货物买卖合同是否成立争议案

《联合国国际货物销售合同公约》（下称《公约》）在统一各国贸易法律、促进国际贸易健康发展方面发挥着重要的作用。

在国际货物买卖合同争议中，关于合同是否有效成立的争议占相当大比例，而买卖双方要约（发盘）与承诺（接受）的有效与否又是判断合同是否成立的关键所在。《公约》

第 14 条与第 55 条对此予以规范。无论是从理论还是从实践的角度，弄清这两条规定之间的关系是非常必要的。

案情简介

某年 10 月，中国 A 公司销售经理 X 先生与乙国 B 公司采购经理 Y 先生在电话中协商了 A 向 B 出售其 M 产品的事宜。之后，A 正式向 B 发出了书面要约（发盘）。A 考虑到其今后可能每年出售给 B 的数量，此次给予 B 8%的折扣，并特别指出这一折扣低得异乎寻常，是给予所有客户中的最低价格，而 A 一般给予老客户的折扣是 4%。B 接受了要约，双方于 11 月 7 日签订了购买 100 吨 A 公司 M 产品的合同：次年 3 月底前交货，采用 CIF 条件，合同金额为 160 000 美元。该合同如约履行完毕。

5 月 2 日，Y 先生给 X 先生打电话，表示要购买 1 000 吨 A 公司的 M 产品。X 提出，由于市场因素，现在单价提高到 1 700 美元/每吨，Y 表示接受。电话交谈后，Y 于 5 月 3 日通过电传向 X 发出合同确认书（要约）。合同条款与第一个合同基本一致，只是装船日期、数量不同，产品单价为 1 700 美元，但未提及折扣。此外，该确认书还指出“上年 11 月 7 日合同中的支付、运输条件和其他类似条款适用于本合同”。与此同时，X 也给了 Y 一份确认书（还价，反要约），不同之处在于明确了 1 700 美元单价的折扣为 4%。但 Y 于 6 日收到文件后即电告 X，折扣应为 8%。X 于 9 日的回复中指出，8%只是给予第一笔交易的折扣，而没有打算或者承诺将来的交易也是 8%。Y 于 10 日的电传指出，B 公司购买 A 公司产品的主要原因恰恰是出于 8%的折扣。若不给予 8%的折扣，B 公司将向原供货商购买，请 X 立即答复。X 于 12 日的答复仍坚持 8%只是给予第一笔交易的，并表示 A 公司的价格在同行业中是低的。但 Y 未对此作出回复。X 于 27 日再次询问 B 公司的意图。Y 于 6 月 2 日答复称，其已购买了 C 公司 的产品。于是，A 公司向 B 公司提出索赔，但遭拒绝。

双方的主张如下。

A 公司（卖方）认为：

（1）双方关于购买 1 000 吨 M 产品的合同业已成立；

（2）折扣应为 4%；

（3）B 公司购买 C 公司的产品是违约行为，应当赔偿 A 公司的损失。

B 公司（买方）认为：

（1）双方不存在购买 1 000 吨 M 产品的合同；

（2）即使合同存在，折扣也应为 8%；

（3）即使合同存在，B 公司购买 C 公司产品也不构成违约。

在该案中，双方争议的焦点是，双方的合同是否已经成立。而判断双方合同成立与否的关键在于对要约（发盘）与反要约（还盘，还价）内容确定性的理解与认定。

试分析该案例。

[提示：

1. 参见《公约》第 14 条（要约）的规定。

2.《公约》第 14 条要约内容确定性的争议及其与第 55 条的关系。

3.（1）双方不存在购买产品的合同；（2）即使合同存在，折扣也应为 8%；（3）即使合同存在，买方购买 C 公司产品也不构成违约。]

第八章　出口价格

在出口实务中，因使用的贸易术语不同，其价格构成会有很大差别。此外，货物价格还可能会涉及运费、保险费、佣金、折扣、汇率等问题，从而使其更加复杂。因此，出口商还应对每一种报价下的价格内容及其计算有所认识和掌握。

第一节　出口价格的构成

因货物的种类不同、季节与地点不同，出口商在对外报价时可能会出现价格差异。但总体而言，出口价格通常由三大部分构成，即货物成本、营运费用和预期利润。

一、货物成本

在国际贸易中，货物成本因报价人的身份不同有所差异。若报价人为直接生产产品继而出口的厂商（出口商与厂商为同一人），货物成本即为其生产成本。换言之，出厂价格扣除利润构成货物成本（基价），一般包括原材料费用、人工费用、制造费用等一切按照比例分摊的生产/管理/财务成本。若报价人为专业出口商（出口商与厂商为不同的人），货物成本则是其向厂商或其他供应商购进货物所支付的价款，即厂商向出口商的报价。这种货物成本中有时可能包含包装费用、内陆运费等成分。

二、营运费用（国内费用）

在国际贸易出口实务中，出口价格除了货物成本外，还可能包括以下常见的各种营运费用：（1）出口包装费；（2）特殊标签与容器费用；（3）唛头费用；（4）内陆运费；（5）检验或证明费用；（6）装载费用；（7）通关费用；（8）出口税捐；（9）邮电费用；（10）预计损失等。

以上各项费用并非所有出口贸易都会发生，但出口贸易费用也不仅限于这些费用。具体费用还应视贸易条件、交易性质、货物种类而定。

三、预期利润

预期利润是出口价格构成的重要组成部分，也是出口商交易的主要目的。预期利润的高低须依据出口货物的种类、市场行情、交易数量、进口商的信用、付款条件及其复杂程度而定。对此，出口商须心中有数，适当掌握。

第二节 主要出口价格

在国际贸易中，不同贸易条件下的出口价格，其计算有所不同。以下以国际贸易中最常用的 FOB、CFR 和 CIF 贸易条件为例，说明常用的出口价格。

一、FOB 出口价格

FOB 是国际贸易中最常用的条件之一。若以 FOB 达成交易，出口商对外报价时，应准确地计算出 FOB 的出口价格。

（一）FOB 货价

将上一节中的货物成本加上营运费用所构成的价格，是 FOB 出口价格的主要成分，一般称为 FOB 货价。但这一价格不能作为 FOB 的出口价格，因为在 FOB 条件下，还有部分费用尚未计算。因此，出口商还要加上各种费用和预期利润。

（二）FOB 售价

FOB 售价，即 FOB 销售价格（FOB Selling Price），是 FOB 货价加上有关的费用和预期利润后，计算出的出口价格。

FOB 售价中所包含的有关费用，通常有以下几项：（1）银行手续费。在 FOB 条件下，中国各银行的押汇手续费百分比为 0.10%～0.15%，同时，还规定最低手续费。（2）银行押汇贴现息。出口商在以信用证进行押汇时，在开证行付款之前，押汇银行所做的垫款，因其向国外收回垫款须花费一定时间，因此，即使是在即期信用证的情况下，出口地的押汇银行也会收取一定金额的押汇贴现利息。该贴现息的计算时间由银行依开证地区决定，一般为 10 天左右。（3）港口建设费用。该费用依出口货物 FOB 价格的一定百分比（约 0.5%）计收。（4）贸易服务费用。这种费用是国家为促进贸易等活动所产生的相关费用，包括各种官方文件费用等，通常由海关统一收取。该费用按出口货物 FOB 价格的一定百分比（约 0.05%）计收。上述四项费用一般称为“国内出口费用”。

（三）FOB 出口价格计算公式

$$\text{FOB Selling Price}=\frac{\text{FOB 货价}}{1-(\text{手续费率}+\text{贸易服务费率}+\text{贴现率}+\text{预期利润率})}$$

二、CFR 出口价格

依 Incoterms®2020，CFR 等于 FOB 加上海运的运费。因此，在计算 CFR 出口价格时，可在 FOB 出口价格基础上再考虑运费。

（一）CFR 货价

CFR 货价是在 FOB 货价基础上加上海运的运费，即 CFR=FOB+F。

国际海运的运费通常是以货物的重量或尺码计收的。出口商可以向船公司咨询每一类货物的计费标准（重量或尺码），然后按货物的重量或尺码计算出基本运费。另外，还要考虑承运人是否收取其他附加运费；若有，则再加上各种附加运费。出口商应将基本运费和附加运费一起计入出口价格中。

（二）CFR售价

CFR售价与FOB售价类似，是CFR货价加上有关的费用和预期利润后，计算出的CFR出口价格。

（三）CFR出口价格计算公式

$$\text{CFR Selling Price}=\frac{\text{CFR 货价}+\text{贸易服务费用}}{1-(\text{手续费率}+\text{贴现率}+\text{预期利润率})}$$

三、CIF出口价格

依Incoterms®2020，CIF等于FOB加上保险费和海运的运费，或CFR加上保险费。因此，出口商在计算CIF出口价格时，可在FOB出口价格基础上再考虑运费和保险费，或在CFR基础上再考虑保险费。

（一）CIF货价

CIF货价是在CFR货价基础上加上保险费，即CIF=CFR+I。保险费（又称国外保险费）等于保险金额乘以保险费率。但保险费率因货物种类、保险险别、目的地、运输方式、货物包装等因素的不同而有差异。出口商在投保之前，可向保险公司咨询有关保险费率的问题，就很容易计算出相关的保险费。

（二）CIF售价

CIF售价是在CIF货价的基础上加上有关的费用和预期利润后，计算出的CIF出口价格。

（三）CIF出口价格计算公式

$$\text{CIF Selling Price}=\frac{\text{CFR 货价}+\text{贸易服务费用}}{1-(1.1\times\text{保险费率}+\text{手续费率}+\text{贴现率}+\text{预期利润率})}$$

四、佣金价与折扣价

在国际贸易中，进口商有时会要求出口商报出含佣价或折扣价，或者出口商主动提出含佣价或折扣价。

佣金（Commission）是出口商或进口商向为其提供货物销售或购买中介服务的中间商、经纪人或代理人支付的酬金。折扣（Discount，Rebate，Allowance）是出口商对进口商提供的一种价格优惠的减让。正确和灵活运用佣金或折扣，可以调动中间商和进口商推销和购货的积极性，有利于扩大出口商品的销售。

（一）佣金和折扣的计算基础

佣金既可按交易金额，也可按交易数量计算。但依国际通行惯例，佣金大多按照发票的FOB价格计算。按FOB价格计算佣金，则须将CFR或CIF中的运费及（或）保险费扣除，求出FOB价格后再计算佣金。一般按发票的实际金额乘以约定的折扣率，即为应减除的折扣金额。

（二）佣金与折扣的表示方法

若成交价格中包含需支付给中间商的佣金，则称其为含佣价（Price Including Commission）；不含佣金的价格，称其为净价。佣金既可明确地表示在价格条款中，即

“明佣”，也可不在合同条款中表示而由双方按约定另行支付，即“暗佣”。一些中间商为了从买卖双方都获取佣金（“双头佣”）或者为了逃汇或逃税，往往提出使用“暗佣”的要求。

佣金的表示方法通常有两种。一是规定佣金比率。如 USD1 000. 00 per metric ton CRF New York including 3% Commission。也可在贸易术语之后直接加注佣金的英文缩写“C”，同时注明其比率，如 USD1 000 per metric ton CIFC3（或 CIFC3%）New York。二是规定佣金的绝对数。如 USD20 Commission per metric ton。在国际贸易实务中，采用规定佣金比率的做法比较常见，其比率一般控制在 5% 以内。

折扣通常在价格条款中予以明确规定，即“明扣”，也可另行就折扣达成协议而不在合同中表示出来，即“暗扣或回扣”。

折扣的表示方法也有两种。一是规定折扣的比率。如 USD1 000. 00 per metric ton CIF New York including 3% discount，或者表示为 USD1 000. 00 per metric ton CIF New York less 3% discount，或 USD1 000. 00/MT CIFD（R）3 New York。二是规定折扣的绝对数。如 USD20. 00 discount per metric ton。

（三）佣金与折扣的计算和支付方法

佣金可按以下公式计算：

单位货物佣金额＝含佣价×佣金比率

净价＝含佣价－单位货物佣金额

$$含佣价=\frac{净价}{1-佣金比率}$$

国际贸易实务中，常用的含佣价主要是：

FOB 含佣价＝FOB 净价/（1－佣金比率）

CFR 含佣价＝CFR 净价/（1－佣金比率）

CIF 含佣价＝CIF 净价/（1－佣金比率）

例如，出口商报出的净价为 USD1 000. 00/MT CFR Net KOBE，而进口商要求改报含佣金 3% 的 CFR 价格，则出口商应报价为 1 000. 00÷（1－3%）＝USD1 030. 93（at USD1 030. 93/MT CFRC3 KOBE）。

折扣一般以成交金额或发票金额为基础计算，计算方法为：

单位货物折扣金额＝含折扣价（或原价）×折扣比率

出口商实际净收入＝含折扣价（或原价）－折扣金额

例如，原价（含折扣价）为 USD2 000. 00/MT CIFD2 New York，则净收入为 CIF Net＝2 000×（1－2%）＝USD 1 960. 00/MT。

折扣通常在进口商支付货款时预先扣除；若采用暗扣，则按双方达成的协议，由出口商另行向进口商支付。

第三节　对外报价的计算

为保证在交易磋商和订立合同时有所依据，出口商在此之前须对出口价格作出比较准确的计算，然后以此为底线进行对外报价。本节将讲述对外报价的原则、对外报价的计算、成本核算及价格换算等问题。

一、对外报价的原则

出口商对外报价应遵循的基本原则是：平等互利，参照国际市场价格水平，结合国别（或地区）政策，按照销售意图确定适当的价格。

由于国际贸易中的货物价格受诸多因素的影响，在遵循上述基本原则的前提下，出口商在对外报价时，还应考虑以下因素，如货物质量和档次的高低、成交数量的多少、运输方式与距离、贸易术语、季节性需求变化、支付方式与条件、汇率的变化、交货时间、消费者偏好以及产品所处的生命周期等。

二、对外报价的计算

出口商对外报价，除了要遵循上述基本原则并适当考虑一定因素的影响外，若要比较准确、合理地对外报价，还须对价格予以计算，以便对外报价时有的放矢。如前所述，出口货物的价格由成本、各种费用（包括国内费用或出口费用）和预期利润构成。以下以中国出口企业为例，探讨对外报价的计算。

（一）成本计算

在对外报价中，货物成本是其主要构成部分。若出口商为贸易公司（出口商与厂商为不同的企业），其成本是指从厂商购货的成本减除出口退税后的实际采购成本，用公式可表示为：

实际采购成本（退税后成本）= 出口商品购货成本（含增值税）- 出口退税收入

其中：

出口退税收入 = 出口商品购货成本（含增值税）÷（1+增值税率）×退税率

例如，中国某企业出口货物的采购总成本为人民币 200 万元（含增值税价格，增值税率为 17%），国内税费总和为人民币 7.5 万元，出口退税率为 13%，则：

出口退税税额 = 出口商品的不含税出厂价÷（1+增值税率）×退税率
= 2 000 000.00÷（1+17%）×13%
= CNY222 222.22

实际采购成本（退税后成本）= 2 000 000.00−222 222.22 = CNY1 777 777.78

国内出口总成本 = 实际采购成本+国内费用及税款−出口退税额
= 2 000 000.00+75 000.00−222 222.22
= CNY1 852 777.78

若出口商为生产厂商，货物成本是指其生产成本减除出口退税后的实际成本，用公式可表示为：

实际成本（退税后成本）= 生产成本 - 出口退税收入

其中：

出口退税收入=FOB（或FCA）价格×银行外汇买入价格×退税率

（二）各种费用的计算

因出口而产生的各种费用，包括前述的国内费用和国内出口费以及国外费用。国内费用和国内出口费用，通常由出口企业按购货成本的5%～10%自行核定。

（三）预期利润的计算

出口企业的预期利润由出口商品、市场行情、企业经营状况等诸多因素决定。计算预期利润通常有三种方法。

（1）以生产成本或购货成本为基数计算，即：

预期利润=生产成本（或购货成本）×利润率

（2）以出口成本（生产成本或购货成本+各种费用）为基数计算，即：

预期利润=出口成本×利润率

（3）以对外销售价格（成交价格）或对外报价为基数计算，即：

预期利润=对外销售价格（成交价格或对外报价）×利润率

在实践中，一般以成交价格（或对外报价）作为计算预期利润的基数。

（四）对外报价的计算

依据上一节的销售价格，出口商可计算出不同贸易条件下的对外报价。

若出口商品的利润较高，为简便，出口商报价时可将运费、保险费及各项杂费省略，仅以加上预期毛利润率计算的价格对外报价即可。若出口商品的利润不高，则不能省略运费、保险费和各项杂费。

（五）出口报价计算实例

实例-1

中国某出口公司拟将500套某产品出口到美国纽约。出厂交货价格为CNY700/套，每箱装50套，其尺码为0.6m×0.6m×0.5m，毛重为50kgs.，每箱包装费为CNY100；国内运费CNY500；检验费CNY500；装运费CNY1 500；邮电费CNY400；出口退税CNY2 000；银行手续费0.1%（按照交易价格计算）；贸易服务费按照FOB价格的0.04%计算；港口服务费每立方米CNY80；运费为每立方米USD125；出口押汇贴现息0.23%；保险费率为1%，加成10%投保；即期信用证付款；出口预期利润10%。（设USD1=CNY 6.20）

实例-2

中国某公司拟向德国汉堡出口园艺工具1 200件，其包装信息为20PCS/纸箱/23.5KGS/CTN/1.3CUFT，共60箱/78CUFT/1 410KGS；包装费用CNY400/箱；出厂价格为CNY190/PC；保险费率为0.12%，加成10%投保；海运费为USD26/CBM；拼箱费为CNY380/CBM；即期信用证付款。（设USD1=CNY 6.20）

现将上述实例1和2以表8-1和表8-2的形式，计算出每套（件）的FOB价格，CFR和CIF汉堡的出口报价。

表 8-1　　出口报价计算实例-1①

Item	Explanation	Sub-Total	Total
Base Price Export Packing Fee Inland Transport Inspection Fee Shipping Expenses Postage &Cable Fee Drawback Tax	Ex Factory CNY700/set×500 @ CNY100/box×10 Factory to Port	CNY1 000 CNY500 CNY500 CNY1 500 CNY400 -CNY2 000	CNY350 000 -CNY15 956
Banking Charges Banking Charges Discount Charges Export Profit	0. 1% 0. 04% 0. 23% 10% } On FOB Selling Price FOB Selling Price = $\frac{\text{FOB 货价}}{1-(0.1\%+0.04\%+0.23\%+10\%)}$ = USD60 111. 64 FOB Selling Price/set = USD120. 22		CNY334 044 (350 000-15 956) @ 6. 20 USD53 878. 06 (FOB 货价)
Ocean Freight Banking Charges Discount Charges Export Profit	USD125×0. 6×0. 6×0. 5×10 0. 1% 0. 23% 10% } On CFR Selling Price CFR Selling Price = $\frac{\text{CFR 货价} + \text{Promotion Charges}}{1-(0.1\%+0.23\%+10\%)}$ $= \frac{\text{USD54103. 06} + \text{USD24. 04}}{1-(0.1\%+0.23\%+10\%)}$ = USD60 362. 25 CFR Selling Price/set = USD120. 72		USD225. 00 USD54 103. 06 (53 878. 06+225) (CFR 货价)

① 张锦源．国际贸易实务详论［M］．17 版．台北：三民书局股份有限公司，2013：198-199.

续表

Item	Explanation	Sub-Total	Total
Banking Charges Discount Charges Export Profit Insurance Premium	0. 1% 0. 23% 10% 1%×110% } On CIF Selling Price CIF Selling Price = $\dfrac{\text{CFR 货价} + \text{Promotion Charges}}{1-(0.1\% + 0.23\% + 10\% + 1\% \times 110\%)}$ = USD61 112. 23 CIF Selling Price/set = USD122. 22		

注：银行押汇贴现息，本例货物出口美国，假设银行以 12 天计收利息，贴现息年利率为 7%，故应付贴现利率为 7%×12/360 = 0. 23%。

表 8-2　　出口报价计算实例-2[①]

项　　目	内　　容	金额	贸易条件及单价
基本价	190×1 200	CNY228 000	单位售价： 295 935. 29÷1 200 = CNY246. 61/PC
出口费用-间接贸易			
包装费	400×60	CNY24 000	
内陆运费	1 500	CNY1 500	
样品含运费	1 200	CNY1 200	
通信费	1 000	CNY1 000	
预期利润 A	[228 000÷(1-15%)]×15%	CNY40 235. 29	
合计		CNY295 935. 29	
出口贸易-直接贸易			FOB 货价： 295 935. 29+4 521. 60 = CNY300 456. 89
产地证明书费	250	CNY250	
港口服务费	80/运费×2. 21（78/35. 315 = 2. 21 CBM>1. 41TON，以体积吨计费）	CNY176. 80	
吊箱费/拼箱费	380×2. 21	CNY839. 80	
提单文件费	1 100	CNY1 100	
报关费	2 000	CNY2 000	
欧盟 ENS 费	USD25×6. 20	CNY155	
合计		CNY4 521. 60	

$$\text{FOB 售价} = \frac{\text{FOB 货价}}{1-(\text{手续费率} + \text{贸易服务费率} + \text{贴现息费率} + \text{预期利润率 B})}$$

① 李淑茹．国贸实务菁华［M］．台北：五南图书出版有限公司，2013：105-106.

续表

项目	内容	金额	贸易条件及单价
贸易服务费 0.04% 银行手续费 0.10% 贴现息 0.219% 预期利润 B 20%	FOB 售价 = $\frac{\text{CNY300 456.89}}{1-(0.1\%+0.04\%+0.219\%+20\%)}$ = CNY377 264.09		FOB 每单位售价： 377 264.09÷1 200÷6.20 =USD50.71/PC
海运费	USD26/CBM×2.21	USD57.46	CFR 每单位运费： 57.46÷1 200 =USD0.05/PC CFR 每单位售价： USD50.71+USD0.05 =USD50.76/PC
保险费率 0.12% 保额为发票金额的 110%	保险费（I）= $\frac{\text{CFR}\times 110\%\times 0.12\%}{1-(110\%\times 0.12\%)}$ = $50.76\times\frac{0.001\ 32}{0.998\ 68}$	USD0.07	CIF 每单位售价： USD50.76+USD0.07 =USD50.83/PC

三、不同价格的换算

从前面讲述的对外报价计算方法中可以看出，即使同一种商品，因贸易条件不同，其价格构成也不同。如 FOB 价格中，不包含自装运港至卸货港的运费和保险费；CFR 价格中，不包含国外保险费，但包含自装运港至卸货港的运费；而在 CIF 价格中，则包含国外运费和保险费。但当出口商按某一贸易条件，如 CIF 价格对外报价时，进口商可能要求出口商改报 FOB 价格。这样，出口商可能要将 CIF 价格换算成 FOB 价格。为此，出口商应掌握不同贸易术语（贸易条件）下，不同价格之间的换算方法，以免因计算不准确而导致损失。

现将国际贸易中常用贸易术语之间的换算方法作如下介绍。

（一）由 FOB 价格换算为其他价格

（1）由 FOB 换算为 CFR：

$$\text{CFR}=\text{FOB}+\text{F}$$

（2）由 FOB 换算为 CFRC：

$$\text{CFRC}=\frac{\text{FOB}+\text{F}}{1-\text{佣金率}}\left(=\frac{\text{CFR}}{1-\text{佣金率}}\right)$$

（3）由 FOB 换算为 CIF：

$$\text{CIF}=\frac{\text{FOB}+\text{F}}{1-1.1\times\text{保险费率}}\left(=\frac{\text{CFR}}{1-1.1\times\text{保险费率}}\right)$$

（4）由 FOB 换算为 CIFC

$$CIFC=\frac{FOB+F}{1-1.1\times 保险费率-佣金率}\left(=\frac{CFR}{1-1.1\times 保险费率-佣金率}\right)$$

（二）由 CFR 价格换算为其他价格

（1）由 CFR 换算为 FOB

$$FOB=CFR-F$$

（2）由 CFR 换算为 CFRC：

$$CFRC=\frac{CFR}{1-佣金率}\left(=\frac{FOB+F}{1-佣金率}\right)$$

（3）由 CFR 换算为 CIF：

$$CIF=\frac{CFR}{1-1.1\times 保险费率}\left(=\frac{FOB+F}{1-1.1\times 保险费率}\right)$$

（4）由 CFR 换算为 CIFC：

$$CIFC=\frac{CFR}{1-1.1\times 保险费率-佣金率}\left(=\frac{FOB+F}{1-1.1\times 保险费率-佣金率}\right)$$

（三）由 CIF 价格换算为其他价格

（1）由 CIF 换算为 FOB：

$$FOB=CIF\times(1-1.1\times 保险费率)-F$$

（2）由 CIF 换算为 CFR：

$$CFR=CIF\times(1-1.1\times 保险费率)$$

（3）由 CIF 换算为 CFRC：

$$CFRC=\frac{CIF\times(1-1.1\times 保险费率)}{1-佣金率}$$

（4）由 CIF 换算为 CIFC：

$$CIFC=\frac{CIF\times(1-1.1\times 保险费率)}{1-1.1\times 保险费率-佣金率}$$

（四）由 CFRC 价格换算为其他价格

（1）由 CFRC 换算为 FOB：

$$FOB=CFRC\times(1-佣金率)-F$$

（2）由 CFRC 换算为 CFR：

$$CFR=CFRC\times(1-佣金率)$$

（3）由 CFRC 换算为 CIF：

$$CIF = \frac{CFRC \times (1 - \text{佣金率})}{1 - 1.1 \times \text{保险费率}}$$

（4）由 CFRC 换算为 CIFC：

$$CIFC = \frac{CFRC \times (1 - \text{佣金率})}{1 - 1.1 \times \text{保险费率} - \text{佣金率}}$$

（五）由 CIFC 价格换算为其他价格

（1）由 CIFC 换算为 FOB：

$$FOB = CIFC \times (1 - 1.1 \times \text{保险费率} - \text{佣金率}) - F$$

（2）由 CIFC 换算为 CFR：

$$CFR = CIFC \times (1 - 1.1 \times \text{保险费率} - \text{佣金率})$$

（3）由 CIFC 换算为 CFRC：

$$CFRC = \frac{CIFC \times (1 - 1.1 \times \text{保险费率} - \text{佣金率})}{1 - \text{佣金率}}$$

（4）由 CIFC 换算为 CIF：

$$CIF = \frac{CIFC \times (1 - 1.1 \times \text{保险费率} - \text{佣金率})}{1 - 1.1 \times \text{保险费率}}$$

（六）佣金率由 $y\%$ 变为 $x\%$：

$$CFRC_{x\%} = \frac{1 - C_{y\%}}{1 - C_{y\%}} \times CFRC_{y\%} \qquad CIFC_{x\%} = \frac{1 - C_{y\%}}{1 - C_{y\%}} \times CIFC_{y\%}$$

注：$\because$ CIF = CFR + I（保险费）

= CFR + 保额 × 保险费率

= CFR + [CIF ×（1 + 加成率）× 保险费率]

$\therefore$ CIF − [CIF ×（1 + 加成率）× 保险费率] = CFR

CIF[1 −（1 + 加成率）× 保险费率] = CFR

$$CIF = \frac{CFR}{1 - (1 + \text{加成率}) \times \text{保险费率}} = \frac{CFR}{1 - 1.1 \times \text{保险费率}} = \frac{FOB + F}{1 - 1.1 \times \text{保险费率}}$$

四、出口盈亏核算

出口商进行盈亏核算，是其保证实现经济效益的手段之一。为确保盈利，出口商应依据其对外报价，将出口成本、出口收入等进行准确的核算。出口商在进行出口盈亏核算时，涉及以下概念和计算问题。

（一）出口成本

在出口业务中，出口成本包括出口总成本和出口成本价格两个概念。

出口总成本是指出口企业为出口商品所支付的国内总成本，包括购货成本（或生产成本）和出口前的国内一切费用及税款，但应扣除出口退税款，即：

出口总成本 = 出口商品购货成本（或生产成本）+ 出口前国内费用及税款 − 出口退税款

出口成本价格是指以出口总成本为基础计算的单位成本价格，但不涉及任何国外费用。

（二）出口收入

在出口业务中，出口商的收入包括出口外汇净收入和出口本币（人民币）净收入两部分。

出口外汇净收入是指出口外汇总收入扣除国外运费、保险费、佣金等非贸易性外汇支出后的外汇收入，即以 FOB（或 FCA）报价后所得的外汇收入。因此，若以 CFR 或 CIF 条件成交，对外报价中扣除国外运费及（或）保险费之后，所得收入为外汇净收入；若对外报价中含有佣金，则扣除佣金后的收入为外汇净收入。

再以前述出口退税为例，设某批货物以 CIFC3 价格出口，出口总额为 USD200 000.00，其中，国外运杂费 USD2 500.00、保险费 USD400.00、佣金 USD6 000.00，则该批货物的出口外汇净收入为：USD200 000.00−USD（2 500.00+400.00+6 000.00）= USD191 100.00（FOB 净价）。

出口人民币净收入是指出口外汇净收入按当时的外币汇率折算的人民币收入额。

（三）出口盈亏计算指标

在出口业务中，可以通过出口换汇成本、出口盈亏率、出口创汇率等指标判断出口企业的盈亏情况。

1. 出口换汇成本

出口换汇成本又称换汇率，是指出口商品净收入一单位外汇所需的本币成本。在中国，通常是指商品出口后净收入一美元所付出的人民币成本，即用多少人民币换回一美元。其计算公式可表示为：

$$出口换汇成本 = \frac{商品国内总成本（人民币）}{出口销售（FOB）外汇净收入}$$

$$再引用上例，出口换汇成本 = \frac{CNY1\ 852\ 777.78}{USD191\ 100.00} = CNY9.70/USD$$

出口换汇成本（换汇率）是衡量出口企业出口盈亏的一个重要指标，若换汇率高于银行外汇牌价，则表示出口为亏损，即人民币亏损；若出口换汇率低于银行外汇牌价，则表示出口为盈利，即人民币盈利。因此，计算换汇率对出口商具有重要意义：出口商可以据此比较不同商品的出口换汇成本，以便调整出口商品结构；比较同类商品出口到不同国家或地区的换汇成本，以作为选择市场的依据之一；比较同类商品不同时期换汇成本的变化，以利于改善经营管理，采取扭亏增盈的有效措施。

2. 出口盈亏率

出口盈亏率是出口盈亏额与出口总成本之比，一般用百分比表示。出口盈亏额是指出口所得人民币净收入扣除总成本之后的数额。出口盈亏额可用公式表示为：

出口盈亏额=出口销售人民币净收入（FOB 出口外汇净收入×银行外汇买入价）-出口总成本（退税后）

出口盈亏率可用公式表示为：

出口盈亏率=[出口销售人民币净收入-出口总成本(退税后)]÷出口总成本(退税后)×100%

出口盈亏率是衡量出口企业盈亏程度的重要指标，出口商可据此调整经营管理方案，制定积极有效的营销策略。

3. 出口创汇率

出口创汇率，又称外汇增值率，是指成品出口后的外汇净收入与进口原料外汇成本之比。出口创汇率可用公式表示为：

出口创汇率(外汇增值率)=(成品出口外汇净收入-进口原料外汇成本)÷进口原料外汇成本×100%

出口创汇率反映的是每一个单位的外汇支出带来了多大比例的外汇收入。因此，出口创汇率也是衡量出口企业盈亏状况的主要指标之一。

在进行外汇增值率计算时，进口原料不论使用何种贸易术语，一律折合为 CIF 价格计算；成品出口时，不论使用何种贸易术语成交，一律按 FOB 价格计算成品出口外汇净收入；若成品全部使用国产或部分使用国产的原辅料，其外汇成本按出口该原料的 FOB 价格计算。

例如，一笔进料加工贸易，进口原料的 FOB 价格为 EUR100 000.00，从欧洲运到国内的运杂费为 EUR1 800.00，保险费为 EUR330.00，加工为成品后的 CIF 出口价格为 USD183 000.00，其中，国外运杂费 USD3 300.00、保险费 USD604.00、出口收汇当天欧元与美元的汇率为 100：137.85。试计算该笔贸易的出口创汇率。①

（1）进口原料外汇总支出 = 进口 FOB 价格 + 国外运费 + 国外保险费
= EUR100 000.00 + EUR1 800.00 + EUR330.00
= EUR102 130.00

（2）加工成品出口外汇净收入 = 出口 CIF 价格 - 国外运费 - 国外保险费
= USD(183 000.00 - 3 300.00 - 604.00) ÷ 1.378 5
= EUR129 920.93(美元换算为欧元)

（3）出口创汇率 = (129 920.93 - 102 130.00) ÷ 102 130 × 100% = 27.21%

第四节　计价货币与作价方法

在国际货物买卖中，使用何种货币作为计价货币，通常由买卖双方商定并在合同中予以确定。

计价货币可选择出口国货币、进口国货币或第三国货币。在中国的出口贸易中，计价

① 田运银．国际贸易实务精讲［M］．北京：中国海关出版社，2007：125.

货币通常使用国际上通行的计价货币，如美元、欧元等，部分国家和地区可使用人民币。另外，计价货币通常与支付货币为同一货币，也可以是不同货币。目前，多数国家实行浮动汇率制度，买卖双方都面临汇率变动的风险。因此，在选择计价货币或支付货币时，还应考虑汇率变动的风险，采取一定的避险措施。

一、尽可能使用可自由兑换货币

在选择计价货币或支付货币时，出口商应尽可能争取选择可自由兑换货币。选择可自由兑换货币，有利于其调拨和转移，必要时可随时转移汇价的风险。目前，国际上可自由兑换的货币主要包括美元、日元、欧元和英镑等。

二、出口商争取使用“硬币”

可自由兑换货币因汇率变动而存在价值变化问题。国际货物买卖从订约到履约需要经过一定的时间间隔，在此期间，计价货币或支付货币的币值可能会发生变动，从而导致出口商或进口商的损失。因此，贸易商在选择计价货币或支付货币时，应考虑货币汇率的未来趋势。

作为贸易的一方当事人，出口商应尽可能选择“硬币”作为计价货币或支付货币，即该货币的币值比较稳定且有上浮趋势。这样，可以保证在出口收入的外汇数额不变的情况下，兑换的人民币数额不变或有所增加。当然，作为贸易的另一方当事人，进口商的选择恰恰相反，他会尽可能选择“软币”作为支付货币，或该货币的币值趋于下降。这样，对外支付外汇时所支出的人民币数额将会减少。

三、出口商适当提高出口价格

若为了达成交易，出口商不得已接受了汇价比较疲软的某种货币（“软币”），为防止该货币的币值进一步下降，则出口商可适当提高出口价格以弥补损失。当然，作为贸易的另一方当事人，进口商的选择相反，即若他接受了以“硬币”作为支付货币，他会要求适当降低进口的价格以补偿其损失。

四、作价方法

作价方法是指在货物买卖合同中规定价格的方法。在国际货物交易中，有些商品的市场行情自签约至履约期间变化不大，其价格相对较稳定；而有些市场行情则变化剧烈，其价格波动较大。因此，出口商应根据不同商品市场行情变化的特点，选择不同的作价方法。国际贸易中，常见的作价方法一般有以下几种。

（一）固定价格

所谓固定价格是指买卖双方在协商一致的基础上，在合同中明确规定货物的价格，一般为货物的单价；合同订立后，任何一方不得要求变动，如“合同订立后，不得调整价格”。（No price adjustment shall be allowed after conclusion of this contract.）这种作价方法是国际贸易中最常见的方法。在业务中，该方法又可分为以下几种。

1. 净价（Net Price）

如：per M/T USD60 net CIF New York。

2. 含佣价（Price Including Commission）

如：per M/T USD100 CIFC3 New York。

3. 平均价（Average Price）

这种方法多用于含有多种规格的商品。如衬衣，每打中分为大、中、小号三种规格，三种规格的每件价格分别为 5 美元、4 美元和 3 美元；若按 4/5/3（即大号 4 件，中号 5 件，小号 3 件）搭配成交 100 打，则其平均每打 49 美元；若改为 6/4/2 搭配，则平均每打价格为 52 美元。

4. 直接价（Direct Price）

直接价是指只买或只卖某种商品中的一种规格商品的单位价格。如上例中的衬衣，每打全部为大号，则每打价格为 60 美元。

固定价格应用于国际市场行情比较稳定的货物贸易，其作价方法简单、方便。

（二）非固定价格

非固定价格，又称“活价”，适用于国际市场行情变化较快、价格涨落不定且交货期较长的货物贸易。这种作价方法可使贸易双方避免价格波动较大所带来的风险。在国际贸易中，这种作价方法又可分为以下几种。

1. 暂定价格

在某些价格波动较大且交货期较长的国际贸易中，为避免价格风险，交易双方可以在合同中规定一个暂时价格，作为开立信用证或初步付款的依据，等到交货期前某一时间，双方再按照当时的市价确定最终价格。如在信用证中规定“USD5 000 per bale CIF New York. Remarks：The above is a provisional price，which shall be determined through negotiation between the buyer and the seller 20 days before the month of shipment.”

2. 具体价格待定

这种作价方法又称“暂不固定价格”，适用于某些国际市场价格变化频繁且幅度较大，或因交货期较长而双方对市场走势难以预测，但双方又订立了意向书的货物交易。此时，双方可仅约定货物的名称、质量、数量、包装、交货时间、支付方式等条件，而价格暂不固定，只约定未来如何确定价格的方法。如“在装运月份前 30 天参考某国际商品交易所的收盘价，确定价格”或“依提单日的某国际商品交易所的收盘价再增加（或减少）若干美元”。

3. 部分固定价格，部分非固定价格

在分期交货的货物贸易中，在订约价格时，可以将交货期较近的价格予以固定，而其他价格在交货期前一定时间再加以确定。

计算题

1. 中国某公司向欧洲一家进口商报价每桶 600 美元 CIF London，共 2 000 桶货物，进口商还价要求改报 FOBC5%。该批货物总重量为 1 800 公吨，尺码为 1 780 立方米，运费计收标准为 W/M，运费率为 120 美元/运费吨，燃油附加费为 15%；保险加成率为 10%，保险费率为 2%。试计算：

（1）该公司如何改报价格才能保证外汇收入不变。（FOBC5%：486.95 美元）

（2）若国内进货价格为 3 800 元人民币/桶，出口前的费用为 15 元人民币/桶，试计算该批货物的出口换汇成本和盈亏率。（设 USD1 = CNY6.20）（出口换汇成本：8.25 人民币/美元；出口盈亏率：−25%）

2. 中国上海专业外贸公司 H 向泰国 Y 公司出口某商品。H 公司的报价为 USD200 per M/T CFRC2% BANGKOK，但 Y 公司要求改报 CIFC5% BANGKOK。自上海至 BANGKOK 的运费为 USD140/FCL（14M/T），保险费率为 1%。

该笔业务最终成交了 1 000 公吨，合同支付条件为 L/C 90DAYS AFTER SIGHT。该商品的进货价格为每公吨 1 500 元人民币（含 17% 的增值税），出口退税率为 13%，H 公司业务操作费用定额率为进货价格的 9%。签订合同时，中国、泰国和美国的货币利率分别为 6%、4% 和 2%，泰铢（符号 B）对美元的即期汇率为 USD100 = B15 000/15 500。试计算：

（1）该笔业务 CIFC5% 的报价。（CIFC5%：208.61 美元）

（2）H 公司该笔业务的换汇成本。（换汇成本：7.74 人民币/美元）

（3）Y 公司与 H 公司订约后，立即与本国银行签订了购买 3 个月远期美元合同。若没有采取其他措施，以本币计算，与签订购货合同时比较，Y 公司付汇时盈利了还是亏损了，其盈利或亏损金额是多少？（亏损金额：161 672.80 泰铢）

3. 中国某公司出口某商品 1 000 箱，对外报价为每箱 22 美元 FOBC3% 广州。进口商要求将价格改报为 CIFC5% 汉堡。已知该商品的运费为每箱 1 美元，保险费为 FOB 价的 0.8%；该批商品的成本为 160 元人民币/箱，每箱的商品流通费为成本的 3%，出口退税为 30 元人民币/箱。试计算：

（1）若为维持出口销售外汇净收入不变，CIFC5% 应改报为多少？（CIFC5%：23.70 美元）

（2）出口销售盈亏率和换汇成本。（设 USD1 = CNY6.20）（盈亏率：−2%；换汇成本：6.32 人民币/美元）

4. 中国某公司以每箱 50 元人民币购进 1 000 箱货物，国内费用为 15%，退税总额为 5 000 元人民币，FOB 上海的条件出口，但国外客户要求改报 FOBC2%。若换汇成本控制在 6.82 元以内，出口商最低报价应为多少？（每箱 7.855 美元 FOBC2%）

5. 中国某出口企业与日本商人达成一笔交易，合同规定：出口某商品 500 公吨，每公吨 450 美元 CFRC2% 神户，海运费为 29 美元/公吨；出口收汇后，出口商向日本商人汇付佣金。试计算：

（1）出口商向银行购买支付佣金的美元共需多少人民币？（27 900 元人民币）

（2）该出口商的外汇净收入为多少美元？（设中国的外汇牌价为：USD1 = CNY6.20）（206 000 美元）

第九章 信用证的接收、审核及其使用

使用信用证付款，出口商接到信用证后，首先应对其内容予以仔细审核。若发现无法履行的条款，则应及时要求修改；若无法按期履行信用证条款，可请求延长信用证的有效期。经审核后，出口商认为信用证的条款可以履行，则应接受和使用信用证。关于信用证的其他内容，将在第十九章予以详论。

第一节 接收与核对信用证

信用证一般由开证行传递给通知行，再由通知行转交出口商。为此，通知行收到信用证后，应对信用证的有关事项予以核对，以确保信用证能够使用。

一、接收信用证的途径

在信用证业务中，出口商接收信用证的途径有以下三种：一是由开证行直接寄交给受益人（出口商）；二是由开证行将信用证交给申请人（进口商），再由申请人寄送给受益人；三是由开证行以电讯方式或邮寄方式寄交给出口商所在地的某一银行（通知行），再由该通知行转交给受益人。

在实际业务中，以第三种途径最为常见，即信用证通常由通知行转交受益人。

二、通知银行的操作程序

UCP600 第 9 条规定：在通知信用证及修改时，通知行应表明信用证或修改的表面真实性得到证实，以及该通知准确地反映了所收到的信用证或修改的条款和条件。

通常情况下，通知行收到信用证后，按下列程序操作。

（1）若由 SWIFT 系统收到开证行的信用证，因该系统的操作特点，其电文已具备自动核押功能，因而通知行无需另行复核信用证的真实性，即可转交给受益人。

（2）若由电报（Telex）系统收到开证行的信用证，则通知行须对信用证的密押予以仔细核对，无误后再将其通知给受益人。

（3）若由邮寄方式收到开证行的信用证，则通知行须将信用证的签字与通知行留的签字式样仔细核对，相符后再将其通知给受益人。

通知行核对信用证无误后，一般以电话的方式通知出口商领取信用证，或以挂号信的方式邮寄给出口商。

第二节　审核信用证

出口商收到信用证后，须对其进行严格的审核，以决定是否接受该信用证规定的各项条件。①

一、确认信用证的真伪及银行信用

出口商在审核信用证的具体内容之前，应首先确认信用证的真伪及开证银行的信用。

（一）确认信用证的真伪

对信用证真伪的识别主要是核对信用证中的开证行签字或其密押。若通过通知行传递的信用证，通知行一般会对该信用证予以核对，确认该信用证签字或密押的真伪。而非经银行通知的信用证或对信用证的真伪有所怀疑时，出口商应立即委请通知行或其往来银行向开证行予以证实。

当出口商收到以电报方式开立的信用证时，若有“tested cable”或“authenticated cable”等字样时，则表示密押已经核对无误；若通知书上记载了“untested”或“unauthenticated”等字样，则表示没有密押，应进一步核实该信用证；若收到的电文与其后的证实书不符，出口商也应委托通知行向开证行予以查询，确保准确无误。

当出口商收到以邮寄方式开立的信用证时，通知行一般会核对该信用证中的签字，以确保信用证的真实性。

但若出口商收到的信用证是由进口商或开证行直接寄来的，因出口商手中并无开证行有权签字的印鉴，因此，出口商无法辨别信用证的真伪。建议出口商最好不要接受以这种方式通知的信用证。

（二）确认开证银行的信用

一旦确认了信用证的真实性之后，开证行的信用则成为其承付承诺的根本保证。

开证行的信用对出口商的收款至关重要。为保证收款的安全性，出口商在订立买卖合同时，可要求进口商向指定的银行申请开证；但该指定银行可能不是进口商的往来银行，因而进口商一般不愿接受指定银行。在信用证业务中，通常由进口商决定向哪家银行申请开证。不同的银行，其规模、信用状况不同，出口商难以判断开证行的信用程度。一般情况下，出口商可依开证行在全球的排名加以判断。若开证行在全球的排名在 1 000 名以内，通常其信用可以信赖，可接受该银行开立的信用证。若出口商对此不甚了解，可向其往来银行咨询；一旦对开证行的信用有疑问，则应要求进口商改换信用可靠的银行开证或要求信用程度较高的银行对信用证加以保兑。

二、审核信用证的依据

信用证是开证行依据买卖合同而开立的，信用证的内容应与买卖合同的内容相符。因此，出口商收到信用证后，须依买卖合同逐条审核信用证的内容；若发现两者有不符之处，应立即要求进口商修改信用证，否则，出口商的收款难以保证。

---

① 蔡孟佳．国际贸易实务［M］．台北：智胜文化事业有限公司，2001：254-256.

三、审核信用证的内容

出口商经核对信用证确保其真实性和确认了开证行的信用后，则需对信用证的具体内容予以严格的审核，确保信用证的条件或条款能够履行。如前所述，出口商审核信用证内容的依据是买卖合同，即信用证是否与买卖合同相符。出口商通常对信用证的审核项目包括以下内容。

（1）信用证是否为不可撤销的？UCP600 规定，所有信用证均为不可撤销信用证（irrevocable credit）。若信用证中含有“revocable”一词，则出口商必须要求去掉该词或加注“irrevocable”。

（2）信用证是即期的（sight credit），还是远期的（usance credit）。若为远期信用证，利息由出口商还是进口商承担，能否请求贴现。

（3）信用证中所使用的货币种类。其汇兑风险由谁承担。

（4）信用证的受益人、申请人的名称与地址是否完整与正确。

（5）信用证的单价、总金额是否与买卖合同的规定相符。是否有“about”或“approximate”等字样。

（6）信用证的号码是否存在前后矛盾。

（7）信用证的有效期到何时，以何地为准（出口地或进口地）。其规定是否合理，能否有充足的时间发货。

（8）信用证规定的装运港与卸货港是否与买卖合同的规定相符？

（9）信用证规定的装运期是否合理。出口商能否来得及租船或订舱。是否存在“双到期”（装运期与有效期为同一期限）。

（10）信用证对船舶（CIF 或 CFR 条件下）是否有所限制。

（11）信用证对转船（运）、分批装运如何规定。

（12）信用证是否规定需要使用汇票。若使用汇票，其金额是多少。是否以出口商为出票人。

（13）押汇时，需要提交哪些单据。这些单据的数量是多少。取得这些单据是否有困难。其规定与买卖合同的规定是否相符。

（14）信用证关于装船的要求及保险条件能否办到。

（15）信用证是否允许货物装于甲板上。

（16）信用证关于货物的描述、质量、数量、规格等是否与买卖合同相符。

（17）信用证以何种方式通知：邮寄、简电，还是全文电讯；是通过银行通知，还是其他方式。

（18）信用证中是否存在难以履行的条件，如要求提交领事发票等。

（19）信用证中是否存在语意不清楚、条款之间相互矛盾的情况。

（20）开证行与出口地通知行是否存在通汇关系。

（21）信用证的付款地是在出口国还是在进口国。

（22）信用证上的签字或密押是否已获得证实。

（23）信用证是否载明适用 UCP600 及保证付款的条文。

（24）信用证的其他内容是否与买卖合同规定相符。

（25）通知行是否在信用证上加有批注。

若出口商审核信用证之后，发现该信用证存在问题，应立即要求进口商向开证行申请修改信用证。进口商接到修改通知，若答应修改的，会向开证行申请修改；而开证行接受申请后，通常将信用证修改书以电讯或邮寄方式通过通知行转交出口商。若进口商借故拒绝修改，即使由出口商负担修改费用，出口商也必须坚持修改；否则，可能会失去开证行的承付保证。

为保证对信用证的审核没有遗漏，出口商可预先制定一份审核表，根据该表所列项目逐项审核。出口商可参考表 9-1 的内容审核信用证。

表 9-1　　信用证审核表[①]

1. 登记

收文日期	年　月　日	收文号码	
客户名称		代理商名称	
开证行		信用证号码	
通知行		通知行号码	

2. 审核

项目		审核内容	项目		审核内容
期限	装船	年　月　日	装船指示	卸货港	
	押汇	年　月　日		指定装货港	□有　□无
信用证	可否撤销	□可　□否		可否分批装运	□可　□否
	可否转让	□可　□否		可否转船（运）	□可　□否
	是否保兑	□是___银行　□否		指定船公司	□有　□无
	受益人名称	□本公司　□代理商		装船方式	
	名称是否正确	□是　□否		指定代理	□有　□无
	是否载明适用 UCP	□是　□否		特别规定	
交易条件	商品名称		押汇文件	提单（B/L）	□正本__份　□副本__份
	数　量			商业发票（INV）	□正本__份　□副本__份
	信用证总金额			装箱单（P/L）	□正本__份　□副本__份
	贸易术语			产地证明	□正本__份　□副本__份
押汇款项	保险要求	□有　□无		重量证明	□是　□否
	指定押汇银行	□有　□无		检验证明	□_____（机构）
	是否 At sight	□是　□否___days sight		海关发票（SCI）	□正本__份　□副本__份
	利息负担	□本公司　□客户		领事发票（C/I）	□正本__份　□副本__份
	信用证溢价	□是　□否		是否需经副签	□是　□否
	溢价处理	交付给：		其他必需文件	

① 蔡孟佳．国际贸易实务［M］．台北：智胜文化事业有限公司，2001：262-263.

3. 特别审核

项　目	审核内容	项　目	审核内容
开证银行是否为全球 500 大银行之一	□是　□否	信用证是否须经开证行或进口商另行通知后才能使用	□是　□否
信用证是否要求货物运抵目的地经检验后才付款	□是　□否	信用证是否须经外汇当局批准后才生效	□是　□否
其他特别条件			

第三节　常见的信用证软条款

出口商依上节所述要求对信用证的内容进行审核，可能会发现信用证中存在相互矛盾、难以履行甚至是不合理的条件或条款。此类条款一般被称为信用证“软条款”或“陷阱条款”。信用证的软条款是申请人或开征行在信用证中所列的一些极为特殊的条款，可能使受益人处于极端被动的地位，难以收汇；银行是否承付的主动权始终控制在申请人或开证行手中，他们可随时引用这些条款拒付受益人，其直接后果是开证行可单方面解除其承付的保证责任。换言之，含有软条款的信用证，实质上是变相的可撤销信用证。

若信用证中存在软条款，出口商须立即通知进口商予以修改，否则，无法保证出口商在信用证中的权利，即无法获得开证行的承付保证。本节主要介绍信用证中常见的一些软条款，以引起出口商的高度重视。①

一、信用证须获得外汇当局批准后才生效

有时，出口商收到的信用证中规定：该信用证须获外汇主管当局的核准才能生效。如：This credit will be operative solely when we get the authority permission that we have already requested；或 This credit shall become operative only receipt by us the authorization to that effect of ××× Exchange Institution.

这种信用证实质是将信用证的生效条件控制在申请人或开证银行手中，即他们完全掌控了信用证是否生效的主动权。

二、受益人须等待开证银行或开证申请人另行通知后才能使用该证

有些信用证中附加了限制条件。如：This credit will be operative only after receipt of further instruction；Shipping date to be instructed by buyer from the opening bank thru the advising bank；This credit is subject to shipping sample to be accepted by ××× Trading Co. , and verified by cable from the opening bank to be advised through the advising bank；This credit is not operative until we advise price, name of vessel, destination and final documentary

① 蔡孟佳．国际贸易实务［M］．台北：智胜文化事业有限公司，2001：257-261.

requirements by way of amendment.

这种信用证一般发生在开证申请人为中间商且尚未确定该信用证项下的各种单据的详细要求和指示，为了履约，进口商按时开出信用证，但注明限制使用条款。若出口商急于装运交货，将使制单发生困难，更难于结汇。

三、信用证规定货物运抵目的地或经过检验后才能获得付款

有时，进口商为保证货物按时运抵目的地或为保证货物质量，往往在信用证中作出上述规定。如：Letter of copy or cable advice from×××customs brokers or carrier certifying that the merchandise has arrived in ×××（目的地）. 或：Documents are to be delivered on trust receipt to the above account party for the purpose of arranging entry and inspection of the goods by the U. S. Food and Drug Administration upon receipt a written statement from above account party to the effect that merchandise has been inspected and released the U. S. Food and Drug Administration. The draft under this credit will be paid by us. It is understood that we shall not be responsible for the form，scope，validity enforce ability and the enforcement of such trust receipt.

若信用证中包含上述条款，出口商可能面临的风险是：运输途中出现风险事故，货物可能无法抵达目的地，更无法检验货物，因而出口商无法获得付款。

四、信用证规定某些单据须由进口商或代理人签署才能办理押汇

有时，信用证中规定，某些单据须由进口商等出具或签字，出口商才能办理信用证项下的押汇。如：Inspection certificate to be issued by ××× Trading Co.；Commercial invoice to be countersigned by the buyer.

这种条款可随时解除开证行的第一付款责任，违背了信用证为银行信用的特点。

五、信用证项下的付款时间不确定

有些信用证虽然承诺向出口商付款，但何时付款则是不确定的。如：Payment by us will be subject to receipt of sterling cover from our ×××（地名）；Payment under this credit will be made by us only after arrival of goods in ×××（地名） and availability of Foreign Currency cover from Center Bank of ×××. 或：Documents will be released free of payment. Payment to be effected to beneficiary upon receipt of our authenticated message authorizing you to release payment.

这些条款实际上改变了信用证开证行的责任，即开证行的第一性付款责任将被解除。因为出口商发货后能否收回货款，不再取决于银行信用，而完全取决于进口方的商业信用，这从根本上违反了国际贸易惯例（UCP600）。

六、信用证要求出口商提交可能无法取得的单据

有些进口商在信用证中要求出口商提交的某些单据，对出口商来说难度较大甚至是无法取得的。举例如下。

（一）运输单据

（1）Container B/L must mark “under deck”.

（2） B/L must be marked "absolutely will not be transshipped".

（3） Container B/L with optional stowage clause not acceptable. B/L must indicate net net weight（净净重），net weight，gross weight and measurement.

（二）保险单据

（1） Insurance policy covering all risks of loss or damage whatsoever cause arising，marine insurance policy covering WA（水渍险）and FPA（平安险）.

（2） Insurance policy issued by ××× insurance company ××× required.

（3） Marine insurance policy covering WA（水渍险）against all risks.

（三）检验报告

（1） Inspection certificate issued by buyer required（检验证明由买方出具）.

（2） Beneficiary must inform buyer to inspect the goods at least 7 days before loading.

（四）领事发票

（1） Consular invoice in duplicates issued by consul of ×××（国家）required.

（2） Consular invoice issued by consul of ×××（国家）required.

上述软条款使信用证的条款之间可能相互矛盾，受益人处于进退两难的境地，不可能做到单证一致；最终，势必导致单据存在不符点，不能收汇。

七、虚假的保兑条款

有些银行虽然自称为保兑银行，但该银行不承担真实的保兑责任。如：We conform this credit and subject to opening bank's sufficient deposit in our bank，we undertake to honor the draft's drawn under and in compliance with the terms of this credit.

上述软条款是以开证行在保兑行拥有充足存款为付款条件；保兑行承兑汇票也是有条件的。换言之，保兑行的保兑责任是不确定的。

八、货运保险

（1） Marine insurance ... for full invoice value plus about 10%.

（2） Insurance policy endorsed in blank covering marine and war risks for approximately 10% above CIF value.

（3） Marine WA and war risks insurance certificate in duplicate covering 10% above the CIF of goods including full cover warehouse to warehouse.

（4） Marine and war risks on usual Lloyd's condition.

（5） Covering all risks including war.

（6） Insurance policy in favor of ourselves covering ordinary ocean risks up to ×××（地名）.

（7） Insurance to be effected with an insurance company approved by us.

上述软条款与保险条款存在相互矛盾之处，或者出口商提交的保险单据无法满足信用证条款。

九、货物运输

（1） Combined transport shipment allowed ... transshipment not allowed.

（2）Shipment by approved vessel.

（3）Shipment by standard vessel.

（4）Airway bill without transshipment.

（5）Ocean bills of lading evidencing shipment from Beijing to ×××（地名）.

（6）B/L must be dated not later than Oct. 20，2019. This credit to expire on Oct. 20，2019.

（7）Shipment must be effected 60 days before receipt of L/C.

（8）Cargo must arrive at New York not later than Oct. 20，2019.

上述条款属于装运软条款，即开证申请人利用信用证中规定的装运港、目的港、装运时间、装运单据、可否分批装运或转运、船公司、船级、船龄等限制受益人使用信用证的软条款。

十、信用证的有效期

（1）We call your attention that this credit is valid for presentation of documents in New York and that payment will only be made when the full set of documents reaches this office.

（2）Negotiation must be effected on March 20，2019.

（3）Draft（s）drawn under this L/C must be presented for negotiation within 10 days before the date of shipment.

上述条款对信用证项下的押汇时间予以限制，这同样违反了国际贸易惯例（UCP600）。

十一、寄送单据

（1）Negotiating bank is to forward all documents to opening bank by one airmail within 24 hours after date of Bill of Lading.

（2）All documents to arrive not later than arrival of carrying vessel. Expense caused by non-arrival of documents or incomplete documents for shipper's account.

（3）One set of shipping documents must be airmailed directly to the buyer in one week before shipment（s）has been made and beneficiary's certificate to this effect is required.

（4）All documents must indicate accountee as shipper.

上述条款对受益人提交单据的方式予以限制。若受益人违反信用证的规定，则同样构成单证不符，无法获得银行的付款。

第四节　信用证的使用

信用证的使用是指，受益人（出口商）依据信用证及相关国际惯例的规定，向指定银行或开证行提示相关单据，相关银行对相符的单据予以承付、议付或保兑等。因此，信用证的使用包括提示、提示人、使用银行、使用方式、提示的期限及提示地点等。

一、提示（Presentation）

信用证项下的提示，又称交单，通常是指受益人向指定银行、开证行或保兑行交单，以及指定银行向开证行或保兑行交单。

UCP600 第 2 条规定：“提示是指向开证行或指定银行交付信用证项下单据的行为，或按这一方式交付的单据。”可见，提示或交单既包括其行为，也包括单据本身。该条同时又规定：“相符的提示（Complying presentation）是指与信用证条款和条件、本规则相关适用规定及国际标准银行实务相符的提示。”

因此，提示人（交单人）的提示行为及所提示的单据应符合三个条件：（1）与信用证规定相符（单证一致、单单一致及单内一致）；（2）与 UCP 规定相符（若信用证无规定时）；（3）与 ISBP（《关于审核跟单信用证项下单据的国际标准银行实务》）规定相符。提示同时符合以上三个条件，才是相符的提示。

二、提示人（Presenter）

关于信用证项下的提示人，UCP600 第 2 条规定：“提示人是指进行提示的受益人、银行或其他有关方。”因此，提示人或交单人除受益人外，还包括银行，一般是指作为单据权利人的被指定银行。如议付行按照信用证规定，向开证行递交受益人所提示的单据，此时，该银行为提示人。但被指定银行向开证行的提示，在其他条款中使用了“Forward”（递交或转交）一词；其他有关方通常指代付行或代理审单或寄单的银行等。

通常情况下，当单据由受益人直接寄交开证行，则受益人是提示人；当单据由议付行寄交开证行，则议付行是提示人；当单据由受益人向议付行提示，则受益人为提示人。

三、信用证的使用方式

信用证的使用方式对受益人非常重要。对此，UCP600 予以明确规范。UCP600 第 6 条第 2 款规定：“信用证必须表明其是以即期付款、延期付款、承兑或是议付方式使用。”可见，信用证的使用方式包括即期付款、延期付款、承兑或议付。前三种方式为承付（Honor）。因此，信用证必须清楚地规定使用哪种方式，出口商审证时必须特别注意。

四、信用证的使用银行

UCP600 第 6 条第 1 款规定：“信用证必须表明其可以获得使用的银行或是否可以获得使用的任何银行。在指定银行使用的信用证，也可在开证银行使用。”

该款明确了信用证可以在哪些银行使用。银行开立信用证时，都规定该信用证在哪个银行使用。信用证可规定在指定银行使用，如限定在某银行议付，即限制议付（Available with ××× bank by negotiation）。也可规定在任何银行使用，如在任何银行议付，即公开议付（Available with any bank by negotiation）。此时，任何银行都是指定银行。在指定银行使用的信用证，也可以在开证行使用，即直接向开证行提示单据。

五、交单地点

交单地点是指受益人或提示人提示单据请求银行承付或议付的地点。信用证项下的交单（提示）必须在信用证规定的地点进行。对此，UCP600 第 6 条第 4 款规定："信用证在某银行使用，该银行所在地就是交单（提示）的地点。信用证在任何银行使用，交单地点就是任何银行所在地。除规定的交单地点外，开证行所在地也是交单地点。"

信用证一般都规定交单的地点。信用证在哪个银行使用，该银行所在地就是交单的地点；所有信用证都可以开证行作为交单的地点。但以开证行作为交单地点对受益人风险较大，其风险完全由受益人自己承担。

受益人或提示人在交单期内和交单地点将单据提交给指定银行，即使单据到达开证行时该期限已过，也属于符合交单期的要求。由此可知，交单地点是计算交单到期日的地点。因此，交单地点与交单到期日结合起来才是明确的，即交单到期日以交单地点为计算依据。因此，在信用证业务中，交单地点通常规定在受益人所在地，即指定银行所在地。

六、交单到期日

信用证项下的交单到期日（截止日）是指，受益人或提示人在信用证项下请求银行承付或议付而提交单据的最后期限。对此，UCP600 第 6 条规定："信用证必须规定一个提交单据的到期日（截止日）（Expiry date for presentation）；表明用以承付或议付的到期日（截止日）将被视为提交单据的到期日；除第 29 条第 1 款的规定外，受益人或代表受益人而进行的提示必须在到期日或到期日之前作出。"

依据上述规定，提示或交单到期日不是付款、承兑或议付的最迟日期。在信用证业务中，有时，某些银行在信用证中规定付款、承兑或议付的到期日，即必须在该到期日前进行或完成付款、承兑或议付。这种做法是不正确的。因为银行的付款、承兑或议付行为，行为延迟或不行为均是受益人无法控制的，使受益人的权利受制于它不能控制的行为或不行为是不公平的。对受益人而言，它所能控制的就是按规定时间提交单据。因此，UCP600 强调：表明承付或议付的到期日将被视为提示的到期日。换言之，若受益人在交单到期日最后一天，在银行工作时间的最后时刻提交了单据，则属于按规定交单，银行可在该到期日之后办理审单，决定是否付款、承兑或议付，只要不超过 5 个银行工作日。

但除了可顺延外，受益人或提示人的提示或交单最好在到期日之前进行，以便留出一定时间修改不符的单据。因为修改后再交单，也要在交单期内完成。

关于交单到期日，还应注意 UCP600 第 14 条第 3 款的规定：若信用证要求提交的单据中包括正本运输单据，则须由受益人或其代表在不迟于本惯例所指的装运日后 21 个日历日内提交单据；但无论如何，单据必须不晚于信用证到期日（截止日）提交。

信用证的到期日（截止日），又称信用证的有效期（Expiry date of the credit）。依 UCP600 上述规定，该期限也是交单的到期日（截止日）。到了这一日期，受益人或提示人不能再提交单据，即自此时起不能再使用信用证继续装运、交单和付款了。之所以在交单的到期日之外又规定一个"装运日期后必须交单的日期"，原因有两个：一是促使受益人或提示人尽早交单，配合进口商凭单提货；二是在分期装运的情况下，若不规定装运后必须交单的最晚日期，受益人或提示人则可能将所有期次装运的单据与最后一期一起交单，这样就会影响进口商提货。因此，当提交的单据中包含运输单据时，提示单据的时间不得晚于运输单据出单日后 21 天。但无论是否包含运输单据，提示单据的期限都不得超过信用证的截止日。可见，受益人或提示人的交单受三个期限（以早的期限为准）的约束，即信用证明确规定的交单期、运输单据出单日后 21 天和信用证的到期日（截止日）。若信用证规定了交单期，则以信用证规定为准；若信用证未规定交单期，则以 21 天为准。但无论以哪个期限为准，交单都不得晚于信用证的到期日（截止日）。

关于 21 天的规定，还应特别注意 ISBP745 的相关规范。ISBP745 A6b 规定："UCP600 第 19—25 条涉及的副本运输单据不受 UCP600 第 14 条第 c 款规定的 21 日历天交单期限及信用证所规定的交单期限的约束，除非信用证明确规定了这种交单期限，否则，可以在任何时间交单，但在任何情况下不得晚于信用证的截止日。"因此，UCP600 第 14 条第 c 款的 21 天只约束正本运输单据，不适用副本运输单据。可见，银行对正本运输单据的审核从严掌握，副本运输单据的审核只注重其功能而不注重其形式。

七、受益人直接交单给开证行的风险

依据 UCP600 第 6 条，若信用证已授权另一银行作为指定银行，受益人既有权向被指定银行交单，也可直接向开证行提交单据请求付款，其交单符合信用证的规定即可。

若受益人选择向指定银行交单，则受益人不承担单据从指定银行到开证行的寄送风险，而且受益人修改单据也较为方便，因为指定银行一般与受益人处于同一城市。若受益人选择直接向开证行交单，则受益人承担单据从受益人到开证行的寄送风险，而且还必须使单据在交单到期日内到达开证行。若单据存在不符点，受益人修改单据将产生诸多不便。可见，若受益人接受以开证行所在地为交单地点，将给受益人带来以下不利之处：（1）信用证的有效期或交单期限相对缩短，因为受益人要承担单据的在途时间，即以开证行收到单据为计算有效期或交单期限的依据；（2）受益人承担单据寄送开证行的在途风险；（3）受益人承担单证不符的风险。

若受益人选择直接向开证行交单，还应特别注意以下事项：（1）若指定银行为保兑行，则不应选择直接向开证行提示单据，而应向保兑行或其授权或其委托的另一指定银行交单。只有这样，保兑行才承担承付、议付或补偿义务。（2）依 UCP600 第 35 条，单据在被指定银行寄送开证行或保兑行期间，或在保兑行寄送开证行期间丢失，则开证行仍必须承担承付或偿付责任。但若提示人不是信用证授权的指定银行（如受益人的往来银行），则不受该条规定的保护。该条规定增加了开证行或保兑行的责任，保护了受益人和指定银行的利益。（3）受益人或提示人必须在上述三个期限之一的最后日期或之前，及时将单据寄送到开证行。

关于信用证的使用银行、使用方式、有效期限/地点及所需汇票之间的关系见表 9-2。

表 9-2　信用证使用银行、使用方式、有效期限/地点及所需汇票之间的关系①

使用银行 Available with		使用方式 Available by	有效期限/地点 Place of Expiry	汇票规定 Draft
开证银行		即期付款 Sight Payment	开证银行所在地（进口地）	可规定或不规定汇票；若有汇票，则为即期汇票，其付款人为开证行
		延期付款 Deferred Payment		不需汇票
		承兑 Acceptance		须规定远期汇票并以开证行为付款人
指定银行	指名银行	即期付款 Sight Payment	指名银行所在地（通常在出口地）	有无汇票均可；若有汇票，则为即期汇票并以该指名银行为付款人
		延期付款 Deferred Payment		无汇票
		承兑 Acceptance		须规定远期汇票并以该指名银行为付款人
		议付 Negotiation		即期或远期汇票均可、有无汇票均可；若有汇票，则以开证行或除该指名银行以外的另一其他银行为付款人
	任何银行	即期付款 Sight Payment	任何银行所在地（通常在出口地）	无汇票，即凭单付款
		延期付款 Deferred Payment		无汇票
		议付 Negotiation		即期或远期汇票均可、有无汇票均可；若有汇票，则以开证行或其他银行为付款人

第五节　信用证的延期使用

信用证中，通常有装运期限和有效期限的规定。作为受益人，出口商须在该装运期限内发运货物，并在信用证的有效期限内办理结汇手续，取得货款。若出口商不在上述两个期限内发货和结汇，即超过了规定的期限，则该信用证将失效。

但在出口交易中，经常发生出口商无法按信用证规定的装运期发货或无法在有效期内办理结汇的情况。此时，出口商须与进口商协商，要求延长装运期和信用证有效期并相应修改信用证的有关条款。本节介绍出口商如何处理信用证的延期使用问题。

---

① 黄得炳．信用状交易之陷阱及风险规避［M］．台北：宏典文化出版股份有限公司，2012：35-36.

一、出口商提出申请

信用证的修改只能由开证申请人，即进口商向开证行提出申请。因此，若出口商拟延期使用信用证，则须首先向进口商提出延期请求；然后，进口商再向开证行提出申请。信用证修改后，开证行将以电讯或信函方式告知通知行，再由通知行转告出口商。以下是信用证延期通知实例。

×××Bank，LIMITED

Beijing，Aug. 6，2019

To：ABC Trading Co.，Beijing

Dear Sirs,

With regard to the L/C No. 23456 issued by Citibank Ltd.，New York，we wish to advise having received from the said bank a telegraphic message dated Aug. 3. 2019 reading followings：

Credit No. 23456 extended validity until 30th Sept.，2019.

As this message is merely a telegraphic advice，we would ask you to note that we assume no responsibility for such errors and/or omission as may be necessary to amend upon receipt of the mail advice.

Please attach this letter to the original advice of credit.

Yours faithfully,

二、延长信用证的有效期和装运期

UCP600 第 29 条 a 款规定：“若信用证的到期日（截止日）或提示的最后一天，适逢接受提示的银行非由于第 36 条所述原因（注：不可抗力）而停业，则到期日或最迟提示日（视两者适用的具体情况）将顺延到重新营业的第一个银行营业日。”

例如，信用证规定装运日之后的最晚交单日为 5 月 1 日，该日接受交单（提示）的银行由于劳动节放假（或星期日、银行决算日等），5 月 8 日该银行恢复营业，则受益人在该日交单仍视为在交单期内，不视为“late presentation”的不符点。但若银行的停业系罢工所致，受益人不得不在 5 月 3 日该银行恢复营业时交单，则此时的交单属于“late presentation”的不符点。

UCP600 第 29 条 b 款规定：“若在顺延后的第一个银行营业日交单（提示），指定银行须在其向开证行或保兑行提供的面函（Covering Schedule，Covering Letter）中声明，该提示是在符合第 29 条 a 款顺延时间期限内进行的。”

国际商会作出上述规定的原因是，由于各国银行的假日不同，彼此互不了解，寄单行作出这种说明，避免开证行或保兑行误认为是受益人超过规定的交单期而拒付。若议付行未在面函中作出上述声明，导致开证行以信用证过期或晚交单为由拒付，其风险由议付行承担。因此，在开证行或保兑行查询后，议付行随即补寄上述声明，则属于已符合要求，不影响议付行获得补偿的权利，即开证行不得以此为由主张拒绝承付或补偿。

UCP600 第 29 条 c 款规定：“最迟装运日不能因第 29 条 a 款规定的原因而顺延。”

该款规定是指，信用证规定的最迟装运日不能因上述银行的节假日而顺延。例如，信用证规定的最迟装运期为 10 月 1 日，而 10 月 1 日至 10 月 7 日因银行假期而停业。受益人不能认为因银行放假而货物可延迟到下一个工作日，即 10 月 8 日装运。因为银行放假影响的仅是信用证的交单期，而不会影响港口等交通部门对货物的装卸（交通部门作业不受假期影响）。另外，若信用证未规定最迟装运日期，该信用证应视为条款不清楚，需要向开证行进一步确认。

若出口商要求延长信用证的到期日（或交单期）和装运期，则须明确说明："到期日延至某年某月某日，装运期延至某年某月某日。"

此外，依 UCP600 第 14 条 c 款，每个要求运输单据的信用证还应规定一个装运日期后，须依信用证条款提交单据的特定期限。若未规定该期限，则银行将拒受迟于装运日期后 21 天提交的单据。但无论如何，单据必须不迟于信用证的到期日提交。

整理 UCP600 关于信用证日期延期的规定，如表 9-3 所示。

表 9-3　　UCP600 相关日期延期的规定①

相关问题／相关日期	银行因 UCP600 第 36 条（不可抗力）的原因而停业	银行因 UCP600 第 29 条 a 款（如节假日）的原因而停业	信用证未规定该等日期时，UCP600 的规定
信用证有效期（到期日；截止日）	不能顺延	顺延至重新营业的第一个银行营业日	依 UCP600 第 6 条 d 款 i 项的规定
交单（提示）的最后一天	不能顺延	顺延至重新营业的第一个银行营业日	依 UCP600 第 14 条 c 款的规定
最迟装运日	不能顺延	不能顺延	UCP600 未规定
	另依 UCP600 第 6 条 e 款，除依第 29 条 a 款的规定外，受益人或代表人所作的提示须在截止日当日或之前完成		

三、信用证延期举例②

假设某信用证规定，最迟装运期到 9 月 30 日，有效期为 10 月 10 日；同时，信用证又规定交单日期为自提单签发日后 10 天内。现假设发生以下情况：（1）出口商遭遇不可抗力，如地震、洪水等；（2）适逢星期日；（3）出口商需要延长信用证有效期 10 天；（4）出口商要求信用证的有效期和装运期分别延长 10 天。在上述情况下，信用证的有效期、装运期和交单期可能发生以下变化。

（一）出口商遭遇不可抗力

UCP600 第 36 条规定："银行对由于天灾、骚乱、内乱、暴动、战争、恐怖行为，或任何罢工或封闭工厂或任何其他银行本身所不能控制的原因导致营业中断的后果不承担责任；信用证在上述营业中断期间已逾期的，银行在恢复营业后不再付款或议付。"由此可见，本例中，出口商遭遇的不可抗力，依 UCP600 的上述规定，信用证的有效期、装运期和交单期均不得顺延。

---

① 陈贤芬．信用证交易纠纷解决暨最新案例研讨［M］．台北：台湾金融研训院，2012：89.

② 黄清政，刘正松．国际贸易实务——方法、技巧、效益［M］．台北：前程企业管理有限公司，2003：170-175.

（二）适逢节假日

在本例中，信用证的有效期为 10 月 10 日，假设当天适逢星期日，依 UCP600，信用证的有效期可以延长到下一个营业日，即 10 月 11 日。但最迟装运期仍为 9 月 30 日，即使装运日期为节假日，也不得顺延至下一个营业日。所以，出口商的最迟交单日可以在 10 月 11 日。

（三）延长信用证的有效期 10 天

假设出口商要求延长信用证的有效期 10 天，若进口商对此表示同意，则可延长至 10 月 20 日。但最迟装运期不得延长，仍为 9 月 30 日。同时，交单日期也仍为自提单签发日后 10 天内——若提单签发日为 9 月 30 日，单据的最迟交单期限仍为 10 月 10 日。虽然信用证的有效期延长了 10 天，但最迟装运日期没有延长，因此，这种修改意义不大，除非出口商在 10 月 10 日（星期日）之前交单。

（四）信用证的有效期和装运期各延长 10 天

假设出口商要求信用证的有效期和装运期各延长 10 天，进口商对此表示同意，则该信用证的有效期从 10 月 10 日延长到 10 月 20 日，而最后装运日期也从 9 月 30 日延长到 10 月 10 日。由于最迟装运日期的延长，出口商的最迟交单日期也延长到 10 月 20 日。

上述举例可用表 9-4 加以总结。

表 9-4　　延长信用证的有效期和装运期

项目 期限	有效期	装运期	交单期
遭遇不可抗力	不得顺延（10 月 10 日）	不得顺延（9 月 30 日）	不得顺延（10 月 10 日）
适逢节假日	可顺延至下一个营业日（10 月 11 日）	不可顺延（9 月 30 日）	可顺延至下一个营业日（10 月 11 日）
延长信用证有效期 10 天	顺延 10 天（10 月 20 日）	不可顺延（9 月 30 日）	不可顺延（10 月 10 日）
延长信用证有效期和装运期各 10 天	顺延 10 天（10 月 20 日）	顺延 10 天（10 月 20 日）	可顺延 10 天（10 月 20 日）

案例分析

信用证议付条款不明确纠纷案

案情简介[①]

中国出口公司 Y 与伊朗 F 公司以 CFR 条件签订一份电机出口合同，由伊朗某银行开立信用证。偿付行为开证行的伦敦分行，通知行为北京 B 银行，到期日为 5 月 26 日，可分批，可转运。信用证规定，商业发票由贸促会或其他公证机构证实并由伊朗驻中国大使馆确认，产地证由贸促会签署并由伊朗大使馆确认。Y 公司按以上要求办好手续，于 5 月

① 欧明刚. 信用证议付条款不明确纠纷案［N］. 国际商报，2007-03-02.

10日备齐全套单据后，已是装船后20天了，遂将全套单据交付当地C银行议付。该银行审单后，发现信用证一条款“Sole Bank Authorized to negotiate”不甚明确。对此条款有两种理解：一是只能在一家银行办理交单议付（因信用证有可分批装运条款）；二是该条款应理解为限制议付条款，但信用证未说明哪家银行为议付行，而除了偿付行和通知行外，未出现其他银行，故推测为限制通知行B议付。

鉴于距最后交单期只有1天时间，单据寄到北京或到北京议付都不可能。而受益人声称与申请人曾有多次合作关系，全套单据无其他不符点，因此，C银行缮制面函，单寄开证行并声称：“我行随附单证相符的单据于贵行，并依信用证条款向偿付行索偿。”寄单当日，电传偿付行，要求偿付。

偿付行于5月11日将其给开证行的电传抄送一份给C银行，电文如下：“我行收到C银行索偿指示，系你行××信用证项下，金额USD30 000。但我行记录索偿行为北京B银行，请速指示。”之后，C银行多次电传偿付行，查询此笔款项结果，偿付行以尚未收到开证行指示为由拒绝付款。

6月3日，C银行致电开证行，要求其授权其伦敦分行付款。6月11日，开证行电复如下：“Pls note Bank B is the sole Bank Authorized to negotiate relative docs not you. Therefore we treat docs on collection Basis. Meanwhile the payment will be effected upon releasing the goods from Customs House In Iran complied with L/C terms. In view of above，contact the bene and let us know if we may deliver the docs to the buyer.”

6月13日，C银行在取得受益人一致意见后，致电开证行“贵行信用证中并未明确限制B银行为议付行，我行在受益人要求下，将单证相符的单据提示贵行要求付款，依UCP600第7条（a）款‘只要规定的单据提示给被指定银行或开证行且构成相符的提示，则开证行必须承付……’”，同时提醒开证行参阅国际商会第535号出版物《跟单信用证案例研究》案例27银行委员会的意见“允许议付信用证下受益人没有到指定银行‘议付’并不影响开证行和保兑行（若有）的责任，也不构成信用证条款的不符，只要受益人在信用证效期内并根据情况在UCP规定的期限内向指定银行或直接向保兑行（若有）或开证行提交相符的单据”，要求开证行立即付款。

开证行收到此份电传后，既未付款也未作任何答复。与此同时，受益人也积极与申请人沟通并得知，开证行于6月11日曾电传B银行要求证实该行未作议付。C银行于6月26日致电B银行，请其协助尽快发电证实，以求收回货款。6月28日，B银行致电开证行，证实B银行未作议付。C银行于7月2日收到开证行的付款（只有本金），结束此笔业务。

试分析上述案例。

[提示：

此笔业务中，Y公司（卖方）虽最终收回货款，但还是造成了利息损失。其主要原因如下。第一，议付条款不明确。议付条款要明确规定，是自由议付还是限制议付。第二，受益人本身的失误表现在两个方面：一是没有审证；二是备单、交单太慢。参见UCP600中第6条a款；ISBP745第5条。]

第十章　备货与订舱租船

若买卖合同规定使用信用证支付货款，出口商按照上一章的要求审核并接受了信用证，依不同的贸易条件，出口商应着手备货，还可能负责租船或订舱，为交付合同货物做好充分准备工作。

第一节　备　　货

通常情况下，当买卖合同订立后，出口商应依合同规定交货；或者进口商信用良好，合同订立后，出口商即可着手货物的生产或加工，以便按照装运期的规定交货。若对进口商的资信有忧虑，担心进口商虽签约却不按时开立信用证，则出口商一般在收到信用证，经审核与合同相符并接受信用证之后，才开始备货。

一、备货的时间

贸易双方一经签订贸易合同，卖方则承担了依合同约定履行交货的义务。若买方信誉确有保证，卖方在签约后即可开始备货。若付款条件为信用证且买方的信誉无保证时，则卖方应在收到信用证或简电信用证之后开始备货。但买卖合同应约定“收到信用证后一定期限内（如30天或45天等）发货”，以使卖方有足够的时间备货。

二、备货的方式

若出口商本身就是厂商，在合同订立后或接受信用证之后，应及时安排生产或加工。在生产或加工合同货物时，出口商（厂商）须依据买卖合同或信用证要求的品质、数量、规格、包装等条件组织生产或加工，以确保货物与合同或信用证相符。若出口商本身不是厂商，即无法生产或加工合同货物，则出口商须寻找相关厂商购进合同货物。

三、订货

如上所述，出口商选定生产或加工工厂后，应与其订立购货合同，一般称为“订货单”（Purchase Order）。这种订货单可分为预约订货单与现货订货单两种。

（一）预约订货单

预约订货单是指在向国外报价之前，出口商预先请供货厂商报价；出口商在此基础上，按照前述的报价计算方法，计算出口价格，再向国外报价。一旦国外进口商接受报价并与出口商订立了买卖合同或出口商接受了信用证，出口商再与国内供货厂商签订订货单。预约订货单的优点是，可避免买卖合同订立后无法在国内购进合同货物或须以高价购货的风险。

（二）现货订货单

现货订货单是指出口商与国外进口商订立买卖合同后或接受了信用证，再与国内供货厂商签订订货单订购合同货物。这种订货方法比较适合货源充足、售价较稳定的情况。其不足之处是，一旦在国内无法购进合同货物或须高价购进货物，则出口商可能面临违约或利润减少甚至是亏损的风险。

四、订货单的主要内容

由于订货单大多是出口商与国内供货厂商订立的购货合同，因此，在中国可只使用中文订立即可。订货单一般为一式两份，出口商和供货厂商各执一份。表 10-1 为订货单实例，可供参考。

五、催货与交货控制

为保证货物质量和按时交货，卖方应主动向供货厂商催货，促使其早日生产且保证质量。一旦发现质量存在问题，应及时加以矫正。为此，卖方可制作一种“交货控制单”（Shipping Control Sheet）交给相关各方，以便各方配合，共同完成交货作业。表 10-2 为“交货控制单”的格式，以备各方参考。①

第二节　订舱与租船

若买卖合同约定使用 CPT、CIP、CFR、CIF 术语，或约定使用 DPU、DAP、DDP 术语，则出口商有义务安排运输事宜。出口商在备货的过程中，若能确保按时完成供货，应立即着手与承运人或其代理洽商货物运输事宜，以免出现有货无船或无港的局面。

国际贸易运输大多使用海上运输方式，出口商可依船公司或其代理发布的船期公告或船期表等，选择适合的船公司向其订舱或租船。若采用航空运输方式托运货物，可直接与航空公司或其代理或货代公司洽商运输事宜。

一、订舱

所谓订舱（Book a Shipping Space）是指货主或托运人向班轮公司（承运人）洽订载运货物的舱位，即洽订班轮的部分船舱。

若买卖合同的货物数量不大，不足以使用整船运输，则应使用班轮运输合同货物。若出口商负责运输，出口商应主动与船公司洽商订舱事宜。

---

① 张锦源. 国际贸易实务详论［M］. 17 版. 台北：三民书局股份有限公司，2013：361.

表 10-1　　　　　　　　　　　　**订货单**

ABC IMP. & EXP. Trading Co.，Ltd.

（ABC 进出口贸易公司）

订　货　单

Fax No.：010-××××××××　　　　　　　　　Date：2019. 6. 12

Tel No.：010-××××××××　　　　　　　　　No.：123

供货厂商：XYZ 制衣股份有限公司

地址：北京市×××路×××号

电话：010-××××××××

兹向贵公司订购下列产品，并按以下条款惠于接受：

（1）品名：男式 T 恤衫

（2）规格：No. Mg-057（品质要求见附件）

（3）数量：300 打

（4）单价：人民币（￥）600 元/打

（5）总价：人民币（￥）180 000 元（壹拾捌万元整）

（6）包装：每打装一盒，每五十盒装一纸箱

唛头：

主唛

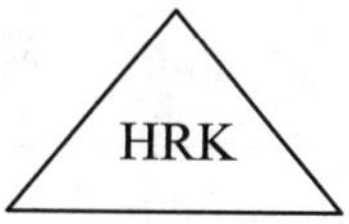

Seattle

No. 1-up

Made in China

P. R. C.

侧唛：N. W. 20kgs

G. W. 22kgs

32″×22″20″

（7）交货期：2019 年 10 月 31 日之前交货；若延期交货导致本公司损失，由贵公司承担赔偿责任。

（8）交货地：北京市×××区工业园区×××号。

（9）检验检疫：交货前请办妥质检合格证明；所交货物应与品质附件相符；若遭受进口商索赔，由贵公司承担全部责任。

（10）延期交货：每延期一天，扣总价 0.5%。

（11）知识产权：若涉及知识产权指控，由贵公司承担全部责任。

（12）付款：本公司预付订金人民币 20 000.00 元，招商银行支票支付；余款待押汇后一次付清。

供货厂商：

XYZ 制衣股份有限公司

订货方：

ABC IMP. & EXP. Trading Co.，Ltd.

（ABC 进出口贸易公司）

表 10-2　　交货控制单

Shipping Control Sheet　　No.

Sales Contract No.: ________　　P/O No.: ________

Order No.: ________　　Shipping Date: ________

Buyer: ________　　Supplier: ________

Delivery Date: ________

Shipping Mark &No.	No. of Pkgs.	Commodity Description	Quantity	Unit Price	Amount	Supplier's Unit Price	Amount	Remark

□Apply for CBC　　□Customs Clearance

□Apply for Inspection　　□Apply for Consular Invoice

□Booking for Ship's Space　　□Shipping Advice

□Apply for Insurance　　□Others

Invoice Date	Shipped Quantity	Amount	Weight		Measurement
			Gross	Net	

L/C No. ________　　□Cert of Origin ________ Copies

□Draft ________　　□Packing List ________ Copies

□Com. Invoice ________ Copies　　□Inspection Cert ________ Copies

□B/L ________ Copies　　□Cons. Invoice ________ Copies

□Ins. Policy ________ Copies　　□Others ________ Copies

□L/C Negotiation________　Expiry Date________

□Following-up of Payment

通常情况下，每年 4 月至 9 月是国际运输的繁忙季节，10 月是西方国家圣诞节货物的运输季节。此段时期是舱位最紧张的时期。为此，承担安排货物运输的卖方必须及早与承运人取得联系，以免不能按时交货付运。另外，卖方还应特别注意以下几个特殊时期的货物运输：2 月中的情人节货物须在前一年的 12 月中，最晚 12 月底出运；3 月至 4 月的复活节货物须在 1 月底前出运；5 月母亲节的货物须最迟在 3 月中旬出运；6 月父亲节的货物最迟在4月中旬出运；7月4日美国国庆节的货物最迟在5月初出运；新学期学生用品须在6月初出运；10月底的万圣节已成为美国第二大节日，该节日的货物须在8月底出运；11月感恩节的货物最迟在10月底出运；圣诞节是欧美国家最重要的节日，其货物最好在9月至10月期间出运。

在中国，各主要港口一般都有船公司或其代理机构负责办理订舱工作。出口商可根据船公司或其代理机构的网站、航务期刊、船期表、运价表等选择适合的船公司订舱。出口商选定承运人后，依据船期向承运人提交托运单（Booking Note，中国称“订舱单”），其内容主要包括货物的相关情况，一式两份。船公司根据托运单内容，结合航线、船期和舱位等条件决定是否接受订舱。若船公司接受订舱，则在托运单上签字，留存一份，退回出口商一份。至此，运输合同成立。

二、租船

当买卖合同约定的货物数量较大且为大宗货物，出口商负责运输事宜时，可通过租船代理人或经纪人办理租船业务，承运人与租船人签订正式的租船合同（Charter Party，C/P）。

在国际贸易运输中，常见的最主要租船方式有以下两种：（1）程租船（Voyage or Trip Charter）。国际贸易中的大宗货物多使用程租船运输，特别是出口商为租船人时，一般选用这种方式。（2）期租船（Time Charter）。在国际贸易中，若买卖合同约定的货量较大且合同时间较长，即买卖双方长期存在合同关系时，可使用这种方式。

案例分析

无单放货纠纷案

案情简介①

原告：绍兴县奢客纺织品有限公司（下称“奢客纺织品”）

被告：上海欧达国际货运代理有限公司（下称“上海欧达货代”）

被告：欧达国际货运代理有限公司（美国）（ALL-WAYS FORWARDING INT'L INC.）（下称“欧达货代”）

涉案货物交易方式为FOB。某年8月，国外买方CONNECTION 18订舱后，原告奢客纺织品依买方的指定，委托上海欧达货代将货物从上海港运至美国纽约。上海欧达货代作为签单代理人，代表欧达货代向奢客纺织品交付了两套正本记名提单，其抬头为欧达货代。该提单由欧达货代在中国交通运输主管部门登记备案。涉案提单记载，其托运人为奢客纺织品，其收货人和通知方为CONNECTION 18，货物为CONNECTION 18定制的JE2665W紧身裤，运输方式CY/CY（堆场至堆场），运费到付。

两套提单项下的货物，在中国出口报关价值分别为161 328美元和110 317.80美元（注合计271 645.80美元），在美国的进口报关价值分别为112 261.08美元和88 399.51（注合计200 660.59美元）。在美国的进口报关价值与奢客纺织品发给收货人的订单中显

---

① 参见“绍兴县奢客纺织品有限公司与上海欧达国际货运代理有限公司等海上货物运输合同纠纷案民事判决书”；上海海事法院民事判决书（2015）沪海法商初字第2888号。http://shhsfy.gov.cn/hsfyytwx/hsfyytwx/spdy1358/yxcpws1521/2018/05/16/2c9380996367dd3d01636895cc0603ef.html。

示的货价一致（注：实际交易价值）。

涉案集装箱流转记录显示：第一批货物的集装箱于9月22日到港（纽约）卸货，9月24日重箱出场，当日空箱返回；第二批货物的集装箱于9月26日到港（纽约）卸货，9月29日重箱出场，次日空箱返回。但是收货人迟迟不支付货款。

在第二批货物运抵目的港（纽约）的当日，即9月26日，奢客纺织品致函上海欧达货代，要求停止向记名收货人交付涉案两票货物并请求配合修改收货人，请其马上给予报价。9月29日，奢客纺织品再次致函上海欧达货代，称自己持有涉案货物的全套正本提单，强调不能无单放货并告知涉案货物的下落。上海欧达货代强调，涉案货物虽已拆箱，但始终在其控制之下；然而，其始终未证明涉案货物拆箱以后的状态。经查询，涉案集装箱已被拆箱投入运营。10月13日，收货人向奢客纺织品发邮件称"托运的所有货物存在隐藏问题"，并表示其"已支付了关税和所有费用"。10月15日，收货人又向奢客纺织品发送电子邮件，称其向所有的客户推荐了涉案货物，但无人愿购买。客户认为，可在别处以更低价格获得相同的货物，并称"将指示货代运回你们所有的货物"。

两被告提交了将货物回运上海的提单（称"回运提单"）。该回运提单载明的托运人和收货人均为奢客纺织品，承运人为欧达货代。12月26日，货物运抵上海。

次年1月6日和7日，CONNECTION 18在上海的代表泰拉公司的工作人员与上海公证处的公证员一起到上海高信保税仓库，对回运集装箱货物进行拆箱公证。泰拉公司工作人员在公证人员的监督之下，对货物进行清点并现场制作清单。泰拉公司随后出具证明称，回运货物与奢客纺织品出运货物系同一批货物。

1月19日，上海欧达货代要求奢客纺织品付费、提货；否则，将按相关程序拍卖、变卖货物以获得相关费用的求偿。

1月22日，奢客纺织品向上海欧达货代回函称，由于其未就涉案货物的回运与两被告达成一致，涉案货物理应仍积载于原集装箱内并存放在原目的港（纽约）。因此认为："两被告所提到的回运货物并非其原出运的货物，两被告应向该批回运货物的美国买方收取相关费用，并由其自行承担该批货物在运输和仓储过程中的风险。目前，收货人仍未向我方支付涉案货款，而我方仍持有涉案两套正本提单。我方与收货人原约定的结汇方式为信用证，后开立的信用证因故到期。我方在货物出运后，向收货人建议修改支付条款为100% T/T。收款后，再向收货人寄送提单原件。"

奢客纺织品认为，虽然形式上，上海欧达是欧达货代的签单代理人，欧达货代是涉案货物的承运人，但两被告身份存在混同且上海欧达在选择承运人方面存在过错。因此，请求判令两被告承担无单放货责任，连带向其赔偿271 645.80美元及其利息损失（按照中国银行美元存款利率自10月1日计算至实际支付之日止），并由两被告承担本案的案件受理费和诉讼保全申请费。

但两被告主张，涉案货物已回运，因此，奢客纺织品并未有任何损失，两被告无需承担无单放货的赔偿责任。

上海欧达货代认为，其仅是欧达货代的签单代理人而非承运人，因而其不应承担连带赔偿责任。

法院判决

法院依据中国《海商法》第71条以及《最高人民法院关于审理无正本提单交付货物

案件适用法律若干问题的规定》第 1 条、第 2 条、第 6 条等中国相关法律规定，判决如下：

一、被告欧达国际货运代理公司（ALL-WAYS FORWARDING INT'L INC.）于本判决生效之日起十日内，向原告绍兴县奢客纺织品公司赔偿 200 660.59 美元及利息损失（以 112 261.08 美元为基数自 10 月 1 日起，按照中国银行美元存款利率计算至实际支付日止；以 88 399.51 美元为基数自 10 月 7 日起，按照中国银行美元存款利率计算至实际支付之日止）。

二、驳回原告绍兴县奢客纺织品公司的其他诉讼请求。

试分析该案例。

（提示：

原告奢客纺织品为涉案货物的托运人和提单持有人，欧达货代为承运人，双方之间以提单所证明的海上货物运输合同关系依法成立。欧达货代实施了无单放货行为：承运人对货物失去控制；“放货的是‘样品’而非货物”自相矛盾；回运涉案货物并未达成一致；回运货物无法证明为涉案货物。上海欧达货代不应作为共同承运人承担连带赔偿责任。）

第十一章　出境货物检验检疫

在完成货物的交货准备工作之后，货物交付之前，若该出口货物属于国家强制性检验检疫项目，出口商应依照相关规定并按一定的程序申请检验检疫，取得出口检验检疫证明；若该出口货物是买卖合同规定出口商须在出口装运前进行检验检疫的，则出口商应依合同规定在交付前，完成相关检验检疫手续，取得合格证明。在中国，出境货物检验检疫通常简称商检。

第一节　检验检疫的依据及作用

出入境检验检疫是国际贸易不可缺少的环节之一。加强进出口商品检验检疫工作，规范进出口商品检验检疫行为，是为了维护社会公共利益和进出口贸易有关各方的合法权益，促进对外经济贸易的顺利发展。出入境检验检疫是以法律、法规、国际公约及国际惯例、买卖合同等的规定为依据，对出入境货物、交通运输工具、人员及动植物等进行检验检疫或鉴定及管理，并出具相关证明、公证及认证报告等。

一、检验检疫的依据

在国际贸易中，实施检验检疫行为的依据通常包括以下几方面。

（一）各国的法律、法规

为维护国家的利益，保障人们的健康和消费者的权益，保护环境和动植物，各国都制定了相当完备的法律、法规及配套的管理措施。因此，在国际贸易中，有关当事人须依相关国家的有关规定，依法实施检验检疫行为。

（二）国际公约及国际惯例

联合国及有关国际组织在相关的国际公约、协定及条约中，规定了检验检疫的行为规范。另外，国际惯例为有关当事人实施检验检疫行为提供了一定依据。例如，《联合国国际货物销售合同公约》规定：进口商应在实际可行的最短时间内检验货物或由他人检验货物，或推迟到货物抵达目的地后检验货物。此外，联合国有关机构还制定了“国际卫生”“植物保护”“动物卫生”等相关公约，为实施检验检疫行为提供了一系列的依据。世贸组织（WTO）也签署了一系列检验检疫协定，如《装船前检验协议》《实施动植物卫生检疫措施协议》等协议，要求各成员予以遵守。Incoterms®2020 等国际贸易惯例，均规定进口商可要求出口商提供货物符合质量、数（重）量等规定的证明。

（三）买卖合同的约定

在国际货物买卖合同中，一般也规定有检验检疫条款。该条款通常规定，出口商交付的货物应由第三方对其质量、数（重）量、包装等项目进行检验或检疫并出具公证报告，其公证报告对买卖双方具有约束力。

二、检验检疫在国际贸易中的作用

在国际贸易中，实施检验检疫行为的表现是，第三方对该行为出具各种相关的检验检疫证明书。该证明书在国际贸易中发挥以下重要作用。

（一）行使国家主权

各国依据其法律、法规或技术标准等，对进出境货物授权代表国家的相关机构行使检验检疫职能，实施强制性检验，是一国行使其主权的具体表现。

（二）维护国家的信誉和利益

出口国对出口货物实施强制性检验或检疫以及对其进行鉴定和监督管理，不允许不合格的货物出口，其目的是维护本国在国际上的信誉，提高本国产品的国际竞争力。

（三）海关放行的依据

贸易商必须向海关当局提交检验检疫机构签发的符合国家法律、国际惯例或买卖合同规定的相关证书，海关当局才予以放行。

（四）征收关税的依据

检验检疫机构签发的相关证书是海关当局征收进出口关税的依据之一。此外，检验检疫机构签发的产地证明是进口国海关给予差别关税待遇的依据之一。

（五）计收运费等的依据

检验机构签发的货物数量、重量、尺码等证明，通常作为托运人与承运人之间计收运费，港务当局计收仓储费或装卸、理货等费用的依据。

（六）结算货款的依据之一

有些买卖合同或信用证中规定，进口商或开证银行凭检验检疫证书所证明的货物质量、数（重）量等向出口商支付货款。

（七）证明货物等状况和划分责任的依据

检验检疫机构签发的有关货物的积载状况的证明、监装或监卸证明、载货工具的证明和集装箱状况的证明等，都是货物、运输工具和集装箱等在装卸和运输环节中所处状况的有效证明。一旦货物、运输工具或集装箱发生灭失或损害，则这些证明是划分责任的依据之一。

（八）索赔的依据

检验检疫机构所出具的关于货物品质不良、数（重）量缺少、残损、水渍、沾污、淡水雨淋、腐烂等证明，是进口商向出口商或承运人，或向保险公司提出索赔要求的重要依据之一；同时，也是保险人向有关责任方代位追偿的重要依据之一。

（九）作为仲裁、诉讼举证的有效文件和裁决或判决的依据

一旦发生贸易争议或纠纷，若双方当事人通过仲裁解决争议或纠纷，或向法院提起诉讼，检验检疫机构所出具的相关证书则是举证的有效文件，可作为仲裁裁决或法院判决的有效依据。

第二节　商品检验检疫机构及其职责

一、中国政府的检验检疫机构及其职责

2021 年 4 月修订的《中华人民共和国进出口商品检验法》第 2 条规定，国务院设立进出口商品检验部门（以下称“国家商检部门”），主管全国进出口商品检验工作。国家商检部门设在各地的进出口商品检验机构（以下称“商检机构”）管理所辖地区的进出口商品检验工作。该法第 3 条规定，商检机构和依法设立的检验机构（以下称“其他检验机构”），依法对进出口商品实施检验。

2022 年 3 月修订的《中华人民共和国进出口商品检验法实施条例》第 2 条规定，海关总署主管全国进出口商品检验工作。海关总署设在省、自治区、直辖市以及进出口商品的口岸/集散地的出入境检验检疫机构及其分支机构（以下简称“出入境检验检疫机构”），管理所负责地区的进出口商品检验工作。

二、中国进出口商品检验鉴定机构及其职责

《中华人民共和国进出口商品检验法实施条例》第 36 条和第 37 条规定，海关总署或出入境检验检疫机构根据进出口商品检验工作的需要，可以指定符合规定资质条件的国内外检测机构承担出入境检验检疫机构委托的进出口商品检测。在中国境内设立从事进出口商品检验鉴定业务的检验机构，经海关总署和有关主管部门审核批准，获得许可，方可接受委托办理进出口商品检验鉴定业务。

因此，进出口商品检验鉴定机构，是指依据中国有关法律法规，接受对外贸易关系人或国内外检验鉴定机构及其他有关单位的委托，办理进出口商品检验鉴定业务的中资、中外合资、中外合作及外商独资进出口商品检验鉴定机构及其分支机构。

中国检验认证（集团）有限公司［又称“中国检验认证集团”，简称“中检集团”，英文名称 China Certification & Inspection（Group）Co.，Ltd.，英文缩写 CCIC］是经国务院批准设立的跨国检验认证机构。2020 年 6 月经批准，中国检验认证（集团）有限公司列入国务院国有资产监督管理委员会履行出资人职责企业名单。

中国检验认证集团在国内设有 40 家一级子公司、113 家二级公司和办事处及 5 家合资公司，国外设有 24 家公司和代表处，运营网络遍布全球重要港口、城市及货物集散地。该集团也是国家认证认可监督管理委员会指定承担强制性产品认证的机构。

该集团的经营范围包括进出口商品委托检验鉴定业务；认证；认证培训；仪器设备的计量校准业务；从事本行业与对外贸易有关的其他公证鉴定及咨询业务；商品及其运载工具的消毒除害业务。中检集团以“检验、鉴定、认证、测试”为主业，接受对外贸易有关各方如进口商、出口商、供货商、中间商、承运人、保险人、相关方等，以及其他检验鉴定机构的委托进行进出口商品的检验、鉴定工作，出具相关报告或证书。

三、中国其他检验机构及其职责

除上述检验检疫机构外，中国还有专业部门负责的其他检验机构。例如，进出口药品

由国家药品监督管理部门指定的药品检验部门检验；进出口船舶、主要船用设备和材料、集装箱的船舶规范检验，由船舶检验机构办理；进出口飞机等由民航部门的专门机构办理等。凡上述物品的进出口检验，须向各专业部门的检验机构申请办理，取得合格证书后，才可进出口。

四、中国商品检验检疫机构的职能

依我国商检法规定，中国商品检验检疫机构的主要职能有三项：对进出口商品实施法定检验检疫；办理进出口商品检验鉴定业务；对进出口商品的质量和检验工作实施监督管理。

五、国外的检验检疫机构及其职责

目前，国际上比较著名的检验机构有：美国食品和药物管理局（FDA）、美国粮谷检验署（FGES）、法国国家实验室检测中心、日本通商产业检查所、瑞士日内瓦通用公证行（SGS）、美国保险人实验室（UL）、英国英之杰检验集团（IITS）、日本海事鉴定协会（NKKK）、新日本检定协会（SK）、日本海外货物检查株式会社（OMIC）、加拿大标准协会（CSA）、国际羊毛局（IWS）等。它们中，有的由政府授权，代表政府行使某项商品或某一方面的检验管理工作，其鉴定结果也是商品进入国际市场的依据之一。

六、出入境检验检疫的程序

出入境检验检疫的程序是指，出入境货物、运输工具、集装箱、人员及其携带物，从报检或申报、采样或抽样、检验检疫、卫生除害处理、计收费到签证放行的全过程。报检单位可在海关总署设在省、自治区、直辖市以及进出口商品的口岸/集散地的出入境检验检疫机构官方网站，按照详细的“办事指南”在线填报或提交相应的材料，并随时关注其官方网站发布的最新动态。

相关链接[①]

一、《中华人民共和国进出口商品检验法实施条例》关于“出口商品的检验”的规定

第二十四条 法定检验的出口商品的发货人应当在海关总署统一规定的地点和期限内，持合同等必要的凭证和相关批准文件向出入境检验检疫机构报检。法定检验的出口商品未经检验或者经检验不合格的，不准出口。

出口商品应当在商品的生产地检验。海关总署可以根据便利对外贸易和进出口商品检验工作的需要，指定在其他地点检验。

出口实行验证管理的商品，发货人应当向出入境检验检疫机构申请验证。出入境检验检疫机构按照海关总署的规定实施验证。

---

① 节选自《中华人民共和国进出口商品检验法实施条例》（2022 版）。

第二十五条 在商品生产地检验的出口商品需要在口岸换证出口的，由商品生产地的出入境检验检疫机构按照规定签发检验换证凭单。发货人应当在规定的期限内持检验换证凭单和必要的凭证，向口岸出入境检验检疫机构申请查验。经查验合格的，由口岸出入境检验检疫机构签发货物通关单。

第二十六条 法定检验的出口商品、实行验证管理的出口商品，海关按照规定办理海关通关手续。

第二十七条 法定检验的出口商品经出入境检验检疫机构检验或者经口岸出入境检验检疫机构查验不合格的，可以在出入境检验检疫机构的监督下进行技术处理，经重新检验合格的，方准出口；不能进行技术处理或者技术处理后重新检验仍不合格的，不准出口。

第二十八条 法定检验以外的出口商品，经出入境检验检疫机构抽查检验不合格的，依照本条例第二十七条的规定处理。

实行验证管理的出口商品，经出入境检验检疫机构验证不合格的，参照本条例第二十七条的规定处理或者移交有关部门处理。

第二十九条 出口危险货物包装容器的生产企业，应当向出入境检验检疫机构申请包装容器的性能鉴定。包装容器经出入境检验检疫机构鉴定合格并取得性能鉴定证书的，方可用于包装危险货物。

出口危险货物的生产企业，应当向出入境检验检疫机构申请危险货物包装容器的使用鉴定。使用未经鉴定或者经鉴定不合格的包装容器的危险货物，不准出口。

第三十条 对装运出口的易腐烂变质食品或冷冻品的集装箱、船舱、飞机、车辆等运载工具，承运人、装箱单位或者其代理人应当在装运前向出入境检验检疫机构申请清洁、卫生、冷藏、密固等适载检验。未经检验或者经检验不合格的，不准装运。

二、瑞士通用公证行（SGS）

SGS是瑞士通用公证行的简称，是全球领先的检验、鉴定、测试和认证机构，是全球公认的质量和诚信基准。SGS通标标准技术服务有限公司，是瑞士SGS集团和隶属于原国家质量技术监督局的中国标准技术开发公司，于1991年共同建成的合资公司，取“通用公证行”和“标准计量局”首字之意。其在中国设立了50多个分支机构和几十间实验室，拥有训练有素的专业人员。

SGS是一个综合性的检验机构，可进行各种物理、化学和冶金分析。包括进行破坏性和非破坏性试验，向委托人提供一套完整的数量和质量检验以及有关的技术服务，提供装运前的检验服务，提供各种与国际贸易有关的诸如商品技术、运输、仓储等方面的服务，监督跟购销、贸易、原材料、工业设备、消费品迁移有关联的全部或任何一部分的商业贸易暨操作过程。SGS的核心服务可分为以下四类。

1. 检验：提供世界领先的全方位检测和验证服务。例如，转运时检查贸易商品的状况和重量，帮助控制数量和质量，满足不同地区和市场的所有相关监管要求。

2. 测试：全球测试设施网络配备知识渊博、经验丰富的人员，能够帮助客户降低风险、缩短上市时间，并根据相关的健康、安全和规范标准，对产品的质量、安全和性能进行测试。

3. 认证：通过认证，能够向客户证明产品、流程、系统或服务是否符合国内和国际标准及规范或客户定义的标准。

4. 鉴定：确保产品与服务遵守全球标准与当地法规。通过将全球覆盖率与几乎包括各个行业的当地知识、经验和专业知识相结合，SGS 涵盖了从原材料到最终消费的整条供应链。

第十二章 出口报关

报关通常是指进出口货物收发货人或其代理人、报关企业按照中国《海关法》（2021年修订，下同）以及有关法律法规的要求，向海关办理货物、物品或运输工具进出境手续及相关海关事务的过程。本章主要讨论出口货物的报关。另外，通关的概念要比报关更为宽泛，不仅包括报关的内容，还包括海关的监督管理等过程。

第一节 出口报关的一般程序

一、海关监管货物

海关监管货物是海关监管的主要对象，是涉及进出口报关的重要内容之一。海关监管货物是指，自进境起到办结海关手续为止的进口货物，自向海关申报起到出境为止的出口货物，以及自进境起到出境为止的过境、转运和通运货物等应当接受海关监管的货物，包括一般进出口货物、保税货物、减免税货物、暂时进出境货物，以及过境、转运、通运货物和其他尚未办结海关手续的货物等。进口货物自进境起到办结海关手续止，出口货物自向海关申报起到出境止，过境、转运和通运货物自进境起到出境止，应当接受海关监管。①

二、报关前的准备

按照中国《海关法》的规定，进出口货物收发货人、报关企业办理报关手续，应当依法向海关备案。报关企业和报关人员不得非法代理他人报关。②因此，只有依法向海关进行备案的相关单位，才可从事报关业务；对于报关人员，需要具备相应的知识和技能后，才可从事报关工作。因此，企业在进行货物进出口报关工作之前，需要做好准备工作，主要包括报关单位和人员两方面的准备工作。③

报关单位，是指按照本规定在海关备案的进出口货物收发货人、报关企业。④进出口

---

① 参照中国《海关法》第23条。

② 参照中国《海关法》第11条。

③ 参照中国《海关法》第9条、第10条、第11条。

④ 参照《中华人民共和国海关报关单位备案管理规定》（海关总署第253号令）。

货物收发货人是指在我国境内从事对外贸易经营活动的企业、组织和个人。报关企业是指经进出口货物收发货人的委托，帮助其代理报关的企业。对于从事进出口活动的企业而言，可以在取得相关资格后自行报关，也可以根据需要委托报关企业进行报关。进出口货物收发货人、报关企业申请备案的，应当取得市场主体资格；其中，进出口货物收发货人申请备案的，还应当办理对外贸易经营者备案手续。报关单位申请人可在“中国国际贸易单一窗口”或“互联网+海关”向所在地海关提交备案申请、信息变更申请和注销申请，进出口货物收发货人备案也可通过市场监管部门“多证合一”方式提交申请，无需提交纸质材料。

跨境电商企业、跨境电商平台企业、物流企业等参与跨境电商 B2B（Business-to-Business，商对商）出口业务的境内企业，应当依据海关报关单位备案的有关规定，向所在地海关办理备案。①

为了推进社会信用体系建设，建立企业进出口信用管理制度，保障贸易安全与便利，根据《海关法》及其他有关法律、行政法规的规定，海关对企业进行分类管理。海关根据企业申请，按照相应的标准和程序将企业认证为高级认证企业的，对其实施便利的管理措施。海关根据采集的信用信息，按照相关标准和程序将违法违规企业认定为失信企业的，对其实施严格的管理措施。海关对高级认证企业和失信企业之外的其他企业实施常规的管理措施。②因此，满足条件的企业，可以按照规定申请认定高级认证企业，以在报关活动中获取便利。

三、报关程序

报关程序是指，进出口货物收发货人、运输工具负责人、物品所有人或其代理人按照海关的规定，办理货物、物品、运输工具进出境及相关海关事务的手续和步骤。本章内容所涉及的报关程序，主要是指出境货物的报关程序。

报关程序按时间先后可以分为三个阶段：前期阶段、进出口阶段和后续阶段。

（一）前期阶段

前期阶段是指，根据海关对保税货物、减免税货物、暂时进出境货物等的监管要求，进出口货物收发货人或其代理人在货物进出境以前，向海关办理有关货物合同、许可等备案手续的过程。减免税申请人按照有关进出口税收优惠政策的规定申请进出口相关货物减免税，应当在货物申报进出口前，取得相关政策规定的享受进出口税收优惠政策资格的证明材料。③

出料加工货物在出口之前，发货人或其代理人需要办理出料加工的备案手续。电子商务企业应将电子商务出境货物、物品信息提前向海关备案。

（二）进出口阶段

进出口阶段由四个基本环节组成：申报、查验、征税和放行。从海关的角度来看，相

---

① 参照海关总署 2021 年第 47 号公告。

② 参照《中华人民共和国海关注册登记和备案企业信用管理办法》（海关总署第 251 号令）。

③ 参照《中华人民共和国海关进出口货物减免税管理办法》（海关总署第 245 号令）。

应的业务流程就分别成为接受申报、进行查验、征收税费和结关放行这四个环节；而从进出境货物的收发货人的角度来看，该阶段的几个环节分别为提出申报、接受查验、缴纳税费和凭单取货或装运出境等。

（三）后续阶段

后续阶段是指，根据海关对保税加工货物、减免税货物、暂时进出口货物等的监管要求，进出口货物收发货人或其代理人在货物进出境储存、加工、装配、使用后，在规定的期限内，按照规定的要求，向海关办理有关进出口货物核销、销案、申请解除监管的手续的过程。

并不是所有的货物进出境业务都会涉及前期阶段和后续阶段，一般进出口货物①的报关程序通常只涉及进出口阶段。因为所有的进出境货物报关程序都包含进出口阶段，所以，一般进出口货物的报关程序，除缴纳税费环节之外，也适用于其他进出境货物的报关（部分海关监管货物可能不涉及缴纳税费或者缴税的方式不同）。本章第二至第五节主要介绍一般进出口货物进出口阶段（特别是出口阶段）的几个与通关相关的环节。

四、电子报关

电子报关是指，进出口货物收发货人或其代理人通过计算机系统或终端，利用现代通信和网络技术，按照《中华人民共和国海关进出口货物报关单填制规范》的有关规定，向海关传送报关单电子数据、准备随附单证，并根据海关计算机系统反馈的审核及处理结果办理海关手续的申报方式。

采用纸质报关单形式和电子数据报关单形式，是法定申报的两种基本方式。一般情况下，进出口货物收发货人或其代理人应当采用纸质报关单形式和电子数据报关单形式向海关申报，先向海关计算机系统发送电子数据报关单，接到返回的“接受”的信息后，准备纸质报关单和必须随附的单证。特殊情况下经过海关同意后，报关单位及相关人员可以采用其中一种方式向海关申报。

电子商务交易方式中，除特殊情况外，应采取通关无纸化作业方式进行申报。

第二节 出口货物的申报

出口货物的申报，是指出口货物的发货人或其代理人，按照中国《海关法》及其他法律或规章的规定，在规定的时间和地点，向海关报告实际出口货物的情况并接受海关审核的行为。出口货物的发货人应当向海关如实申报，交验进出口许可证件和有关单证。国家限制出口的货物，还应提交出口许可证件。目前，在我国办理进出口货物的海关申报手续，应当采用纸质报关单和电子数据报关单的形式。②特殊情况下经海关同意，允许先采

---

① 注：一般进出口货物包括一般进口货物和一般出口货物。一般进口货物是指办结海关手续后，进入国内生产和消费领域的进口货物；一般出口货物是指办结海关手续离境，进入境外生产和消费领域的出口货物。

② 参照中国《海关法》第25条和《中华人民共和国海关进出口货物申报管理规定》第2条。

用纸质报关单形式申报、电子数据事后补报，补报的电子数据应当与纸质报关单内容一致。在向未使用海关信息化管理系统作业的海关申报时可以采用纸质报关单申报形式。[①]

一、申报时限

申报时限是指出入境货物运到口岸后，按照相关的法律规定，收发货人或其代理人向海关报关的时间限制。

根据中国《海关法》的规定，出口货物的发货人除海关特准的以外，应在货物运抵海关监管区后、装货的24小时以前，向海关申报并办理有关手续。[②]除了需紧急发运的鲜活、维修和赶船期货物等特殊情况外，在装货的24小时以内申报的货物一般暂缓受理。对于出境的快件，需要在运输工具离境3小时之前，向海关申报。经电缆、管道或者其他特殊方式输送进出境的货物，经营单位应当定期向指定的海关申报和办理海关手续。[③]

经海关批准，出口货物的发货人、受委托的报关企业可以在取得提（运）单或者载货清单（舱单）数据后，向海关提前申报。[④]海关已接受申报的报关单电子数据，人工审核确认需要退回修改的，出口货物发货人、受委托的报关企业应当完成修改并且重新发送报关单电子数据。[⑤]

二、申报地点

进出境运输工具、货物、物品，必须通过设立海关的地点进境或者出境。在特殊情况下，需要经过未设立海关的地点临时进境或者出境的，必须经国务院或者国务院授权的机关批准，按规定办理海关手续。[⑥]因此，一般情况下，出口货物应当由发货人在货物的出境地海关办理有关海关手续。[⑦]

对于转关货物，经发货人申请并经海关同意，出口货物的发货人可以在设有海关的起运地办理海关手续。货物的转关运输，应当符合海关监管要求。过境、转运和通运货物，运输工具负责人应当向进境地海关如实申报，并应当在规定期限内运输出境。[⑧]

如果货物涉及跨越关区，上一级海关的综合管理部门协商指定其中一个海关管理，经营单位或其代理人可直接与该海关联系申报。

① 参照《中华人民共和国海关进出口货物申报管理规定》第5条。
② 参照中国《海关法》第24条。
③ 参照《中华人民共和国海关对进出境快件监管办法》（海关总署第104号令）。
④ 参照《中华人民共和国海关进出口货物申报管理规定》第18条。
⑤ 参照《中华人民共和国海关进出口货物申报管理规定》第10条。
⑥ 参照中国《海关法》第8条。
⑦ 参照中国《海关法》第35条。
⑧ 参照中国《海关法》第36条。

三、进出口商品归类

海关进出口商品归类是报关工作中一项非常重要的内容，因为这是海关监管、征税和统计的基础。进出口商品正确归类，直接影响申报、查验和征税等若干报关工作环节。

进出口货物的商品归类，按照国家有关商品归类的规定确定。海关可以要求进出口货物的收发货人提供确定商品归类所需的有关资料；必要时，海关可以组织化验、检验，并将海关认定的化验、检验结果作为商品归类的依据。①

对进出口商品进行归类，需要遵循《协调制度》的归类总规则。具体而言，对进出口商品进行归类适用的主要依据有《进出口税则》《商品及品目注释》《本国子目注释》及海关总署发布的关于商品归类的行政裁定和海关总署发布的商品归类决定等。

海关总署制定了《规范申报目录》。该目录按我国海关进出口商品分类目录的品目顺序编写，并根据需要在品目级和子目级列出了申报要素。在报关时，应按有关的法律法规以及海关要求如实、准确申报进出口货物的商品名称和规格型号等，对申报的进出口货物进行商品归类，确定相应的商品编码。

海关审核认为收发货人或其代理人申报的商品名称、编码不正确的，按有关规则和规定予以重新确定，并根据《报关单修改和撤销管理办法》等有关规定，通知收发货人或其代理人对报关单进行修改、删除。

此外，在海关备案的进出口货物的经营单位，可以在货物实际进出口的45日前，向直属海关申请就其拟进口的货物进行商品归类。这就是预归类。

四、报关申报的基本业务流程

出口报关申报的基本业务流程如下。

（一）准备出口申报的有关单证

准备报关单证是进行申报工作的一个重要环节。申报单证包括报关单和随附单证两大类，其中，随附单证又包括基本单证和特殊单证。自2018年8月1日起，海关进出口货物整合申报正式实施。原报关单、报检单合并为“一张大表”进行货物申报，让企业真正实现一次申报、一单通关。

1. 填制并提交报关单

进出口货物报关单是指进出口货物的收发货人或其代理人，按照海关规定的格式对进出口货物的实际情况作出的书面说明，以此要求海关对其货物按照适用的海关制度办理海关手续的法律文书。

报关单是海关对进出口货物监管的依据之一，也是海关征税、统计工作的重要依据。填制并提交出口货物报关单，是货物出口时，向海关办理申报手续的一项法律行为。出口企业或其委托的报关单位应在货物出口规定的期限内，如实、齐全、正确地填写并向海关提交中华人民共和国出口货物报关单（如表12-1所示）。报关单应严格参照现行《中华

---

① 参照中国《海关法》第42条。

人民共和国进出口货物报关单填制规范》填制。[①]海关接受申报后，报关单证及其内容不得修改或者撤销，但符合海关规定情形的除外。[②]

2. 准备随附单证

进出口货物报关单应当随附的单证包括合同、发票、装箱单、载货清单（舱单）、提（运）单、代理报关授权委托协议、进出口许可证以及海关总署规定的其他进出口单证。[③]根据实际业务，这类单证通常又分为基本单证和特殊单证。

（1）提交有关基本单证

基本单证主要是指与货物有关的货运单据和商业单据，主要供海关查验/核对货物、征税以及统计参考。这类单证主要包括商业发票、包装单据、运输单据、仓储单据及其他相关单据。通常情况下，基本单证是每一笔报关业务中必须要提交的单证。需要指出的是，随着信息技术的发展，现在多数单据提供电子数据即可，实际操作参照海关的具体要求。

（2）提交有关特殊单证

除向海关交验基本单证以外，申报还需交验与该批货物有关的特殊单证。特殊单证主要有贸易合同、进出口许可证、加工贸易电子账册和电子化手册、减免税证明、作为某些货物进出境证明的原进出口货物报关单证和原产地证明书等。凡是要求提供相关单证的报关业务，报关单位必须提交有关的单证。电子数据同样适用于大多数场景，尚有部分单证如部分产地证等，需提供纸质单证，具体仍以海关及相关部门要求为准。

填制并提交单证是出口货物申报过程中的重要环节，报关单位及其报关员进行此项工作时应做到：单证齐全、有效、合法；填制真实、完整、准确；报关单与随附单证的数据保持一致；符合有关政策、法令的规定；符合海关的具体要求。

（二）申报

1. 电子数据申报

出口货物发货人或其代理人在出口申报时，应将报关单内容通过电子信息系统录入海关信息系统，生成电子数据报关单。当前，预录入主要通过中国电子口岸、国际贸易“单一窗口”（https：//www. singlewindow. cn）[④] 或“互联网+海关”一体化网上办事平台（http://online. customs. gov. cn）完成。

2. 提交单证

海关审结电子数据报关单后，出口货物发货人或其代理人应在接到海关相关信息后规定的期限内，备齐要求的有关单证并签字盖章（如需要）后，到海关提交纸质单证，办理相关海关手续。

（三）修改申报内容或撤销申报

海关接受申报后，报关单证及其内容不得修改或撤销，但符合海关规定情形的除外。[⑤]

---

① 参照海关总署公告 2019 年第 18 号。

② 参照《海关法》第 26 条。

③ 参照《中华人民共和国海关进出口货物申报管理规定》第 27 条。

④ 注：“中国国际贸易单一窗口”统一门户网站是全国“单一窗口”的统一入口和口岸综合资讯服务平台，由国家口岸管理办公室主办，中国电子口岸数据中心负责运行维护，于 2016 年 12 月 31 日正式上线运行。https：//www. singlewindow. cn/gywm/index. jhtml

⑤ 参照中国《海关法》第 26 条。

表 12-1　　出口货物报关单实例

中华人民共和国海关出口货物报关单

预录入编号：20220000220113569　　海关编号：220020220000192341

<table>
<tr><td>收发货人 上海盛华贸易有限公司（3122210122）</td><td>出口口岸
上海海关（2200）</td><td>出口日期
2022.01.11</td><td>申报日期
2022.01.09</td></tr>
<tr><td>生产销售单位 上海盛华贸易有限公司（3122210122）</td><td>运输方式
江海（2）</td><td>运输工具名称
DONGFANG/V117</td><td>提运单号
DF-1723</td></tr>
<tr><td>申报单位 上海盛华贸易有限公司（3122210122）</td><td>监管方式
一般贸易（0110）</td><td>征免性质
一般征税（101）</td><td>备案号</td></tr>
<tr><td>贸易国（地区）</td><td>运抵国（地区）
日本（116）</td><td>指运港
横滨（1354）</td><td>境内货源地
苏州其他（32059）</td></tr>
<tr><td>许可证号</td><td>成交方式
CIF</td><td>运费
502/6000/3</td><td>保费
0.3/1</td><td>杂费</td></tr>
<tr><td>合同协议号 HS-07-02</td><td>件数
6 000</td><td>包装种类
袋（136）</td><td>毛重（公斤）
301 524</td><td>净重（公斤）
300 000</td></tr>
<tr><td>集装箱号 COSU3239705*2(4)</td><td colspan="4">随附单据</td></tr>
<tr><td colspan="5">标记唛码及备注
COSU2221316</td></tr>
</table>

项号	商品编号	商品名称、规格型号	数量及单位	最终目的国（地区）	单价	总价	币制	征免
01	10133390	白芸豆	300 000.00 千克	日本（116）	0.40	120 000.00	美元（502）	照章征税（1）

<table>
<tr><td colspan="3">税费征收情况</td></tr>
<tr><td>特殊关系确认：</td><td>价格影响确认：</td><td>支付特许权使用费确认：</td></tr>
<tr><td>录入员　　录入单位
×××　　××××××
报关员　×××</td><td>兹声明对以上内容承担如实申报、依法纳税之法律责任
申报单位（签章）上海盛华贸易有限公司</td><td>海关批注及签章</td></tr>
</table>

第三节　配合查验

一、海关查验的含义

海关查验，是指海关为确定进出口货物收发货人向海关申报的内容是否与进出口货物的真实情况相符，为确定货物的进出口是否合法、申报内容是否真实，商品的归类、属性、数量、质量、价格和原产地等是否与报关单所列一致，依法以经审核的申报单证为依据，对进出口货物进行实际检查和核对的执法行为。①

对于出口货物而言，海关查验的目的有两个：一是通过核对实际出口货物与报关单证，验证申报环节所申报的内容与查证的单、货是否一致，发现申报和审单环节难以发现的瞒报、伪报和申报不实等走私违规或其他出口问题；二是通过查验，为海关的征税、统计和后续管理提供可靠的监管依据。

二、海关查验的地点

通常情况下，海关查验货物应在海关监管区内实施，即海关监管区内的出口口岸码头、车站、机场、邮局或海关的其他监管场所。对于进出口大宗散货、危险品、鲜活商品、落驳运输的货物，经进出口收发货人或其代理人的申请，海关也可结合装卸环节，在作业现场予以查验放行。电子商务进出境货物，物品的查验应在海关监管场所内完成。

在特殊情况下，如因货物易受温度、静电、粉尘等自然因素影响，不宜在海关监管区内实施查验，或者因其他特殊原因，需要在海关监管区外查验的，经进出口货物收发货人或其代理人书面申请，海关可派员到海关监管区外实施查验，如到规定场所以外的工厂、仓库或施工工地查验。

三、海关查验的方式

海关实施查验可彻底查验，也可抽查。前者是对一票货物逐件拆开包装，核验货物的实际状况；后者则是按照一定的比例，有选择性地对一票货物中的部分货物核验其实际状况。在现代条件下，为加快进出口货物的通关速度，更多情况下是实行抽查。抽查的比例和方式，也从经验性、主观性抽查，发展成以风险分析为基础的分类管理方法，即对不同类别企业的不同性质的货物通关，实施不同的查验比例和方法。

四、报关人配合查验

海关查验货物时，出口货物的发货人或其代理人应当到场，配合海关查验。②

接受查验是出口报关中非常关键的一步，决定报关人向海关申报的货物，经海关检查核对后，能否合法地出口。海关查验货物时，进口货物的收货人、出口货物的发货人应当

---

① 参照《中华人民共和国海关进出口货物查验管理办法》（海关总署第 138 号令）。

② 参照中国《海关法》第 28 条。

到场，并负责搬移货物，开拆和重封货物的包装。海关认为必要时，可以径行开验、复验或者提取货样。①报关单位及其相关人员的主要工作内容包括：（1）配合海关查验货物并解答海关提出的有关问题或补办有关手续；（2）缴纳关税和法律规定由海关代征的进口环节的其他国内税；（3）交付有关费用。

五、货物损坏赔偿

海关在查验进出口货物时造成被查验货物损坏的，由海关按照中国《海关法》、中国《海关行政赔偿办法》的规定承担赔偿责任。海关赔偿的范围限于在查验进出口货物时，由于海关关员的责任造成被查货物、物品损坏的直接经济损失。

第四节 缴纳税费

中国《海关法》规定："准许进出口的货物、进出境物品，由海关依法征收关税。进口货物的收货人、出口货物的发货人、进出境物品的所有人，是关税的纳税义务人。"②

一、出口关税税额的确定

中国《进出口关税条例》第36条规定进出口货物关税，以从价计征、从量计征或者国家规定的其他方式征收。

从价计征的计算公式为：

应纳税额=完税价格×关税税率

从量计征的计算公式为：

应纳税额=货物数量×单位税额

我国出口关税主要以从价税为计征标准。

（一）出口商品归类

出口商品按照商品归类原则进行恰当归类，确定相应的出口货物的税号。

（二）确定出口货物的完税价格

由于征收出口关税会降低本国商品在国际市场上的竞争能力，故而当今世界上大多数国家不征收出口关税。因此，目前国际上并无针对出口货物完税价格的统一估价制度。中国根据实际情况，制定了自己的出口货物海关估价制度。

中国《海关法》规定："进出口货物的完税价格，由海关以该货物的成交价格为基础审查确定。成交价格不能确定时，完税价格由海关依法估定。进口货物的完税价格包括货物的货价、货物运抵中华人民共和国境内输入地点起卸前的运输及其相关费用、保险费；出口货物的完税价格包括货物的货价、货物运至中华人民共和国境内输出地点装载前的运输及其相关费用、保险费，但是其中包含的出口关税税额，应当予以扣除。"③

---

① 参照中国《海关法》第28条。

② 参照中国《海关法》第53、54条。

③ 参照中国《海关法》第55条。

因此，出口货物完税价格的计算公式为：

出口货物完税价格=出口货物 FOB 价格/（1+ 出口关税税率）

其中，FOB 价格=CIF 价格×（1-保险费费率）- 运费

成交价格不能确定时，完税价格由海关依法估定。通常情况下，依次可采用相同货物的成交价格、类似货物的成交价格和计算价格的方法来确定。

另外，进出口关税以人民币计征，因此，商品的完税价格亦应折算为人民币价格。如果货物以外币计价，则应将相应的价格按照当日外币对人民币的买卖中间汇率折算为人民币价格。

（三）计算出口税额公式

正常出口关税税额的计算公式为：

正常出口关税税额=出口货物的完税价格×正常出口关税税率

减税出口关税税额的计算公式为：

减税出口关税税额=出口货物的完税价格×减税出口关税税率

二、关税的缴纳

根据中国《海关法》和《进出口关税条例》的规定，进口货物的收货人、出口货物的发货人、进出境物品的所有人，是关税的纳税义务人。进出口货物的完税价格，由海关以该货物的成交价格为基础审查确定。成交价格不能确定时，完税价格由海关依法估定。进出口货物的纳税义务人，应当自海关填发税款缴款书之日起 15 日内缴纳税款；逾期缴纳的，由海关自到期的次日起至缴清税款日止，按日加收欠缴税款 0.5‰的滞纳金。纳税义务人、担保人超过 3 个月仍未缴纳的，经直属海关关长或其授权的隶属海关关长批准，海关可以按规定采取相应的强制措施。海关采取强制措施时，对纳税义务人、担保人未缴纳的滞纳金同时强制执行。这些规定均适用于出口关税的缴纳。

三、关税的退补

（一）退税

中国《海关法》和《进出口关税条例》规定，海关多征的税款，海关发现后应当立即退还；纳税义务人自缴纳税款之日起 1 年内，可以要求海关退还。①

对于出口货物，若因海关原因误征而多纳税款，或已征出口关税的货物，因故未装运出口而申报退关，经海关查验属实的，出口货物的发货人或其代理人，可自缴纳税款之日起 1 年内，书面声明理由，连同原纳税收据向海关申请退税，逾期不予受理。海关自受理退税申请之日起，在规定时间内作出书面答复并通知退税申请人。

（二）补税

中国《海关法》和《进出口关税条例》规定，出口货物、出境物品放行后，海关发现少征或者漏征税款，应自缴纳税款或者货物、物品放行之日起 1 年内，向纳税义务人补

① 参照《海关法》第 63 条。

征。因纳税义务人违反规定而造成的少征或者漏征，海关在3年以内可以追征。

第五节 货物的放行及装运货物

一、海关进出境放行

海关进出境放行是指，海关在接受进出口货物的申报，经过审核有关报关单据、查验货物、依法征免税费或接受担保后，对进出口货物解除海关现场监管的行为。海关在决定放行进出口货物后，允许进出口货物离开海关监管现场。

二、货物结关

放行意味着进出口货物可解除海关现场监管，而货物结关则是指进出口货物办结海关手续。进出境货物由收发货人或其代理人向海关办理所有的海关手续，并履行了法律规定的与进出口有关的一切义务之后，海关手续方为办结，海关不再对其进行监管。

对于一般贸易进出口货物，海关放行即是结关。保税进口货物、加工贸易货物、特定减免税货物、暂准进出境货物及其他监管货物在口岸海关办理完毕放行手续后，不视作结关，只有待海关结束对其实施的后续管理行为才是真正意义的结关。电子商务进出境货物、物品放行后，海关会开展后续监管。因此，海关在口岸放行环节的工作重点是对通关程序中的申报、查验、征税几个环节的工作进行复核。

三、装运货物

出口货物的发货人或其代理人签收海关加盖“海关放行章”的出口装货凭证，凭此到货物出境地的港区、车站、机场和邮局等地的海关监管仓库，办理将货物装载到运输工具上并离境的手续。

四、申请有关证明文件

出口货物收发货人或其代理人，在办理装运货物的手续之后，若需海关签发有关证明文件或办理其他相关手续，可向海关提出申请。

需要指出的是，为进一步深化海关通关作业无纸化改革、减少纸质单证流转、减轻企业负担，海关总署已经取消多种证明文件的打印，而是通过电子数据向有关部门传递信息，以便企业进行出口退税等工作。

相关链接

一、海关总署

中华人民共和国海关总署是国务院直属机构，正部级，负责全国海关工作、组织推动口岸“大通关”建设、海关监管工作、进出口关税及其他税费征收管理、出入境卫生检疫和出入境动植物及其产品检验检疫、进出口商品法定检验、海关风险管理、国家进出口货物贸易等海关统计、全国打击走私综合治理工作、制定并组织实施海关科技发展规划以及实验室建设和技术保障规划、海关领域国际合作与交流、垂直管理全国海关、完成党中央国务院交办的其他任务。中央纪委国家监委在海关总署派驻纪检监察组。

（信息来源于中华人民共和国海关总署官方网站 http://www.customs.gov.cn）

二、商品名称及编码协调制度

《商品名称及编码协调制度》简称《协调制度》，是海关合作理事会（1995 年更名为世界海关组织）在《海关合作理事会商品分类目录》（CCCN）和《国际贸易标准分类》（SITC）的基础上，参照国际上其他主要的税则、统计、运输等分类协调制定的一个多用途国际贸易商品分类目录，于 1988 年 1 月 1 日正式生效，其英文缩写为 HS。该目录在国际贸易统计、海关税则、国际贸易谈判、原产地规则和贸易管制等多个领域广泛应用。截至目前，世界上 200 多个国家、地区和国际组织采用该《协调制度》，全球贸易总量 90% 以上的货物以 HS 分类。随着新产品的不断出现和国际贸易结构的不断变化，《协调制度》通常每 4 至 6 年全面修订一次，目前已经形成 1988 年、1992 年、1996 年、2002 年、2007 年、2012 年、2017 年、2022 年 8 个版本。中国海关完成对基于《协调制度》制定的《中华人民共和国进出口税则》的相关税号调整等转版工作，于 2022 年 1 月 1 日正式实施新版税则。2022 年版《协调制度》修订所涉及的商品范围较广，税则中的许多章注也进行了调整，涉及的相关关税减让协议和特惠税率产品的税目税率也进行了相应的调整。[①]

三、商品归类总规则

根据《关税条例》的有关规定，纳税义务人应按照《中华人民共和国进出口税则》（以下简称《税则》）规定的条文和归类总规则、类注、章注、子目注释以及其他归类注释，对其申报的进出口货品进行商品归类。因此，货品的归类，应遵循《税则》中所列归类总规则的有关规定。

规则一

类、章及分章的标题，仅为查找方便而设；具有法律效力的归类，应按品目条文和有关类注或章注确定，如品目、类注或章注无其他规定，则按以下规则确定。

规则二

（一）品目所列货品，应视为包括该项货品的不完整品或未制成品，只要在报验时该项不完整品或未制成品具有完整品或制成品的基本特征；还应视为包括该项货品的完整品或制成品（或按本款可作为完整品或制成品归类的货品）在报验时的未组装件或拆散件。

（二）品目中所列材料或物质，应视为包括该种材料或物质与其他材料或物质混合或组合的物品。品目所列某种材料或物质构成的货品，应视为包括全部或部分由该种材料或物质构成的货品。由一种以上材料或物质构成的货品，应按规则三归类。

规则三

当货品按规则二（二）或由于其他原因看起来可归入两个或两个以上品目时，应按以下规则归类：

（一）列名比较具体的品目，优先于列名一般的品目。但是，如果两个或两个以上品目都仅述及混合或组合货品所含的某部分材料或物质，或零售的成套货品中的某些货品，即使其中某个品目对该货品描述得更为全面、详细，这些货品在有关品目的列名应视为同

---

① 修订目录可以参照 http://www.customs.gov.cn/customs/302249/302266/302267/3957083/index.html。

样具体。

（二）混合物、不同材料构成或不同部件组成的组合物以及零售的成套货品，如果不能按照规则三（一）归类时，在本款可适用的条件下，应按构成货品基本特征的材料或部件归类。

（三）货品不能按照规则三（一）或（二）归类时，应按号列顺序归入其可归入的最末一个品目。

规则四

根据上述规则无法归类的货品，应归入与其最相类似货品的品目。

规则五

除上述规则外，本规则适用于下列货品的归类：

（一）制成特殊形状仅适用于盛装某个或某套物品并适合长期使用的照相机套、乐器盒、枪套、绘图仪器盒、项链盒及类似容器，如果与所装物品同时报验并通常与所装物品一同出售的，应与所装物品一并归类。但本款不适用于本身构成整个货品基本特征的容器。

（二）除规则五（一）规定的以外，与所装货品同时报验的包装材料或包装容器，如果通常是用来包装这类货品的，应与所装货品一并归类。但明显可重复使用的包装材料和包装容器可不受本款限制。

规则六

货品在某一品目项下各子目的法定归类，应按子目条文或有关的子目注释以及以上各条规则来确定，但子目的比较只能在同一数级上进行。除条文另有规定的以外，有关的类注、章注也适用于本规则。

四、信息来源

由于报关工作很多内容源自海关的规定，故本章内容主要参照中华人民共和国海关总署官方网站（http://www.customs.gov.cn）。

第十三章　出口货物装运

出口商在完成货物出口报关和/或投保等手续后，应办理货物的装运、发运，履行其交货义务。同时，出口商有义务向进口商发送装运（船）通知。

目前，全球贸易总量的70%以上是利用海洋运输来完成的；某些沿海国家或地区贸易量的90%是通过海运实现的。另外，集装箱运输是目前国际货物运输中最先进的运输方式；航空运输也在快速发展。因此，本章主要探讨与国际贸易相关的海洋运输、集装箱运输及航空运输。

第一节　班轮货物装运程序

海洋运输依其经营方式的不同，可分为班轮运输（定期船运输）和租船运输（不定期船运输）。

一、班轮运输的定义

目前，世界主要港口之间都有班轮（Liner Vessel）往来，班轮航线已遍布世界各个海域。

班轮运输（Liner Transportation）是指，船舶（Liner Vessel）在特定航线上和固定港口之间，按事先公布的船期表（Sailing Schedule）有规律、反复地航行，以从事杂货（General Cargo）运输业务并按事先公布的费率收取运费的一种运输方式。

每一航线上的班轮船舶，其离港、到港、停靠港口和时间等有关信息，船公司或其代理都会在媒体上发布或发送给贸易商，以便招揽货载。班轮运输的服务对象是非特定的、分散的众多货主，因此，班轮公司具有公共承运人的性质。中国远洋海运集团有限公司（中远海运，China COSCO Shipping）是中国最主要的海上公共承运人。国际上，著名的航运公司，如Maersk、Evergreen、APL、Lloyd's、OOCL等班轮公会（Freight Conference）的船公司，均在中国海运市场参与国际海洋班轮运输业务。

二、班轮运输的特点

班轮运输已发展成为国际货物运输的主要运输方式，有力地促进了国际贸易的发展。班轮运输具有以下特点。

第一，“四固定”。班轮运输固定航线、固定港口、固定船期和相对固定费率。由于“四固定”的特点，时间有保证、港口有保证、运价稳定，这为贸易双方洽谈价格和装运条件提供了方便。

第二，班轮运价中包括货物在港口的装卸费用。使用班轮运输时，货物在港口的装卸及配载由承运人（班轮公司）负责，承、托双方之间不计滞期费和速遣费，托运人（卖方）与收货人（买方）不须另行支付装卸费。

第三，承运人的责任期间为从货物装上船起，到货物卸下船止，即“钩至钩”（或船边至船边、船舷至船舷）原则。因此，装前卸后的责任一般由货主承担。

第四，承运人事先公布船期、运价费率、货运规则等。这将减少承托双方之间、进出口双方之间的磋商内容，有利于双方达成交易。

第五，以签订装货单（Shipping Order，S/O）的方式订舱，并以提单（B/L）作为承托双方权利、义务和豁免的依据，该提单通常受统一的国际公约或国内法的制约。

第六，承运人提供良好的服务。由于班轮长期在固定的航线和港口之间航行，班轮公司通常在各挂靠港口均有固定的码头、泊位、仓库及设备和专门机构，能够提供专门的、良好的服务，有利于维护货主的利益。

第七，班轮运价属于垄断性价格，其运价高于租船运价。在中国，随着海运市场的开放，这种垄断性大为减弱。

第八，船货双方通常并未签署正式的运输合同，一旦发生争议，通常以提单条款为解决争议的依据。但该条款均由船方事先印就，其对船方有利而对货方不利。

三、班轮运输业务程序

各国港口班轮运输业务程序，通常包括以下环节。

（一）货运安排

货运安排包括揽货与订舱和确定航次货运任务。揽货是指船公司通过各种途径从货主那里争取货源，揽集货载。订舱是托运人（或其代理）向班轮公司（承运人或其代理）申请货物运输，承运人对该申请给予承诺的行为。出口货物若以 CIF 等条件成交，订舱业务多在装货港或货物输出地由出口商办理，即装货地订舱；出口货物若以 FOB 等条件成交，订舱业务则可能在货物的卸货地或输入地由进口商办理，即卸货地订舱。确定航次货运任务，是指船公司确定某一船舶在某一航次所装货物的种类和数量。

（二）接货装船

用班轮运输普通货物时，采用“仓库收货，集中装船”的形式。特殊货物，如危险品、鲜活货、贵重货、重大件货物等，通常采取由托运人将货物直接送至船边，交接装船的形式。

（三）卸船交货

对于危险货物、重大件等特殊货物，通常采取由收货人办妥进口手续后，在船边接受货物并办理交接手续的现提形式。对于普通货物，采取先将货物卸至码头仓库，分类整理后，再向收货人交付的“集中卸船，仓库交付”的形式。

四、班轮运输托运方式

出口商若使用班轮运输货物，可选择以下方式托运出口货物。

（一）直接向海运承运人（Ocean Carrier）托运

出口商直接向以海上货物运输为经营主业的承运人办理托运手续。这些海上承运人的名称通常为××远洋运输公司（如中国远洋海运集团有限公司）、××运输公司（如中国对外贸易运输公司）、××航运股份有限公司（如万海航运股份有限公司）、××轮船有限公司（如美国总统轮船有限公司）等。其英文名称则通常称为××Lines Ltd.。

（二）通过船务代理（Shipping Agent）间接向承运人托运

出口商可通过船务代理，间接地向海运承运人托运出口货物。船务代理一般都获得了承运人的授权而办理相关的货运业务。这种代理一般是船公司的代理（简称“船代”），受船公司的委托接受货主的托运申请。其名称通常为××船务代理股份有限公司。若出口商要采用外轮公司（承运人）托运出口货物，则除非该外轮公司在中国设有分公司，否则须通过该外轮公司所委托的船务代理公司办理托运。

（三）通过货运代理（Freight Forwarder）间接向承运人托运

出口商可将出口货物委托给货运代理，由其再向实际海运承运人办理货物托运。这种货运代理通常是货主的代理人，受货主的委托向承运人申请托运。其名称一般为××运输代理公司、××货运代理公司、××集运公司等。这种货运代理（简称“货代”）向出口商签发的货运单据有可能是代理承运人签发的提单，但多数为代理人货物收据（Forwarder Cargo Receipt，FCR）或 House B/L（运输代理行提单或货代提单），后两者运输单据通常不可转让，也不能作为提货的依据。

无论出口商自己还是委托代理选择承运人时，应选择信誉良好的或班轮公会的船公司，以保证良好的服务；船期应在贸易合同或信用证规定的最后装船期限之前，否则，无法按时交货；船舶应直达目的港；落实装卸条件。班轮运输通常由船公司负责在装卸港口装卸货物，即采用码头交货条件（Berth Terms）或班轮条件（Liner Terms）。但某些船公司只负责装货港的装货而不负责卸货港的卸货，即采用 LI（FO）条件；或相反，即采用 FI（LO）条件。

五、非集装箱班轮运输托运手续与程序

不论出口商直接托运还是通过代理托运，非集装箱班轮运输托运出口货物，一般需经过下列手续与程序。

（一）填制托运单

出口商选定承运人之后，无论是自己或通过代理办理托运，都需填制由承运人提供的空白托运单（Booking Note，B/N）。在中国，习惯使用“海运出口货物委托书”，又称“订舱单”，填妥后交给船公司。船公司习惯将这种行为称为“递交委托书”。托运单（或委托书、订舱单）经船公司及托运人签字后，双方之间的运输合同关系成立。托运单是托运人凭以向海关申请货物入仓及报关验货、承运人凭以制作各种装船单证的依据。托运单（或委托书、订舱单）的内容及格式，如表 13-1 所示。

表 13-1

托运单（或委托书、订舱单）

发货人名称地址 Shipper

联运货物出（进）口委托书
APPLICATION FORM FOR
COMBINED TRANSPORT FOR
IMPORT/EXPORT GOODS

收货人名称地址 Consignee

通知方名称地址 Notify Party

收货地 Place of Receipt

一程承运人 Pre carriage By

船名 Vessel Name

装货港 Port of Loading

卸货港 Port of Discharging

交货地点 Place of Delivery

提单号
B/L No. ____________

合同号
Contract No. ____________

委托编号
Entrusting Serial No. ____________

委托日期
Date of Application ____________

标记和号码 Marks and Numbers	件数和包装 No. of pkgs. & Kind of Packing	货 名 Description of Goods	重 量 Weight in KG	体 积 Measurement in CBM

集装箱数或件数 Total Number of Containers or Packages (In Words)

装船日期 Loading Date

结汇期限 L/C Expiry Date

可否转船 If Transshipment Allowed

可否分批 If Partial Shipment Allowed

提单份数 Copies of Bs/L　正本 Original　副本 Copy

运费支付 Freight Payable at

委托人 Entrusting Party

地址 电话 Address & Telephone

备 注

承运人签字 Signed for the Carrier

地址 电话 Address & Telephone

（二）领取装货单

船公司或其代理接受货主或货代公司的托运申请（托运单）之后，将确定的载货船舶名称、目的港等内容填入托运单并交给货主（托运人）填制相关内容；填妥后，再退还船公司或其代理。船公司或其代理审核无误并签字留底，再将装货单（Shipping Order，S/O，又称下货纸）交付货主或货代公司，由其填制相关内容；填妥后，再退还船公司或其代理，由其签字。

装货单（如表 13-2 所示）由船公司或其代理签字后，表明班轮公司接受托运，运输合同正式成立，同时，船公司凭此通知船长接受货物并装船；货主或货代公司领取装货单后，即可将货物运到指定码头出口仓库，凭此办理货物出口报关手续。海关准予出口时，则在装货单上加盖海关章，该装货单即成为“关单”。

（三）接货装船

为提高装船效率、加速船舶周转，在非集装箱（杂货）班轮运输中，对于普通货物，通常由班轮公司在各装货港口的船务代理指定地点（一般为港口码头仓库）接受货主或货代送交的货物；办理交接手续后，将货物集中整理并按次序装船，即“仓库收货，集中装船”。对于特殊货物（危险品、重大件等），通常由货主或货代将货物直接送至船边办理交接手续后，直接装船。若报关后，因舱位不足等原因导致货物无法装船，则要办理退关手续；货方应请船上大副在收货单上批注退关的情况，以便改装其他船舶。

（四）领取大副收据

在货物装船时，船公司与出口商（或货代）共同核查装船货物的外表状况、标志、数量等情况。若发现货物外表状况不良、标志不清、数量短缺、包装破损等，出口商应将上述有问题的货物加以调换；若不加调换或来不及调换，会将其记载于理货单上，大副也会将这些情况如实地在收货单上加以记载（大副批注）。换取提单时，大副批注将被记载于提单中，该提单则成为不清洁提单，进口商或银行不予接受。若贸易条件为 FOB，出口商通常不需支付运费。若货物外表状况良好，船方则向出口商或其代理签发清洁的大副收据用于换取提单。

（五）支付运费

若贸易条件为 CIF、CFR，运费通常由出口商支付。出口商凭大副收据向船公司换取提单时，须付清运费，提单注明“Freight Prepaid”或“Freight Paid”。若贸易条件为 FOB，运费通常由进口商支付，则提单上注明“Freight to Collect”或“Freight Collect”或“Freight Payable at Destination”。

（六）凭大副收据换取提单

大副收据（Mate’s Receipt，M/R），即收货单，是大副代表船公司签发给货主（托运人）的用以证明货物已收到并已装船的单据。由于该收货单是由船上大副签署的，故又称为大副收据（如表 13-3 所示）。

若大副收据中没有关于货物不清洁的记载，则出口商持该收据向船公司换取正式提单，凭以办理收汇。有时，出口商为了信用证收汇，需取得“On Board”提单而货物又未装船，或大副收据上载有货物外表不良的批注，但出口商需取得清洁提单。在此情况下，船公司可能要求出口商出具“保函”（Letter of Indemnity，Back Letter，Counter Letter），由出口商承担由此导致的一切责任，以换取“On Board”提单或清洁提单。这种做法不可取，极易产生纠纷。

表 13-2

装 货 单
SHIPPPNG ORDER

托运人
Shipper ______________________

编号
No. ______________________

船名 ______________________

S/S ______________________

目的港
For ______________________

兹将下列完好状况之货物装船后签署收货单。
Receive on board the under mentioned goods apparent in good order and condition and sign the accompanying receipt for the same.

标记及号码 Marks & Nos.	件　数 Quantity	货　　名 Description of Goods	重量（公斤） Weight Kilos		尺码（立方米） Measurement
			净 Net	毛 Gross	

共计件数（大写）
Total Number of Packages (in Words) ______________________

日　期
Date ______________________

时间
Time ______________________

装入何舱
Stowed ______________________

实收
Received ______________________

理货员签名
Tallied By ______________________

经办员
Approved by ______________________

表 13-3

大副收据

MATE'S RECEIPT

托运人 编号

Shipper ______ No. ______

船名

S/S ______

目的港

For ______

下列完好状况之货物业已收妥无损。

Receive on board the following goods apparent in good order and condition.

标记及号码 Marks & Nos.	件 数 Quantity	货 名 Description of Goods	重量（公斤） Weight Kilos		尺码（立方米） Measurement
			净 Net	毛 Gross	

共计件数（大写）

Total Number of Packages (in Words) ______

日 期 时间

Date ______ Time ______

装入何舱

Stowed ______

实收

Received ______

理货员签名 大 副

Tallied By ______ Chief officer ______

（七）寄送装运（船）通知

出口商在取得已装船提单之后、收汇之前，应及时充分地向进口商寄送或电讯方式传送装运（船）通知（Shipping Advice 或 Notice of Shipment）（如表 13－4 所示）。

表 13-4 **装运（船）通知**

×× 国际贸易有限责任公司

×× INTERNATIONAL TRADING CO., LTD.

No. 78, Guang An Men Wai Street, Beijing China. POST CODE: 100055

Fax: 0086-10-6327××××

TO: ALBORZ INSURANCE CO.

FAX: 8803851 SHIPPING ADVICE

DATE: Sept. 18, 2019 INVOICE NO. GM1002-0356

ATTN: TO WHOMIT MAY CONCERN

DEAR SIRS,

PLS BE INFORMED THAT THE GOODS HAS BEEN SHIPPED ON BOARD

ON Sept. 18, 2019.

CREDIT NUMBER: 1231/8350583/1

IRANIAN CUSTOMS TARIFF NO.: 3920/9990

INSURANCE EFFECTED IN I. R. OF IRAN BY ALBORZ INSURANCE CO.

THE POLICY NO.: VB/83/3119/514

NOTIFY PARTY: MR. ALI AZIZI. TEHRAN/I. R. IRAN

FROM CHIWAN TO BANDAR ABBAS PERSIAN GULF IRAN

QUANTITY OF GOOGS: 5 TONS

VESSEL NAME: VICTORY I GA059W

B/L NO.: SHZ135765

GROSS WEIGHT: 5 271.7KGS NET WEGHT: 5 000KGS

MARKS: ALI AZIZI

VALUE OF THE GOODS: USD5 500

×× 国际贸易有限责任公司

×× INTERNATIONAL TRADING CO., LTD.

×××（签字）

装运（船）通知是出口商发送给进口商的关于货物已于某年某月某日或将于某年某月某日装上某运输工具（船舶）的通知，其内容一般包括合同或信用证号码、发票号码、货名、装船数量、船名、装船日期、装货港、预计抵达卸货港的日期等。

装运（船）通知的作用表现为两方面：一是为进口商提货作准备；二是在 FOB、CFR 等条件下，便于进口商办理投保手续。为防止运输单据正本（如提单）迟到或遗失，出口商在寄送装运（船）通知时，可另行附加运输单据（如提单）的副本，以便于进口商办理担保提货。向中国周边国家或地区出口时，因运输距离较短，可能会出现经银行寄送的收汇单据晚于载货船舶到达卸货港的情况。为使进口商及时办理通关手续和提货，出口商应采用航空快递的方式向进口商寄送装船通知及运输单据副本。

第二节 集装箱班轮货物装运程序

目前，世界主要航线上的班轮运输，除少部分货载仍使用杂货班轮经营外，已基本发展为集装箱班轮运输。因此，贸易商须对集装箱班轮运输的业务程序有所了解。

一、集装箱货物的装箱方式及种类

集装箱货物依装箱方式的不同，可分为整箱货和拼箱货两种。

（1）整箱货（Full Container Load，FCL）又称 FCL 货物。当货物的体积达到一个集装箱内部容积的 85%或重量达到一个集装箱最大载重量的 95%时，即托运人的货量足以装满一个集装箱时，则该批货物可以装载于一个集装箱内，该箱货物称为整箱货。整箱货通常由货主在工厂或仓库自行装箱、计数、加封并运到集装箱堆场（Container Yard，CY），因而整箱货又称 CY 货物。整箱货通常只有一个发货人和一个收货人。

整箱货所使用的空箱通常由出口商或其代理向船公司租用，由船公司或货代拖箱到出口商工厂或指定地点装箱。此时，海关派员到场监装无诈后加封，海关放行。整箱货再运到码头集装箱堆场，船公司接收后，向出口商或其代理签发“场站收据”（Dock Receipt）用以换取提单。有些船公司可能要求出口商将货物运到指定的集装箱堆场装箱，经由当地海关人员查验无诈封箱后，再将整箱货运到码头的堆场以待装船。

在整箱货运输中，提单正面通常载有“Said to contain（STC）×××；shipper's load，cound and seal（SLCS）”或类似附加条款，承运人据此承担在箱体完好、铅封完整的状态下接收并在相同状态下交付整箱货的责任。

（2）拼箱货（Less than Container Load，LCL）又称 LCL 货物。当货物不足以装满一个集装箱时，托运人或货主须将其货运到承运人指定的集装箱货运站（Container Freight Station，CFS）。在经报关后，将货物交给承运人或其代理，货运站向出口商或其代理签发收货单。承运人或其代理与其他货主的同样货物合并装于一个集装箱，装箱后加封，该箱货物称为拼箱货，由承运人或其代理运至码头集装箱堆场。拼箱货是由承运人或其代理在集装箱货运站集中装箱，因而又称 CFS 货物。拼箱货一般涉及多个发货人或多个收货人。

在实际业务中，有时货主将货物装载于一个以上的集装箱，但最后一个集装箱未能装满，该剩余货物称为超溢货物（Over-flow Cargo）。对于超溢货物，通常按拼箱货处理，但因需等待其他货物一起拼装，一般要比整箱货晚到卸货地且须另行签发提单。因此，若货主不愿将超溢货物与其他人的货物拼装，也可请承运人将该超溢货物单独装入一个集装箱，与其他整箱货一起装船出运。但若使用承运人的货箱装载超溢货物，货主需支付一个集装箱的最低运费。

在拼箱货运输中，承运人承担在货物外表状况良好的状态下接收并在相同状况下交付拼箱货的责任。目前，拼箱货业务通常由拼箱集运公司完成，但货代也可从事拼箱货业务。

二、集装箱货物的交接方式

集装箱货物不仅在起运地有整箱货与拼箱货的装箱方式，而且在目的地卸载时，也有整箱货交付与拆箱货交付的区分。因此，通常情况下，集装箱货物的托运与卸载，即交接方式有以下四种不同形式。

（一）整箱货接收/整箱货交付（CY/CY；FCL/FCL）

简称整装/整拆（如图 13-1 所示）。

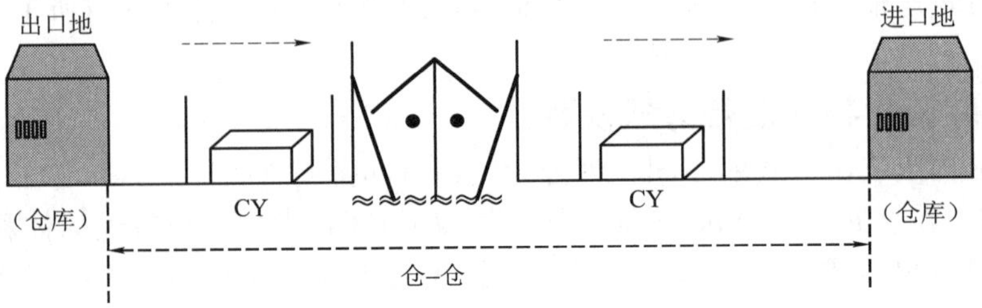

图 13-1　CY/CY；FCL/FCL

这种交接方式是指，货物由货主或托运人在其工厂、仓库等自行装箱（整装），在起运地的集装箱堆场（CY）由承运人接收整箱货（FCL）；承运人将整箱货运至目的地，在目的地的集装箱堆场（CY）将整箱货交付收货人；收货人在自己的工厂、仓库等拆箱卸货（整拆）。

在这种交接方式下，箱内货物在起运地通常属于同一货主的整箱货物（CY Cargo），而在目的地也属于同一收货人的整拆货物（CY Cargo）。同时，当承运人将铅封完好的整箱交付收货人之后，即解除其责任，至于箱内货物如何，承运人不承担责任，除非收货人证明承运人有过失。这种交接方式是海运集装箱货物交接的最主要方式，也是班轮运输中最常用的方式，其最能发挥集装箱运输的优越性。

（二）整箱货接收/拼箱货交付（CY/CFS；FCL/LCL）

简称整装/拼拆（如图 13-2 所示）。

这种交接方式是指，货物由货主或托运人在其工厂、仓库等自行装箱（整装），在起运地的集装箱堆场（CY）由承运人接收整箱货（FCL）；承运人将整箱货运至目的地，在集装箱货运站（CFS）将整箱货拆箱卸货（拼拆），再交付各个收货人。

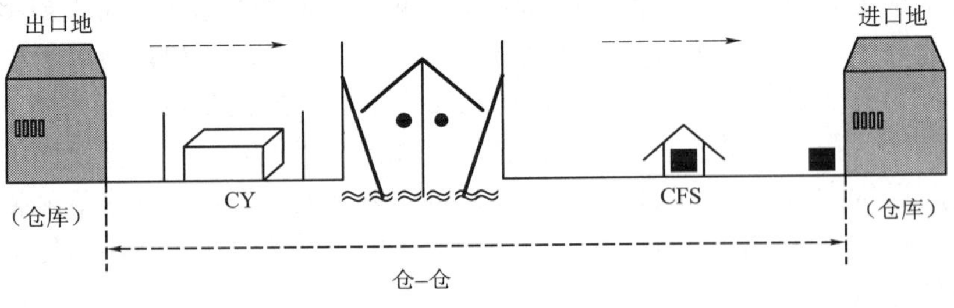

图 13-2　CY/CFS；FCL/LCL

在这种交接方式下，箱内货物在起运地属于同一货主的整箱货物（CY Cargo），而在目的地则属于几个收货人的拼拆货物（CFS Cargo）。同时，在目的地卸载时，若承运人能证明卸载时的货箱铅封完好无损，则承运人对箱内货物不承担损害赔偿责任，除非收货人能证明货物的损害是在拆箱卸货之后由承运人造成的。

（三）拼箱货接收/拼箱货交付（CFS/CFS；LCL/LCL）

简称拼装/拼拆（如图 13-3 所示）。

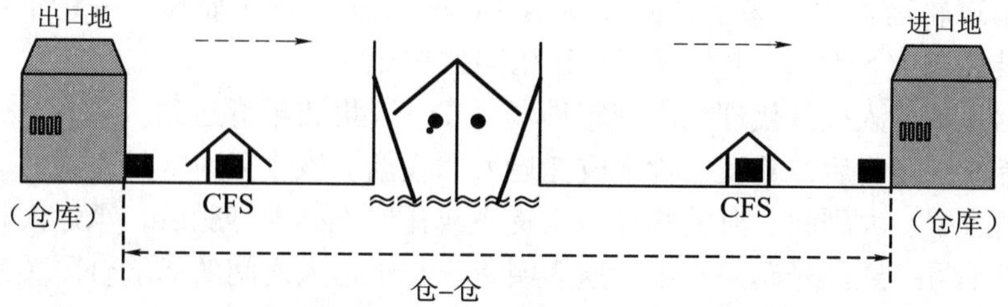

图 13-3　CFS/CFS；LCL/LCL

这种交接方式是指，各个货主或托运人将不足一个整箱的货物（LCL）在起运地集装箱货运站（CFS）交给承运人或其代理，由其拼装入箱（拼装）并运送至目的地集装箱货运站（CFS）拆箱卸货（拼拆或分拆），再将其交付各个收货人。

在这种交接方式下，箱内货物在起运地即属于不同货主的拼箱货物（CFS Cargo），在目的地也属于不同收货人的拼拆货物（CFS Cargo）。同时，在目的地卸载时，承运人须对箱内货物承担责任。这种交接方式是拼箱集运公司最常用的交接方式。

（四）拼箱货接收/整箱货交付（CFS/CY；LCL/FCL）

简称拼装/整拆（如图 13-4 所示）。

这种交接方式是指，承运人或其代理在起运地集装箱货运站（CFS），将各个货主或托运人不足一个整箱的货物（LCL）拼装入箱（拼装）并运送至目的地集装箱堆场（CY），再将整箱（FCL）交付收货人，由其运回工厂、仓库等拆箱卸货（整拆）。

在这种交接方式下，箱内货物在起运地通常属于不同货主或托运人的拼装货物（CFS Cargo），而在目的地则属于同一收货人的整拆货物（CY Cargo）。同时，在目的地卸载时，承运人须对箱内货物承担责任。

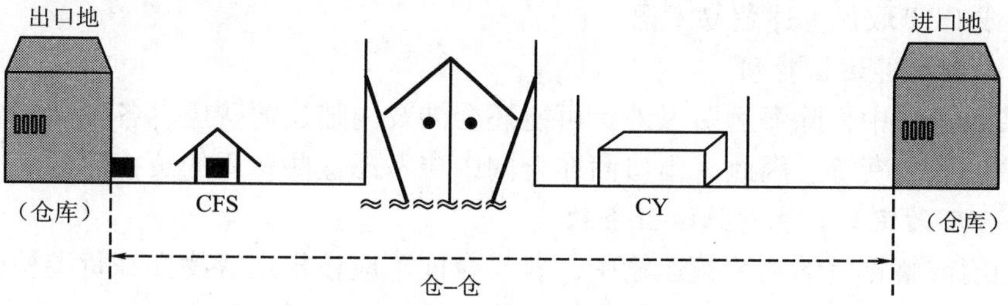

图 13-4　CFS/CY；LCL/FCL

三、集装箱班轮运输托运方式

关于集装箱班轮运输托运方式，与前述的“班轮运输托运方式”相同，不再赘述。

四、集装箱班轮运输托运手续与程序

集装箱班轮运输下的托运手续与程序，与非集装箱班轮运输基本一致，只是场站收据与装箱单以及集装箱货物交接方式有一定的差别，其他手续与程序，两者完全相同。

（一）领取场站收据

在集装箱班轮运输中，场站收据（Dock Receipt，D/R）（如表 13-5 所示）取代了传统运输中的装货单（S/O），并发挥了与其相同的作用。

场站收据是承运人或其代理在集装箱堆场（CY）、集装箱货运站（CFS）或内陆其他地点收到整箱货或拼箱货后，签发给货主或托运人的收据。该收据通常是一式八联，其中，最主要的是场站收据、大副联、海关联等。当货主或托运人办理订舱后，承运人将在场站收据上打制与提单编号一致的号码并签字，这表明货主与承运人之间的运输合同关系成立。

（二）制作装箱单

装箱单（Container Load Plan，CLP or Unit Packing List，UPL）（如表 13-6 所示）是记载集装箱货物的装运资料、交付方式以及箱内积载自内向外次序的货运单据。

（三）支付运费换取提单

若贸易合同采用 CPT 或 CIP 等条件，出口商应向承运人支付运费，提单记载“Freight Prepaid”；若贸易条件为 FCA 等，提单记载“Freight to Collect”，运费由进口商支付。出口商以场站收据为凭证向承运人换取提单，该收据相当于传统运输中的“大副收据”。

五、集装箱班轮运输与贸易合同的衔接

集装箱班轮运输与杂货班轮运输有所不同，贸易商在选择集装箱班轮运输时，应注意与贸易合同衔接；否则，可能会产生争议。

（一）选择合适的贸易术语

依据 Incoterms®2020，以 FOB、CFR、CIF 条件成交的贸易合同，买卖双方的责任、风险及费用等的划分以装货港船上为界。但集装箱运输通常以门到门或堆场（CY）或货运站（CFS）为货物交接地点，因此，贸易商在使用集装箱运输时，应在贸易合同中选择 FCA、CIP 或 CPT 取代上述贸易术语。

（二）合理计算运输费用

在集装箱运输中，除海运费以外，可能还会涉及内陆运输费用、各种装卸费用、搬运费、手续费、服务费等。因此，出口商在合同中应考虑这些费用的负担问题。

（三）合理约定目的地货物检验条款

在门到门或整箱货的集装箱运输中，贸易合同不应该规定货物在卸货港检验，而应规定在内陆目的地检验。此外，过境集装箱运输的检验也应予以免除。

（四）箱内货物责任归属

在门到门或整箱货的集装箱运输中，由于装箱工作通常由出口商或其代理完成，承运人一般无法接触箱内货物，通常，承运人对箱内货物免责。因此，贸易合同中应对此种情况下的货损责任予以明确规定。但拼箱货，承运人一般要对箱内货物负责。

（五）明确约定码头作业费用如何处理

在贸易货物运输中，班轮船公司通常收取集装箱码头作业费（Terminal Handling Charges，THC）。买卖双方须在合同中予以明确规定。Incoterms® 2020 对此类费用予以规范：在 CPT、CIP、CFR、CIF、DAP、DPU 和 DDP 术语下，卖方须安排货物运至指定目

的地或目的地卸货后交货，其费用由卖方支付。

表 13-5　　　　**场 站 收 据**

Shipper　（发货人）　　　　D/R No.(编号)

Consignee　（收货人）

Notify Party（通知人）

Pre-carriage by（前程运输）　　Place of Receipt（收货地点）

Ocean Vessel　（船名）　Voy. No.（航次）　Port of Loading（装货港）

Port of Discharge（卸货港）　Place of Delivery（交货地点）　Final Destination for the Merchant's Reference（目的地）

Container No.（集装箱号）	Seal No.(封志号) Marks & Nos.（标记与号码）	No. of container or P'kgs.（箱数或件数）	Kind of Packages; Description of Goods（包装种类与货名）	Gross Weight 毛重（公斤）	Measurement 尺码（立方米）
TOTAL NUMBER OF CONTAINERS OR PACKAGES (IN WORDS) 集装箱数或件数合计（大写）					

FREIGHT & CHARGES（运费与附加费）	Revenue Tons（运费吨）	Rate（运费率）	Per（每）	Prepaid（运费预付）	Collect（运费到付）

Ex Rate（兑换率）	Prepaid at（预付点）	Payable at（到付地点）	Place of Issue（签发地点）
	Total Prepaid　(预付总额)	No. of Original B(s)/L（正本提单份数）	BOOKING（订舱确认）APPROVED BY

Service Type on Receiving □-CY　□-CFS　□-DOOR	Service Type on Delivery □-CY　□-CFS　□-DOOR	Reefer Temperature Required.（冷藏温度）　℉　℃

TYPE OF GOODS（种类）	□ Ordinary（普通）　□ Reefer（冷藏）　□ Dangerous（危险品）　□ Auto（裸装车辆） □ Liquid（液体）　□ live Animal（活动物）　□ bulk（散货）　□ ————	危险品	Class Property IMDG Code Page UN No

可否转船:	可否分批:	REMARKS（备注）
装　期:	效　期:	
金额:		
制单日期:		By Terminal Clerk　（场站员签字）

表 13-6 装 箱 单

CONTAINER LOAD PLAN

集装箱号 Container No.
铅封号 Seal No.
集装箱规格 Container Type

船名 Vessel ____________ 航次 Voy. ____________ 目的港 Destination ____________

提单号 B/L No.	标记 Shipping Mark	件数及包装 Packing & Numbers	品名 Description	毛重 G.W （Kgs.）	整箱重 Container G.W(Kgs)	尺码 Measurement (m^3)	收货人及通知人 Consignees & Notify Party

装箱地点 Loading Spot ____________ 装箱日期 Loading Date ____________ 发货人 Shipper ____________

第三节 租船货物装运程序

在国际贸易运输中，当货量达到一定规模时可使用租船运输。因此，当出口商负责运输事宜且货量较大时，则应考虑采取何种租船方式装运出口货物。

一、租船运输的定义

租船运输，又称不定期船运输（Tramp Shipping）。与班轮运输相比，租船运输没有固定航线、港口、船期和运价。依国际租船市场行情和租船人（Charterer）的实际需要，船东（Owner）出租整船或部分舱位给租船人以完成特定货物运输任务，租船人按约定的运价或租金支付运费。

租船运输主要分为定程租船（Voyage Charter）和定期租船（Time Charter）。

二、租船运输的特点

与班轮运输相比，租船运输具有以下特点。

（1）通常运送大宗的裸装或散装货物以及半成品货物等，如粮食、矿砂、水泥、化肥等。

（2）使用的船舶大多为专用船舶，其本身通常配有装卸设备。

（3）货主或租船人多为大贸易商以及需要大宗原料的工厂或企业。

（4）承运人（船公司）通常是独立经营，其规模一般是比班轮公司小的非班轮公会船公司，所使用的船舶既有自有的，也有租来的；船公司一般称为私人承运人（Private Carrier）。

（5）船舶的航线、船期、港口、运价、码头等一般不固定。

（6）承运人与租船人订立正式的租船合同（Charter Party，C/P），双方的权利、义务以租船合同为依据；租船业务一般通过代理人或经纪人来完成。

（7）租船运价或租金属于竞争价格，受租船市场供求关系影响较大，因而其波动性较大；通常比班轮运价低。

（8）承运人一般不负责货物装卸责任及其费用（FIO）而由租船人承担，因此，租船人与承运人之间可能要计算滞期费和速遣费。

（9）若货主或租船人不能按期、按量交运货物，则要支付空舱费。

三、租船的程序

如上所述，租船业务一般通过代理人或经纪人办理。若出口商选择租船进行出口货物运输时，则可选择适当的租船代理人或经纪人（如中国租船公司），将货物的详细资料（种类、数量、装卸港、时间等）告知经纪人，委托其洽租适当的船舶。船公司接到经纪人的询价后，若有意承运，船方将向经纪人报价；经纪人接到报价后，与出口商协商；若出口商对船方的报价不同意，可通过经纪人向船方还价，直到双方达成一致并订立正式的租船合同。

四、租船货物运输手续与程序

租船货物的运输手续与程序同班轮运输相似，通常包括以下环节。

1. 订立租船合同

出口商备妥货物后，若采用CIF或CFR条件，则须通过代理或经纪人与船公司洽商和签订租船合同；若采用FOB或FAS条件，则由进口商通过代理或经纪人与船公司洽商和签订租船合同。①

2. 签发装货单

租船合同订立后，出口商即可请求承运人或其代理签发装货单，待相关手续办妥之后，可将出口货物运至装货港口，向海关申报出口通关。

3. 宣载与装船

承运人将船舶开抵装货港并完成一切装货准备之后，由船长向托运人签发装货准备就绪通知书（Notice of Readiness），以书面形式宣布本航次装运货物的实际数量，习惯上称为“宣载”（Declaration of Cargo）。托运人在此文件上签字后，立即依租船合同的规定开始装船，以免产生滞期费。

4. 计算装船时间

如前所述，在租船运输中，船方通常不负责货物在装卸港的装船与卸船及其费用。但船方须向港务当局交纳港口使费，该费用一般按船舶在港停泊时间计算。因此，船方要计算货方装船的天数并做成装卸时间表（Time Sheet），待货物装船完毕后，再计算货方是

---

① 关于租船合同的格式及其条款，详见拙著《国际贸易运输》（第三版），对外经济贸易大学出版社，2010。

否滞期或速遣并予以惩罚或奖励。

5. 检测货量

货物装船后，一般由货主委请公证机构会同船方，按照装船前后船舶吃水的情况，检测装船货物的重量。

6. 领取大副收据

货物装船完毕后，由船上大副向货主签发大副收据，证明装船货物的状况，货主领取大副收据作为换取提单的依据。

7. 换取提单

货主按照租船合同的规定，以大副收据向承运人换取正式提单。该提单是依据租船合同而签发的，通常称为租船提单（Charter Party B/L）。它与班轮提单有所不同。提单上一般注明“Freight and All other Terms，Conditions as per Charter Party”（运费及其他条件依据租船合同）。

8. 支付运费

租船运输的运费通常为到付（Freight to Collect or Freight Payable at Destination），但也有船公司采用预付运费（Freight Prepaid）。为避免争议，租船合同一般对此予以明确约定。

五、寄送装船通知

这一手续与程序同班轮运输完全相同，不再赘述。

第四节 海运费的计算

运费是货主向承运人支付的运送货物的报酬。运费是国际贸易价格的重要组成部分，也是国际贸易的成本和出口商对外报价的依据之一。因此，贸易商须对运费有深入的了解，并能准确地计算出运费。本节将分别介绍杂货班轮运费、集装箱运费和租船运费。

一、杂货班轮运费的计算

杂货班轮运费，又称传统定期船运费，是指集装箱班轮和租船以外的传统班轮运费，通常由基本费率和各种附加费构成。其计算标准或计算单位主要有毛重、体积或尺码以及价值等。

（一）运费支付方式

在国际海运中，运费的支付方主要有两种，即预付运费和到付运费。

凡贸易合同以 CIF、CFR、CPT 或 CIP 等条件订立时，因运费已包括在货价内，出口商在订舱租船时通常要承担运费，因而应在提单上注明“Freight Prepaid”。约定运费预付时，一般在装船完毕由出口商向承运人支付并换取提单。

凡贸易合同以 FOB、FAS 或 FCA 等条件订立时，运费在货物抵达卸货港后，一般由收货人支付，因而应在提单上注明“Freight to Collect”或“Freight Payable at Destination”。

（二）杂货班轮运费的构成

杂货班轮运费由基本费率（Base Rate）和附加运费（Surcharge, Additional Rate）构成。

基本费率又称基本运费，是承运人依据航线、货物性质与种类、营运成本、港口状况等因素，以地区为标准而制定的各种不同运费率并以运价本（表）的形式表示。班轮公会和班轮公司通常都制定了不同航线的运价本（表）（见表13-7）。

附加运费是承运人因某种特殊情况，在基本费率之外另行加收的一种临时性的费用。班轮运输中，常见的附加运费有超重或超长费、转船附加费、选卸港费、燃料附加费、货币贬值附加费、港口拥挤附加费等。①

表13-7 基本费率运价表（节选）②

Rates of Freight From ××× （港口） to ××× （港口）

Effective from Jan. 1, 2012

ITEM NO.	COMMODITY	RATE BASIS	RATE USD
001	ACETONE	W/M	30. 00
002	AD VALOREM GOODS N. O. E (S).	VALUE	3%
003	AGAR (-AGAR)	W/M	25. 00
004	AUTO CAR	UNIT	80. 00
005	COW	HEAD	50. 00
006	BAMBOO SHOOTS	M	20. 00
007	COAL	W	OPEN
008	DANGEROUS GOODS N. O. S., CLASS "A"	W/M	60. 00
009	MINIMUM CHARGE	PER B/L	15. 00
……	……	……	……

注：表中数据不代表目前实际运价水平

（三）杂货班轮运费的计算标准

杂货班轮运费的计算标准（Freight Basis, Freight Rate Basis, Rate Basis），即运费的计算单位。在计算中，经常使用的标准有毛重（W）、体积或尺码（M）、价值（Ad. Val）、重量/体积（W/M）、件数（Unit）等。承运人在计收运费时，通常按货物的性质或特点，选择其中一种标准计算。一批货物，一般按毛重、尺码、价值等较高的数值计算运费。若选择货物的毛重作为计算运费的标准，习惯称重量为重量吨，一般以1公吨为1重量吨；若选择货物的体积作为计算运费的标准，习惯称体积为尺码吨，一般以1立方米（35.3立方英尺）或40立方英尺为1尺码吨；若选择货物的价值作为计算运费标准，通常以货物的FOB价值乘以运费率计算，这种计算标准通常适用于价值昂贵的商品的运费计算。

附："未列名货物"和"集合名称货物"。

未列名货物：在船公司的商品运价分级表内，对某些种类相同、性质和对运输的要

① 关于附加运费详见拙著《国际贸易运输》（第三版）。

② 张锦源．国际贸易实务详论［M］．17版．台北：三民书局股份有限公司，2013：469.

求基本一致的货物，通常并不逐一列名，而是以“未列名货物”［Cargo Not Otherwise Enumerated（Specified）：Cargo N. O. E（S）.］的形式列出，如“未列名毛皮”［Furs，N. O. E（S）.］等在商品运价分级表中标明，其目的是简化货物的列名，缩短商品运价分级表的篇幅。运输商品运价分级表中未列名的货物（包括某些新产品）时，可先按照与商品运价分级表中列名的性质相近的货物等级来确定该货物应属的等级。

集合名称货物：在船公司的商品运价分级表内，还对同类货物以集合的方式列出，即对某些货物并不逐一列名。例如，对鞋类商品以“Footwear，N. O. E（S）.”的“集合名称”按字母顺序列名于商品运价分级表中：Embroidered、Leather、Plastic、Straw 等。

（四）杂货班轮运费的计算

在计算杂货班轮运费时，其过程可用以下公式表示：

基本运费=基本费率 × 运费吨（重量或体积等）

总运费=基本运费 + 各种附加费总和

从理论上讲，依上述公式计算出来的运费加上 FOB 价格等于 CFR 价格，再加上保险费则等于 CIF 价格。但在实际业务中，依上述公式计算的运费，尽管是出口商实际交付承运人的运费，但考虑市场的竞争状况、进口商的压价、运费率可能调整等因素，出口商在对外报价时，可根据上述因素作适当的调整。

（五）杂货班轮运费计算实例

某出口商拟出口某货物到法国港口，该批货物以木箱包装运输，每一木箱的尺码为 60cm×70cm×60cm，重量为 20kgs，共装 20 箱。出口商向船公司询问运价，船公司答复如下：基本运费率为 W/M USD150，W = 1 000kgs；M = 1m^3；BAF（燃油附加费率）为 10%；CAF（货币贬值附加费率）为 10%。另外，出口商可享受远东至欧洲班轮公会优惠费率，即减 9.5%。试计算该批货物的运费。

解：该批货物总尺码：0.6m×0.7m×0.6m×20 = 5.04m^3；总重量：20kgs×20 = 400kgs = 0.4M/T。因尺码吨大于重量吨，因此，船公司将选择以尺码吨为计费吨。

基本运费=USD150 × 5.04=USD756.00

BAF=USD756.00 × 10% =USD75.60

CAF=USD756.00 × 10% =USD75.60

总运费=USD(756.00+75.60+75.60)×(1−9.5%)= USD821.02

因此，该批货物的总运费为 821.02 美元。

二、集装箱运费的计算

从总体看，集装箱运费由海运费加上各种与集装箱运输有关的费用组成，即其构成可能包括海运费、内陆运费，以及各种装卸费、搬运费、手续费、服务费等。

（一）集装箱运费

集装箱运输的海运费，若为整箱货，一般以一个货箱作为计算运费的单位，采用整箱货包箱费率（Box Rate）计算运费。同时，整箱货的运费计算还涉及最低运费与最高运费的计算。[1] 若为拼箱货，一般按箱内所装货物的重量或尺码计收。上述班轮运费的计算适用于拼箱货的运费计算。

因集装箱货物既可以交给集装箱货运站装箱拼箱托运，也可以由托运人自行装箱整箱托运，从而具体计算方法有所不同。

（二）整箱货运费的计算

若托运人自行装箱且整箱托运的情况下，托运人除了可以按包箱费率支付海运费外，也可以采用按普通杂货班轮运输海运费的计算方法，即根据装入箱内不同等级的货物及相应航线费率来计算整箱货的海运费；若托运人委托集装箱班轮公司或船舶代理人装箱且整箱托运的情况下，除仍按照上述方法计算海运费外，托运人还要支付装箱费。

包箱费率是船公司根据自身情况以不同类型的集装箱为计费单位，确定整箱货的不同航线包干费用。整箱货包箱费率通常包括集装箱海运费及装卸港口码头装卸费用。包箱费率大致可分为均一包箱费率（即对普通货物不分货物类别、只分箱型规定的包箱费率）以及商品包箱费率（即区分货物类别、级别，不同箱型规定不同的包箱费率）。

FAK（Freight for All Kinds）包箱费率属于均一费率，只分箱型而不分箱内货物种类（指普通货物），不计箱内所装货物重量（在本箱型规定的重量限额内），统一收取整箱基本运费。在采用这种包箱费率的航线上，通常对一般普通货物不分等级，但对特殊货物再分一般化工品（Chemical Non-hazardous，无害化工品）、半危险品（Semi-hazardous Cargo）、全危险品（Hazardous Cargo）和冷藏货物（Reefer or Refrigerated Cargo）。

FAK 包箱费率运价表形式见表 13-8。

表 13-8　中国-菲律宾航线集装箱费率表（节选）

基本港：马尼拉 BASE PORT：MANILA				
装货港 PORT OF LOADING	货名 COMMODITY	LCL	CY-CY	
		W/M	20 英尺	40 英尺
黄埔 HUANG PU	GENERAL CARGO SEMI-HAZARDOUS HAZARDOUS REEFER	64.00 81.00	850.00 1 150.00 1 400.00 1 900.00	1 550.00 2 100.00 2 600.00 3 550.00
上海 SHANG HAI 青岛 QING DAO ……	GENERAL CARGO SEMI-HAZARDOUS HAZARDOUS REEFER ……	86.00 111.00 ……	1 250.00 1 700.00 2 100.00 2 400.00 ……	2 250.00 3 100.00 3 850.00 4 500.00 ……

注：表中数据不代表目前实际运价水平

---

① 有关海运费和集装箱运费计算的详细内容，可参见拙著《国际贸易运输》（第三版）、《国际贸易运输与保险》（第五版），对外经济贸易大学出版社，2020。

FCS（Freight for Class）包箱费率属于商品包箱费率，是分箱型对货物按一定等级分类制定的包箱费率。使用FCS包箱费率时，应先根据货名查找货物等级，然后在航线运价表中，按FCS包箱费率中货物分级的大类、不同的交接方式及集装箱箱型查找相应的每只集装箱的运价。

FCS包箱费率运价表形式见表13-9。

表13-9　　中国-澳大利亚航线集装箱费率表

基本港：墨尔本、悉尼、布里斯班 BASE PORT：MELBOURNE，SYDNEY，BRISBANE				
装货港 PORT OF LOADING	货名 COMMODITY	LCL	CY-CY	
		W/M	20英尺	40英尺
上海/青岛/新港/大连/南京/南通/宁波/厦门/福州/张家港/广州/连云港/烟台	1-7	106.00	1 600.00	3 050.00
	8-10	110.00	1 700.00	3 250.00
	11-15	116.00	1 800.00	3 400.00
	16-20	128.00	2 000.00	3 800.00
	GENERAL CARGO	116.00	1 800.00	3 400.00
	SEMI-HAZARDOUS	142.00	2 250.00	4 300.00
	HAZARDOUS		3 600.00	6 850.00
	REEFER		3 100.00	5 900.00

注：表中数据不代表目前实际运价水平

（三）拼箱货运费的计算

拼箱货运费的计收方法基本上与杂货运费计收方法相同，但拼箱货费率水平是依据集装箱费率水平确定的。计算时，拼箱货运费的基本原则如下。

1. 拼箱货运费构成

拼箱货运费为基本运费与各项附加费之和，即拼箱货运费＝基本运费+各项附加费＝基本运价×运费吨＋各项附加费。

上式中，基本运价参照各航线不同等级的运费率，运费吨依运价本（表）规定的计费标准确定。附加费以运价本（表）规定为标准计收。

2. 拼箱货计费标准

拼箱货计费标准通常采用重量吨（W）、尺码吨（M）或重量/尺码择大（W/M）以及从价费率（Ad. Val）等标准。

3. 拼箱货附加费

由于拼箱货是散件直接交由集装箱货运站拼装并涉及不同的收货人，因此，船公司可能收取超重附加费、超长附加费等附加费。

（四）集装箱运输的其他费用

1. 堆场服务费（Terminal Handling Charge，THC；CY Service Charge）

堆场服务费也称码头搬运费，包括两部分，即装货港堆场接收出口的整箱货，以及堆存和搬运至装卸桥下的费用。同样，在卸货港包括在装卸桥下接收进口的整箱货，以及将箱子搬运至堆场和堆存的费用。还包括在装、卸港的单证等费用。

不论集装箱运输交接方式如何，堆场服务费均是集装箱运费中必不可少的部分。堆场服务费可能在装、卸港分别向发货人和收货人收取，也可能在CY/CY条款下并入海运费或在某些国家以附加费形式计收。

2. 拼箱服务费（LCL Service Charge）

拼箱服务费是指对出口货装箱、进口货拆箱所支付的费用。出口拼箱是指集装箱货运站在接收发货人所托运的货物后，使用班轮公司的集装箱进行装箱、堆存、保管以及运至码头堆场的工作；进口拆箱是指集装箱货运站从码头堆场接收整箱货并运至货运站，随后进行拆箱、堆存、保管、交付货物给收货人的工作。拼箱服务费通常包括为完成上述服务项目而收取的费用。

3. 集散运费（Feeder Service Charge）

集散运费又称支线运输（Feeder Service），是指由内河、沿海的集散港至集装箱出口堆场之间的集装箱运输。一般情况下，集装箱在集散港装船后，即可签发集装箱联运提单，承运人将这一集散而收取的费用称集散运费。

4. 内陆运费（Inland Charge）

内陆运费的收取，依据运输方式的不同分为两种情况，一种是由承运人负责内陆运输，另一种是由货主自己负责内陆运输。两种情况下的运费收取有所不同。

此外，在整箱货（CY/CY）运输中，若收货人不及时到集装箱堆场（CY）提取整箱，则超过一定时间后，船公司可能收取一定的费用；货主将整箱拖至自己的仓库或工厂拆箱后，若未在免费时间内向船公司返还空箱，则船公司要收取一定的费用（超期使用费）。

（五）集装箱运费计算实例

以集装箱运输货物，出口商可以主动向船公司咨询，分别计算CY和CFS（LCL）方式下的运费。两者比较后，选择较低的托运方式。

例如，某出口公司拟出口一批货物到美国西岸港口，共600木箱，每箱尺码为0.2cbm，毛重为20.5kgs。出口商向船公司咨询后，答复如下：

CY：20′ USD3 000

　　40′ USD5 000

LCL（CFS）：USD100 per M/T（1M=1cbm；1W=1M/T）

每20′集装箱装货尺码上限33.1cbm，重量上限21.67M/T

每40′集装箱装货尺码上限67.5cbm，重量上限26.48M/T

CY吊箱费CNY1 120/20′；CNY1 400/40′；LCL（CFS）装箱费CNY76-W/M

设：USD1=CNY6.20，试计算该批货物的集装箱运费。

解：若以整箱货（CY）方式运输，该批货物的尺码为 0.2×600＝120cbm，重量为 20.5×600＝12 300kgs＝12.3M/T，可装 2 个 40′集装箱。

整箱货运费为：USD5 000×2＝USD10 000，折合为人民币 6.20×USD10 000＝CNY62 000；吊箱费为 CNY1 400×2＝CNY2 800；应付运费为 CNY62 000＋2 800＝CNY64 800。

若以拼箱货（LCL 或 CFS）方式运输，因该批货物的尺码吨大于重量吨，所以，应以尺码吨为计费吨，运费为 USD100×120＝USD12 000，折合人民币为 6.20×USD12 000＝CNY74 400；装箱费为 CNY76×120＝CNY9 120；应付运费为 CNY74 400+9 120＝CNY83 520。可见，出口商采用整箱货运输比拼箱货运输更合算，应付运费为 CNY64 800。

三、租船运费的计算

租船主要分为程租和期租两种方式，其运费的计算也不相同。

在程租船运输中，双方在程租合同中约定运费率、计算标准、支付时间和方式等。其运费的表现形式主要有运费率（Rate of Freight）和包干运费（Lump-Sum Freight）两种。运费率与班轮运费基本一致，按一定的标准计算；包干运费是指依提供的船舶，约定一笔整船运费，不论实际装货多少，货主一律照付。程租船运费的计算标准通常也是依重量吨或尺码吨计算；支付方式与支付时间也分为预付和到付。在期租船运输中，双方在期租合同中约定租金的计算与支付。

在租船运费中，一般不包括货物装卸责任及其费用（租用装卸工具及雇用装卸工人的责任及费用），而是由双方在租船合同中具体约定由谁承担货物的装卸责任和费用。常见的规定有以下几种。

1. 船方负责装卸和负担其费用（Liner Terms，Berth term or Gross Terms）

在这种条件下，由船方负责货物的装卸并承担其费用，包括货物进舱后的理舱责任及费用。这一规定与班轮运输中承运人的责任相同。这种条件比较适合租船运输木材、包装货物等，而不适合散货租船运输。

2. 船方不负责装卸，也不负担其费用（Free In and Out，FIO）

在这种条件下，船方不负责货物的装卸，也不承担其费用，即由租船人（货主）负责货物的装卸及其费用。同时，货物进舱后的理舱或平舱责任及费用也由货主承担（Free In and Out，Stowed and Trimmed，FIOST）。这种条件比较适合租船运输散装货物。

3. 船方负责装货不负责卸货（Free Out，FO）

在这种条件下，船方只负责装货及其费用，但不负责卸货及其费用。这一条件又称 LI，FO（Liner In，Free Out）。

4. 船方负责卸货不负责装货（Free In，FI）

在这种条件下，船方只负责卸货及其费用，但不负责装货及其费用。这一条件又称 LO，FI（Liner Out，Free In）。

租船运输中的运费和装卸费比较复杂，贸易商若采用租船运输进出口货物时，必须将运费与装卸费用、贸易术语、港口的规定等问题综合考虑。①

---

① 参见拙著《国际贸易运输与保险》（第五版）第五章的相关内容。

第五节 提单及其应用

海上运输是国际贸易货物运输的最主要运输方式，其运输单据主要是提单。提单在国际贸易、国际运输、国际结算及国际保险等方面发挥着重要作用。

一、提单的定义

提单（Bill of Lading，B/L），是承运人（或其代理）在收到货物归其掌管后，应托运人的要求签发给托运人的一种单据。1978 年《联合国海上货物运输公约》（《汉堡规则》）以及中国《海商法》第 71 条均对提单予以界定，提单是一种用以证明海上货物运输合同和货物已由承运人接管或装船，以及承运人据以保证交付货物的单证。单据中关于货物应交付指定收货人或按指示交付或交付提单持有人的规定，即构成这一保证。

考虑不同法系国家对于运输单据的称谓可能存在差异，《鹿特丹规则》[①] 未再使用“提单”这一术语。但习惯上，人们通常仍将海运中的运输单据称为“提单”。《鹿特丹规则》第 14 条规定，“运输单证”是指承运人按运输合同签发的单证。该单证证明承运人或履约方已按运输合同收到货物，并且证明或包含一项运输合同。

提单的当事人是承运人（Carrier）与托运人（Shipper）。提单的关系人包括收货人、提单持有人、受货人、控制权人和货物所有人等。提单对不同的当事人和关系人有不同的意义和作用：承运人利用提单保护自身的利益；托运人将提单视为货物已被承运人收讫的收据并控制运输中的货物；收货人等可凭提单提取货物或利用提单周转资金。

二、提单的性质与作用

在法律和商业上，提单代表货物，占有提单即拥有货物的所有权或控制权，并在货物运输中有权处理提单上所载明的货物。提单一般具有以下性质和作用。

（一）提单是承运人（或其代理）出具的货物收据（B/L As a Receipt of Goods）

提单是承运人签发给托运人的收据，证明已收到或接管提单所列货物。已装船提单是承运人出具的，证明货物已收到并装上船舶付运的收据。

提单作为收据的效力存在分歧（如图 13-5 所示）。《海牙规则》《海牙-维斯比规则》《汉堡规则》《鹿特丹规则》及中国《海商法》规定，承运人签发的提单只是“初步证据”“推定证据”或“表面证据”（Prima Facie Evidence），推定承运人已按提单记载收到货物，即承运人可以进一步提出反证，证明其实际接收或装船的货物状况与提单上所记载的状况不符，从而免除其对货主因这种不符而遭受损失的赔偿责任。而《海牙-维斯比规则》《汉堡规则》《鹿特丹规则》及中国《海商法》规定，在承托双方之间，提单的证据是“推定证据”“表面证据”或“初步证据”，但对收货人则为“最终证据”或“绝对证据”（Conclusive Evidence），即只要收货人等善意的第三者收到的货物与提单记载的状况

---

① 《鹿特丹规则》（The Rotterdam Rules）是 2008 年 12 月 11 日联合国大会正式通过的《联合国全程或部分海上国际货物运输合同公约》的简称。该规则制定的主要目的是，取代原有的三个国际公约，即《海牙规则》《海牙-维斯比规则》以及《汉堡规则》，以真正实现海上货物运输法律制度的国际统一。

不符，承运人要对收货人等负责赔偿。

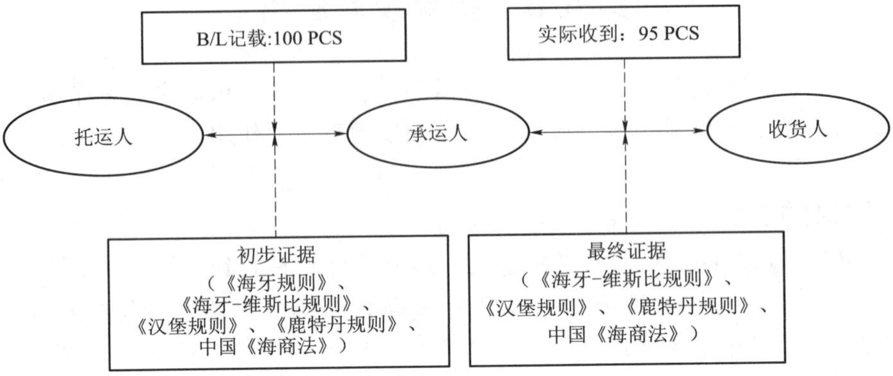

图 13-5　B/L：初步证据或最终证据示意图

（二）提单是物权凭证（B/L As a Document of Title）

物权凭证通常指能够代表货物本身，其占有或转让物权凭证同货物本身的占有或转让具有相同效力。提单是物权凭证已得到多数国家法律的认可。

一般认为，提单是承运人保证凭以交付货物（凭提单放货而不得无提单放货）和可以转让（记名提单除外）的物权凭证。提单可以不经承运人的同意而转让。提单的转让意味着提单所记载的货物占有权的转移和货物的转移。持有提单就意味着支配货物，这一效力包括货物在承运人掌管待运期间、运输途中、交付中的控制权以及在目的地请求承运人交付货物的权利。

（三）提单是运输合同的证明或包含运输合同（B/L As An Evidence of Contract or Contract）

承托双方之间为运输而订立的合同称为运输合同。海上运输合同可分为租船运输下的租船合同和班轮运输合同。运输合同和提单中，关于承运人与货方的权利、义务并不完全相同。

托运人持有提单时，托运人与承运人之间的关系应以运输合同为准，即提单只是承托双方之间运输合同的证明；当提单转让到收货人或其他提单持有人手中时，承运人与收货人或其他提单持有人之间的权利、义务关系应依提单的规定确定，即提单在承运人与收货人或其他提单持有人之间就是运输合同（如图 13-6 所示）。由此可见，不同的当事人或关系人持有提单时，其对承运人的权利与义务有所不同。

提单除了上述作用外，在业务联系、货款结算、对外索赔等方面都起着重要作用。

三、提单的种类及其使用

提单从不同的角度可划分为不同的种类；而不同种类的提单，其使用也不完全相同。现将国际贸易中，常见的提单及其使用作如下介绍。

（一）依据其签发人，提单可分为船东提单、租船人提单和货运代理提单

1. 船东提单（Ship Owner's Bill of Lading）

船东提单是指由作为承运人的船东向托运人签发的提单，这是最传统的提单。在租船运输中，作为承运人的船东可以向托运人签发提单。但随着班轮运输的发展，船东签发提

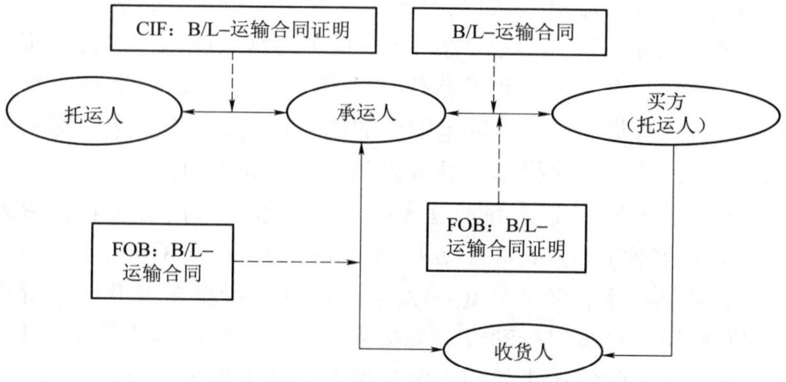

图 13–6 B/L：运输合同证明或运输合同示意图

单的情况越来越少。目前，各国法律承认有权签发提单的“承运人”已包括“无船承运人”等。

2. 租船人提单（Charterer’s Bill of Lading）

租船人提单是指由船东以外的租船人作为承运人向托运人签发的提单。租船人包括光船租船的租船人和定期租船的租船人等。在光船租船或定期租船的情况下，与托运人订立运输合同的，经常就是以定期租船或光船租船方式取得船舶运营权利的租船人。对托运人而言，他们承担承运人的责任，因此，可以向托运人签发提单。

上述两种提单均可称为“承运人提单”（Carrier’s Bill of Lading）。

3. 货运代理提单（Freight Forwarder’s Bill of Lading）

货运代理（Freight Forwarder）简称“货代”，又称运输代理行，是指经营货物运输领域内一项或数项业务并收取报酬的经营性组织或实体。货代本身通常没有运输工具，一般为货主或承运人代办托运、代办报关、代办提货或其他运输业务。随着集装箱运输的不断发展，货运代理人签发提单的情况越来越多。

依 UCP600，只要货运代理承担承运人责任，其签发的提单可以作为有效的结算货款提单。ISBP745 E3 也规定：提单可由承运人或船长之外的任何实体出具，只要满足 UCP600 第 20 条的要求即可；若信用证规定“货运代理提单可接受”或“运输代理行提单可接受”或类似含义的措辞，则提单可由出具的实体签发而不需要表明其签字的资格或承运人的名称。

在国际货物运输中，货运代理签发提单的情况有以下几种。

（1）货代以“托运人”身份，向作为承运人的船东或租船人交货，由船东或租船人向货代签发提单［有人称其为“主提单”（Master B/L）或“承运人提单”］；货代再以其本身的名义、“承运人”的身份向货主（托运人）签发提单［有人称其为“分提单”或“货代提单”（House B/L）］。在此情况下，“主提单”通常仅作为“货物收据”而不作为货主结算货款的有效提单，“货代提单”才作为货主结汇的有效提单。换言之，对货主而言，货代作为总承运人（合同承运人），保证货物从接管地运至目的地，对全程运输负责。因此，货代签发自己的提单，具有提单的性质和作用，可被接受。UCP600 和 ISBP 所指的货代提单就是这种提单。

（2）货代从货主（托运人）那里收取货物并向其签发“货物收据”，此时，有些货代也可能签发自己的所谓“提单”。货代再向作为承运人的船东或租船人交货，并取得其签发的提单（“承运人提单”）。在此情况下，货主通常只能以“承运人提单”收汇，一般不能以货代的“货物收据”或所谓的货代“提单”收汇。因为货代所承担的责任不是承运人的责任，即它只对货物在其管辖范围内的损失负责，而货物在运输过程中的责任将由承运人承担。因此，这种货代提单不具备提单的性质和作用。

（3）货代直接由船东或租船人等承运人授权，以承运人的名义代为签发提单，如提单签字为“××（货代名称）agent for（on behalf of）the carrier COSCO”。这种提单本质是“承运人提单”。在此情况下，货主收汇的提单只有这一种提单。此时，货代签发的提单具有提单的性质和作用，可被银行和收货人接受。因此，在国际货款结算中，银行将根据该代理人是否承担承运人的货运责任而决定是否接受此类提单。

（二）依据货物是否已装船，提单可分为已装船提单和备运提单

1. 已装船提单（On Board or Shipped B/L）

这种提单又称为装运提单，是指货物已全部装上船，凭大副收据签发的提单。提单上除其他项目外，必须注明船名和装船日期并有“货已装船”（Shipped on Board）字样，如“货已装船，其表面状况完好”（shipped on board the vessel in apparent good order and condition of the goods）。依UCP600规定，若信用证要求海运提单作为运输单据，银行将接受注明货物已装船或已装指名船舶的提单。

2. 备运提单（Received for shipment B/L）

备运提单又称收讫待运提单，是指货物（集装箱运输除外）在装船前已由承运人接管，承运人应托运人的要求而签发的提单。由于这种提单的货物没有装船，没有载明船名、装船日期，到货时间没有保证，对货方很不利。因此，进口商一般不愿接受备运提单。在跟单信用证支付方式下，银行一般都不接受这种提单。

（三）依据其收货人抬头，提单可分为指示提单、记名提单和不记名提单

1. 指示提单（Order B/L）

指示提单，又称可转让提单（Negotiable B/L），是指在提单上“收货人”一栏内只填写“凭指示”（To Order）或“凭××指示”（To Order of ××）字样的提单。这种提单可以通过背书的方式进行转让，因而在国际上使用较为广泛。

“To Order”，即“待指示”或“凭指示”的意思，称为空白指示或不记名指示；“To Order of ××”称为记名指示，指示人有银行（Negotiating Bank，Issuing Bank，Remitting Bank or Collecting Bank）、发货人（Shipper）、买方（Buyer）或收货人（Consignee）等。

指示提单转让时，有两种背书方式：空白背书和记名背书。“空白背书”（Endorsed by Blank）仅由背书人（提单转让人）在提单的背面签字盖章，而不注明被背书人（提单受让人）的名称；“记名背书”是指在提单背面既有背书人签字盖章，又有被背书人名称的记载。空白指示、空白背书的提单一般又称为“空白抬头、空白背书”提单。它是国际贸易中使用最多的一种提单。

指示提单在托运人（出口商）未指定收货人之前，出口商仍拥有货物控制权。如经空白背书，则成为不记名提单，即可作为凭提单提货的凭证；如经记名背书，即成为记名提单。

在国际贸易实务中，指示提单一般有以下几种做法。①

（1）“收货人”（Consignee）栏内仅记载“To Order”（凭指示）。这种提单由托运人指定收货人，提货人必须提交经托运人（Shipper）背书的提单才能向承运人提货。通常，这种提单在“被通知人”（Notify Party）栏内记载具体公司或个人名称，以便货物抵达卸货港后，承运人通知其提货。这种提单由托运人控制货权，Shipper 首先背书后即可转让；经空白背书后，该提单即成为不记名提单，持有人可凭以提货。因提单代表货物，因而这种提单可凭以向银行融资或贴现；经背书后转让给银行，银行即成为提单的持有人，提单所代表的货物则成为银行授信的担保物品。

（2）“收货人”（Consignee）栏内记载“To Order of Shipper”或“To Shipper's Order”（凭托运人指示）。这种提单也由托运人指定收货人，在转让之前，托运人可控制货权。若转让，同样应由 Shipper 首先背书，经空白背书后可成为不记名提单。收货人必须出示经托运人首先背书的提单才能凭以向承运人提货。这种提单也可凭以向银行融资或贴现。

上述（1）和（2）两种提单，若经记名背书即成为记名提单，通常只有记名人可凭以提货。

（3）“收货人”（Consignee）栏内记载“To Order of ××（买方名称）”（凭买方指示）。这种提单是以买方或其指定人为收货人，提货人必须提交经买方背书的提单才能向承运人提货。在其转让之前，由买方控制货权；若转让，则其第一个背书人（转让人）必须是买方，否则背书不连续，受让人（银行、收货人等）无法行使提单的权利。因此，这种提单使托运人（卖方）失去货物控制权，托运人（卖方）无法凭以向银行融资或贴现，因为银行无法保证买方在提单上背书并将提单转让给银行。因此，只有当卖方先收到货款再装运货物，才可使用这种提单，否则不宜使用这种提单。

（4）“收货人”（Consignee）栏内记载“To Order of Agent of Shipper”（凭托运人的代理指示）。这种提单的收货人一般是托运人（卖方）的进口地代理或其指定人。在其转让之前，由托运人的代理控制货权，而托运人无法控制货物。同样，若提单转让，则第一个背书人必须是托运人的代理，否则无法向承运人提货。因此，托运人无法凭该提单向银行融资或贴现。

（5）“收货人”（Consignee）栏内记载“To Order of ×× Bank（议付银行名称）”（凭议付银行指示）。这种提单是以出口地的议付银行或其指定人为收货人。这种提单下的提货人也必须提交经该银行背书的提单才能向承运人提货，而卖方则失去货物控制权，议付银行则取得了货物控制权；议付银行转让该提单时，其必须为第一个背书人。

（6）“收货人”（Consignee）栏内记载“To Order of ×× Bank（代收银行名称）”（凭代收银行指示）。在托收付款方式下，若代收银行同意，则可将进口地的代收银行或其指定人记载为收货人。此种情况下，托运人同样失去货物控制权。进口商也必须提交经代收银行首先背书的提单才能提货。这种提单下，卖方无法凭以向出口地银行融资或贴现。

使用这种提单应特别注意：依据 URC522 第 10 条，若指定代收行为收货人，必须取得其同意；否则，一切风险由出口商承担。通常，国外银行不愿意充当提单的收货人，因

---

① 张锦源．国际贸易实务详论［M］．17 版．台北：三民书局股份有限公司，2013：484-485．黄得炳．非信用证交易 T/T、O/A、D/A、D/P 操作实务与风险规避［M］．台北：宏典文化出版股份有限公司，2012：53-56.

为有些出口地的海关可能要求作为收货人的代收行支付关税及其他费用。

（7）“收货人”（Consignee）栏内记载“To Order of ×× Bank（开证银行名称）”（凭开证银行指示）。在信用证付款方式下，若开证银行未向买方收取足额的保证金，可将开证银行或其指定人记载为收货人，以保障其债权。此种情况下，由开证银行控制货权，而托运人（受益人）则失去货物控制权。进口商必须提交经开证银行首先背书的提单才能提货。这种提单下的卖方也无法凭以向出口地银行融资或贴现。

上述（5）、（6）和（7）三种提单，与（1）和（2）两种提单相比较，银行更愿意接受（1）和（2）两种提单。

2. 记名提单（Straight B/L）

记名提单又称收货人抬头提单、直接提单或不可转让提单（Non-negotiable B/L），是指提单上“收货人”（Consignee）一栏内已具体填写特定的人或公司名称的一种提单，如“Unto ××”或“Consigned to ××”。根据这种提单，承运人在卸货港只能将货物交给提单上所指定的收货人。因此，托运人通常会失去货物控制权。记名提单原则上不能转让。若承运人将货物交给提单指定以外的人，即使该人占有提单，承运人也应负责。一些国家（如美国）的习惯做法是，若采用记名提单，收货人只要在“到货通知”上背书即可提货，而可以不凭记名提单提货。航行于拉丁美洲国家的一些船公司，一般不签发可转让提单。因为在中南美一些国家，收货人经常不需凭提单即可提货。船公司为避免纠纷，通常只签发不可转让提单。

在国际贸易实务中，记名提单一般有以下几种做法。①

（1）“收货人”（Consignee）栏内记载“Unto/Consigned to ××（买方名称）”，即以买方为收货人。使用这种提单，将使托运人失去货物控制权。因此，只有当买方预付了货款且托运人不需以提单向银行融资时，才可使用这种提单。

（2）“收货人”（Consignee）栏内记载“Unto/Consigned to ×× Bank（代收银行名称）”，即以代收银行为收货人。在使用托收方式结汇，出口商不愿将货物直接运交买方而又没有其他代理时，在征得代收银行同意的条件下，以其为提单的收货人，以便控制货物而促使买方付款。

（3）“收货人”（Consignee）栏内记载“Unto/Consigned to ×× Bank（议付银行的国外分支行名称）”，即以议付银行的国外分支银行为收货人。当出口商将提单及汇票提交议付银行请求议付货款且议付银行在国外有分支机构时，可请求该银行为提单的收货人。

（4）“收货人”（Consignee）栏内记载“Unto/Consigned to ×× Bank（开证银行名称）”，即以开证银行为收货人。一些拉丁美洲国家的银行开立信用证时，通常要求提交这种记名提单，以保障开证银行的货权；或者电放货物时，使用这种提单。

（5）“收货人”（Consignee）栏内记载“Unto/Consigned to Shipper”，即以托运人（卖方）为收货人。当出口商在国外有分支机构时，为控制货权可使用这种记名提单。

（6）“收货人”（Consignee）栏内记载“Unto/Consigned to Shipper's Foreign Agent”（托运人的国外代理），即这种提单的收货人是托运人（卖方）的进口地代理。若卖方不愿意以买方为提单的收货人，为保障自身权益，可以其国外的代理人作为提单的收货人。

---

① 张锦源．国际贸易实务详论［M］．17版．台北：三民书局股份有限公司，2013：485-487.

但同样，托运人（卖方）无法控制货物。因为代理人可能不需要提单，承运人即可将货物直接交给代理人。

应特别注意的是，当记名提单以卖方以外的人为收货人时，由于承运人只能将货物交付指定的收货人且收货人不需提单即可提货，因此，银行不愿接受这种提单作为融资或贴现的抵押品。

3. 不记名提单（Bearer B/L）

不记名提单是指提单上“收货人”（Consignee）一栏内没有指明任何收货人，而只注明“To Bearer”（提单持有人）字样，承运人应将货物交给提单持有人。谁持有提单，谁就可以提货。承运人交付货物只凭单，不凭人。不记名提单无须背书即可转让，流通性极强。但一旦丢失或被窃，风险极大，故国际上较少使用这种提单。

（四）依据对货物外表状况有无不良批注，提单可分为清洁提单和不清洁提单

1. 清洁提单（Clean B/L）

清洁提单是指在装船时，货物外表状况良好，承运人在签发提单时，未在提单上加注任何有关货物残损、包装不良的批注或其他妨碍结汇的批注。UCP600 第 27 条规定，银行只接受清洁提单。清洁提单也是提单转让时所必备的条件。清洁提单表明承运人在接收货物时，其外表状况良好。若在目的港（地）卸货时发现货物受损，一般推定货物是在运输过程中受到损害，承运人应对此负责。承运人通常不得再以“理货单或大副收据已有批注”为由，对抗收货人或善意的提单持有人。在集装箱运输中，若为整箱货物（FCL/FCL，CY/CY），不要求承运人对集装箱内货物的外表状况加以批注。但承运人必须检查集装箱本身的状况，若有不良之处，则可以在提单上批注。若集装箱由承运人提供，该集装箱必须处于良好的状况；否则，承运人应承担责任。

2. 不清洁提单（Unclean or Foul B/L）

由于承运人须对承运货物的外表状况负责，故在装船时，若发现货物包装不牢、破残、渗漏、玷污、标志不清等现象，大副将在收货单上对此加以批注并将其转移到提单上，这种提单称为不清洁提单，如“2 Packages Short in Dispute”“3 Bags Torn”等。不清洁提单是不能凭以收汇的。为此，托运人应将外表状况有问题的货物进行修补或更换。但有时，托运人向承运人出具“保函”（Letter of Indemnity），让承运人签发清洁提单。这种做法不可取，承运人和托运人须对此承担相关责任。若承运人在提单上加注“旧桶”“旧箱”等未明确声明货物及/或包装状况有缺陷的条文或批注，类似的批注不构成不清洁提单。

（五）依据运输方式，提单可分为直达提单、转船提单、联运提单和多式联运提单

1. 直达提单（Direct B/L）

直达提单是指货物由同一船舶自起运港装船直接运至目的港卸货的提单，提单的“卸货港”（Port of Discharge）一栏填写最终目的港。凡信用证规定不准转船者，必须使用这种直达提单且提单上不得有“转船”字样的批注。这种提单是最常用的一种提单。

2. 转船提单（Transshipment B/L）

若货物由某一船舶自起运港装载而不直接驶往目的港，需要在中途港口换装其他船舶转运至目的港卸货，承运人签发这种提单称为转船提单，在提单上注明“转运”或“在××港转船”字样。转船提单往往由第一程船的承运人签发。货物中途转船，增加费用和

风险并影响到货时间，故一般信用证内均规定不允许转运。但有些偏僻港口，直达船较少，进口商一般也同意转船。

3. 联运提单（Through B/L）

若货物运输需经两段或两段以上的运输方式来完成，如海陆、海空或海海等联合运输，在这种情况下签发的提单称为联运提单。转船提单有时也可能是联运提单。

4. 多式联运提单（Multimodal Transport B/L or Intermodal Transport B/L）

这种提单主要用于集装箱运输，即一批货物的运输需要包括两种以上不同运输方式，由一个承运人负责全程运输所签发的提单叫多式联运提单。提单内的项目不仅包括起运港和目的港（港至港），而且列明一程、二程等运输路线以及收货地和交货地（门到门）。这种提单通常由第一个承运人签发，其后的承运人均依据该提单履行各自的义务，不再另行签发提单。收货人在目的港也是凭第一个承运人签发的提单提货。目前，无船承运人（包括货代公司）签发的提单多属于此类提单。

（六）依据内容详略，提单可分为全式提单和简式提单

1. 全式提单（Long Form B/L）

这种提单是指既有正面记载的事项，又有背面详细条款的提单。在没有特别约定的情况下，背面条款就是约束承托双方的条款。正本提单通常为全式提单。

2. 简式提单（Short Form B/L）

这种提单又称背面空白提单，即提单上只有正面的必要记载项目而无背面的详细条款。这种提单多是租船合同下所签发的提单并注有“所有条件均根据××××年××月××日签订的租船合同”。简式提单上一般均印有“各项条款及例外条款以本公司正式全式提单内所印就的条款为准”。在法律上，这种简式提单与全式提单一般具有同等效力。

（七）依据使用的有效性，提单可分为正本提单和副本提单

1. 正本提单（Original B/L）

正本提单是指提单上有承运人正式签字并注明船名和签发日期的提单。这种提单在法律上和商业上是公认有效的单据。正本提单的份数若干，若无明文规定，一般是一套三份并且必须在提单上注明签发的份数。此外，提单上必须要有标明“正本”（Original，First Original，Second Original，Duplicate，Triplicate，etc.）字样，以区别于副本提单。

2. 副本提单（Copy or Non-Negotiable B/L）

副本提单是指与正本提单相对的提单，即提单上没有承运人签字盖章，只供工作上参考使用。副本提单上一般都标有“Copy”或“Non-negotiable”字样，以区别于正本提单。

（八）依据船舶经营性质，提单可分为班轮提单和租船提单

1. 班轮提单（Liner B/L）

班轮提单是经营班轮运输的船公司出具的提单。这种提单通常以固定的格式印就，如印有班轮公司的名称，其背面条款不会因不同航次或面对不同的发货人而轻易改变。

2. 租船提单（Charter Party B/L）

租船提单是根据租船合同签发的一种提单，又称租船合同提单。提单上批注有“根据××租船合同出立”字样。因此，这种提单要受租船合同条款的约束。在租船合同下签发的提单，船东或租船人都有可能成为向收货人或提单持有人承担货物责任的承运人。

根据UCP600第22条的规定，若信用证要求或允许提交租船合同项下的提单，银行将接受含有“受租船合同约束”字样的提单；即使信用证要求提交与租船合同项下提单有关的租船合同，银行对该租船合同也不予审核。

ISBP745对租船提单进行了以下具体规范。

（1）ISBP745G1：若信用证要求提交租船合同提单，或信用证允许提交租船合同提单而实际也提交了租船合同提单，则该单据的审核适用UCP600第22条。

该条规定表明，审核租船合同提单的依据是UCP600第22条。

（2）ISBP745G2：无论如何命名，含有“受租船合同约束”的任何表示或提及租船合同的运输单据即为租船合同提单；无论如何命名，运输单据载有如“运费依据已注明日期的租船合同支付（提及或未提及日期）”（freight payable as per charter party dated）或“运费按租船合同支付”（freight payable as per charter party）的表示，是表明其受租船合同约束。

该条规定表明，租船合同提单是依租船合同签发的提单。提单上一般批注“根据××租船合同出立”字样。因此，该提单要受租船合同约束。租船合同提单的持有人不仅要遵守该提单条款，而且还要遵守租船合同条款；租船合同提单上有运费支付方式（如预付或到付）的记载。若提单载明“运费按照租船合同规定”，则以租船合同为准。若两者冲突，则仍以租船合同为准。

（3）ISBP745G3：无论如何命名，经常含有与租船合同提单相关联的规则名称或格式名称，如“康金提单”（Congen bill）或“油轮提单”（Tanker Bill of Lading）且未进一步表明或提及租船合同的运输单据，其本身并非表示或涉及租船合同。

该条规定表明，租船合同提单仅提及如“康金提单”或“油轮提单”，并不表示该提单受租船合同约束。

（4）ISBP745G21：租船合同提单可通过使用“不隔离”“混合”或类似含义的措辞表明货物是装载于指名船舶的大批量交货的一部分。

该条规定表明，不同货主的液体货物混装在同一船舱或油舱内。

ISBP745关于租船合同提单的其他规范与班轮提单相同。

（九）依据收费方式，提单可分为运费预付提单和运费到付提单

1. 运费预付提单（Freight Prepaid B/L）

若贸易合同采用CIF、CIP或CFR等条件，依国际运输惯例，托运人须预付运费。在运费预付情况下出具的提单称为运费预付提单。这种提单正面载明“运费预付”（Freight Prepaid）字样。付费后，若货物灭失，运费不退。因此，这种提单对货主存在一定的风险。

2. 运费到付提单（Freight to Collect B/L）

若贸易合同采用FOB或FAS等条件，不论是进口商订舱还是进口商委托出口商订舱，运费通常为到付并在提单上载明“运费到付”（Freight to Collect），这种提单称为运费到付提单。这种提单对承运人存在一定的风险。若进口商拒付运费，承运人一般不得向托运人请求运费。

（十）依据签发的时间，提单可分为倒签提单、顺签提单和预借提单

1. 倒签提单（Anti-date B/L）

倒签提单是指，承运人或其代理人应托运人的要求，在货物装船完毕后，以早于该票

货物实际装船完毕的日期作为提单签发日期的提单。这是托运人为了使提单上记载的签发日期符合信用证关于装运期的规定，以便顺利收汇，而承运人是应托运人的要求倒填签发日期，所以称为倒签提单。

承运人签发倒签提单的做法，掩盖了提单签发时的真实情况，将面临承担由此而引起的风险责任。特别是当市场上货价下跌时，收货人可以“伪造提单”为由拒绝收货并向法院起诉，要求赔偿。

2. 顺签提单（Post-date B/L）

顺签提单是指，货物装船完毕后，承运人或其代理人应托运人的要求，以晚于该票货物实际装船完毕的日期作为提单签发日期的提单。这是为了符合有关合同关于装运期的规定，应托运人的要求而顺填签发日期，所以称为顺签提单。

承运人签发顺签提单的做法同样掩盖了提单签发时的真实情况，也将面临承担由此而引起的风险责任。

3. 预借提单（Advanced B/L）

预借提单是指，在信用证的有效期即将届满，而货物尚未装船或尚未装船完毕的情况下，托运人为了能及时收汇而要求承运人提前签发的已装船清洁提单，即托运人为了能及时收汇而从承运人那里借用的已装船清洁提单。不少国家的法律规定和判例表明，在签发预借提单的情况下，承运人不但要承担货损的赔偿责任，而且还会丧失享受责任限制和援用免责条款的权利。即使该票货物是因免责事项的原因而受损的，承运人也必须承担全部的赔偿责任。

（十一）集装箱提单（Container B/L）

集装箱提单是集装箱货物运输下主要的货运单据，由负责集装箱运输的经营人或其代理，在收到货物后签发给货物托运人的货物凭证。它与传统提单的作用和法律效力基本相同，但在很多方面突破了传统提单，形成自身的特点。具体如下。

（1）集装箱提单的装运地和目的地可以是港口，也可以是内陆城市。而传统提单只能是港口。

由于集装箱货物的交接地点不同，一般情况下，由堆场（Container Yard，CY）或货运站（Container Freight Station，CFS）签发场站收据（Dock Receipt），以此换取集装箱提单。

（2）海运承运人或多式联运经营人，包括无船公共承运人均可签发集装箱提单。而传统提单只能由船公司或船舶承租人等海运承运人签发。

（3）集装箱提单承运人的责任范围，可以从“船边（舷）—船边（舷）”延伸到“码头—码头”“装货地收货站—卸货地收货站”或“门—门”。而传统提单承运人的责任范围一般为“船边（舷）— 船边（舷）”。

（4）集装箱提单上不出现“甲板货”（On Deck）字样，但承运人对装在甲板上的集装箱如同装在舱内一样负责，而不必注明“On Deck”。

这一点与传统提单不同。为了保持船舶平稳，有些集装箱必须装在甲板上；另外，由于货物在内地先装箱，不可能事先知道哪个箱子装在舱内或甲板上，只能在装船时才能决定。因此，签发集装箱提单时，承运人即使将来把箱子装在甲板上，也不加批注。

（5）集装箱提单上没有“装船”（Shipped On Board）字样，即不是“已装船提单”，提单上一般不载明船名或装船日期，它是收讫待运提单，但提单上却没有“收讫待运”字样。在多式联运时，一般凭“场站收据”换取集装箱提单后即可收汇。而传统提单一般为“已装船提单”并载明船名、装船日期，凭“大副收据”换取提单后收汇。

（6）整箱货提单上所列明的货物件数可以是集装箱的数目，也可以是每箱内的货物件数，一般注有“STC”条款。

在整箱货运输时，装箱工作一般是由托运人完成的，承运人收到的仅仅是外表状况良好、铅封完整的集装箱，至于箱内装有何物，一无所知。因此，承运人一般在提单上加有一个条款“Said（by shipper）To Contain ××，Shipper's Load，Pack，Count and Seal”，以此免除承运人的责任。

若提单上只载明箱子的数目而没有载明箱内的具体货物件数或其价值，遇有货损时，每箱则只能作为一个赔偿计算单位。因此，在整箱货运输时，托运人最好向承运人申报每箱内货物的件数或有关价值，这样则可以按照每箱内的货物件数作为赔偿限额的计算单位或者按照实际损失赔偿。

（7）铅封完好交货条款。在整箱货运输时，承运人在铅封完好无损时接货；在交货时，以铅封完好无损时完成任务并解除其所有责任。因此，整箱货的交接以铅封完好与否来确定承运人的责任。

（十二）其他种类提单

1. 转换提单（Switch B/L）

在国际货物运输中，因国际贸易的交易形式不同，转换提单的使用有两种不同的情况。

第一，主要项目不变的转换提单（如图 13-7 所示）。

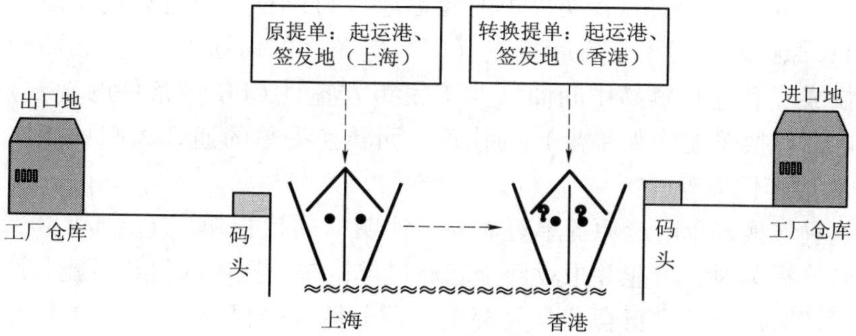

图 13-7　主要项目不变的转换提单示意图

这种转换提单是指，在直达运输的条件下，根据托运人的要求，承运人承诺，在某一约定的中途港（如香港），凭在起运港（如上海）签发的提单换发以该中途港（香港）为起运港，但仍以原来托运人为托运人并注明“在中途港收回本提单，另换发以该中途港为起运港的提单”或“Switch B/L”字样的提单。

这种转换提单主要是因为，贸易合同规定以某一特定港口为装货港，而作为托运人的卖方因备货原因，不得不在这一特定港口以外的其他港口装货；为了符合贸易合同关于装货港的要求，托运人常采用这种变通的办法，要求承运人签发这种转换提单。签发转换提单的货物在中途港并不换装，只不过由承运人在中途港的代理收回原在起运港签发的提单，另签发以该中途港为起运港的提单而已。

这种转换提单与原提单的区别是，起运港和签发地发生了变化，即转换提单的起运港和签发地是该航线上某一约定的中途港，而两种提单的其他项目不变。

例如，香港商人以 FOB 条件在上海购买货物。此时，港商为提单的“Shipper”（托运人）。然后，港商再以 CFR 或 CIF 条件（提单的托运人），将货物转卖给欧洲的下家买方。此时，为了满足港商与下家买方的合同，则可使用这种转换提单。

第二，主要项目发生变化的转换提单（如图 13-8 所示）。[①]

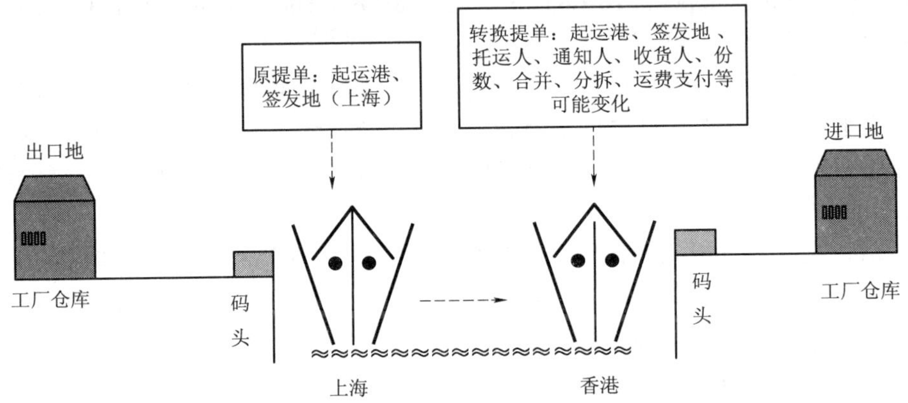

图 13-8　主要项目变化的转换提单示意图

这种转换提单也是在已签发的原提单的基础上，再签发另一套提单。但转换提单与原提单比较，除起运港和签发地发生变化外，其他主要项目均可能发生变化。例如：原提单的中转港（如香港）可能变为转换提单的起运港（再以香港为起运港，最终目的港为欧洲某一港口）；原提单托运人是实际货主（CFR 等条件的内地出口商），而转换提单的托运人则可能换成（香港）贸易中间商（与下家买方签订 CFR 等条件的卖方）；原提单的通知人是中间商在换单地（如香港）的代理，而转换提单的通知人则可能换成实际收货人（如欧洲）或其代理等。

在使用这种转换提单时，原提单可能并不注明“转换提单”（Switch B/L）字样；承运人在签发转换提单时，可能并未收回全套原提单；转换提单的份数可能与原提单的份数不同，甚至可能对原提单进行合并（并提单）或分拆（分提单）；运费支付方式可能由预付运费变为到付运费等。

这种主要项目发生变化的转换提单，具有其独特的适用范围：（1）适用于中间商转手贸易（又称三角贸易）；（2）适用于买卖合同的变更；（3）适用于进出口国家或地区之间无直航的货物运输；（4）适用于中间商进行提单的合并与分拆；（5）适用于避税贸易。

2. 无船公共承运人提单（NVOCC B/L）

随着集装箱运输的发展，运输领域出现了无船公共承运人（如某些货代公司等），其

---

① 孙家庆. 国际航运代理理论与实务［M］. 大连：大连海事大学出版社，2002，第 3 章第 4 节“实务中常用的几种特殊提单及其应用”。

本身一般不掌握运输工具，是货物运输的设计者和组织者。它一方面以承运人的身份向货主揽货，接受货主的委托；另一方面，以托运人名义向实际承运人托运。它具有双重身份。对货主而言，它是承运人或运输经营人；对实际承运人而言，它又是货物托运人。在法律上，它有权订立运输合同，签发运输单据并受其条款约束。无船公共承运人提单项下货物的交付，通过向其在卸货地的代理出示无船公共承运人提单完成，代理转而向实际承运人出示所要求的提单取得交付。

无船公共承运人与实际承运人和货主的关系，如图 13-9 所示。

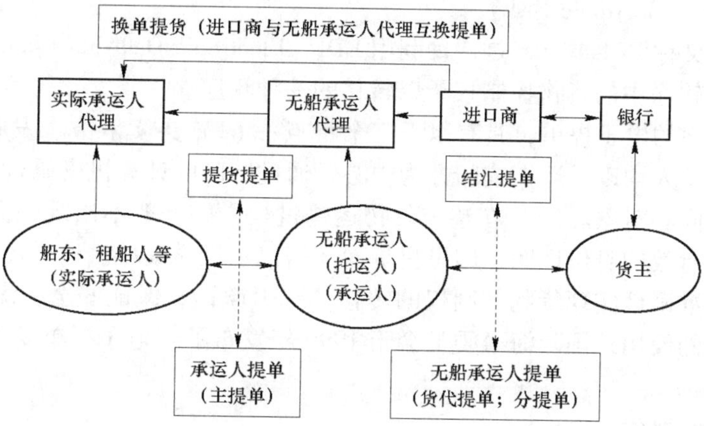

图 13-9　无船公共承运人与实际承运人和货主的关系示意图

3. 舱面货提单（On Deck B/L）

这种提单俗称甲板货提单，是指将货物露天积载于船舶甲板承运，并在提单上注明“装于舱面”（on deck）字样的提单。

货物积载于舱面运输时，遭受灭失或损坏的可能性很大，除按商业习惯允许装于舱面的货物（如木材）、法律或有关法规规定必须装于舱面的货物（如某些危险品）和承运人与托运人之间经协商同意装于舱面的货物外，承运人或船长不得随意将其他任何货物积载于舱面承运。若签发的是表明承托双方协商同意的，注有“装于舱面”字样的舱面货提单且实际上也是将货物积载于舱面，那么，只要货物的灭失或损坏不是承运人的故意行为造成的，承运人仍可免责。

4. 并提单（Omnibus B/L）和分提单（Separate B/L）

并提单是指，根据托运人的要求，将同一船舶装运的同一装货港、同一卸货港、同一收货人的两批或两批以上相同或不同的货物合并签发的一套提单。托运人为了节省运费，常会要求承运人将本应属于最低运费提单的货物，与其他另行签发提单的货物合并在一起，只签发一套提单。

分提单是指，承运人依照托运人的要求，将本来属于同一装货单上标志、货种、等级均相同的同一批货物，分开签发的多套提单。只有标志、货种、等级均相同的同一批货物才能签发分提单；否则，会因须在卸货港进行理货和分标志作业而使承运人增加理货、分标志费用的负担。

5. 过期提单（Stale B/L）

“过期单据可以接受”用语，在 UCP600 中并没有给予定义。ISBP745 A19 也建议有关当事人不应使用这类措辞。若在信用证中使用这类措辞，则应明确其含义；否则，按国际标准银行实务，该类措辞的含义如下：“过期单据可接受”（Stale Documents Acceptable），是指单据可晚于装运日后21天提交，只要不晚于信用证的截止日。该含义也适用于信用证明确规定了交单期限且有“过期单据可接受”条件的情况。

在国际货物运输中，提单晚于货物到达目的港，有人将这种提单称为过期提单。在近洋国家或地区之间的贸易中，提单过期客观上难以避免。所以，卖方为了维护自身利益，一般提出在买方开证时，列入“过期提单可以接受”（Stale B/L is acceptable）的条款。

6. 电子提单（Electronic B/L）

电子提单，又称EDI提单，是一种利用EDI（Electronic Data Interchange，电子数据交换）系统，将运输途中的货物控制权予以转移的一种程序。

这种特定程序的电子提单，具有以下三个特点：（1）买卖双方、发收货人及银行等有关当事人或关系人均以承运人或船方为中心，通过专门的计算机密码告知运输途中货物控制权的转移时间和对象。（2）在整个货物运输过程中，一般不出现书面文件。（3）收货人只要能提供有效的身份证明，即可提货而无需出示纸质提单。电子提单具有一定的优越性，如快速、准确地实现货物控制权的转移，减少欺诈、保证安全，满足贸易需求等。为配合电子提单的使用，国际海事委员会于1990年发布了《电子提单规则》。

四、提单的制作

提单除船名、签字等项目由船方或其代理填制外，其他项目都是由出口商或其代理（货代）缮制并连同“收货单”送交船公司或其代理签发。

（一）提单的内容及缮制方法

1. 提单名称（Bill of Lading）

提单（如表13-10所示）应表明其名称、承运人的名称和主要营业所。依UCP600第20条，不论提单名称如何，只要其内容符合信用证的要求，银行应予以接受。

ISBP745 E1规定：若信用证要求提交只涵盖“港至港”装运的运输单据，无论如何命名，即信用证不包含涉及收货地、接管地或最终目的地的描述，则意味着该单据的审核应适用UCP600第20条；提单不一定要使用“海洋提单”（marine bill of lading）、“海运提单”（ocean bill of lading）或“港至港提单”（port-to-port bill of lading）或类似含义的措辞，即使信用证如此命名所需的单据。因此，银行对提单的掌握，重在提单是否符合信用证规定的运输方式和运输条件，而不在于提单的名称如何。常见的“港到港”提单名称有：Marine/Ocean Bill of Lading，Bill of Lading Covering Port-to-Port Shipment，Bill of Lading，Port-to-Port Bill of Lading等。

ISBP745 E1还特别强调，“港到港”提单不应含有租船合同的内容。此处指“港到港”提单中，不得并入租船合同的内容。但在租船合同提单中，通常包括租船合同的内容，即把租船合同并入提单，以约束提单持有人。应注意，UCP600第20条规定的提单是指“港到港”提单，而非租船合同提单、多式联运提单等。

2. 托运人（Shipper）

提单中的“Shipper”，称为“托运人”或“发货人”，通常是贸易合同的卖方或信用证的受益人，也可以是货运代理人。托收项下填写委托人（出口商）的名称和地址。在信用证业务中，提单托运人一栏的写法有以下几种。

（1）若信用证无指定，则信用证的受益人就是提单的托运人，在此栏填写受益人的名称和地址。

（2）若信用证规定托运人是受益人以外的第三者，此栏不能填写受益人，通常填写出口地的运输机构或货代机构。这种提单称为第三者提单（Third Party B/L）或称为中性提单（Neutral B/L）。这种提单，一般合同中都作相应的规定："Third Party B/L is acceptable."这种情况一般是中间商为保守商业秘密而作出的规定。但卖方应特别注意，此栏通常不能填写国外客户（买方）名称；否则，卖方失去在提单上背书转让的权利。在FOB条件下，只有在国外客户（买方）和承运人订立运输合同，卖方先收货款、后发货的情况下，才可接受国外客户作为托运人。

3. 收货人或抬头（Consignee or Order）

提单中的"Consignee"称为"收货人"或"抬头"，是指有权凭提单要求交付货物的人。此栏须严格按照贸易合同或信用证规定填写，其写法有以下几种："Unto/Consigned to ××"或"Delivery to ×× only"（记名B/L）；"To Bearer"（不记名B/L）；"To Order"（指示B/L）；"To ××'s Order"或"To Order of ××"（记名指示B/L）。

ISBP745对提单的收货人、指示方、托运人及如何背书作出了进一步规定。

ISBP745 E12规定：若信用证要求提单做成货物以某具名实体为收货人，如"Consigned to（named entity）"（收货人为具名实体，即记名提单或抬头），而不是"To Order"（凭指示）或"To Order of（named entity）"（凭具名实体指示），则提单不能在该具名人的名称前出现"To Order"或"To Order of"的字样，也不得在该具名人的名称后出现"or Order"的字样，无论该字样是打印上的还是预先印就的。

ISBP745 E13规定：a. 若提单做成"空白指示抬头"（To Order）或做成"凭托运人指示"（To Order of the Shipper）抬头，则该单据须经托运人背书。背书可由托运人之外的指名实体进行，只要该背书是为（或代表）托运人所为。b. 若信用证要求提单做成"凭某具名实体指示"为收货人，则提单不能载明以该具名实体为收货人的记名抬头。

例如，LC要求：Goods（B/L）are consigned "To Order of ××"，则提单的"Consignee"栏应是"To Order of ××"，收货人不能是"××"。

ISBP745 E15规定：若信用证要求提单做成收货人是"开证行"或"申请人"或凭其指示或通知"申请人"或"开证行"，则提单应载明开证行或申请人名称。

这种情况是指，当开证行无法控制货权，如使用海运单、空运单或电放单等，或申请人申请开证时提交了全部货款等，可将提单收货人做成开证行、申请人或其指示。

4. 被通知人（Notify Party）

"Notify Party"（被通知人），又称到货联系人，是货物到达目的港后，船方发送到货通知的对象（一般是进口商或其代理人）。此栏内容的具体填写方法有以下几种。

（1）若是记名提单或收货人指示提单，"收货人"一栏已有详细地址，此栏可不填或填"Same as Consignee"。

（2）若是空白指示提单或托运人指示提单，则此栏须填写被通知人名称和详细地址；否则，船方无法与收货人联系。

（3）信用证项下的提单，当信用证对提单"被通知人"有具体规定时，须严格按信用证规定填写；若信用证中未规定被通知人，为保持单证一致，正本提单“被通知人”一栏留空不填，可将信用证中的开证申请人（Applicant）的名称及地址填入副本提单的此栏中。

（4）托收支付方式的“被通知人”一栏，填写托收的付款人（买方）名称。

ISBP745 对“被通知人”进行了以下具体规定。

ISBP745 E14 规定：a. 若信用证规定了一个或多个被通知人的细节，则提单也可载明一个或多个另外被通知人的细节。（该规定是指，信用证的被通知人细节可不同于提单记载的被通知人细节。）b. i. 若信用证未规定被通知人的细节，则提单可以任何方式载明任一被通知人的细节［第 E14（b）（ii）条的情况除外］；b. ii. 若信用证没有规定被通知人的细节，但申请人的细节在提单上以被通知人身份出现，且这些细节包括申请人的地址和联系细节，则这些内容不应与信用证规定的内容冲突。（该规定是指，信用证未规定被通知人细节，申请人可以作为提单的被通知人，但不能与信用证冲突。）

ISBP745 E16 规定：若申请人的地址和联系细节看起来是收货人或被通知人细节的一部分，则它们不应与信用证的规定冲突。（该规定是指，提单的收货人或被通知人可以是申请人，只要不与信用证冲突即可。）

5. 提单号码（B/L NO.）

提单号码通常与船公司签发的装货单和收货单所用的号码一致。该号码主要是便于工作联系，便于通知和核查。

6. 船名及航次（Name of Vessel，Voy. No.）

此栏目的具体填写方法如下。

（1）若为直达运输方式，“Ocean vessel”栏内填写实际装运的船名；若为班轮运输，要加注航次号（Voy. No.）。

（2）若为转运方式，在“Pre-carriage by”栏内填写第一程船的名称（直达，则此栏不填）或其他运输工具的名称；在“Place of receipt”栏内填写收货港（地）名称；在“Ocean vessel”栏内填写第二程船的名称（若不转运，此栏空白）。

7. 装运港、卸货港（Port of Loading，Port of Discharge）

按信用证或合同规定填写实际的装运港口和卸货港口名称。若信用证或合同未规定具体港口，只是笼统规定装运港为“中国港口”（Chinese Port）或规定卸货港为“欧洲港口”（European Port），制单时要填入实际的装货港口和实际的目的港名称。

缮制此栏时，应注意以下事项。

（1）Port of Loading：若转运，应填写中转港名称；若不转运，则只填写起运港名称。

（2）Place of Delivery（最终目的地）：若为目的港，则空白。

（3）Chinese Ports：若 L/C 同时规定几个中国港口，则只能填写其中一个实际装货港。

（4）Port of Discharge：除 FOB 条件，卸货港不能填写笼统的名称，必须填写具体的港口名称。国际上有重名港口时，还应加注国别名称。

（5）若须转船，应在“Port of Discharge”栏卸货港名称之后，加注转船港名称，如“Rotterdam W/T at Hong Kong”，或在货名栏下方的空白处加注转船的说明；若有印就的“转船港”栏目，则直接填入转船港名称即可。

（6）若货运卸货港后，须经内陆转运或陆运至邻国，则应在填写卸货港名称后，另在货名栏下方空白处或在唛头栏中加注“In transit to ××”，切不能在“卸货港”名称后加填，以说明卖方只负责将货物运至该卸货港，以后的转运由买方负责。

例如，信用证或合同规定“Marseilles in transit to Geneva”，则卸货港应填写“Marseilles”，货名栏下方空白处加注“In transit to Geneva”或在唛头中显示。

（7）对美国、加拿大OCP地区出口时，卸货港名称之后应加注“OCP”字样。若信用证要求注明转运的内陆城市名称，可在货名栏下方的空白处或唛头中加注“OCP ××（内陆城市名称）”，以便中转公司办理转运至该内陆城市。

（8）若信用证或合同规定卸货港为“London/Hamburg/Rotterdam”，则表示由卖方选港，B/L只能填其中一个港口名称；若信用证规定卸货港为“Option London/Hamburg/Rotterdam”，则表示由买方选港，B/L应全部照填。

UCP600和ISBP745关于“装货港”与“卸货港”作出了以下规定。

（1）提单须表明货物运输是从信用证规定的装货港至卸货港。（UCP600第20条）

（2）若提单没有表明信用证规定的装货港为装货港，或若提单载有“预期的”装货港或类似修饰的表示，则应以装船注记的方式表明信用证规定的装货港、装运日期及实际船名。即使通过预先印就在提单上的词语表示装船或装运于指名船舶，本条规定也适用。（UCP600第20条）该条规定主要适用于备运提单。

（3）提单应载明信用证规定的装货港。若信用证规定了装货港，同时也注明了该港口所在的国家，则该国家名称不需要注明。（ISBP745 E6）

（4）若信用证规定了装货港的地理区域或范围（如“任一欧洲港口”或“汉堡、鹿特丹、安特卫普港口”），则提单应注明实际的装货港且该港口应位于该地理区域或范围内。提单不需要表明该地理区域。（ISBP745 E6）

（5）信用证要求的指名卸货港，应显示在提单的“卸货港”栏内。但指定的卸货港也可显示在标为“最终目的地”或类似栏目内，只要有批注证明卸货港就是“最终目的地”（Place of final destination）或类似栏目显示的港口。例如，若信用证要求货物运至费利克斯托港，但费利克斯托港显示在“最终目的地”栏内而不是卸货港栏内，此时，可由批注证明“卸货港-费利克斯托”（Port of discharge Felixstowe）。（ISBP745 E8）

（6）提单应载明信用证规定的卸货港。若信用证规定了卸货港，同时也注明了该港口所在的国家，则该国家名称不需要注明。（ISBP745 E9）

（7）若信用证规定了卸货港的地理区域或范围（例如“任一欧洲港口”或“汉堡、鹿特丹、安特卫普港口”），则提单应注明实际的卸货港且该港口应位于该地理区域或范围内。提单不需要表明该地理区域。（ISBP745 E10）

8. 唛头与件数（Marks and Nos.），封号、唛头及件号（Seal No. Marks & Nos.）

按贸易合同或信用证规定填写此栏，并与发票相同栏目一致。在制作提单时，唛头一栏一般有下列情况。

（1）正常唛头可能有几个，此时，提单完全按照贸易合同或信用证所提供的式样制作。

（2）无唛头。有些货物，如挂衣，散装粮食、矿石、油类等，因没有运输包装，无法刷唛。因此，托运时没有唛头。在无唛头情况下，提单唛头一栏不能空白，须注明

“无唛头”（No Mark）字样或打上“N/M”字样。另有些货物，如罐头食品等，本身的销售包装作为运输包装，习惯上不刷唛头。

（3）贴唛头。有些货物托运时，每件货物上有几个唛头且这些唛头太多，提单上无法填写，因而托运人用空白纸打上唛头再贴在托运单上的办法制单。在这种情况下，托运人必须提供已打印好的唛头纸一式若干份。制作提单时，唛头一栏空白，然后将所提供的唛头纸贴在唛头一栏空白处即可。

（4）Seal No.：集装箱运输时填写铅封号（锁号）。

9. 货物描述、包装及件数（Description，Package，Numbers of Goods）

（1）货物描述即货物名称或品名，它既要符合信用证，又要与发票及其他单据一致。提单上的货物描述可使用与信用证中的货物描述不冲突的统称。（ISBP745 E22）通常，运费支付方式也填入此栏，如“FREIGHT PREPAID”或“FREIGHT COLLECT”。

（2）同一种货物有时使用不同的包装形式和材料，如同时使用纸箱、木箱、竹篓等装运。在制作提单时，提单上须分不同包装列明数量，最后再列明总的件数。总件数用Packages来表示，如20 cartons、20 cases、20 baskets、20 willow baskets，总件数为80 Packages。不同的货物、不同的包装同时装运时，则更需要分别列明，最后注明总件数。

（3）不同货物、同一包装装运时，也须分不同货物注明件数，最后注明总件数，以利理货和点数。如20 cartons cotton piece goods、20 cartons cotton yarn，总件数为40 Cartons。若同一托盘上有不同货物，在包装件数一栏内填写×× Pallets，但下面要说明上述托盘中共计有多少小包装数。

（4）若为过境运输，必须在品名下注明过境所去的地点，如“过境到巴格达”（in transit to Baghdad）；若去往美国中西部城市的OCP运输，须在品名下注明OCP所去的地点，如“转运到芝加哥”（OCP Chicago）；若为样品，须在品名下加注“样品无商业价值”（Sample with no commercial value）字样。

（5）包装和件数在提单中还有一栏“总包装数大写”（Total package in words），这一栏须用英文而不是阿拉伯数字来填写，如1 200应为“ONE THOUSAND AND TWO HUNDREDS”。而件数则以最终多少件、什么样的包装来填写。如25 cartons cotton yarn与36 bales cotton piece goods，总数为61 packages；在件数前，须加上“SAY”字样；在件数后，加上“ONLY”字样。这样，上述共计61件货物的完整表达应为“SAY SIXTY ONE PACKAGES ONLY”。

（6）若为裸装货，则必须填写件数，如××轿车100辆（100units）并加注大写数量。

（7）若为散装货物，则件数栏内只填“In Bulk”，大写件数可不填。

10. 毛重和尺码（Gross Weight and Measurement）

有关货物的重量、尺码等，必须与发票、装箱单或重量单一致；否则，可能“单单不一致”。除非信用证另有规定，按毛重计费一定要注明总毛重和总体积。毛重通常用公吨、吨、千克表示，按四舍五入处理；体积通常用立方米表示。若货物未标明毛重而只标明净重，应先在“Gross Weight”栏加注“Net Weight”或“N. W.”，再加净重数量。

11. 运费与费用（Freight and Charges）

除非信用证或合同另有规定，运费支付情况应参照发票中的贸易术语填写。如CIF、

CFR 等条件下，填写“运费已付”（Freight Paid）或“运费预付”（Freight Prepaid）；FOB、FAS 等条件下，填写“运费到付”（Freight Collect/Freight Payable at Destination）。全程租船运输时，本栏目填写“As Arranged”（按约定）或“Freight Payable as per C/P”（按租约）。

ISBP745 关于运费和额外附加费作出了以下规定。

（1）提单上支付运费的表述不需要与信用证中的表述完全一致，但不能与该单据、任何其他规定的单据或信用证中的信息相冲突。例如，若信用证要求提单应标明“运费在目的地支付”（freight payable at destination），则亦可标注“运费到付”（freight collect）。（ISBP745 E26）

（2）若信用证规定运费之外的额外费用不可接受，则提单不应载明运费之外的额外费用已产生或将要产生；运费之外的额外费用，可通过明确提及额外费用或通过使用与货物装卸费用相关的货运术语来表达。例如，但不限于此，“船方不负责装货”［Free in（FI）］，“船方不负责卸货”［Free Out（FO）］，“船方不负责装卸货”［Free In and Out（FIO）］及“船方不负责装卸货及积载”［Free In and Out Stowed（FIOS）］。（ISBP745 E27）

（3）提单中涉及的可能被征收的费用，如因延迟卸货或卸货后可能被征收的费用（滞期费）或集装箱超期使用费（滞留费），则不属于运费之外的额外费用。（ISBP745 E27）

12. 正本提单份数（No. of Original Bs/L）

提单正本份数应按信用证或合同规定的份数出具。若没有特殊要求，全套提单一般为三份正本、九份副本且须在“Number of Original Bs/L”栏内列明“THREE”。正本提单通常注明“ORINGINAL”字样。正本提单的每一份均具有同等效力，其中一份用于提货，其余各分立即失效。副本提单一式九份。签单时，船公司或其代理留下四份，其中一份留底、一份交给大副、两份交卸货港船公司代理安排卸货和交付；其余五份中，一份随正本去银行结汇，另外四份交给托运人。托运人将其中一份寄给收货人，供提货参考。

ISBP745 E11 规定：提单应载明已出具的正本份数；标明“First Original”“Second Original”“Third Original”，或“Original”“Duplicate”“Triplicate”或类似字样的提单均为正本。

常见的信用证对提单的要求有以下几种。

（1）Full set of clean on board bill of lading made out to order of shipper and blank endorsed, marked “freight prepaid” and notify accountee.（全套清洁的已装船提单，由托运人指示且空白背书，标明“运费已付”及通知申请人。）

（2）Full set of B/L.（按惯例应提示三份提单且全部提示给银行。）

（3）2/3 original clean on board Bs/L.（三份正本、清洁、已装船提单，其中两份提示给银行。）

（4）Full set of B/L in triplicate with two non-negotiable Bs/L.（三份正本提单，两份副本提单。）

13. 提单签发地点与时间（Place and Date of Issue）

提单签发地点是指船长、船公司代理或船公司授权的人签发提单的所在地，即装货港所在地。因此，签单地点通常与装货港一致。

提单签发日期除收妥备运提单外，均为装船完毕日期。装船日期不能迟于信用证或贸易合同规定的装运期。银行接受签发日期早于信用证开证日期的提单。

提单的装船日期（签发日期）具有以下作用：（1）判断是否按期装运；（2）判断是否延期交单；（3）判断是否为过期提单。

依据 UCP600 第 20 条，若信用证要求提单，则提单必须表明货物已在信用证规定的装运港装上指明船舶。因此，备运提单上除记载签发日期外，货物装船后还须载明装船日期的批注。此时，该批注的日期视为装船日期。

ISBP745 E6 关于已装船批注及装运日期等，进行了以下具体规定。

（1）若提交的是预先印就“已装船”字样的提单，提单出具日期即视为装运日期，除非其加有单独的注明日期的已装船批注。在后一种情况下，该批注日期将被视为装运日期，而不论该日期是早于还是晚于提单的出具日期。该装船批注的日期也可在指定栏内或方框内注明。

该规定表明：提单印有“已装船”（SHIPPED ON BOARD）字样，提单的出具日期即视为装运日期；提单加有单独的注明日期的“已装船”批注（如 SHIPPED ON BOARD, AUG. 08，2019），该批注日期将被视为装运日期。此时，提单的出具日期不视为装运日期。

（2）尽管信用证可能要求提单显示“港至港”运输：

i. 若提单载明的收货地与装货港相同，如收货地为鹿特丹集装箱堆场，装货港为鹿特丹，也没有表明有前段运输工具（在前段运输栏目或收货地栏目）；或者

ii. 若提单载明的收货地与装货港不同，如收货地为阿姆斯特丹，装货港为鹿特丹，也没有表明有前段运输工具（在前段运输栏目或收货地栏目），则：

（a）若提单预先印就“已装船”，其签发日期视为装运日期，而不需要装船批注；

（b）若提单预先印就“收妥待运”，则需有已注明日期的已装船批注，显示在该批注中的日期即视为装运日期，已装船日期也可在指定栏目或方框内注明。

（3）尽管信用证可能要求提单显示“港至港”运输，若提单：

i. 载明的收货地（Place of receipt）与装货港（Port of Loading）不同，如收货地为阿姆斯特丹，装货港为鹿特丹，也表明了前段运输（Pre-carriage）工具（在前段运输栏目或收货地栏目），不管是预先印就“已装船”还是“收妥待运”（Received for Shipment），则提单须有注明日期的已装船批注。该批注还应显示信用证规定的船舶与装货港的名称。该批注也可出现在特定的栏目或空格内。出现在该装船批注内或特定栏目或空格内的日期视为装运日期。

例如，提单相关各栏目记载如下。Place of receipt：Amsterdam；Pre-carriage：by truck；Port of loading：Rotterdam；Pre-printed“shipped on board”或 Pre-printed“received for shipment”，则提单的装船批注为“SHIPPED ON BOARD，Rotterdam MV APL，AUG. 08，2019”。

ii. 载明了前段运输工具（在前段运输栏目或收货地栏目），不论是否表明收货地或预先印就“已装船”，还是“收妥待运”，则提单须有注明日期的已装船批注。该批注还应显示信用证规定的船舶与装货港的名称。该批注也可出现在特定的栏目或空格内。出现在

该装船批注内或特定栏目或空格内的日期视为装运日期。

例如，提单相关各栏目记载如下。Place of receipt：（空白）；Pre-carriage：by truck；Port of loading：Rotterdam；Pre-printed "shipped on board" 或 Pre-printed "received for shipment"，则提单的装船批注为"SHIPPED ON BOARD，Rotterdam MV APL，AUG. 08，2019"。

（4）若提单载明"若收货地栏已填写，本提单上的任何'在运输工具上''已载于运输工具上'或类似含义的措辞的批注，应视为已装载于从收货地到装货港之间运输工具之上"或类似含义的措辞。另外，若收货地栏已填写，则提单须有注明日期的已装船批注。该注明日期的装船批注还应显示信用证规定的船舶与装货港的名称。该批注也可出现在特定的栏目或空格内。出现在该装船批注内或特定栏目或空格内的日期视为装运日期。

例如，提单相关各栏目记载如下。Place of receipt：Amsterdam；Pre-printed "shipped on board"；Pre-carriage：（空白）；Port of loading：Rotterdam，则提单的装船批注为"SHIPPED ON BOARD，Rotterdam MV APL，AUG. 08，2019"。

（5）信用证要求的指名装货港名称应显示在提单的装货港栏内。但它也可显示在标为"收货地"或类似含义表述的栏内，只要有标明日期的装船批注表明，货物已在"收货地"或类似栏目显示的港口装上指名船舶。

（6）"已装运且表面状况良好"（Shipped in apparent good order）、"已装船"（Laden on board）、"清洁已装船"（Clean on board）的用语或其他包含"已装运"（Shipped）或"已装船"（On board）的用语，与"已装船"（Shipped on board）具有同样效力。

14. 承运人名称及签字（Signed for the Carrier）

承运人是运输合同的一方当事人，因而提单须表明承运人的名称。承运人的名称通常印刷在提单的上端。若提单上没有承运人名称的记载，则应在签名栏目中记载承运人或其代理的名称。

提单应由承运人或其具名代理、船长或其具名代理签字。提单的签字可用手签、摹本、打孔、盖章、符号或任何其他机械或电子证实方式。

UCP600 和 ISBP745 均对承运人的签字作出了具体规定。

（1）依 UCP600 第 20 条第 1 款，提单必须表明承运人名称，并由承运人或其具名代理人、船长或其具名代理人签字；承运人、船长或代理人的任何签字必须注明其承运人、船长或代理人的身份；代理人的任何签字必须表明该代理人是代表承运人还是代表船长签字。

（2）ISBP745 E5 规定：① 提单应按 UCP600 第 20 条规定的方式签署，并载明承运人名称及表明承运人身份。② 若提单是由承运人的具名分支机构签署的，则该签字视为已由该承运人作出。③ 若由代理人代表（代理）承运人签署提单，则该代理人应是具名的，并载明"×××（签字），agent for ×××（承运人名称）"或"×××（签字），agent on behalf of ×××（承运人名称）"或类似含义的措辞。若单据的其他地方，承运人已被注明为"承运人"，则具名代理人可签署单据，如"×××（签字），agent for（or on behalf of）the carrier"，不必再注明承运人名称。④ 若船长签署提单，则船长的签字应注明"the master（captain）"字样，但不必注明船长姓名。⑤ 若由代理人代表（代理）船长签署提单，则该代理人应是具名的，并载明“×××（签字），agent for the master（or captain）”或“×××（签字），agent on behalf of the master（or captain）”或类似含义的措辞，不必再注明船长的姓名。

（3）ISBP745 E3 规定：① 提单可由承运人或船长之外的任何实体签字，只要满足 UCP600 第 20 条的要求即可。② 若信用证规定“货代提单可接受”或“运输代理行提单可接受”或类似含义的措辞，则提单可由出具的实体签字而不需要表明其签字的资格或承运人的名称。

该规定表明，只要承担承运人责任，即对货物的运输安全负责，任何人均可签发提单。实务中，除代表船方签发提单外，货代经常签发承担运输责任的提单。

（4）ISBP745 E4 规定：若信用证规定“货代提单不可接受”或“运输代理行提单不可接受”或类似含义的措辞，当涉及提单的标题、格式、内容或签字时没有任何意义，除非信用证提出具体要求，详细说明如何出具和签署提单。若缺少这些要求，该规定将不予理会，提交该提单应根据 UCP600 第 20 条的要求审核。

该规定表明，若信用证仅规定“货代提单不可接受”或“运输代理行提单不可接受”而没有其他具体要求，则该规定无效。换言之，“货代提单不可接受”银行不予理会。因为，货代可以“无船承运人”的身份签发提单，承担承运人的责任。银行不以运输单据的标题、格式、内容或签字判断是否为货代或运输行单据，而是以签发人承担何种责任为审单依据。

（二）“清洁的、已装船的”提单

“清洁的、已装船的”提单表明，外表状况良好的货物已装上指定船舶，出口商已完成交货义务。因此，为维护进口商的利益，信用证或贸易合同一般都规定出口商应提交“清洁的、已装船的”提单（... clean on board Bs/L），即进口商和银行拒绝接受载有货物外表状况有缺陷批注的提单和收妥备运提单。

1. “清洁”在提单中的表示方法

提单中，若承运人未有任何表明包装不良内容的批注，则视为清洁提单。但实务中，有时承运人为免除其责任，在提单上声明对因包装引起的损坏或损失予以保留，并不声明货物有缺陷，则银行对此不能以不清洁为由拒绝接受单据。如批注为“旧桶”（used drums）、“旧箱”（used cases）、“旧麻袋”（used gunny bags），不等于“破桶”（broken drums）、“破箱”（broken cases）、“破麻袋”（broken gunny bags）；集装箱提单上加注“据称内装”（said to contain），也不能视提单为不清洁。

提单上常见的不清洁的批注，如 5 件损坏（five packages in damaged condition）、包装不适海运（insufficiently packed for ocean voyage）、铁皮条松弛（iron strap loose or missing）、7 包扯破（seven bags torn）、2 箱货短装（two cases short ship）、有几桶渗漏（a few drums leaking or seeping）、几箱轻微破损（some cases lightly broken）、布袋遭污染（the cloth bags have been stained）、约 5% 的货物被压碎（about five percent of goods have been crushed）等。

UCP600 和 ISBP745 关于清洁提单作出了以下规定。

（1）银行仅接受清洁的运输单据。清洁运输单据是一种不带有明确表明货物状况或其包装存在缺陷的语句或批注的运输单据。“清洁”（Clean）一词不需要出现在运输单据

上，即使信用证要求运输单据必须是“清洁已装船的”（Clean on Board）。（UCP600 第27条）

（2）提单不应载有明确声明货物或包装状况有缺陷的条款。① 提单上的条款，如“包装不能满足海运航程”（packaging is not sufficient for the sea journey）或类似含义的措辞，是明确表明包装存在缺陷的条款。② 提单上的条款，如“包装可能无法满足海运航程”（packaging may not be sufficient for the sea journey）或类似含义的措辞，并非是明确表明包装存在缺陷的条款。（ISBP745 E20）

（3）即使信用证要求提单应标注“清洁已装船”（Clean on Board）或“清洁”（Clean），亦不需要在提单上出现“清洁”一词；提单上的“清洁”一词被删去，并非明确声明货物或包装存在缺陷状况。（ISBP745 E21）

2. “已装船”在提单中的表示方法

除多式联运和集装箱运输外，在传统的海上运输中，承运人的责任开始时间为货物装上船舶。因此，提单通常须表明货物已装船的事实。提单上表示货物“已装船”的方法主要有以下两种。一是提单通过预先印就，如“Shipping on Board”或“On Board”等词语，以表明货物已装上船舶的事实；或在提单上加注货物已装船日期的装船批注，如使用“Shipping on Board, Dec. 20, 2019”或“On Board, Apr. 21, 2019”等戳记或注记，以表明货物已装上船舶的事实。二是若为“收妥备运”提单，则在货物装上指名船舶后，承运人在提单上加注“Shipped on Board”（已装船）字样和装船日期的批注，该装船日期视为装运日期。

五、提单的签发及原始取得

（一）提单的签发

提单的签发是指，提单经承运人或其代理或其授权的人签署后，向托运人出具提单。提单签发的依据是货物装船后，大副签署的收货单（大副收据）或场站收据。

（二）提单的原始取得

提单的原始取得是指，托运人（通常是卖方）向承运人实际交付货物后，从承运人或其代理或其授权的人那里取得提单（以货物换取提单）。由于提单的功能之一是货物收据，承运人向卖方签发提单则证明承运人是收到卖方向其交付的货物。因此，FOB 条件下，向承运人实际交货的卖方应视为合法持有提单的托运人，即卖方从承运人那里原始取得并持有提单，属合法取得和持有提单。这有别于提单签发后的转让而取得提单（支付对价取得提单）的过程。

六、提单的背书及转让

（一）提单背书与转让的含义

在国际贸易中，通过转让提单可以转让货物占有权。背书是实现提单转让的一种手段。提单经过背书或交付后，提单本身所代表的货物的货主发生变化，转让提单就意味着转让了货物。

提单的背书，是指提单持有人在提单背面记载并签名的行为。提单的交付是指转移提单的占有。收货人提货时应在提单的背面签字或盖章，以表示提货的意思。

提单转让，是指通过背书（不记名提单仅交付）的方式将提单让与新的持有人（受让人）。提单背书（或交付）给受让人后，提单上有关权利转移给受让人，受让人因而成为提单持有人。受让提单后，受让人取得提单占有权、其债权或货物控制权。因此，提单转让不仅是一纸单据本身可实现从持有人到受让人的转移，而且是该单据本身的转让可使它所代表的权利从持有人转移到受让人。但提单的转让并不能给持有人，包括收货人比转让人更多的权利。

指示提单的转让需背书和交付。指示提单经空白背书后，就可像不记名提单那样仅凭交付即可转让。所以，指示提单经空白背书之后，谁持有提单，一般认为谁就是提单持有人。不记名提单，其“收货人”为“来人”（Bearer）。该提单无需背书（仅交付）即可任意转让，即谁持有该提单，谁就可以提取货物。

关于记名提单的转让，国际上存在分歧。中国《海商法》第79条规定：“记名提单不得转让。”记名提单从托运人到收货人的流转过程，不属于提单的转让。强调记名提单不得转让，旨在保护记名收货人的物权。因此，记名收货人以外的任何人都无权转让记名提单。但记名收货人自己可依相关法律的规定转让记名提单，这是其行使物权的一种方式。

依据美国等国家的法律，禁止记名提单仅凭背书转让。若要转让记名提单，转让人通常需另行作出独立的“提单权利转让书”。在美国，记名提单不是物权凭证，不可转让、不能据以提货。记名提单已不具有提单性质，且货权在货物装上船之时起，已转归记名收货人，只能由特定收货人提货。因此，卖方不能对记名提单背书转让。即使卖方保留该提单，也不能使卖方保留货权。承运人有权甚至在未提交正本记名提单的情况下，向记名人交付货物。

（二）提单转让的时间

货物由承运人接管或装船后签发提单，提单即可转让。货物在运输途中，只要尚未到达卸货港，提单就可无限制地转让。换言之，只要货物为运送的目的，由货运代理人或承运人占有且尚未交付有权在目的港取得货物的人，提单的转让就可继续。若货物卸到岸上，只要没有完成交付，占有权还没有移交给有权取得货物的人，提单仍具有转让效力；若货物存放于目的港码头仓库，但货物是根据承运人而非收货人指示存放于仓库，提单仍可以转让；即使承运人因运费等费用未付清而行使留置权，提单的转让也不应该被停止。因此，提单的转让有一定时间的限制。通常情况下，货物运抵卸货港，承运人开始交付货物，提单就不应再转让。

（三）提单背书的方式

提单的背书主要分空白背书和记名背书两种。

1. 空白背书，是指背书人（提单转让人）在提单的背面签字或盖章，即在提单背面记载如：

FOR XYZ　Co.，Ltd.（背书人的名称）

××（背书人签字）

提单经空白背书后，其持有人即可主张提单权利；若持有人再将其转让，则无需背书。

2. 记名背书，是指在提单的背面既有背书人签字或盖章，又列明被背书人（提单受让人）的名称，即在提单背面记载如：

DELIVER TO ××（被背书人名称）

FOR XYZ　Co.，Ltd.（背书人名称）

××（背书人签字）

以这种方式（DELIVER TO ××）背书的提单，将成为记名提单，通常受让人可以同样方式背书转让该提单。

此外，贸易实务中还有以下几种背书种类。①

1. 指示背书，是指由背书人在提单背面载明“Deliver to the order of ××”字样，即在提单背面记载如：

DELIVER TO THE ORDER OF ××（被背书人名称）

FOR XYZ　Co.，Ltd.（背书人名称）

××（背书人签字）

这种背书的提单，受让人可继续背书转让该提单。

2. 选择不记名背书，是指由背书人在提单背面记载“Deliver to ×× or bearer”字样，即在提单背面记载如：

DELIVER TO ××（被背书人名称）OR BEARER

FOR XYZ　Co.，Ltd.（背书人名称）

××（背书人签字）

3. 选择指示背书，是指由背书人在提单背面记载“Deliver to ×× or order”字样，即在提单背面记载如：

DELIVER TO ××（被背书人名称）OR ORDER

FOR XYZ　Co.，Ltd.（背书人名称）

××（背书人签字）

（四）国际贸易中常见的提单背书形式

（1）出口商以托运人或发货人（Shipper）的身份，空白背书转让提单，如：

ABC Co.，Ltd.（托运人公司名称）

××（签字）

（被背书人可以是进口商、议付行或开证行，视合同或信用证而定。）

（2）若为议付信用证，在寄单之前，议付行进行记名背书，被背书人为开证行，如：

Deliver to ×× Bank（开证行）or Order

[或 Deliver to the Order of ×× Bank（开证行）]

×× Negotiating Bank（议付行）

××（签字）

（3）进口商付款赎单时，开证行再背书转让提单给进口商，如：

(XYZ Import Co.，Ltd.：Upon payment freight and all charges)

Deliver to the order of XYZ Import Co.，Ltd.

(或 Deliver to XYZ Import Co.，Ltd. or Order)

---

① 张锦源．国际贸易实务详论［M］．17版．台北：三民书局股份有限公司，2013：497-498.

××Issuing Bank（开证行）

××（签字）

（五）提单背书的连续性

提单的背书必须具有连续性。所谓连续性是指，从提单的第一个背书人到最后的持有人必须是不间断的。若第一个有权背书的人没有背书，则背书不连续，提单不能转让；任何通过其他方式取得提单的人都不是经过转让取得提单，从而也不能获得提单转让所赋予的权利。

为了保证背书的连续性，提单背书时，须遵循以下原则。

（1）若提单“Consignee”栏内记载“To Order of Shipper”（托运人指示）或“To Order”（空白指示），则“Shipper”栏内记载的托运人为第一个背书人。

（2）若提单“Consignee”栏内记载“To Order of ××”或“×× or Order”，则“××”为第一个背书人。

（3）若提单“Consignee”栏内记载“To Order of ×× Bank”或“To ×× Bank's Order”，则“×× Bank”为第一个背书人。

（4）若提单“Consignee”栏内记载“To Order of Consignee”或“To Consignee's Order”，则收货人为第一个背书人。

（5）若背书全部为空白背书形式，第一个背书人正确，则视为连续背书。

（六）指示提单抬头的填写和背书方法举例

提单的抬头与背书，直接关系货物处置权归属和能否转让等问题，因此，提单转让一定要严格按照信用证或贸易合同的要求办理。

（1）若信用证规定“Full set of B/L made out to（drawn to 或 issued to）order...”或“B/L Made onto order...”，则提单“Consignee”栏内填写“To Order”或“Onto Order”，并由托运人做成空白背书或记名背书。

（2）若信用证规定“B/L Made out to（drawn to 或 issued to）the order of shipper...”或“B/L Made out to（drawn to 或 issued to）shipper's order...”，则提单“Consignee”栏内填写“To Order of ×× Co.（托运人名称）”或“To ×× Co.'s Order”，并由托运人做成空白或记名背书。

（3）若信用证规定“B/L Made out to（drawn to 或 issued to）our order...”，则提单“Consignee”栏内填写“To ×× bank's（开证行名称）Order”，并由该银行背书。

（4）若信用证规定“B/L Made out to（drawn to 或 issued to）order，delivery to order of ×× bank”，则提单“Consignee”栏内填写“To Order”，并由托运人做成记名背书“Delivery to the order of ×× bank”（背书给××银行）。

（5）若信用证规定“B/L Made out to（drawn to 或 issued to）the order of ×× bank or to order”，则只能选择其中一种，将“To the order of ×× bank”或将“To Order”填入提单“Consignee”栏，并由“×× bank”或托运人背书。

七、提单的更正与补发

1. 提单的更正

若货物已装船且已签发提单，托运人才提出更正的要求，承运人或其代理人则要在考虑各方面的关系后，才能决定是否同意更改。若更改的内容不涉及主要问题，在不妨碍其他关系人利益的前提下，可同意更改。相反，若更改的内容会涉及其他关系人的利益或影响承运人的交货条件，则需要征得有关方的同意，才能更改并收回原签提单。至于因更改提单内容而引起的损失和费用，则应由提出更改要求的托运人负担。

ISBP745 E24—E25 对提单的更正作出以下规定：（1）对提单上信息的任何更正都应被证实。该证实须看起来由承运人、船长或其任一具名代理人所为，该代理人可以与出具或签署提单的代理人不同，只要注明其作为承运人、船长的代理人身份。（2）不可转让的提单副本，不需包含正本单据上可能已作出的任何修正的证实。

2. 提单的补发

若正本提单交单后，在寄送途中遗失，收货人可在目的港凭副本提单和具有信用的保证人，如银行出具的保证书提取货物。在这种情况下，除须依照一定的法定程序将提单声明作废外，无须另行补发提单。

若提单在交单前遗失，应由托运人提供书面担保，经承运人同意后，补签新提单并另行编号。同时，还要将有关情况转告承运人在目的港的代理人，声明前签提单作废，以免发生意外纠纷。

八、提单的缴回

依据国际公约、惯例及各国法律，签发了可流通或可转让提单的承运人，只有在向提单持有人交付货物后，才视为已完成运输合同的义务，提单的债权债务关系也因此解除。换言之，承运人在交付货物后，只有在收回提单时，才可解除自身的运输责任。对持有可流通或可转让提单的收货人而言，提货时，必须将提单缴回承运人；否则，视为侵占他人财产。因此，若承运人没有收回提单而将货物交给收货人，则构成无单放货行为；收货人没有缴回提单而提货，则构成无单提货。两者都是违法行为，须对此承担相应的责任。记名提单是否可以无单放货或无单提货，视不同国家法律的规定而有所区别。但依据中国法律，记名提单也需要凭单放货或凭单提货。①

此外，ISBP745 E28 规定：“提单不应声明，该提单中记载的货物只有在该提单与其他一套或多套提单一起交单时才能放货。除非所有涉及的提单是相同信用证项下的属于同一批提交的单据。例如，‘YYY 和 ZZZ 号的提单记载的 XXX 集装箱，只能在某一贸易商手中所有提单都提交后，才可将该集装箱交付该贸易商’被认为是一个声明：与该集装箱或包装单位有关的一套或多套提单必须在提货之前提交。”

该规定表明，在拼箱货物的情况下，通常，一个货柜内装有不同收货人的货物，每一个收货人都持有自己的提单。不应要求所有收货人同时提交提单才能提货。只有当拼箱货物属于同一收货人，才可要求同时提交所有提单。

① 关于承运人“无单放货”问题，可参见拙著《国际贸易惯例与规则实务》（第五版）第十二章相关内容。

九、与提单相关的大副收据、场站收据和提货单

大副收据、场站收据和提货单，是与提单密切相关的几个重要单据，它们在国际货物运输和国际贸易中起到重要的作用。

（一）大副收据（Mate's Receipt，M/R）

大副收据，也称收货单，是指船方签发给托运人的、用以证明货物已经收到并已装船的单据。在实际货物装船并与理货单核对无误后，由船上大副签发一种收货单。由于该收货单是由大副签署的，因而又称“大副收据”。它确认收到货物并记载货物的数量和状况。由于大副收据是签发提单的重要依据，且按照法律规定，承运人从货物装上船时起即承担对货物的责任，所以，大副必须将货物的实际情况与装货单的记载进行细致核对；若发现货物数量短缺或外表状况不良，如标志不清，货物有水渍、油渍或污渍，货物损坏等，大副会将这些情况记载在收货单上。大副可拒绝将有缺陷或外表状况不良的货物装船，并要求发货人予以调换。若发货人不愿调换或调换实际上已不可能而又要将货物装船时，大副将在收货单上如实地加以适当的批注。该批注将再被转注在提单上，该提单则为不清洁提单。

大副收据是托运人向承运人（船公司）换取已装船提单的重要凭证。通常，货物装船后，船长也有义务向托运人签发提单，以换回大副收据。

（二）场站收据（Dock's Receipt）

在集装箱运输中，承运人的责任期间可为“站到站”。在托运人或其代理将货物（整箱货或拼箱货）交付承运人指定的场站（堆场或货运站）后，承运人的代理即场站经营人签发收据，该收据称为“场站收据”。由于此时集装箱尚未装船，为了便于集装箱装船时大副核收及证明货物已经装上船舶，一般还需要增加场站收据副本即大副联。场站收据与大副收据一样，除了具有收据功能外，也是承运人签发提单的依据，即托运人以场站收据换取提单。

（三）提货单（Delivery Order，D/O）

提货单，又称小提单，通常是船公司或其代理人凭收货人持有的提单或保证书而签发的提货凭证，收货人可凭此单据到目的港（地）仓库或船边提取货物。提货单的内容基本与提单所列项目相同。在集装箱运输中，提货单既是收货人向场站提货的依据，也是承运人或其代理对场站放箱交货的通知。

在国际货物运输中，通常，收货人收到提单后，持以向承运人或其代理人换取提货单；办理报关后，凭此向船长或仓库提取货物。若货物已达港口而收货人尚未收到提单，收货人可请求银行等出具保函，向承运人换取提货单提货，并于取得提单后换回保函，以解除银行等的责任。为避免收货人将提货单转让他人，承运人或其代理人通常在提货单摘要栏内记载“不得流通”的批注。

但在实际业务中，有时提单持有人为了转卖的需要而要求承运人或其代理人向另外的人签发提货单，甚至将一份提单下的货物分成若干份而要求承运人或其代理人签发若干份提货单。因此，提货单既具有提货的功能，也具有便于货方进行交易的作用；同时，提货单还是收货人通关的必备单据之一。

表 13-10　　提单实例

Shipper CHIN YUAN ENTERPRISE CO., LTD.	B/L NO.COSCO 01008654
Consignee TO ORDER	中国远洋运输（集团）总公司 CHINA OCEAN SHIPPING （GROUP）COMPANY CABLE: COSCO BEIJ TLX: 210740 CPC CN FAX: -86(010) 67890432 Port-to-Port Combined Transport BILL OF LADING
Notify Party ABC CO., LTD (Tel:××××××××)	
Pre-carriage by　　**Place of Receipt** BEIJING	
Ocean Vessel　**Voy. No.**　**Port of Loading** WAN HAI 456　V-NO. 90　TIANJIN	**ORIGINAL**

Port of Discharge SEATTLE　　Place of Delivery SEATTLE　　Final Destination CHICAGO

Container No. Marks & Nos.	**Seal No.**	**No. of container or P'kgs.**	**Kind of Packages; Description of Goods**	**Gross Weight**	**Measurement**
C/N. 1-256, 234-765 TKC(INDIA) MADE IN CHINA ***	9304729/20′ CNTR # WHLU ***	1 CONTAINER (522CTNS) ***	"SHIPPER'S LOAD & COUNT" "SAID TO COTAIN" TABLE，GLASSWARE，CLOCK， PHOTO FRAME & PEN "FREIGHT PREPAID" **** **SHIPPED ON BOARD** **AUG. 08, 2019**	6956.234KGS (CY-CY) ***	1×20′ ***

TOTAL NUMBER OF CONTAINE RS OR PACKAGES (IN WORDS)	SAY TOTAL ONE (1) 20″ CONTAINER ONLY. **DUPLICATE**

FREIGHT& CHARGES	Revenue Tons	Rate	Per	Prepaid	Collect
				…AS ARRANGED…	

Ex Rate:	Prepaid at TIANJIN, CHINA	Payable at	Place and date of Issue TIANJIN, CHINA AUG.08, 2019
	Total Prepaid	No. of Original B(s)/L THREE (3)	Signed for the Carrier COSCO ××（签字） AS CARRIER

LADEN ON BOAED THE VESSEL

DATE　AUG. 08, 2019　BY ××（签字）

第六节 货 物 收 据

货物收据（FCR）作为一种新型的国际贸易单据，近年来，在中国对外贸易中开始使用。与提单相比较，FCR 具有其独特的性质及功能。使用 FCR 时，出口商接受 FCR 可能存在无法控制货款和货物运输权等风险。对此，出口商须采取因应策略来维护自身权益。①

一、货物收据的界定、内容及签发人

“货物收据”，其英文全称为“Forwarder's Certificate of Receipt/Forwarder's Cargo Receipt”，简称 FCR，其译名为“货运代理收讫货物证明”“货运代理收货凭证”或“运输行货物收据”等，中国业界通常称其为“货物收据”。

《联合国贸易单据设计应用准则》将 FCR 界定为“货运代理签发的确认其控制特定货物并依不可撤销的指示，将货物发送给单据中记载的收货人或置于收货人支配之下的不可转让的单据”。尽管该定义将 FCR 的签发人限定为“货运代理”，但实务中，也有承运人或货运代理以“无船承运人”身份签发 FCR 的情形。因此，通常情况下，货物收据是指货运代理或承运人（包括无船承运人）在收到出口商交付的贸易合同项下的货物后，签发给货主的用以证明其已接收货物或货物已装船的不可转让的记名单据。

FCR 在单据形式和记载内容等方面与提单极为相似。在实务中，货运代理或承运人签发 FCR 时，通常在该单据的正面载明托运人、收货人、通知方的名称以及货物状况等事项。为提醒货方注意，FCR 下方一般注明“签署三份 FCR，一旦其中一份被使用，其余即失效”或类似字句。FCR 背面一般载明“除非另有注明，收到表面状况良好的货物将按照承运人的正式提单条款持有和运输；货物将在交货地交付收货人，收货人在提货时无需提交正本货物收据；一旦货运代理收到托运人的货物，收货人可处分该货物”等文句。

实际上，FCR 与提单是完全不同的两种单据。在国际贸易货物运输中，FCR 签发人的身份既可能是货运代理，也可能是无船承运人。但其身份不同，承担的责任也不相同。

二、货物收据的性质及其功能

与其他贸易单据相比较，FCR 具有以下性质和功能。

（一）FCR 构成“海上货物运输合同的证明”

依据《汉堡规则》和中国《海商法》，承运人签发提单以外的单据用以证明收到待运货物的，此项单据即为订立海上货物运输合同和承运人接管该单据中所述货物的初

---

① 关于“货物收据”，详见拙著《国际贸易惯例与规则实务》（第五版）。

步证据。FCR 属于“提单以外的证明海上货物运输合同的其他单据”。因此，只要符合一定的条件，提单以外的其他单据，包括 FCR 能够构成海上货物运输合同的证明。当 FCR 的签发人为承运人或无船承运人或其授权人时，FCR 才能构成海上货物运输合同的证明。

若货运代理签发了 FCR 而未签发提单，且 FCR 的内容能够证明海上货物运输合同的具体内容，则也可认为 FCR 构成海上货物运输合同的证明。

在贸易实践中，FCR 一般适用于以 F 开头（如 FOB）和 EXW 的贸易术语。在这两类贸易条件下，通常由买方同承运人订立运输合同，控制货物运输。此时，国外买方可能委托其在中国的货运代理同承运人订舱，同时要求中国出口商向该指定货运代理交付货物。这种情况下，出口商将货物交付该货运代理的行为，可能只是履行其贸易合同项下交货的义务。因此，该货运代理签发的 FCR 无法构成海上货物运输合同的证明。

（二）FCR 可以构成“货物已装船的证明”

FCR 中所载明的货物是否“已装船”，对货物的风险或其所有权是否转移、承运人的责任是否开始等一系列问题都具有重要意义。

尽管 FCR 通常是在货运代理收到货物之后、货物装船之前签发的，但在实际操作中，亦有在货物装船之后签发的情形。其实，在货运代理与轮船公司之间存在长期协议的情况下，货物装船后才签发 FCR 也是常见的。

（三）FCR 不构成承运人“据以交付货物的保证”，也不具有“物权凭证”功能

只有提单是承运人保证据以交付货物的单据，即承运人或其代理人必须依提单所载明的货物状况向收货人或其他提单持有人交货。但提单以外的其他单据，包括 FCR 是否构成承运人据以交付货物的保证，国际公约和中国《海商法》及相关法律并未予以具体规范。因此，承运人不凭 FCR 直接将货物交付记名收货人，并不违反国际惯例或法律规定。另外，FCR 只是保证“向特定收货人交货”，而不是必须“‘凭单’向特定收货人交货”。由此也决定了 FCR 不具有提单的“物权凭证”的效力。承运人放货时，不需要收回 FCR。

三、FCR 签发人与出口商的关系

在货运代理签发 FCR 的情况下，首先，必须确认 FCR 签发人与出口商之间的关系如何。这种关系的性质不同，因 FCR 产生的责任也就不同。货运代理与出口商之间的关系可能是货运代理合同关系、海上货物运输合同关系或无任何合同关系。

（一）FCR 签发人与出口商之间为货运代理合同关系

货运代理公司接受出口商提交的出口货物明细单及委托书后，向出口商签发 FCR 并按照其要求委托承运人出运，应视为出口商与货运代理公司之间的货运代理合同成立。若出口商在收到 FCR 后，未提出提单要求而将其用于收汇，则已构成对签发的 FCR 的认可。因此，FCR 签发人对由此造成的损失也不承担责任。

（二）FCR 签发人与出口商之间为海上货物运输合同关系

FCR 载明的内容或条款，是确认其签发人与出口商之间关系的重要依据。

例如，签发的 FCR 背面载明："在接收货物、履行本协议涵盖的集运服务时，公司作为客户的唯一代理人而非货物的承运人、转运人或分销商，公司同时通过代表客户与第三方订立合同和/或直接处理客户和第三方之间的合同成为客户的唯一代理人，提供客户要求的服务。公司不是承运人，并不是作为负责人或承运人与客户订立或声称要订立任何货物的承运、储存、包装或搬运合同，尤其是公司不是一个公共承运人。……"但该 FCR 正面右下角签名栏标注有"Globe Express Services（签发人）As Carrier"的字样。虽然签发人在 FCR 背面条款中声称自己是收货人的代理人，代表客户收货，不是承运人，但该条款与 FCR 正面右下角签名栏标注的"Globe Express Services（签发人）As Carrier"相互矛盾。正面记载的内容因其显著性，应优于背面条款适用；同时，结合 FCR 中载明的运输合同的具体事项及订舱费等费用的收取情况，可以确认作为 FCR 载明的托运人与签发人之间存在海上货物运输合同关系，签发人是货物运输的承运人。但由于 FCR 不是承运人据以交付货物的保证，也不具有物权凭证的性质，因而托运人在交付货物取得 FCR 时，其在运输合同项下的指示交货等货物控制权也随之丧失。

（三）FCR 签发人与出口商之间无合同关系

FCR 签发人与出口商之间也可能不存在任何合同关系。如在 FOB 或 EXW 条件下，FCR 签发人的身份仅为收货人的货运代理，其从出口商那里接收货物并将货物交付实际承运人承运，均系依照收货人的指示行事，且也未向出口商收取货运代理佣金和有关费用。此种情况下，尽管签发了 FCR，但签发人与出口商之间既不存在运输合同关系，也不存在货运代理合同关系。此时，尽管 FCR 签发人对出口商而言，没有义务向出口商签发提单或交付实际承运人的提单，但这并不等于其对出口商不承担任何责任。由于签发 FCR 后，货运代理承担向记名收货人交付货物的义务，因此，货运代理在安排货物运输过程中，应确保运输单据（提单或海运单）内容与 FCR 一致；否则，货运代理须对出口商承担赔偿责任。

四、出口商运用 FCR 的因应策略

出口商接受 FCR，最大的风险在于其可能无法获得收汇保障。为此，出口商在国际贸易中，应谨慎地接受 FCR 并采取适当的因应策略。

（一）非信用证收汇的因应策略

首先，出口商对于买方的信誉应有充分了解时才能使用 FCR。多数情况下，买方不付款的根源在于其信用不佳。因此，出口商预防贸易纠纷的根本策略是选择资信较好的贸易伙伴。若中国出口商对国外买方的资信状况无充分把握且同意使用 FCR 及 T/T 方式收汇，可向中国出口信用保险公司投保；保险公司在规定的承保范围内，对应收账款予以保障。其次，贸易合同条款应合理。从贸易和运输的实践看，因 FCR 产生纠纷的原因之一是贸易合同条款不尽合理。在诸多类似纠纷中，贸易条件多为 FOB 或 EXW，付款方式多为电汇。这种情况下，出口商一般不掌握实际承运人签发的提单，进而很难控制货物运输权。因此，出口商应力争在贸易合同中约定使用以 C 开头的贸易术语，由出口商掌握提单，以保证对货物的控制权；付款方式争取使用发货前 T/T。再次，坚决要求货运代理

（无船承运人）在签发 FCR 之后，必须向出口商出具提单，并要求将出口商的名字记载于提单的“托运人”栏中，以便控制货物运输权和货款权。最后，严格审查 FCR 背面条款的内容，确认其签发人的身份和责任。

（二）信用证收汇的因应策略

1. 信用证付款方式下，对 FCR 的审单要求

UCP600 将国际贸易中使用的货物运输单据调整为 7 种，但不包括 FCR。其原因是 FCR 的主要功能是货物收据而非物权凭证。为避免争议，ISBP745 A18 对 FCR 等类似单据特别予以明确界定和说明：与货物运输有关的一些常见单据，如小提单（D/O）、货代发运证明（FCS）、货代运输证明（FCT）、货代货物收据（FCR）和大副收据（M/R），均不反映运输合同，并非 UCP600 所规定的运输单据。因此，UCP600 第 14（c）条（不晚于装运日后 21 天交单）不适用于这些单据，而应以审核 UCP600 未作特别规定的其他单据的相同方式审核这些单据，亦即依 UCP600 第 14（f）条审核。尽管货运代理签发的 FCR 不属于 UCP600 所规范的运输单据，但依 UCP600 第 14（f）条的规定，FCR 可成为信用证项下的其他单据。

由于 UCP 未对 FCR 作出明确规定，因此，当贸易双方同意以 FCR 替代提单时，出口商须要求在信用证中对 FCR 作出明确规定，如“开证申请人指定的人签发的货物收据，证明其已收到表面状况良好的货物，且载明货物收讫日期、货物价值、数量及信用证编号”；否则，银行将拒绝接受 FCR。

2. 信用证付款方式下，防范 FCR 风险的措施

由于 FCR 的不可转让性和非物权凭证特征，出口商持有 FCR，仅享有一定条件下的撤销或变更指示的权利，这会削弱信用证的安全收汇保障性。尤其是在 FOB 或 EXW 条件下，货运代理常常作为买方的代理人，按照买方的指示行事。买方在目的地无需凭 FCR 就可直接提货。此时，仅持有 FCR 的出口商极可能既丧失货物的控制权又无法收回货款。对此，出口商应该做到以下几点。

（1）以开证银行为 FCR 的收货人。

（2）坚持 FCR 的合理审核标准。

（3）严格审核信用证关于 FCR 签发日期、收货日期及收货地点的规定。

（4）正确处理信用证中关于货物分批装运或转运条款。

（5）严格审查 FCR 的交单截止日。

第七节　海　运　单

近年来，海运单得到越来越多的应用。国际上，许多船公司都印有海运单供货主选用。中国各船公司也制定了自己的海运单，并在国际货物运输中使用。

一、海运单的定义、性质及作用

海运单（Sea Waybill，SWB）是证明海上货物运输合同和货物由承运人接管或装船，

以及承运人保证据以将货物交给指定收货人的不可转让的海运单据。

英国《1992年海上货物运输法》第1条第3款规定：本法所称的海运单是指不属于提单的任何单据，但它是一种包含或证明了海上货物运输合同的货物收据，而且载明了承运人根据该项运输合同向其交付货物的被指定人。

根据上述定义，海运单具有以下性质和特征：（1）海运单不是物权凭证，因而是不可转让的运输单据。（2）托运人可以指示承运人将货物交付特定的收货人。即使事先已经指定特定的收货人，载货船舶在运输途中，托运人也可变更收货人。（3）使用海运单交付货物时，承运人只认“人”而不认“单”。由于海运单不是物权作证，因而它不是收货人提货的凭证。承运人放货时，只依据海运单上记载的“收货人”，即托运人所指定的收货人，只要该收货人能证明其“收货人”身份即可提货。换言之，即使某人持有海运单，若不是海运单所记载的收货人，也不能要求承运人放货。

海运单的作用表现为：它是承运人接收货物或装船并由其照管货物的收据；它是海上运输合同或其证明。

二、海运单的形式与内容

在形式上，海运单也是一种书面单据，由承运人签发，分正面内容和背面条款。通常，海运单只签发一份正本，但经托运人请求，也可签发两份或两份以上的正本。在内容上，海运单的所有条款均属承托双方共同的意思表示，其正面通常标明“Non-Negotiable”（不可流通）字样。海运单的正面内容一般也包括以下事项：托运人与收货人的名称，通知方的名址，船名、装卸港、货物标志、品名或种类、数量或重量等由托运人提供的事项，运费和其他费用的承担，海运单的签发时间、地点和签发人等。

海运单的背面条款与提单的背面条款类似。但有些海运单背面条款中，没有关于承运人责任、义务与免责的规定，只是载明一个“参照条款”或“并入条款”，即规定这些事项适用承运人标准运输条件、承运人的提单或其他文件中的有关规定，从而大大简化了海运单的篇幅。

三、海运单的流转程序

海运单的流转程序一般包括以下几个环节。

（1）当承运人应托运人的要求使用海运单时，应在订舱记录中加以确认并注明“签发海运单”，以提示单证操作及目的港交接货物的做法与提单不同。

（2）承运人或其装运港代理预先将托运人在订舱时所提供的收货人详细资料（包括名称、地址、电话、传真、主管人姓名、职务等）列成清单，传给卸货港代理。

（3）承运人或其装运港代理在接收货物后，凭场站收据签发海运单。正本一份交给托运人，其余的副本交由装运港代理留存及随船交卸货港代理。

（4）签发海运单后，承运人或其装运港代理将该航次使用海运单的情况（包括海运单号、货名、数量、收货人等），通过电子邮件、电传或传真通知卸货港代理。

（5）舱单上注明哪些货物使用海运单。

（6）卸货港代理凭舱单、装货港代理提供的信息，在船舶抵港前，向海运单所记载的收货人发出到货通知。

（7）收货人凭已签收的到货通知及本人有效身份证件，要求提货。

（8）卸货港代理验明收货人的身份后，在结清运费及其他费用的情况下，签发提货单放货。

四、海运单的使用范围

海运单因其非物权凭证的性质而具有自身的优势。它能在多大程度上发挥作用，主要取决于立法支持和航运界本身的态度。事实上，海运单的使用范围可以是很广泛的，至少在以下几种情况下是适用的。

（1）集装箱班轮运输。集装箱运输速度快、挂港少，装卸占用时间短，常常出现货物先于提单抵达的情况。此外，典型的适箱货以消费品为主，频繁改换收货人的情况很少见，而且承运人与货主之间的交接比较简单，最适宜于使用海运单。

（2）大宗、稳定货物的租船包运。在大宗货物运输中，有相当一部分货物是大型企业（如钢铁公司、轮胎橡胶集团等）所需的生产原料，货源稳定，极少转手。在这种情况下，完全可以使用海运单，避免在货物先于提单到达时，凭保函提货的麻烦。

（3）各种转包运输。在转包运输越来越多见的情况下，一票货签发多套提单已不鲜见。不论是件杂货、集装箱还是大宗货，如要在运输期间转让，都只需凭第一套提单背书转让，那么，其余几套提单完全可以用海运单来替代。这样可以有效地防止欺诈，避免一票货有多套提单流转在外所带来的不安全因素。

（4）全程运输中的分段运输。分段运输作为全程运输的组成部分，区段之间应由全程承运人做好衔接工作，货主与区段承运人可以不发生关系。因此，海运段与陆运、空运一样，完全可以签发海运单而无须签发提单。这种情况即使全程由海运构成的中转运输也适用。

五、海运单与提单的区别

海运单虽然在形式上与提单非常接近，但其本质上与提单是两种不同的运输单据。两者的区别表现为以下几点。

（1）两者性质不同。海运单仅具有货物收据和运输合同或其证明的性质，是非物权凭证；而提单除具有货物收据、运输合同证明的性质外，是物权凭证，可凭以提货。

（2）两者流通性不同。海运单是一种非流通性单据且记载了特定收货人，因而不能流通转让；而提单多为流通性单据，可以采用背书或背书加交付的方式流通转让。

（3）两者记载收货人的方式不同。海运单“收货人”栏内只能记载特定的收货人，不能记载“凭指示”（To Order）；而提单“收货人”栏内通常记载“凭指示”（To Order）等。

（4）两者交货方式不同。海运单载明的收货人提货时，可无需提示海运单，承运人仅凭收货人提示的身份证明交付货物；而提单的合法持有人和承运人，只凭正本提单提货与交货。

（5）海运单与记名提单不同。尽管海运单与记名提单均记载特定的收货人且不能背书转让，但其本质是不同的。记名提单是提单的一种，是物权凭证，持有记名提单，其收货人可凭以提货；而海运单因其为非物权凭证，其收货人无法仅凭海运单提货。

六、ISBP745 对海运单的规范

（1）ISBP745 F1：若信用证要求提交只包含“港至港”运输的不可转让海运单，即信用证不包含涉及收货地、接管地或最终目的地的描述，则意味着该单据的审核应适用 UCP600 第 21 条；不可转让海运单不应包含如第 G2（a）和（b）中所描述的租船合同的内容。

上述规定表明：① UCP600 第 21 条规定的海运单是指“港到港”（port to port）的海运单。②“港到港”的海运单中，不得并入租船合同的内容。

（2）ISBP745 F11：若信用证要求不可转让海运单做成货物以某具名实体为收货人，如“consigned to（named entity）”（收货人为具名实体），则不可转让海运单不能在该具名人的名称前出现“To Order”或“To Order of”的字样，也不得在该具名人的名称后出现“or Order”的字样，无论该字样是打印上的还是预先印就的；若信用证要求不可转让海运单做成“凭某具名实体指示”为收货人，则不可转让海运单可载明以该具名实体为收货人，而不需记载“凭某人指示”；若信用证要求不可转让海运单做成“凭指示”交货而没有规定发出交货指示的实体，则不可转让海运单应载明开证行或开证申请人为收货人，而不需记载“凭指示”字样。

上述规定表明，海运单的“Consignee”（收货人）栏内只能填写具体的收货人名称，该名称前后均不得出现“Order”字样，即使信用证要求海运单做成“凭具名人指示”；若信用证要求海运单做成“To Order”但未规定指示人，则海运单要做成开证行或买方为收货人。

（3）ISBP745 关于海运单的其他规范与提单相同。

第八节　航空货运程序

随着航空科技的发展、飞机运量的增加，航空货运在国际贸易运输中的作用日益增强。

一、航空货运的托运方式

航空货运按货量多少，可分为以下托运方式。

（一）班机运输

班机运输（Scheduled Flight）是指，根据航班时刻表按照规定的航线，定机型、定日期、定时刻的客/货/邮航空运输。目前，许多航空公司都开辟了全货机运输的定期货运航

班，只运送货物。

这种航空货运方式的特点是迅速准确、对货主方便，但舱位有限，不能满足大批量货物的及时出运，一般需要分批运输。它类似于海上班轮运输。

（二）包机运输

包机运输（Chartered Flight）是指，租用民航飞机在固定或非固定航线上运载旅客、货物或客货兼载的航空运输方式。

包机运输又分为整架包机和部分包机两种形式。整架包机即包租一架飞机的全部舱位。这种方式比较适合运送大批量货物。部分包机是指由几家航空货运代理或发货人（托运人）联合包租一架飞机，或者由包机公司将一架飞机的舱位分别租给几家航空货运代理公司使用。这种方式比较适合于不足一整架飞机货物或1吨以上货物的运输。

（三）集中托运

集中托运（Consolidation）是指，航空货运代理公司将若干单独发运的货物组成一整批货物，使用一份总运单整批发运到同一到站或者运交某一预定的代理收货，然后经报关、分拨后，交给实际收货人。这种方式对货主而言，方便、节省运费，是国际航空货运的主要业务。

此外，航空货运还有陆空联运、航空快递等运输方式。

出口商可以根据出口货物的具体情况，选择使用上述航空货运方式办理货物托运。

二、航空货运的托运手续与程序

出口商使用航空货运方式发运出口货物时，既可直接向航空公司或其代理人办理托运，也可委托航空货运代理公司办理托运。

（一）直接向航空公司或其代理人托运

当出口商选择班机运输或整架包机运输方式时，可直接向航空公司或其代理人洽订舱位或包租飞机托运出口货物。此时，出口商向航空公司或其代理人提交托运书（Shipper's Letter of Instruction），航空公司或其代理人接受后，向出口商（托运人）签发航空货运单（又称航空提单，Air Waybill），承托双方之间的合同关系成立。出口商获得航空货运单后，在预定航期前，在飞机场办理报关、报验手续；海关放行后，货物装机出运。

（二）委托航空货运代理公司托运

当出口商选择集中托运方式时，通常委托航空货运代理公司办理托运报关手续。此时，出口商先与该代理公司订立委托代理协议，再由该代理公司将货物运到机场进仓报关；海关检验放行后，该代理公司向出口商签发航空分运单（House Air Waybill）。

三、航空货运单据

在以航空方式运送货物时，所涉及的单据主要是托运书和航空运单两类单据。

（一）托运书

托运书是出口商（托运人）向航空公司或其代理人发出的请求承运货物的要约。航空公司或其代理人都备有空白格式的托运书以供托运人填写。该托运书是航空公司缮制货运单的重要依据，因此，必须详细填写。

（二）航空运单

国际航空运输货运单，简称航空运单（Air Waybill，AWB），在中国有时称为航空提单，是航空公司或其代理人接受托运人的请求并收到托运货物后，向托运人签发的货物收据，同时，也是托运人与航空公司之间的运输合同。一般情况下，航空公司并不要求收货人出示航空运单即可提货，而只要求提货人能够证明其为航空运单上的收货人。若以信用证方式收汇，信用证通常规定以开证行为收货人，以确保开证行对货物的控制权。对出口商而言，不宜以进口商为航空运单的收货人；否则，可能发生进口商提货后拒付货款的情况。

航空运单作为航空运输中的运输单据，在承运人、发货人（托运人）、收货人、货代公司及保险公司的不同业务中，发挥着不同的作用。

（1）运输合同。航空运单一旦签发，即作为承运人与托运人之间运输合同的书面凭证。该运输合同必须由托运人或其代理人，与承运人或其代理人签署后才能生效。若代理人既是承运人的代理，又是托运人的代理，则须在航空运单上签署两次。

（2）承运人收取货物的证明。托运人将其货物托运后，承运人或其代理人则将航空货运单的一份正本，即第三份正本（Original 3）签发给托运人（for Shipper），作为承运人接收货物的证明。

（3）运费结算凭证和运费收据。航空运单可以作为运费结算的凭证和运费收据。货运单上分别记载着收货人、托运人应负担的费用和代理的费用。因此，航空运单留存航空公司作为运费结算凭证。另外，货运代理公司之间的费用结算也以航空运单作为凭证。同时，该单据也是托运人或收货人支付运费的收据。

（4）清关文件。第二份航空运单正本（Original 2 for the Consignee）由航空公司随机带交收货人，收货人凭以核收货物，同时，作为向海关办理货物清关手续和海关验收的凭证之一。

（5）承运人组织货物全程运输的依据。承运人必须依据航空运单上记载的各项内容，办理货物的发运、转运、交付等相关事宜。

（6）保险证明。航空运单也是办理货物投保手续的证明单据。

（三）ISBP 对航空运单的规范

（1）ISBP745 H1：信用证要求提交涵盖由机场到机场运送的航空运单，无论如何命名，意味着 UCP600 第 23 条适用于该单据的审核。

该条规定表明，只要是涵盖由机场到机场运送的航空运单，无论名称如何，均依据 UCP600 第 23 条审核。

（2）ISBP745 H2：航空运单不一定非要使用“航空运单”（Air Waybill），“航空托运单”（Air Consignment Note）或类似含义的名称，即使信用证这样命名所要求的单据。

该条规定表明，“航空运单”的名称通常为 Air Waybill 或 Air Consignment Note。其他名称也可以。

（3）ISBP745 H5：承运人应由其名称识别而非国际航空协会的航空公司代码，如英国航空公司而非 BA，汉莎航空公司而非 LH。

该条规定表明，识别航空运单的承运人，其依据是承运人的名称，而非其在国际航空协会的代码。

（4）ISBP745 H8：若没有包含实际装运日期的特别批注，出现在航空运输单据上的与该信息相关的其他信息（如在方框中标注的“仅供承运人使用”“要求的飞行日期”或“线路与目的地”），在确定装运日期时，应不予理会。

该条规定表明，航空运单中没有包含实际装运日期的特别批注，其他信息不作为确定装运日期的依据。

（5）ISBP745 H12：航空运输单据应在表面上看来是签发给发货人或托运人的正本。若信用证要求提交全套正本单据，只要提交一份表明是签发给发货人或托运人的正本单据即可。

该条规定表明，发货人或托运人手中只持有一份正本航空运单。在中国，第三份正本（Original 3）签发给托运人（for Shipper），其序号为 A。

（6）ISBP745 H13：a. 若信用证要求航空运输单据做成货物“凭（某具名实体）指示”为收货人［To Order of（named entity）］，则航空运输单据可载明货物交付该具名实体而无需载明“凭指示”（To Order of）。b. 若信用证要求航空运输单据做成“凭指示”交货而没有规定发出交货指示的实体，则航空运输单据应载明开证行或开证申请人为收货人，而不需记载“凭指示”字样。

上述规定表明，航空运单只能做成具名人为收货人，不能做成“To Order”或“To Order of”；即使信用证要求航空运单做成“To Order”但未规定谁的指示，则航空运单的“收货人”应该是开证行或买方。

案例分析

提单是否“清洁”争议案

案情简介①

原告：新疆申浦京钢铁有限公司（下称“新疆钢铁”－进口商）

被告：中波轮船股份公司（下称“中波轮船”－承运人）

某年 3 月 11 日，原告新疆钢铁（买方）与卖方 DUFERCO SA（杜菲克）订立买卖合同，约定购买 5 000 吨冷轧钢卷，价格为 CFR 3 725 000 美元，信用证付款并要求卖方提交全套三份清洁的已装船提单。5 月 27 日，被告中波轮船（承运人）所属的“LIBAI”轮开始装载涉案货物。5 月 29 日，货物装载完毕后，装货港船舶代理代表船长签发了租船提单。提单上除记载了基本内容之外，同时打印了“CLEAN ON BOARD”（清洁已装船）字样和“ATMOSPHERIC RUST ON OUTER PACKING，FEW BROKEN BANDS，MISSED”（外包装空气锈蚀，少数绑带破损和灭失）的批注。承运人对此解释为，提单是由货方制

① 朱杰．“清洁提单”缘何不清洁．http://shhsfy.gov.cn/hsinfoplat/platformData/infoplat/pub/hsfyintel_32/docs/200708/d_199606.html. 上海海事法院民事判决书（2006）沪海法商初字第 495 号。

作后交由船方签发，“清洁已装船”系货方预先打印在提单上，而船方在发现货物的表面状况存在问题后，又在提单上作出上述相关的批注。依船舶航海日志的记录，该轮在涉案航次中，船舶和货物状况正常，未遇恶劣天气，未有船舱进水或漏水现象。

7月9日，船舶抵达常熟港。7月11日，卸货完毕。船方委托的常熟中联理货公司在其7月10日制作的件杂货物溢短残损单上注明，该提单项下604卷货物中，598卷表面部分生锈，6卷表面生锈和破损。7月25日，新疆钢铁凭信用证付款方式取得的该全套正本提单，向中国常熟外轮代理换取了提货单（D/O，小提单）。

9月7日，常熟检验检疫机构受新疆钢铁委托对冷轧钢卷进行检验并出具了品质检验证书，检验结果如下：货物包装情况为“卷装，外包铁皮，内衬防潮纸，钢带捆扎，包装良好，但包装铁皮外表面完全锈蚀”。检验人员对该批货物进行了随机抽样开卷检验，发现大部分货物有明显浸水痕迹；评定结论为该批冷轧钢卷存在较严重锈蚀，严重影响使用及销售。10月10日，检验认证上海公司受新疆钢铁和货物保险人华泰财产保险公司共同委托，对货物遭损情况进行了检验，结论意见为货物锈蚀系装船前雨淋所致。9月12日至10月10日，常熟市价格认证中心受新疆钢铁的委托对货物进行了价格鉴证，鉴证结论为：以某年9月12日为基准日期，货物的市场价值为人民币16 142 626.25元。

为此，新疆钢铁认为：首先，中波轮船没有履行运输合同下的管货义务造成货物锈损；其次，在货物存在瑕疵的情况下，中波轮船仍签发了清洁提单，应对新疆钢铁由此遭受的损失承担赔偿责任。综上，货损是由于中波轮船运输不当造成，其应对货损承担赔偿责任，故新疆钢铁诉至海事法院，请求判令中波轮船赔偿新疆钢铁的货物损失人民币21 557 106.36元及其利息损失，并由中波轮船承担本案的翻译费、鉴定费等费用。

中波轮船则辩称：首先，其在海上货物运输过程中并不存在任何过失，货损发生在其责任期间之外；其次，依据国际惯例，其在本案中签发的提单属于不清洁提单，其签单行为不存在过错，新疆钢铁的损失与其签单行为之间不存在任何因果关系；最后，新疆钢铁在货物卸载后两个月才对货物进行检验，已非承运人交货时的状况。综上，中波轮船请求驳回新疆钢铁的诉讼请求。

法院判决

承运人在签发提单时，已对货物的外包装状况进行了批注，该提单为不清洁提单，承运人的签单行为与货物损失之间不存在因果关系；无证据表明货物的锈损系在承运人运输责任期间内发生且由承运人过失造成；新疆钢铁未能充分证明其损失金额。法院依法驳回新疆钢铁的诉讼请求。

试分析该案例。

[提示：

一、从本案事实看，提单是由货方（或货代）制作后交由承运人签发，“CLEAN ON BOARD”的字样系货方预先打印在提单上的（并非承运人事先印制）。不言而喻，货方是为了能使提单与信用证相符，保证顺利结算货款。若本案中的承运人在发现货物表面状况不良后，未在提单上作出相关的批注，即使提单上没有事先打印的“CLEAN ON BOARD”字样，货方同样可顺利收到货款。

二、批注提单是法律赋予承运人的权利，也是其义务。有关的国内法和国际运输惯例都明确规定了承运人具有提单批注权利。依中国《海商法》第75条，承运人可对其所承运货物的表面状况进行检查，并在其所签发的提单上对货物不良的表面状况予以批注。依《海牙规则》第3条，承运人在收受货物后，可在提单上就货物包装或外表状况不良的情况加以批注。同样，批注提单也是承运人的法定义务。依中国《海商法》第77条，若承运人签发的提单上无任何货物表面状况不良的批注，则须对第三人承担所交货物（注：货物表面状况不良）与提单上记载不符的法律责任。

三、判断提单是否清洁的标准。从上述提单上显示的“CLEAN ON BOARD”看，有无“清洁”字样的记载并非决定提单是否属真正清洁提单的关键，反而承运人有无“批注”才是其对第三人（包括收货人的提单持有人）承担所交货物与提单记载不符的责任的关键所在。即使提单上记载了“不清洁提单”（Unclean or foul B/L）的字样，但承运人未对具体货物外表状况作出批注，也视为承运人在接受货物时，对货物表面状况无任何异议。换言之，该提单为清洁提单，银行可接受。反之，即使提单上存在打印、手写或印制等形式的“清洁”（Clean）字样，也并不能说明该提单就是清洁提单，即该字样不影响承运人对于货物表面状况作出批注的法定权利和义务。]

第十四章 出口货物运输保险

国际贸易中存在许多风险，特别是货物在运输中面临各种自然灾害、意外事故的威胁以及各种额外费用的支出。由于承运人对运输货物的赔偿责任受到限制，因而货物的损害或灭失不可能完全从承运人处获得赔偿。为此，贸易商需要用保险来分散风险，分摊损失，保障自身的利益。为适应贸易商的不同需要，保险可承保不同责任的保障范围和程度。

在出口贸易中，出口商依贸易术语的不同，有可能要承担投保义务。因此，作为贸易的当事人之一，出口商应熟悉货物保险实务。

第一节 与贸易相关的保险原则

保险的基本原则，是包括中国在内的世界各国共同认可和遵循的原则。学习和掌握保险的基本原则，对于妥善处理国际贸易中与保险有关的问题具有重要意义和作用。与国际贸易货物运输密切相关的保险原则，主要包括最大诚信原则、可保利益原则、补偿原则、代位追偿原则及重复保险分摊原则。①

一、最大诚信原则

最大诚信（Utmost Good Faith）原则是指，在保险合同的签订和履行过程中，双方均应本着绝对的诚意办事，恪守信用，互不隐瞒和欺骗；特别是在签订保险合同时，无论是否被问及，双方当事人均应自动地把与投保标的有关的重要情况向对方作充分、正确的披露（告知）。最大诚信原则，又称最高诚信原则，它是保险法各项基本原则中的首要原则。严格遵守最大诚信原则，是维持保险业务正常进行的前提条件。

最大诚信原则的主要内容包括告知和保证。

告知（Disclosure）主要是指，投保人或被保险人在签订保险合同前或同时，应将他所知道的或在通常业务中应当知道的与保险标的有关的重要事实尽量告诉保险人，即通常称的告知义务。依中国《海商法》第 222 条以及其他国家保险法，被保险人在订立保险合同前，应向保险人告知的重要事实，包括被保险人实际知道的重要事实和在通常业务中应当知道的或称推定知道的重要事实。

在海运货物保险中，无论保险人是否问及，投保人或被保险人一般至少应如实告知下

① 关于“保险的基本原则”，详见拙著《国际贸易保险》（第四版）第三章，对外经济贸易大学出版社，2019。

列情况：(1) 船名及其国籍；(2) 货物装于甲板的情况；(3) 货物在运输开始前有可能遭受损害的情况；(4) 货物装卸须使用驳船的情况等。

在保险业务中，一方当事人（一般指被保险人）在订立保险合同时，未将重要事实告知另一方当事人（一般指保险人）即构成违反告知义务。对违反告知义务的法律后果，各国保险法律的规定不尽相同，主要分为保险合同无效和保险人有权解除保险合同两种。

保证（Warranty），又称担保，是最大诚信原则的另一项重要内容。依英国《1906 年海上保险法》，保证是指被保险人在保险合同中所作的保证要做或不做某种事情，保证某种情况的存在或不存在，或保证履行某一项条件等。

中国《海商法》第 235 条规定："被保险人违反合同约定的保证条款时，应当立即书面通知保险人。保险人收到通知后，可以解除合同，也可以要求修改承保条件、增加保险费。"据此，被保险人违反合同约定的保证条款时，应尽通知义务，其作用在于使保险人及时了解合同履行情况，对被保险人违反保证条款的行为采取相应的自我保护措施。对保险人而言，若被保险人违反保证，他具有较灵活的选择权，即无论被保险人是否有过失，他均可解除合同并对被保险人违反保证后发生的损失不负赔偿责任，即使该损失与违反保证义务之间没有直接的因果关系；若被保险人尽了通知义务，保险人也可采取要求修改承保条件或增加保险费的措施，作为不解除合同的条件。

二、可保利益原则

可保利益（Insurable Interest），又称保险利益或可保权益，是指投保人或被保险人在保险标的上因具有某种利害关系而享有的为法律所承认、可以投保的经济利益。投保人或被保险人的这种经济利益，可因保险事故的发生而受到损失，也可因不发生保险事故而继续享有。

可保利益是保险合同的效力要件。世界各国的保险法都规定投保人或被保险人必须对保险标的具有可保利益，才能同保险人订立有效的保险合同。若投保人或被保险人对保险标的没有可保利益或超越可保利益的范围，则他们同保险人所签订的保险合同无效。

可保利益原则是指投保人或被保险人必须对保险标的拥有可保利益；投保人或被保险人对保险标的不拥有可保利益的，保险合同是无效合同。

财产可保利益主要来源于保险标的的所有权或经营管理权；保险标的的担保物权，主要包括质权、抵押权和留置权；对保险标的承担一定的风险和责任；基于合同而产生的可保利益。

虽然可保利益原则要求投保人或被保险人必须对保险标的拥有可保利益，但因保险种类的不同，拥有可保利益的时间也有差别。在一般财产保险特别是财产火灾险中，通常要求自订约时起至保险事故发生时止，均须拥有可保利益，其原因是预防道德风险的发生。

在海上运输货物保险中，一般不要求投保人在投保时必须具有可保利益，但要求在保险事故发生时，被保险人必须具有可保利益。这是为适应国际贸易中的被保险人的实际需要，即在国际货物买卖中，购买货物的被保险人为使其所购买的货物获得充分保障，常需在买卖合同订立之前或在卖方交货和风险转移之前办理投保手续（如 FOB 或 CFR 条件等），而在此时，投保人并无可保利益。若要求投保时也必须具有可保利益，则不利于促进国际贸易的发展；相反，有可能阻碍国际贸易的顺利进行。

在保险合同期间，投保人将可保利益转移给受让人，保险合同仍继续有效，这就是所谓的可保利益的转移。在海上货运保险中（如 CIF 或 CIP 条件），卖方可不经保险人同意，背书后将保险单转让给买方，可保利益随之转移。

三、补偿原则

保险补偿原则（Principle of Indemnity），是指在财产保险中，当保险标的发生了承保责任范围内的损失时，保险人应依保险合同履行全部赔偿责任。但保险人的赔偿金额不得超过保险单上的保险金额或被保险人遭受的实际损失，即不能超过被保险人对保险标的所具有的可保利益。保险人的赔偿不应使被保险人因此而获得额外利益。

保险人应用补偿原则时，除了赔偿金额不得超过保险金额或实际损失外，还应依保险合同中约定的赔偿方式进行补偿。财产保险的赔偿方式主要有以下几种：（1）比例赔偿方式。采用这种赔偿方式时，保险赔偿金额 =（保险金额/标的损失时的实际价值）×损失金额。这种比例赔偿方式一般适用于不足额保险。（2）第一损失赔偿方式，又称第一危险赔偿或第一责任赔偿方式。它是指保险人在承保时，把标的的损失或责任分为两部分：第一部分为小于或等于保险金额的损失或责任；第二部分为大于保险金额的损失或责任。按照这种赔偿方式，保险人仅对第一部分的损失或责任承担赔偿义务，第二部分的损失或责任不在承保责任范围之内，应由被保险人自负。（3）定值保险赔偿方式。定值保险是按保险双方约定的价值承保，当保险标的发生保险事故时，若标的全部损失，保险人则按保险金额（约定价值）全部赔偿，而不考虑该标的的实际市价如何；若标的部分损失，先确定受损程度，然后，保险人按损失程度在保险金额限度内赔付。这种赔偿方式一般适用于海运货物保险等。（4）限额责任赔偿方式。依这种方式，保险人在承保时，对损失规定一个限额，损失的赔偿与否和这一限额有关。例如，保险合同中规定了绝对免赔额（率）或相对免赔额（率）。这种赔偿方式经常适用于海运货物保险。

四、代位追偿原则

代位追偿，又称代位求偿或代位请求，是指在财产保险中，当保险标的发生了保险责任范围内的事故而造成损失时，根据法律或合同，第三者需对保险事故引起的保险标的的损失承担损害赔偿责任，保险人向被保险人履行了损失赔偿责任之后，在其已赔偿的金额的限度内，有权站在与被保险人相同的地位向该第三者索赔，即代位被保险人向第三者进行追偿。保险人享有的这种权利称为代位追偿权（Right of Subrogation）。例如，在海运货物保险中，由于承运人的管货责任导致承运货物受海水浸泡，而该损失又属于货物保险人承保责任范围内的责任时，保险人依保险合同赔偿被保险人（货主）之后，有权向该损失的责任方承运人进行追偿，即代位行使货主对该承运人的损害赔偿请求权。

由此可见，当保险标的的损失是由第三者的责任所致且该责任无法免除时，保险当事人及相关的第三者责任人必须遵循代位追偿的规定处理保险事故，这就是所谓的代位追偿原则。

根据中国《保险法》第 60 条及《海商法》第 252 条，保险人代位追偿权的取得是采用法定方式取得的，即债权的法定转移。换言之，只要保险人支付了保险赔款，则当然取得对第三者请求损害赔偿的权利而无需被保险人确认。在中国的保险实务中，保险人在赔付了被保险人后，往往要求被保险人签署一张“赔款收据及权益转让书”。该收据确认保险人赔款的时间，从而确认保险人取得代位追偿权的时间；同时，确认保险人通过向第三者追偿所能获得的最高损害赔偿金额。另外，被保险人在保险人行使代位追偿权的过程中，应履行下列义务：（1）提供必要的文件和有关情况；（2）协助保险人向第三者追偿；（3）不得因放弃或过失而侵害保险人行使代位追偿权。

五、重复保险分摊原则

当被保险人拥有多份承保同一损失的保险单，即重复保险时，若保险标的发生损失，依据分摊原则，应在各个保险人之间分摊该损失，以免被保险人获得额外利益。

根据中国《保险法》及《海商法》，分摊原则是指在投保人对同一保险标的、同一保险利益、同一保险事故分别与两个以上保险人重复订立保险合同的情况下，该保险标的的保险金额总和超过保险标的的保险价值时，被保险人获得的赔偿金额总和不得超过保险标的的受损价值或保险价值。

依各国保险实务的做法，在重复保险的情况下，保险人分摊损失的方式主要有以下几种。

1. 比例责任（Pro Rata Liability）分摊。这种分摊方式是指，将各保险人的保险金额相加作为分母，以各保险人承保的保险金额作为分子，得出各保险人应分摊的比例，然后，按该比例分摊损失金额。各保险人承担的保险赔偿责任总和不得超过保险价值或实际损失额。

2. 责任限额（Limit of Liability）分摊。这种分摊方式又称独立责任法（The Independent Liability Method），是指各保险人在没有其他保险人重复保险的情况下，将单独应负的最高责任限额的总和作为分母，以各保险人的最高责任限额作为分子，按比例分摊损失金额。

3. 连带责任（Joint Liability）分摊。这种方式是指，投保人与保险人约定，当保险标的发生损失时，被保险人有权向数个保险人中的任何一个或全体请求承担全额的赔偿责任。只要被保险人向其中的一个保险人提出请求，该保险人即有义务将所有保险人应承担的赔偿责任向被保险人赔付。

此外，还有顺序责任（Order of Responsibility）分摊及平均（Average）分摊等。

第二节　出口货物保险

一、投保责任归属

不同贸易术语下，货物风险的承担人及其转移地点和时间也不同，从而导致不同的贸易术语下，投保责任的归属也不同。现将不同贸易术语下，进出口双方投保责任归属列表说明，如表 14-1 所示。

表 14-1 不同贸易术语下的投保责任归属及其险种

贸易术语	货物风险转移点	货物风险转移前，投保责任归属及险种	货物风险转移后，投保责任归属及险种
EXW	卖方工厂（仓库等）	卖方（财产险）	买方（水险/陆运险）
FCA	出口地承运人所在地	卖方（陆运险）	买方（水险/陆运险）
FAS	出口地装运港船边	卖方（陆运险）	买方（水险/陆运险）
FOB	出口地装运港船舷	卖方（陆运险）	买方（水险/陆运险）
CFR	出口地装运港船舷	卖方（陆运险）	买方（水险/陆运险）
CIF	出口地装运港船舷	卖方（陆运险+水险/陆运险）	卖方（陆运险+水险/陆运险）
CPT	出口地承运人所在地	卖方（陆运险）	买方（陆运险/水险）
CIP	出口地承运人所在地	卖方（陆运险/水险）	卖方（陆运险/水险）
DAP	目的地指定地点	卖方（陆运险/水险）	买方（财产险）
DPU	目的地卸货地点	卖方（陆运险/水险）	买方（财产险）
DDP	目的地指定地点	卖方（陆运险+水险）	买方（财产险）

二、CIF 或 CIP 条件下的出口货物保险

若贸易合同采用 CIF 或 CIP 贸易术语，尽管出口商在出口地装运港船上或出口地承运人所在地就已将货物风险转移给了进口商，但依 Incoterms®2020 的规定，出口商有义务办理货物在整个运输过程中的保险事宜。因此，在 CIF 或 CIP 条件下，出口商的投保具有代办性质，即在货物风险转移给进口商之后，其保险是由出口商代替进口商办理的。

（一）投保时间

通常情况下，投保人应在风险开始之前即办妥投保手续。UCP600 第 28 条也规定，保险单据的签发日期不得晚于装运日期，除非从保险单据上看起来承保责任自不晚于装运日期之日起生效。因此，在 CIF 或 CIP 条件下，出口商须在货物装运前或交运前办妥货物保险事宜。由于 CIF 或 CIP 条件下，保险期间采取“仓至仓条款”，所以，出口商最好在货物离开工厂或仓库之前即办妥投保手续，使货物在出口地的内陆运输过程及其存放在码头等待装运期间的风险都能包括在保险范围之内。

在实务中，有些出口商在装船或装运完成并取得运输单据之后，在向银行交单之前才向保险人投保，这种做法存在极大的风险。首先，若采用信用证支付方式，银行将拒受这种晚于运输单据签发日期的保险单，导致出口商无法收汇；其次，货物从内地仓库运往码头期间发生的灭失或损坏将无法获得保险的保障，加之此时货物风险尚未转移给进口商，其损失只能由出口商承担。

（二）投保险别

若货物按 CIF 或 CIP 条件出口，进口商通常在贸易合同中规定出口商应投保何种险别。此时，出口商须按合同中约定的险别与保险人订立保险合同，取得保险单据。关于贸易合同中的险别问题，详见前述“货物买卖合同中常见的保险条款”以及本章的第四节和第五节的内容。

若贸易合同对出口商应投保何种险别没有约定，则须依国际贸易惯例或合同适用法律的规定办理。依 Incoterms®2020，CIF 条件下，在无相反明确协议时，出口商应依《伦敦

保险协会货物保险条款》（ICC）或其他类似条款中的最低保险险别投保。《伦敦保险协会货物保险条款》中，最低保险险别为ICC（C）险；中国保险条款（CIC）中，最低保险险别为平安险；在澳大利亚，按行业习惯，CIF条件下，出口商应负责投保水渍险和战争险；在德国，CIF条件下，出口商应根据货物的种类、贸易习惯和进口商的愿望确定投保的险别，仅投保平安险是不够的；在比利时，CIF条件下，出口商通常负责投保水渍险；依《1990年美国对外贸易定义修订本》，CIF条件下，出口商有义务代进口商投保战争险，费用由买方负担。

依Incoterms®2020，在CIP条件下，若无相反明确协议，出口商应依ICC或其他类似条款中的最高保险险别投保。ICC中，最高保险险别为ICC（A）险；中国保险条款（CIC）中，最高保险险别为“一切险”。为避免争议，以CIF或CIP条件成交的出口货物，买卖双方最好在合同中约定出口商应投保的险别。

（三）保险金额

出口货物的保险金额一般是以发票价值为基础确定的。但依国际贸易惯例，进出口货物的保险金额可在CIF或CIP货价的基础上适当加成。如UCP600规定，最低保险金额为“货物的CIF或CIP金额加10%”；Incoterms®2020规定，最低保险金额为“合同规定的价格另加10%”。当然，保险双方可根据不同货物等因素约定不同的加成率。在以CIF或CIP条件出口时，若进口商要求将保险加成率提高到20%或30%，出口商须先征得保险人的同意，不能贸然接受。

保险金额的计算公式为：

$$保险金额=CIF(CIP)货价\times(1+加成率)$$

以CIF或CIP货价作为保险金额的计算基础，表明不仅货物本身，运费、保险费也要作为保险标的一起加成投保。因此，出口商对外报价为CFR，而对方要求改报CIF或CIP，或在CFR条件下，出口商代进口商投保时，都不能以CFR货价为基础直接加上保险费计算，而应先将CFR换算为CIF或CIP货价，再加成计算保险金额。从CFR货价换算为CIF或CIP货价时，应利用下列公式计算。

$$CIF(CIP)=\frac{CFR}{1-(1+加成率)\times保险费率}$$

$$保险金额=\frac{CFR}{1-(1+加成率)\times保险费率}\times(1+加成率)$$

例如，某公司出口一批货物到欧洲某港口，原报价CFR欧洲某港口，总金额为10 000美元，投保一切险（保险费率为0.6%）和战争险（保险费率为0.04%），保险加成率为10%。改报CIF价格是：

$$CIF=\frac{10\ 000}{1-[(1+10\%)\times0.6\%+0.04\%]}=10\ 070.49（美元）$$

若出口按CFR成交，进口商要求出口商按CIF价格加成10%代办投保，则：

$$保险金额=\frac{10\ 000}{1-[(1+10\%)\times0.06\%+0.04\%]}\times(1+10\%)=11\ 077.54（美元）$$

根据保险惯例，保险金额小数点后的小数向前进位为整数，如上述11 077.54美元，进位为 11 078 美元。

依据上述换算公式逐笔进行计算，既繁琐又费时。中国人民保险公司为了简化计算程序，制定了一份保险费率常数表。按照表列常数直接乘以 CFR 价格，便可以算出加成率为 10% 的 CIF 价格。

（四）保险费及其费率

投保人或被保险人投保时，需向保险人缴纳一定数额的保险费，这是保险合同生效的前提条件。在保险业务中，保险人制定的保险费率并不是绝对不变的，而是随着市场的变化不定期地调整。保险费的计算公式为：

保险费=保险金额×保险费率

若按 CIF 加成投保，则上式可改为：

保险费=CIF(1+保险加成率)×保险费率

三、其他贸易条件下的出口货物保险

除了 CIF 或 CIP 条件，在其他贸易术语下，在货物风险转移之前，出口货物的保险事宜与进口商无关，即在货物风险转移给进口商之前，出口货物的保险完全由出口商自己决定如何办理。因此，为分散风险、分摊损失，出口商在货物装运前，应考虑投保适当的保险，以免自己承担损失。

保险人承担的保险责任是以险别为依据的，不同的险别所承保的责任范围不同，其保险费率也不相同。在中国海运货物保险条款的三种基本险别中，平安险的责任范围最小，水渍险次之，一切险最大。与此相对应，平安险的费率最低，水渍险次之，一切险最高。因此，被保险人在选择保险险别时，应该根据货物运输的实际情况予以全面衡量，既要考虑使货物得到充分保障，又要尽量节约保险费的支出、降低贸易成本、提高经济效益。

第三节　投保单与保险单

在保险中，投保人或被保险人向保险人投保时，通常以书面形式提出；经保险人承诺，双方即确立了合同关系。

投保人或被保险人以书面形式提出保险申请，这种书面申请称为要保书或投保单（Application for Insurance）。各国保险人的投保单格式虽有不同，但其内容基本一致。投保单是投保人或被保人在投保时，对保险标的及有关事实的告知和陈述，同时，也是保险人签发保单和确定保险费率的依据。因此，投保单的填制必须准确和真实。

保险单（Insurance Policy）简称“保单”，是证明保险合同成立的法律文件，也包含保险双方之间的权利和义务内容。一旦发生承担责任范围内的损失，保险单是被保险人向保险人索赔的法律依据。但保险合同存在与否，并不只以是否出具保险单为依据，只要投保单经保险人承诺，包括口头承诺与书面承诺，保险合同即告成立。由于保险情况复杂，仅凭口头承诺可能会产生争议而无法取证。因此，保险合同通常以书面形式的保险单加以证明。

一、投保单的内容及其缮制

进出口货物运输投保单（如表 14-2 所示）的具体内容，主要包括以下几项。

1. 被保险人（Insured）

被保险人是享受保险单权益的人，即被保险人依据保险单享有对保险人提出损害赔偿请求权及相应的诉讼权。

当货物以 CIF 或 CIP 条件以及 DAP、DPU 和 DDP 贸易术语出口时，应由出口商以投保人的身份办理保险并以本人为被保险人，即在“被保险人”一栏内填写出口商的名称。除此之外，以其他贸易术语出口货物时，因出口商承担货物在交付承运人之前的风险，出口商可通过投保国内运输货物保险，如陆运险等对货物予以保障。这种情况下，“被保险人”一栏也填写出口商的名称。

2. 发票号、合同号及信用证号（Invoice No.，Contract No.，L/C No.）

为了便于索赔与理赔时核对，投保人应在投保单上填写出口货物的发票号、贸易合同号及信用证号。

3. 发票金额与投保加成（Invoice Amount & Plus）

投保人在此两栏内填写发票金额和投保加成的比例。在 CIF 或 CIP 条件下出口时，此两栏内容应与合同或信用证的规定一致。

4. 标记、包装及数量、保险货物项目（Marks & Nos.，Quantity，Description of Goods）

以 CIF 或 CIP 条件出口并以信用证收汇时，这几栏的内容通常应与发票、提单及信用证规定的相关内容保持一致。若一次投保几种不同包装的货物，可以件（Packages）为单位；散装货应填写其重量（M/T in Bulk）；集装箱货物应填写“In Container”；货物项目应填写具体名称，不能填写统称，以便保险公司据以确定保险费率。

5. 保险金额（Amount Insured）

以 CIF 或 CIP 条件出口并以信用证收汇时，该栏应依信用证规定的加成比例计算出的保险金额数值填写；若有辅币，即小数点后的尾数一律向前进位为整数。其货币名称应与信用证和发票一致。

6. 起运日期、装载运输工具（Date of Commencement，Per Conveyance）

起运日期通常注明“按提单”（As per B/L），或注明船舶的大体开航日期。采用海运方式时，运输工具应填写具体船名。若中途转船，已知二程船时，应填写其船名；未知二程船时，则只填写“转船”字样（With Transshipment）。采用联运方式时，应注明联运方式。

7. 运输路线（From ... Via ... To ...）

此栏应填写起始地和目的地名称。若中途需转运，则应注明转运地；若货到卸货港后，需转运内地，应注明内陆地点名称。

8. 赔款偿付地点（Claim payable at ...）

此栏通常填写目的地名称，即在目的地支付赔款。若被保险人要求在目的地以外的地点赔款，则应予以注明。

9. 投保险别（Please Indicate the conditions &/or Special Coverage）

此栏应准确填写投保何种保险险别（包括基本险和附加险），还应注明使用何种保险条款（如 ICC 或 CIC）。若对保险条款有特殊要求，应予注明，以便保险公司考虑接受与否。

10. 投保日期（Date）

在 CIF 或 CIP 条件下出口，投保日期应在船舶开航日期或货物起运日期之前。

表 14-2 投保单实例

PICC 中国人民财产保险股份有限公司上海市分公司

PICC Property and Casualty Company Limited Shanghai Branch

地址：中国上海中山南路 700 号 邮编(Post Code)：200010 电话（TEL）：（021）63773000

ADD：No 700 Zhong Shan Road (S.)，Shanghai，China 传真（FAX）：（021）63764678

货物运输保险投保单

APPLICATION FORM FOR CARGO TRANSPORTATION INSURANCE

被保险人：

INSURED： ××× Co. ,LTD.

发票号 （INVOICE NO.）：2019/T3344

合同号 （CONTRACT NO.）：HU－00676

信用证号 （L/C NO.）：LC99886

发票金额 （INVOICE AMOUNT） USD 21 000 投保加成 （PLUS） 10%

兹有下列物品向中国人民保险公司投保。（INSURANCE IS REQUIRED ON THE FOLLOWING COMMODITIES：）

标 记 MARKS & NOS.	包装及数量 QUANTITY	保险货物项目 DESCRIPTION OF GOODS	保险金额 AMOUNT INSURED
AS PER .NO.2010/T3344	170CTNS	JACKET	USD23 100

启运日期： 装载运输工具：

DATE OF COMMENCEMENT DEC.05, 2019 PER CONVEYANCE DONGFENG 667W

自 经 至

FROM SHANGHAI ,CHINA VIA ______ TO ROTTERDAM , HOLLAND

提单号： 赔款偿付地点：

B/L No. 10008976 CLAIM PAYABLE AT ROTTERDAM IN USD

投保险别：（PLEASE INDICATE THE CONDITIONS &/OR SPECIAL COVERAGE）

COVERING ICC (A) PLUS WAR RISKS

请如实告知下列情况：（如 '是' 在[ ]中打 '×'）IF ANY，PLEASE MARK '×'：

1. 货物种类 GOODS 袋装[ ] BAG/JUMBO 散装[ ] BULK 冷藏[ ] REEFER 液体[ ] LIQUID 活动物[ ] LIVE ANIMAL 机器/汽车[ ] MACHINE/AUTO 危险品等级[ ] DANGEROUS CLASS
2. 集装箱种类 CONTAINER 普通[x] ORDINARY 开顶[ ] OPEN 框架[ ] FRAME 平板[ ] FLAT 冷藏[ ] REFRIGERATOR
3. 转运工具 BY TRANSIT 海轮[x] SHIP 飞机[ ] PLANE 驳船[ ] BARGE 火车[ ] TRAIN 汽车[ ] TRUCK
4. 船舶资料 PARTICULARS OF SHIP 船籍 REGISTRY CHINA 船龄 AGE FIVE

备注：被保险人确认本保险合同条款和内容已经完全了解。投保人（签名盖章）APPLICANT'S SIGNATURE

THE ASSURED CONFIRMS HEREWITH THE TERMS

AND CONDITIONS OF THESE INSURANCE CONTRACT 张 华

FULLY UNDERSTOOD. 电话：（TEL）88994567

投保日期：（DATE） DEC.03,2019 地址：（ADD）______

本公司自用（FOR OFFICE USE ONLY）

费率（RATE）______ 保费（PREMIUM ）______

经办人______ 核保人______负责人______

NO: PICC 0055500

二、出口货物投保应注意的事项

投保人在办理投保手续时，应注意下列事项。①

第一，申报的内容必须真实。依最大诚信原则告知义务，若投保人故意隐瞒事实，保险人可解除保险合同、拒付保险赔款且不必退还保险费。若投保人因过失而未如实申报重要事实，保险人也可酌情作出解除保险合同或加收保费的决定。

第二，若国际货物运输的目的地在内陆，在投保时，应将保险期限的终止地指定为内陆的目的地。尤其采用海运方式时，不能只投保到目的港，以保证货物的全部运输过程均能得到保险保障。

第三，在出口业务中，若进口商对保险有特殊要求，如要求加保某些特殊险或要求的保险加成率过高等，出口商应事先征得保险人同意，方可接受进口商的要求。

第四，投保单的内容须与贸易合同或信用证的有关规定一致。由于保险单是依据投保单的内容制作的，所以，出口商在投保时，要根据贸易合同或信用证的规定填写投保单。在实际业务中，出现信用证中有关保险的规定与贸易合同中的保险条款不一致时，出口商应根据实际情况妥善处理，以保证贸易合同的正常履行和及时收汇。以下是几种常见的信用证和贸易合同的保险条款不一致的情形和投保时的处理方法。

（1）信用证规定的承保范围过大或要求特殊，保险人不能接受的。例如，信用证要求承保不论任何原因的损失（Loss Whatsoever Cause），这显然超越了保险所能保障的范围。此时，卖方应该及时通知买方修改信用证。又如，信用证要求承保市价跌落的损失。由于市价跌落属于商业风险，保险人一般不能接受。为此，卖方应通知买方修改信用证，删除上述不合理的要求。

（2）信用证规定的保险责任范围大于贸易合同规定，但保险人可以接受的。例如，贸易合同中订明险别为一切险，而来证却要求投保一切险加保战争险。出现这种情况，卖方可与买方协商，按一切险加战争险投保，两者之间的保费差额可由保险人出立保费收据，由卖方另行向买方收取。又如，贸易合同规定按 CIF 总值加 10% 作为保险金额，来证却规定保险金额为 CIF 总值加 20%。此时，卖方应先同保险人协商，在征得保险人同意的情况下，可按来证规定的保险金额办理，保费差额应由买方另行支付。再如，贸易合同规定，货物运达目的地仓库，保险责任即终止，而来证要求货物到目的地仓库后再负责 30 天。出现这种情况，应与买方协商，在买方支付额外保险费的前提下，卖方可按来证要求投保。

（3）信用证所列保险条款和贸易合同中的保险条款虽然保险责任相同，但在用词、编排上有所不同，或信用证对保险责任作了进一步解释。例如，贸易合同中规定投保一切险，来证却在写明一切险的基础上专门列出要投保“TPND，BREAKAGE”（偷窃、提货不着险、包装破裂险）等。由于这些一般附加险已包括在一切险责任范围内，故可按照信用证的文字在投保单及保险单上加列，以符合“单证一致”的要求。

（4）信用证要求的保险责任小于贸易合同的规定。例如，贸易合同规定投保 ICC（A）和战争险，信用证却只要求投保 ICC（A）。此时，卖方应先按信用证所列险别投保 ICC（A）交单收汇，另外再加保战争险，将战争险保单另行寄给买方。

（5）信用证要求采用国外条款。贸易合同规定按中国海运保险条款投保，而信用证

---

① 吴百福．国际货运风险与保险［M］．北京：对外经济贸易大学出版社，2002：189-192.

却要求按伦敦协会条款投保。此时，卖方原则上可予以接受。若合同规定投保一切险，相应改为按ICC（A）条款承保；合同规定投保水渍险的，可改为ICC（B）条款；合同规定投保平安险的，可改为ICC（C）条款。卖方也可要求修改信用证的保险条款，使之与贸易合同一致。

三、货物运输保险单种类

常见的与海上货物运输有关的保险单有以下几种类型。

（一）依保险单形式，可分为保险单和保险凭证

1. 保险单

保险单俗称“大保单”或“正式保险单”，是被保险人与保险人之间订立的正式保险合同的书面凭证。在海运货物保险中，这种保险单是由保险人根据投保人逐笔投保而逐笔签发的，承保在保险单内指定的，经由指定船舶和航次承运的货物在运输中的风险。货物安全抵达目的地，保险单的效力即告终止。

2. 保险凭证

保险凭证（Certificate of Insurance）俗称“小保单”，是保险人签发给被保险人的，用以证明保险合同业已生效的文件。它是一种简化了的保险单，同保险单具有相同的作用和效力。在采用预约保险单或流动保险单的情况下，经常采用保险凭证代替保险单。

（二）依保险价值是否确定，可分为定值保险单与不定值保险单

1. 定值保险单

定值保险单（Valued Policy）是指在保险单内订明保险人与被保险人事先约定的保险标的价值的保险单。通常，投保人以这个价值作为保险金额投保。发生保险责任范围内的损失时，不论保险标的的实际价值如何变动，保险人均按约定的保险价值计算赔款。在国际货物运输中，保险货物在承运人掌管之下，流动性大，在不同时期、不同市场，其货价也常发生变动。进出口货物运输保险一般都采用定值保险单。

2. 不定值保险单

不定值保险单（Unvalued Policy）是指保险人与被保险人在保险单内不事先约定保险标的的价值，而留待以后再行确定的保险单。在不定值货物保险单下，若发生保险责任范围内的损失，保险价值依保险责任开始时，货物在起运地的发票价格以及运费和保险费的总和计算（即按CIF货价计算，不包括预期利润）。不定值保险单大多应用于一般财产保险、责任保险或特定货物的保险。

（三）依保险期限，可分为航程保险单、定期保险单和混合保险单

1. 航程保险单

航程保险单（Voyage Policy）是指保险人与被保险人约定，由保险人承保一定航程内风险的保险单。在这种保险单下，保险人对保险标的所负责任期限，不是某一段时期而是以航程来限定，即航程结束，保险人的责任期限亦告结束。进出口货物运输保险单属于航程保险单。

2. 定期保险单

定期保险单（Time Policy）是保险人承保一定时期内风险的保险单。在这种保险单下，被保险人可在约定时期内获得保险保障。进出口货物运输保险单通常约定某一航程期限结束，保险人责任随之终止。

3. 混合保险单

混合保险单（Mixed Policy）是兼有航程和定期两种性质的保险单。在这种保险单下，保险人既承保保险标的的特定航程，又在某一段固定时间内对之负责。例如，中国海洋运输货物保险中，普遍采用的带有“仓至仓”条款的保险单，一方面规定保险责任在航程范围内有效，另一方面，又规定货物卸离海轮后以60天为限，就是属于此类性质的保险单。

（四）依船名是否确定，可分为船名已定保险单和船名未定保险单

1. 船名已定保险单

船名已定保险单是指被保险人投保时，载货的船舶已经确定并在保险单上注明船名及开航日期的保险单。通常，进出口货物运输保险单都属于此类。

2. 船名未定保险单

凡投保时不能确定载货船舶名称而需以后确定的，就是船名未定保险单。属于这类保险单的主要有流动保险单、预约保险单及总括保险单三种。

（1）流动保险单

流动保险单（Floating Policy）是一种连续有效的保险单，适用于长期有相同类型货物需要陆续分批装运的场合。

流动保险单是承保多批装运货物的保险单，因而它无法像一般保险单那样办理转让。为便利被保险人办理交货和结算货款，保险人一般在收到被保险人每批装运货物的申报以后，可为各批货物签发保险证明。

（2）预约保险单

同流动保险单一样，预约保险单（Open Cover）是经常有相同类型货物需要陆续分批装运时所采用的一种保险单。

为适应被保险人分批装运、分批收汇的需要，保险人在收到被保险人装运货物的申报之后，一般都签发一张保险凭证。保险凭证内，通常都把预约保险单上的主要条款详细列入。中国保险公司通常与进出口公司签订有长期的预约保险合同，根据这一合同，规定对进出口货物的保险采用预约保险单。它分为出口预约保险单和进口预约保险单。

（3）总括保险单

总括保险单又称闭口保险单（Blanket Policy or Closed Policy），是保险人在约定的保险期间内对一定保险标的的总承保单。总括保险单适用于整批成交而多次分批出运、运输距离短、每次出运货物的种类及价值相似的货物。这样可以简化手续，节省时间，对保险双方都方便。

四、保险单的内容及缮制方法

保险单是保险人根据投保人提供的投保单的内容而制作的，因此，保险人在接受投保后，所缮制的保险单内容应与投保单一致，以满足投保人对保险的要求。保险单最上方均事先印就保险人的名称，如“PICC 中国人民财产保险股份有限公司”（PICC Property and Casualty Company Limited）。除个别事项（栏目）外，保险单的多数事项（栏目）是由投保人或被保险人填制的。

保险单（如表14-3所示）通常包括的事项及缮制方法如下。

（1）保险单名称。如“货物运输保险单”（Cargo Transportation Insurance Policy）。

（2）保险单号次（Policy No.）。这是保险公司按出单顺序对每张保险单编排的号码。

（3）被保险人（Insured）名称。被保险人俗称“抬头”，按投保单中的内容填写。若信用证规定被保险人为某银行或某公司（Policy issued in the name of ×× Bank/Co.），保单抬头应直接填写该银行或该公司名称（×× BANK or ×× CO.）。在 CIF 或 CIP 条件下，除非信用证另有规定，受益人为被保险人，由出口商办理投保并在“Insured”栏填写出口商的名称。在其他贸易条件下，买方也可委托卖方代办保险。

（4）标记（Marks & Nos.）。此栏内容应与发票、提单及其他单据上的标记（唛头）一致。无唛头时，应填写“N/M”。保险公司通常只填写“AS PER INVOICE No. ××”或“SEE ATTACHMENT”。这是因为保险索赔时必须提供发票，两种单据可以相互参照。若采用集装箱运输，则须填写“CONTAINER SHIPMENT”。

（5）包装及数量（Quantity）。按投保单填制并与发票、运输单据保持一致。包装货物应注明包装方式，如“袋”（Bags）、“箱”（Cases）等。有两种或两种以上包装方式时，应注明“包装件数”（Packages）。以净重计价时，填件数和净重；以毛作净时，填件数和毛重，如“×× 千克”（Kilos）。散装货应注明“×× M/T IN BULK”。

（6）保险货物描述（Description of Goods）。按投保单和发票中描述的货物名称填制且与其他单据一致。

（7）保险金额（Amount Insured）。根据投保单中的金额填制，小数点后的尾数一律进为整数。若加保进口关税险，需另行注明关税险的保险金额。如发票金额为 USD10 000，加成 10%，另加保 30%进口关税险，应注明“PLUS LOSS OF IMPORT DUTY AT 30% OF CIF USD3 000”。

此栏的缮制应注意以下几点：①“保险金额”一栏的金额只需小写即可；“总保险金额”（TOTAL AMOUNT INSURED）一栏的金额应大写。② 保险货币应与信用证规定一致；托收方式下，应与合同一致。③ 保额的加成比例应严格按照信用证或合同的规定；若信用证或合同没有具体规定，应按 CIF 或 CIP 发票价格的 110% 投保（最低投保金额）。ISBP745 K12 特别强调，保险金额没有最高比例限制。因此，出口商投保的金额可以高于信用证规定的最低投保金额，只要保险人接受。④ ISBP745 K15 规定：若从信用证或提示情况可以明显看出应付金额仅是货物总价值的一部分（如由于折扣、预付或类似情况，或由于货物的部分价款将延后支付），则应以发票或信用证上显示的货物的总价值为基础计算保险金额，且受 UCP600 第 28 条第（f）（ii）款约束。⑤ UCP600 第 28 条规定：保险单可以表明受免赔率（Franchise）或免赔额（扣减免赔额，Excess Deductible）约束。ISBP745 K14 规定：保险单据可载明保险责任受免赔率或免赔额约束（可扣减的）。但是，若信用证要求保险责任“不计免赔率”（Irrespective of Percentage，IOP），则保险单据不应含有表明保险责任受免赔率或免赔额约束的条款。保险单据不需表明“不计免赔率”。免赔率（额），是指保险合同规定一个不赔的比率（金额）。若损失低于该比率（金额），保险人不予赔偿；只有损失超过该比率（金额）时，保险人才予赔偿。免赔率（额）分两种。一是“相对免赔率”（Franchise）或“不扣减免赔率”（No-deductible

Franchise)。其含义是：损失低于免赔率时，不予赔偿；但若超过免赔率，保险人则赔偿全部损失。二是“绝对免赔率（额）”（Excess Deductible）或“扣减免赔率”（Deductible Franchise)。其含义是：损失超过免赔率时，保险人扣除免赔率，只赔偿超出免赔率的损失。⑥ 不计免赔率，是指不论损失程度如何，只要货物受损，保险人予以全部赔偿。因此，若信用证要求 IOP，则保险单上必须注明“IOP”，否则就是不符点；若保险单上加注了“IOP”，则保险单上不能含有“受免赔率约束”的条款。

（8）保费（Premium）。一般只填写“按照约定”（AS ARRANGED)。但若信用证要求标明保费及费率，则应填写具体保费金额和保险费率。该栏也可填写“Paid”或“Prepaid”。ISBP745 K23 规定：保险单据上关于支付保险费的标注应不予理会，除非保险单载明“若不支付保险费及表明保险费尚未支付，则保险单据不生效”。

（9）装载运输工具（Per Conveyance）。按投保单和提单上的记载填写船名和航次。若船名未知，则填写“TO BE DECLARED”；若船舶在中途需转船，则在第一程船名后加注第二程船名，如“S. S. ‘ROSEKING’ to be transshipped at Hong Kong on S. S. ...”；若二程船名无法确定，则在第一程船名后填写“W/T at ××”；若转船地点也不知道，则填写“S. S. ‘ROSEKING’ and/or steamers”。

若采用铁路运输，则该栏填写“By Railway”或加注车号，如“Wagon No. 1234”；若采用航空运输，则该栏填写“By Air”；若采用邮包运输，则该栏填写“By Parcel Post”。

（10）起航日期（Sailing on or abt，Date of Commencement)。一般填写“AS PER B/L”，表明以提单为准或填写具体时间，如“Sept. 18，2015”或大致日期“ABOUT ...”。

（11）运输起讫地（From ... Via ... To ...)。按投保单和提单填写。若货物需经转船到达目的港，填写方法是：From（装运港），to（目的港）W/T at（or via）（中转港）。如信用证要求海运从上海至伦敦，在新加坡转运，则应填写“From Shanghai W/T at (via) Singapore to London”。若信用证要求海运至某目的港而保险至内地，此栏应填写目的港后，再填写内陆地名。如目的港为马赛，信用证要求投保至巴黎，则应填写“From ××（装运港）to Marseilles and thence to Paris”。若信用证规定由买方选择目的港，如“Option London/Liverpool/Manchester”，则目的港照填。若信用证未具体规定装卸港，只能分别填写一个具体港口。

（12）承保险别（Conditions)。此栏填写保险人承担的保险责任且详细而准确。如要求承保平安险加保战争险和短量险，应为：Covering FPA including Risks of shortage as per Ocean Marine Cargo Clauses of the People's Insurance Company of China，dated 1/1/1981. Including War Risks as per Ocean Marine Cargo War Risks Clauses of the People's Insurance Company of China，dated 1/1/1981. 若要求承保伦敦保险协会 2009 年海运货物险（A）条款，则为：Covering Marine Risks Clauses（A）as per Institute Cargo Clauses（A）dated 1/1/2009.

UCP600 对承保险别予以具体规范。UCP600 第 28 条：① 信用证应表明所需投保的险别及附加险（若有），若信用证使用诸如“通常风险”（Usual Risks）或“惯常风险”

（Customary Risks）含义不明确的用语时，则不论是否有漏保的风险，保险单据将被接受。② 当信用证要求投保“一切险”（All Risks）且提示的保险单据含有“一切险”的注记或条文时，不论保险单据是否带有“一切险”的标题，则银行不考虑任何除外不保的风险，这种保险单据是可以接受的。③ 保险单据可以引述任何除外（责任）条款。这是UCP600特别增加条款，该款表明，若在保险单据上只附注除外责任条款而没有明确说明是哪个保险条款及哪个险别的除外责任条款，即保险单据可以含有任何除外责任条款的附注，银行不得以此为由拒付。

ISBP745对承保险别作出以下补充规定。① 保险单据应承保信用证规定的风险，即使信用证明确列明应承保的风险，也可援引保险单据中的除外条款。（ISBP745K17）② 若信用证要求投保“一切险”，则提示载有“一切险”条款或批注的保险单据即满足要求，无论是否载有标题为“一切险”的字样，即使该单据声明某些风险除外不保。载明承保《伦敦保险协会货物保险条款》（A）或《伦敦保险协会货物保险条款》（航空）的保险单据，若通过空运发货，也符合信用证规定投保“一切险”的条款或要求。（ISBP745 K18）③ 同一运输的同一风险应由一份保险单据承保，除非提交一份以上的载明承保部分保险的保险单据，且每一份保险单据以百分比或其他方式明确反映：a. 每一保险人承保的保险金额；b. 每一保险人将各自分别承担自己的责任份额，且不受其他保险人对该次装运已生效的承保的影响；以及 c. 各单据的保险金额相加不少于信用证或UCP600第28条第（f）（ii）款要求的保险金额。（ISBP745 K16）

（13）保险人在目的地的检验、理赔代理人名称及详细地址/电话号码等内容。检验代理人和理赔代理人可能是同一人，也可能不是同一人，应在保险单中注明。若最后目的地没有保险人检验代理人，应规定可由当地合格的代理人检验（Survey to be carried out by a local competent surveyor.）。

（14）赔款偿付地点（Claim payment at）。一般以目的地为赔款偿付地，不能将国家名称作为赔付地点。

此栏按信用证或合同规定填写。若信用证或合同无规定，则应填写目的港名称。若信用证或合同规定了赔付的货币名称，如“Claim，if any，to be payable at KOBE in USD”，则此栏应填写“At KOBE（目的港）in USD（货币名称）”。

（15）保险单的签发日期和地点（Issuing Date and Place）。保险单的签发日期一般要早于提单或其他运输单据的签发日期，最迟可与上述单据出单日期同为一天。

UCP600第28条对此作出以下规定。① 保险单据的日期必须不晚于装运日期，除非从保险单据上看起来承保责任自不晚于装运日期之日起生效。保险单据的日期可能是保险责任开始生效的标志。若保险责任日期晚于装运日期，则可能导致漏保。② 保险单据必须表明至少承保信用证规定的接管地或装运地至卸货地或最终目的地之间的风险。③ 以保险单替代保险凭证或预约保险单项下的申报单，是可以接受的。

ISBP745对此予以补偿如下。① 保险单据不应载明保险单据项下提出索赔的截止日。（ISBP745 K9）② 保险单据不应载明装船之后保险责任才生效；若保险单据的出具日期晚于装运日期（UCP 600第19—25条规定的日期），则保险单据需通过附加说明或清晰地标注保险责任不迟于货物装运之日生效；若载明依“仓至仓”或类似措辞表明保险责任已生效的保险单据，且其签发日期晚于装运日期，则这不表示保险责任自不晚于装运日的某日起生效。（ISBP745 K10）③ 若缺少其他任何作为保险单据的出具日期或保险责任生效日期，则副签的日期将视为保险责任生效日期。（ISBP745 K11）

（16）保险人代表签名（Authorized Signature）。保险单需由保险人授权的人签章才能生效。

UCP600 第 28 条规定，保险单据可由保险人、承保人或其代理人或其代表出具并签字。但代理人或代表的签字必须表明其系代表保险人或承保人的签字。暂保单将不予接受。

ISBP745 对保险单的签字作出详细规定，具体如下。

① 保险单据应看来是由保险人或承保人或其代理人或代表出具并签字。例如，由“AA 保险公司”出具或签字的保险单看起来已由一家保险公司出具。若出单人被认定为“保险人”，保险单据不需要载明它是保险人或承保人。（ISBP745 K2）

② 保险单据也可在保险经纪人的信笺上出具，只要保险单据已由保险人或承保人或其代理人或代表签字。保险经纪人可以作为具名保险人或具名保险商的代理人（代表）身份签署保险单据。（ISBP745 K3）

③ 由代理人或代表签署的保险单据，应载明被代理或代表的保险人或承保人名称，除非该保险人或承保人的名称已在单据的其他处标明。例如，若“AA 保险公司”已被标明是保险人，则该单据可签署为“John Doe 代表保险人”或“John Doe 代表 AA 保险公司”。（ISBP745 K4）

④ 若保险单据要求出单人、被保险人或具名实体副签，则必须副签。（ISBP745 K5）

⑤ 保险单据可在签名栏目只显示保险人的商号，只要在该单据的其他位置能证明其是保险人。例如，若保险单据在签名处签发为“AA”，但在该单据的其他地方显示了“AA 保险公司”及其地址和联系信息。（ISBP745 K6）

⑥ 若保险单据显示由多个保险人共同承担保险责任，则保险单据可由一个代理或代表人代替所有保险人签署，或由一个保险人为（或代表）所有共保人签署。后者的例子是，若出具了一份保险单据，则出具和签署为“代表共保人的牵头保险人，AA 保险公司”。尽管在第 K2，K3 和 K4 条中有规定，即使保险单据载明由多个保险人共同承担保险责任，保险单据也不需显示每个保险人的名称或其承保的比例。（ISBP745 K7）

⑦ 若信用证要求保险单据出具一份以上正本，或保险单据载明其已出具了一份以上正本，则需要提交所有的正本且看起来已签字。（ISBP745 K8）

五、保险单的背书

保险单是一种可背书转让的单据。根据国际保险行业的习惯，货物运输保险单经被保险人背书后，无需事先通知保险人，其权利自动转让给受让人。所以，出口商只要在保险单上背书后，即履行了转让手续。在 CIF 或 CIP 条件下出口，出口商虽为进口商的利益投保海上运输保险，但在进口商未付清货款时，出口商仍有可能再次成为货主。因此，在保险实务中，出口商在投保时，先以其自身为被保险人的方式投保，在押汇或收汇时，出口商再将保险单的权益以背书方式转让给进口商或持单人。

表 14-3

货物运输保险单实例

PICC 中国人民财产保险股份有限公司

PICC Property and Casualty Company Limited

总公司设于北京　　一九四九年创立

Head Office: Beijing　Established in 1949

货物运输保险单 **CARGO TRANSPORTATION INSURANCE POLICY**

发票号（**INVOICE NO.**）HMHP-2019 270　　　保单号次

合同号（**CONTRACT NO.**）MKDOIB-10-043　　　**POLICY No.** PYCA20104601010050213

信用证号（**L/C NO.**）LC1141750

被保险人

INSURED BEIJING ××× IMPORT & EXPORT CO., LTD

中国人民财产保险股份有限公司（以下简称本公司）根据被保险人的要求，以被保险人向本公司缴付约定的保险费，按照本保险单承保险别和背面所载条款与下列特款承保下述货物运输保险，特订立本保险单。

THIS POLICY OF INSURANCE WITNESSES THAT PICC PROPERTY AND CASUALTY COMPANY LIMITED (HEREINAFTER CALLED "THE COMPANY") AT THE REQUEST OF THE INSURED AND IN CONSIDERATION OF THE AGREED PREMIUM PAID TO THE COMPANY BY THE INSURED ,UNDERTAKES TO INSURE THE UNDER-MENTIONED GOODS IN TRANSPORTATION SUBJECT TO THE CONDITIONS OF THIS POLICY AS PER THE CLAUSES PRINTED OVERLEAF AND OTHER SPECIAL CLAUSES ATTACHED HEREON.

标　记 **MARKS & NOS**	包装及数量 **QUANTITY**	保险货物项目 **DESCRIPTION OF GOODS**	保险金额 **AMOUNT INSURED**
AS PER INVOICE NO. HMHP-2019 270	1076 CARTONS	IRON FLOWER SHELF　（TYPE 3）	USD 20133.00

总保险金额：

TOTAL AMOUNT INSURED： SAY：U.S. DOLLARS TWENTY THOUSAND ONE HUNDRED AND THIRTY THREE ONLY.

保费：　启运日期：　装载运输工具：

PREMIUM： AS ARRANGED　**DATE OF COMMENCEMENT：** AS PER B/L　**PER CONVEYANCE：** WH 0434-748

自　经　至

FROM TIANJIN，CHINA　**VIA** ______　**TO** PALERMO, ITALY

承保险别：

CONDITIONS：（11）COVERING INSTITUTE CARGO CLAUSES（B），INSTITUTE WAR SRCC CLAUSES

所保货物，如发生保险单项下可能引起索赔的损失或损坏，应立即通知本公司下述代理人查勘。如有索赔，应向本公司提交保险单正本（本保险单共有 2 份正本）及有关文件。如一份正本已用于索赔，其余正本自动失效。

IN THE EVENT OF LOSS OR DAMAGE WHICH MAY RESULT IN A CLAIM UNDER THIS POLICY, IMMEDIATE NOTICE MUST BE GIVEN TO THE COMPANY'S AGENT AS MENTIONED HEREUNDER. CLAIMS，IF ANY，ONE OF THE ORIGINAL POLICY WHICH HAS BEEN ISSUED IN TWO ORIGINAL（S）TOGETHER WITH THE RELEVANT DOCUMENTS SHALL BE SURRENDERED TO THE COMPANY. IF ONE OF THE ORIGINAL POLICY HAS BEEN ACCOMPLISHED，THE OTHERS TO BE VOID.

AIG EUROPE, S. A., ITALY BRANCH
VIA DELLA CHIUSA2
20123 ITALY
TEL: 39 02 36901

中国人民财产保险股份有限公司北京市分公司
PICC **Property and Casualty Company Limited , Beijing Branch**

赔款偿付地点 / 货币

CLAIM PAYABLE AT/IN（12）PALERMO IN USD

胡华宁（签字）
MANAGER

出单日期

ISSUING DATE AUG .9，2019

地址：中国北京市××××大街 89 号　　经办：张克　　复核：李利

ADD： No.89. ×××× Avenue Beijing, China

邮编（**POST CODE**）：100105

Settling & Customer Service Centre :
(理赔/客户服务中心) 86 10 23456789

保单顺序号 PICC 1509123

保险单的背书的方式分为记名背书和空白背书两种。除非信用证另有规定，保险单多为空白背书。保险单的空白背书方式是，仅被保险人（出口公司经办人）在正本保险单的背面注明其名称并签字。

依 ISBP745 K19—21 的规定，保险单应按信用证要求的形式出具，必要时，经有权索赔人背书；信用证不应要求保险单的被保险人开立成“来人”（To Bearer）或“凭指示”（To Order）形式；信用证应规定被保险人名称；若信用证要求保险单开立成“凭（具名实体）指示”［To Order of（named entity）］，则保险单不需载明“凭指示”，只要具名实体显示为被保险人或有权索赔人且未明确禁止通过背书转让；若信用证对被保险人未作规定，保险单不意味着保险赔偿可凭受益人或除开证行或申请人之外的具名实体的指示或以其为受款人来支付，除非其经受益人或上述具名实体的空白背书或以开证行或申请人为受款人；保险单应出具或背书，以使保险单项下的获赔权利在放单之时或之前得以转让。

信用证中常见的关于保险单背书的要求及背书方法举例如下。

（1）若信用证规定“Insurance Policy made out to order”或“Insurance Policy endorsed in blank/in negotiable form”或“A blank endorsed insurance policy ...”，则保险单“Insured”（被保险人）栏内填写出口商名称，同时，由出口商在保险单上空白背书。

（2）若信用证对保险单未作具体规定，则一律由被保险人做成空白背书。

（3）若信用证规定被保险人做成“To Order of Bearer”，则保险单在“To Order of”之后加注出口商名称，并由出口商空白背书。

（4）若信用证规定“Insurance Policy endorsed to order of ××”或“Insurance Policy endorsed in favour of ××”，则保险单的“Insured”栏填写出口商名称，并由出口商记名背书。如“Claim payable to the order of ××”“In favour of ××”“Please pay to order of ××”“Please pay in favour of ××”“Please deliver to ××”“Claim，if any，please pay to ××”，等等，然后，出口商签字。

（5）若信用证规定“Insurance Policy endorsed to order and benefit of our bank（Issuing Bank，place）”，则保险单的“Insured”栏填写出口商名称，并由出口商记名背书给开证行。

（6）若信用证规定“Loss if any，pay to ××”，则保险单“Insured”栏填写出口商名称，并由出口商空白背书，在“赔款偿付地点”后注明“pay to ××”。

（7）在 FOB 或 CFR 条件下，若国外买方委托卖方代办保险（Insurance Policy made out in name of the buyer），“Insured”栏可填写“××（卖方名称）on behalf of ××（买方名称）”，由卖方按此形式背书；或在保险单“Insured”栏内先填写卖方的名称，然后再填写“Held to the order of ××（买方名称）”，卖方无需背书。

（8）信用证要求第三者投保，即中性投保，不表明具体的名称，则在保险单“Insured”栏内填上“To whom it may concern”，意思是谁持有保险单，被保险人就是谁，出口商无需背书。

保险人出具的保险单通常一式四份，包括正本（Original）两份、副本（Copy）两份。保险单上填写正本份数“TWO”。保险人和出口商各留副本一份。UCP600 第 28 条规定，当保险单据表明签发超过一份以上时，所有正本都必须提示给银行。

六、保险单的转让

保险单的转让一般是指保险单权利的转让，即被保险人将根据保险单赋予的损害赔偿请求权及相应的诉讼权转让给受让人。这种权利的转让同被保险货物本身所有权的转让是两种不同的法律行为。买卖双方交接货物，转移所有权，并不能自动转移保险单项下所享受的权利。

各国保险法或海商法，关于保险单的转让一般有以下规定。

（1）贸易中，海运货物保险单可以不经保险人的同意而自由转让；一般财产保险单则必须征得保险人的同意才能转让。

（2）保险单的转让，必须在保险标的的风险或所有权转移之前或转移的同时进行。若保险标的的风险或所有权已经转移，事后再办理保险单的转让，这种转让是无效的。

（3）在办理保险单转让时，无论保险标的损失是否已经发生，只要被保险人对保险标的仍然拥有可保利益，保险单均可有效转让。

（4）保险单的受让人只能享有与原被保险人在保险单下享有的相同的权利和义务。

（5）保险单转让后，受让人有权以自己的名义向保险人进行诉讼；保险人也有权如对待原被保险人一样，对保险合同项下引起的责任进行辩护。

（6）保险单的转让，可以采取由被保险人在保险单上背书或其他习惯方式进行。按照习惯做法，采用空白背书方式转让的保险单，其受让人不受限制；采用记名背书方式转让的保险单，则只有被背书人才能成为保险单的受让人。

第四节　中国货物运输保险险别

为适应中国对外经济贸易发展的需要，中国人民保险公司（PICC）参照国际保险市场的习惯做法，制定了各种涉外保险条款，总称为“中国保险条款”（China Insurance Clauses，CIC），货物运输保险条款是其中的重要组成部分。因此，被保险人在办理保险时，只需申明险别的名称即可表明他所要获得的保险保障。

一、中国海运货物保险基本险险别

中国海运货物保险险别，依能否单独投保划分，分为基本险和附加险两类。

基本险又称主险，是可单独投保的险别。中国《海洋运输货物保险条款》（2009 版）的基本险分为平安险、水渍险和一切险三种。

（一）基本险的承保责任范围

1. 平安险（Free From Particular Average，FPA）的承保责任范围

平安险原文的含义是“单独海损不赔”。“平安险”一词是中国保险业的习惯叫法，沿用已久。平安险的承保责任范围包括以下八个方面。

第一，被保险货物在运输途中由于恶劣气候、雷电、海啸、地震、洪水自然灾害造成整批货物的全部损失或推定全损。当被保险人要求赔付推定全损时，须将受损货物及其权利委付给保险人。被保险货物用驳船运往载运海轮时，每一驳船所装的货物可视作一个整批。

推定全损是指被保险货物的实际全损已经不可避免，或者恢复、修复受损货物以及运送货物到原定目的地的费用超过该目的地的货物价值。

第二，由于运输工具遭受搁浅、触礁、沉没、互撞、与流冰或其他物体碰撞，以及失火、爆炸意外事故造成货物的全部或部分损失。

第三，在运输工具已经发生搁浅、触礁、沉没、焚毁意外事故的情况下，货物在此前后又遭受恶劣气候、雷电、海啸等自然灾害所造成的部分损失。

第四，在装卸或转运时，由于一件或数件货物整件落海造成的全部或部分损失。

第五，被保险人对遭受承保责任内危险的货物采取抢救、防止或减少货损的措施而支付的合理费用，但以不超过该批被救货物的保险金额为限。

第六，运输工具遭遇海难后，在避难港由于卸货所引起的损失，以及在中途港/避难港由于卸货、存仓和运送货物所产生的特别费用。

第七，共同海损的牺牲、分摊和救助费用。

第八，运输契约订有“船舶互撞责任”条款，根据该条款规定，应由货方偿还船方的损失。

由于平安险的承保责任范围有限，一般多适用于大宗、低值的无包装货物，如废钢铁、木材、矿砂、粮谷类等的投保。

2. 水渍险（With Particular Average，WA 或 WPA）的承保责任范围

“水渍险”也是中国保险业沿用已久的叫法，其原文的含义是“负责单独海损”。它的承保责任范围包括以下两大部分。

第一，平安险所承保的全部责任。

第二，被保险货物在运输途中，由于恶劣气候、雷电、海啸、地震、洪水等自然灾害所造成的部分损失。

水渍险虽对单独海损负责，但对锈损、碰损、破碎以及散装货物的部分损失不负责。因此，一些不易损坏，或虽易生锈但不影响使用的货物或旧货物以及散装的原料，如五金板、钢管、线材、旧汽车或旧机械、旧机床、散装化肥及化工原料和散装的金属原料等，常投保这个险别。

3. 一切险（All Risks）的承保责任范围

中国《海洋运输货物保险条款》规定，“一切险除包括上列平安险和水渍险的各项责任外，本保险还负责被保险货物在运输途中由于外来原因所致的全部或部分损失”。

具体而言，一切险是平安险、水渍险和一般附加险的总和。一般附加险通常包括如下险别：偷窃、提货不着险，淡水雨淋险，短量险，混杂、沾污险，渗漏险，碰损、破碎险，串味险，受潮受热险，钩损险，包装破例险，锈损险等。

一切险的特点是：① 一切险不是列明风险。一切险为平安险、水渍险再加上未列明的运输途中由于外来原因造成的保险标的的损失。② 保险标的损失必须是外来原因造成的。被保险人在向保险人索赔时，必须证明保险标的的损失是因为运输途中外来原因引起的。外来原因可以是自然的原因，亦可是人为的意外事故。但一切险承保的风险具有不确定性，要求是不能确定的、意外的、无法列举的承保风险。而那些预期的、确定的、正常的危险，则不属于外来原因的责任范围。③ 外来原因应限于运输过程中发生的，排除运

输以前和运输结束后发生的事故。

因此，一切险的承保责任也有一定的范围。它的承保责任虽然较平安险和水渍险更广，但保险人并不是对任何风险所致的损失都负赔偿责任。对于一些不可避免的、必然发生的风险所造成的损失，如货物的内在缺陷和自然损耗所致的损失，以及运输迟延、战争、罢工等所致的损失，保险人均不负赔偿责任。

由于一切险的承保责任范围是三种基本险别中最广泛的一种，因而比较适宜于价值较高、可能遭受损失较大的货物的保险。

（二）基本险的除外责任

除外责任是指保险人不负赔偿责任的风险范围，即除外不保的项目。保险条款中所以在“责任范围”之后再对“除外责任”作出规定，主要是为分清保险人、被保险人、发货人和承运人等有关方面对损失或费用应负的责任，以使保险人的赔偿责任更加明确。

中国《海洋运输货物保险条款》（2009 版）对三种基本险别的除外责任所作的规定，主要包括下列五项内容。

第一，被保险人的故意行为或过失所造成的损失，如不施救、不及时提货、租用不适航船舶等。

第二，属于发货人责任引起的损失，如包装不当不足、整箱货积载不当、标志不清、选箱不当等。

第三，在保险责任开始前，被保险货物已存在的品质不良或数量短差所造成的损失，如金属制品已锈损、机械设备缺陷、袋装货物数量不足等。

第四，被保险货物的自然损耗、本质缺陷、特性，以及市价跌落、运输延迟所造成的损失或费用，如粮食因水分蒸发减量、油类挥发、液体渗漏，煤炭自燃、粮谷虫蛀、水果腐烂，季节性商品跌价，运输迟延导致鲜活商品变质等。

第五，海洋运输货物战争险和罢工险条款规定的责任范围和除外责任。（战争险与罢工险不属于基本险，需要加保或另外保险。）

（三）基本险的责任起讫

保险的责任起讫，又称保险期间或保险期限，是指保险人承担责任的起止时限。在海运货物保险中，保险责任起讫除了指具体的开始与终止日期外，还指保险责任在什么情况下开始或终止。同国际保险市场的习惯做法一样，中国海运货物保险基本险的责任起讫，一般也采取“仓至仓”的原则。

“仓至仓”（Warehouse to Warehouse，W/W）是海运货物保险责任起讫（期限）的基本原则，它规定了保险人承担责任的空间范围，即规定了保险人承担责任的起止时间和地点：从保险单载明的发货人仓库或储存处所开始运输时生效，在正常运输过程中继续有效，直到保险单载明的目的地收货人最后的仓库或储存处所，或被保险人用作分配、分派或非正常运输的其他储存处所为止，货物进入仓库或储存处所后，保险责任即行终止。该原则又称“仓至仓条款”（W/W Clause）或“仓至仓原则”。

根据中国《海洋运输货物保险条款》（2009 版）第 3 条“责任起讫”的规定，保险责任的起讫时限可分为正常运输和非正常运输两种情况。

1. 正常运输情况下，保险责任的起讫时限

正常运输是指，保险货物自保险单载明的起运地发货人仓库或其储存处所首途运输时开始，不论是先使用哪种运输工具运输货物，只要属于航程需要都属于正常运输范围。一般来说，凡是正常的运输工具（汽车、火车、内河船舶、海轮等），正常的延迟和正常的转运均属正常的运输。但货物尚须运往打包厂加工整理打包，即使加工厂处于发货人仓库去往装货港的途中，若打包厂失火而货物被毁，保险人则不负任何赔偿责任。

在正常运输情况下，保险责任的起讫按“仓至仓”的原则办理，即自被保险货物运离保险单所载明的起运地仓库或储存处所开始运输时生效，包括正常运输过程中的海上、陆上、内河和驳船运输在内，直至该项货物到达保险单所载明目的地收货人最后仓库或储存处所，或被保险人用作分配、分派或非正常运输的其他储存处所为止。若未抵达上述仓库或储存处所，则以被保险货物在最后卸载港全部卸离海轮后满 60 天为止。若在上述 60 天内被保险货物需转运到非保险单所载明的目的地，则以该项货物开始转运时终止。

在实际业务中，经常发生保险货物卸离海轮后，运往保险单所载明的收货人仓库之前，需在卸货港存放一段时间。为满足被保险人需要，保险人对这段时间仍提供保险保障，但最长时间不能超过 60 天。若届满 60 天，货物仍未进入收货人仓库，保险责任也将终止；若在 60 天内，货物进入收货人仓库，保险责任即在进入仓库时终止。

被保险货物在运抵保险单载明的目的地之前，若发生分配、分派和分散转运等情况，保险责任按下列原则处理。

（1）若以卸货港为目的地，被保险人提货后，运到自己的仓库时，保险责任即行终止。若将保险货物再分配或出售，保险人对此不再负责。

（2）若以内陆为目的地，从向船方提货后，运到内陆目的地的被保险人仓库（非保单载明的仓库）时，保险责任即行终止。

（3）以内陆为目的地，若被保险货物在运抵内陆目的地时，先行存入某一仓库，然后将该批货物分成几批再运往几个内陆目的地另外几个仓库，包括保险单所载明的目的地，在这种情况下，则以先行存入的某一仓库作为被保险人的最后仓库，保险责任在进入该仓库时即终止。

（4）若在货物全部卸离海轮后 60 天内，被保险货物需转运到非保险单所载明的目的地，则保险责任以该项货物开始转运时终止。转运是指，一程承运人将货物卸载后，交由二程或三程等承运人继续将货物运往目的地或其他地点。

上述几种情况，均以被保险货物卸离海轮后 60 天为限，并以先发生者为准。

2. 非正常运输情况下，保险责任的起讫时限

所谓非正常运输是指，被保险货物在运输中，由于被保险人无法控制的运输迟延、绕道、被迫卸货、重新装载、转载，或承运人行使运输合同赋予的权限所作的任何航海上的变更或终止运输合同，致使被保险货物运抵非保险单所载明的目的地。

根据中国《海洋运输货物保险条款》第 3 条第 2 款的规定，在海上运输过程中，若出现被保险人所不能控制的意外情况，保险责任将按下列规定办理。

（1）当出现由于被保险人无法控制的运输迟延、绕道、被迫卸货、重行装载、转载，或承运人运用运输契约赋予的权限作任何航海上的变更时，在被保险人及时将获知的情况

通知保险人并加缴保险费的情况下，保险人可继续承担责任。

（2）在被保险人无法控制的情况下，保险货物如在运抵保险单载明的目的地之前，运输契约在其他港口或地方终止时，[①] 在被保险人立即通知保险人并在必要时加缴一定保险费的条件下，保险继续有效，直至货物在这个卸载港口或地方售出并交货时为止。但是，最长时间不能超过货物在卸载港全部卸离海轮后满 60 天。[②] 这两种情况下的保险期限的终止，应以先发生者为准。

在此，应特别注意，保险人承担“仓至仓条款”责任的前提条件是，被保险人须同时对被保险货物拥有可保利益。换言之，即使货物在“仓至仓”范围内遭受损失，若被保险人此时不拥有可保利益，则无法获得保险人的补偿。例如，在 FOB 或 CFR 条件下，若未投保相应的保险（如陆运险），货物损失发生在从出口商内陆仓库运往起运港码头的途中，无论是出口商还是进口商，都无法依海洋运输货物保险条款向保险人按“仓至仓条款”索赔。因此，这一风险损失可由出口商向保险人投保陆运险或其他险别而获得保险保障。

（四）基本险的被保险人义务

被保险人与保险人订立保险合同后，除应缴纳保险费之外，被保险人还应履行一定的义务。否则，保险人有权拒绝赔偿。

依据中国《海洋运输货物保险条款》（2009 版）第 4 条，在三种基本险中，被保险人应履行以下几方面的义务。

1. 及时提货

当被保险货物运抵保险单所载明的目的港（地）以后，被保险人应及时提货。发现被保险货物遭受任何损失，应立即向保险单上所载明的检验、理赔代理人申请检验。如发现被保险货物整件短少或有明显残损痕迹，应立即向承运人、受托人或有关当局（海关、港务当局等）索取货损货差证明。如果货损货差是由于承运人、受托人或其他有关方面的责任所造成的，并应以书面方式向他们索赔；必要时，还需取得延长时效的认证。如未履行上述规定义务，保险人对有关损失不负赔偿责任。

2. 积极、合理施救

对遭受承保责任内危险的货物，被保险人和保险人都可迅速采取合理的抢救措施，防止或减少货物的损失。被保险人采取此项措施，不应视为放弃委付的表示。保险人采取此项措施，也不得视为接受委付的表示。对由于被保险人未履行上述义务造成的扩大的损失，保险人不负赔偿责任。

3. 通知义务

如遇航程变更或发现保险单所载明的货物、船名或航程有遗漏或错误时，被保险人应在获悉后立即通知保险人并在必要时加交保险费，本保险才继续有效。

---

① 根据很多国家海运提单的规定，若目的地发生战争、瘟疫、冰冻、罢工、港口拥挤等情况，承运人可将货物卸于他认为安全而方便的任何其他港口或地点，而运输契约可视为已经履行。

② 本条对终止责任时间的规定与英国伦敦保险协会货物条款的规定有很大的不同。英国 2009 年伦敦保险协会货物条款第 9 条的“运输契约终止条款”对此的规定是：“直到货物在该港口或处所出售和交货，或除非另有特别约定，在保险标的到达该港口或处所后，满 60 天为止。以先发生者为准，”而不是“……最长时间不能超过货物在卸载港全部卸离海轮后满 60 天。”

4. 提供索赔单证

在向保险人索赔时，被保险人必须提供下列单证：保险单正本、提单、发票、装箱单、磅码单、货损货差证明、检验报告及索赔清单等。如涉及第三者责任，还须提供向责任方追偿的有关函电及其他必要单证或文件。

被保险人未履行前款约定的单证提供义务，导致保险人无法核实损失情况的，保险人对无法核实的部分不承担赔偿责任。

5. 被保险人在获悉有关运输合同中“船舶互撞责任”条款的实际责任后，被保险人应及时通知保险人

在获悉有关运输契约中“船舶互撞责任”条款的实际责任后，被保险人应及时通知保险人。否则，保险人对有关损失不负赔偿责任。

（五）赔偿处理

保险人收到被保险人的赔偿请求后，应当及时就是否属于保险责任作出核定，并将核定结果通知被保险人。情形复杂的，保险人在收到被保险人的赔偿请求及理赔所需资料后30日内未能核定保险责任的，保险人与被保险人根据实际情形商议合理期间，保险人在商定的期间内，作出核定结果并通知被保险人。对属于保险责任的，在与被保险人达成有关赔偿金额的协议后10日内，履行赔偿义务。[中国《海洋运输货物保险条款》（2009版）新增]

（六）基本险的索赔时效

保险索赔时效，是被保险货物发生保险责任范围的风险造成损失时，被保险人向保险人索赔的有效期限。中国《海洋运输货物保险条款》（2009版）第5条规定，保险索赔时效，从保险事故发生之日起算，最长不超过2年。

值得注意的是，若货损属于保险责任范围，又涉及船方或其他第三者责任方的索赔，被保险人必须在相关法律、法规或公约规定的有关责任方的有效期限内办理索赔。否则，因被保险人疏忽或其他原因逾期而丧失向有关责任方索赔权益时，应由被保险人自己承担责任，保险人不予赔偿。如依《海牙规则》或中国《海商法》，收货人向承运人索赔的期限规定为交货之日起1年内有效。被保险人必须在这个期限之前向保险人索赔或要求承运人延长索赔时效，以便保险人在支付赔款之后能够向承运人行使代位求偿权。否则，保险人不负赔偿责任或追索已赔偿的保险赔款。

二、中国海运货物保险附加险

为满足被保险货物的需要，中国保险公司在海运货物保险基本险条款之外，又制定了各种附加险条款。这些附加险承保外来原因造成的货物损失，它是基本险条款的扩大和补充，因而不能单独投保，只能在投保了一种基本险（平安险或水渍险）之后才能加保。加保的附加险可以是一种或几种，由被保险人根据需要选择确定。

中国保险业习惯将附加险分为一般附加险、特别附加险和特殊附加险三类。

（一）一般附加险

目前，中国保险条款承保的一般附加险包括偷窃、提货不着险（TPND），淡水雨淋险（FWRD），短量险，混杂、沾污险，渗漏险，碰损、破碎险，串味险，钩损险，受潮受热险，包装破裂险，锈损险等。

（二）特别附加险

目前，中国保险条款承保的特别附加险主要包括交货不到险、进口关税险、舱面货物

险、拒收险、黄曲霉（毒）素险、出口货物到香港（包括九龙）或澳门存仓火险责任扩展保险等。

（三）特殊附加险

中国保险条款中的特殊附加险主要承保海运货物战争险、海运货物战争险的附加费用险以及罢工险。

海运货物战争险的承保责任起讫不是“仓至仓”，而是以“水上危险”为限。罢工险负责的损失必须是直接损失，对于间接损失不予负责。

三、海运货物专门保险

海运货物专门保险是根据海上运输货物特性而由保险人承保的专门险别。目前，中国保险条款中，已有《海洋运输冷藏货物保险条款》和《海洋运输散装桐油保险条款》。

四、卖方利益险

除上述各种险别外，中国保险条款中，还有一种“卖方利益险”（Contingency Insurance Covers Seller's Interest Only）的险别。这种险别是为中国出口企业，在采用托收方式并按FOB或CFR条件成交出口时，保障卖方自身利益而设立的一种独立险别。卖方利益险条款规定：“本保险系卖方利益保险，负责赔偿货物在遭受本保险单载明承保险别的条款责任范围内的卖方损失。但本保险仅在买方不支付该项受损货物部分的损失时才予赔偿。被保险人应将其向买方或第三者的权利转移给保险人。如对本保险单项下的任何利益或赔款转让，保险人即解除其全部责任。”

第五节 伦敦保险协会海运货物保险险别

在中国，贸易商通常采用中国保险条款（CIC）。但应国外商人的要求，也可采用国际保险市场上通用的《伦敦保险协会货物保险条款》，简称《协会货物条款》（Institute Cargo Clauses，ICC）或对方国家的保险条款。本节将对《协会货物条款》的险别予以简介。

一、协会货物保险条款

在世界海运保险中，英国保险业历史悠久，业务发达。目前，世界上有很多国家在海上保险业务中，直接使用英国伦敦保险协会（Institute of London Underwriters，ILU）所制定的《协会货物条款》。目前，使用的是2009年的《协会货物条款》（A）、（B）和（C）。

二、协会海运货物保险基本险险别

协会海运货物保险基本险险别包括ICC（A）、ICC（B）和ICC（C）。

（一）ICC（A）承保的责任范围

ICC（A），除下列除外责任不予承保外，承保货物因一切风险所造成的损失，共同海损的牺牲及救助费用，船舶互撞导致的货方损失。

ICC（A）的除外责任（不保风险）包括以下几个方面。

（1）归因于被保险人的故意行为所引起的灭失、损害或费用。

（2）保险标的的自然渗漏、重量或容量的自然损耗或自然磨损。

（3）保险标的的包装或配装不足或不当引起的无法承受运输途中发生的事故而产生的灭失、损害或费用。此种情况适用于该包装或配装是由被保险人或其受雇人员完成的，或该包装或配装是在本保险责任开始前完成的。（本条所称的“包装”，包括集装箱内的积载；本条所称的“受雇人”，不包括独立合同人。）

（4）保险标的的固有缺陷或特性所引起的灭失、损害或费用。

（5）因迟延所引起的灭失、损害或费用，即使迟延因承保风险所引起的也是如此（但共同海损应予赔偿的费用不在此限）。

（6）由于船舶所有人、经理人、租船人或经营人破产或不履行债务所引起的灭失/损害或费用。此情况适用于保险标的装上船舶之时，被保险人知道或被保险人在正常业务经营中应当知道，此种破产或不履行债务会导致该航程被取消。

本条除外条款不适用于保险合同已经转让给另一方，即另一方已经善意购买或同意购买保险标的且受保险合同约束。

（7）因使用任何原子或核子裂变和（或）聚变，或其他类似反应或放射性力量或物质的武器或设备，直接或间接导致的灭失/损害或费用。

（8）被保险人在保险标的装船时，已经知道船舶或驳船的不适航及船舶或驳船不适合安全运输保险标的。该款所述的除外条款不适用于保险合同已经善意转让给另一方，即另一方已经购买或同意购买保险标的且受保险合同约束。

（9）因战争、内战、扣押或任何其他遗弃的战争武器等原因所引起的灭失、损害或费用。

（10）因罢工、停工、恐怖行为等，或者出于政治、信仰或宗教目的实施的行为所引起的灭失/损害或费用。

（二）ICC（B）承保的责任范围

ICC（B）对承保风险的规定采取“列明风险”的方式，其承保下列两类风险。

1. 货物灭失或损害可合理归因于下列风险事故

（1）火灾或爆炸。

（2）船舶或驳船触礁、搁浅、沉没或倾覆。

（3）陆上运输工具倾覆或出轨。

（4）船舶、驳船或运输工具同水以外的任何其他外界物体的碰撞或接触。

（5）在避难港卸货。

（6）地震、火山爆发或雷电。

2. 货物灭失或损害由于下列风险事故所致

（1）共同海损牺牲。

（2）投弃（或抛货）。

（3）浪击落海。

（4）海水、湖水或河水，进入船舶、驳船、船舱、运输工具、集装箱或储存处所。

（5）货物在装卸船舶或驳船时落海或跌落导致货物的全损。

ICC（B）不承保的风险除与ICC（A）相同的部分外，还包括任何的不法行为引起货物全部或部分的恶意损害以及“海盗行为”。

（三）ICC（C）承保的责任范围

ICC（C）承保下列风险。

1. 货物灭失或损害可合理归因于下列风险事故

（1）火灾或爆炸。

（2）船舶或驳船触礁、搁浅、沉没或倾覆。

（3）陆上运输工具的倾覆或出轨。

（4）船舶、驳船或运输工具同除水以外的任何其他外界物体碰撞或接触。

（5）在避难港卸货。

2. 货物灭失或损坏由于下列风险事故所致

（1）共同海损牺牲。

（2）投弃（或抛货）。

ICC（C）的不承保风险与 ICC（B）相同。

为便于理解和对照比较，现将 ICC2009（A）、（B）和（C）三种险别下，保险人的承保风险范围以表格形式整理如下（表 14-4）。

表 14-4　　ICC2009（A）、（B）和（C）下的承保风险范围

承保风险	ICC2009（A）	ICC2009（B）	ICC2009（C）
（1）火灾、爆炸	√	√	√
（2）船舶/驳船触礁、搁浅、沉没或倾覆	√	√	√
（3）陆上运输工具倾覆或出轨	√	√	√
（4）船舶、驳船或运输工具同除水以外的其他任何外界物体的碰撞或接触	√	√	√
（5）在避难港卸货	√	√	√
（6）地震、火山爆发或雷电	√	√	×
（7）共同海损牺牲	√	√	√
（8）共同海损分摊和救助费用	√	√	√
（9）运输合同中订有“船舶互撞责任”条款，根据该条款的规定应由货方偿还船方的损失	√	√	√
（10）投弃	√	√	√
（11）浪击落海	√	√	×
（12）海水、湖水或河水，进入船舶、驳船、运输工具、集装箱或储存处所	√	√	×
（13）货物在装卸船舶或驳船时落海或跌落，造成任何整件的全损	√	√	×

续表

承保风险	ICC2009（A）	ICC2009（B）	ICC2009（C）
（14）由于被保险人以外的其他人（如船长、船员等）的恶意行为所造成的损失或费用	√	×	×
（15）海盗行为	√	×	×
（16）由于一般外来原因所造成的损失	√	×	×

注：①“√”表示承保风险，“×”表示免责风险或不承保风险
②第（13）项为“吊索损害”，第（14）项为“恶意损害”

三、协会海运货物战争险与罢工险

由于协会海运货物战争险与罢工险的保险条款独立、完整，因而它们可以单独投保，不再作为附加险险别依附于ICC（A）、ICC（B）或ICC（C）。

四、协会海运货物附加险

除前述的可独立投保的险别外，伦敦保险协会还增加了“恶意损害险”“偷窃、提货不着险”等附加险。由于它们没有完整的结构，不能独立投保，是由保险双方在基本险基础上加保。

案例分析

1. 中国保险条款（CIC条款）“一切险”争议案

案情简介①

原告：海南丰海粮油工业有限公司（下称“丰海公司”－被保险人）

被告：中国人民财产保险股份有限公司海南省分公司（下称“海南人保”）

1995年11月28日，丰海公司在海南人保投保了由印尼籍“哈卡”轮所运载的自印尼杜迈港至中国洋浦港的4 999.85吨桶装棕榈油，投保险别为CIC“一切险”，货价为3 574 892.75美元，保险金额为3 951 258美元，保费为18 966美元。投保后，丰海公司依约向海南人保支付了保险费，海南人保向丰海公司发出起运通知、签发海洋货物运输保险单并将《海洋货物运输保险条款》附于保单之后。

依据中国保险条款，“一切险”的承保范围除包括“平安险”和“水渍险”的各项责任外，海南人保还“负责被保险货物在运输途中由于外来原因所致的全部或部分损失”。该条款还规定了5项除外责任。

该投保货物是由丰海公司以CNF（CFR）条件向新加坡丰益有限公司（下称“丰益公司”）购买的。依买卖合同约定，发货人丰益公司与船东代理有限公司签订一份租约。该租约约定由“哈卡”轮将丰海公司投保的货物5 000吨棕榈油运至洋浦港，将另1 000

① http://www.court.gov.cn/shenpan-xiangqing-14250.html；来源：最高人民法院，发布时间：2015-04-23，16：18：51。

吨棕榈油运往香港。同年 11 月 29 日，“哈卡”轮的期租船人、该批货物的实际承运人印尼 PSI 公司签发编号为 DM/YPU/1490/95 的已装船提单。该提单载明船舶为“哈卡”轮，装货港为印尼杜迈港，卸货港为中国洋浦港，货物唛头为 BATCH NO. 80211/95，装货量为 4 999. 85 吨，清洁、运费已付。据查，发货人丰益公司将运费付给船东代理，船东代理已将运费付给 PSI 公司。同年 12 月 14 日，丰海公司向其开证银行付款赎单，取得该投保货物的全套（3 份）正本提单。同年 11 月 23 日至 29 日，“哈卡”轮在杜迈港装载 31 623 桶、净重 4 999. 82 吨四海牌棕榈油启航后，“哈卡”轮船东印尼 BBS 公司与该轮期租人 PSI 公司之间因船舶租金发生纠纷，“哈卡”轮中止了提单约定的航程并对外封锁了该轮的动态情况。

为避免货物的损失，丰益公司、丰海公司、海南人保多次派代表参加“哈卡”轮船东与期租船人之间的协商，但由于船东以未收到租金为由不肯透露“哈卡”轮的行踪，多方会谈未果。此后，丰益公司、丰海公司通过多种渠道交涉并多方查找“哈卡”轮行踪，海南人保亦通过其驻外机构协查“哈卡”轮。直至 1996 年 4 月，“哈卡”轮走私至汕尾被中国海警查获。根据广州市人民检察院穗检刑免字（1996）64 号《免予起诉决定书》的认定，1996 年 1 月至 3 月，“哈卡”轮船长埃里斯·伦巴克根据 BBS 公司指令，指挥船员将其中 11 325 桶、2 100 多吨棕榈油转载到属同一船公司的“依瓦那”和“萨拉哈”货船上运走销售，又让船员将船名“哈卡”轮涂改为“伊莉莎 2”号（ELIZA Ⅱ）。

1996 年 4 月，更改为“伊莉莎 2”号的货船载剩余的 20 298 桶棕榈油走私至中国汕尾，4 月 16 日被中国海警查获。该 20 298 桶棕榈油已被广东检察机关作为走私货物没收并上缴国库。

被保险人丰海公司虽持有提单却无法提货，于是在 1996 年 6 月 6 日，向海南人保递交索赔报告。8 月 20 日，丰海公司再次向海南人保提出书面索赔申请，海南人保明确表示拒赔。丰海公司递诉至海口海事法院。

丰海公司是海南丰源贸易发展有限公司和新加坡海源国际有限公司于 1995 年 8 月成立的中外合资经营企业。该公司成立后，就与海南人保建立了业务关系。1995 年 10 月 1 日至同年 11 月 28 日（本案保险单签发前）就发生了 4 笔进口棕榈油保险业务；其中，3 笔投保的险别为“一切险”，1 笔为“一切险附加战争险”。该 4 笔保险均发生索赔，其中有因为“一切险”范围内的货物短少、破漏发生的赔付。

一审法院判决

海口海事法院于 1996 年 12 月 25 日作出（1996）海商初字第 096 号民事判决：

一、海南人保应赔偿丰海公司保险价值损失 3 593 858. 75 美元。

二、驳回丰海公司的其他诉讼请求。

宣判后，海南人保提出上诉。

二审法院判决

海南省高级人民法院于 1997 年 10 月 27 日作出（1997）琼经终字第 44 号民事判决：撤销一审判决，驳回丰海公司的诉讼请求。

丰海公司向最高法院申请再审。

最高法院判决

最高法院于 2003 年 8 月 11 日以（2003）民四监字第 35 号民事裁定，决定对本案进行提审，并于2004年7月13日作出（2003）民四提字第5号民事判决：

一、撤销海南省高级人民法院（1997）琼经终字第44号民事判决。

二、维持海口海事法院（1996）海商初字第096号民事判决。

试分析上述案例。

（提示：

中国海上运输货物保险合同中的“一切险”，除了包括“平安险”和“水渍险”的各项责任外，还包括被保险货物在运输途中由于外来原因所致的全部或部分损失。在被保险人不存在故意或过失的情况下，因保险合同中除外责任条款所列明情形之外的其他原因，造成被保险货物损失的，可以认定属于导致被保险货物损失的“外来原因”，保险人应承担运输途中由该外来原因所致的一切损失。“一切险”条款特点：①“一切险”不是列明风险；② 保险标的损失必须是外来原因造成的；③ 外来原因应限于运输过程中发生的，排除运输以前和运输结束后发生的事故。）

2. 伦敦保险业协会（ICC）“偷窃和提货不着”附加险条款争议案

案情简介①

原告：晁威有限公司（下称“晁威公司”－被保险人）

被告：美亚财产保险有限公司广东分公司佛山支公司（下称“美亚保险”－保险人）

某年4月23日，被告美亚保险向原告晁威公司签发货物运输保险预约保单，并分别于6月25日、8月14日签发过批单。保单约定进口未使用的新产品适用ICC（A）、ICC战争险条款（货物）及ICC罢工险条款（货物），进口旧品适用ICC（B）及“偷窃和提货不着险”。10月7日，晁威公司购买的一批废铜被装入集装箱内，先由“首尔快运”轮从墨西哥的曼萨尼约港运至日本横滨港，后由“APL IRELAND”轮由日本横滨港运至中国深圳的赤湾港区，再由晁威公司指定的运输公司使用牵引式挂车由赤湾港区集装箱堆场运至香港。货物在香港等待运至中国三山港期间，集装箱分别于11月13日、14日被过磅称重。两次称重记录显示，箱内货重分别为18 280公斤和18 290公斤。美国总统轮船公司为该次运输出具了海运单。而该运单记载了托运人为Metalesy Pacas Trade S. A. de C. V.，收货人为晁威公司，装货港为墨西哥曼萨尼约港，卸货港为赤湾港区，交货地为中国的三山港。货物包括集装箱装载的废铜10捆，重量为21 110公斤，由托运人称重、装箱并点数。

庭审中，晁威公司确认由该批废铜的供应商Metales y Pacas Trade S. A. de C. V. 对集装箱装箱并施封。晁威公司依上述货物运输保险预约保单的约定，为该批货物向被告美亚保险申报并支付保费。被告于10月26日向晁威公司开具了包括涉案货物在内的货物运输保险发票。

载货集装箱在香港称重后，晁威公司以该集装箱所载货物短量为由向美亚保险报险并请求理赔。公估公司对该集装箱进行了检验。其出具的报告记载：拆箱之前，该箱外观完好无损；其铅封也完好无损；拆箱之后，发现箱内货物为废铜，但仅有8捆而非10捆并对8捆废铜称量，总计18 331.50公斤；无证据显示货物短量为运输过程中意外所致。

① 宋瑞秋，“晁威有限公司诉美亚财产保险有限公司广东分公司佛山支公司”；一审判决书：广州海事法院（2012）广海法初字第369号。http://www.ccmt.org.cn/shownews.php?id=15508。

诉辩双方的各自主张：

晁威公司诉称：该批货物经海运由墨西哥曼萨尼约港运抵目的港香港后，在过磅时发现短重 2 820 公斤，损失价值约为人民币 141 843 元。晁威公司就此索赔，但美亚保险拒绝赔付。晁威公司认为，美亚保险承保的货物在保险期内受损，应予以赔偿，请求判令美亚保险支付保险赔偿金人民币 141 843 元并承担本案诉讼费用。

美亚保险辩称：第一，涉案货物适用的保险条款是 ICC（B）以及 ICC“偷窃和提货不着险”条款，即美亚保险承保的是列明风险，应由晁威公司举证货物的灭失或短量是由列明风险造成的。原告没有任何证据证明涉案货物在运输的过程中，发生了列明风险中列举的、可引起其主张的短量损失的任何事故。第二，原告所提供的证据不能证明涉案货物在运输途中发生短量。原告提供的卖方单方提供的文件不能证明涉案货物装载在集装箱内的重量，且依公估人员的检查，涉案集装箱封铅完好，无被撬痕迹。涉案货物由发货人进行称重、装载及清点，发货人需在封条完好下，对货物装载数量负责。原告收取货物的重量与单证上记载的重量的差异，可能是由于发货人根本就未如实装运。因此，原告应承担举证不能的后果，美亚保险对原告不负赔偿责任，请求驳回原告的诉讼请求。

法院判决

法院审理认为，本案是海上货物运输保险合同纠纷。法院依中国相关法律规定，驳回原告晁威有限公司的诉讼请求。

试分析该案例。

[提示：

涉案保险标的为进口的废铜，属旧品。原告与被告约定旧品采用 ICC（B）条款和 ICC 附加险，即“偷窃和提货不着险”。ICC（B）条款和“偷窃和提货不着险”的承保范围均为列明风险，列明风险的举证责任在被保险人，即其必须证明发生了因列明风险引起的损失，才能胜诉并获得保险赔偿。本案中，晁威公司为新品和旧品投保了不同风险，其对旧品损失的举证责任显著高于新品，但未针对旧品进口贸易谨慎地收集和保存有关证据。晁威公司的举证存在以下缺陷。一是未能证明货物的装船重量。涉案的集装箱由托运人装箱并施封，海运单上的重量根据托运人的批注而记载，故晁威公司无证据证明涉案货物的装船重量，进而也不能证明货物发生短量损失。二是未能证明货物短量的原因。载货的集装箱封条和外观完好，无被人为破坏的痕迹。三是晁威公司未能够证明发生过 ICC（B）条款列明的风险或者偷窃。本案中，晁威公司没有证据证明，涉案货物在海上运输过程中发生了因列明风险或者偷窃导致的短量，故根据在案证据，涉案货物是否发生了列明风险导致的短量的事实处于真伪不明状态。晁威公司不能完成其举证责任，应承担举证不能的不利后果。因此，法院驳回其诉讼请求。]

第十五章　缮制国际贸易单据

国际贸易通常以交单替代交货。因此，当出口商完成货物交付程序之后，则需准备所有相关单据，向进口商或其指定的银行交单，要求其履行付款义务。

在国际贸易中，贸易单据有广义和狭义之分。广义的贸易单据泛指贸易商所使用的各种各样的文件、单证或证明等。狭义的贸易单据则仅指用于要求进口商付款的各类单据，一般称为货运单据，如运输单据、保险单据、发票等。

以上各类贸易单据中，有些已在前述内容中有所论述，此处不再赘述。本章仅对商业发票、产地证明、包装单、重量/尺码单、受益人证明、检验证书和领事发票等其他货运单据予以论述。汇票的缮制将在第十六章予以论述。

第一节　商业发票的缮制

发票包括商业发票（Commercial Invoice）、海关发票（Customs Invoice）、领事发票（Consular Invoice）、厂商发票（Manufactures Invoice）、税务发票（Tax Invoice）、最终发票（Final Invoice）等。但通常所说的发票，是指商业发票。

一、商业发票的定义

商业发票（Commercial Invoice），又称发货清单，简称发票（Invoice），是卖方向买方签发的凭以向买方收款的发货清单，是买卖双方凭此发货、收货、记账、报关、纳税的依据和凭证。有时，商业发票还可替代汇票作为付款的依据，是缮制各种单据的中心单据，其他单据均应参照它制作。发票是出口商必须提供的主要单据之一。

二、商业发票的作用

商业发票在国际贸易中发挥着重要作用，具体表现为以下几方面：（1）交货凭证与发货通知；（2）货物内容声明；（3）价格与总额声明；（4）货款清单与账单；（5）银行审单的基础。

依 UCP600 第 18 条的规定，商业发票由信用证的受益人开立，以开证申请人为抬头，金额通常不超过信用证所允许的金额且与信用证规定的货币相同，有关货物的描述与信用证相符，无需签字。商业发票的制单质量要求很高，否则，银行或进口商有可能拒受不符的商业发票。商业发票一般应在出口报关前缮制。

三、商业发票的内容和缮制方法

各出口公司设计的发票格式不一，但内容大致相同。主要包括品质条款、数量条款、价格条款和包装条款，并直接反映出买卖双方的详细名称和地址、与买卖合同有密切关系的单证号码等内容。商业发票须依买卖合同缮制；信用证收汇时，还须依 UCP600 和 ISBP 的相关规定缮制。发票内容如表 15-1 所示。

（一）出票人（Issuer）

出票人应填写开立发票一方的名称和地址。发票的出票人应是出口商（Exporter），即贸易合同中的卖方（Seller）。在信用证业务中，依 UCP600 第 18 条，除可转让信用证外，发票须由信用证的受益人（Beneficiary）出具。

出票人的名称和地址通常在发票正上方用英文大写表示。UCP600 第 14 条规定：当受益人和申请人的地址出现在任何规定的单据中时，该地址不必与信用证或任何其他规定的单据所表明的地址相同，但必须与信用证提及的相应地址处于同一国家；除运输单据外，作为受益人和申请人地址的联系细目（电传、电话、电子邮件及类似细目）将不予理会。

（二）发票名称

在出口业务中，出口商出具的发票一定要醒目地标明“商业发票”（COMMERCIAL INVOICE）或“发票”（INVOICE）字样。

ISBP745 第 C1 a 款规定：若信用证要求提交“发票”而未作进一步说明，则提交任何类型的发票均可（如商业发票、海关发票、税务发票、最终发票、领事发票等）。但发票不得表明为“临时发票”（provisional invoice）、“预开发票”（或“形式发票”）（pro-forma invoice）或类似发票。其 b 款规定：若信用证要求提交“商业发票”，标题为“发票”的单据，甚至是包含声明以税务为开具目的的单据也满足要求。

应特别注意，形式发票或预开发票是进口商要求出口商提供的列有所出售货物名称、规格、单价、数量等参考性货物的清单，供进口商向当局申请进口许可证或外汇额度等使用；同时，也便于进口商掌握货物的细节。形式发票所列内容是出口商的估算，仅供参考，对双方无最终约束力；一旦正式成交，出口商须提供商业发票。

（三）收货人（To）

发票的收货人即为抬头人或受票人。在信用证业务中，依 UCP600 第 18 条 a 款，商业发票必须做成以开证申请人的名称为抬头。但在信用证被转让的情况下，允许用第一受益人的名称代替原信用证申请人的名称。当采用托收方式时，除非合同另有规定，商业发票的抬头应填写进口商或收货人名称。

信用证中表示申请人（抬头人、进口商）的常用语有以下几种。

（1）At the request and on the instructions of (name and address of the applicant), We hereby issue a ×× credit ...

（2）By order and for account of (name and address of the applicant), We hereby issue a ×× credit ...

（3）By order of N trading Co.（中间商）and for account of M manufacture（制造商）, We issue ...

（四）发票号（Invoice No.）

发票号由出口商编制，不能漏填（汇票等单据要使用该号码）。

（五）发票日期（Date）

依 UCP600 第 14 条，发票的签发日期可早于信用证的开证日期，但不能晚于其提示日期。若为“路货”交易，发票（提单、保险单等）的出具日期可早于信用证的开立日期。ISBP745 C10 规定：发票无需签字或注明日期。但在实务中，发票通常要签字并注明出具日期，且不能迟于提单的签发日期。

（六）信用证号、合同号（L/C No.，S/C No.）

这两个号码在发票中应如实填写。尤其是付款信用证，不要求出具汇票的情况下，发票须注明信用证号码。此时，发票作为付款的依据，起到替代汇票的作用。

（七）运输标志和件号（唛头和件号）（Marks and Numbers）

发票中应填写出口货物包装上的唛头和件号，且须与提单、保险单、包装单等的唛头相符。信用证规定唛头上的件号往往为“1—UP”。缮制唛头时，应填写实际装运的数量。如实际装运 100 箱，唛头的件号应缮制成“1—100”。信用证无规定唛头时：① 属于箱装货物，卖方应按实际装箱的设计唛头缮制；② 属于散装货物或其他包装，则在此栏打上“N/M”字样；③ 集装箱货物运输可以不用制作唛头，由集装箱上已有集装箱号取代。

在缮制唛头时，应注意以下事项。

（1）使用唛头的目的在于对箱、包或包装提供标识。若信用证对唛头的细节作出规定，则载有唛头的单据必须显示这些细节；额外信息也可以接受，只要它与信用证条款不矛盾，如加注 Made in China。（ISBP745 A32）

（2）有些单据中的唛头所包含的信息常常超出一般意义上唛头所包含的内容，如包含货物种类、净重及/或毛重、易碎货物的警告或标志等；但有时，其他单据中没有包含这些额外内容，这并不构成不符点。（ISBP745 A33）

（3）集装箱运输货物的运输单据，有时仅仅在“唛头”栏中显示集装箱号，其他单据则显示详细的唛头标记，对这样的单据不能视为不相符。（ISBP745 A34）

此外，ISBP745 A34 b 款还强调：有些单据显示了 A33 条和 A34 条中提及的额外信息，而有些单据则没有，这不视为与 UCP 600 第 14 条 d 款的规定冲突。

（4）信用证若使用文字表示唛头，如主标志为“Markings as K in diamond”，意指菱形符号中有“K”字，即 k 下方显示目的港、件号。又如，“Markings as triangle”，唛头是三角形，即 Δ。有时，单据唛头栏内不用符号表示，而是照搬“K in diamond”，以便于计算机制单，这也可以接受。

（八）件数、包装及货物描述（Number and kind of package，description of goods）

此栏一般包括合同中的品名、品质、件数和包装条款。

依 UCP600 第 18 条 c 款，商业发票中的货物描述须符合信用证中的描述。发票中对货物的描述一般用全称，且须与信用证规定一致。任何省略或增加品名的字、词，都会造成单据表面不符。

信用证所列货物的规格，须在发票上充分表示出来。若信用证与合同规定有出入，应以信用证为准；信用证所列货物的规格即使有明显差错，也不可按习惯缮制单据，应要求修改信用证；信用证用文字说明货物的规格，发票上也应作出与信用证完全相符的说明。

商业发票上须表明商品的包装和件数，同时应注明毛、净重及包装尺码，这些都是缮制托运单、提单、保险单等单据的必要资料。

货物的件数和包装种类的缮制方法如下。

（1）以件数或个数计价的货物，允许只列出件数和包装条件，如5000PCS（500CTNS）。

（2）以箱数计价的货物，允许只列出箱数，如500CTNS。

（3）以重量计价的货物，须列明净重，如1 000KGS（500CTNS）。

关于货物的描述，ISBP745特别予以规范如下。

（1）ISBP745 C3：发票中的货物、服务或履约行为的描述应与信用证中的描述一致，但并不要求如镜像般一致。例如，货物细节可以在发票中的若干处显示，合并一起时，与信用证中的描述一致即可。

（2）ISBP745 C5：若发票对货物、服务或履约行为的描述符合信用证的描述，也可以添加涉及货物、服务或履约行为的额外内容，只要看上去没有涉及另一种不同性质/类别或范畴的货物、服务或履约行为。例如，信用证要求装运“绒面鞋”，但发票描述其为“人造绒面鞋”，或信用证要求“液压钻机”而发票描述为“二手液压钻机”，这些描述代表了货物性质、类别或范畴的变化。

（3）ISBP745 C8：若信用证规定贸易术语作为货物描述的一部分，则发票应载明该贸易术语，且若规定了贸易术语的出处，则发票应表明该出处。例如，若信用证规定“CIF 新加坡 Incoterms® 2020”，则发票不应显示“CIF 新加坡”或“CIF 新加坡 Incoterms”。但若信用证规定贸易术语为“CIF 新加坡”或“CIF 新加坡 Incoterms”，则发票也可载明“CIF 新加坡 Incoterms® 2020”或其他适用版本。

UCP600第14条d款也规定：单据中的信息，当联系信用证上下文、该单据本身及国际标准银行实务，不必与该单据、任何其他规定的单据或信用证中的信息完全相同，但不得与其冲突。

若信用证不允许时，银行不接受发票对货物的以下描述，如used、secondhand、rebuilt、reconditioned等。但发票添加了商标名称是可以接受的。

（九）量值（Quantity）

该栏是发票的最核心内容。应依照合同或信用证规定填写货物的量值并符合国际惯例的要求。

依ISBP745，出口商填写发票的量值时，应注意以下几点。

（1）银行只负责将总量与信用证及其他单据相核对。ISBP745 A22规定：若提交的单据显示了数学计算，银行仅在标准方面确定其总数，如总金额、总数量、重量或包装数量，与信用证或其他规定的单据不冲突即可。

（2）ISBP745 C4规定：发票上的货物、服务或履约行为的描述，应反映实际装运/交货或提供的货物、服务或履约行为。如信用证的货物描述要求表明装运10辆卡车和5辆拖拉机，而实际仅装运了4辆卡车，则只反映装运了4辆卡车的发票可以接受，只要信用证不禁止部分装运。载明实际装运（4辆卡车）的发票也可包含信用证规定的货物描述，即10辆卡车和5辆拖拉机。

例如，信用证规定5 000MT（5% more or less ...），不禁止分批装运，提交的发票也列明了信用证规定的全部货物，即 5 000MT（5% more or less ...）。而在“Quantity”栏内注明“4 787.650MT”，并与提单记载完全一致。开证行收到单据后，提出不符点。国际商会回答：这样的发票不构成不符点。

（3）ISBP745 C11 规定：发票显示的货物数量、重量和尺码不得与其他单据显示的同种数值矛盾。

UCP600 和 ISBP745 关于溢短装、部分装运和分期装运有以下规定。

（1）凡“约”或“大约”的词语用于信用证规定的数量时，应被解释为允许对相关金额或数量有不超过 10% 的增减幅度。（UCP600 第 30 条第 1 款）

（2）货物数量不超过 5% 的增减幅度是允许的，只要信用证没有以包装单位或件数的方式规定货物数量，以及支取的总金额不超过信用证金额。（UCP600 第 30 条 2 款）换言之，只有在散装货物交易下，即使信用证没有规定，也允许货物有 5% 的增减幅度，但总金额不得超过信用证金额。

（3）发票不得表明溢装（UCP600 第 30 条第 2 款的规定除外）或信用证未要求的货物。这一原则适用于，当发票包含超出信用证规定数量的货物或者注明免费的样品及广告材料。（ISBP745 C12）发票不得表明溢装是指，货物数量以包装单位或个数计算时，装运数量不允许有 5% 的溢装、短装。若发票注明信用证未要求的货物，则使发票货物描述与信用证的货物描述不一致。

（4）信用证要求的货物数量可以有 5% 的溢装、短装幅度，但若信用证规定，货物数量不得超额或减少，或信用证规定的货物数量是以包装单位或个数计算时，不适用此条。（ISBP745 C13）

此条应注意以下两点：① 若信用证规定货物数量不得超额或减少时，如数量前使用“not exceeding”“up to”“maximum”“to the extent of”等，则没有±5% 的幅度。② 货物数量是以包装单位或个数计算时，没有±5% 的幅度。

（5）提示包含一套以上的运输单据并表明在同一（种）运输方式下，货物装运在超过一个运输工具上，将被视为部分装运，即使这些运输工具在同一天起程，驶往同一目的地。（UCP600 第 31 条第 2 款）

例如，“黄海轮”和“嘉兴轮”均在 5 月 6 日，于青岛港各装运了同一个买方的一批货物，并分别签发了两套提单；同时，该两轮的货物也在同一天运往鹿特丹港。此种情况视为部分装运。

（6）若信用证要求分期装运，则每期装运必须与分期装运计划一致。若信用证规定在指定的期限内分期装运，任何一期未在该期许可的期限内装运，则信用证对该期及其后各期均告失效。（UCP600 第 32 条）

（7）ISBP745 C15a：① 若信用证规定在指定期间内分期支款或分期发运，任何一期未按照信用证规定期限支款或发运，信用证对该期及以后各期均告失效。指定期间是指可以确定每一个分期的开始和截至时间的连续日期或时间。如信用证要求在 3 月和 4 月分别装运 100 辆小汽车，这就是有两个期间的例子，这两个期间分别是 3 月 1 日至 3 月 31 日和 4 月 1 日至 4 月 30 日。② 若允许部分支款或部分（分批）装运，在每一分期内，允许任何数量的支款或装运。b. 若信用证仅通过规定一系列最晚日期而非指定期限（如 C15 a ①提及的）表明支款或装运时间表：① 这不属于 UCP600 的分期时间表，其第 32 条不适用。因此，其提示交单符合支款或装运时间表的规定及 UCP600 第 31 条。② 若允许分批支款或分批装运，在每一支款或装运截止日期当天或之前发生的任何数量的支款或装运都是允许的。

（十）单价（Unit price）

此栏包括币值、单位金额、计量单位和贸易术语，以上内容填写的顺序如下：CIF LONDON PER SET USD200. 00 或 CIF LONDON USD200. 00/SET。

ISBP745 C6 规定，若信用证要求，则发票中应载明单价及与信用证规定相同的货币。因此，单价及货币应按信用证的规定在发票上表示。若信用证贸易术语有变形，如信用证规定贸易术语为“CIF LONDON Liner Terms”，则在发票上对贸易术语的描述不能省去“Liner Terms”。

依 ISBP745 C8，若信用证规定贸易术语作为货物描述的一部分，则发票应载明该贸易术语，且若规定了贸易术语的出处，则发票应表明该出处。如信用证规定“CIF Singapore Incoterms® 2020”，则发票不应显示“CIF Singapore”或“CIF Singapore Incoterms®”。但若信用证规定贸易术语为“CIF Singapore”或“CIF Singapore Incoterms”，则发票也可载明“CIF Singapore Incoterms® 2020”或其他适用版本。

依 ISBP745 C9，与单据相关的额外费用和成本、运费或保险费用，应包括在发票上标明的贸易术语所显示的金额内。

（十一）总金额（Amount）

ISBP745 C6 规定，发票应载明装运或交付的货物、提供的服务或履约行为的价值。发票的总金额应与汇票金额一致。

在缮制发票的金额时应注意以下事项。

第一，发票金额不得超过信用证规定的最高金额；若有溢短装，可在允许浮动限额内增减金额。

第二，若信用证单价为含佣价（如 CIFC），但信用证总金额已预扣佣金，则在发票含佣价（CIFC）总金额之下减去佣金（less ×%），以净价（如 CIF）作为发票、汇票的最高金额。如：10MT Frozen soya beans CIF TOKYO USD 950. 00 per MT including 2% commission.

发票总金额计算如下。

CIFC 2%（含佣价）：	USD 9 500. 00（950×10）（含佣总金额）
Less 2%（减佣 2%）：	USD 190. 00（9 500×2%）（佣金）
Total（发票总金额）：	USD 9 310. 00（净价总金额）

第三，ISBP745 C6 规定，发票应载明信用证要求的折扣或扣减。如信用证规定：20M/T Frozn peapods CIF London USD 1 000. 00 per M/T less 3% trade discount.

发票总金额计算如下：

CIFD 3%（折扣价）：	USD 20 000. 00（1 000×20）（含折扣总金额）
Less 3%（减折扣 3%）：	USD 600. 00（20 000×3%）（折扣金额）
Total（发票总金额）：	USD 19 400. 00（不含折扣总金额）

第四，ISBP745 C7 规定，发票可显示信用证未规定的预付款或折扣等的扣减额。如受益人提示的发票中包含了与金额相关的三项内容：

① 货价总额：USD380 000.00（信用证总金额）

② 扣除 20%信用证以外的预付款：USD76 000.00

③ 发票总金额：USD304 000.00

可能信用证中并没有表明预付款，也未规定扣减预付款，因此，银行可能认为该发票总金额与信用证规定不符，除非修改信用证，证实信用证以外还有预付款应予扣除。但依 UCP600 第 18 条第 2 款和 ISBP745 的规定，银行应接受信用证未规定的扣减预付款的发票。

UCP600 第 18 条第 2 款规定："按指定行事的被指定银行、保兑银行（若有）或开证银行可以接受其金额超出信用证允许金额的商业发票，这一决定将约束所有各方，只要相关银行未对超出信用证允许的那部分金额承付或议付。"

上述 UCP600 规定可以这样解释，例如，一笔交易总金额为 100 万美元，买卖双方约定 80 万美元使用议付信用证支付，20 万美元使用电汇支付。信用证的总金额为 80 万美元。卖方发货后，开立了 100 万美元的发票。议付行审单后，仅议付了 80 万美元（而非 100 万美元）给受益人。此后，开证行或保兑行不得以发票金额超出信用证金额为由拒付。

第五，信用证要求分别注明运费、保险费和 FOB 价值，制作发票时应照办。例如：

DISCRIPTION	FOB Unit price	FOB Total
No. 505　200　sets	@ USD30. 40/set	USD6 080. 00
No. 506　200　sets	@ USD30. 40/set	USD6 080. 00
TOTAL FOB VALUE		USD12 160. 00
FRIGHT		USD2 128. 00
INSURANCE		USD912. 00
TOTAL CIF VALUE		USD15 200. 00

第六，ISBP745 C13 规定，货物数量在 5%幅度内的溢装并不意味着允许支取的金额超过信用证金额。

支取金额不得超过信用证金额，是指金额只可减少 5%而不许超过，除非信用证金额规定"5% more or less allowed"。

第七，ISBP745 C14 规定，若信用证未规定货物数量且禁止分批装运，出具的发票金额相对信用证金额有 5%以内的减幅，则视为涵盖全部货物数量且不属分批装运。

该规定补充了 UCP600 第 30 条第 3 款的规定。若信用证规定的货物数量已全部装运且信用证规定的单价没有降低，则默认金额有 5%内的减幅，即允许信用证金额可在 5%的范围内短支。

上述规定的适用范围是实际业务中，有可能出现出口商收回的款项低于信用证总金额的特殊情况。

① 在 F 组术语下，进口商委托出口商代办运输事宜，其运费等在信用证货款外支付，即信用证总金额包括货款和运费等。但由于开证时，其运费或装运费通常是估算的，货物装运后，其实际费用低于估算，导致出口商支取的款项稍低于信用证总金额。

② 在 CFR、CPT 等贸易术语下，进口商委托出口商代办投保事宜，出口商所垫付的

保险费也在货款外支付，即信用证总金额包括货款和保险费。因保险费率通常不公开，进口商在开证时，其保险费也是估算的。而出口商所实际垫付的费用有可能低于估算，导致出口商支取的款项稍低于信用证总金额。

③ 当贸易术语为 CFR 或 CIF、CIP 时，出口商签约时，对单价中运费、保险费等的估算不精确，实际运费、保险费等低于估算。同时，信用证可能要求发票分别表明各项费用。因此，出口商按实际运费、保险费等开立发票时，可能会使发票金额（支取金额）低于信用证总金额。

④ 信用证总金额尾数提高一点，使其金额成为一个整数，致使实际发票金额低于信用证总金额。

⑤ 其他原因导致信用证总金额调整，从而使实际发票金额低于信用证总金额。

（十二）累计（Total）

累计项目一般包括三项内容：总数量、总重量/体积、总金额。累计项目应使用英文大写，在发票的下方缮制，方法如下：

TOTAL QUANTITY：...

TOTAL WEIGHT：NW：...GW：...

TOTAL：U. S. DOLLARS ... ONLY.

（十三）特殊条款（Special terms）

信用证如有其他规定或各种说明需在发票中表明的，可在发票累计项的下方按信用证要求反映出来。如信用证要求“Each invoice must indicate B/C No.”等。

（十四）出票人签字

注明出票人（出口公司名称）并由制单员代表公司签名。依 UCP600 和 ISBP，发票无需签字。但若信用证或贸易合同要求签字的发票（Signed Commercial Invoice）、证实发票（Certificate Invoice）或宣誓发票（Sworn Invoice）等，则发票必须签字。

证实发票是指出口商制作发票时，应在发票上加注“We hereby certify that the contents herein are true and correct.”。

宣誓发票是指出口商在发票上加注郑重保证其内容及价值正确无诈的语句，如出口商可在发票上加注下列类似语句“We swear that the content and value of this invoice are true and correct in every respect.”。

另外，领事签证发票（Visaed Invoice）是指商业发票经进口国驻出口地的领事或相关单位的签字，用于取代领事发票。

副签发票（Countersigned Invoice）是指商业发票经进口商在出口地的代理或其他授权人副签的发票，其目的是控制出口商按照合同交货。

验证发票（Verified Invoice），是指发票签字人的签章经出口地银行验证，其目的是确认出口商签字的真实性。

认证发票（Legalized Invoice）应由何人予以认证并无定论，通常由进口国驻出口国的领事或代表进口国利益的机构签署认证。

UCP600 和 ISBP745 关于单据的签字或更正和更改有以下规定。

（1）单据的签字可使用手签、摹本签字、打孔签字、图章、记号或任何其他机械或电子方法证实。对单据须履行法定手续、签证、证明或类似的要求，可以使用

签字、标注、图章或标签在单据上表示出来，只要看起来满足这些要求。（UCP600 第 3 条）

ISBP745 A35a 规定：签字不必须手写。单据也可使用摹样签字（如预制签字或扫描签字）、打孔签字、印章、符号（如戳记）或任何用以证实身份的机械或电子方法。

ISBP745 A35b 规定：若要求单据“签字并盖章”或类似要求，使用第 A35a 条中的表述方式签字及通过在单据上打印、盖章、手写、预制或扫描等方法表明须签字的实体名称，则满足该项要求。

ISBP745 A36a 和 b 规定：除非另有规定，在具名人或实体信头纸上的签字将被视为该具名人或实体的签字。无需在签字旁重复具名人或实体的名称；若签字人表明他作为（或代表）出具人的分支机构签字，则他的签字应被视为出具人的签字。

ISBP745 A37 规定：单据上留有专供签字的方框、区域或空格本身，并不意味着该方框、区域或空格处应载有签字。例如，航空运单中经常有标明“托运人或其代理签字”的区域或公路运输单据中有标明“托运人签字”的区域，但并不要求该处有签字。亦可参见第 A17 条中关于在相关方框、区域或空格填写信息的要求。

ISBP745 A38 规定：若单据中有诸如“单据非经（指定人或实体）加签（或签字）无效”的措辞或类似用语，则在相应方框、区域或空格处应含有签字及在该单据上加签指定人或实体名称。

（2）银行应将表面上带有出单人原始签字、标志、图章或标签的任何单据视为正本单据，除非单据本身表明其非正本。（UCP600 第 17 条）

（3）除非单据有相反的说明，银行将下列单据视为正本予以接受：若单据看起来经由出单人手写、打字、打孔或盖章，或看起来是在单据出单人的原始信笺上出具。（UCP600 第 17 条）

（4）若由受益人出具的单据已经过合法化认证、签证或证明等，任何信息的更正应至少经合法化认证、签证或证明该单据的一方之一证实。该证实应表明证实者的名称且证实其更正，其方法既可使用体现其名称的图章，也可添加包括证实人签字或小签的名称。（ISBP745 A7a）

（5）除由受益人出具的单据外，单据中信息的更正应表面看来已由出单人或其代理、代表证实。该证实应表明证实者的名称且证实其更正，其方法既可使用体现其名称的图章，也可添加包括证实人签字或小签（initials）的名称。在由代理或代表证实的情况下，应表明有资格代理或代表出单人。[ISBP745 A7b（i）]

（6）除了由受益人出具的单据外，若单据已合法化认证、签证或证明等，信息的任何修正至少应由合法化认证、签证或证明等该单据之一的一方另加证实，A7b（i）的要求除外。该证实应表明证实者的名称且证实其修正，其方法既可使用体现其名称的图章，也可添加包括证实人签字或小签的名称。[ISBP745 A7b（ii）]

（7）除了由受益人出具的单据外，当一份单据包含不止一处更正时，每处更正应作出单独证实，或一项证实应表明其适用于所有更正。例如，当××出具的一份单据显示出 1、2 和 3 的三处更正，则使用类似“编号为 1、2 和 3 的更正经××授权”的声明，再加上××的签字或小签，即满足证实的要求。（ISBP745 A8）

此外，对副本单据信息的更正不需要证实；同一份单据内使用多种字体、字号或手写笔迹，其本身并不表明为修正。

（8）若信用证要求单据由某具名人或实体出具，只要该单据看起来是由该具名个人或使用其信头的实体出具，或虽未使用信头，但表面看来该单据系由该具名个人或实体（或其代理/代表）完成或签署，即满足信用证要求。（ISBP745 A20）

（9）ISBP745 A35c 规定：若单据中有“此单据已电子认证”（This document has been electronically authenticated.）或“此单据为电子版本，无需签字”（This document has been produced by electronic means and requires no signature.）或类似意思的语句，这并不代表电子认证符合 UCP600 第 3 条的签字要求。

ISBP745 A35d 规定：单据中载明可通过参考某特定网站（URL）来验证或取得认证，这构成一种符合 UCP600 第 3 条要求签字的电子认证方式。银行不会通过该网站验证或取得认证。

四、发票的份数

发票的份数应按信用证的规定提供，通常多加上一份可供议付行使用。

一般来说，发票没有正副本之分。但有的信用证将发票分成正本和副本。此时，放在发票最上面的一份被视为正本发票，在其上加盖“ORIGINAL”字样，其余都被认作副本。

ISBP745 和 UCP600 关于单据的正本和副本有以下规定。

（1）单据的多份正本可用“Original”“Duplicate”“Triplicate”“First Original”“Second Original”等标明，上述标注均不否认单据为正本。（ISBP745 A28）

（2）提示的正本单据数量至少为信用证或 UCP600 要求的数量。（ISBP745 A29）

（3）有时，从信用证的措辞难以判断信用证要求提示正本单据还是副本单据。例如，当信用证要求“发票”（Invoice）、“一份发票”（One Invoice）或“发票一份”（Invoice in 1 copy），依 ISBP745 A29，将被理解为要求一份正本发票；“发票四份”（Invoice in 4 copies or invoice in 4 fold），则提示至少一份正本发票，其余用副本发票即满足要求。

（4）若信用证禁止提交正本单据，如表明“复制本发票——不接受用正本单据代替复制本”（photocopy of invoice - original document not acceptable in lieu of photocopy）或类似措辞，则应仅提交复制本发票或标明为副本的发票。（ISBP745 A30）

（5）信用证规定的每种单据至少提示一份正本。（UCP600 第 17 条）

（6）若信用证要求提示副本单据，则提示正本或副本均是允许的。（UCP600 第 17 条）

（7）若信用证使用“一式两份”（in duplicate）、“两份”（in two fold）或“两套”（in two copies）之类的用语要求提示多份单据，则至少提交一份正本，其余为副本的单据即符合要求，除非单据本身另有说明。（UCP600 第 17 条）

（8）声明单据是正本的，银行将其视为正本单据，除非该声明看起来不适用于提示的单据。（UCP600 第 17 条）

表 15-1 商业发票实例

BEIJING XINHUA IMPORT AND EXPORT CORPORATION
NO.18 DONGSHAN ROAD, BEIJING, CHINA
COMMERCIAL INVOICE
ORIGINAL

To: TTKK TRADE CORPORATION, OSAKA
2-6-7, KAWA RAMACHI,1- CHOME,OSAKA,JAPAN

Date: JUNE 10, 2019
Invoice No.: HD210169
Contract No.: BR2019218

From TIANJIN CHINA **to** OSAKA, JAPAN BY SEA **Letter of Credit No.** ：H486-2015689

Issued by BANK OF TOKYO—MTTSUBISHI LTD.,THE OSAKA JAPAN

Marks & Numbers	Quantities and Descriptions	Unit Price	Amount
TTKK	MEN'S LEATHER GARMENTS	CIF C4% OSAKA	
MADE IN CHINA	ART.NO.:1232-1234	JAPAN	
NO.1- 170	SIZE: 22, 24, 26		
*******	COLOUR: BLACK,		
	BRAND: CAMEL.		
	ART 1234/00 200PCS	USD 75/PC	USD 15 000
	ART 1232/31 100PCS	USD 65/PC	USD 6 500
	ART 1233/01 300PCS	USD 60/PC	USD 18 000
	ART 1233/02 450PCS	USD 60/PC	USD 27 000
	ART 1234/23 150PCS	USD 80/PC	USD 12 000
	ART 1234/03 500PCS	USD 75/PC	USD 37 500
	1 700 PCS		USD 116 000
	PACKING: EACH PIECE IN A INNERBAG, 10PIECES TO A CARTON	LESS C4% *******	USD 4 640 TOTAL: USD 111 360 *******
	FREIGHT: USD1 200		
	INSURANCE CHARGE: USD30		
	FOB VALUE:USD 110 130		
	ALL DETAILS AS PER CONTRACT NO. : BR2007218 DATED NOV.12 2018		
	** ******* ***		

TOTAL QUANTITY: 1 700 PIECES; 170 CARTONS

TOTAL WEIGHT: N. W.: 4 050KGS; G. W.:4 100KGS

TOTAL: U.S. DOLLARS ONE HUANDRRED ELEVEN THOUSAND THREE HUANDRED AND THIRTY SIX ONLY.

Special conditions（terms）

BEIJING XINHUA IMP.& EXP. CORPORATION

李力（签字）

第二节　原产地证书的缮制

一、原产地证书的意义

原产地证书（Certificate of origin，C/O），简称产地证，是证明货物原产地或制造地或加工地的证明文件。由于进口国对某些特定国家生产、制造或加工的产品课以优惠关税，或为了限制、禁止某些国家的某种货物进口等而要求提供产地证明。

二、原产地证书的作用

在国际贸易中，产地证的作用具体表现为：（1）实施差别关税；（2）实施进口限制；（3）保障进口商品符合卫生标准；（4）保证进口商品的质量；（5）适用于无领事签证制度的国家替代领事发票；（6）防止进口商品倾销；（7）可供进口国海关了解货物的进口地并进行海关统计。

产地证的签发日期一般晚于发票日期，但不可晚于提单日期。

三、原产地证书的类型和签发机构

在中国出口业务中，经常使用的原产地证可分为一般原产地证、普惠制产地证、区域性经济集团互惠原产地证和其他产地证。

1. 一般原产地证

一般原产地证（Certificate of Origin）如表 15-2 所示。在中国出口业务中，通常，不使用海关发票或领事发票的进口国家，往往要求出口企业提供一般原产地证。一般原产地证可由各口岸海关或贸易促进委员会签发。具体出证机构视信用证规定而定。凡信用证要求中国官方机构出具一般原产地证的，由各口岸海关签发；凡信用证要求由中国民间机构出具一般原产地证的，由贸促会签发。如一般原产地证的签发机构无具体要求，既可要求各口岸海关也可要求贸促会签发。

这种产地证通常适用于征收关税、反倾销、反补贴、保障措施、贸易统计、政府采购等；一般适用最惠国税率，有时也适用普通税率。

2. 普惠制原产地证

普惠制原产地证（Generalized System of Preferences Certificate of Origin），即 GSP 产地证，又叫 G. S. P. Form A 或 U. N. Form A（如表 15-3 所示）。

普惠制产地证适用于一般的商品。根据中国的相关规定，出口公司要在各口岸海关先办理注册登记，提交申请人印章及手签样本，然后才能申请普惠制产地证 Form A。申请时，应提供申请书一份；填制普惠制产地证书一正两副并随附商业发票副本一份；经各口岸海关核对签字盖章后，即成为有效证书。

这种产地证是发达国家给予发展中国家普遍的、非歧视的、非互惠的优惠关税。

3. 区域性互惠原产地证

这种产地证是关税同盟、自由贸易区域集团等的成员为享受互相给予的减免关税优惠而出具的产地证书。该产地证的适用税率一般低于最惠国税率。

截至 2022 年 3 月，中国陆续签署了 19 个自贸协定（FTA），涉及 26 个国家和地区，遍及世界各地。这些自贸区包括亚洲的东盟 10 国以及韩国、巴基斯坦、马尔代夫 13 个国家，还有美洲的智利、秘鲁、哥斯达黎加 3 个国家，大洋洲的澳大利亚和新西兰，欧洲的冰岛和瑞士，欧亚地区的格鲁吉亚，还有非洲的毛里求斯。

依 FTA，中国与上述 FTA 成员开展贸易时，成员之间可享受优惠的关税待遇。因此，中国向 FTA 成员出口时，使用相关的区域性互惠原产地证书。这些产地证通常包括以下几种。

（1）中国-东盟自由贸易区优惠原产地证书（FORM E）。凡中国出口到东盟的农产品（HS 第一章到第八章），凭借各口岸海关签发的中国-东盟自由贸易区优惠原产地证书（FORM E）可享受关税优惠待遇，以后逐年下降。可签发中国-东盟自由贸易区优惠原产地证书的国家包括文莱、柬埔寨、印度尼西亚、老挝、马来西亚、缅甸、菲律宾、新加坡、泰国、越南等国家。

（2）亚太贸易协定原产地证书（FORM B）。《亚太贸易协定》是中国加入的第一个具有实质性优惠关税安排的区域性贸易协定，其成员包括印度、韩国、孟加拉国、斯里兰卡、老挝和中国。享受优惠和特惠税率的产品包括农产品、药品、化工产品、纺织品、金属制品、机电产品和汽车及零部件等。可签发亚太贸易协定原产地证书的国家包括韩国、斯里兰卡、印度、孟加拉国等国家。

（3）中国-巴基斯坦自由贸易区原产地证书（FORM P）。巴方对原产于中国的产品实施优惠关税，主要包括部分水产品、矿产品、化工品、橡胶制品、皮革、木制品、纸制品、棉机织物、钢铁制品、机电产品、家具及玩具、油酸、石膏板、航空器用轮胎、糖蜜等。中国检验检疫机构签发的中国-巴基斯坦自由贸易区优惠原产地证明书是享受关税优惠的书面证明。

（4）中国-智利自由贸易区原产地证书（FORM F）。自协议生效起，中国各地出入境检验检疫机构开始签发中国-智利自由贸易区优惠原产地证明书（FORM F）。该日起对原产于中国的 5891 个 6 位税目产品关税降为零。中国出口企业取得关税优惠待遇的唯一条件是向各地出入境检验检疫机构申请 FORM F，证明产品产自中国。

（5）中国-新西兰自由贸易区原产地证书（FORM N）。《中国政府和新西兰政府自由贸易协定》于 2008 年 10 月 1 日起实施。从 2008 年 10 月 1 日起，各地出入境检验检疫机构开始签发中国-新西兰自由贸易区优惠原产地证明书。

此外，区域性经济集团互惠原产地证书还包括中国-新加坡自贸区原产地证书、中国-秘鲁自贸区协定原产地证书、中国-哥斯达黎加自由贸易协定原产地证书、海峡两岸经济合作框架协议原产地证书（ECFA 原产地证书）等。这些产地证书也可由中国贸促会签发。

另外，内地与香港签署了《CEPA 货物贸易协议》及《关于修订〈CEPA 服务贸易协议〉的协议》，内地与澳门签署了《CEPA 货物贸易协议》及《关于修订〈CEPA 服务贸易协议〉的协议》；大陆还与台湾签署了《海峡两岸经济合作框架协议》（ECFA）等。

4. 其他产地证书

（1）原产地证（FORM C）。Form C 是非多种纤维纺织品产地说明书，通常适用于纺织品原料或产量为丝、麻类或其中羊毛含量不超过 17% 的纺织品，且由中国商务部签发、出入境检验检疫机构加以证明。

（2）欧盟纺织品产地证（EEC 纺织品产地证）。中国出口到欧盟的部分纺织品类别仍需申领产地证书，出口到土耳其的部分纺织品仍需提交原产地证、丝麻制品产地证。

（3）对美出口产地声明书（Declaration of Country Origin），简称 DCO 说明书或美国产地证。中国出口美国的纺织品须由出口商向进口商提供该产地证书。其中，Form A 是单一国家产地说明书，通常适用于本国原料且由本国生产的产品。Form B 是多国产地说明书，通常适用于来料加工或来件装配且由多国生产的产品。

此外，若经过中国转口的国外产品，只能申请“转口证明书”；产品在中国制造但工序不足而未能取得中国产地证的，只能申请“加工、装配证明书”；含有进口成分的产品，应依《原产地规则》和《中华人民共和国含有进口成分货物原产地标准主要制造、加工工序清单》的相关规定，由签证机构审核后，判断是否签发产地证。

四、中国一般原产地证书的内容和缮制方法

（一）出口商（Exporter）

此栏填写信用证的受益人或合同中的卖方，并列明其名称和详细地址、国别或地区，不得留空（有关内容应与发票一致）。

依 ISBP745 L6，原产地证明可载明除信用证受益人或其他规定单据上的托运人之外的实体为发货人或出口商。

ISBP745 L8 新增规定，原产地证明可载明与一个或多个规定单据记载不同的发票号码、发票日期及运输路线，只要原产地证明上显示的出口商或发货人不是受益人。

上述规定适用于可转让信用证或对背信用证。

ISBP745 L7 还新增规定：若信用证规定了货物原产地而没有要求提交原产地证书，则规定单据中的涉及原产地的参考表述不应与声明的原产地相冲突。例如，信用证规定“货物原产地：德国”而没有要求提交原产地证明，则规定的单据中载明不同的货物原产地的表述应视为矛盾的信息。

依 ISBPA26，若信用证未规定单据与之相符的货物原产地且没有要求原产地证书，则将其视为“非单据化条件”，不予理会。换言之，若信用证要求了产地证，则产地证必须显示规定的货物原产地。而若规定的其他单据上显示了货物产地信息，则不得与之矛盾。当然，可以不显示。

（二）收货人（Consignee）

此栏应填写最终收货人的名称、地址、国别或地区。根据要求，收货人可以是信用证的开证申请人、提单的被通知人或信用证规定的特定收货人。如为托收方式，一般填写合同中的买方。本栏不得留空（有关内容应与发票一致）。

依 ISBP745 L5，产地证书中若显示收货人信息，则不应与运输单据中的收货人信息矛盾。但若信用证要求运输单据做成“凭指示”“凭托运人指示”“凭开证行指示”“凭指定银行（或议付行）指示”或以“开证行为收货人”，则原产地证书可将除受益人外的信用证中指名的任何实体作为收货人。若信用证已被转让，则第一受益人可以作为收货人。

上述规定同样适用于可转让信用证或对背信用证。某开证银行曾以产地证书上的收货

人（Consignee）是申请人，与提单上的收货人不一致而拒付。国际商会答复：产地证书要求在单据中加列收货人。当信用证要求提单出具的是“to order and blank endorsed”，希望收货人是信用证的申请人或信用证表明货物最终接收人的任何名字，这是合理的。当信用证要求提单出具的是“to order of the issuing bank”，希望产地证书表明货物最终接收人为收货人（Certificate of Origin to show the ultimate receiver of the goods as the consignee.）是合理的。除非信用证另有规定，上述情况出具的产地证书是可以接受的。

（三）运输方式和路线（Means of Transport and Route）

此栏目填写的内容有：（1）装运日期。（2）起运地至目的地（From ... to ...）。（3）运输方式，如“by Sea”“by Air”或“by Rail way”等。（4）转运地，如“via Hong Kong”或“W/T Hong Kong”。转运地如不明确，也可只填“With Transshipment”。如“ON MARCH 31，2019 BY SEA FROM HAIKOU TO NEW YORK W/T HONGKONG”（有关内容应与发票一致）。

（四）目的地国家或地区名称（Country/Region of Destination）

此栏填写该批货物的最终运抵目的地名称，与最终收货人所在地一致。一般将目的地和国名一起列出，如“NEW YORK，USA”（有关内容应与提单一致）。

（五）仅供签证机构使用（For Certifying Authority Use Only）

此栏出口商不填，专供签证机构在必要时加注某项声明。如“后发证书”时，加注“Issued Retrospectively”红章；“补发复本证书”时，加盖“Duplicate”红章。

（六）运输标志（唛头）与包装号（Marks and Numbers）

此栏不能空白，应与发票和运输单据上所表示的内容完全一致。若无运输标志，则填写“N/M”。若唛头过多，可超出此栏，延续到第七栏填写（截止线以下空白处）。

（七）包装件数和种类、货物描述（Number and Kind of Packages，Description of Goods）

依 ISBP745 L4，原产地证明应看起来和发票所指货物相关联。如通过：（1）与信用证一致的货物描述，或使用与信用证所载货物描述不相矛盾的货物统称描述；或者（2）援引其他规定单据中显示的货物描述，或附属于且构成原产地证明整体组成部分的单据中的货物描述。

因此，此栏填写的内容应与发票一致。包括：（1）商品具体名称。按信用证规定填写。若信用证规定的商品名称过繁，此处可填商品的统称，但不能与信用证和其他单据矛盾。（2）包装种类和件数。要表示实际货物包装的单位名称和正确的数量，同时，在数量前或后用括号再加注其小写的数量。散装货可表示重量，并在其后再表示“In Bulk”（散装）字样。（3）若信用证要求加注信用证号码或其他类似内容等，可在此栏空白处填写。（4）在本栏结尾加注结束符，如打上“＊＊＊＊＊＊”。例如：（500）FIVE HUNDRED CARTONS OF LEATHER COMPUTER CASES＊＊＊＊＊＊＊＊＊＊＊＊＊＊＊。

注意：应顶栏填写；无需填写商标、牌号、货号。若信用证或合同要求在此单据加注合同号、信用证号等内容，可在空白处填写。

（八）商品 H.S. 税目号（H.S. Code）

此栏应按协调商品名称及编码制度的规定数字填写，通常为 8 位数并应与报关单相同栏目一致。如果一份证书包括几种商品，应将相应的不同编码分别列出。本栏不得留空。H.S.号有6位、8 位或 10 位，但以 8 位为主；前 2 位：章目；3~4 位：税目（全球统一）；5~8 位：子税目（中国加的两级子目）；9~10 位：又细化的两位商品代码。

（九）数量（Quantity）

此栏以货物的计量单位填制。即量值加上计量单位，如“300 SETS”。以重量为计量单位的，应注明毛重或净重，如 1 000PCS，50M/T。

（十）发票号和发票日期（Number and Date of Invoice）

此栏与商业发票的同类内容完全一致。本栏目不得留空。

（十一）出口商声明（Declaration by the Exporter）

要求申请企业在本栏签字盖章（中英文对照的图章），该企业的签字人必须事先在签署机构办理登记注册，签字不能与盖章重叠并填制签署日期和地点。申报日期不得早于发票日期。

（十二）签证机构证明（Certification）

此栏由签证机构签字和盖章并填写签署地点和日期。本栏日期不得早于上述十一栏日期（不得早于发票日期、申请日期，但应早于货物出运日期）。签字不能与盖章重叠。

原产地证明应由信用证规定的实体出具。若信用证没有规定由何人出具原产地证明，则任何实体皆可出具原产地证明。若信用证要求原产地证明由受益人、出口商或制造商出具，则可由商会或类似机构（但不限于），如工业商会、产业协会、经济商会、海关当局、贸易部等出具，只要该单据根据不同情况载明受益人、出口商或制造商。（ISBP745 L3）

（十三）证书号码（Certificate No.）

此栏填写签证机关编制的号码。

五、普惠制原产地证书的内容和缮制方法

普惠制原产地证书（GSP Form A），也是共 12 项栏目。该证书中第 8 栏“原产地标准”是国外海关审核的重点栏目。若商品完全是出口国自产商品，填代号“P”。至于在出口国加工或含有部分进口成分，要参照该证书的背面解释以及按有关规定填制，或者与各口岸海关联系。除此栏外，其他内容与中国一般原产地证书类似。

（1）“出口商名称、地址和国家”“收货人名称、地址和国家”“供官方使用”栏目，与一般原产地证书相应栏目的填写方式相同。

（2）商品顺序号（Item number）：若同批出口货物有不同品种，则按不同品种、发票号等分别列 1、2、3 等；若只有一项商品，则填“1”。

（3）原产地标准（Origin Criterion）：此栏是国外海关审核的核心项目，对含有进口成分的商品，因情况复杂，国外要求严格，极易弄错而导致退证查询。对此，应注意以下几点。

表 15-2　　一般原产地证书实例

1. Exporter (full name and address) BEIJINGxxx FOOD CO. , LTD. NO. 18 DONGHUA ROAD, BEIJING, CHINA	**Certificate No.** xxxxx CERTIFICATE OF ORIGIN OF THE PEOPLE'S REPUBLIC OF CHINA
2. Consignee (full name, address, country) TOKO TRADE CORPORATION, OSKA 2-6-7, KAWA RAMACHI 1-CHOME, OSKA, JAPAN	**5. For certificate authority use only**
3. Means of transport and route ON JUNE 12, 2019 BY VESSEL FROM TIANJIN TO OSKA JAPAN	
4. Country /region of destination JAPAN	

6. Marks and Numbers of packages	7. Description of goods, number and kinds of package	8. H. S. Code	9. Quantity or weight	10. Number and date of invoices
TOKO MADE IN CHINA NO. 1-UP * * * * * * *	(1 500) ONE THOUSAND FIVE HUNDRED CARTONS OF FROZEN PEAPODS * * * * * * * * * * * * * *	0710. 2100 * * *	30 000 KGS (30M/T) * * * * *	HD 21016 JUNE 10, 2019 * * * * * *

11. Declaration by the exporter The undersigned hereby declares that the above details and statements are correct, that all the goods were produced in China and that they comply with the Rules of Origin of the People's Republic of China. BEIJING ×× FOOD CO. , LTD. 北京 ×× 食品有限公司 BEIJING CHINA JUNE 11, 2019　李力 * **Place and date, signature and stamp of authorized signatory**	**12. Certification** It is here by certified that declaration by the exporter is correct. 中国国际贸易促进委员会 北京分会 **CHINA COUNCIL FOR THE PROMOTION OF INTERNATIONAL TRADE** BEIJING CHINA JUNE 11, 2019　张兵 * * * * * * * * * * **Place and date, signature and stamp of certifying authority**

第一，若商品完全是出口国自产的，不含任何进口成分，出口到所有给惠国时，此栏填“P”。

第二，若出口商品含有进口成分，出口到挪威、瑞士和日本，则填“W”，其后加注出口商品的 H. S. 编码，如“W45. 02”。其条件：① 产品列入上述给惠国的“加工清单”，符合其加工条件；② 产品未列入“加工清单”，但产品生产过程中，使用的进口原材料和零部件要经过充分加工，产品的 H. S. 编码不同于所有原材料或零部件的 H. S. 编码。

第三，含有进口成分的产品，若出口到加拿大，此栏填“F”。其条件是，进口成分的价值未超过产品出厂价的 40%。

第四，含有进口成分的产品，若出口到波兰、俄罗斯、白俄罗斯等国时，此栏填“Y”，其后加注进口成分价值占该产品 FOB 价值的百分比。其条件是，进口成分的价值未超过产品 FOB 价值的 50%。

（4）签证当局的证明（Certification）：此栏先由出口商填制签证地点和日期，当局签证人经审核无误后，在正本上的此栏内签名并加盖公章。注：此栏日期不得早于发票日期、申报日期，而应早于货物出运日期。

（5）出口商声明（Declaration by the Exporter）：在生产国横线上（第一条线）填“CHINA”（加公司章）；在进口国横线上填写进口国别，如“JAPAN”；在第三条横线上，填写申报日期、地点并加盖申请单位中英文印章，同时，经办人签名（此经办人需经海关培训，其签字手迹必须在海关注册备案）。此栏日期不得早于发票日期，但应早于或等于“当局的签证日期”。

（6）证书编号（No.）：此栏填制由当局（海关）编制的号码，不得留空，否则无效。

此外，区域性互惠原产地证和其他产地证的主要内容及缮制方法，与一般产地证书基本相同。

六、原产地证书的份数

中国海关或中国国际贸易促进委员会签发的中国原产地证通常为一式四份，即一份正本，三份副本。正本印有“ORIGINAL”字样，副本印有“COPY”字样。签证机构只签一份正本，其副本不签章。

表 15-3　　　　**普惠制产地证书实例**

<table>
<tr><td colspan="4">1. Goods consigned from (Exporter's business name，address, country)
SHANDONG PROVINCE ×× CORP. ×× BLDG.NO.31,
YILONG EAST ROAD,QINGDAO SHANDONG PROVINCE, P.R.OF CHINA</td><td colspan="2" rowspan="2">Reference No. A16—011254.2019/068
GENEALIZED SYSTEM OF PREFERENCES
CERTIFCATE OF ORIGIN
(Combined declaration and certificate)
FORM A
Issued in THE PEOPLE'S REPUBLIC OF CHINA
(country)
See Notes overleaf</td></tr>
<tr><td colspan="4">2. Goods consigned to (Consignee's name, address, country)
TTKK TRADE CORPORATION, OSKA
1-6-8, KAWA RAMACHI 6-CHOME, OSKA, JAPAN</td></tr>
<tr><td colspan="4">3. Means of transport and route (as far as known)
FROM QINGDAO, CHINA TO NAGOYA, JAPAN BY SEA</td><td colspan="2">4. For official use</td></tr>
<tr><td>5. Item Number
1
* * *</td><td>6. Marks and number of package
HMNP
NAGOYA
1-417
* * * * *</td><td>7. Number and kind of packages；description of goods
FOUR HUNDRED AND SEVENTEEN(417)
CARTONS OF PORCELAIN LUCKY CATS
* * * * * * * * * * * * * * * * * * *</td><td>8. Origin Criterion (see Note overleaf)
"P"
* * * * * * * *</td><td>9. Gross weight or other quantity
7923KGS
* * * * *</td><td>10. Number and date of invoice
HMHP---
2019386
DEC.7,2019
* * * * * *</td></tr>
<tr><td colspan="3">11. Certification
It is hereby certified, on the basis of control carried out, that the declaration by the exporter is correct.

（发证机关盖章，签字）

QINGDAO, DEC. 8, 2019
Place and date, signature and stamp of certifying authority</td><td colspan="3">12. Declaration by exporter
The undersigned hereby declares the above details and statements are Correct, that all the goods were produced in
CHINA　　（公司专用单）
（country）
and that they comply with the origin requirements specified for those goods in the Generalized System of Preferences for goods exported to
JAPAN
(importing country)
QINGDAO, DEC. 8, 2019 张立克（公司单证员签字）
Place and date, signature and stamp of authorized signatory</td></tr>
</table>

第三节　其他贸易单据的缮制

除了前述单据外，在国际贸易中，还有以下几种常见的单据。

一、装箱单

装箱单（Packing List，P/L），又称包装单（如表15-4所示），是由出口商缮制的记载一批出口货物的各项内容以补充商业发票的一种文件。

在包装货物出口时，由于很难将每一箱（包）货物的详细情况都记载于商业发票中，因而有必要另行缮制一种单据以补充商业发票的不足。因此，装箱单成为商业发票的附属文件，用以详细说明每箱（包）内所装货物的规格、花色、数量等。装箱单是国际贸易中的常见货运单据之一。

在贸易实务中，有时进口商为转售货物，欲将货运单据直接交付第二购买人（Sub-purchaser），这就要求出口商制单时，缮制“中性装箱单”或“无抬头装箱单”（Neutral Packing List），即要求出口商必须以无出口商信头的空白纸张制作装箱单，该单据上不得显示出口商名称且最后无需出口商签字。

ISBP745对装箱单予以明确规范。（1）基本要求。若信用证要求提交装箱单，则应按信用证规定列明标题，或带有类似标题或无标题。这样，该单据通过包含与货物装箱相关的信息以实现其功能。（ISBP745 M1）（2）签发人。装箱单应由信用证规定的实体出具。若信用证未规定出具人姓名，则任何实体可出具装箱单。（ISBP745 M2—M3）（3）内容。若信用证规定特定的装箱要求而未规定符合这些要求的单据，则提交的装箱单上涉及货物装箱的任何信息不应与这些要求冲突。装箱单可载明与一个或多个规定单据记载的不同发票号码、发票日期及运输路线，只要装箱单的出具人不是受益人。银行只审核总数，包括但不限于总量、总重量、总体积或总包装数，以保证总数不与信用证及其他规定单据上的总数冲突。（ISBP745 M4—M6）

装箱单在国际贸易中的用途很多，其作用表现为以下几点：（1）海关通关验货的参考单据；（2）检验检疫机构核对货物包装件数的参考单据；（3）承运人收货、放货的参考单据，以及计收运费的主要依据；（4）进口商核收货物件数的参考单据；（5）保险公司理赔的必要单据之一。

由于交易货物的种类千差万别，因而各国贸易商所制作的装箱单格式也没有统一标准，但其主要内容基本相同。装箱单的主要内容及缮制方法，与发票、提单或保险单的相关栏目类似，不再赘述。

表 15-4　　装箱单（包装单）实例

ABC IMPORT/EXPORT CORPORATION
234 XINHUA ROAD, BEIJING, CHNIA

Invoice No. : WE21-678
Invoice Date: 8 JULY, 2019
S/C No. : ER98-231

PACKING LIST

Marks &No.	Art. No.	PKG. No.	Packages	Designs Colors	Each pkg. quantity	Total quantity	Gross Weight per pkg (kgs)	Net Weight per Pkg (kgs)	Measurement Per pkg (m^3)
ALI AZIZI	7 800	1-100 101-200	100bales 100bales	Marine Apricot	680yds 680yds	68 000yds 68 000yds	230	225	0.25

TOTALLY PAKED IN TWO HUNDRED BALES ONLY.
TTL G. W. : 46 000 KGS N. W. : 45 000 KGS MEASUREMENT: 50 000 CUM.

ABC IMPORT/EXPORT CORPORATION
××（签字）

二、重量/尺码单

（一）重量/尺码单的定义

重量/尺码单（Weight/Measurement List）是将每一件装运货物的总重量或总尺码（体积）详细记录的文件，用以证明货物重量或尺码，也是承运人计收运费的重要依据。该单据同样是商业发票的补充单据，通常由出口商自行缮制并签发；但有时，应进口商的要求，可由公证机构签发或副签。这要视买卖合同或信用证条款而定。

（二）重量/尺码单的主要内容与缮制方法

若采用海上运输，重量证明为单独出具的单据。若采用海运以外的其他方式运输，信用证要求重量证明时，则分为两种情况：（1）信用证明确规定重量证明必须单独出具时，受益人必须遵守，应提交独立的重量证明（Weight Certificate）。（2）信用证未明确规定重量证明必须单独出具时，受益人可不必另外提交单独的重量证明，只要运输单据表面上看来加注了重量戳印或证明，就属于符合信用证的要求。但该重量戳印或证明（Attestation or Certification of Weight）必须由承运人或其代理人，即有权签发运输单据的人加注。

该单据几乎与前述装箱单（包装单）的主要内容及其缮制方法相同，此处不再赘述。

（三）重量单与装箱单的关系

在实际业务中，有时将重量单与装箱单联合开立。对此，ISBP681 曾规定：若信用证要求包装单和重量单（Packing List and Weight List），当提交两份单独的包装单和重量单或提交两份正本包装与重量合并的单据（Packing and Weight List）时，只要该联合单据同时表明包装和重量细节，则视为符合信用证要求。若信用证要求重量单，但又未明确表明可否与其他单据合并，没有规定"Weight List may be combined with the invoice"之类的语句，则应单独开立重量单。倘若将重量单与发票联合开立，则银行将视其为单证不符。

（四）重量证明

重量证明（Weight Certificate 或 Attestation or Certification of Weight）是对运输单据上所载明货物重量的一种确认或证实，一般对货物重量作详细记载，以补充其他单据中对货物重量说明的不足，并证实货物重量的可靠性。采用海运时，通常由海事检验机构出具，因此，它是一份独立的证明单据。

ISBP745 对重量单也予以明确规范。（1）基本要求。若信用证要求提交重量单，则应按信用证规定列明标题，或带有类似标题或无标题。这样，该单据通过包含与货物重量相关的信息以实现其功能。（ISBP745 N1）（2）签发人。重量单应由信用证规定的实体出具。若信用证未规定出具人的名称，则任何实体可出具重量单。（ISBP745 N2—N3）（3）内容。若信用证规定特定的重量要求而未规定符合这些要求的单据，则提交的重量单上涉及货物重量的任何信息不应与这些要求冲突。重量单可载明与一个或多个规定单据记载的不同发票号码、发票日期及运输路线，只要重量单的出具人不是受益人。银行只审核总数，包括但不限于总量、总重量、总体积或总包装数，以保证总数不与信用证及其他规定单据上的总数冲突。（ISBP745 N4—N6）

（五）缮制重量/尺码单应注意的事项

若信用证或合同要求上述单据，有关各方面还应注意以下事项。

（1）除非信用证或合同规定由特定机构签发装箱单，通常重量/尺码单表面上可以不印有受益人或出口商的名称。

（2）除非信用证或合同规定必须签字，通常重量/尺码单无需签字。

（3）重量单或重量证明上的重量应与运输单据及/或发票的同类内容一致。

（4）银行不负责核对重量单及/或重量证明中数字的计算细节。

（5）重量/尺码单的签发日应尽可能晚于信用证的开证日或与其一致，但若该日期早于信用证的开证日，只要信用证没有规定“Issuing the documents early than the credit is not acceptable”，则银行不能拒绝接受此单据。

三、受益人证明

受益人证明（如表 15-5 所示）是一种由出口商用以证明其已依照信用证条款，履行了有关义务和要求的文件。该证明文件的证明事项多种多样，但其格式较为简单，一般由出口商自己依信用证要求缮制。

表 15-5 受益人证明实例

A B C IMPORT AND EXPORT CO., LTD.

No. 256 XINHUA ROAD, BEJING, CHINA

BENEFICIARY' S CERTIFICATE

INVOICE NO.: HD20198

L/C NO.: H123—201958

DATE: JULY 7, 2019

TO WHOM IT MAY CONCERN, WE HEREBY CERTIFY THAT A FULL SET OF NON-NEGOTIABLE

SHIPPING DOCUMENTS HAS BEEN SENT TO TOKO TRADE CORPORATION, OSAKA BY DHL.

A B C IMPORT AND EXPORT CO., LTD.

李明哲（签字）

受益人证明由出口商缮制，一般使用带有印就出口商名称、地址信头的信笺制作，并表明该证明名称。该证明的名称除“Beneficiary's Certificate”外，还有“Beneficiary's Confirmation”“Beneficiary's Statement”“Beneficiary's Declaration”等类似名称，出口商应依信用证要求而确定其名称，以免造成单证不符。

受益人证明的抬头通常做成中性抬头，即“To whom it may concern”。其证明文句通常为“We hereby certify that ...（信用证要求的证明事项）”或“We hereby confirm（State）...”等。该证明通常要由出口商签字。

ISBP745 新增了对受益人证明的规范。（1）基本要求。若信用证要求提交受益人证明，则应提交符合信用证要求的标题且已签字，或带有反映所要求的证明类型的标题或无标题的单据。这样，该单据通过包含信用证要求的信息及证明以实现其功能。（ISBP745 P1）（2）签字。受益人证明应由受益人或受益人代表签字。（ISBP745 P2）（3）内容。受益人证明中涉及的信息不应与信用证的要求冲突。受益人证明涉及的信息或证明：① 不需与信用证的要求完全一致，但应清楚地载明信用证规定的要求已被满足。② 不需包括货物描述或任何其他涉及信用证或另外规定的单据。（ISBP745 P3—P4）

四、检验证书

检验证书（Inspection Certificate，I/C）（如表 15-6 所示）是由政府机构、公证机构、同业公会，或由进口商在出口地指定的代理人或出口商签发的，用以证明出口货物符合一定标准或与买卖合同品质规格相符的一种文件。

检验证书多由第三人或政府机构所签发。在中国，通常由各口岸海关签发。相关机构在签发该证书时，仅依当时的抽样检验检疫，故该证书仅具有推定的效力。换言之，出口商并不因此而可以对进口商主张绝对的免责，其仍然须就货物的品质瑕疵对进口商负责，除非出口商能证明品质瑕疵是由于其他非出口商的过失所造成的。

检验证书在国际贸易中的作用表现在以下几方面：（1）是卖方所交货物的质量、数量、重量及卫生等方面符合贸易合同的证明；（2）是买卖双方海关验关放行的证明；（3）是买方控制进口商品质量的措施之一，也是买方索赔的最主要依据之一。

在国际贸易中，除了最常用的“检验证书”外，还经常使用类似的证书，如品质检验证书（Inspection Certificate of Quality）、重量或数量检验证书（Inspection Certificate of Weight or Quality）、卫生检验证书（Sanitary Inspection Certificate）、包装检验证书（Inspection Certificate of Packing）、兽医检验证书（Veterinary Inspection Certificate）、消毒检验证书（Inspection Certificate of Disinfection）等。

出口商品的检验，有法定检验和非法定检验。法定检验是指必须由出口地或进口地官方指定的机构检验才能出口或进口；非法定检验是指进出口双方同意，由出口商的生产单位或进口商检验并出具检验证明。

表 15-6 **检验证书实例**

中华人民共和国出入境检验检疫

ENTRY-EXIT INSPECTION AND QUARANTINE

OF THE PEOPLE'S REPUBLIC OF CHINA

正本

ORIGINAL

共 1 页 第 1 页

Page of 1

编号

No.：1001245

检 验 证 书

INSPECTION CERTIFICATE

发货人名称及地址

Name and Address of Consignor BEIJING ABC FOODS CO., LTD.

收货人名称及地址

Name and Address of Consignee TOKO TRADE CORPORATION，OSAKA

品名

Description of Goods FROZEN PEAPODS

标记及号码

Marks & No. AAT 1-UP

报检数量/重量

QUANTITY/Weight Declaration 30M/T (30 000 KGS)

检验结果

Results of Inspection：

THE QUALITY OF THE GOODS IS CONFORITY WITH CONTRACT NO. ABC 201534

印章 签字地点 Place of Issue：BEIJING 签字日期 Date of Issue：AUG. 8, 2019

Official Stamp 授权签字人 Authorized Officer：×× 签字人 Signature：××

中华人民共和国出入境检验检疫机关及其官员或代表不承担签发本证书的任何财经责任。

No financial liability with respect to this certificate shall be attached to the Entry-exit inspection and quarantine administration of the P.R. of China or to any of its officer or representative.

若买卖合同或信用证未明确规定检验证书的签发人，则不仅政府机构、公证机构、同业公会、进口商指定的检验机构，而且出口商本身都可以签发检验证书。

在国际贸易中，有时合同或信用证规定由进口商出具检验证书，这种证书又称“客检证书”。为了避免其被误解为装运前的最终检验而丧失索赔权，进口商经常会在买卖合同或信用证中规定：若货物在目的地被发现存在瑕疵，进口商仍保留索赔权。（The buyers are entitled to submit a claim should inspection at destination show faults and defects.）

检验检疫证书的主要内容与其他商业单据类似，缮制也相对简单。但 ISBP745 新增了对检验检疫证书的详细规范。

（1）基本要求。若信用证要求提交此类证书，则应提交符合信用证要求的标题且已签字，或带有类似标题或无标题的单据。这样，该单据通过证明所要求的行为结果，如分析的结果，检验、卫生、检疫、数量或质量评估以实现其功能。若信用证规定提交一份要求在装运日或之前发生的相关行为的证明，则该证明应载明：① 不晚于装运日的出具日期；或② 表明“该行为发生在装运日或之前”的措辞，在此情况下，若也标明出具日期，则其可能在装运日之后但不晚于该证明的提交日；或③ 表明事件的标题，如“装运前检验证书”。（ISBP745 Q1—Q2）

（2）签发人。证明应由信用证规定的实体出具。若信用证未规定出具人的名称，则包括受益人在内的任何实体均可出具一份证明。若信用证规定证明的出具人，其涉及“独立”“正式”“合格”或类似含义的措辞，则证明可由除受益人之外的任何实体出具。（ISBP745 Q3—Q5）

（3）内容。证明可以载明：① 仅所需产品的样本已经过测试、分析或检查；② 数量大于信用证或其他规定单据中的描述；或③ 货舱、车厢或油罐的货量多于提单或租船合同提单上记载的数量。（ISBP745 Q6）若信用证规定特定的关于分析、检验、卫生、检疫、数量、质量评估或类似要求，且无论是否需要提交载明符合这些要求的规定单据，则该证明上或任何其他规定的单据上，关于该分析、检验、卫生、检疫、重量或质量评估或类似信息，不应与这些要求冲突。（ISBP745 Q7）若信用证未规定证明上应出现的特别内容，包括但不限于任何所需的确定分析、检测或质量评估结果的标准，则该证明可包括下列声明，如“不适宜人类消费”“化学成分可能不满足需要”或类似含义的措辞，只要上述声明与信用证、其他规定单据或 UCP600 不冲突。（ISBP745 Q8）若显示收货人信息，则不应与运输单据中的收货人信息矛盾。但是，若信用证要求运输单据做成“凭指示”“凭托运人指示”“凭开证行指示”“凭指定银行（或议付行）指示”或以“开证行为收货人”，则一份证明可将除受益人外的信用证中指名的任何实体作为收货人。若信用证已经被转让，则第一受益人可以作为收货人。（ISBP745 Q9）证明可载明除信用证受益人或其他规定单据上的托运人之外的实体为发货人或出口商。（ISBP745 Q10）证明可载明与一个或多个规定单据记载不同的发票号码、发票日期及运输路线，只要该证明上显示的出口商或发货人不是受益人。（ISBP745 Q11）

五、电抄①

所谓电抄（Copy of Telex，Fax，Insurance Declaration）是指装运通知的副本，是出口商向银行收汇提示的单据之一。

若以 CIF 条件成交，装运通知的内容主要包括货物的装运情况，其目的是通知买方做好接货准备。出口商（受益人）在向买方发送装运通知后，须将表明已发送的电讯装运通知的副本与其他收汇单据一起提交银行。

若以 CFR 或 FOB 等条件成交，则进口商需在进口地预约投保。出口商在装运后，应及时将装运详情通知给与进口商订立预约保险合同的保险人。此时，装运通知作为保险声明（Insurance Declaration），代进口商正式投保。正本装运通知寄送保险人，副本则提示给银行收汇。

---

① 刘启萍，周树玲．外贸英文制单教程［M］．北京：对外经济贸易大学出版社，2007：130.

进口商（开证申请人）通常在信用证中对装运通知（或电抄）提出具体要求，现举例如下。

（1）... Shipment advice quoting the name of the carrying vessel, date of shipment, number of package, shipping marks, amount, credit number, policy number must be sent to applicant by fax copies of transmitted shipment advice accompanied by fax transmission reports must accompany the documents.（表明船名、装运日期、包装号、唛头、金额、信用证号码、保险单号码的装运通知必须发送给申请人，装运通知和传真副本以及发送传真的电讯报告必须随附在收汇单据中。）

对此，受益人在向买方发送装运通知后，必须将表明已发送的电讯装运通知的副本与其他收汇单据一起提交收汇的银行。

（2）... beneficiary's certified copy of telex dispatched to applicant advising name of vessel, quantity of goods and shipment date.

（……受益人向申请人发送的证实电抄，须告知船名、货物数量和装运日期。）

因此，出口商需要制作一份“证实的电抄”。举例如下。

××INTERNATIONAL TRADING CO., LTD.
No.: 90. ×× Street, Beijing China.
POST CODE: 1000××
Fax: 0086-10-6327××××

CERTIFIED COPY OF TELEX

23468 CNJSU LONDON
S/C 67HJ 10 LC 10J67 ART 98023000YDS
80BALES USD 8700SHIPPED DONGFENG V. 23 B/L 1023456
SHPMT DATE SEPT. 23TH
INV. NO. 10876
WE HEREBY CERTIFIED THAT THIS TELEX COPY IS TRUE N CORRECT
××INTERNATIONAL TRADING CO., LTD.
××（签字）

（3）... Insurance is to be covered by buyer, shipping advice must be sent to BHJ Insurance Co. Ltd., P. O. BOX No. 786, LONDON, and to the opener by fax after shipment, referring to their open Policy No.: 7890/10/YU/IP.

（保险由买方办理，装运后必须向伦敦 BHJ 保险公司和开证人发送装运通知并表明开口保险单号码：7890/10/YU/IP。）

出口商装运后，制作装运通知（参见表 13-4）并作为保险声明向买方和指定的保险人发送。

制单练习

1. 根据下列信用证内容缮制发票

ISSUING BANK：TRUST BANK，NEW YORK NO. 18SEVENTH STREET，NEW YORK，USA

L/C NO.：J-20-K-0587 DATE：MAY 23，2019

APPLICANT：DAVID & COMPANY 1152 BROADWAY，NEW YORK，U. S. A.

BENEFICIARY：XIAMEN TRADE CORP. NO. 345 XINHU ROAD，XIAMEN，CHINA

COVERING：3000DSZ GARMENTS AT CIF NEW YORK USD25. 00 PER DOZEN

AMOUNT：USD75 000

SHIPMENT：FROM XIAMEN TO NEW YORK DURING JUNE，2019

SHIPPING MARKS：NYD/MADE IN CHINA/NO. 1-UP

2. 根据下列信用证内容缮制汇票

ISSUING BANK：ABA BANK OF LONDON NO. 126TH STREET，LONDON，ENGLAND

L/C NO.：JBF112-189 ISSUING DATE：MAY 15，2019

APPLICANT：BONNE TRADE COMPANY CO.，LONDON

BENEFICIARY：HAIHU CO.，LTD NO. 34 XINHU ROAD，QINGDAO，CHINA

AMOUNT：USD23 458. 00

L/C AVAILABLE WITH ANY BANK BY NEGOTIATION AND BENEFICIARY'S DRAFTS AT 30 DAYS'SIGHT DRAWN ON OURSELVES FOR 100 PERCENT OF INVOICE VALUE TOGETHER WITH FOLLOWING DOCUMENTS ...

INVOICE NO.：YP1234 DATE：JUNE 16，2019

3. 根据下列材料缮制中国一般原产地证书

EXPORTER：ABC IMP & EXP CO. NO. 34 HAOYUN ROAD，SHANGHAI，CHINA

CONSIGNEE：JOHNS'S CO.，LTD. NO. 1209 SANTIAGO，CHILE

COVERING：5000PCS COTTON TEA TOWELS MADE IN CHINA

SHIPMENT：FROM SHANGHAI TO SANTIAGO，CHILE BY SEA VIA HONGKONG DURING JUNE，2019

PACKING：IN SEAWORTHY CARTONS OF 50PCS EACH

GROSS WEIGHT：@21KGS TOTAL 2 100KGS

INVOICE NO.：WL78606 DATE：JUNE 1，2019

SHIPPING MARKS：JOHNSON/SANTIAGO/NO. 1-100

DOCUMENTS REQUIRED：

……

PHOTOCOPY OF ORIGINAL CERTIFICATE OF CHINESE ORIGIN

4. 根据下列材料缮制普惠制原产地证书（FORM A）

EXPORTER：SHANDONG XY TRADE CO.，LTD. NO. 24 HAIHE ROAD，QINGDAO，CHINA

IMPORTER：BBYY COMPANY NO. 23 QUEEN ROAD STREET，MANCHEST，ENGLAND

COVERING：DEHYDRATED VEGETABLES 30M/T（3000CTNS）

SHIPMENT：FROM QINGDAO TO MANCHEST BY SEA DURING AUG.，2019

DOCUMENTS REQUIRED：

……

GSP FORM A

SHIPPING MARKS：BB/VEGETABLES/NO. 1-UP

INVOICE NO.：HT200623　DATE：AUG. 5，2019.

第十六章 国际贸易结算的信用工具——票据

国际贸易结算离不开票据。但由于各国票据法的极大差异，有关票据的规范也存在较大的差别。参与国际贸易结算的贸易商对此需有所认识和掌握，以正确处理国际贸易结算中的相关问题。本章将对国际贸易结算中涉及的信用工具，即票据予以介绍。[①]

第一节 汇 票

在国际贸易结算中，通常将发票、运输单据、保险单据等称为商业单据或货运单据，而将以支付一定金额为目的、可自由流通转让的证券称为票据（或金融单据）。票据可替代现金流通，在国际贸易结算中发挥着重要作用。

一、票据的特性

票据虽可代替现金流通，但其本身并非货币，不具有法定货币的强制通用效力。债务人若以票据清偿其债务，须征得债权人的同意；否则，债权人可拒绝接受。如卖方通常不接受买方以支票清偿货款。但以汇票等票据作为国际贸易结算的工具，已成为普遍被接受的做法。票据能充分发挥作用，其原因在于票据具有以下特性：（1）票据为设权证券；（2）票据为有价证券；（3）票据为金钱证券；（4）票据为债权证券；（5）票据为文义证券；（6）票据为要式证券；（7）票据为无因证券；（8）票据为流通证券；（9）票据为提示证券；（10）票据为缴回证券。

因各国票据立法的分歧，票据分类也不完全相同。但一般认为，票据分为汇票、本票和支票三种。

汇票是国际贸易结算中，使用最为广泛的一种信用工具和支付工具。在信用证、托收或票汇的结算方式中，通常需提交汇票，特别是在承兑信用证、远期议付信用证业务中，须使用汇票。

二、汇票的概念及种类

（一）汇票的概念

依英国《票据法》，汇票（Bill of Exchange，Draft）是由一个人向另一个人签发的，

---

① 关于票据知识，详见拙著《国际结算——实务与操作》（第三版）第二章相关内容，对外经济贸易大学出版社，2014。

要求即期或于一定日期或在可以确定的将来时间，向某人或其指定人或持票人无条件支付一定金额的书面支付命令。

日内瓦《统一汇票本票法》（下称《统一法》）第1条规定，汇票须包括下列八项内容：注明“汇票”字样、无条件支付一定金额的命令、付款人（受票人）姓名、付款期限、付款地点、受款人或其指定人姓名、开立汇票日期和地点以及出票人的签名。

中国《票据法》第19条规定，汇票是出票人签发的，委托付款人在见票时或者在指定日期无条件支付确定的金额给收款人或持票人的票据。

从上述定义看，汇票的性质属支付命令，尽管其表述的文字有所差异，但汇票的概念是相同的，且汇票有三个基本当事人，即出票人（Drawer）、付款人（受票人）（Drawee，Payer）和收款人（受款人）（Payee）。换言之，汇票是由出票人向受票人签发的，以受票人为付款人的，受票人必须在见票时或将来某一特定日期或时间，对某人或其指定人或持票人无条件支付确定金额的书面支付命令。可见，出票人是签发命令或委托付款的人，在国际贸易中，一般为出口商或信用证中的受益人；受票人（付款人）是接受出票人命令或委托支付汇票金额的人，在国际贸易中，一般为进口商或信用证中的开证申请人、开证银行或付款行或承兑行；收款人（受款人）是凭汇票享有受领票据金额的人，在国际贸易中，一般为出口商或信用证中的受益人或议付银行。

在国际贸易中，汇票不仅是支付货款的命令，而且也构成可转让的流通票据。

（二）汇票的种类

根据不同的标准，汇票通常可分为以下几种。

1. 依出票人的不同，汇票可分为银行汇票和商业汇票

银行汇票（Banker's Draft），是指出票人和付款人均为银行的汇票。银行汇票一般用于汇付（款）的票汇业务（D/D），即进口商向银行购买银行汇票并寄交出口商，出口商持票向付款银行取得票款。信用证业务中的索汇可使用银行汇票，即议付行议付单据后，根据信用证的规定，开立一张由指定银行（偿付行或付款行）为付款人的汇票，凭以索取垫款。

商业汇票（Trade Bill），是指由企业、商号或个人签发的，付款人可以是企业、商号、个人或银行的汇票。国际贸易中使用的汇票大多为商业汇票。出口商开立的汇票即为商业汇票。若采用托收方式，则该汇票的付款人为进口商；若采用信用证方式，该汇票的付款人一般为开证行或其指定银行。

2. 依是否随附单据，汇票可分为光票汇票和跟单汇票

光票汇票（Clean Bill/Draft），是指由出票人开立的不附随任何货运单据的汇票。银行汇票多为光票汇票。光票的付款完全凭当事人的信用。国际贸易中支付佣金、代垫费用、收取货款尾数时，常常使用光票汇票。

跟单汇票（Documentary Bill/Draft），又称押汇汇票或信用汇票，是指随附与贸易有关的货运单据才能获得承兑、付款的汇票。商业汇票多为跟单汇票。国际贸易中大多使用跟单汇票。这种跟单汇票又可分为三种：信用证押汇汇票，付款交单汇票（用于D/P付款方式），承兑交单汇票（用于D/A付款方式）。

跟单汇票除了汇票当事人的信用外，还有货物作为保证，在转让汇票时，其随附的货运单据与汇票一起转让。因此，这种汇票的转让，在一定程度上取决于货运单据（物权

凭证的提单）所代表的货物的价值。

3. 依付款时间不同，汇票可分为即期汇票和远期汇票

即期汇票（Demand Bill/Draft，Sight Bill/Draft），是指持票人提示汇票时，付款人应立即付款的汇票。这种汇票又有三种类型：汇票上明确载明“见票即付”（On Demand，At Sight）字样的，汇票上未记载付款日期的，汇票上载明的到期日与出票日相同的。在国际贸易中，若为信用证付款，出口商开立跟单的开证行为付款人的即期汇票，由开证行付款；若为托收付款，出口商开立跟单的付款人为进口商或其指定银行的即期汇票，由代收行提示进口商或指定银行付款。

远期汇票（Usance Bill/Draft，Time Bill/Draft），是指付款人在将来一定期限内付款的汇票。如“自出票日后30天付款”（At thirty days after date of draft），“见票后60天付款”（At sixty days after sight），“提单签发日后60天付款”（At sixty days after date of Bill of Lading）。

远期汇票的持票人通常要求付款人承兑汇票，以确保汇票权利。在国际贸易中，出口商开立远期汇票给予进口商或开证行融资便利。

4. 依承兑人的不同，汇票可分为银行承兑汇票和商业承兑汇票

银行承兑汇票（Barker's Acceptance Bill），是指由企业、商号或个人开立的以银行为付款人并经银行承兑的远期汇票。银行承兑汇票是建立在银行信用基础上的，通常比商业承兑的汇票信用高，因而易于流通转让。这种汇票一般用于远期信用证付款方式。

商业承兑汇票（Trader's Acceptance Bill），是指以企业、商号或个人为付款人并由其进行承兑的远期汇票。商业承兑汇票是建立在商业信用基础上的，若承兑人拒付，持票人的权利难以得到保障。这种汇票一般用于托收付款方式。

5. 依记载权利人方式的不同，汇票可分为记名汇票、指示汇票和无记名汇票

记名汇票，又称抬头汇票，是指出票人在汇票上明确载明收款人的姓名或商号的汇票。出票人签发这种汇票后，必须将汇票交付票载的收款人才产生票据的效力。同时，收款人若要转让票据，仅能依背书交付的方式进行。但该汇票可记载“禁止转让”等文句。

指示汇票，是指出票人不仅明确载明收款人的姓名和商号，而且还要附加“或其指定的人”字样的汇票。这种汇票，持票人可以背书转让，在国际贸易中使用较广。出票人对这种汇票不得禁止持票人背书转让；否则，与其记载矛盾。

无记名汇票，是指出票人在出票时没有在票据上载明收款人姓名或商号，或仅载明将票据金额付给“来人”或“持票人”字样的汇票。收款人仅凭交付而无需背书即可转让该汇票，持票人也可以在此汇票上记载自己或他人的姓名，使之变为记名汇票。在此应注意，依中国《票据法》第22条的规定，未载明“收款人名称”的汇票无效。因此，中国不承认无记名汇票。另外，中国《票据法》没有明文禁止指示汇票。

三、汇票的绝对必要记载事项

汇票是一种要式和文义证券，汇票上的权利义务须依据其记载事项的文义而定。各国票据法和《统一法》均对汇票记载事项作了详尽规定。汇票记载的事项通常分为绝对必要记载事项、相对必要记载事项和任意记载事项三大类。但各国票据法对汇票记载事项的内容及规定不完全相同。现将汇票绝对必要记载事项及在国际贸易结算中的具体要求作以

下论述。

绝对必要记载事项（Requisites for a B/E），是指出票人必须记载于汇票的事项，缺少一项，该汇票无效。各国票据法和《统一法》对此的规定不完全一致，但通常包括以下几项内容。

1. 表明“汇票”（Bill of Exchange，Draft）字样

根据《统一法》的规定，汇票上须标明“汇票”字样，这样易于认清它的性质，以免发生混淆，方便实务处理。但只要求有“汇票”字样出现即可，并且实务中不是非用“汇票”（Bill of Exchange）不可，其同义词（如“Exchange”或“Draft”）均可，但须用做成汇票的同种语言表示。与此相反，英美法系各国则不要求必须注明“汇票”字样，只要能反映出票据的含义即可。中国《票据法》规定必须有“银行汇票”或“商业汇票”字样。

2. 无条件支付命令或委托（Unconditional Order to Pay）

所谓支付命令或委托，是指出票人命令或委托付款人支付汇票金额的意思表示。无条件则是指仅为单纯的命令或委托，不得附加其他行为或事件为前提；若附加前提条件来限定金额的支付，如“交付合格货物后付款”“从 5 号账户付 1 万美元”等，则为有条件的付款，是各国票据法所不允许的，该汇票无效。汇票的支付命令或委托通常用“Pay ×× or order”或“Pay to the order of ××”等形式表示，如“Pay to the order of ABC Co. the sum of fifty US dollars plus interest”。若汇票上没有记载任何条件，则视为无条件。

3. 一定（确定）的金额（a Aum Certain in Money）

汇票为金钱证券，其支付标的必须是金钱，而不能为金钱之外的其他行为或物品表示，因而汇票上必须有可以确定的金钱的记载，即不论出票人、付款人和持票人，根据其文义的记载都可以得到同样的结果，如“USD100，USD100 plus interest at 5%”“USD equivalent for GBP100 at prevailing rate in New York”“Pay to the order of ABC Co.，the sum of ten thousand US dollars plus interest at the rate of 9% per annum from the date hereof（5 April）to the date of payment（4 May）（10 000×9%×30/360=75，10 000+75=10 075）”等。若对金额作选择的记载（如 5 万美元或 6 万美元）、浮动的记载（如约 10 万美元）或未定的记载（如美元若干元）等，都是不确定的金额，该类汇票无效。

关于汇票金额的记载，必须有货币名称（通常以缩写表示，如 USD 等）和金额数字。为防止金额数字被涂改，货币金额数字应使用文字和数字同时记载，如在汇票栏的“Exchange for ...”中以数字（小写）填写金额，在“The sum of ...”中以文字（大写）填写金额。若仅有小写代替大写金额，经使用机械办法防止涂改，一般视同文字记载。

4. 付款人（受票人）（Drawee，Payer）

《统一法》和多数国家的票据法都将付款人名称规定为绝对必要记载事项。付款人是受出票人的委托而支付汇票金额的人，但收款人不能强迫付款人付款或承担到期付款的责任。但付款人一经对汇票承兑，即成为汇票的主债务人，承担汇票到期付款责任；而出票人，则退居次债务人地位。

汇票上的付款人应具有确定性，因此，汇票上应注明其详细地址。开立汇票时，将付款人填在“To ...”一栏中。在国际贸易中，若采用信用证支付方式，付款人一般为开证行、付款行、承兑行等。若采用托收方式，付款人一般为进口商或其指定人。

5. 收（受）款人（Payee）

收款人是汇票关系中的基本当事人之一，是出票时汇票上的权利人，又称为最初的权利人。收款人有权向付款人要求付款，若遇拒付，则有权向出票人行使追索权；若在汇票上背书，则须承担付款或承兑的保证责任。

在信用证业务中，汇票一般采用指示汇票。若为议付信用证，收款人一般为信用证指定的议付行或受益人选定的议付行；付款信用证下，则一般受益人自己是收款人。如何确定收款人，应依信用证条款办理。在托收中，汇票的收款人通常为出口商或其指定的银行。

6. 出票日期（Date of Issue）

《统一法》和多数国家的票据法都将出票日期规定为绝对必要记载事项。出票日期是指形式上记载于汇票上的开立日期。

在国际贸易中，若采用信用证支付方式，汇票的出票日期不能晚于信用证的截止日期；同时，不得早于随附的各种单据的出单日期。

7. 出票人签字（Signature of the Drawer）

出票人签字是汇票的绝对必要记载事项。依票据法，根据某人在汇票上的签字来确定其汇票责任，出票人签字则意味着他承担签发汇票的责任。若汇票上没有出票人签字或签字是伪造的，则该汇票无效；若某一被授权的人代出票人签字，该签字就作为出票人的签字；若由未经授权的人代表出票人签字，则该汇票不能视为由出票人所签。

在国际贸易中，若使用信用证支付方式，汇票的出票人只能是信用证的受益人（出口商）；信用证项下的汇票必须有出票条款，即开立汇票的依据，一般在信用证中都有此规定，这时应按来证规定出票。若信用证中没有规定具体的出票文句，可以在汇票上注明开证行名称、地点、信用证号码及开证日期。

另外，《统一法》及各国票据法均规定，若汇票没有记载付款时间，均视为见票即付汇票。汇票到期日，通常在汇票的“At. . . Sight”一栏内填写。

四、汇票的使用及其含义

汇票的使用通常包括汇票的出票、背书、承兑、保证、付款、拒付与追索等。在国际结算中，汇票的使用主要表现为有关当事人或关系人如何运用汇票的问题。现将汇票的使用及其含义作如下分析。

（一）汇票的出票

汇票的出票（Issue）是指，出票人签发（或开立）汇票并将其交付收（受）款人，从而产生汇票权利义务关系的票据行为。汇票的出票又称汇票的发票、签发或开立。出票是以创设票据权利义务为目的，这种行为完成后即产生票据法上的效力，但它对各当事人的效力不同。出票行为使出票人成为票据的义务人，其义务是担保其所签发的汇票能够得到付款或承兑，即出票人必须保证汇票权利得以实现。若持票人未能获得支付或遭到拒绝承兑，则出票人有义务偿还持票人。

（二）汇票的背书

汇票的背书（Endorsement）是指，持票人将汇票权利转让给他人或将一定的汇票权利授予他人行使，在汇票的背面或粘单上记载有关事项并签名，然后，将汇票交付被背书人（受让人）的一种附属票据行为。汇票是一种流通证券，转让是使其流通的手段。汇票的转让方式有两种：交付与背书。但背书的适用范围比交付更为广泛。记名汇票和指示汇票的转让必须以背书的方式进行，而交付的方式仅适用于无记名汇票的转让。通常认为背书是一种单方法律行为，因此，被背书人（受让人）无需签名。一般被背书人可以再作背书，这样，持票人可将一张汇票持续转让下去，从而实现汇票的流通。

汇票的背书依背书的款式可分为完全背书和空白背书。完全背书又称为记名背书或正式背书。依票据法的规定，完全背书不仅要求记载背书人的姓名和签章，并且要求背书人记载被背书人的姓名。其记载方法（格式）可以是文句形式的，如 Pay B（被背书人），A（签章）××××年××月××日，或 Pay to the order of B（被背书人），A（签章）××××年××月××日。这是第一次背书。若 B 转让给 C，则 Pay C（被背书人），B（签章）××××年××月××日，或 pay to the order of C（被背书人），B（签章）××××年××月××日。这是第二次背书。

在国际贸易中，汇票的背书多采用空白背书的记载方法（格式）。它同样可以采用文句形式，如 Pay to the order of（Blank），A（签章）××××年××月××日等。

《统一法》及各国票据法均规定，在汇票权利转让中，汇票的持票人须以背书的连续性证明其汇票的权利，即汇票的持票人若能通过连续的背书证明其对汇票的权利，则视其为合法持票人。若背书不连续，即间断背书，持票人不得主张汇票权利。

汇票背书的连续，是指汇票上所记载的背书，自收款人至最后被背书人的持票人，在形式上必须是“无间断的，连续的”，即第一个背书人必须是汇票的收款人，前一次背书的被背书人必须是后一次背书的背书人；否则，背书不连续，背书无效，持票人无法行使汇票权利。依各国票据法，若背书是连续的，则对票据权利的转让具有以下证明效力：① 持票人所持汇票即为行使票据权利的证明，无需再以其他证据表示自己为真正的票据权利人；② 票据付款人在向背书连续的持票人付款时，无需审查对方是不是真正的票据权利人；③ 依连续背书而取得汇票的人，当然享有汇票权利。另外，背书须是无条件的；否则，背书无效。

（三）汇票的承兑

汇票的承兑（Acceptance）是指，远期汇票的付款人同意并记载于汇票正面上的到期日支付汇票金额的一项承诺。远期汇票可承兑，即期汇票无需承兑。承兑须由付款人在汇票正面记载“承兑”（Accepted）字样并签名和注明日期。

承兑是承诺履行汇票金额支付义务的票据行为。汇票付款人并不因出票人的命令或委托而当然成为票据债务人，只有经承兑才承担绝对的付款责任，从而成为汇票的主债务人。因此，汇票被付款人承兑后，将产生承兑效力。依各国票据法和惯例，对承兑人而言，承兑后即承担了到期付款的责任，即使承兑人与出票人并不存在资金关系，承兑人不得以任何理由对抗持票人的付款请求。

（四）汇票的保证

汇票的保证（Guarantee），是指汇票债务人以外的第三人，以担保汇票债务的履行为目的，在汇票上记载有关事项并签字的一种附属票据行为。英美法系国家一般没有专门规定票据保证问题，仅规定凡未以出票人或承兑人名义在票据上签字的，则对善意持票人应承担背书人的义务；而大陆法系国家的票据法通常对此专设规定。

（五）汇票的付款

汇票的付款（Payment）分为狭义的付款和广义的付款。狭义的付款是指汇票付款人、承兑人等所进行的消灭汇票关系的付款。付款之后，这种付款的票据关系绝对消灭。至于付款人与出票人之间的资金关系，虽然可以行使清偿权，但这并非票据关系，所以不是汇票的付款。广义的付款是指包括狭义的付款在内的一切票据关系人，依票据文义，向汇票债权人支付汇票金额。汇票的付款通常仅指狭义的付款，是以消灭票据关系为目的的付款。

付款人的付款须依汇票记载的金额和货币支付给持票人。依《统一法》和大多数国家票据法的规定，付款人可以全部也可以部分支付票面金额，持票人不得拒绝部分支付；否则，将丧失该部分付款的追索权。部分支付不产生票据关系消灭的效力，因此，持票人不交回汇票，可在汇票上记载所收金额并出具收据，持票人可对未获付款的部分行使追索权。但依中国《票据法》第 54 条规定，付款人必须在持票人提示付款的当日足额付款，因此，付款人的付款应为全部付款而不允许部分付款。

（六）汇票的拒付与追索权

当汇票的持票人依票据法的规定，向付款人要求付款或要求承兑却不获付款或承兑时，这种拒绝付款或拒绝承兑一般称为“拒付”或“退票”（Dishonor）。因此，拒付实际上包括拒绝付款（Dishonor by non-payment）和拒绝承兑（Dishonor by non-acceptance）两种情况。此外，在付款人逃匿、失踪、死亡、破产等情况下，持票人也无法获得付款或承兑，也属于拒付。出现上述情况，持票人则具有了汇票的追索权。

追索权（Right of Recourse）是指，汇票到期不获付款或期前不获承兑或有其他法定原因时，持票人在依法履行了保全手续后，有向汇票的出票人、背书人或其他汇票债务人等前手请求偿还汇票金额、利息及有关费用的权利。持票人在行使追索权时，首先应依法律规定进行提示，除非付款人/承兑人等在提示前死亡、逃匿、破产等。持票人的提示成为其行使追索权的前提，其追索权才得以保全。持票人取得或做成拒绝证书（Certificate of Protest）是保全追索权的重要程序之一。

第二节　汇票的缮制

由于汇票具有无因性和流通性的特征，对出口商而言，使用汇票收取货款对确保出口商的债权（货款）具有较好的保障作用。因此，出口商应争取使用汇票收取货款。

在国际贸易中，通常使用的是跟单汇票（如表 16-1 和表 16-2 所示）。制作汇票时须认真仔细，不能有任何涂改，也不能加盖校对章；否则，将会遭到付款人的拒付。

一、汇票的内容和缮制方法

（一）汇票（Draft）

汇票须注明“汇票”（Draft/Bill of Exchange）字样，以区别于其他票据。

（二）出票依据（Drawn under）或出票条款（Drawn under clause）

使用信用证结算时，出票依据是汇票中的主要项目之一，缮制汇票时不可漏填。若信用证中规定了具体文句，应按信用证规定的填写。若信用证未作规定，则可填写开证行名称、开证日期、信用证号三项内容。上述三项内容分别填入汇票的“Drawn under”项下。若为托收，则在空白处填写“D/P at... days sight”或“D/P at sight”即可。有时，托收方式下，所使用的汇票通常有一栏“VALUE RECEIVED”（对价或两讫条款），即收到汇票的相对价值。此栏一般填写货物名称、数量及发票号码。

（三）年息（Annual Interest）

按信用证或合同要求填写，若信用证无利息条款则不填。一般只注明利率，通常从出票日起算，付款日止算。例如，金额为10 000美元，出票日为9月23日，付款日为10月23日，利率为6%，则利息为10 000×30/360×6/100=50美元，汇票总金额为10 000+50=10 050美元。

（四）号码（No.）

一般填写发票号码，以便于查考。

（五）金额（Amount）

本栏的写法是，分别填写大写和小写金额。Exchange for后的阴影部分填写小写金额，由货币名称的缩写和阿拉伯数字表示的金额数两部分内容构成；The sum of后的阴影部分填写大写金额。大写的货币名称要按信用证填写，如“SAY UNITED STATES DOLLARS FIFTY EIGHT THOUSAND SEVEN HUNDRED AND SIXTY FIVE AND CENTS FIVE ONLY.”。其中，“DOLLAR”要以复数形式“DOLLARS”出现；习惯上，在大写数字前加“SAY”和大写数字后加“ONLY”字样。

缮制汇票的金额时，应注意以下事项。

（1）若汇票同时有大写和小写金额，则大写金额必须准确反映小写表示的金额（即大、小写金额要一致），同时显示信用证规定的币种；若大写金额和小写金额有冲突时，则大写金额应视为规定的金额。（ISBP745 B14）

（2）汇票内容的更正，应看起来经受益人另外签字或副签来证明；若汇票内容不允许有更改，开证行应在信用证中予以相应的规定。（ISBP745 B16）

（3）汇票金额不得超过信用证规定的金额。若信用证规定准许金额有一定幅度的增减，则汇票金额不得超过信用证规定的最高金额。

（4）若信用证允许部分装运（或分批装运），当实际装运的数量少于信用证规定的数量时，汇票金额等于发票金额。

（5）当发票金额含佣、信用证也表明发票含佣，收汇时，佣金须在汇票中予以扣除。例如，信用证规定：“Invoice must show CIF value including 5% commission at the time of negotiation，5% commission must be deducted from drawing under this credit.”发票表明CIF中包括5%的佣金，填写汇票金额时，应扣除佣金，即填写不含佣的CIF价。此时，汇票金额小于发票金额。

（6）汇票金额在一定情况下，可以少于信用证金额。（UCP600第30条）

（六）出票日期、地点（Date and Place of Presentation）

依ISBP745 B8的规定，汇票应由受益人出票和签字并表明出具日期。出票日期一般由出票人留空，由银行在寄单之前加注。出票日期不得迟于信用证的有效期或最迟交单日期，不得早于提单的签发日期，可与提单日期同为一天。出票地点一般印就在汇票上，与出票人所在地一致。

（七）汇票的期限（Tenor）

汇票的期限在汇票中的“At ... sight”栏内表示，并视信用证或合同的规定填写。其具体填写方法有：若为即期汇票，则在At和Sight之间填入“××××”或“/////”符号。注意，此处不得留空。若为远期汇票，则根据信用证或合同规定，在At和sight之间填入期限的天数和其起算方式，其方法有以下几种。

（1）At ×× days after sight（见票后若干天付）。

（2）At ×× days after date of Draft（出票后若干天付）。

（3）At ×× days after date of B/L（提单日后若干天付）。

（4）30 days after receipt of set of documents at your counters（收到全套单据后30天在贵方柜台）。

（5）60 days from invoice date（自发票日起60天）。

若采用托收方式收取货款，其汇票中也有“At ... sight”栏，此栏可选择填写：D/P AT ////////// SIGHT；D/P ×× DAYS；D/A ×× DAYS等（如表15-3所示）。

ISBP745对汇票期限予以详细规范。

ISBP745 B2首先规定，汇票的期限应与信用证条款一致。其次，该条又进一步细化了汇票的期限。

（1）若信用证要求开立的汇票不是见票即付或见票后定期付款，则必须能够从汇票自身内容确定到期日。

（2）该条又举例说明如何确定汇票的付款期限。例如，若信用证要求汇票的期限为提单日后60天，且提单日为2013年5月14日，则汇票期限可用下列任一方式表明：

① 提单日2013年5月14日后60日（60 days after bill of lading date 14 May 2013）；或

② 2013年5月14日后60日（60 days after 14 May 2013）；或

③ 提单日后60日，且汇票表面的其他地方标明“提单日2013年5月14日”（60 days after bill of lading date and elsewhere on the face of the draft state “bill of lading date 14 May 2013”）；或

④ 在出票日期与提单日期相同的汇票上标注“出票后60日”（60 days date on a draft dated the same day as the date of the bill of lading）；或

⑤ 2013年7月13日，即提单日后60日。（13 July 2013，i. e.，60 days after the bill of lading date.）

（3）若票期为提单日之后，如60天来表示，则以装船日为提单日，即使装船日早于或晚于提单签发日。

在传统的杂货运输中，若为已装船提单，提单的签发日即为货物的装船日；而若为收妥待运提单，货物的装船日通常为提单上的装船注记日（即货物实际装船后，在收妥待运提单上加注装船的实际日期）而不是提单的签发日。此时，装船注记日一般晚于收妥待运提单的签发日。

（4）关于“from”和“after”如何计算时间的问题。ISBP745 B2规定：当使用“从……开始”和“在……之后”确定汇票到期日时，到期日的计算从单据日期、装运日期或信用证规定的某一事件的次日起算。例如，“5月4日后10日”或“从5月4日起10日”均为5月14日。因此，“from”和“after”在用于确定定期汇票的到期日时，其含

义相同。

缮制汇票的期限时应注意："货物到达目的港时付款"（on arrival of the goods at the port of destination pay to . . . ），为无效汇票。

（5）关于转船的汇票期限问题。ISBP745 B2 规定：若信用证要求提单和汇票的期限，如提单日后 60 日或从提单日开始 60 日，且已提交提单表明已将货物从一船卸载并重新装载至另一船，及表明多个标注日期的装船批注显示每次装运是在允许的地理区域或港口范围内，则将使用最早的装船日计算汇票到期日。如信用证要求从欧洲任一港口发运，提单显示货物于 5 月 14 日在都柏林装上 A 船，于 5 月 16 日在鹿特丹装上 B 船进行转运，则汇票的付款期限应为在欧洲港口的最早装船日，即 5 月 14 日后的 60 天。

（6）关于提单下分装的汇票期限问题。ISBP745 B2 规定：若信用证要求提单和汇票的期限，如提单日后 60 日或从提单日开始 60 日，且已提交的提单表明从多个港口发运的货物装在同一艘货船上，这些港口位于许可的地理区域或港口范围内，且提单显示多个已标注日期的已装船批注，则将使用最晚的装船日计算汇票到期日。如信用证要求从欧洲任一港口发运，提单显示部分货物于 5 月 14 日在都柏林装上 A 船，其余货物于 5 月 16 日在鹿特丹也装上 A 船，则汇票付款期限应为在欧洲港口的最晚装船日，即 5 月 16 日后的 60 天。

（7）关于多套提单下的汇票期限问题。ISBP745 B2 规定：若信用证要求提单和汇票期限，如提单日后 60 日或从提单日开始 60 日，而一张汇票项下提交了多套提单，则最晚的提单的装船日期将被用来计算汇票的到期日。

ISBP745 对汇票到期日（Maturity Date）也予以细化。

（1）ISBP745 B4 规定：若汇票使用实际日期表示到期日，则该日期应反映信用证的条款。

（2）若票期为"见票后××（如 60）日"的汇票，则其到期日按如下方法确定。

① 对于相符的交单，到期日为单据提交给付款银行，如开证行、保兑行或同意按其指定行事的被指定银行（付款银行）后的第 60 日。

国际商会曾指出，汇票到期日应从收到单据之日起计算，而不应考虑开证行审核单据所需的时间。若开证行意指付款期限是从审核单据且认为符合信用证条款时开始计算，则信用证中必须对此加以明确规定。

② 对于不符的交单：（i）若该付款银行没有发出拒付通知，到期日为交单至该付款银行后的第 60 天。（ii）若该付款银行是开证行且已发出拒付通知，到期日最迟为开证行接受开证申请人放弃不符点的日期后第 60 天。（iii）当付款银行不是开证行且发出拒付通知，到期日最迟为开证行发出承兑通知后的第 60 天。若该付款行不同意按照开证行的承兑通知行事，则在到期日应由开证行承付。

③ 该付款银行应向交单人通知或确认到期日。

（3）ISBP745 B6 规定：上述票期和到期日的计算方法也适用于延期付款信用证，或在有些情况下也适用于议付，即也适用于不要求受益人提交汇票的情形。

（4）ISBP745 B7 规定：只要该到期日是付款地的银行工作日，则款项应于到期日在汇票或单据的付款地以立即能被使用的资金支付。若该到期日不是银行工作日，则应在到期日后的第一个银行工作日付款。汇款迟延，如宽限期、汇款过程所需时间等，不应附加于汇票或单据所载明或约定的到期日之外。

（八）受款人（Pay to the Order of）

若信用证或合同未规定受款人，一般在“Pay to the order of”后面填写信用证中的受益人或合同的出口商。但通常填写由受益人或出口商所委托的某家银行作为受款人，即多数都采用指示性抬头。

缮制汇票的受款人时，应注意以下事项。

（1）在托收业务中，该栏通常填写“代收行”的名称。

（2）在信用证业务中，一般为受益人或其指定人。若为议付信用证，该栏填写议付行名称（如在中国：Bank of China Beijing Branch）或填写受益人名称，再空白背书转让给议付行。议付行预付或同意预付款项后，在汇票上背书，向开证行（付款人）索款。

（3）若信用证为“限制议付”，如“... negotiations are restricted to Bank of China only”，则填写“pay to the order of Bank of China ×× Branch”。

（4）若信用证为“自由议付”，如“... draft for negotiation with any Bank in Beneficiary's country”，则填写任何一家银行均可。

（5）有时，信用证对该栏有特殊的要求，如信用证规定“Credit available with any bank，by negotiation，against presentation of beneficiary's draft（s），drawn on us in duplicate to order of ourselves”，则填写受益人选择的议付行名称后，用“To order of”+开证行名称和地址。

（九）受票人（Drawee or Payer）

受票人亦即付款人。在汇票的左下角“To”后填写付款人名称和地址。按信用证规定填开证行的名称或开证行指定的付款行。在托收方式下，应填写进口商名称及详细地址。信用证中常见的付款人有以下几种。

1. 以开证行为付款人

如信用证要求“drawn on us（ourselves or this bank）at our counters”或“issued on ourselves”，都是指开证行为汇票付款人。在填写汇票，应将开证行的名称和地址一字不漏地填入付款人（To）一栏中。若为议付信用证，汇票付款人为开证行。信用证通常不能要求以申请人为付款人。ISBP745 B18 规定：信用证不得要求开立以开证申请人为付款人的汇票。但是，若信用证要求提交以申请人为付款人的汇票作为要求的单据之一，应只在信用证明确规定的范围内审核。否则，依据 UCP600 第 14 条第（f）款审核。

2. 以通知行为付款人

如信用证规定“drawn... yourselves”（通知行），在汇票付款人栏内应填入通知行的名称和地址。若为即期信用证，汇票付款人一般为被指定银行，如通知行；若为承兑信用证，汇票付款人为承兑行，如通知行等。

若信用证未规定付款人，则制作汇票时，受票人一栏应填写开证行的名称。在托收方式下，应填进口商名称及详细地址。

3. 其他情况下的付款人

（1）若信用证只通过银行的 SWIFT 地址规定汇票付款人，则汇票可显示付款人的相同细节信息或该银行全称。（ISBP745 B9）

（2）若信用证经指定银行或其他银行议付使用，则汇票的付款人应是该指定银行外

的一家银行。（ISBP745 B10）

（3）若信用证经任一银行承兑使用，则汇票的付款人应是同意且因此愿意按照指定承兑的银行。（ISBP745 B11）

（4）若信用证通过以下银行承兑使用：a. 指定银行或任何银行，且汇票的付款人是该指定银行（不是保兑银行），而该银行表明不按照指定承兑，则受益人可选择：（i）出具以保兑银行（若有）为付款人的汇票，或要求将单据以交单形式转交给保兑银行；（ii）将单据提交给同意承兑以其为付款人的汇票的另一银行，且该银行因此按照指定承兑（仅在信用证通过任何银行使用时适用）；或（iii）要求将单据以交单形式转交开证行，无论是否附有以开证行为付款人的汇票。b. 保兑银行，且以该保兑银行为汇票付款人，交单不符以及该银行决定不履行其保兑义务时，则受益人可以要求将单据以交单形式转交开证行，无论是否附有以开证行为付款人的汇票。（ISBP745 B12）

（十）出票人签章（Signature of the drawer）

签章位置在汇票右下角的空白处。此栏一般由出口公司盖章及（经理授权的）制单员签名（手签、盖章均可）。

依 ISBP745 B8 的规定，汇票应由受益人签字并表明出具日期。该款还规定，若受益人或第二受益人改变名称且信用证涉及之前的名称，可以以新的实体的名义出具汇票，只要标明“此前作为（受益人或第二受益人的名称）”或类似含义的措辞即可。

在此应注意，由受益人签发的单据上的签字并不必须为同一个人签字。因为汇票一般由公司的财务部门制作，而其他的商业单据（发票、装箱单等）一般由业务部门制作，单据之间签字人很少为同一个人，这是正常情况。因此，银行不得以汇票上的签字与商业单据上的签字不是同一个人为理由而拒付，这不属于单据之间相互矛盾。

二、汇票的背批

在信用证业务中，对议付行的指示往往规定“The amount of each drawing must be endorsed on the reverse here of”（议付行须在本证背面注明每笔议付的汇票金额），即议付行应将议付金额记载在信用证的背面。议付行在议付后，要把每次议付的情况，如议付日期、受益人的发票号以及议付金额，有时还有出运货物的数量或分批出运的信用证金额余额，记录在信用证背面。这种记录称为背批（Endorsement on Letter of Credit）。背批的作用是供受益人及银行了解，该信用证是已用完还是尚有余额，以防止超额出运或重复出运。这对不作限制的公开议付信用证尤为重要。信用证经议付行办妥背批后，应退给受益人，由受益人自行留存备查。

三、汇票的份数

国际货款结算中使用的商业汇票，通常需开具正本一式两份。寄单时分次寄发，以防遗失。若其中一份汇票付讫，另一份即自动失效。所以，汇票往往注明“1”并写明“FIRST of exchange（Second of exchange being unpaid 或 Second of the same tenor and date being unpaid）”，即“付一不付二”字样；或注明“2”并写明“SECOND of Exchange（First of exchange being unpaid 或 First of the same tenor and date being unpaid）”，即“付二不付一”字样。这就是汇票的作废条款，目的是防止重复承兑或付款。

表 16-1　　　　**汇票实例**

2

凭
Drawn under Cathay United Bank Hong Kong Branch ②
信用证　　第　号
L/C ***NO.*** LC1141785 ②
日　期　年月日
dated 190726 ②
按　息　　　付　款
payable with interest @ ③ % ***per annum***
号　码　④　汇票金额　⑤　中　国，⑥ 青岛　年　月　日
NO. HMHP-2019275 **Exchange** ***for*** USD10 831.97　Qing Dao ChinaAUG—— 27, 2019
见　票　⑦　①　日　后　（本　汇　票　之　正　本　未　付）　付
At /////////////// ***sight of this*** **SECOND** ***of Exchange*** (***First of exchange being unpaid***)
pay to the order of THE AGRICULTURAL BANK OF CHINA QINGDAO BRANCH ⑧或其指定人
金　额
the sum of SAY U. S. DOLLARS TEN THOUSAND EIGHT HUNDRED AND THIRTY ONE ⑤
AND CENTS NINETY SEVEN ONLY.
此致
To: Cathay United Bank Hong Kong Branch
47/F, Central Plaza, 18 Harbour Road, Wanchai, HONG KONG⑨

⑩ **For and behalf of**
山东省×××进出口公司
SHANDONG PROVINCE ×××
IMPORT & EXPORT CORPORATION
李小琳（签字）
Authorized Signature (s)

表 16-2　　　　**托收下的商业汇票实例**

Beijing　2019. 08. 09
No.: TY1141785　Exchage for USD23 000.00　D/P At /////////////// sight
First of Exchange (***Second*** *being unpaid*) Pay to the order ofTHE AGRICULTURAL BANK OF CHINA QINGDAO BRANCH
The sum of SAY U. S. DOLLARS TEN THOUSAND EIGHT HUNDRED AND THIRTY ONE
AND CENTS NINETY SEVEN ONLY.
Value received for shipment of 125 cartons shoes as per Invoice No. 0991
To ABV TRADING CO. LTD.
67/F, Central Plaza, 18 Harbour Road, Wanchai, HONG KONG

SHANDONG PROVINCE ×××
IMPORT & EXPORT CORPORATION
胡虎（签字）

第三节　本　　票

本票（Promissory Note）作为一种票据，同样具有支付功能和信用功能。因此，它可以成为一种国际结算工具。

一、本票的概念

依英国《票据法》，本票是指一个人对他人所作的无条件书面承诺，经出票人签名，承担即期或在一定的日期或未来的特定期间内，向特定人或其指定人或向来人支付一定金额的票据。中国《票据法》第 73 条规定，本票是出票人签发的，承诺自己在见票时无条件支付确定金额给收款人或持票人的票据。

根据大多数国家的票据法，本票是一个人向另一个人签发的，保证即期或定期或在可以确定的将来时期，对某人或其指定人支付一定金额的无条件的书面承诺。本票也称期票，是一种信用票据。本票的基本当事人是出票人和受款人。出票人（Maker）是本票的承诺付款的人，受款人（Payee）是本票的收款人，一般又称本票的抬头人。本票的受款人或抬头通常有三种写法。限制性抬头，如“Pay ×× Co. Only”（仅付给×× Co.）。指示性抬头，如“Pay ×× or order”（付给××或其指定人）。××或其指定人取得本票后可以背书转让。来人抬头，如“Pay ×× Co. or bearer”（付给×× Co.或来人）。这种本票不加背书即可转让。

二、本票的特征

本票与汇票一样，具有票据的共同特性，但也有以下自身的特征。

（一）本票是无条件的支付承诺

本票的付款人就是出票人本人，其付款承诺对出票人本人具有法律约束力，即一旦出票人开立了本票，他必须无条件地向受款人付款。

（二）本票的基本当事人只有出票人和受款人

这一特征与对己汇票和指己汇票不同。在对己汇票中，出票人和付款人为同一人；在指己汇票中，出票人和受款人为同一人。这两种汇票在本质上也只有两个当事人，但在形式上，仍然是三个当事人且只能在特定情况下使用。而本票无论是形式上还是本质上，只能有两个当事人且这两个当事人不能为同一人。

（三）本票为自付票据

由于本票的出票人就是付款人，即出票人出票后由自己承担无条件的付款责任，因而又称为自付票据。

（四）本票无须承兑

由于本票是出票人自己无条件付款的票据，受款人或持票人向出票人要求付款是确定的权利且该权利在出票时已经确定，因而不像汇票是一种期待权利。因此，即使远期本票也无须承兑。

三、本票的种类

本票依其区别标准不同，一般可分为以下几种。

（一）记名本票、无记名本票和指示本票

这种分类是以本票上是否记载权利人为标准。记名本票（又称抬头本票），是指在出票时记载受款人名称的本票，持票人在转让时必须背书；无记名本票（又称来人本票），是指在出票时不记载受款人名称或记载为“来人”“持票人”的本票，持票人转让时只需交付而无须背书；指示本票，是指出票时除了记载受款人名称外，还记载“或其指定人”的本票，出票人开立这种本票时，不得禁止持票人背书转让。依中国《票据法》的规定，本票必须记载收款人名称；否则，本票无效。据此，在中国不存在无记名本票和指示本票，只有记名本票。

（二）银行本票和商业本票

这种分类是以出票人的身份不同为标准。银行本票的出票人为银行，商业本票的出票人为除银行以外的其他企业、团体、事业单位等。依中国《票据法》第 73 条的规定，在中国能够签发本票的只有银行，其他企业等不能签发本票，即在中国只有银行本票而没有商业本票。

（三）即期本票和远期本票

这种分类是以本票到期日的不同为标准。即期本票是指见票即付的本票，其持票人自出票日起，可随时要求出票人付款；远期本票是指其持票人在票据到期日才能请求出票人付款的本票。远期本票又分为定期本票、出票后定期付款本票和见票后定期付款本票。依中国《票据法》的规定，在中国，本票均为见票即付的本票，不承认远期本票的效力。这一点也同其他各国的法律规定不同。因此，在中国，本票的功能仅为支付工具，其信用功能下降。

此外，以票据行为发生地为标准，本票还可分为国内本票和国外本票；以付款方式为标准，本票又分为现金本票和转账本票。

四、本票的出票

《统一法》和各国票据法一般并没有对本票出票人的资格进行限制，即银行和企业等单位以及个人均可签发本票。但依中国《票据法》的规定，在中国，本票的出票人受到严格限制，只有经中国人民银行批准办理银行本票业务的银行机构才能签发本票。需要使用本票的企业或个人等，只能向银行申请签发本票，即委托银行签发银行本票。

根据《统一法》及各国票据法的规定，签发本票时，出票人在本票中记载的事项一般分为绝对记载事项、相对记载事项和不得记载事项。绝对记载事项通常包括：（1）表明“本票”的文字；（2）无条件支付的承诺；（3）一定金额；（4）出票日期；（5）受款人名称；（6）出票人签字。

第四节 支　　票

支票也是国际贸易结算中使用的一种结算工具，是由进口商签发的委托银行从其存款账户中支付一定金额给出口商的一种票据。

一、支票的概念

依各国票据法，支票（Check 或 Cheque）是出票人签发的，委托银行或其他金融机构，在见票时无条件支付一定金额给受款人或持票人的票据。英国《票据法》将支票视为汇票的一种，即支票是以银行为付款人的即期汇票。

依各国票据法，若要求支票的付款银行履行付款，则出票人须在该银行有存款，而且出票人须事先与该银行订有支票付款协议。支票的三个当事人是出票人、付款人和受款人。出票人是支票的签发人，他在付款银行开设存款账户并订有支票协议；付款人是出票人的开户银行；受款人可以在支票上注明，也可以不注明而将支票做成来人抬头。

二、支票的功能与特征

与汇票、本票相比，支票的职能主要是支付功能，即发挥现金在空间上的使用功能；而汇票、本票除了具有支付功能外，还具有信用功能，即发挥现金在时间上的使用功能。

支票作为一种替代现金的支付工具，与汇票、本票具有许多共性，但它还有不同于汇票、本票的特征：第一，支票的付款人是特定的，即仅限于银行等法定金融机构；第二，支票均为即期付款的票据，即见票即付的票据。

三、支票的种类

支票依其区别标准不同，一般可分为以下几种。

（一）记名支票、指示支票和无记名支票

这种分类是以支票对受款人的记载方式不同为标准。这种区别与汇票、本票的分类标准及实际作用完全相同，兹不赘述。在中国，虽然不允许签发无记名的汇票和本票，但依中国《票据法》的规定，可以签发无记名支票；而且支票上未记载收款人名称的，经出票人授权可以补记。

（二）对己支票、指己支票和受付支票

这种分类是以支票的当事人资格是否兼任为标准。支票与汇票均属于出票人委托或命令他人向持票人付款的票据。因此，通常情况下，支票也有三方当事人。但在特殊情况下，该三方当事人中的任何两个当事人可能产生资格重合，即由一个人充当两个当事人，这样就产生了上述三种变式支票。

（三）普通支票、保付支票和划线支票

这种分类是以支票付款有无特殊保障为标准。普通支票在付款上并无特殊保障，而保付支票和划线支票则不同。关于保付支票和划线支票将于后文详述。在中国，普通支票是指支票上没有印“现金”或“转账”字样的支票。这种支票可用于支取现金，也可用于转账。

四、支票的出票

支票的出票是指由出票人做成支票并交付受款人的行为。依国际惯例和各国票据法，

出票人在出票时除了签名或盖章外，还需在支票正面记载一定事项，这些事项分为绝对记载事、相对记载事项、可以记载事项和不得记载事项。绝对记载事项通常包括：(1) 表明“支票”的文字；(2) 无条件支付的委托或命令；(3) 一定金额；(4) 付款人名称；(5) 出票日期；(6) 付款地。

五、保付支票

在国际结算中，有时还出现保付支票（Certified or Accepted Check）。①

保付支票通常是指，付款人应出票人或受款人的请求，在支票上记载照付或保付或其他类似文字并签名，其付款责任与汇票的承兑人相同的支票，即支票经付款人保付后，付款人应承担绝对付款的责任，出票人及背书人均免除其责任。由于支票为支付票据，并无承兑及保证制度，因此，支票能否兑现，无法预测。为了弥补这一缺陷，支票的保付制度应运而生。但各国对保付支票的保付责任的规定并不完全相同。依美国等国的法律，保付支票的出票人和背书人均免除债务；但日本的法律规定，保付支票的出票人和背书人也不免除其债务，应与保付人共同负责。

依多数国家票据法的规定，除了必须记载保付（Certified to Pay）或类似文字外，还必须由付款人签名，“保付”文字可以记载于支票正面或背面。至于保付日期，则不是必要记载事项，即使未记载，也属有效。保付附加条件时，视为拒绝保付，但保付人仍应依所附加的条件负其责任。在实务中，保付人在履行保付行为后，通常从出票人的存款账户中将该支票金额另列入保付支票账内，以供该保付支票提示时付款。

六、划线支票

划线支票（Crossed Cheques），又称平行线支票、横线支票，是指出票人、背书人或持票人在支票正面划两条平行线，或在两条平行线中记载某银行的名称或其他内容，付款人仅对银行支付支票金额的一种支票。

因支票为支付票据，限于见票即付，所以无论记名或无记名支票，一经付款，不易查明提款人是何人。倘若支票遗失，应立即通知付款人止付；否则，付款人不得拒绝付款，容易导致意外损失。但划线支票，一般的持票人不得要求银行付款，只能委托银行代为取款。若发生纠纷，付款人即可查明委托提款人，对出票人与付款人的交易安全很有保障。因此，多数国家的票据法或支票法都对划线支票的有关问题作出规定。

依《统一法》和大多数国家的票据法，划线支票分为普通划线支票和特殊划线支票。

（一）普通划线支票

这是指出票人、背书人或持票人在支票正面划两条平行线，两条平行线内不记载任何文字的支票。这种划线支票，持票人可以委托任何银行取款。

（二）特殊划线支票

这是指出票人、背书人或持票人在支票正面划两条平行线，并在两条平行线内记载委托取款的银行的名称或其他内容的支票。

在实务中，有时在平行线中加注“Not negotiable”（不可转让）字样。此时，出票人

① 梁宇贤．票据法新论［M］．北京：中国人民大学出版社，2004（第4章第4节：保付支票）．

仅对受款人负责。若支票转让了，出票人对后手不负责。有时在平行线中加注“Account Payee”或“A/C Payee only”字样。这种划线支票，收款银行仅将收取的票款记到收款人账户而不得直接付现。也有在平行线中同时加注“Not negotiable”和“A/C Payee only”字样。普通划线支票的付款银行，若将票款付给非银行业者，则该付款银行应对真正的所有人承担由此发生损失的赔偿责任，但其金额以支票上的数额为限。

平行线的记载方式。依《统一法》和多数国家票据法，出票人、背书人或持票人等均可在支票上记载平行线，其效力相同。而且平行线要记载于支票的正面，若记载于支票的背面无效。在实务中，两条平行线通常记载于支票正面的左上角。《统一法》和多数国家票据法规定，支票上若有多处特殊划线，除仅有两处特殊划线，其中之一是经由票据交换收款外，付款人不得付款。因此，除了委托取款外，支票不得超过一个以上特殊划线的记载，但普通划线即使有几处划线也不影响其效力。有权记载划线的人，均可以在未经划线的支票上记载普通划线或特殊划线；对于已经记载普通划线的支票，也可以再作特殊划线记载；但特殊划线记载不得变为普通划线。若将特殊划线内的收款银行涂销，则应视为未涂销，包括两条平行线也不得涂销。若支票左上角被撕破，致使无法判定该支票是否为划线支票，付款人一般应先查询出票人。倘若有平行线的记载，则应按照出票人的意见处理；若无法查询，则按记载平行线支票处理。划线支票的唯一目的就是防止支票遗失而被人冒领，保证交易安全。

（三）划线支票的效力

支票一经划线则具有以下效力。

1. 普通划线支票的效力

支票经在其正面记载两条平行线后，付款人只能对银行支付票据金额；若持票人为非金融业者，则应委托银行代收取票款；划线支票不能请求支付现款，持票人如在委托银行开有账户，则将该项票款记入其账户。

2. 特殊划线支票的效力

若支票的平行线内记载了特定的银行，则付款人仅能向该银行支付票据金额，即只有该特定银行代为收取票款，并将该票款存入委托银行的账户。

付款人若违反上述两种划线支票付款的规定而付款，给出票人或真正权利人造成损失，应负赔偿责任，但以支票金额为限。若付款人违反上述规定，但其确已向真正权利人付款，其付款仍然有效。

案例分析

国际结算中的支票风险

托收中，托收方式“FOR COLLECTION”中文为何意？URC522 对寄单行（托收行）的付款义务规定，收妥的款项（Amounts collected）必须不延误地付给委托人，不代垫款项，且寄单行对单据的有效性等不承担责任，应由付款行审查单据的有效性。因票据被变造，托收行被追索票款，委托人（收款人）必须偿还该票款。国际结算中，接受支票付款，对收款人存在极大风险。“中国银行广州市沿江支行（下称‘中国银行’）诉广州古琅玛贸易有限公司（下称‘广州贸易’）”[1]一案，具有借鉴意义。

法院经审理查明，广州贸易于某年7月6日向原告提交一份托收款项申请书和一张金额为35 150美元的支票，委托原告办理托收款项。该支票显示出票地为美国，签发日期为6月22日，付款人为美国公司即HARROD'SINC，付款行为美国的FIRST COMMUNITY BANK OF TIFTON（蒂夫顿第一社区银行），收款人为被告。委托人在托收款项申请书中承诺："右列托收款项收妥后，如将来发生退票、追索等情况，本人愿负责偿还全部票款及费用。"原告经审查后接受了被告的托收申请，被告遂将托收支票背书给原告。

7月6日，原告向中国银行纽约分行出具托收委托书办理托收，并将支票背书给纽约分行。托收委托书上载明：我们附上支票一张，金额35 150美元，托收方式（COLLECTION METHOD）：FOR COLLECTION。对"（COLLECTION METHOD）：FOR COLLECTION"的中文翻译，双方产生严重分歧。原告委托翻译机构——广州市公证处将其翻译为"托收方式"，而被告委托翻译机构——广东省公证处将其翻译为"收款办法"。原告后来认为是广州市公证处翻译时遗漏了单词，要求公证处对其再次进行翻译。广州市公证处又将其翻译为"托收方式：收妥贷记"，被告对此提出异议，再次委托广东省公证处进行了翻译，并随同补充代理词一起提交了翻译结果为"收款办法：托收"的翻译件。

针对此问题，法院向中国人民银行广州分行查询该专业术语的中文解释。但中国人民银行广州分行表示：无法确定该专业术语的中文解释。

纽约分行接受委托后，以代收行的身份向付款行蒂夫顿第一社区银行提示付款。付款行审查支票后，向代收行解付了托收款项35 150美元。7月26日，纽约分行对上述支票托收金额35 150美元扣除电报费用10美元后，将余额35 140美元划付原告账户。7月27日，原告将35 140美元扣除手续费56.33美元后，结汇人民币289 941.97元并转入被告在原告的结算账户。

8月底，付款行蒂夫顿第一社区银行发现托收的支票金额经变造，出票人账户余额不足以支付票款，遂向其前手即纽约分行追索该款。纽约分行支付该款后，于8月30日向原告发出电报，称上述支票为伪造票据，遭付款行蒂夫顿第一社区银行退票，并向原告追索票款35 162美元（含退票手续费12美元）。原告称，收到上述电报后的当天以电话联系被告，要求被告上门协商，并于9月8日正式向被告发函，要求被告履行退还全部票款和费用的责任。9月28日，被告向原告函复《关于〈敦请贵司配合我行工作并尽快退还款项的函〉的复信》，拒绝退还款项，故成讼。

依中国《票据法》第94条第2款、第95条第2款，URC522第2款、第3款、第13款、第16款及中国《民事诉讼法》第22条第2款的规定，判决如下：

被告广州古琅玛贸易有限公司在本判决发生法律效力之日起，十天内向原告中国银行广州市沿江支行偿还35 162美元以及该款从8月30日起至清偿日止，按中国人民银行规定的同期美元存款利率计算的利息。

案件受理费6 911元由被告广州古琅玛贸易有限公司负担。该款原告已预交，法院不予退回，由被告在履行本判决时径付原告。

试分析该案例。

---

① 110裁判案例网，http：//www.110.com/panli/panli_ 80971.html。

[提示：

1. 双方之间的法律关系

URC522 第 2 款规定：托收是指银行依据所收到的指示处理金融单据或者商业单据，以便于取得付款或承兑，或凭以付款或承兑交单，或按照其他条款和条件交单。其中，不附有商业单据的金融单据项下的托收是光票托收。

本案中，原告中国银行接受了被告广州贸易的委托并办理了光票托收。该行为符合 URC522 对光票托收定义的规定，可认定原、被告建立了光票托收的法律关系。

2. 中国银行的责任与义务

依 URC522 第 3 款，在托收法律关系中，委托人（债权人）是委托银行办理托收的人；寄单行是委托人委托办理托收的银行（托收行）；代收行（债务人所在地银行）是除了寄单行以外的参与处理托收业务的银行；付款人（债务人）是依托收指示向其提示单据的人。

本案中，广州贸易为委托人，中国银行为寄单行，纽约分行为代收行，美国蒂夫顿第一社区银行为付款人。关于托收方式是立即贷记还是收妥贷记的问题，广州贸易在托收申请书中并无明确；中国银行接受托收后，向代收行纽约分行发出的委托书中，记载的托收方式为 FOR COLLECTION。对该专用术语的中文翻译，中国人民银行表示不能确定为“收妥贷记”。

URC522 对寄单行的付款义务，在第 16 款规定：收妥的款项（Amounts Collected）（扣除手续费或支出或可能的开支）必须按照托收指示中规定的条件和条款不延误地付给从其收到托收指示的一方。对寄单行的单据审查义务，URC522 第 13 款规定：银行对任何单据的格式、完整性、准确性、真实性、虚假性或其法律效力，或对在单据中载明或在其上附加的一般性或特殊性的条款不承担责任或对其负责。

上述规定显示，无论采取何种托收方式，寄单行的最终义务是将收妥的款项扣除相关手续费后支付给委托人，其本身并无代垫款项的义务。同时，寄单行仅须对委托人托收的票据进行表面审查，而无须对该票据的有效性负责。

本案中，已查明中国银行作为寄单行，业已办理相关的票据托收手续，向付款人提示付款，并将付款人兑付支票的款项扣除手续费后支付给广州贸易。至于托收的支票最后被付款行认定为变造票据而被追索票款，其主要审查义务在于付款行，中国银行对该票据的真实、有效性并不负有审查义务。在票据托收过程中，中国银行已履行了相应义务，本身不存在过错。故此，广州贸易以中国银行不严格依照托收规则进行托收，导致票款被追索从而丧失追索权为抗辩理由，与事实不符，不应被采纳。

3. 中国银行的追索权

关于中国银行是否有权向广州贸易追索票款问题，URC522 对此没有规定，应依原、被告的约定加以处理。广州贸易在托收款项申请书中承诺：“右列托收款项收妥后，如将来发生退票、追索等情况，本人愿负责偿还全部票款及费用。”对于该申请书印有的此项委托人承诺，中国银行无异议。但广州贸易认为，这是中国银行提供的免除其责任的格式条款，在填写申请书时，中国银行未提醒广州贸易注意，属于原告的重大过失，且因该过失造成广州贸易的财产损失。广州贸易主张，依据中国《合同法》的规定，认定该免责条款无效。托收款项申请书作为银行结算凭证，其格式是由金融监管部门规定的，申请书上的承诺条款印在申请书的显著位置，被告广州贸易作为办理银行结算业务的客户，对结算凭证应有所了解，不可能未注意到该承诺条款的存在。中国银行在提请广州贸易注意问题上并无重大过失。鉴于申请书上盖有广州贸易真实的财务专用章和法定代表人印章，申请书上的承诺条款应认定具有法律效力，对双方均有约束力。现中国银行被付款行追索票款 35 162 美元后，依照广州贸易在申请书上的承诺向其追索款项，理据充分，应予支持。]

第十七章　出口货款的结算——汇付

汇付（或汇款）是国际贸易的三种主要货款结算方式之一，具有简便、快捷、高效和低成本等优点，在国际贸易中得到广泛的应用。

第一节　汇付概述

在目前的国际贸易结算中，绝大多数货款采用非现金结算方式。由于汇付具有手续简便等特点，因而成为国际贸易货款结算的主要方式之一。

一、汇付的概念

汇付（Remittance）又称汇款，是指银行接受客户的委托，通过银行自身的通汇网络，使用适当的支付凭证，将款项交付收款人的一种付款方式。

在汇付业务中，债务人（买方）主动将资金或款项和汇款申请书交给当地一家银行，由其根据债务人的要求，制作付款委托书及结算工具（票据）并寄送债权人（卖方）所在地的银行；同时，将资金或款项转给该银行，委托其转交债权人以清偿债务。在这一过程中，资金或款项和结算工具的流动方向均为同一方向，即由债务人流向债权人，因此，汇付属于顺汇业务。汇付业务不仅适用于贸易和非贸易的结算，凡是外汇资金的转移均可采用汇付方式。

在国际贸易中，买卖双方订立合同后，通常由卖方先将货物发运给买方，买方则通过银行将应付款项汇给卖方，因而产生了汇付。

二、汇付的性质

汇付是一种商业信用的支付方式，即银行只提供服务而不提供信用。

在汇付业务中，银行只负责按债务人的指示将资金转交债权人，汇出行对邮递过程中的延误、遗失及邮电部门的其他过失不承担责任；汇入行则仅依据汇出行的指示并在代理协议范围内，对汇出行承担解付款项的义务。无论是汇出行还是汇入行，对贸易中的货物及与货物有关的单据不承担责任，而是由出口商在发货后，自行将有关单据寄送进口商。因此，汇付业务又称为“单纯付款”业务。

三、汇付的当事人及其权利义务

在汇付业务中，汇款人、汇出行、汇入行和收款人分别享有的权利和承担的义务如下。

（一）汇款人（付款人）（Remitter）

汇款人是委托汇出银行（简称“汇出行”）向国外债权人支付款项的债务人。在国际贸易中，汇款人通常为进口商。作为贸易合同的买方，其权利为要求出口商提供合格的货物；而作为汇付的一方当事人，其义务是填制汇款申请书并向汇出行交款付费，履行付款义务。

（二）收款人（Payee）

收款人是指接受汇款人所汇款项的债权人。在国际贸易中，收款人通常为出口商。作为贸易合同的卖方，收款人的权利是凭单据取得货款。在汇付业务中，收款人是汇款业务的受益人，在接到汇入银行（简称“汇入行”）的通知或款项已入收款人账户的通知时，应履行以下责任：查明这笔款项确实属于他的款项，或者他作为债权人在收到这笔款项后，该笔债权已全部或部分得到清偿，从而债权人的地位与权利已全部或部分得以终止。

（三）汇出行（Remitting Bank）

汇出行是接受汇款人的委托，办理汇出汇款业务的银行。该银行通常为汇款人所在地的一家银行。若汇出行接受了汇款人的汇款申请，则与汇款人之间确立了合同关系，该银行应依“汇出汇款申请书”的相关内容以及汇款方式办理款项汇出业务，向汇入行转交资金。作为汇款人的受托人，汇出行有权利收取相关费用；同时，更有义务按申请书的要求正确办理汇出款项。汇出行制作“支付授权书”后，将其寄给汇入行，授权汇入行向收款人解付款项。

（四）汇入行（Paying Bank）

汇入行是接受汇出行的委托，依“支付授权书”内容，向收款人解付款项的银行。该银行通常为收款人所在地的银行，一般为汇出行的联行或代理行，又称为解付银行。作为汇出行的受托银行，它有权向委托人收取业务费用，其主要义务是证实汇出行委托付款指示的真实性，通知收款人并向其解付款项。

第二节　汇付的种类及其使用

按资金转移方法或支付工具的不同，汇付可分为信汇、电汇和票汇三种形式。

一、信汇（Mail Transfer，M/T）

信汇是汇出行依汇款人（债务人或买方）的申请，使用航空信函指示汇入行解付一定金额给收款人（债权人或卖方）的一种汇付方式。其程序是，汇款人填写汇款申请书，交款付费给汇出行并取得信汇回执。汇出行根据申请书内容，制作信汇委托书（M/T Advice）或支付授权书（Payment Order，P. O.），然后通过航空邮寄将其寄给汇入行。汇入行核对印鉴无误后，通知收款人并向其解付。

汇入行办妥后，通常将委托书或授权书的副本一份交给汇款人，汇款人可将其传真给收款人，以便使其了解汇款的情况。

与其他汇付方式相比，由于信汇速度慢、邮寄易失误等因素，目前除汇款至周边国家或地区外，多数国家银行很少办理信汇业务。

二、电汇（Telegraphic Transfer，T/T）

电汇是汇出行依汇款人（债务人或买方）的申请，拍发加押电报、电传或SWIFT给境外汇入行，指示其解付一定金额给收款人（债权人或卖方）的一种汇付方式。对汇出行而言，电汇业务程序与信汇基本相同。其不同之处是，汇出行根据汇款人申请书内容，以电报、电传或SWIFT通知汇入行授权解付时，为使其得以证实电传内容，汇出行要加列双方银行约定使用的密押（Test Key）。汇入行收到电文后，先核对密押，确认无误后再办理解付手续。

电汇业务流程，如图17-1所示。

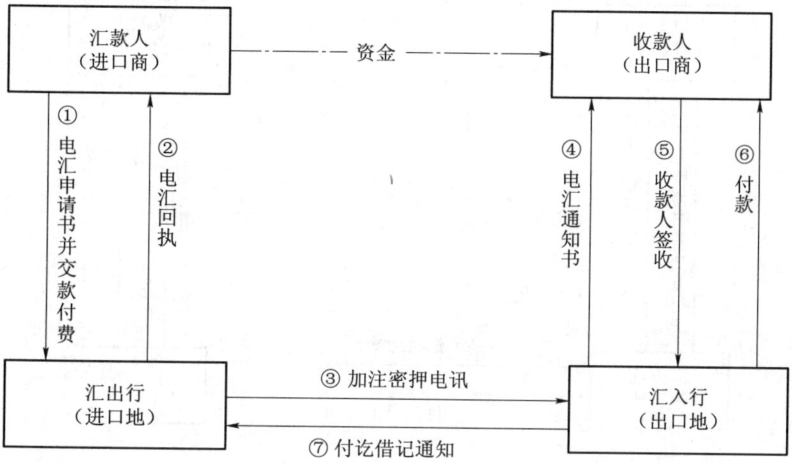

图示说明：

① 进口商向汇出行申请汇款并交款付费。

② 汇出行接受汇款并向进口商签发回执。

③ 汇出行向汇入行发送加押电报，指示其向出口商解付金额。

④ 汇入行通知出口商取款。

⑤ 出口商取款并向汇入行签署收据。

⑥ 汇入行向出口商解付金额。

⑦ 汇入行通知汇出行付讫。

图17-1 电汇流程

与其他汇付方式相比，电汇具有速度快、安全可靠、银行无法占用资金等特点。因此，电汇是目前最快且较为安全的汇付方式，绝大多数的汇款都采用电汇方式办理。在国际贸易结算中，SWIFT方式的电汇业务自动加押，省时省力，电脑联网，使用格式化电文，极大地提高了货款的时效，故目前大多数电汇业务均采用SWIFT方式。

三、票汇（Remittance by Banker's Demand Draft，D/D）

票汇是汇出行依汇款人（债务人或买方）的申请，开立以其国外联行或代理行为付款行的即期汇票（Banker's Demand Draft），指示付款行将票面金额付给汇票上指定的收款人（债权人或卖方）或由收款人背书转让给持票人的一种汇付方式。其程序是，汇款人填写票汇申请书并交款付费给汇出行，后者开立银行即期汇票交给汇款人，由其自行寄给收款人；同时，汇出行向汇入行签发票汇解付书（Drawing Advice，即汇票副本）或向其拍发 SWIFT MT110（Advice of Cheque），请其等待持票人提示时凭票付款。收款人在付款地向汇入行提款。

在票汇业务中，当汇出行收到汇款人的资金后，开立银行即期汇票，该汇票的出票人就是汇出行，其付款人是汇入行，其收款人是该笔资金的债权人。该即期汇票通常可由收款人背书转让给他人，因此，向汇入行要求付款的人可以是汇票上的收款人，也可以是汇票的受让持票人。如果付款人不希望汇票转让流通，则可指示汇出行开立限制性的汇票。

票汇业务流程如图 17-2 所示。

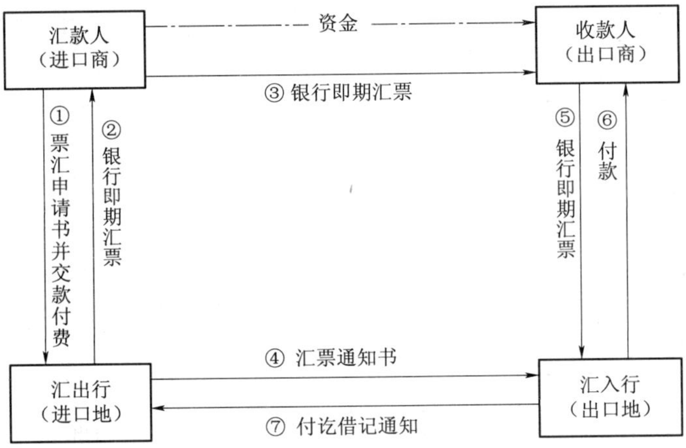

图示说明：

① 进口商向汇出行申请票汇付款并交款付费。

② 汇出行接受票汇，向进口商开立银行即期汇票。

③ 进口商将银行即期汇票寄给出口商或自行带到出口地。

④ 汇出行向汇入行发出汇票通知书。

⑤ 出口商自行向汇入行提示汇票，要求付款。

⑥ 汇入行核对汇票并向出口商付款。

⑦ 汇入行通知汇出行票款付讫。

图 17-2　票汇流程

与其他汇付方式相比，票汇具有取款灵活、手续简便等优点，但有银行可占用汇款人的资金甚至发生汇票纠纷的不足。

第三节　汇付在国际贸易中的应用

在国际贸易中，买卖双方在磋商交易时，须对交易款项的支付作出明确规定并在合同中加以确定。汇付是常用的结算方式之一。但汇付是商业信用，它取决于买卖双方的信任程度。根据货款交付和货物运送的时间不同，汇付可分为“先付款、后交货”和“先交货、后付款”两种类型。前者称为预付货款，后者称为货到付款。

一、预付货款（Payment in Advance）

预付货款，是指买方先将货款的全部或者一部分通过银行汇交卖方。卖方收到货款后，根据买卖双方事先的合同规定，在一定时间内或立即将货物发运至买方。预付货款是对买方而言，对卖方来说就是预收货款，它是“先收款、后发货”的方式。同时，在银行方面，预付货款属汇出汇款，预收货款属汇入汇款。汇入地银行在处理这项汇入汇款业务时，先结算给卖方，然后再由卖方将货物运出，故又称“先结后出”。

预付货款是建立在买卖双方已签订买卖合同的基础上，买方应按合同规定，通过银行用电汇、信汇或票汇方式，将款项部分或全部汇出。同时，在汇款附言栏中说明款项的销售合同号码；如有要求或条件，也应在此处注明。汇入行接到预付货款后，应立即通知卖方并立即解付该汇款。

若以预付货款方式（如前 T/T）清偿货款，买卖合同可作出以下明确约定。

（1）若约定合同签妥时预付，合同中可规定：Payment shall be effected cash with order（CWO）by means of T/T。

（2）若约定在合同签订后若干日内付款，合同可规定：Payment shall be made within ×× days after conclusion of the contract by means of T/T。

（3）若约定在某特定日期前付款，合同可规定：Payment shall be effected on or before ××（date）by means of T/T。

二、货到付款（Payment after Arrival of the Goods）

货到付款是卖方先发货、买方后付款的结算方式。这种方式实际上属于赊账交易（Open Account Transaction）或延期付款（Deferred Payment）性质。

在国际贸易结算中，货到付款有售定和寄售两种形式。

（一）售定（Goods Sold）

售定的前提是买卖双方成交条件已经谈妥并已签订成交合同。此时，货价确定，买方付款的时间通常是货到即付款或货到后一定时间再付款。因此，付款的时间也是确定的。买方收到货物后，用汇款方式将货款汇交卖方。这种特定的延期付款方式习惯称为“先出后结”，又因价格事先已确定，又称为售定。

（二）寄售（Consignment）

寄售对于卖方来说，是先将货物运至进口地，委托进口地商人在当地市场按照事先规定的条件代为出售，买方要等到货物售出后才将货款汇给卖方。进口地商人只是作为卖方在当地的代理人或经纪人，有关价格涨落、售货盈亏等风险均由卖方负责。货物卖完后，出口商还须支付一定佣金或手续费给代理商。实务中，一般称委托寄售货物的卖方为委托人，接受寄售的进口地代理商为受托人，委托人与受托人之间通常订有寄售货物协议。在此协议中，一般对货物价格高低和定价方法都作了详细的规定。有的销售货物协议或销售合同中，还规定一段时间后（如三个月）货仍未售出，货价降低多少百分点；再过一段时间售不出，货价再降多少。总体来说，以寄售方式出口商品，价格是无法事先确定的。这种方式对卖方来说，是最差的收款条件。

若以货到付款方式（如后 T/T）清偿货款，买卖合同可作出以下明确约定。

（1）若约定卖方装运后若干天（如 30 天），买方以 T/T 一次清偿，合同可规定：

Payment shall be effected in full at 30 days after shipment by T/T remittance to the seller's account no. ×× with ×× bank，Beijing China。

注意：该约定中的“after shipment”通常以“提单日后”（after B/L date）或“提单装载日后”（after B/L on board date）为依据。

（2）若约定货物运抵卸货港后 30 天，买方以 T/T 一次清偿，合同可规定：Payment shall be effected in full at 30 days after cargo arrival at the port of discharge by T/T remittance to the seller's account no. ×× with ×× bank，Beijing China。

注意：该约定下，买方的付款到期日除 30 天外，还须加上船舶到达卸货港的航行时间。因此，卖方还须承担船舶延误或不能到达卸货港的风险。卖方尽可能避免这种约定。

案例分析

1. 进口 T/T 融资与远期结售汇产品组合案

某年，中国 F 银行与中国进口商 I 公司正式开始业务合作。I 公司的贸易特点是处于贸易链的中间环节，上下游客户相对固定，回款有保证。企业间的结算方式为 T/T 结算，回款期及付款均为 60 天。

次年，随着该公司订单的减少，其融资需求也越来越少。F 银行进行了认真的调研和分析，综合企业的经营状况以及市场动态，适时向企业推出了进口贸易融资与远期结售汇的产品组合，为企业降低了财务成本。该组合产品的流程为：（1）企业采购原材料阶段，在取得进口报关等单据后，向 F 银行申请进口 T/T 融资。（2）企业将自有人民币存款通过开户银行开立单位定期存单，作为进口 T/T 融资的质押物。签订进口 T/T 融资协议、担保合同（人民币存单质押），签订远期购汇协议。（3）发放融资，贷款到期后，F 银行解付存单，办理远期售汇交割，偿还进口 T/T 融资。

自该年 8 月以来，这一方案为该企业大大降低了财务成本，进一步巩固了 F 银行在 I 公司业务合作中的地位。在融资组合的带动下，F 银行两年国际结算量、贸易融资量、结售汇业务量、中间业务收入及人民币存款等各项业务均得到较快发展。

试分析该案例的成功之处。①

（提示：对银行而言，客户就是资源，及时掌握企业的经营状况及市场环境的变动，为企业提供合适的产品和服务，才能促进双方合作，达到银企双赢。该产品的推出是 F 银行在结算、贸易融资、结售汇、中间业务收入及人民币存款综合领域中一次成功的应用，是 F 银行强调银企合作双赢思想的体现。在企业自有资金充足及人民币预期升值的背景下，推出该融资组合产品，可为企业带来较好的收益。）

2. 进口 T/T 融资与远期售汇组合案

A 公司为专业从事对外经济技术合作与国内外贸易的综合性企业集团。A 公司某年的业务重点主要在进口方面，付汇方式主要采用 T/T 货到付款。

某年初，人民币升值趋势明朗，I 银行了解到 A 公司对当前的汇率走势比较担心，欲通过银行的相关业务产品，达到规避汇率风险、节约财务成本的目的。于是，I 银行向 A

---

① 原擒龙．国际结算与贸易融资案例分析．北京：中国金融出版社，2010：212-213.

公司推荐了进口 T/T 融资与远期售汇组合的理财产品，办理流程如下：

（1）到货后，A 公司将相关凭证及全套商业单据提交 I 银行，供其审核业务的真实性及合规性；

（2）A 公司将预备购汇的人民币以定期存单方式存入 I 银行用于质押，人民币存单质押率 100%，人民币存单本息合计除以远期购汇汇率等于 I 银行外币融资本息；

（3）I 银行同时为 A 公司办理一笔与融资本息金额、期限相匹配的远期购汇交易；

（4）I 银行为 A 公司办理进口 T/T 融资后即期对外支付；

（5）融资定期，I 银行以人民币定期存单派生的本息办理远期购汇交割后，归还融资本息。

试分析该案例的成功之处。①

（提示：在该案例中，I 银行抓住时机，在汇率走势比较明朗、人民币加速升值且升值预期不断加强的市场前景下，积极推广贸易融资与资金业务相结合的理财产品，有效地帮助进口企业降低了财务成本，规避了汇率风险，同时，为 I 银行带来可观收益。

A 公司通过办理此项理财产品，一是节约了购汇成本，二是提前锁定购付汇成本和收益，三是该组合产品项下的贸易融资属于 I 银行低风险融资业务，不占用企业授信额度。

I 银行通过为客户量身定制金融服务方案，一方面满足了客户日益增长的金融服务需求，另一方面也获得可观的业务收益，最终形成与客户共赢的合作关系。）

---

① 原擒龙．国际结算与贸易融资案例分析．北京：中国金融出版社，2010：214-215.

第十八章　出口货款的结算——托收

托收是国际贸易中重要的货款结算方式之一。在中国的对外经济贸易中，采用托收方式结算货款的比例呈现逐渐增加的趋势。

第一节　托收概述

一、托收的概念与性质

国际商会《托收统一规则》（URC522）第 2 条规定：托收是指由接受托收指示的银行依据所收到的指示处理金融单据和/或商业单据以便取得付款或承兑，或凭付款或承兑交出商业单据或凭其他条款或条件交出单据。

根据上述定义，托收（Collection）的概念可概括为：托收是银行（托收行）依据委托人（债权人）的指示，通过该行在付款人（债务人）所在地的联行或代理银行（代收行）向付款人取得付款和/或承兑，或在取得付款和/或承兑或其他条款、条件之后，向付款人交出单据的一种结算方式。

在国际贸易中，托收是出口商依买卖合同的约定，将货物装运出口后，提交商业单据和/或开立以进口商或其指定银行为付款人的金融单据（如汇票），委托出口地的银行代向进口商收取货款的结算业务。

托收是建立在商业信用基础上的一种结算方式。尽管银行参与结算，但银行不提供信用，即委托人最终能否取得付款或承兑，依赖于付款人的信用，银行仅提供服务而不承担责任，只要其本身没有过失。

在托收中，由于票据或单据的流动方向与资金的流动方向正好相反，故称其为逆汇法业务。

二、托收的当事人

在托收业务中，主要涉及四个当事人，即委托人、托收行、代收行和付款人。[①]

（一）委托人（Principal）

在托收中，委托人通常是指委托银行（托收行）办理取得付款和/或承兑的一方。它可以是光票托收中的债权人，也可以是跟单托收中的出口商（卖方）。若有汇票，它往往

① 关于托收当事人的责任与义务，可详见拙著《国际结算——实务与操作》（第三版）第四章。

也是该汇票的收款人。

委托人在委托银行办理托收时，应填制由银行提供的“托收指示书”，向该银行提交相关的金融单据或商业单据并交付托收费用。

（二）托收行（Remitting Bank）

托收行是指接受委托人的委托办理托收的银行。一旦接受委托，托收行负责将有关单据寄送代收行，因而托收行又称寄单行。该银行通常为债权人或卖方所在地银行。若有汇票，托收行可以是该汇票的收款人或被背书人。

（三）代收行（Collection Bank）

代收行是指接受托收行的委托，依托收行指示，向付款人取得付款和/或承兑，或在此之后向付款人交单的银行，它包括除托收行之外的参与办理托收的任何银行。该银行一般为托收行在付款人或买方所在地的联行或代理行。若有汇票，该银行可以为该汇票的被背书人或收款人。

（四）付款人（Payer or Drawee）

付款人是指依托收指示，由代收行向其提示单据并要求其付款的人。若有汇票，该付款人为汇票的受票人，应立即支付汇票金额（即期汇票），或应承兑汇票（远期汇票）并于到期日付款。在跟单托收中，付款人一般为进口商（买方）。

此外，在托收中有时还涉及提示行。提示行（Presenting Bank），是指向付款人提示汇票和/或其他单据的银行，一般又称为交单行。多数情况下，由代收行兼任提示行。但有时，国外买方要求以其往来银行作为代收行，而该银行与托收行无通汇关系；为方便其往来银行向付款人融通资金，托收行只好委托代收行，请其通过买方指定的往来银行，向买方办理提示事项。在此情况下，该买方指定的银行即为提示行。此时，代收行与提示行分别为两家银行。

三、托收指示

托收指示（Collection Instruction）是由托收行依委托人的申请书而制作的寄送单据的面函（Covering Letter）。代收行依其指示办理代收业务。

依 URC522 第 4 条，所有托收单据必须附有托收指示且表明该托收适用 URC522 并给出完整明确的指示。银行只被允许根据托收指示及 URC522 行事；代收行不会在其他地方寻找指示，无义务通过审核单据获得指示；除非托收指示中另有授权，否则，代收行对任何第三方的指示将不予理会。

每一银行通常都有自己的格式化托收指示，其形式和内容大致相同。[①]

四、跟单托收的汇票

在跟单托收中，若开立托收汇票（Collection Bill/Draft），则该汇票的出票人通常为出口商，付款人通常为进口商，而收款人可以是出口商、托收行或代收行。汇票收款人不同，其背书转让的做法也有所不同。现将跟单托收项下，汇票不同收款人的背书转让做法

① 关于托收指示的具体内容，详见拙著《国际结算——实务与操作》（第三版）第四章，对外经济贸易大学出版社。

作以下介绍。

（一）出口商（委托人）是汇票的收款人

出口商开立以自己为收款人（Payee）、进口商为付款人的汇票，当其向托收行提交单据时，应将该汇票做成空白背书。此时，出口商为第一背书人和持票人。托收行寄单给代收行时，再将该汇票做成记名背书且限定代收行为被背书人。如：

××

（出口商）

For collection

Pay to the order of ×× Collecting Bank（代收行），place（地址）

For ×× Remitting Bank（托收行），place（地址）

××（签字）

（二）托收行是汇票的收款人

出口商开立以托收行为收款人（Payee）、进口商为付款人的汇票，将其提交给托收行。当托收行接到该汇票时，将其做成记名背书。此时，托收行为第一背书人和持票人且指定代收行为被背书人。如：

For collection

Pay to the order of ×× Collecting Bank（代收行），place（地址）

For ××× Remitting Bank（托收行），place（地址）

××（签字）

（三）代收行是汇票的收款人

出口商开立以代收行为收款人（Payee）、进口商为付款人的汇票并将其提交给托收行，托收行再将其寄送给代收行。此时，委托人（出口商）和托收行均无权背书，只有代收行成为该汇票的持票人（收款人）。

第二节　托收的种类及业务程序

托收按其是否附带商业单据，分为光票托收和跟单托收。

一、光票托收

光票托收（Clean Bill for Collection）是指仅开立金融单据（如汇票等）而不附带商业单据或货运单据的托收。光票托收并非不附带任何单据，若一张汇票仅附带一些非货运单据（如垫款清单等），这种托收仍视为光票托收。

光票托收的适用范围较广，主要适用于非贸易的结算，如赠款、知识产权使用费及其他债权债务关系的结算等；它也可适用于贸易结算，如小额贸易货款以及贸易项下的保险费、运费、赔偿金、佣金等从属费用。

二、跟单托收的概念

跟单托收（Documentary Bill for Collection）是指开立或不开立金融单据（如汇票等），但附有货运单据（商业单据）的托收。因此，跟单托收分为金融票据附带商业单据的托收和商业单据不附带金融票据的托收。

金融票据附带商业单据的托收，一般是商业汇票后面附随发票、提单、装箱单、品质证书，需要时还有保险单和其他单据。这种跟单托收是凭汇票付款，即托收的标的是汇票，其他单据是汇票附件，起支持汇票的作用。托收是由付款人根据汇票上指定的收款人或经其背书转让的持票人，即期或远期或板期支付汇票上所列货币的金额。因此，这类托收的对象是收取汇票的票款。

商业单据不附带金融票据的托收，与上述托收的标的是汇票相比较，失去了无条件支付命令这一重要票据。这类托收主要是有些国家对汇票须贴有按税法规定的印花税才能有效引起的。为减免（或避免）印花税，在跨国分支机构、联号或往来多年彼此信任的客户间，不需要利用汇票作为流通工具，或都是即期付款而不必利用汇票进行远期承兑，由此形成只有商业单据而不附金融票据的托收。这种托收，通常按照商业发票的金额付款。

跟单托收而又要求分批付款、分批提货时，则比较复杂。依 URC522 第 19 条第 2 款，关于跟单托收、分批付款，仅在托收指示书中有特别授权的情况下，才可接受。除了另有指示外，提示行仅在全部付款已经收到时，才能把单据交给付款人。

三、跟单托收的种类及业务程序

跟单托收主要适用于国际贸易项下的货款结算。通常情况下，卖方依据贸易合同先行发货，然后委托银行办理货款的收付。跟单托收的业务程序如图 18-1 所示。

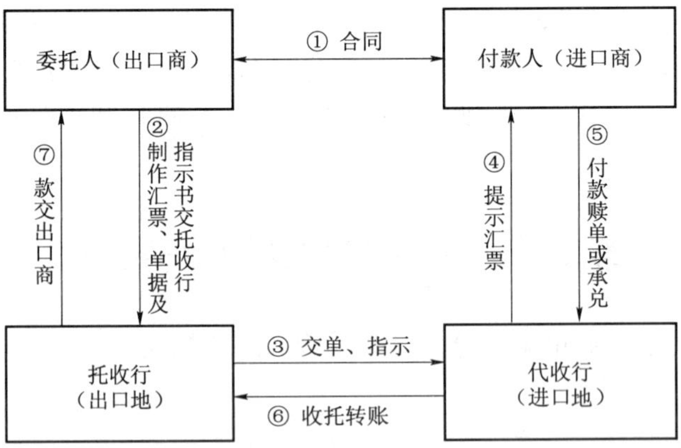

图示说明：

① 合同约定使用托收方式。

② 出口商按期装运后，制作汇票及有关单据，填写托收指示书送交托收行。

③ 托收行接受委托后，将有关单据寄交代收行并说明指示书中的各种指示（如 D/P、D/A 等）。

④ 代收行根据指示向进口商提示汇票。

⑤ 若为 D/P 即期，进口商付款赎单；若为 D/P 远期，先办承兑，到期付款赎单；若为 D/A，承兑取单，到期付款。

⑥ 代收行收款后，通知托收行，收妥转账。

⑦ 托收行将货款交出口商。

图 18-1 跟单托收流程

根据付款人取得货运单据的方法及时间不同，跟单托收分为付款交单和承兑交单两种方式。

(一) 付款交单 (Documents against Payment, D/P)

付款交单，是指出口商（或代收行）以进口商付款为条件交单，即被委托的代收行必须在进口商付清货款之后，才能将货运单据交给进口商。换言之，进口商须向代收行付清货款后，才能取得货运单据凭以提货。因此，其对出口商的风险相对较小。

付款交单又可分为即期付款交单和远期付款交单两种类型。

1. 即期付款交单（D/P at Sight）

即期付款交单，是指由出口商开立或不开立即期汇票，将货运单据和/或汇票通过托收行寄到进口地代收行，代收行提示给进口商，进口商审核有关单据无误后，立即付款赎单，货款和物权单据两清，进口商凭货运单据提货。付款交单主要是指这种即期付款交单。即期付款交单的业务程序如图 18-2 所示。

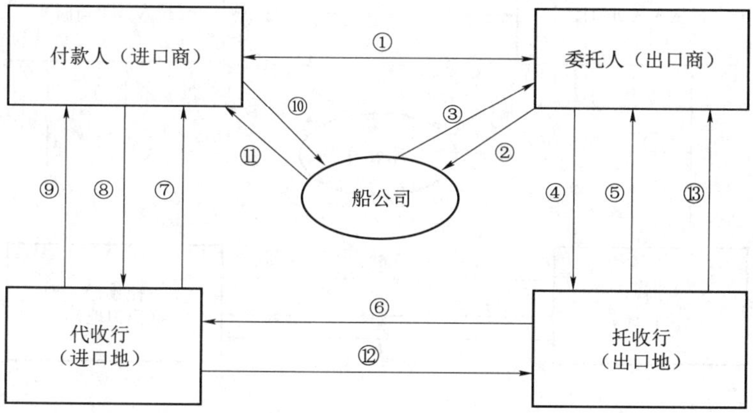

图示说明：

① 买卖双方订立合同，约定使用即期付款交单方式结算货款。

② 出口商依合同向承运人发货。

③ 货物装船后，承运人向出口商签发运输单据（B/L）。

④ 出口商交货后，缮制托收申请书或开立即期汇票，连同货运单据交托收行。

⑤ 托收行审核申请书和单据无误后，开出回单给出口商。

⑥ 托收行依申请书的要求，缮制托收指示书，连同全套单据寄交代收行。

⑦ 代收行向进口商提示单据或汇票。

⑧ 进口商验单无误后付清货款。

⑨ 代收行将全套单据交给进口商。

⑩ 进口商持提单向承运人或其代理出示提单，要求放货。

⑪ 承运人或其代理向进口商放货。

⑫ 代收行通知托收行，款已收妥并贷记银行账户。

⑬ 托收行将货款付给出口商。

图 18-2 即期付款交单（D/P at Sight）流程

即期付款交单的付款条件下，进口商应在单据提示时立即付款，凭付款取得单据。但在实务中，有些付款人为了将风险减少到最低限度，往往坚持在货物到达后才予付款。有些非洲国家甚至以法令规定，即期付款交单一律要等货物到达后才可以付款。

依 D/P at sight 交易，出口商发货后，需备妥单据（和/或汇票），委托托收行将其转寄进口地的代收行，向进口商提示付款；代收行收妥货款后，汇入托收行；托收行再将款项拨付出口商。因此，出口商应将这一段时间的利息计入合同的价格中。这段时间的计息天数通常包括三部分：一是发货日至向托收行交单日的天数，二是单据寄送代收行及进口商付款日的天数，三是代收行向托收行汇款日至出口商收到货款日的天数。按照惯例，这三段时间一般需要 20 天左右。

2. 远期付款交单（D/P after sight）

远期付款交单，是在远期付款交易下，出口商开立远期汇票，将其与随附的货运单据通过托收行寄到进口地代收行，代收行提示给进口商；进口商见票并审单无误后，立即承兑汇票并于汇票到期时付款后赎单，凭以提货。远期付款交单的业务程序可用图 18-3 表示。

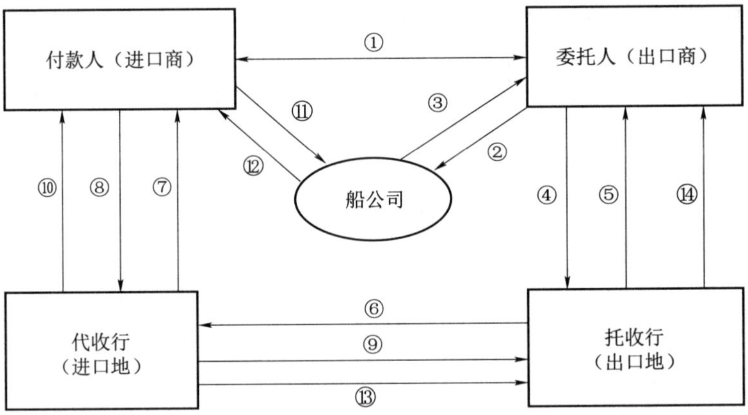

图示说明：

① 买卖双方订立合同，约定使用远期付款交单方式结算货款。

②—⑥ 与 D/Pat sight 的②—⑥相同。

⑦ 代收行向进口商提示单据和汇票，要求进口商承兑汇票。

⑧ 进口商验单无误后，承兑汇票并将其返还代收行。

⑨ 代收行向托收行签发承兑通知书。

⑩ 汇票到期，进口商向代收行付清货款；代收行将全套货运单据提交进口商。

⑪ 进口商持货运单据向承运人或其代理出示货运单据，要求放货。

⑫ 承运人或其代理向进口商放货。

⑬ 代收行通知托收行，款已收妥并贷记银行账户。

⑭ 托收行将货款付给出口商。

图 18-3 远期付款交单（D/P after sight）流程

采用远期付款交单的方式，目的是给进口商一段时间以准备或筹备资金。在到期付款前，单据仍由代收行掌握以维护出口商权益。若远期付款的期限较长而有关货物运抵目的地时间相对较短，如坚持到期日付款赎单，则影响进口商提货，进口商多不愿意接受。在此情况下，进口商可提前付款赎单，代收行可以交单。另外，进口商还可向代收行申请，经代收行征得托收行和出口商同意后开立信托收据（Trust Receipt，T/R），凭此信托收据向代收行借出单据，提取货物；待货物出售取得货款后，再付款给代收行，换回信托收据。

这类托收对出口商而言，既能保障物权转移必须在收妥款项时进行，不至于款、货落空，又能给进口商一定时间以筹措资金，不失为可供选择的一个方法；但在实务中，尚有两方面问题较难解决。

一方面，对进口商而言，不如 D/P 或 D/A 那样权利与义务可立即平衡，即进口商要么付款，要么承兑汇票，都能取得单据，只等货到目的港，即可提货。而远期付款交单，进口商审单后作出了付款承诺，但又无取得单据的权利。若进口商要提前取得单据，特别是货已到目的港而远期尚未到期的情况下，除非也提前付款或者向代收行商请开立信托收据。能否借出单据还得由代收行视进口商的资信情况而定。因此，进口商通常不接受这类托收，往往要求把交单方式改为 D/A。

另一方面，对代收行而言，它既要取得进口商的付款承诺，又要在远期汇票到期前保管好单据，徒增手续与责任。若进口商要求提供信托收据而借出单据，一旦远期汇票到期而收不到托收款，有款、货两空的风险。因此，代收行认为这类托收是出口商把一切责任推给代收行，代收行也不愿意接受。在实务中，代收行常要求将这类托收改为 D/A，甚至有个别代收行表示，若不改成 D/A 就将单据连同指示书一并退回托收行。

鉴于上述情况，URC522 第 7 条第 1 款规定："指示商业单据在付款时交付的托收不应包括远期汇票。"同时，该条第 3 款又规定："若托收包括远期汇票，托收指示声明商业单据凭付款交付，则单据只能在获得付款时交付，代收行对单据交付的迟延所引起的任何后果不承担责任。"由此可看出，URC522 不鼓励使用远期 D/P。

但若买卖双方同意使用远期 D/P 作为货款的结算方式，最好的方法是，远期汇票的付款期限与货物运输的时间基本相当，即货物运输的时间大致与汇票的付款时间吻合，避免出现货物已到达目的地而汇票的付款时间还未到期的情况。例如，中国海运出口货物到美洲国家，其运输时间大约为一个月。若使用远期 D/P 结汇，则汇票的付款时间也应设定为一个月或更短一点，如 Documents against payment at 30 days after sight（见票后 30 天付款交单）。

依 D/P after sight 交易，必须等进口商付款后才向进口商交单。因此，出口商同样应将装船日至收回货款日这一段时间的利息计入合同的价格中。与即期 D/P 相比，远期 D/P 的计息天数还要加上进口商承兑汇票后的期限。

（二）承兑交单（Documents against Acceptance，D/A）

承兑交单，是指出口商指示托收行、代收行在进口商接受单据时，由进口商先办理汇票承兑手续，之后由代收行向进口商交出单据，进口商凭以提货，待远期汇票到期日，进口商再支付货款。承兑交单的业务程序可用图 18-4 表示。

进口商以承兑为条件，即只需对远期汇票进行承兑而不需付清货款，即可从代收行取得货运单据。承兑的具体手续是，进口商在代收行提示汇票要求承兑时，在汇票上签署"承兑"字样，注明承兑日期或加上到期日期，然后取得货运单据，即可提取货物。承兑交单对进口商很有利，因为其承兑后即可取单提货。若货物销售顺利，至汇票到期日应付款时，货物已经售出，往往不必自备资金，对进口商加速资金周转有利。

在业务中，常见的承兑汇票时间（也是确定远期汇票到期日的方式）有两种。一是 Documents against Acceptance（D/A）×× Days after Sight（见票后××天承兑交单）。这种情

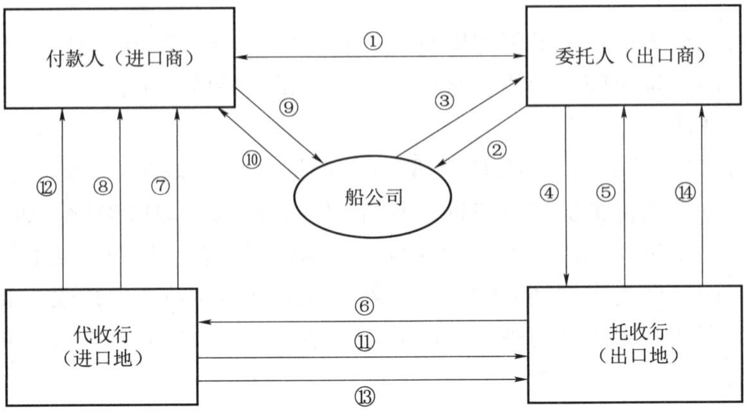

图示说明：

① 买卖双方订立合同，约定使用承兑交单方式结算货款。

②—⑥ 与 D/Pat sight 的②—⑥相同。

⑦ 与 D/P after sight 的 ⑦相同。

⑧ 进口商承兑汇票，代收行收回并保留汇票，同时，将货运单据交给进口商。

⑨—⑩ 进口商取得货运单据后，即可向承运人或其代理提货。

⑪ 代收行向托收行签发承兑通知书。

⑫ 汇票到期，代收行向进口商收款，进口商付款。

⑬ 代收行通知托收行，款已收妥并贷记托收行账户。

⑭ 托收行将货款交付给出口商。

图 18-4 承兑交单（Documents against Acceptance，D/A）流程

况下，汇票的到期日（付款时间）由进口商见票后确定；而进口商何时见票，出口商难以控制。二是 Documents against Acceptance（D/A）×× Days after Bill of Lading Date（提单日后××天承兑交单）。这种情况下，汇票的到期日由于是从提单日起算的，出口商在发货并取得提单后，即可确定进口商的付款日期。此外，托收指示中也表明了汇票的到期日。远期汇票的到期日确定方式还可能是以下几种：（1）出票日后若干天，如 D/A 120 days after date；（2）指定到期日，如 D/A payable on Sept. 30，2015；（3）货到后若干天，如 D/A 180 days after arrival of the vessel 等。

依 D/A 交易，出口商的利息天数计算方法如下。

（1）若买卖合同规定 D/A ××（如 60）Days after Sight，即汇票付款到期日为见票（承兑）后 60 天，则计息天数包括三部分：装船日至承兑日的天数，一般为 20 天左右；承兑日至付款日，按合同约定（如 60 天）；付款日至收到款项日的天数，一般为 5 天左右。这三段时间的利息应计入合同的价格中。

（2）若买卖合同规定 D/A ××（如 120）Days after Shipment 或 D/A ××（如 120）Days after B/L date，即汇票付款到期日为装船日后 120 天，这种条件下，一旦装船，汇票的到期日就确定了，而不论进口商何时承兑汇票。因此，计息天数包括两部分：即装船日至付款日的天数（120 天）；付款日至收到款项日的天数，一般为 5 天左右。这两段时间的利息应计入合同的价格中。

（3）若买卖合同规定 D/A ××（如 120）days after date，即汇票付款到期日为出票后

120天，同时，贸易术语为FOB、CFR或CIF等装运合同时，出口商出具汇票的日期不能早于装船日期。因此，这种条件下的计息天数与上述（2）基本相同。

（4）若买卖合同规定D/A payable on Oct. 30，2015，即在合同订立时就已确定汇票的付款到期日为2015年10月30日，计息期的天数为自装船日起算至该到期日（2015年10月30日）加上付款日至收到款项日的天数。

（5）若买卖合同规定D/A ××（如120）days after arrival of the vessel，即以载货船舶到达指定目的港后120天为汇票到期付款日，计息天数包括三部分：自货物装船日至船舶到达港口的航行天数，加上120天的远期天数，再加上付款日至收到款项日的天数。应特别注意，这种条件对出口商存在极大风险；换言之，若载货船舶不能到达，则进口商可以拒付货款。同时，若汇票载明到期付款日为“×× days after arrival of the vessel”等类似条件，则汇票将失去法定效力。

承兑交单对出口商而言，风险较大。因为在承兑交单时，尽管进口商对汇票金额承诺一定时期后支付，但毕竟没有付款。对于出口商来说，一旦交出货运单据，就不再能以物权——货物运输单据来约束进口商付款；若进口商到期拒付，则货、款可能两空。从理论上讲，出口商可凭进口商承兑的远期汇票依法起诉，但在已承兑的汇票到期被拒付的情况下，往往是进口商实际上已无力偿付，诉讼亦收效甚微。另外，也有一些资信不好的进口商存在诈骗行为。若遇上这样的进口商，其承兑后将货物取走而到期拒不付款，尽管出口商可以对其起诉，但打官司的手续麻烦，费用也大。胜诉后，这种进口商，也不一定有能力赔偿全部货款和诉讼费用。因此，对于资信不好或不甚了解的进口商，不宜采用D/A方式。

四、其他种类的跟单托收

除了上述D/P和D/A之外，在国际结算中，有时还可见到以下几种跟单托收。

（一）直接托收（Direct Collection）

直接托收，是指出口商发货后，使用自己账户银行的托收指示空白格式，自己填写内容，连同商业单据直接寄送进口商的账户银行，要求其代为收取货款。同时，出口商将已填妥的托收指示副本送交自己的账户银行，请其将该笔托收视同该银行托收。

国际商会《托收统一规则评注》（ICC550）指出：上述情况下，托收格式是银行格式且必须表明“本托收适用URC522”，代收行将该笔托收视同来自托收行处理。

必须注意的是，URC522所规定的托收是由银行来办理的托收，直接托收则是由出口商不经托收行而是自己将单据直接寄交进口商账户银行办理的托收。URC522不包括不经银行办理的托收业务，因此，URC522并不适用于直接托收。

虽然直接托收的速度较快，但由于没有托收行的参与，完全由出口商自己处理托收业务，缺少银行的有力支持，因而极易发生货、款两空。因此，作为收款人，出口商不应轻易使用这种托收。

（二）部分即期D/P，部分D/A托收（Partial D/P at Sight，Partial D/A）

若买卖合同规定货物分批（期）装运，可将部分货款采用即期D/P托收，部分货款采用D/A托收。这样，出口商可降低全部货款都采用D/A托收的风险。

（三）凭本票交单托收（Documents against Promissory Note）

有时，买卖双方约定由进口商开立本票，进口商凭提交本票取得货运单据。代收行只有在收到进口商开立的本票后，才可以将货运单据交给进口商。为了减少风险，出口商最好要求进口商提供银行本票。

（四）凭付款承诺书交单托收（Documents against Guarantee of Payment）

有时，进口商提出使用付款承诺书替代汇票或本票，以此换取货运单据。付款承诺通常为进口商承诺未来一定期限后付款。作为收款人，出口商不应轻易接受这种承诺书。因为付款承诺书是一种商业信用，完全是进口商的自我担保；而且这种承诺书通常不属于金融票据，一般不受票据法约束，一旦进口商拒付，出口商难以援引票据法辩护。因此，这种托收的风险较大。

（五）凭银行保函交单托收（Documents against Bank's Guarantee）

为减少出口商的收款风险，有时，出口商要求进口商提供银行保函以换取货运单据，未来一定期限后，进口商向出口商支付货款。这种托收比付款承诺书的风险小，出口商可适当考虑接受。

第三节　跟单托收的利弊及适用范围

在国际贸易中，资信较好的大型企业之间使用托收方式结算货款的情况较为普遍。随着出口信用保险的发展，中小型企业也逐渐使用托收作为国际贸易的主要结算方式之一。本节探讨使用托收的利弊及其适用范围，为贸易商提供借鉴。①

一、对出口商的利弊

在出口贸易中，使用托收作为货款的结算方式对出口商而言，具有以下利弊表现。

1. 有利表现

（1）提高出口竞争力。因托收方式对进口商比较有利，若出口商接受托收方式，能够比较容易获得订单，可借此提高开拓国际市场的竞争力。

（2）出口信用保险的保障。出口信用保险的保障范围主要是非信用证交易，托收方式的交易能够获得出口信用保险的保障。

（3）货权及货款权基本获得保障。若采用 D/P 方式，出口商可通过代收行控制运输单据（提单），以便控制货权和货款权，直到进口商付款为止。若采用 D/A 方式，先由进口商承兑汇票，到期日进口商再付款，以汇票控制货款权。

（4）成本较低。相对于信用证付款，托收手续简单、成本较低，出口商可适当提高售价。

2. 不利表现

（1）政治风险较大。出口商能否获得货款，面临进口地的政治风险。若进口地发生政治和经济风险，如政局动荡、改变贸易或外汇政策，进口商无法取得进口许可证、无法申请到外汇等，将导致出口商的货款落空。

---

① 张锦源．国际贸易实务详论［M］．17 版．台北：三民书局股份有限公司，2013：685-687，690-691.

（2）商业风险较大。因托收是典型的商业信用，即使进口地不发生政治和经济风险，进口商也可能因市场行情发生激烈变化而拒绝提货或延迟付款，或寻找各种理由要求降价，进口商也可能因经营不善而无力付款。

（3）代收行风险。在托收业务中，进口地的代收行与进口商通常具有更密切的关系。在远期 D/P 中，代收行往往未收取货款就将货运单据放给了进口商，导致出口商的货款损失；有时，代收行擅自决定借单给进口商提货，使出口商遭受货款损失。

（4）汇率变动风险。由于托收交易下，出货在先、收款在后，若以外币成交，出口商难免遭受汇率波动的损失。

（5）利率和物价风险。若交易周期较长、金额较大，出口商难免遭受国内利率及物价变动的损失。

（6）境外费用损失。若进口地或进口商发生风险而货物已到达进口地，出口商可能需要处理货物，进而产生诸多费用损失。

二、对进口商的利弊

1. 有利表现

总体而言，托收方式对进口商比较有利，其表现有以下几方面。

（1）付款前，查验货运单据或货物。在 D/P 交易中，进口商可在付款前，查验货运单据，确保出口商按照买卖合同交付约定的货物。在 D/A 交易中，进口商可在付款前收到货物，查验货物是否符合合同规定，以降低交易风险。

（2）资金运用灵活。在 D/P 交易中，进口商通常要求在货物抵达后而非单据抵达后才付款赎单；而在 D/A 交易中，进口商更可在承兑汇票后，提取货物、转售，直到付款期届满时再付款。在远期 D/P 下，进口商还可凭信托收据借单提货而无需付款。这些做法使得进口商可以充分灵活地运用资金，无需贷款。

（3）成本较低。与信用证相比，进口商采用托收方式可以节省开证、审单等环节的保证金等，降低进口成本，提高竞争力。

2. 不利表现

（1）事后救济。在 D/P 交易中，进口商一般是付款后提货。此时，若发现货物与合同不符，只能采取其他事后救济措施解决。在 D/A 交易中，进口商虽然尚未付款，提货后发现货物不符可以要求出口商降价或拒绝付款，但因已经承兑了汇票，需要承担票据法的责任。

（2）利率、汇率、物价等风险。这些风险对进口商同样存在。

三、适用范围

由于托收结算方式具有手续简单、成本较低等特点，只要处理得当，这种交易方式也被贸易商所接受。以下就托收所适用的范围予以介绍。

（一）适用 D/P 方式的交易范围

以下贸易比较适合 D/P 方式。

1. 竞争激烈的产品销售。当出口商销售某种在国际市场上竞争激烈的产品时，可以适当满足进口商的远期付款要求，以远期 D/P 方式成交，以使进口商降低进口成本。

2. 进口商资信尚可的小额贸易。当进口商资信尚可且贸易金额不大，进口商又不愿意开立信用证时，出口商为促成交易，可采用即期 D/P 方式成交。

3. 贸易双方均为大型企业之间的交易。此种情况下，双方的资信可靠，即使采用远期 D/P 方式，一般也不会产生风险。

4. 出口商在进口地拥有分支机构或固定代理。此时，出口商可适当接受 D/P 方式交易，一旦进口地或进口商出现风险，比较容易处理货物。

5. 鲜活、易腐货物交易。此类货物通常仅能采用即期 D/P 方式而不宜采用远期 D/P 方式，否则货物到港后，不及时提货易导致货物变质或腐烂。

6. 对一些拉美国家（如秘鲁、玻利维亚等）的贸易，若同意采用托收方式，只能使用即期 D/P。因为这些国家的代收行只接受办理即期 D/P 业务，而将远期 D/P 业务视为 D/A 业务，即远期 D/P 下，进口商承兑汇票后，代收行即把货运单据交给进口商。

（二）适用 D/A 方式的交易范围

以下贸易比较适合 D/A 方式。

1. 贸易双方具有良好、长期合作关系的交易。此种情况下，双方之间资信可靠，即使采用 D/A 方式，通常也不会产生风险。

2. 滞销产品的交易。为增加交易的可能性，出口商在销售滞销产品时，可适当采用对进口商有利的 D/A 方式，以便进口商在付款前获得货物。

3. 出口商在进口地拥有分支机构或固定代理。此时，出口商可适当接受 D/A 交易，一旦出现风险，比较容易采取措施处理。

4. 汇票经承兑后，易获得贴现的交易。出口商以 D/A 方式出口，尽管进口商尚未付款，但经其承兑的汇票，出口商可以贴现方式及早获得货款。

5. 鲜活、易腐货物交易。此类货物通常也适合采用 D/A 方式，否则货物到港后，不及时提货易导致货物变质或腐烂。

第四节　出口商对托收行的指示

作为委托人的出口商，指示银行如何办理托收业务是核心内容。托收行依据出口商的指示（申请书）制作寄单面函（Collection Instruction，Covering Letter），再指示代收行按其指示办理代收业务。银行通常都有自己格式的托收指示，其形式和内容大致相同。

依 URC522 第 4 条，所有托收单据必须附有托收指示，且表明该托收适用 URC522 并给出完整明确的指示。银行只被允许根据托收指示及 URC522 行事；代收行没有义务在其他地方寻找指示，也没有义务通过审核单据获得指示；除非托收指示中另有授权，否则，代收行对任何第三方的指示将不予理会。

出口商向托收行发出指示时，应遵守的两个基本原则：一是其指示要符合法律规定、URC522 及商业习惯，二是其指示必须完整明确。以下对托收指示的主要内容予以探讨。[①]

---

① 张锦源．国际贸易实务详论［M］．17 版．台北：三民书局股份有限公司，2013：691-670；黄得炳．非信用证交易 T/T、O/A、D/A、D/P 操作实务与风险规避［M］．台北：宏典文化出版股份有限公司，2012：62-72.

一、代收行的指定

国外代收行的选择涉及出口商的货款能否及时、安全地收回。因此，如何选择代收行对出口商极为重要。托收行、出口商、进口商均可选择代收行，但选择人不同，对出口商的收汇保障不完全相同。

（一）托收行选择代收行

依 URC522 第 5 条，代收行可由托收行指定。这对出口商有两方面的好处。首先，托收行是以专业的视角选择代收行，通常可保证其专业水平。其次，托收行选择代收行须承担谨慎注意的义务。若托收行在进口地有分支机构，则可以其为代收行；若无，则可选择往来银行为代收行。

（二）出口商选择代收行

出口商选择代收行的理由无非是基于进口商的要求或基于自己的理由，但无论如何，须得到托收行的同意。即使托收行同意出口商的选择，对于代收行的过失也不承担责任。

（三）进口商选择代收行

进口商可约定由其选择进口地的往来银行作为托收中的代收行，只要托收行和出口商同意即可。这对进口商担保提货及使用信托收据来说，比较方便和有利，但对出口商则可能不太有利。如进口商与代收行联合，在未收取货款或未承兑汇票时放单，会导致出口商受损等。另外，对于代收行的过失，托收行也不承担责任。因此，出口商必须对进口商选择的代收行有所了解。

二、指定“需要时的代理人”

当货物发运后，出口商委托银行办理托收，若进口商拒绝付款赎单或拒绝承兑，此时，出口商对已失去控制的在途货物或到港货物难以处理。为避免这种风险，出口商可指定一个在目的地的代理人办理接货、存仓、保险、转售或运回等事项。这个代理人称为“需要时的代理人”（Case-of-need）。该代理人可以是与出口商关系密切的客户，也可以是代收行。但根据 URC522 第 25 条的规定，该代理人的名称［如“In Case of Need，Refer to A（address）”］、权限等必须在托收指示中详细列明才有效。关于授予 A 代理人的权限，一般有以下几种。（1）充分授权或全权委托。例如，出口商在托收指示中规定：“Whose instructions with respect to this draft and the documents，you are authorized to follow. He may also change any of our instructions.”这种授权给予了代理人极大的权限，使得代理人完全有权自由处理货物和单据。若出口商拟向托收行融资或贴现，则会使托收行失去对货物的控制权，因而托收行可能不予接受。（2）未授予任何权限。如出口商仅表明：“Who will endeavor to obtain the honoring of this draft as drawn.”此时，该代理人仅能尽力劝说进口商承付汇票。（3）授予一定的权限。如出口商规定：“Who is empowered to grant delays or extensions not exceeding ×× days，or reductions not exceeding ×× percent of the value of the merchandise.”或“If documents are not duly taken up on arrival of goods，please store goods and insure against fire and/or all available risks.”出口商究竟授予代理人多大权限，应依据其代理人的关系及是否向银行融资等情况而定。

若在进口地无法找到这样的代理人，而必须委托代收行代为处理货物时，出口商应在托收申请书中明确指示代收行应采取何种措施。尽管依 URC522 第 10 条，代收行没有这种义务，但基于银行之间的互惠关系，在获得明确指示且情况紧急时，代收行一般在不承担法律责任的前提下，应采取一定措施以保全相关货物。通常，出口商在托收申请书中表明授予代收行采取措施的自由选择权："In case of dishonor, the goods may, in the option of your correspondent or agents, be landed, cleared through the customs warehouse and insured at our expenses."（若遭受拒付，贵行的通汇行或代理行可自由裁定，由我方付费，将货物卸载、通关及投保。）

三、远期汇票下单据的交付条件

托收项下的远期汇票，可分为付款交单的远期汇票及承兑交单的远期汇票。出口商必须明确指示其货运单据的交付条件，是付款后交付还是承兑后交付进口商。依URC522第7条，若使用远期汇票而又未载明货运单据是凭承兑（D/A）还是凭付款（D/P）才能交给进口商时，银行仅凭付款交单。因单据延迟交付而导致的后果，代收行不承担责任而由出口商自行承担。因此，出口商必须明确表明，远期汇票下的单据何时交付进口商。

四、如何处理远期汇票的提前付款

在使用远期汇票的情况下，若进口商愿意在汇票到期日之前付款及早提货，可使出口商提前获得款项。为此，出口商通常规定给予进口商利息的折扣，如"If paid before maturity, allow rebate of ××% per annum"。这种情况一般是远期汇票是以票面额向进口商收取货款的，而且托收指示中未载明进口商应负担利息。若汇票中已载明利息条款，进口商要提前付款，可依其所载利率扣除一定利息，无须再作指示。出口商在远期汇票已向托收行做贴现时，须考虑扣息率与托收行贴现率的差异。若扣息率高于贴现率，则托收行所能收到的款项将小于贴现给出口商的款项，因而导致托收行的损失。若扣息率过低，则不足以吸引进口商提前付款。因此，出口商须衡量进出口两地的利率水平，决定一个适当的扣息率。

五、如何处理部分付款

对于是否可部分付款，URC522及中国法律均有不同规定。出口商是否允许进口商只支付部分货款即可取得货运单据，必须在托收指示中给予银行明确的指示。

URC522在第19条中对部分付款予以规范。其内容包括以下几点。

（1）光票托收时，若付款地法律允许，则银行可依法办理部分付款；跟单托收时，则只有出口商特别授权的情况下，银行才受理。

（2）跟单托收时，若部分付款，银行须在收取全部货款后，才能将货运单据交给进口商。若出口商在托收指示中特别授权银行，则在全部货款收取之前，可将货运单据交给进口商。

（3）银行每次收到的部分付款款项，均应按照托收指示的规定交给指定银行，不得延误，即银行不得要求等待全部货款收齐后一次汇交。

（4）依中国《票据法》第54条，付款人必须在持票人提示付款的当日足额付款。因此，付款人的付款应为全部付款而不允许部分付款。但多数国家的票据法允许部分付款。

六、是否收取利息

因托收方式收款的时间较长，出口商通常在出口报价中计入预计的利息。有时，出口报价中可能不含利息，但出口商加收自承兑日至付款日的利息。其利息一般以出口地的利率计算。出口商应对利率、利息、计息时间等向托收行予以明确指示。例如，利息条款规定："Interest to be collected from the drawee at ×× % per annum from date of draft to the approximate due date of the arrival of remittance in ×××。"（自汇票到达××的适当时间起，计算利息，向付款人收取年息××%的利息。）

依第20条第1款，若托收指示规定应收取利息而付款人拒付利息，提示行则可以凭付款或承兑或其他条款/条件交付单据而不再收取利息，但第3款规定的情况除外。依第20条第3款的规定，若托收指示明确规定不得放弃收取利息，则代收行在付款人拒付利息时，只能作提示而不能交单并应将情况立即告知前手。换言之，在利息问题得到解决前，单据不得交给付款人，但银行对单据交付延迟所产生的任何后果不承担责任。因此，出口商应意识到，规定利息不得放弃的指示可能造成延误及货物风险，其后果将由出口商承担。

七、托收费用负担

托收的相关费用是指银行的手续费或其他费用。若买卖合同已约定，则依约定办理。若买卖合同未约定，则依贸易惯例办理。通常，出口地的银行费用由出口商负担，进口地银行的费用由进口商负担。因此，出口商在办理托收时，应向托收行作出类似上述惯例的明确指示。

URC522对此设立了单独的条款，即银行在办理托收业务中产生的手续费和有关费用，应由出口商或进口商承担。依第21条第1款，若托收指示中规定这些开支由进口商承担而进口商拒付，除第2款的情况外，该开支应由出口商承担。这也是"谁委托，谁付费"的原则。若托收指示规定手续费和相关费用不得放弃，则第2款规定，在此方面的争议得到解决前，代收行不得向进口商交单；相应的，代收行对交付单据的迟延后果不承担责任。此时，代收行不可自作主张放弃收费，只能速洽托收行，再依托收指示处理。在托收中，有时代收行需要的开支和手续费远远超出票据处理手续费，如当代收行同意代表托收行或出口商安排货物的交付时，可能需要为托收行或出口商支付关税、仓储或运输费用等。为此，第3款规定，代收行有权从发出指示的银行（托收行）收回该费用。托收行不论托收结果如何，也有权从出口商处收回已垫付的有关费用。这体现了被委托者向前手收费的原则。当上述相关费用开支较大时，第4款规定，银行有权要求事先支付且在收到该费用前，银行可保留不执行托收指示的权利。

八、汇票被拒付是否做成拒绝证书

"拒绝证书"（Certificate of Protest），是一种汇票持票人已在法定或约定期限内提示而不获付款或承兑（Dishonor）的证明文件。持票人依据该证书，证明其已行使票据上的承付请求权而未到达目的，以便行使追索权。该证书通常由法院、商会或银行公会等做成。国外多由政府授权的公正机构做成。若汇票的出票人或背书人在汇票上记载“免除做成拒绝证书”，如持票人遭受拒付，可以不做成拒绝证书，也不影响其追索权。

依 URC522 第 24 条，出口商必须在向银行申请办理托收时，在申请书中明确指示银行，若进口商不承兑或不付款，是否做成拒绝证书。例如，“Protest for non-acceptance”（拒绝承兑时，请做拒绝证书）；“Do not protest for non-acceptance”（拒绝承兑时，不必做成拒绝证书）；“Protest for non-payment”（拒绝付款时，请做拒绝证书）；“Do not protest for non-payment”（拒绝付款时，不必做成拒绝证书）。若无该项指示而在发生拒绝承兑或拒绝付款后，再指示银行做成拒绝证书，则银行没有此项义务，即银行可以不接受做成拒绝证书的指示。

但因这一问题的复杂性及出口商对关于拒绝证书的各国惯例与法规并非十分清楚和了解，因此，出口商很难作出明知的决定。

就出口商而言，其本身就是汇票的出票人，自然不存在向前手追索的问题。但若出口商将其签发的汇票向银行办理融资或贴现，则银行为保障其追索权，不论汇票遭受拒付或拒绝承兑，均会要求做成拒绝证书，除非出口商特别声明免除做成拒绝证书。另外，若采用 D/P 或 D/A 方式收取货款，同时，出口商也投保了出口信用保险，出口商申请保险理赔时，保险公司会要求出口商出具包括拒绝证书在内的相关文件。因此，在这种情况下，出口商无论在 D/P 被拒付、D/A 被拒绝承兑或承兑后拒付，都要做成拒绝证书；否则，无法向保险公司索赔。

可以做成拒绝证书的情况有三种：（1）即期汇票遭受拒付；（2）远期汇票遭受拒绝承兑；（3）远期汇票承兑后，遭受拒付。对出口商而言，前两种情况最好不要求做成拒绝证书。因为即使对进口商诉讼，法院通常以买卖合同为依据而非以汇票为依据。进口商一般会寻找各种理由否认其债务，如出口商在发货前就签发了汇票等。依据票据法，付款人对汇票也没有绝对付款义务。有些国家或地区做成拒绝证书的费用不菲，而该费用也由出口商负担。

但若远期汇票经进口商承兑而到期拒付，出口商最好要求做成拒绝证书。依据各国票据法的无因性特点，经承兑的汇票取代了买卖合同；承兑了的汇票就意味着承兑人（进口商）同意到期日无条件地付款。另外，许多国家将拒绝证书作为企业的一种商业信息对外公布。为避免信用受损，进口商通常对经其承兑的汇票尽力支付。在一些拉美国家中，经承兑而拒付的远期汇票，法院可凭拒绝证书准许扣押、查封承兑人（进口商）的财产。而即期汇票的拒付和远期汇票的拒绝承兑则不然，即使已做成拒绝证书。因此，只有远期汇票承兑后遭受拒付，做成拒绝证书才能增加其法律效力。

综上所述，对出口商而言，只有在 D/A 方式下，其汇票经进口商承兑后，到期日遭受拒付时，做成拒绝证书才有实质性意义。但在即期 D/P 遭受拒付或 D/A 遭受拒绝承兑时，进口商并未承兑汇票，也就不产生汇票上的付款义务，即使做成拒绝证书，进口商也不受汇票的约束。

第五节 跟单托收的防范措施

跟单托收是商业信用，缺少第三者作出付款的承诺。托收能否顺利收妥，首先要看出口商提供的收款单据（金融票据或商业单据）能否被进口商所接受；其次要看进口商的资信、财力。另外，还有商品的质量与货价涨落等诸多因素。对各有关银行而言，在托收业务上，只是提供中介服务，并未作出非收妥不可或非付款不可的保证。因此，在跟单托收中，进出口商都会面临一定的风险。相对而言，出口商所面临的风险更大。如何避免风险、加强防范意识，是贸易商和银行应特别关注的问题。

一、出口商的防范措施

对出口商而言，若进口商资信差、财务状况恶化，特别是在D/A方式下，汇票承兑后，货已提走；到期时，进口商不付款；最后，出口商货、款两空。为减少风险，出口商必须采取以下防范措施。

（一）了解进口地的相关规定

在国际贸易中，承兑交单（D/A）和远期付款交单对出口商的风险更大。欧洲大陆国家不少银行不办理远期付款交单，一些拉美国家银行则将远期付款交单按承兑交单处理。另外，常发生货到后，货运单据未到，进口商不能取单提货的情况。有些国家（如中东地区）的海关还规定，货进公仓后60天内无人提取即允许公开拍卖。因此，出口商及托收行在办理远期付款托收时，应做到以下几点。

（1）必须事先对进口商的资信、经营作风有深入全面的了解，以免上当受骗。

（2）应了解出口货物的价格趋势、进口地的外汇管制和贸易管制情况以及货物配额情况，以免货到后无法入境或收不回货款。

（3）所交货物必须与合同规定一致，单据、单单必须与合同一致，以免授人以柄而遭拒付。

（4）交单方式，采用或分批付款、分批放单，或部分信用证、部分托收等。在订立合同时，应视进口商的资信、财力、自身出口货物卖价的高低以及销售情况，力争对自己有利的方式。

（5）在被拒付的情况下，要求做成拒绝证书以便诉讼有据，并事先找好代理人，防止货物抵港后海关保存在高额仓租的仓库甚至被拍卖。

（6）了解进口地的银行（代收行）是否办理远期付款交单业务。

（7）了解进口地的代收行接受远期付款交单托收时，如何处理该种业务，以防对进口商资信不了解或进口商资信不佳的情况下，代收行根据其习惯做法将付款交单变为承兑交单。

（8）了解进口地海关等的有关规定，如货到后存仓管理办法等。出口商应据此掌握好货物运出时间，使之不至于在付款日前过早到达进口地。

（二）争取选用CIF或CIP条件成交

出口商在与进口商签订货物买卖合同时，争取选择CIF或CIP条件，取得指示提单并将提单的收货人做成“空白指示”或“托运人指示”。这对出口商最为有利。

（三）掌握付款到期日

北欧和拉丁美洲许多国家的进口商往往要求按照“当地习惯”，将“单到”进口地付款或承兑，视为“货到”进口地付款或承兑，以拖延付款时间。有些进口商甚至在买卖合同中就与出口商订有货到后才付款或承兑的条款。虽然有些合同未订有此项规定，但一些进口商往往不愿在只见单据而未见到货物的情况下付款或承兑。还有些进口商对即期付款的托收，要求汇票上的期限写成“On arrival of goods”。货到后付款，对于进口商而言，一方面拖延了资金付出的时间，另一方面，付款的风险较小，即避免托收项下，付款后仅收到单据而迟迟不见货物的出口商欺诈或不守信用的情况发生。因此，货到付款或承兑，对进口商有利，对于出口商则因收款时间较晚而不利。

出口商为早日收回货款，可在买卖双方订立合同时明确规定，托收项下的即期 D/P，“买方应在汇票第一次提示时即行付款”。托收行也可按出口商的指示，在托收指示上加注这一见票付款的时间要求，即 D/P at sight upon first presentation made by the collecting bank。对于见票后远期的付款条件，出口商最好在签订贸易合同时要求改为“出票远期”，即出票日后若干天付款，或可改为“提单日期后若干天付款”。托收行则可按出口商指示，在托收指示上注明 D/P 或（D/A）at ×× days after date。这样，防止进口商提出货到见票的要求，出口商可以掌握付款的到期日，为托收款项及时、顺利收回提供了保障。

（四）投保出口信用保险

通过投保短期出口信用保险，出口商在采用托收方式时，因进口商无力偿付货款、不按期付款、违约拒收货物、进口地实行外汇管制/进口管制、进口地发生战争/动乱等导致的损失，可获得出口信用保险人的赔偿。

二、D/P 和 D/A 方式结合使用

在进料、来件加工贸易中，可将付款交单和承兑交单方式结合起来使用。对于进料、来件，作为进口商，可提出承兑交单的远期付款方式。而对于出口成品，可要求即期付款交单方式。这样做的好处是：可用加工或装配好的出口货物的货款，偿付进料、来件远期托收项下的货款；出口商可大大节约资金的使用。

三、进口商的防范措施

作为进口商，除了同样存在利率、汇率、物价等风险外，由于货物单据化，有可能在付款后发现货物与合同规定不符；更有甚者，遇到伪造单据进行诈骗时，就有货、款两空的风险。为此，进口商必须采取一定的防范措施。第一，必须事先对出口商的资信、经营作风有全面深入的了解。第二，对进口货物的市价趋势、销售趋势、本地外汇管制等应有所预测和了解。第三，严格审单，单据与合同、单据与单据必须一致，以决定接受或拒受。必要时，应在买卖合同中规定，货物在出口装运前，须取得独立公正的检验机构的检验报告，经确认后再付款或承兑汇票，以免付款或承兑后提取货物时，才发现货物与合同不符。第四，严格审查出口商签发汇票的内容是否与买卖合同的规定相符。特别是汇票的期限和其计算方法，必须与买卖合同规定相符。第五，进口商争取以 FOB 或 CFR 成交。若货物在运输途中受损，进口商可以向保险公司索赔并掌握对索赔款项处理的主动权。因

此，世界上有些国家规定，进口商品只能在进口国家办理保险，即进口商品不能以 CIF 条件成交。

案例分析

1. “信托收据”争议案①

某年 1 月，A 银行与 B 公司签订了“贸易综合授信额度合同”。合同约定：A 银行授予 B 公司总额为 800 万美元的进出口贸易授信额度，有效期为一年，从合同签署日起至次年 1 月 31 日止；额度的用途为融通 B 公司进出口贸易方面的短期资金需求，信用证额度作为 B 公司向 A 银行申请开立信用证时免交或减交保证金的额度。

与此同时，B 公司向 A 银行出具了“贸易综合授信额度总质押书”，承诺：B 公司自愿将与使用授信额度项下各项授信额度业务有关的提单、运单和货运收据等物权凭证质押给 A 银行，作为清偿、偿付和解除其在额度合同项下欠 A 银行的债务的担保；在信托收据项下，B 公司占有货物或借用货权凭证，完全是作为 A 银行的受托人持有，未经 A 银行事先同意，B 公司无权处置货物或货权凭证，经 A 银行同意由 B 公司处置、销售的货物，销售款亦代表 A 银行持有，并及时存入 A 银行指定的账户；并且，质押书具有独立性，不因 A 银行在额度合同项下对 B 公司或其他任何人享有或执行和其他担保（保证、抵押、质押）而受影响。在 A 银行的要求下，同日，C 公司向 A 银行出具了“贸易综合授信额度担保书”，作出如下保证：C 公司对 B 公司使用的上述授信额度而欠 A 银行的全部债务承担连带责任；保证责任的期限为从额度合同签署之日起三年，不因 A 银行执行额度合同各条款时对 B 公司的任何宽限、延缓或对其他条款的执行或不执行而受影响；A 银行与 B 公司协商变更或修改额度合同无须征得 C 公司同意，主合同发生修改或变更后，保证书仍然有效；保证范围不因 A 银行在额度合同项下对 B 公司或任何其他人持有的任何其他担保、保证、抵押、质押和留置而受影响。

当年 4 月 28 日，A 银行根据 B 公司的申请开立了金额为 400 万美元的信用证。5 月 25 日，B 公司签收了信用证项下的提单等单据。A 银行将提单等单据交给 B 公司后，B 公司给 A 银行出具了“信托收据”，其内容包括：B 公司作为受托人，将为 A 银行持有货物的权利凭证、单据、文件及其代表的所有货物，并于售货得款时立即交付 A 银行。8 月 20 日，A 银行将信用证项下的货款 400 万美元对国外银行予以支付。但 B 公司仅于 10 月 20 日向 A 银行支付 5 万美元，其余 395 万美元未予偿付，C 公司也未履行其保证义务。A 银行遂向一审法院提起诉讼，要求判令 B 公司立即归还 395 万美元及利息，C 公司承担连带法律责任。

一审法院经开庭审理后认为：A 银行与 B 公司签订的“贸易综合授信额度担保书”和 B 公司出具的质押书，应认定为有效。A 银行履行了开证和付款的义务。B 公司应承担未按约定偿还银行款项的义务。C 公司在保证书中作出其保证的同一债权，已经为 B 公司提供的质押担保所重叠，与中国《担保法》第 28 条的规定相抵触，故该项保证无效。由于 B 公司将信用证项下的提单等单据设立质押，而 A 银行又以信托方式将单据交给 B 公

---

① 资料来源：李金泽．信托收据有关法律问题研究，http://www.chinalawedu.com/new/201212/qinyinjing2012120315491326293875.shtml；李金泽．信托收据：银行面临的风险与防范，Users/Administrator/Desktop。

司处理，在B公司下落不明的情况下，A银行未能举出提单所代表货物的实际价值。因此，信用证项下的货款400万美元应视为上述物的担保价值。而A银行对B公司在该货物的担保价值以外的债权，C公司依法仍应承担保证责任。鉴于此，法院判决：（1）B公司偿还尚欠A银行的款项395万美元及利息；（2）C公司对B公司上述债务超出400万美元的部分，承担连带责任。

A银行不服一审判决，向二审法院提起上诉，请求判决C公司对B公司应偿还的全部债务承担连带责任。

试分析该案例。

（提示：二审法院经几次开庭审理后，认为C公司在向A银行出具的“贸易综合授信额度担保书”中，明确承诺对B公司在本案授信额度范围内对A银行所形成的全部债务承担连带责任，该连带责任不受A银行执行或不执行其他担保的影响。该承诺与《担保法》第28条规定虽有不同之处，但该项规定实质上是赋予保证人一项权利，而保证人明确放弃该项权利，是处分其民事权利的行为，并不违反法律规定。因此，C公司所作出的保证有效，应对B公司的债务承担连带责任。本案因进口商，即B公司下落不明，使得信托收据已不是银行维护其权益的重要依据，与信托收据并存的担保则成为维护银行债权的关键所在。但本案应如何认定信托收据、质押担保、保证的效力及相互之间的关系，则是颇为复杂的问题。从目前的司法实践看，信托收据很难得到法院的认可。本案中，受托人不能履行债务，更使信托收据形同虚设。）

2. 国际商会关于托收行与代收行争议的意见

在国际托收业务中，一旦发生争议，可向国际商会咨询相关意见。尽管该意见无强制约束力，但其具有极高的权威性而被广泛接受。以下咨询案例具有较好的借鉴作用。

（一）托收金额修改争议

某跟单托收业务中，原定托收金额为53 040.00欧元，适用URC522，托收方式为即期D/P。某年10月5日，托收行授权代收行凭付款将减额后的单据释放给付款人，减额后单据金额为45 084.00欧元，授权书使用MT799传递。但10月9日，代收行未获得付款人指示，错误地将金额53 040.00欧元而非45 084.00欧元付给了托收行，单据释放给了付款人。托收行未向代收行澄清，而向收款人账户借记了上述款项。托收行通过代收行当地分支机构联系到代收行的主管，告知了此事。代收行通过MT499从托收行收到的第一次反馈和付款确认时间，为次年2月25日。

因付款错误，代收行几次通过SWIFT联系托收行，要求其退还多付的7 956.00欧元，但无果而终。付款人和收款人也在对此进行协商，期望通过新订单抵销多付的款项。但托收行认为，因付款错误，若退款，托收行须得到客户新的授权。

双方争议的问题是，当托收行将托收金额减额的情况通知给了代收行，托收行是否有义务遵循减额指示？

代收行认为，因其及时将情况（付款后2天）通知了托收行，托收行须退回多付的款项。为此，代收行向国际商会咨询意见。

国际商会对上述咨询提出以下主张：

托收行向代收行提交了适用URC522的托收单据，指示付款交单（D/P），原托收金额为53 040.00欧元。10月5日，托收行发出MT799电文（自由格式报文）通知托收减额至45 084.00欧元。10月9日，代收行按最初的付款指示对单据全额付款，未依MT799减额。本案提到该付款错误且未经付款人指示。

托收行收到全款后，向收款人账户借记了该款项。两天后，代收行要求退还多付款项。托收行认为，退款必须得到收款人的授权。

URC522未对托收的修改予以规范。故此，托收行认为，代收行对托收修改审核延误。本案中，这种情况确实存在（托收修改在10月5日——星期五发出，付款日为10月9日——下星期二）。然而，在借记给客户前，托收行应向代收行作出澄清。URC522第4（a）（i）条规定："所有寄送托收的单据必须附有一项托收指示，注明该项托收将遵循URC522且列出完整和明确的指示。银行根据该托收指示中的命令和本规则行事。"托收行和代收行未依托收修改行事，而是按最初的托收指示行事。两家银行均有过错。退回多付款项不受URC522约束，标准银行实务应是银行相互协作来纠正错误。

国际商会的最终意见是，该争议在URC522规范之外，从本质上看，这是一个法律问题。总之，若双方无法自行解决问题，只能诉诸于当地法律。

（二）托收指示寄送给代收行分支机构的争议

某年5月，托收行受客户（委托人-出口商）委托，将单据寄给代收行。寄单信封（包括单据和托收指示）的收件地址不是代收行，而是其分支机构（操作部门），该部门不处理国际托收结算。托收行未事先调查，该代收行的操作部门能否处理国际托收业务。

据代收行的操作部门称，寄单信封的收件人是付款人。因此，他们甚至未打开信封而直接将信件交给了付款人。但依托收行所持有的快递收据副本，信封的收件人是代收行的操作部门。

信封内包含全套正本提单和指示付款人付款交单的托收指示。托收指示声明，该笔托收遵循URC522。提单上显示的收货人和通知方为付款人。

几天后，托收行从委托人处得知，承运人已向收货人释放了货物。经代收行询问，付款人确认收取和占有了货物。

托收行多次联系代收行要求付款，这些要求均被代收行传递给付款人。然而，款项仍未支付。托收行要求代收行付款，同时援引URC522（未指明依据哪一条款）。

基于上述案例，托收行就以下问题向国际商会咨询专家意见。

（1）由于违反了托收行的指示，代收行在托收项下是否负有责任？或仅是付款人承担责任，有关付款的问题应在贸易合同框架下，由托收委托人（出口商）和付款人（买方）协商解决？（2）托收行是否有权坚持要求代收行付款？（3）代收行应使用自有资金付款吗？

国际商会对上述咨询提出以下主张。

正如咨询所述，托收行出示的快递收据副本显示，收件人是代收行的操作部门。从逻辑上解释，假设快递的收件人是付款人，单据是不可能被寄到代收行的。至于是否在寄给代收行的信封里加装了另一个寄给付款人的信封，这不是URC522能解决的问题。

托收指示中明确声明遵循URC522。正如URC522第5（d）条规定，托收行将以委托人指定的银行作为代收行。若委托人未指定，托收行将自行选择代收行。无论是被指定的银行还是其操作部门，均必须遵循URC522。

URC522第1（b）条强调，银行无义务按其收到的托收指示行事。然而，若银行选择不按托收指示行事，则必须毫不延误地通知托收指示的发出方。这在 URC522 第 1（c）条中有明确规定。代收行不能不理会托收指示，而将单据直接交付付款人。

国际商会的最终意见是：（1）若托收适用 URC522，代收行须遵循托收指示。若托收单据未得到付款，代收行须原样退回未使用过的正本单据。（2）托收行有权坚持要求代收行付款。既然代收行已将正本单据释放给付款人而又无法退回正本未付款单据，托收行则有权利要求代收行付款。（3）鉴于未得到付款就将正本单据释放给付款人，导致无法依 URC522 将单据退还给托收行，代收行有责任依托收指示对托收行付款。但 URC522 未强制规定银行承担付款责任，有关赔偿的问题将在 URC522 之外解决。

第十九章 出口货款的结算——信用证

信用证是国际贸易中重要的货款结算方式之一。它是一种银行信用，由银行承担第一性的承付责任。使用信用证支付货款，可使受益人的利益得到较为充分的保障。

第一节 信用证概述

信用证作为国际贸易货款的一种支付方式，具有其他支付方式无法替代的作用。不论是进口商还是出口商或是银行，在利用信用证这种安排中，都有切身的利益存在。因此，信用证为贸易商和银行所普遍接受。

一、信用证的定义及含义

《跟单信用证统一惯例》（UCP600）第 2 条规定："信用证是指任何一项约定，不论其名称如何或如何描述，它是一项不可撤销的且由此构成开证银行的承诺，即开证银行保证向相符的提示（交单）予以承付（honour）。""开证银行是指依据申请人的请求或代表自己开立信用证的银行。""承付（honour）是指：a. 若信用证为即期付款信用证，则应立即付款；b. 若信用证为延期付款信用证，则应作出延期付款的承诺且在到期日付款；c. 若信用证为承兑信用证，则应承兑受益人开立的汇票且在到期日付款。"

由上述定义可以看出，信用证是开证银行（下称"开证行"）遵循申请人（进口商）的请求和指示或为其本身所开立的书面文件或所作的安排。在该书面文件中，开证行对受益人（出口商）或其指定人承诺，在受益人履行了该书面文件所规定的条款和条件时，开证行保证予以承付。简言之，信用证是开证行对受益人所作的一种有条件承付的书面承诺或保证。

依上述定义，可得出信用证的含义包括以下五点。

（一）信用证是开证行以自己的信用向受益人所作的一项书面承诺或保证

该项承诺或保证是否可靠，唯一可判断的依据是开证行的资信。资金雄厚、作风正派、信用良好的开证行开立的信用证，才可能对承付起到可靠的保证作用。因此，受益人最关心的是开证行的资信问题。

（二）信用证是银行信用为商业信用所作的一种担保

信用证是开证行依申请人的请求而开立的，信用证的要求、指示、承付、金额等条款，其依据是申请人的开证申请书所列的内容，它是基础合同（买卖合同）的主要内容，该合同内容能否得到履行，则依赖于买卖双方的商业信用。信用证的开立，将这种商业信用转化为一种银行信用，即银行信用为商业信用所作的一种担保。

（三）信用证是有条件的承付保证

开证行保证承付并非无条件的，它须在受益人完全履行了信用证规定的条款和条件后，才保证承付。因此，对受益人来说，只有履行了信用证规定的条款和条件，才能享有开证行保证承付的保障，即取得信用证所赋予的取款权利。相反，若受益人未履行或未完全履行信用证的条款和条件，则开证行不承担承付的责任。

（四）开证行的承付形式是多样的

开证行对于受益人可立即付款；可作出延期付款的承诺，在到期日付款；也可承兑受益人开立的汇票，在到期日付款。

（五）开证行可在接受请求后开证，也可主动开证

几乎所有的信用证都是银行根据开证申请人的请求而开立的，但银行也可以自己的名义主动开证。银行自己主动开证，由此开立的信用证仍构成开证行的同样承诺，受益人所享受的信用证项下的权利不受影响。

二、信用证的性质及特点

由于信用证是由银行依自己的信用开立的向受益人保证承付的承诺，因此，信用证是一种银行信用并具有与其他支付方式不同的特点。

（一）开证行负第一性的承付责任

依 UCP600 第 2 条，信用证是一项不可撤销的且由此构成开证行确定的承诺，即开证行保证向相符的提示承付。由此可见，信用证的开证行是第一付款人，这不同于银行只负第二性付款责任的一般担保业务。尽管开证行是应开证申请人的请求而开立信用证的，但其对受益人的承付责任是一种独立责任。受益人可凭规定的相符单据，直接向开证行要求承付而无须要求开证申请人付款。即使开证申请人未履行其义务或已失去偿付能力，只要受益人提交了相符的单据，开证行仍须承付。因此，在信用证支付方式下，开证行是主债务人，其对受益人承担独立的承付责任，总是处于第一付款人的地位。换言之，开证行与受益人之间的关系独立于开证行与开证申请人之间的关系之外。

（二）信用证是一种独立的自足文件

UCP600 第 4 条“信用证与合同”（Credits v. Contracts）规定：“按其性质，信用证是独立于可能作为基础交易的买卖合同或其他合同之外的交易。即使信用证中含有关于该合同的任何援引，银行也与该合同完全无关或不受该合同的约束。因此，银行付款、议付或履行信用证项下的任何其他义务的承诺，不受申请人提出的因其与开证行或与受益人之间关系而产生的索赔或抗辩的约束。受益人在任何情况下，不得利用银行之间或申请人与开证行之间所存在的合同关系。开证行应劝阻申请人试图将基础合同、形式发票及类似的文件包含在信用证中作为信用证整体的组成部分。”

这一规定充分表明，信用证独立于其基础合同（申请人与受益人之间的买卖合同等商务合同）。尽管信用证的开立是以买卖合同为依据的，但其一经开出，则成为独立于买卖合同之外的另一契约，不受买卖合同的约束，开证行和其他参与信用证业务的银行只依信用证的规定办事。开证行不能因申请人以受益人违反买卖合同（如货物质量不符）为由对抗受益人而不履行其向受益人的承付义务。申请人亦不得要求从信用证款项中扣除其

向受人提出的违约索赔。同时，开证行也不能利用它与申请人之间关系中所存在的抗辩对抗受益人，如申请人未交保证金而不向受益人履行其承付义务。再如，受益人不得以议付行已接受瑕疵单据而议付货款或偿付行已付款为由，拒绝追索；受益人也不得以申请人已向开证行交100%的保证金为由，要求开证行承付；受益人也不能以完全履行了买卖合同项下的义务为由，要求开证行承付。

（三）信用证业务是一种单据买卖

在信用证之下，银行实行的是凭单付款原则。UCP600第5条规定："银行处理的是单据，而非处理与单据有关的货物、服务或履约行为。"因此，在信用证业务中，单据是决定能否承付的唯一依据。银行的责任仅仅是审核单据。若单据与信用证条款相符则予以承付；反之，银行有权拒绝承付。银行无须理会提交单据以外的任何问题。即使货物与单据或合同不一致，也不影响银行的承付；反之，即使货物与单据及合同完全相符，提交的单据与信用证规定不符，银行同样有权拒绝承付。为此，UCP600第14条"审核单据的标准"规定，银行必须仅仅依据单据审核提示，以决定单据是否在表面上（on their face）构成相符的提示。所以，在信用证条件下，银行不仅要求做到"单证一致"，即受益人提示的单据在表面上与信用证规定一致，还要求做到"单单一致"，即受益人提示的各种单据之间表面上也要一致，以及要求做到"单内一致"，即受益人提示的每一种单据内的相关内容不得相互矛盾。因此，银行对任何单据的形式、完整性、真实性、虚假性或法律效力，或对于单据中载明的或附加的一般或特殊条件，概不负责；银行对任何单据中所代表货物的描述、数量、重量、品质、状况、包装、交货、价值存在与否，或对货物发货人、承运人、货运代理、收货人、保险人，或任何其他人的诚信、行为或疏忽、清偿能力、履约或资信状况，概不负责。

信用证的上述特点，通常被称为信用证的独立性原则，这一原则是信用证交易的最基本原则。该原则已获得世界范围的承认和接受，是国际贸易中信用证结算的常识。

以信用证为付款方式的国际贸易是由三个合同，即买卖合同（买卖双方）、开证申请书（买方和开证行）和信用证（卖方和开证行）构成。这三个合同分别由不同的当事人构成并各自约束其当事人。

在信用证交易中，卖方既是买卖合同又是信用证的当事人，因此，负有履行两个合同的双重义务。若卖方已履行买卖合同下的交货义务，但未能履行信用证下的交单义务，则开证行可拒付款项；反之，若卖方履行了信用证的交单义务，即使交货义务有瑕疵，则开证行仍须付款。不过，买方因卖方违反买卖合同义务，可依买卖合同追究其违约责任。

买方作为开证申请书及买卖合同的一方当事人，其义务也是双重的，即依据买卖合同的约定，及时申请开证；当开证行接受了卖方的合格单据并付款后，买方有义务补偿开证行。该项义务并不因卖方违反买卖合同而受到影响，即不得因此拒绝补偿开证行。

开证行作为信用证的当事人，其义务是对卖方提交的合格单据承付，而与买卖合同无关且不受其约束，即开证行不得以卖方违反买卖合同为由拒付信用证的款项。除非卖方的交货行为存在明显的实质性欺诈，依相关法律，才可免除开证行的付款义务。例如，买方发现卖方存在欺诈行为而向法院申请发出"止付令"，禁止开证行支付信用证款项。

三、信用证的作用

从上述信用证的特点可以看出，信用证作为一种国际贸易结算方式，具有其他方式不可比拟的优点，尤其是将托收方式中由进口商履行的付款责任，转由银行履行，保证了进出口双方的货款和代表货物的单据不致落空，同时，又使双方在资金融通上获得便利；而参与信用证业务的有关银行，同样也取得了实惠。因此，信用证对促进国际贸易的顺利发展及对金融业务的扩大发挥了极为重要的作用，其表现有以下几点。

（一）对出口商的作用

出口商是信用证支付方式的最大受益者，信用证对促进出口贸易的发展起到了重要的推动作用。第一，信用证使出口商的货款获得安全保障。第二，信用证使出口商获得外汇保障。第三，信用证增加了出口贸易的稳定性。第四，信用证可使出口商获得融资便利。

（二）信用证对进口商的作用

以信用证作为国际贸易付款方式，同样使进口商获得一定好处。第一，信用证可以控制出口商按时交货。第二，信用证为进口商提供一定的交易安全保障。第三，信用证可为进口商融资提供一定的便利。

（三）信用证对银行的作用

银行参与信用证交易，也为其带来一定利益。

作为议付行的出口地银行参与信用证业务，一方面扩大其业务量，获得商业利润；另一方面，其接受议付后，只要单据符合信用证的规定，议付行可以从开证行那里获得偿付。即使开证行拒付，议付行也可向受益人追索垫款或凭货运单据处理货物以补偿垫款。因此，议付行参与信用证业务只有获利，基本上无风险。

作为承担第一性付款责任的开证行，一旦接受进口商的请求开立了信用证，其贷出的是信用而非资金，向受益人付款后，可从进口商那里获得偿付而无需占用自有资金。因此，开证行参与信用证业务，可以扩大其业务量，增加收益。尽管开证行以银行信用代替进口商的信用，可能会面临一定的风险，但开证行可通过各种措施分散这一风险，如向进口商要求提供担保、押金等。若进口商不偿付开证行，开证行还可凭货运单据处理货物来补偿损失。

四、信用证的不足之处

信用证仅为付款工具而非保险工具。在国际贸易中，使用信用证的目的主要是降低交易风险及融资的便利。对出口商收取货款而言，信用证交易通常比托收、汇付等方式的保障性更大，但并非无风险。同样，对进口商而言，也存在一定风险。

（一）出口商的风险

信用证是开证行有条件的付款保证，因此，出口商收到信用证，并非绝对无风险获得付款，其面临的风险有以下几点。

第一，买方可能不按时开证、不按合同规定的条件开证或故意设下陷阱等。这些行为可能使卖方无法履行合同，或履行交货、交单后，却因不符合信用证规定被拒付而使卖方遭受损失。开证行对此不负责任，这是买方违约，卖方只能依据买卖合同向买方索赔。此时，卖方并未受到信用证的付款保证。

第二，开证行的资信不佳。若买方选择的开证行资力有限、信用不佳，则开证行本身就存在拒付或无力付款的风险。另外，一旦买方的偿付能力出现问题，开证行往往配合买方在卖方提交的单据中寻找“不符点”，协助买方拒付单据，从而导致卖方失去信用证的付款保证。

第三，信用证条款或条件解释争议。由于信用证的条款或条件具有极高的专业性，若其内容含糊不清、模棱两可或因交易习惯及法律的不同等，很容易导致各方对此产生争议，从而引发单据是否存在不符点的纠纷。

第四，进口地的政治风险及商业风险。若进口地发生政治风险或买方发生商业风险，开证行或买方可能无法履行付款和偿付义务。

（二）进口商的风险

信用证交易中，开证行的审单只限于单据表面状况，即只要单据表面符合信用证规定，开证行付款后，买方必须付款赎单。至于单据是否正确反映货物的真实情况，则与开证行无关。因此，信用证交易中，进口商同样面临一定风险。

第一，单据与货物不符。由信用证本身的特点决定，即使卖方提交的单据与信用证规定相符，也可能存在货物不符合买卖合同规定的情况。此时，买方只能依据买卖合同追究卖方的责任，而跨国解决争议或纠纷难度极大甚至不可能。

第二，存在卖方欺诈的可能性。若卖方故意编造单据使之与信用证条款相符甚至制作假单据从银行取得款项，尽管买方可依欺诈例外原则，请求法院发布止付令，但其难度较大甚至不可能，从而使买方成为欺诈行为的受害者。

此外，信用证业务成本较高。信用证方式的手续较之汇付和托收烦琐，费用也较多，其业务成本较高，进而增加贸易商的交易成本；信用证的技术性要求较高，无论是申请开证还是审证、审单，稍有不慎，产生疏漏、差错，就会造成贸易商的损失。

五、信用证的分类

信用证是在商业习惯的基础上，为适应国际商务活动，尤其是国际贸易结算的需要而产生和发展起来的一种国际结算方式。由于商务与贸易的客观需要是多种多样的，因而信用证的形式、种类也是不同的。不同种类的信用证有不同的特点，其使用也有较大差别。从广泛意义讲，信用证可分为商业信用证、备用信用证、光票信用证、跟单信用证等。

国际贸易中所使用的信用证，绝大多数是跟单信用证。本书所研究的信用证，重点为跟单信用证。目前，跟单信用证一般都是通过 SWIFT（MT700）方式开立的，这种信用证也称为 SWIFT 信用证。

六、非银行开立的信用证

一般情况下，信用证是银行开立的。但现实中，也有非银行机构开立信用证，如欧美的连锁超市或百货公司等。这类信用证通常由买方或其财务分支机构开立，开立方式一般是将具备 SWIFT MT700 格式的内容记载于标有通知银行笺头的纸张上，或由开立人的往来银行以第一通知银行或发电银行的身份，拍发 MT710 或 MT799 电文且注明适用 UCP，其内容和作用类似银行所开立的信用证。同时，此类信用证表明，单据提示给通知或转让的银行，但须等待开立人取得款项后才付款。

国际商会对此类信用证衍生的问题，给予以下答复。

第一，信用证的开立人是否应为银行。UCP 所述的信用证，其开立人和操作人应为银行，但 UCP 并未规定禁止非银行机构开立、保兑、承付或通知信用证。若使用 UCP 用语，如“开证银行”“保兑银行”等，则可推定该信用证为银行信用证。

无论是国际商会或 UCP，都无法决定谁有权依据当地法律开立信用证，或者谁可以依据 UCP 开立信用证；关于开立信用证的限制，属于各国法律的限制范围；UCP 本身无法限制其适用范围，因为 UCP 是没有强制力的惯例，该惯例可以依据其所开立的信用证的规定予以修改或排除。（UCP600 第 1 条：在信用证条文明确表明其将受该规则约束的情况下，适用于所有跟单信用证。除非信用证明确地修改或排除，本规则对信用证所有各有关方均有约束力。）

第二，非银行的信用证开立人的责任。若信用证由一非银行所开立且表明适用 UCP，则该非银行开立人应依据 UCP 承担与银行同等的责任和义务。换言之，其责任是对符合信用证的提示单据承付，而且其承付的决定仅能依据单据而非基础交易或补充义务。

第三，非银行开立的信用证对受益人的影响。尽管非银行可依据 UCP 开立信用证，但此类信用证对其受益人存在一定风险。当单据提示给开证人时，身为买方的开证人可能受单据表面是否相符以外的因素所影响（商业纠纷），而且若外部因素不同，其在审单时可能作出某些主观的判断对抗受益人。例如，受益人所交货物不符，开立人将倾向拒绝所有有争议的请求并以法律程序解决争议，而不是依据信用证规定或国际惯例。因此，若接受此类信用证，受益人应要求由银行加以保兑。

第四，通知银行通知此类信用证的义务。若信用证的开立方式可能误导受益人确信开立人是银行，则通知银行有义务将开立人的身份告知受益人。

国际商会结论：由非银行依据 UCP 开立的信用证，虽然国际惯例未预期适用于此类信用证，但这并不违反 UCP 的规定；对于非银行开立的信用证的通知，UCP 并未特别规定，对此类信用证通知应正确地确认开立人并明示通知银行的角色限度；若通知格式以“开证银行”作为“开立人”或给人以银行的印象，建议通知时明确告知开立人的非银行身份（实务中，以 MT710 拍发此类电文，签发人填写在 50B：Non Bank Issuer 栏内），以便更正因此等信息所导致的错误印象。无论银行或非银行开立的信用证，其无法履行的后果，属于当地法律的事务；在任何案例中，除非已获得保兑或信用证保险，受益人都须承担开立人的信用风险。①

第二节　信用证的基本内容

虽然世界各国银行并未完全依国际商会的统一格式开立信用证，但其基本内容是相同的。跟单信用证一般包括以下内容。

一、信用证的当事人和主要关系人

1. 申请人（Applicant）

申请人又称开证申请人或开证人，是指向银行申请开立信用证的人。申请人往往是买

---

① 陈贤芬．信用状交易纠纷解析暨最新案例研讨［M］．台北：财团法人金融研训院，2012：5-8.

卖合同中的买方，也是信用证的主要关系人之一。申请人支付信用证业务中的费用并从银行取得提取货物的全部单据。信用证中常用“applicant”“opener”等表示申请人。MT700专设“50 Applicant”栏，其义务是按合同规定及时申请开证。

2. 开证行（Issuing Bank/Opening Bank/Establishing Bank）

开证行是指，依据申请人的请求或代表自己开立信用证的银行，它是信用证的当事人之一。银行通常依进口商的申请开证，也可自己主动开证，其性质完全相同。开证行通过开证承担了向相符单据承付的全部责任。开证行成为信用证中的第一承付人，即银行信用代替了商业信用。

3. 受益人（Beneficiary）

受益人是指享受已开立信用证利益的一方。受益人是买卖合同的当事人，即买卖合同中的卖方或出口商，也是信用证的一方当事人。其利益获得信用证的最大保护，它与开证行是合同关系，信用证是双方的合同。信用证中的受益人还可用“in favor of”“in one's favor”或“favoring yourselves”等词语表示。MT700专设“59 Beneficiary”栏。

4. 通知行（Advising Bank/Notifying Bank）

通知行是指在开证行的请求下通知信用证的银行。在可转让信用证中，可能出现另外的通知行，称为“Second Advising Bank”（第二通知行），UCP600赋予其与“Advising Bank”相同的义务。通知行一般为出口商所在地的银行。通知行的义务是，将信用证或修改通知受益人并确保信用证或修改的表面真实性，且其通知准确地反映了其收到的信用证或修改的条款。MT700专设“57a Advise Through Bank”栏。

5. 付款行（Paying Bank/Payment Bank）

付款行是指信用证中指明履行承付责任的银行，通常为开证行或其指定的银行。MT700专设“42a Drawee”栏。

6. 议付行（Negotiating Bank/Negotiation Bank）

议付行是指开证行指定的或自愿买入出口商信用证项下单据和汇票的银行。由开证行指定的银行作为议付行的信用证为“限定议付信用证”。若信用证未指定议付行，则任何一家银行均可议付出口商的信用证，这种信用证通常规定“Negotiation with any Bank”（可在任何银行议付）。MT700专设“41a Available with ... By ...”栏。

7. 保兑行（Confirming Bank）

指受开证行的请求，在信用证上加具保兑的银行，它具有与开证行相同的责任和地位，对受益人独立负责。保兑行一旦对符合信用证规定的单据付款后，无论开证行倒闭或无理拒付，都不能向受益人追索。MT700专设“49 Confirmation Instructions”（保兑指示）栏，此项只使用代码CONFIRM请保兑/MAY ADD可保兑/WITHOUT不加保兑。

8. 偿付行（Reimbursing Bank）

偿付行是指信用证上指定的对议付行或代付行进行偿付的银行，一般是开证行指定的账户行，是信用证的关系人之一。偿付行不审核单据，其偿付不视为开证行付款，因而其偿付具有追索权。MT700专设“53a Reimbursement Bank”栏。

9. 代付行（Payment Bank）

代付行是指开证行的付款代理人，是开证行在信用证中指定的信用证项下汇票上的付款人或付款信用证下执行付款的另一家银行。开证行通常委托通知行为代付行。

二、对信用证本身的说明

对信用证本身的说明，通常包括以下几方面。

1. 开证地点和日期（Place and Date of Issue）

开证地点是指开证行所在地；开证日期是指开证行开立信用证的日期。依 UCP600 第 7 条，开证行自开立信用证时起，即不可撤销地受承付责任的约束。该规定明确了开证行责任的开始时间。MT700 专设“31C Date of Issue”栏。

2. 截止日及地点（Date and Place of Expiry）

信用证的截止日及地点，指受益人最迟交单日和交单地点。地点应与指定银行所在地一致。MT700 专设“31D Date and Place of Expiry”栏，如 2019. 11. 21，in China。

另外，“48 Period for Presentation”（提示期限）栏应列明在出具运输单据后多少天内交单，如 DOCUMENTS MUST BE PRESENTD WITHIN 10 DAYS AFTER BILL OF LADING DATE。若电文未使用该项目，则表示在出具运输单据后 21 天内交单，但须在信用证截止日内交单。

3. 信用证的种类（Form of Credit）

依 UCP600，信用证均为不可撤销。MT700 专设“40A Form of Documentary Credit”栏。该项内容有三种填法：（1）IRREVOCABLE（不可撤销的跟单信用证）；（2）IRREVOCABLE TRANSFERABLE（不可撤销的可转让跟单信用证），详细的转让条款应在 47A（Additional Conditions）中列明；（3）IRREVOCABLE STANDBY（不可撤销的备用信用证）。信用证可选择以上三种之一。

4. 信用证编号（L/C No.）

这是指开证行的信用证编号。MT700 专设“20 Documentary Credit Number”栏，如 LC111000704508。

三、信用证金额

信用证中金额的写法有“amount”（金额）、“for the amount of . . . ”（金额……）、“to the amount of . . . ”（金额达到）、“in the amount of . . . ”（金额是……）等。依 UCP600，当金额前注明“about or approximately”（大约或大致）字样，应解释为 10% 的增减幅度。

关于信用证金额，MT700 专设以下栏目：“32B Currency Code，Amount”栏（如 USD# 3 580 200. 00#）；“39A Percentage Credit Amount Tolerance”栏（如 10/10，表明信用证金额上下浮动最大允许范围不超过 10%）；“39B Maximum Credit Amount”栏，该项目“UP TO”“MAXIMUM”或“NOT EXCEEDING”（后填写金额）表示信用证金额的最高限额（39A 与 39B 不能同时出现）；“39C Additional Amounts Covered”（可附加金额）栏，该项列明信用证所涉及的附加金额，如保险费、运费、利息等。

四、信用证适用于被指定银行

UCP600 第 2 条规定：被指定银行是指信用证在该银行获得使用的银行，或信用证可在获得使用情况下的任何银行。第 6 条规定：信用证必须规定适用于哪家银行，或是否适用于任何银行；适用于被指定银行的信用证同样可适用于开证行；信用证必须规定其以即期付款、延期付款、承兑还是议付的方式适用。

若使用SWIFT开立信用证，MT700对此设有“41a Available with ... By ...”（被指定的银行及信用证适用方式）、“42C Drafts at ...”（汇票付款期限）栏。

1. “41a Available with ... By ...”（被指定的银行及信用证适用方式）

该项列明被授权对信用证付款、承兑或议付的银行及信用证的适用方式。

（1）银行的表示方法：当该项代号为“41A”时，银行用SWIFT名址码表示；当该项代号为“41D”时，银行用行名地址表示；当信用证为自由议付时，该项代码为“41D”，银行用“ANY BANK IN ...（地名/国名）”表示；当信用证为自由议付且对议付地点无限制时，该项代号为“41D”，银行用“ANY BANK”表示。

（2）信用证适用方式的表示方法分别为：

BY PAYMENT（即期付款）

BY ACCEPTANCE（远期承兑）

BY NEGOTIATION（议付）

BY DEF PAYMENT（延期付款）

BY MIXED PAYMENT（混合付款）

若信用证为延期付款，有关付款的详细条款将在“42P”中列明；若该证为混合付款，有关付款的详细条款将在“42M”中列明。

2. “42C Drafts at ...”（汇票付款期限）

如42C Drafts at ...：SIGHT FOR 85 PCT OF INVOICE VALUE。

五、汇票条款

汇票条款的内容包括：（1）付款期限；（2）付款人；（3）汇票金额。MT700专设“42C Drafts at ...”（汇票付款期限）栏，如60 DAYS AFTER SIGHT FOR 100PCT OF INVOICE VALUE QUOTING DATE AND NO. OF THIS CREDIT；“42a Drawee”（汇票付款人）栏，如XYZCCNBS201 CHINA STREET，××× BANK，BEIJING。

六、装运条款

信用证中的装运条款内容通常如下。

1. 分批装运和转船

MT700专设“43P Partial Shipments”栏，如(NOT) ALLOWED；“43T Transshipment”栏，如(NOT) ALLOWED。

2. 装运港（地）和目的港（地）

MT700专设“44E Port of Loading/Airport of Departure”栏，如XIN'GANG，CHINA；“44B Place of Final Destination/For Transportation to .../Place of Delivery”栏。

3. 装运日期

MT700专设“44C Latest Date of Shipment”栏，如190731；2019. 12. 15；“44D Shipment Period”栏。（注：44C与44D不能同时出现）

七、货物描述

信用证中关于货物的描述，包括货物名称、规格、数量、包装及单价等。

MT700 专设“45A/Description of Goods and/or Services”栏，如：

COMMODITY：NICKEL ORE

TOTAL QUANTITY：35，100MT+/-10PCT

UNIT PRICE：USD120/DMT

PRICE TERMS：FOB ST PHILIPPINE PORTS

CHEMICAL SPECIFICATIONS：

NICKEL（NI）：1.7 PCT MIN

IRON（FE）：20 PCT

P：80.0 PPM MAX

MOISTURE CONTENT：35.0 PCT MAX

八、保险

货物的保险，依贸易术语决定由申请人还是受益人办理。

九、信用证中常用的单据

MT700 专设“46A Documents Required”栏，如：

+MANUALLY SIGNED COMMERCIAL INVOICE OF CARGO VALUE IN 3 ORIGINALS AND 3 COPIES INDICATING THIS L/C NO. AND CONTRACT NO. NN0007，COMMERCIAL INVOICE VALUE BASED ON THE SURVEY RESULT OF THE CERTIFICATE OF QUALITY AND CERTIFICATE OF WEIGHT FOR THE CARGO SHIPPED AT THE LOADING PORT ISSUED BY C. C. I. C. .

+FULL SET（INCLUDED 3/3 ORIGINALS AND 3 NON-NEGOTIABLE COPIES）OF CLEAN ON BOARD OCEAN BILLS OF LADING MADE OUT TO ORDER AND BLANK ENDORSED, MARKED FREIGHT PAYABLE AS PER CHARTER PARTY AND NOTIFYING IN BLANK.

+CERTIFICATE OF WEIGHT IN 1 ORIGINAL AND 2 COPIES ISSUED BY C. C. I. C. AT THE LOADING PORT.

+CERTIFICATE OF QUALITY IN 1 ORIGINAL AND 2 COPIES ISSUED BY C. C. I. C. AT THE LOADING PORT.

+BENEFICIARY'S CERTIFIED COPY OF FAX SENT TO THE APPLICANT WITHIN 5 WORKING DAYS AFTER BILL OF LADING DATE ADVISING NAME OF VESSEL，DATE，QUATITY AND APPROX VALUE OF SHIPMENT.

+CERTIFICATE OF ORIGIN IN 1 ORIGINAL AND 1 COPY ISSUED BY THE BENEFICIARY.

+SHIPPING ADVICE ISSUED BY THE BENEFICIARY IN 1 ORIGINAL ADVISING THE APPLICANT NAME OF COMMODITY，THE CONTRACT NO.，

L/C NO.，NAME OF THE CARRYING VESSEL，B/L DATE，B/L NO. AND B/L WEIGHT AT THE LOADING PORT WITHIN 5 WORKING DAYS AFTER B/L DATE.

...

十、银行费用条款

信用证一般都规定：“All banking charges other than the issuing bank are for of beneficiary's account.”（开证行以外的所有银行费用由受益人承担。）

MT700 专设“71B Charges”（费用）栏，只表示费用由受益人负担。若电文无此项目，则表示除议付费、转让费外，其他费用均由申请人负担。如：ALL BANKING CHARGES AND INTEREST IF ANY OUTSIDE THE ISSUING BANK，AND REIMBURSEMENT CHARGES ARE FOR ACCOUNT OF BENEFICIARY. 或：ALL BANKING CHARGES OUTSIDE ISSUING BANK（INCLUDING FINANCING INTEREST）AND ALL RELATIVE REIMBURSEMENT/PAYMENT CHARGES ARE FOR BENEFICIARY'S ACCOUNT. 或：ALL CHARGES FOR THE BENEFICIARY'S EXCEPT COMMISSION RELATED TO THE ACCEPTANCE OF THE DRAFT.

十一、开证银行的指示

开证行的指示一般包括议付金额背批条款、寄单方法和索偿的办法等。

MT700 专设“78 Instructions to the Paying/Accepting/Negotiating Bank”（对付款/承兑/议付银行的指示）栏。如：

+EACH DRAWING SHOULD BE ENDORSED ON THE REVERSE OF THIS L/C AND THE PRESENTING BANK MUST EVIDENCE THIS EFFECT ON THEIR COVERING SCHEDULE.

+DOCUMENTS SHOULD BE SENT BY COURIER SERVICE IN ONE LOT TO CHINA MERCHANTS BANK，BEIJING BRANCH，INTERNATIONAL FINANCIAL CENTRE，TOWER A，NO. 156 FUXINGMENNEI STREET BEIJING CHINA 100031 TEL：8610-664270××.

+UPON RECEIPT OF DOCUMENTS AND DRAFTS AT OUR COUNTER IN COMPLIANCE WITH TERMS AND CONDITIONS OF THIS CREDIT, WE WILL ACCEPT THE DRAFT AND REIMBURSE YOU AS PER YOUR INSTRUCTIONS AT MATURITY.

...

十二、开证行对受益人及汇票持有人保证付款的责任文句

“We hereby engage with drawers and/or bona fide holders that drafts drawn and negotiated in conformity with the terms will be duly honored on presentation.”（我行向出票人和/或善意持票人保证，凡按照规定条款开立和议付的汇票向受票人提示时均可承付。）

十三、开证行的保证条款及受 UCP 惯例约束的条款

银行开立的信用证，通常都载有下列条款："This credit is subject to Uniform Customs and Practice for Documentary credits International Chamber of commerce Publication No. ×××." 若信用证通过 SWIFT 系统开立或通知，由于其必须遵守 SWIFT 使用手册和国际商会 UCP 的规定，因此，在这种信用证中可省去银行的承诺条款和适用 UCP 的文句。

MT700 专设"40E Applicable Rules"（适用规则）栏：

（1）UCP LATEST VERSION（统一惯例最新版本）；

（2）EUCP LATEST VERSION（电子化交单统一惯例最新版本）；

（3）UCP URR LATEST VERSION（统一惯例及偿付统一规则最新版本）；

（4）EUCP URR LATEST VERSION（电子化交单统一惯例及偿付统一规则最新版本）；

（5）ISP LATEST VERSION（《国际备用证惯例》最新版本）；

（6）OTHER（其他）。

信用证一般表明"UCP LATEST VERSION"。

十四、开证行签章

开证行通常在信用证的最后一页右下方签章。若通过 SWIFT 开立信用证，MT700 表明开证行的名称。如 CHINA ×× BANK SWIFT MESSAGE CONTENT 2019-07-02 16：47：37；Sender：CMBCCNBS201 CHINA ×× BANK BEIJING。

另外，MT700 还专设"72：Sender to Receiver Information"（发电银行对收电银行的附言）栏。该项目可能出现的代码：/PHONBEN/（请用电话通知受益人，之后加注电话号码）；/TELEBEN/（请用快捷有效的电讯通知受益人，包括 SWIFT、传真、电报、电传，如 8 HAIDIAN STREET，BEIJING，CHINA）；TEL：010-××××××××；FAX：010-××××××××。

第三节　保兑信用证与不保兑信用证

依据是否有开证行以外的某家银行对受益人作出承付保证，信用证可分为保兑信用证和不保兑信用证。

一、保兑信用证（Confirmed Credit）

保兑信用证是指，开证行开立的信用证，由另一家银行保证对符合信用证条款规定的单据履行承付义务，即该信用证除了有开证行确定的承付保证外，还有保兑银行确定的承付保证。

（一）保兑信用证的性质及保兑银行对受益人的责任

UCP600 第 2 条规定：保兑是指除开证银行承诺之外的，保兑行对相符的提示予以承付或议付的确定承诺；保兑行是指，依开证行的授权或请求对信用证加具保兑的银行。

UCP600 第 8 条规定：若规定的单据提交给保兑行或任何其他被指定银行且其构成相符的提示，则保兑行必须：

第一，承付，若信用证可用于：

（1）由保兑行即期付款、延迟付款或承兑；

（2）由另一家被指定银行即期付款但该被指定银行未付款；

（3）由另一家被指定银行延迟付款但该被指定银行未对延迟付款予以承诺，或虽已承诺延迟付款，但到期未付款；

（4）由另一家被指定银行承兑但该被指定银行未承兑以其为付款人的汇票，或虽已承兑以其为付款人的汇票，但到期未付款；

（5）由另一家被指定银行议付但该被指定银行未予议付。

第二，若由保兑行议付信用证，则应无追索权地议付。

由此可见，信用证一经保兑，就构成保兑行在开证行承诺以外的一项确定承诺，即保兑行对信用证所承担的责任与开证行所负担的责任相同，或者保兑行对受益人的确定承诺是独立于开证行责任之外的责任。若被指定银行未履行其责任（即期付款、承诺延期付款、承兑汇票、议付），保兑行有义务履行被指定银行未履行的责任。

（二）保兑行责任的起始时间

依 UCP600 第 8 条第 2 款，保兑行在对信用证加具保兑时起，即不可撤销地受应承付或议付的约束。

（三）保兑行偿付被指定银行的责任

根据 UCP600 第 8 条第 3 款，当另一家被指定银行已对相符提示予以承付或议付并将单据寄送保兑行时，则保兑行保证对其偿付。在到期前，无论该被指定银行是否预付或购买了单据，在到期时，保兑行应对承兑信用证或延迟付款信用证项下相符提示的金额予以偿付。保兑行偿付另一家被指定银行的承诺，独立于保兑行对受益人的承诺。

（四）保兑信用证的操作

若使用 SWIFT 开立信用证，MT700 设有是否保兑的栏目“49/Confirmation Instructions”[保兑指示：此项只使用代码 CONFIRM（请保兑）/MAY ADD（可保兑）/WITHOUT（不加保兑）]。

非授权银行的“保兑”不是 UCP 下的保兑行为。依 UCP600 第 2 条的规定，未经开证行授权或要求的银行，其“保兑”不属于 UCP600 所规定的保兑，该“保兑行”只能自己承担一切风险。实际上，这是受益人与该“保兑行”之间的安排，该银行在单据符合信用证要求时，向受益人支付信用证金额后，不能获得开证行的偿付，也不能获得开证行对信用证的各项权利。因此，受益人应通过申请人要求开证行授权另外的银行保兑其信用证。

二、不保兑信用证（Unconfirmed Credit）

不保兑信用证是指，开证银行开立的信用证没有另一家银行加具保兑。当开证行资信较好或成交金额不大时，不必使用保兑信用证。在国际贸易中使用的信用证，绝大多数是不保兑信用证。因为使用保兑信用证会增加进口商的负担，进而将其转嫁给出口商，这又会增加出口商的成本，有可能影响出口商品的竞争力。

第四节 即期付款信用证、延期付款信用证、承兑信用证与议付信用证

UCP600 第 6 条第 2 款规定，信用证必须表明该信用证适用于即期付款、延期付款、承兑或议付。因此，按付款方式的不同，信用证可分为即期付款信用证、延期付款信用证、承兑信用证和议付信用证。

一、即期付款信用证（Sight Payment Credit）

即期付款信用证，是指出口商将即期汇票和单据（或只有单据而无汇票）直接提交指定的付款银行或开证行后，可立即获得付款的信用证。

（一）即期付款信用证的特点

即期付款信用证的付款银行可以是开证行自己，也可以由出口地通知行兼任或指定第三方银行，多数情况下是指定出口地通知行作为付款行。此时，信用证的有效期也在受益人所在地到期，且付款行一经付款，对受益人则无追索权，受益人可放心地使用该资金，因而对其十分有利。若付款行为开证行自己或第三方银行，则交单到期地点一般规定在付款行所在地，受益人将承担单据在邮寄过程中遗失或延误的风险。但指定的付款行有权拒绝受理相符的单据，因为开证行的指定并不构成付款行对即期付款的承诺，但开证行不能推卸其付款责任。即期付款信用证可要求汇票也可不要求汇票。若要求汇票，则该汇票为即期汇票，且其付款人为信用证指定的付款行或开证行本身。若不要求汇票，可只凭受益人提交相符单据付款。即期付款信用证的显著特点是付款时间为即期和方式为付款。

（二）即期付款信用证的操作

若使用 SWIFT 开立信用证，MT700 设有即期付款栏目：41A Available with . . . By . . .（承付方式的表示方法为：BY PAYMENT）；42C Drafts at . . .（汇票付款期限：DRAFTS AT SIGHT）；42A Drawee（汇票付款人，如 XYZCCNBS201 CHINA STREET，×× BANK，BEIJING）。

（三）开证行即期付款信用证

开证行即期付款信用证，又称直接付款信用证（Straight Credit），是指信用证规定由开证行作为即期付款银行，受益人直接将单据寄给开证行，只要单证相符、单单相符和单内相符，开证行立即付款。这种信用证的到期地点通常在开证行所在地，受益人将承担单据在邮寄过程中遗失或延误的风险。

在直接付款信用证下，其他银行也可购买受益人的汇票/单据，但该银行无权向开证行索偿。

（四）指定银行即期付款信用证

指定银行即期付款信用证，是指开证行在信用证中授权或委托其他银行向受益人承担即期付款义务，之后，该银行再向开证行索偿。多数情况下，开证行指定出口地通知行作为即期付款银行。此时，信用证的有效期也在受益人所在地到期，且付款行一经付款，对受益人则无追索权，受益人可以放心地使用该资金，因而对其十分有利。

二、延期付款信用证（Deferred Payment Credit）

延期付款信用证，是指开证行在信用证中规定货物装运后若干天付款，或开证行收到相符单据后若干天付款的一种远期信用证。

（一）延期付款信用证的特点

这种信用证的特点，是受益人不开立远期汇票，开证行也不存在承兑汇票的问题。它与即期付款信用证不同，虽然同属付款信用证，但付款期限不同；它与承兑信用证也不同，虽然同属远期信用证，但不需远期汇票。由于没有汇票，出口商不能利用贴现市场融资，只能自行垫款或向银行借款。但由于银行贷款利率高于贴现利率，所以，以延期付款信用证方式成交的货价，往往比承兑信用证方式成交的货价略高。

受益人提交单据以后，若单证相符，开证行或付款行受理单据，但要等到信用证规定的日期到期才予以付款。这种信用证计算付款到期日的方法，一般有两种：一是从提单日起算，即提单签发后若干天（×× days after the date of issuance of the B/L）；二是从开证行或付款行收到单据的日期起算（×× days after presentation of the documents）。

（二）延期付款信用证的适用范围

延期付款信用证，主要适用于以下情况。

第一，资本货物交易、承包工程和投标等。这些交易的付款期限很长，有的超过几年。在这种情况下，出口商往往不能利用短期贴现市场融资，而只能利用出口地银行中长期贷款取得资金来源。这种贷款有时可以用延期付款信用证作为抵押。

第二，有的国家票据法规定，超过6个月期限的经承兑的汇票不能在市场上贴现。有的国家还规定汇票的有效期不得超过一年。在上述情况下，远期承兑汇票不能解决远期付款产生的问题，只能用延期付款信用证来解决。

第三，在欧洲很多国家，承兑汇票需交纳很高的印花税。因此，为避免纳税，在延期付款信用证中以发票代替汇票作为付款凭证。

第四，有的国家外汇管制较严，禁止开立承兑信用证。这些国家的银行只好绕开限制而采取其他方法，而延期付款信用证则是一种替代办法。

（三）延期付款信用证的操作

若使用SWIFT开立信用证，MT700设有延期付款栏目：41A Available with ... By ...（承付方式的表示方法为：BY DEP PAYMENT）。同时，还应在42P Deferred Payment Details（延期付款指示）列明付款日期及其方式等详细内容。

在延期付款信用证下，通常指定一家开证行以外的银行（一般为出口地银行）为付款银行。

三、承兑信用证（Acceptance Credit）

承兑信用证是指，付款行（承兑行）在收到符合信用证规定的远期汇票和单据时，先在汇票上履行承兑手续，等汇票到期日再履行付款义务的一种远期信用证。

若使用SWIFT开立信用证，MT700设有远期承兑栏目：41A Available with ... By ...（承付方式的表示方法为：BY ACCEPTANCE）。同时，还在42C Drafts at ...（汇票付款期限）注明汇票期限，如90 DAYS AFTER SIGHT FOR 100PCT OF INVOICE VALUE；42A Drawee注明汇票的付款人，如CHINA ×× BANK，BEIJING。

承兑信用证需受益人开立远期汇票，汇票的付款人是信用证中被指定的银行。承兑行可以是开证行，也可以是开证行指定的其他银行，但多由出口地银行（如通知行）担任。被指定的其他银行为承兑行时，若该银行承兑了汇票，但到期日不能付款甚至未承兑汇票，开证行仍有义务付款。承兑信用证的有效地点是承兑行所在地，因此，其有效到期日以向该银行提示单据和汇票要求承兑的日期为准。若承兑行经审核认为受益人提示的单据表面上相符而决定接受单据（若承兑行为开证行或保兑行，它必须接受相符单据，没有选择的余地），则应承兑受益人提示的远期汇票。

UCP600 第 12 条规定："若开证行指定某银行承兑汇票或承诺延迟付款，则为授权该被指定银行预付或购买已承兑的汇票或已作出的延迟付款承诺。"这是 UCP600 的新增内容。该款规定了被指定银行在承兑信用证、延期付款信用证下的买入汇票或预付的提前融资行为，被视为得到开证行的授权。因此，承兑信用证项下的跟单汇票一旦由银行承兑，依票据法和 UCP 的上述规定，则构成承兑行在到期日无条件付款的承诺。作为汇票的持票人，受益人可在汇票承兑后请求承兑行或其他金融机构贴现汇票，立即获得现款融资。

若承兑行与受益人处在同一城市，已承兑汇票通常交由受益人控制，在到期日再由受益人向承兑行提示要求付款。若承兑行与受益人处于不同的地方，开证行或被指定银行承兑汇票后，通常向出口地寄单行发出通知电文，通知汇票已承兑及到期日；同时，将汇票保留在承兑行，于到期日再付款。

因此，受益人接到汇票已承兑通知后，有两种选择：一是同意将已承兑汇票留在承兑行，到期后再要求承兑行付款；二是将汇票贴现，提前取得现款。贴现的方式一般有三种形式。第一，"凭电贴现"，即开证行或承兑行发出汇票已承兑通知电后，次日受益人即可以电讯方式办理贴现而无需寄来汇票，以节省时间和费用并减少风险。但这种已承兑汇票由贴现行以"承兑通知电"为依据，将其在二级市场上出售或再贴现比较困难。第二，"有形贴现"，即开证行或承兑行将已承兑汇票寄送受益人，由受益人凭纸质的已承兑汇票自行办理汇票贴现。这是传统的贴现方式，它虽然融资缓慢、花费一定时间、存在寄送风险，但贴现行将有形的已承兑汇票在二级市场上出售或再贴现比较容易。第三，依据 UCP600 的上述规定，直接请求被指定的承兑行贴现汇票。

另外，UCP600 第 7 条第 3 款规定："当被指定银行已承付或议付了相符的提示并将单据寄送开证行时，则开证行保证给予其偿付。对承兑信用证或延期付款信用证下相符提示的金额的偿付，在到期前，无论被指定银行是否预付或购买了单据，到期时，开证行应予以偿付。开证行偿付被指定银行的承诺独立于开证行对受益人的承诺。"该条也是 UCP600 的新增内容，强调开证行对承兑信用证下的承兑行、延期付款信用证下的付款行的偿付责任时，明确规定"被指定"意味着授权该承兑行、该延期付款行分别可预付已承兑但未到期的汇票、先期购买未到期的受益人的单据，即授权被指定银行提前向受益人融资。换言之，在这两种信用证下，只要信用证生效，也就自动授权被指定银行可不经由第三家银行而直接向受益人贴现，只要是相符的提示，开证行应在远期到期日偿付该被指定银行。这一规定增加了开证行对被指定银行的责任，对被指定银行和受益人均有利。

四、议付信用证（Negotiation Credit）

议付信用证是指，开证行允许受益人向某一指定银行或任何银行交单议付的信用证。

(一) 议付信用证的特点

UCP600 第 2 条规定："议付，是指被指定银行通过在其获得偿付的银行营业日或之前，以预付或同意预付款项给受益人的方式，购买汇票（以该被指定银行之外的银行为汇票付款人的汇票）和/或相符提示的单据。"

UCP600 将"议付"（Negotiation）称为"Purchase"（购买），即被指定银行购买受益人提交的汇票或提单等单据。这种购买行为可以是议付银行在获得开证银行偿付的当日或之前，预付（垫付）或同意预付受益人。因此，远期议付信用证是合理的。但议付信用证下的汇票不能做成以议付银行为付款人，除非该议付银行为保兑银行。若议付银行非为保兑银行，通常对受益人享有追索权。

由此可见，议付的本质是一种融资方式：提前支付（Advancing or Agreeing to Advance Funds）。这对出口商有利，可以提前得到银行的资金周转。

(二) 议付信用证的议付方式和责任

若使用 SWIFT 开立信用证，MT700 设有议付栏目：41A Available with ... By ...（承付方式的表示方法为：BY NEGOTIATION，如 ANY BANK IN HONGKONG BY NEGOTIATION）；42C Drafts at ...（汇票付款期限：如 DRAFTS AT SIGHT，或如 60 DAYS AFTER SIGHT FOR 100PCT OF INVOICE VALUE）；42A Drawee（汇票付款人，如 XYZCCNBS201 CHINA STREET，×× BANK，BEIJING）。

(三) 议付信用证的种类

按信用证议付的范围不同，议付信用证可分为限制议付和自由议付两种信用证。

1. 限制议付信用证

限制议付信用证，又称授权议付信用证，是指开证行在信用证中指定某一银行进行议付的信用证。限制议付信用证指定了议付行，只有该行得到了开证行的授权，其他银行都无权议付。但如指定银行之外的其他银行"议付"了单据并提示给开证行，其效力如何？依 UCP600，开证行对这样的提示可以拒付，因为向被指定银行提示是信用证的一个条件，受益人未遵照此条件则属单证不符。因此，被指定银行以外的第三者银行"议付"单据，由于未得到授权，因而不属于严格意义上的议付，一般称为"局外银行议付"。这种局外议付行不能享受有权议付银行在议付信用证下的权利。

2. 自由议付信用证

自由议付信用证，又称公开议付信用证、一般信用证或流通信用证等，是指开证行对愿意办理议付的任何银行作出公开议付"邀请"和普遍付款承诺的信用证，即任何银行均可按信用证条款议付。议付信用证是借助汇票的流通而操作的，因此，这种信用证需要汇票，汇票付款人一般为开证行，即要求以议付行之外的第三者为付款人的汇票。议付信用证的有效地点在指定的议付行所在地，如未指定议付行，即公开议付信用证的情况下，信用证有效地点是出口所在地。因此，只要相符单据向议付行的提交是在信用证的有效期内，就符合信用证的要求。

此外，依据议付银行预付款项的时间不同，议付信用证还可分为即期议付信用证（要求开立即期汇票）和远期议付信用证（要求开立远期汇票）。

第五节　假远期信用证和预支信用证

一、假远期信用证（Usance Credit Payable at Sight）

假远期信用证，是指买卖双方达成即期交易，但进口商出于某种目的和需要，在信用证中要求受益人以即期交易价格报价，开立远期汇票，由进口商负担贴现息及有关费用而受益人按规定即期收汇的一种信用证。

由于信用证中规定开立远期汇票，开证申请人要等到汇票到期才偿付开证行，因此，对开证申请人而言，这种信用证具有远期信用证的效果；但对受益人而言，由于它能按规定即期十足收款，因此习惯上称这种信用证为“假远期信用证”。假远期信用证一方面满足了受益人即期十足收款的要求，另一方面，又适合了进口商将即期交易转化为远期交易的愿望和需要，实质上是开证行或付款行或贴现市场为进口商提供的融资便利。

（一）使用原因

在即期交易中，本应采用即期付款方式或采用即期信用证结算货款，但有时，进口商却采用假远期信用证付款，其中原因，一是摆脱进口地外汇管制的限制。有些国家由于外汇紧缺，在外汇管制法令中规定，所有进口交易一律采用远期付款。这样，银行只能开立远期信用证。于是，当该地进口商同其出口商达成即期付款交易时，只能采用远期信用证，同时采用保证出口商即期收款的假远期做法。原因二是，进口商借助这种信用证可以利用银行的资金或贴现市场的资金，解决资金周转的困难。利用假远期信用证融资比从银行贷款便利，而且贴现息较低，融资成本低。因此，假远期信用证可以缓解进口商的需要，或缓解进口地开立即期信用证存在的法律障碍与出口商即期收款之间的矛盾。

（二）操作程序

假远期信用证没有固定形式，信用证中也未注明是假远期，只列有假远期付款的一些条款且各银行使用的语句也不完全相同。因此，作为出口商的受益人应仔细分析这些条款，辨别是一般远期信用证还是假远期信用证。假远期信用证常见付款条款如：“Drawee will accept and discount usance draft drawn under this credit. All charges are for buyer's account，usance draft payable at sight basis.”（信用证项下的远期汇票由付款人承兑并贴现，所有费用由买方负担，远期汇票即期付款）。因此，判断假远期信用证的标准有三条：第一，受益人开立远期汇票，但即期十足收取货款；第二，由开证行或其指定银行先承兑远期汇票，再负责贴现；第三，由买方承担远期汇票的贴现息和有关费用。

从上述分析可以看出，假远期信用证同即期付款信用证和承兑信用证都有相似之处。如出口商可以即期十足收取货款，这与即期付款信用证相似；又如远期汇票贴现，出口商可提前取得货款，这与承兑信用证相似。其实，它们只有形式上的同一性，而在本质上是不同的。

在中国出口贸易中，对按即期交易成交的买卖合同，原则上应坚持采用即期信用证结算货款。若进口商要求使用假远期信用证，并明确由开证行或其指定银行负责贴现而即期十足付款，由进口商承担贴现息及相关费用，我方在采取一定的风险防范措施后，可以考虑接受，从而利用这种灵活变通的结算方式扩大我出口贸易。

二、预支信用证（Anticipatory Credit）

预支信用证是指，开证行授权代付行（通常是出口地的通知行或议付行）向受益人预付信用证金额的全部或一部分，由开证行保证偿付并负担利息的一种信用证。

（一）使用范围

预支信用证与远期信用证正好相反，银行付款在先，受益人交单在后。预支信用证是为了满足受益人的资金需要开立的，经过这种安排，进口商通过开证行或付款行为受益人提供信贷便利。于是，开证行应进口商的要求，在信用证中加注特别条款，授权付款行凭受益人开立的光票和以后补交单据的声明书预支部分款项。受益人交单请求付款或议付时，银行扣除预支的金额及其利息，余额支付给受益人。因为这种授权预支的条款最初都以红色打印以引起注意，因而又称“红条款信用证”。但现在这种习惯做法已经改变，这种条款与证内其他内容一般都用一种颜色的文字打印，不一定以红色来强调，但“红条款”的称法却沿用至今。

（二）操作程序

预支信用证中的“红条款”（预支条款）并没有固定格式，受益人须谨慎辨别。除了最常见的“红条款”内容外，有时还有另一种选择，即指定的出口地银行预支款项后，立即向开证行求偿，开证行借记进口商账户，同时贷记垫款行账户；而出口商制作商业发票时，应注明减除原已预支的款项及利息，开立的汇票金额仅为其差额。实际上，这是进口商向出口商提供的贷款，仅仅是利用银行的服务。

第六节 可转让信用证与不可转让信用证

根据受益人对信用证的权利是否可转让，信用证分为可转让信用证和不可转让信用证。

一、可转让信用证（Transferable Credit）

（一）可转让信用证的概念

依 UCP600 第 38 条第 2 款，可转让信用证是指，信用证明确地表明它是“可转让的”；可转让信用证在受益人（“第一受益人”）的要求下，既可全部也可部分地转让给另一受益人（“第二受益人”）使用。转让银行是指，办理转让信用证的被指定银行，或信用证规定可在任何银行使用的情况下，获得开证行明确的授权并转让信用证的任何银行；开证行也可成为转让银行。

从上述 UCP600 的规定可以看出，信用证的转让不是第一受益人和第二受益人之间的私下转让，而应由银行办理转让。第一受益人要求买方申请开立以其为受益人的可转让信用证。开证行必须在信用证内注明“Transferable”。第一受益人接到信用证的通知后，即可请求银行办理转让手续。

在可转让信用证中，受益人（第一受益人）可以要求转让银行将信用证的全部或部分转让给一个或几个第三者（第二受益人）使用。第二受益人可根据被转让的信用证，以自己的名义发运货物和提示单据请求承付或议付。因此，这种转让是第一受益人在信用证项下的权利和义务的一起转让，即受让人在信用证中接替了让与人的地位，得到预先保证：只要信用证的条款得到遵守，就有权请求开证行付款。

（二）可转让信用证的转让程序

可转让信用证可依国际贸易业务的实际需要，按以下程序转让。

（1）第一受益人要求买方申请开立以其为受益人的信用证。开证行必须在信用证内注明“Transferable”（可转让）。

（2）第一受益人接到信用证的通知后，即可请求银行办理转让手续。转让行办理转让信用证的费用向第一受益人收取。依 UCP600 第 38 条第 2 款，第一受益人可以通过开证行、保兑行或信用证中指明的转让行办理转让手续。受益人在要求办理转让信用证时，应填写转让申请书。

（3）转让行办理信用证转让。转让行在办理转让信用证时，一般重新开立信用证。在新证中，开证行与原证一致。

依 UCP600 第 38 条第 8 款，在新证中，开证申请人可不同于原证的申请人，即第一受益人可将自己作为新证的申请人。由此，可避免第二受益人知道真正的买主是谁（原证申请人），这是中间商基于商业秘密的考虑，即阻止第二受益人直接与实际买主进行交易。若原证要求办理信用证转让时，原证申请人不得改变，则新证中的申请人必须与原证相符，且原证申请人的名称必须出现于发票以外的其他单据上。

依 UCP600 第 38 条第 7 款，在新证中，原证条款原则上不能改变，而信用证金额与货物单价一般比原证低，这样，第一受益人（中间商）可赚取利润；新证的装运期与有效期通常比原证提前，交单期往往要缩短，这样做是为了在第二受益人交单后，第一受益人有足够时间换发票或汇票，保证不超过原证规定的时间；新证的投保加成比例高于原证，这样才能使保险单的保险金额达到原证的规定，以保证收货人的利益不受损失。

（4）转让行办妥转让信用证手续后，通知第二受益人。依 UCP600 第 38 条第 4 款，可转让信用证只能转让一次。因此，受让的第二受益人不得将该信用证再转让给其他人，即禁止垂直转让（Vertical Transfer）。但第一受益人可以将信用证一次转让给几个第二受益人，即水平转让（Horizontal Transfer）是允许的。同时，反转让也是允许的，即第二受益又将信用证再转让给第一受益人，这不违反只能转让一次的原则。

（5）第二受益人装货发运后，向转让行提示单据并通知第一受益人。第二受益人（一般是实际供货人）在货物装运后，依新证条款规定开立发票（及汇票）并制作其他货运单据，连同新证一起交转让行（一般是开立新证的原通知行）。该行可依发票（及汇票）金额，将票款议付给第二受益人。与此同时，该行通知第一受益人依原证开立发票（及汇票）以替换第二受益人交来的发票（及汇票）。

（6）第一受益人向原证申请人（实际买方）履行原证。第一受益人接到转让行通知后，依原证条款规定，开立发票（及汇票）交转让行替换第二受益人开立的发票（及汇票），转让行将两张发票（及汇票）的差额付给第一受益人。

依 UCP600 第 38 条第 9 款，若第一受益人要提示自己的发票及汇票（若有）但未于第一次要求后立即照此办理，或第一受益人提示的发票中存在不符点，但该不符点在第二受益人提示的单据中并不存在，且第一受益人未在第一次要求时修改这些不符点，则转让行有权向开证行提示其自第二受益人处收到的单据且不再对第一受益人负责。这一规定在一定程度上保护了正当发货制单的第二受益人的利益。

有时，可转让信用证也可不替换发票（及汇票）。信用证的第一受益人将信用证的权利与义务转让给第二受益人，第二受益人按信用证的规定发运货物，制作各种单据，以自己的名义办理信用证收汇，而转让行将第二受益人的单据原样不变地寄交开证行，无需第一受益人介入。在这种情况下，第二受益人的发票金额与原证的规定一致。此时，第一受益人只取得佣金。这种转让信用证，可以使实际买方与实际供货人相互了解，因而其在国际贸易中使用得不多。

（7）转让行寄单索汇。转让行可以向第一受益人议付单据，之后将第一受益人开立的发票（及汇票）及第二受益人提交的其他单据一起寄交开证行向其索汇。开证行接到单据并审核后，认为符合信用证规定，则将款项付给转让行，然后要求实际买方付款赎单。这样，实际买方收到的货物，往往不是由与他订立买卖合同的第一受益人所提供的。因此，货物是否与合同相符，取决于实际供货人的信用。

（三）可转让信用证应注意事项

1. 可转让信用证使用地点的转移

根据 UCP600 第 38 条第 10 款，第一受益人可在其转让中要求，在信用证被转让的地点以及在信用证（注：原证）的到期日之前（包括在到期日）对第二受益人承付或议付，而不损害第一受益人以后以自己的发票（及汇票）替换第二受益人的发票（及汇票）并支取应得差额的权利。这是可转让信用证使用地点的转移。在可转让信用证中，第一受益人可以是原证申请人（进口商）所在地的中间商（信用证境内转让），也可以是境外的中间商（信用证境外转让）。而第二受益人（供货商）可以是与境外中间商同一地的供货商，也可以是与境外中间商不同地（第三地）的供货商，即进口商、中间商和供货商分别处于三个不同的国家或地区。

依据上款的规定，第一受益人可要求在信用证受让地点（第二受益人，即境外供货商所在地，也可能为第三地）及原证的到期日内，对第二受益人进行承付或议付，而不损害第一受益人日后以自己的发票或汇票替换第二受益人的发票或汇票并支取应得差额的权利。

在上述情况下，信用证的使用地点发生了转移，但无论如何，第二受益人的提示须符合 UCP600 第 6 条规定的截止日、提示地点及第 14 条规定的提示截止日期的要求。若单据到达转让行后，当第一受益人替换发票或汇票时，即使信用证（新证）已过期或第 14 条规定的提示截止日期已过，第一受益人替换发票（及汇票）的权利也不受影响。换言之，UCP600 第 6 条和第 14 条规定的时限适用于第二受益人向受让地有关银行的提示，而不适用于第一受益人以其发票或汇票替换第二受益人的发票（及汇票）。因为，第一受益人要受原证的约束。

当然，若信用证明确声明不能在信用证（原证）规定的地点（第一受益人所在地）以外承付或议付，则转让信用证时，必须遵守。

2. 转让行的义务

UCP600 第 38 条第 1 款规定："银行无义务办理转让信用证，除非该银行对转让范围和方式明确表示同意。"由此可见，受益人向转让行提出转让信用证的请求时，转让行有权拒绝办理转让，即使转让行加具了保兑也无差别。只有当信用证转让的范围，如是否转让给多个第二受益人、部分转让还是分批转让、是否替换发票（及汇票）、受益人是否对修改的通知作出保留等，在转让行已同意的条件下，该行才办理转让。转让行可依请求办理转让，但这不是义务。此外，即使转让行已同意转让信用证，若转让费用未得到支付，其也无办理转让的义务。

3. 可转让信用证的修改

可转让信用证转让后，在第一受益人之外产生了一个或几个第二受益人，当信用证出现修改时，则比不可转让信用证的修改复杂。信用证未经开证行、保兑行和受益人的同意不得修改。在转让信用证时，若开证行提出修改，是经第一受益人同意还是经第二受益人同意，或者须他们同时同意？UCP600 第 38 条第 5 款和第 6 款规定了信用证转让后的修改原则。

（1）第一受益人关于其对修改意愿的声明。第一受益人对转让行将修改通知给第二受益人的行为具有控制权。UCP600 第 38 条第 5 款给予第一受益人这种权利，以保证经转让的信用证具有完整性和可靠性，但第一受益人这种权利的取得取决于其事先的声明。该款规定："任何转让要求必须说明是否允许及在何种条件下允许将修改通知第二受益人。已转让信用证必须明确说明该项条件。"

为此，第一受益人须指示转让行，说明其是否保留拒绝允许转让行将修改通知给第二受益人的权利；同时，第一受益人的这种指示还须在请求转让时或转让信用证之前作出且这种指示是不可撤销的。"转让信用证之前"一般是指，转让行将被转让的信用证通知给第二受益人之前；"不可撤销地指示转让行"则是指，第一受益人一旦作出是否保留上述权利的决定并通知了转让行之后，则不能再改变其决定。若第一受益人决定不保留上述权利，则不能再阻止转让行将信用证的修改直接通知给第二受益人。因此，第一受益人在信用证转让之前，应根据具体情况来决定是否控制信用证的修改。若第一受益人认为第二受益人对修改的接受与否与自己无关，则可以不保留拒绝允许转让行将修改通知给第二受益人的权利。若第一受益人认为必须控制信用证的修改，则可以保留上述权利，以便遇到修改信用证时，可视具体情况决定是否将修改通知给第二受益人。当转让行收到第一受益人关于转让信用证的不可撤销的请求后，若同意在此条件下办理转让，则有义务在转让信用证时，将第一受益人关于修改的指示通知第二受益人，以便第二受益人了解所受让的信用证的全部内容，从而决定是否接受。

（2）第二受益人的权利相互独立。根据 CUP600 第 38 条第 6 款的规定，各第二受益人的权利相互独立。该款规定："若信用证被转让给一个以上的第二受益人，其中一个或更多的第二受益人对任何修改的拒绝并不能使任何其他第二受益人的接受无效。对于接受修改的第二受益人而言，该已转让信用证已被相应修改；对于任何拒绝修改的第二受益人而言，该已转让信用证仍未被修改。"

由此可见，若信用证被转让给两个以上的第二受益人，则各第二受益人在信用证项下所享有的权利是相互独立的，即各第二受益人只依据其所受让的信用证享有权利。在他们之间，权利不相互影响，即各第二受益人对修改的接受或拒绝可同时存在。换言之，一部分第二受益人接受修改的效力并不因其他第二受益人的拒绝修改而受影响：对接受修改的第二受益人来说，信用证被修改，依修改后的条款执行；对拒绝修改的第二受益人来说，信用证未被修改，仍依原条款执行。当然，开证行可能不愿意各第二受益人对修改的信用证有不同反应且独立并存，认为其修改要么被同时接受，要么被同时拒绝。因此，开证行应在信用证中对此作出明确规定。

4. 第二受益人向转让行提示

UCP600 第 38 条第 11 款规定：第二受益人或代表第二受益人的提示须向转让银行作出。因此，第二受益人不得直接向开证银行提示。

（四）可转让信用证的使用范围

可转让信用证，一方面可以使买方获得其需要的货物，另一方面，也使供货人取得了收回货款的银行保证；同时，第一受益人（一般为中间商）获得了利益。可转让信用证在国际贸易中的下列情况下，可适当地使用：（1）贸易需要由中间商促成；（2）总公司对外成交，分公司履约；（3）大批小额货物贸易；（4）政治因素阻碍直接贸易。

二、不可转让信用证（Non-transferable Credit）

不可转让信用证，是指受益人不能将信用证的权利转让给他人的信用证。凡信用证中未注明“Transferable”（可转让）字样的，则为不可转让信用证。在国际贸易中，使用的信用证大多为不可转让信用证。

UCP600 第 39 条规定：“信用证未表明是可转让的事实，并不影响受益人依据所适用法律规定的前提下，将该信用证项下的款项让渡给对其可能拥有权利或可能将拥有权利的人。本条规定仅涉及信用证款项的让渡而不涉及信用证项下履约权利的让渡。”

例如，信用证受益人欠某人一笔款项，或受益人从某一企业购买货物出口，打算用信用证项下应得的款项偿还。此时，受益人可将该应得款项的一部分或全部让渡（或称为过户）给债权人，要求开证行或被指定银行将已让渡的那部分款项直接拨付给债权人。若有关法律允许，信用证为不可转让这一事实也不影响受益人的让渡权利。这种款项的让渡并不涉及信用证项下履约权利的转让。

“款项让渡”，是指无论何种类型的信用证，其受益人都有权将从信用证获得的款项转让给他人。“款项让渡”仅仅涉及信用证款项的转让，不涉及信用证的权利行使，也与原证申请人的利益无关。

“信用证转让”却不同，它涉及原证受益人行使信用证的权利。同时，在履行信用证的过程中，往往因受益人的更换，影响开证申请人的利益。因此，信用证需要转让时，有两种做法：一是必须得到申请人同意并在开来的信用证中注明“Transferable”，则该信用证可转让；二是受益人收到的信用证是不可转让的，但受益人可将该证交付银行作为质押，在开证申请人不知情的情况下，向实际供货商另外开出一份信用证，即“对背信用证”，新证则由供货商凭以履行供货义务。

由此可见，信用证的“款项让渡”与“信用证转让”（或者证内没有注明“Transferable”而开立对背信用证）是完全不相同的。

在信用证业务中，产生“款项让渡”的原因通常包括以下情况。

（1）作为中间商的受益人，对外签订了出口合同但又缺少偿付资金，同时，没能争取境外进口商同意开立可转让信用证，因此，不能将信用证转让给供货商。若供货商同意先向境外进口商发货而货款由中间商将信用证款项让渡给供货商，即可采用“款项让渡”解决。

（2）作为中间商的受益人，对外签订了出口合同但又缺少偿付资金，同时，未能争取境外进口商同意开立可转让信用证，不能将信用证转让给供货商。该中间商准备利用“对背信用证”，但由于其自身资信等原因的限制，银行不同意以原证为质押而向供货商开立对背信用证。在此情况下，只要供货商同意，中间商就可利用“款项让渡”的办法，换取供货商依据信用证的条款和条件，履行发货义务。

（3）其他原因。除上述原因外，信用证受益人因其他原因欠下债务，也可使用“款项让渡”还债。

“款项让渡”并非当事人私下授权行为，也需办理相关手续，但各银行并无统一的做法。目前较普遍的做法是：当中间商，即款项让渡人欲将信用证款项转让给他人时，应在信用证指定银行办理“款项让渡”手续。指定银行包括：限制议付信用证下的议付行；公开议付信用证下的单据押汇银行；若为非议付信用证，则只能通过当地通知行代为向开证行办理款项让渡。

若办理“款项让渡”的银行接受让渡人的申请，应给予书面确认。让渡人将银行的确认副本转交“款项让渡”的受让人（如供货商等）留存。待供货商将货物出运后，向办理“款项转让”的银行提供信用证规定的有关单据和货物已经出运的证明材料，银行则直接将款项拨付受让人。

从“款项让渡”的操作过程看，供货商只要持有银行接受办理“款项让渡”的确认，便可放心地出运货物。但实际上，“款项让渡”的做法对供货商存在一定的风险。

（1）若供货商按信用证规定出运货物，但让渡人（中间商）缮制的单据与信用证不符，可能导致“款项让渡”落空。此时，尽管供货符合信用证要求，但同样得不到货款。

（2）若为自由议付信用证，让渡人（中间商）交单时，不将单据交给原来同意办理“款项让渡”的银行而交给另外一家银行办理议付手续，这样，中间商取得了货款，供货商却可能丧失了让渡的款项。

（3）让渡人（中间商）有可能将信用证项下的货物售予非信用证的另一买方而自行收款，导致供货商的货款损失。

由此可见，虽然 UCP600 专为“款项让渡”而设置专门规定，但银行并不能保证供货商能够获得款项的让渡。因此，供货商在接受这种付款方法之前，应该审慎考虑，特别应对中间商的资信情况有所了解，避免受骗。①

第七节　循环信用证

循环信用证（Revolving Credit），是指在信用证全部金额或部分金额被使用后，能够重新恢复原来的金额再次使用或多次使用，直到规定的循环次数或规定的金额使用完为止的一种信用证。

这种信用证通常用于进出口商在一定时期内进行多次交易，且每笔都涉及特定数量的同一种商品。循环信用证在内容上比其他信用证多了一个循环条款，以表明循环方法、次数和总金额。循环信用证分为按时间循环的信用证和按金额循环的信用证。

---

① 陈国武．解读 UCP600［M］．天津：天津大学出版社，2007：115-117.

一、按时间循环的信用证

按时间循环的信用证，是指受益人在一定时间内可支取信用证规定的金额，信用证金额全部或部分被利用后，信用证立即又恢复到原金额，受益人可再次利用的信用证。循环时间一般按月或季循环，如信用证规定半年内每月可支取 1 万美元，在每月的第一天自动恢复，总金额不超过 60 000 美元。在这种情况下，进口商可申请开立下列循环信用证："This is a monthly revolving credit which is available for up to the amount of USD10 000 per month and the full amount will be automatically renewed on the lst of each succeeding calendar month our maximum liability under this revolving credit does not exceed USD60 000 being the aggregate value of 6 months."

按时间循环的信用证依其上期未用金额是否可转入下期利用，可分为可积累循环信用证和不可积累循环信用证两种。

（一）可积累循环信用证

可积累循环信用证，受益人在上一循环期未用完的信用证金额可转到下一循环期使用。

在国际贸易中，这种信用证的使用通常是在信用证原规定的期限内应出运货物因故未能装运，或不能保证每次正好支取规定的金额的情况下，下期补交货物，而补货款也在下一期支款时一起支取。若信用证未明确允许可以积累使用，则不能积累使用。UCP600 第 32 条对此有严格规定："若信用证规定在指定的日期内分期支款及/或装运，但任何一期未按期支款及/或装运时，则信用证对该期及其以后各期均告失效。"

（二）不可积累循环信用证

不可积累循环信用证，受益人在规定的循环期内可以使用的金额未用完时，信用证的余额不能转入其后一期合并使用，即余额失效。因此，各期金额是独立使用的，互不产生影响。该信用证的不可积累条款如："This is a monthly revolving credit which is available for up to the amount of USD20 000 per month and the full Credit will be automatically renewed on the lst day of the succeeding calendar month. Our maximum liability under this revolving credit does not exceed USD80 000 being the aggregate value of four months. The unused balance of each month is non-accumulative to the succeeding month."

二、按金额循环的信用证

按金额循环的信用证，是指在一个规定的总有效期内，信用证被使用后即可按规定恢复到原先的金额，直至用足规定的总金额或循环完规定的总次数为止的信用证。

这种信用证规定支款总额或可循环使用的次数，目的是对受益人的发货进行一定程度的控制；否则，进口商和银行会承担难以预测的责任。按金额循环的信用证，其金额的恢复可以采取以下几种。

（一）自动循环使用

受益人按规定发运货物并提交单据后，信用证立即自动恢复到原金额，不需等待开证行通知，受益人可再次使用。自动循环的条款如："This credit shall be renewable automatically twice for a period of one month each for an amount of USD20 000. For each period making a total of USD60 000."

（二）半自动循环使用

受益人装运货物并提交单据后，若在一定期间内没有收到开证行停止循环的通知，则信用证金额自动恢复，可再次使用。半自动循环的条款如："Should negotiating bank not be advised of stopping renewal within 15 days, the unused balance of this credit shall be increased to the original amount on the 16th day after each negotiation."

（三）被动循环使用

受益人按规定装运货物并提交单据后，信用证并不能自动恢复原金额而必须等到开证行关于恢复金额的通知。被动循环的条款如："The amount shall be renewed after each negotiation only upon receipt of issuing bank's notice stating that the credit might be renewed."

循环信用证是为适应国际贸易的需要而产生的，但国际商会对此未作任何规定，具体做法完全取决于信用证的有关条款。因此，有关当事人或关系人必须认真审阅有关条款，弄清循环信用证的具体使用方法。

第八节　对背信用证

一、对背信用证的概念

对背信用证（Back to Back Credit），又称背对信用证、转开信用证、第二信用证或从属信用证等，是指受益人收到进口商申请开来的信用证，要求原证的通知银行或其他银行以原证为基础，另开一张内容相似的新信用证给另一受益人的一种信用证。

对背信用证的开立通常是中间商转售实际供货人的货物，或两地之间不能直接办理进出口贸易时，通过第三者以对背信用证方式来促成交易。这种贸易由三方即出口商、中间商和进口商订立两份买卖合同，依中间商与进口商订立的第一份合同开出的信用证，称为原始信用证（Original Credit）；依中间商与出口商订立的第二份合同开立的第二张信用证，称为对背信用证。原信用证的受益人（中间商）就是对背信用证的开证申请人，对背信用证的受益人是实际供货人。原信用证的通知行，一般是对背信用证的开证行。

二、对背信用证的操作程序

在国际贸易业务中，对背信用证通常按以下程序操作。

（一）原证的开证行开立不可转让的信用证

进口商与出口商（中间商）签订买卖合同后，进口商到进口地银行申请开立以出口商为受益人的不可转让信用证。进口地开证行将信用证邮寄或发送到出口地或合同中的出口商所在地的通知行。

（二）原证受益人（中间商）申请开立对背信用证

通知行将信用证通知原证受益人，原证受益人要求通知行或其他银行开立以实际供货人为受益人、以通知行或其他银行为开证行的对背信用证（新证）。

（三）对背信用证的开证行开立新证交给新证的通知行

新证的开证行与原证的通知行、议付行有时为同一家银行。新证开证行通常要求新证申请人交出原证作为开证抵押。这是因为原证是其开证行保证付款的承诺，对背信用证必须以这一承诺作为开立新证的依据。新证开证行为防止新证项下的单据被付款而原证项下的款项却因意外不能收回，一般要求新证申请人交付一定的抵押或担保。新证内容与可转让信用证的新证内容基本类似，其他方面与原证基本相同。新证开立后，由该证的开证行寄送第二通知行。

（四）实际供货人接到新证后，备货、出运、交单收汇

新证的通知行将对背信用证通知实际供货人，供货人依新证的规定备货出运、交单议付。新证的装运期和有效期应比原证短，以便留出一定时间给中间商来履行原证。有时，实际供货人也可以中间商的名义向进口商发货。新证的议付行一般就是该证的通知行。议付行审单后，向实际供货人垫付货款。

（五）新证议付行寄单索汇，新证开证行通知中间商替换发票

新证议付行收到实际供货人交来的单据并审核议付后，将单据寄送新证开证行。新证开证行收到单据，经审核无误后，向新证议付行偿付货款并通知中间商替换发票（及汇票）。中间商则按原证规定另制发票（及汇票）。

（六）新证开证行寄单索汇

若新证开证行与原证议付行为同一家银行，该银行将中间商的发票（及汇票）替换后，将已议付的单据寄送原证开证行索汇。若新证开证行与原证议付行为不同的银行，新证开证行议付单据并替换发票（及汇票）后，将原证及单据寄送原证议付行议付，由该议付行再将单据寄送原证开证行索汇。有时，新证开证行为防止中间商替换发票（及汇票）不及时而超过信用证的有效期，通常要求中间商预留已签字的发票（及汇票），必要时由银行代为制作发票（及汇票）。若中间商不及时替换发票（及汇票），新证开证行也不能将实际供货人的发票（及汇票）直接寄送原证开证行，因为受益人与原证不符。

（七）原证开证行审单付汇，通知进口商付款赎单

这一程序与普通信用证的操作相同。

三、对背信用证的优点

对背信用证与可转让信用证一样，都可适用于中间商转售货物。在业务处理方面，两者也有许多相似之处。在适用场合和功能相同的情况下，如何在这两种信用证中作出选择？对中间商而言，开立对背信用证的费用一般要比可转让信用证的转让费用高。因此，若考虑交易的成本，在可能的情况下，中间商会利用进口商开立的可转让信用证为其供货人提供交易货款的保证。对供货人而言，对背信用证和可转让信用证为其确保获得货款所提供的保证在程度上并没有差别，一个是中间商的往来银行信用证项下的承诺，一个是进口商的开证银行提供的银行信用。但中间商能否取得以其为第一受益人的可转让信用证，完全取决于进口商的意愿，信用证只有注明“可转让”时才能转让，而进口商对此并非没有利害关系。即使中间商取得了可转让信用证，有时也必须运用对背信用证，因为UCP600对可转让信用证作出了专门的规定，其中包括许多限制，信用证的转让可能会由于这些限制而变得不可能。但这些规定却不适用于对背信用证。如根据UCP600，一份可转让信用证只能转让一次，而中间商的购货合同中可能也要求一份可转让的信用证。这时，中间商就只能借助于对背信用证，使之可以转让从而连续下去，通过一连串的商人，直至在这一连串中最后一个商人的往来银行开出以实际供货人为受益人的信用证为止。另

外，这种选择可能会受到中间商在商业上的考虑影响，即对进口商和供货人隐瞒交易的实际情况，这对中间商的商业利益极为重要。对背信用证在这方面是最有利的选择，而可转让信用证有时达不到这种效果。

第九节 对开信用证

对开信用证（Reciprocal Credit），是指两张信用证的开证申请人互以对方为受益人而开立的信用证。这两张信用证是相互联系、互为条件的信用证。

对开信用证多用于易货贸易、来料加工、来件装配或补偿贸易业务中，交易双方都担心对方凭第一张信用证出口或进口后，另一方不履行进口或出口义务，于是，采用对开信用证的方法约束对方。

对开信用证的特点是，第一张信用证的受益人是第二张信用证的开证申请人，第一张信用证的开证申请人是第二张信用证的受益人。第一张信用证的通知行往往就是第二张信用证的开证行，两张信用证的金额大体上相等。买卖双方由其中一方向对方首先开出第一张信用证，但该证暂不生效，然后，由第一张信用证的受益人开出以该证的开证申请人为受益人的第二张信用证（又称回头证）。回头证的受益人经审查，若认为该证与合同规定相符，表示接受，即通知对方银行两证同时生效。为保证两张信用证能够同时生效，第一张信用证中，一般列明约束性支付条款，即先开信用证的开证申请人要求开证行在信用证中加注在信用证有效期内议付受益人单据的前提条件，若不符合这个前提条件，该证就不生效，即使受益人提供的单据完全符合信用证的规定，银行也没有义务和权利付款。如："This credit shall not be available unless and until the reciprocal credit is established by ×× bank in favour of ×× for the sum of ××, such availability shall be telegraphically advised to the beneficiary through ×× bank."该条款强调，回头证的受益人必须接受信用证，两证才同时生效，这对先开信用证的一方非常重要。若只要对方开来回头证，第一张信用证就可使用，仍可能使先开证的一方失去保障。因为，回头证条款可能与合同不符或其规定条件根本无法办到。

第十节 备用信用证

备用信用证在国际贸易领域中的应用越来越多。了解和研究备用信用证及其惯例，对开展国际经贸活动具有重要的现实意义。

一、备用信用证的定义

《国际备用证惯例》（International Standby Practice，简称 ISP98）于 1999 年 1 月 1 日起正式实施。从此，有了独立适用于备用信用证的国际惯例。但 ISP98 未对备用信用证给出一个明确的定义，只在其前言指出，"备用信用证被用于支持货款或预付款在到期或债务不履行时或某一不确定事件发生或不发生时产生的义务的履行"。ISP98 之所以未能对备用信用证进行明确界定，最重要的原因在于备用信用证自其产生以来，就对其含义的界定存在较大的争议。

从目前使用的状况看，备用信用证主要有“充当担保工具”和“充当支付手段”两大类型。这两种不同性质的备用信用证，很难用一个定义来完全清晰地表达其含义。鉴于备用信用证多数情况下作为担保工具，其定义应为：备用信用证是依照第三方（申请人）的请求，由担保人或开证行向另一方（受益人）开立的，规定在申请人不履行有关合同时，担保人或开证行承担第一性付款责任的一种信用证。

二、备用信用证的种类

备用信用证在实践中使用的范围很广，因而其种类也较多，通常以使用目的来划分其种类。ISP98 在其前言中，根据在基础交易中备用信用证的不同作用，以及一些不一定涉及备用信用证自身条款的其他因素，对备用信用证进行了描述性分类，共八种类型：（1）履约备用信用证（Performance Standby）；（2）预付款备用信用证（Advance Payment Standby）；（3）招标/投标备用信用证（Bid Bond/Tender Bond Standby）；（4）反担保备用信用证（Counter Standby）；（5）融资备用信用证（Financial Standby）；（6）保险备用信用证（Insurance Standby）；（7）商业备用信用证（Commercial Standby）；（8）直接付款备用信用证（Direct Payment Standby）。此外，依 ISP98 第 1.01 条第 1 款的规定，若根据备用信用证申请人在基础交易中所要履行的义务是否为金钱给付义务，还可将备用信用证分为履约、融资和直接付款三种备用信用证。

三、备用信用证的特点

备用信用证通常具有以下特点。[①]

（一）备用信用证的独立性

信用证的独立性原则既适合于商业信用证，也适合于备用信用证。备用信用证独立于受益人与申请人之间的基础交易合同，即基础交易关系虽然是备用信用证产生的原因，但是它对备用信用证的法律效力不产生任何影响。

（二）备用信用证的不可撤销性

备用信用证的不可撤销性是指，在未征得有关当事人同意的情况下，备用信用证一旦开立，开证人不能修改或撤销该证。ISP98 第 1.06 条第 2 款明确规定了备用信用证的不可撤销性。

（三）备用信用证的强制性

ISP98 第 1.06 条第 5 款规定：无论申请人是否授权开立，开证人是否收取了费用，受益人是否收到或接受备用信用证或修改，备用信用证或修改对开证人都具有约束力。同时，ISP98 第 2.03 条强调，备用信用证或原证无自动修改条款时的修改，在其脱离开证人控制之时起开立并对开证人产生约束力。

（四）备用信用证的单据性

备用信用证所要求的单据，通常只是由受益人出具的关于申请人违约的证明文件。ISP98 第 1.06 条第 4 款规定，开证人的义务取决于单据的提示以及对所要求单据的表面

---

① 周辉斌．银行保函与备用信用证法律实务［M］．北京：中信出版社，2003（第 1 章第 3 节：备用信用证的法律特征）．

审核。ISP98 第 4.03 条也规定，开证人或其指定人应只在备用信用证规定的限度内审核单据之间是否一致。

四、备用信用证在贸易中的应用范围

备用信用证的应用范围不仅包括在贸易领域中使用，更是扩大到几乎所有经济领域都可以使用。只要某人对他人承担一项义务，若他人认为某人的承诺不足以为自己提供足够的安全保障，则可以使用备用信用证。

尽管备用信用证主要不是应用于国际贸易中，但它在国际贸易中也发挥着一定作用。它与跟单信用证相辅相成，共同促进国际贸易的发展。

（一）预付货款

在国际贸易中，有时，货源紧缺或卖方具有较强的议价能力，买方必须预付全部货款或部分货款。但买方最为担心的是，卖方是否按时供货以及货物质量如何。为了保证买方不因卖方违约而遭受损失，防止货、款两空，买方通常在贸易合同中约定，由卖方向银行申请开立备用信用证作为保证。当然，卖方为保证自身利益，也在备用信用证中加列一个生效条款，即规定只有当卖方收到预付货款后，该备用信用证才能生效。若卖方未履行贸易合同（未按时、按质、按量交货），买方则可依备用信用证从开证行索回其预付货款；若卖方履行了其合同义务，则该备用信用证自动失效。

（二）短距离货物运输

如果买卖双方所处两地距离较近，若使用跟单信用证付款，因银行审核单据和传递单据需要一定时间，从而可能出现单据（包括提单）晚于货物到达卸货港的现象。这样就会给收货人提货和承运人放货带来麻烦。于是，收货人提出，由卖方将一份正本提单邮寄给收货人，避免将单据先提交给银行审核再转给收货人而造成时间的耽误。为了防止收货人收到提单提货后不付款，又便于承运人放货和收货人提货，卖方此时可要求买方在开立备用信用证后，才能将正本提单直接邮寄给买方。

（三）买卖合同订有违约金

在国际货物买卖中，卖方的基本义务之一就是按合同约定交付货物。但买方担心卖方违约，不按时交货、迟延交货或交货质量与合同不符。为此，买方一般会在买卖合同订有违约金条款，若卖方违约，则需向买方支付一定金额的违约金。但是，大多数国家的法律都规定违约金不得具有惩罚性质。换言之，违约金的高低应与实际损害相当，若违约金明显超出实际损害，法院有权判定该条款无效。因此，当卖方违约时，买方不可能获得高于实际损害的违约金，只能就实际损害请求卖方赔偿。若使用备用信用证，则可能解决这一问题。在买卖合同中有违约金条款时，买方可要求卖方开立备用信用证，其金额相当于违约金，这样可以不局限于损害赔偿金额而有可能超出实际损害的金额。

（四）商业汇票付款

在国际贸易货款支付中，有时，卖方开立以买方为付款人的商业汇票，发货后将有关商业单据和汇票交给银行，委托其向买方收取货款，或将所有单据（包括代表物权的提单）直接邮寄给买方要求付款。此种情况下，为了防止买方不付款，卖方可要求买方先开立以卖方为受益人、与货款相当金额的备用信用证。若买方按汇票金额付款，该备用信用证则备而不用；若买方不付款，则卖方可使用该备用信用证，请求开证银行履行赔偿义务。

总之，在国际贸易中，为防止对方不履行义务，均可使用备用信用证维护自身的利益。

五、备用信用证与跟单信用证的区别

备用信用证既然可以适用 UCP600，则必然与跟单信用证有相似之处。如两者均属银行信用，开证银行都承担第一性付款责任；两者都具有独立性原则，是独立于基础合同之外的自足文件；两者都以受益人提交规定的单据为付款条件等。但毕竟它们是两种不同的信用证，因此，也存在以下不同之处：（1）适用范围不同；（2）在贸易中的作用不同；（3）付款责任不同；（4）开立信用证的目的不同；（5）开立信用证的主体不同；（6）信用证要求的单据不同；（7）信用证的转让不同。①

第十一节　信用证独立性原则的欺诈例外

独立性原则是信用证制度的基石，旨在保护受益人并避免银行被卷入基础合同的纠纷。当受益人提示了符合信用证的有关单据即应获得承付或议付，有关当事人或关系人不得援引基础买卖关系对此提出抗辩。但绝对贯彻独立性原则，有时会违背公平性原则。因此，世界上绝大多数国家的法律或判例允许以受益人的欺诈为理由而拒付受益人，从而突破信用证独立性原则的限制，即将基础交易的欺诈行为作为独立性原则的例外。美国《统一商法典》（UCC）第五篇对此作出了专门的规定，而国际上除了联合国公约外，国际商会 UCP 并未对此加以具体规范，它要求由各国国内法自行解决。其他国家通常依照判例解决这一问题。探讨美国及有关国家对此问题的规范，有助于在国际贸易和国际结算中正确处理信用证欺诈问题。

一、信用证独立性原则的欺诈例外的概念

信用证独立性原则的欺诈例外是指，若能证明受益人的行为构成对基础合同的实质性欺诈，则开证行可拒绝向受益人付款；同时，申请人也可向法院申请采取措施，禁止银行向受益人付款。这种以欺诈为理由，阻止开证行付款的规定和做法，实际上完全打破了信用证的独立性原则。换言之，在信用证交易中，不再适用独立性原则。这是信用证交易的当事人或关系人对独立性原则的一种典型的抗辩，也是独立性原则在信用证交易中的一种例外。

为了弥补国际商会 UCP 和 ISP98 对信用证欺诈及其救济规定的缺陷，近年来，许多国家逐步制定了一种遏制信用证欺诈的重要法律制度，即信用证欺诈例外原则。这一原则旨在保护开证行和买卖合同中买方的合法利益，在特殊条件下赋予银行和买方可排除信用证独立性原则的适用，行使拒付权利。目前，多数国家，特别是英美法系国家基于诚信原则的考虑，通常允许这种抗辩或例外。

① 关于这两种信用证的区别可详见拙著《国际结算——实务与操作（第三版）》第十二章。

二、美国《统一商法典》关于信用证独立性原则的欺诈例外

美国是世界上最早确立信用证欺诈例外原则的国家，这一原则来自著名的 Szetjn 判例。该判例创立了法院以欺诈为理由禁止开证银行向受益人付款的先例，具有划时代意义，它确立了欺诈作为信用证独立性原则的例外：（1）以欺诈为抗辩理由，不是否定信用证的独立性原则，也并不给予银行核查欺诈事实的义务；（2）开证行在付款之前，已经得知受益人欺诈的事实；（3）欺诈例外的事实基础是受益人的欺诈，而不是受益人与申请人之间关于违反合同承诺的争议；（4）银行或申请人须确认受益人的欺诈行为成立，而不能只是声称有欺诈行为；（5）若银行已经以合理的注意审核了单据，即使单据存在欺诈或伪造，银行不承担责任；（6）若提示单据请求付款的是善意的持票人，则不适用欺诈例外。总之，只要符合上述六项条件即可适用欺诈例外原则，即不再适用信用证独立性原则。换言之，即使单据表面与信用证相符，银行也可拒付受益人或申请人拒绝付款赎单。

美国 1962 年制定《统一商法典》（UCC）时，将信用证独立性原则的欺诈例外予以法典化；1995 年，又将这一制度予以修订。

三、其他国家和国际公约关于信用证独立性原则的欺诈例外

（一）其他国家关于信用证独立性原则的欺诈例外

关于信用证独立性原则的欺诈例外，其他国家通常仅在判例中解决这一问题。例如，在英国，法院在信用证独立性原则的欺诈例外判例中，采取非常谨慎的做法。若要发布止付令，须满足以下三个条件：首先，申请人须提出确凿证据证明受益人存在欺诈行为；其次，申请人须充分证明受益人违反了合同法或侵权法的义务；最后，法院要权衡不发布止付令使申请人遭受的损失，是否将超过发布止付令而使受益人遭受的损失，若不超过，则发布止付令为不适当。因此，在英国，法院对于这一欺诈例外的适用，采取较其他国家更为严格的标准。法国法院的判例表明，受益人的犯罪责任未确定之前，银行拥有不付款的权利。在 20 世纪 80 年代，法国法院也确立了这一欺诈例外的规则，只要受益人存在欺诈或恶意时，银行就有权拒付受益人。在德国，原则上不允许以买卖合同中的抗辩理由对抗受益人信用证项下的付款请求权，但若受益人利用信用证破坏了交易的公平性，则银行可以拒付受益人。加拿大的判例表明，该国法院在审理此类案件时，既遵循英国较为严格的标准，又有采用美国判例规则的迹象，这与加拿大同英美两国具有特殊渊源有关。由上述国家的判例可以看出，目前，多数国家的法院在处理此类案件时，基本上如美国 UCC 官方评论所指出的那样，对是否运用这一欺诈例外原则，法院具有较大的自由裁量权。

（二）国际公约关于信用证独立性原则的欺诈例外

国际商会 UCP、ISP98 和 ISBP 没有具体规定信用证独立性原则的欺诈例外的适用条文，而是要求将其留待各国国内法去处理。

但 2000 年生效的《联合国独立保函和备用信用证公约》，首次对信用证独立性原则的欺诈例外作出了规定，试图统一各国对此问题的分歧。该公约承认保函独立性的欺诈例外原则，并在其第 19 条中将受益人的欺诈性索款称为“不适当索款要求”（Improper Demand），而不使用“失信”（Bad Faith）、“滥用权利”（Abuse of Right）和“欺诈”（Fraud）等术语。因为在不同的国家，其概念不同，并且对其理解也有分歧。第 19 条

（付款义务的例外）的规定，主要包括以下内容：（1）若以下事由属实，保证人/开证人出于善意对受益人拥有指控并不予付款的权利：任何单证是伪造的或篡改的、依请求付款的单据所记载的理由付款义务不存在、根据承诺不具备预期付款的理由；（2）开证人付款时，必须考虑到基础交易：基础交易已被法院或仲裁宣告无效或其已被履行且满足了受益人的要求，受益人利用非法手段阻挠基础交易的履行，使其无法实现，此时，开证人不予以付款；（3）申请人在上述情况下，有权请求法院发布临时救济措施（一般为法院禁令）。此外，该公约还在其他条文中，特别强调受益人请求付款时，必须遵守诚信原则。

该公约的上述规定，是关于信用证独立性原则的欺诈例外的国际规范的首创，提供了统一的这一欺诈例外的概念，避免各法系之间的争议，使不同法系对此达成共识。

案例分析

1. 开证行不当拒付争议案

案情简介

某跟单信用证（通过付款向R国家的受益人银行押汇），连同其他条款和条件，作出如下规定（依据SWIFT MT700）：

31D：（Date and place of expiry）

111130 M（城市），R（国家）

45A：（Description of Goods）

符合合同规定的实验室设备（指定数量和日期）

交货条件：DDU A（城市），K（国家），（Incoterms2000）

46A：（Documents Required）

（以下只列出与该咨询相关的单据）：

+发票——3份俄语正本

+国际公路货运单（CMR）——1份英语或俄语正本，其上有K国海关关于将货物置于K国A城市临时仓库的印章

47A：（Additional Conditions）

+CMR中标明的货物总成本必须用欧元表示（具体金额）

48：（Period for Presentation）

+在信用证有效期内

受益人银行在信用证有效期内向开证行提示了单据，指示后者依UCP600第16条给予通知。

单据的出具为如下形式。

1. 发票使用俄语出具，显示货物描述："符合合同规定的实验室设备（指定数量和日期）"，未标明交货条件。

2. CMR（国际公路货运单）：使用英语出具，包含与信用证条款相符的K国海关印章。CMR未标明货物成本。

某年11月28日，开证行鉴于发票未标明交货条件的不符点，拒绝该交单，保留单据，听候指示。

在信用证有效期内，受益人提示了修改后的发票。12 月 1 日，受益人银行将该发票连同汇款通知书寄给开证行，指示“若接受（交单），则递送所附单据给申请人并支付款项”。

12 月 9 日，开证行通过 SWIFT MT799 通知受益人银行，内容如下：“由于交单晚于信用证到期日，信用证申请人拒绝接受单据。因信用证已到期，我们关闭了该信用证下的档案，我们通过邮递归还单据。”

受益人银行的抗辩：信用证可在受益人银行柜台使用，且信用证有效期在 R 国 M 城市到期。因此，开证行不能修改交单期。提交修改后的发票视为信用证下的重新交单，开证行须依 UCP600 第 16 条的规定行事。开证行 12 月 9 日的通知并未包含 UCP600 第 16（c）条要求的所有必要信息，即未表明开证行拒绝承付（只表明申请人拒绝），且未标明不符点（由于上述原因，到期日后提交修改后的单据不是不符点）。

开证行回复称：“根据你方银行说明信中的指示进行了确认。我们向申请人寄送了单据。申请人拒绝接受并返还该单据。因信用证已到期，我们关闭了相关档案并向你方银行归还单据。”

受益人银行的抗辩：开证行向申请人递送了单据。该行为与其 11 月 28 日和 12 月 9 日的通知相矛盾，且与 UCP600 第 16（c）（iii）条冲突。因开证行未依第 16 条的规定行事，这妨碍其声明单据构成不相符交单，必须予以承付。此外，因修改后的发票在适当时间提交给了指定银行，即在信用证有效期内，处理了开证行通知中显示的不符点。受益人银行坚持“应立即付款”。

开证行回复称：“根据 UCP600，我们已检查了发票并将不符点通知申请人，他们拒绝接受该单据。我们并未将所有单据递交申请人。我们检查你方说明信和 SWIFT 信息，未能发现任何单据在合适时间提交的事实。我们只能看到说明信的日期为 12 月 1 日。依 UCP600 第 6（d）条，我们关闭了信用证下的档案。”

受益人银行的抗辩：开证行不能在受益人银行未明确作出指示时，递送任何正本单据给未付款的申请人。UCP600 第 16（c）（iii）条并未给出相关规定，且与开证行拒绝通知中规定的信息矛盾。开证行可向申请人寄送单据副本。若申请人丢失或拒绝归还正本发票，银行应作何处理？12 月 1 日寄送的修改后的发票，视为信用证下的重新交单处理，开证行必须依据 UCP600 第 16 条的规定行事，但其没有这样做。因为信用证在受益人银行柜台使用，且信用证有效期在 R 国 M 城市到期，指定银行有 5 个银行工作日来审核交单，开证行没有权利决定交单的时效性并表明“信用证到期”为不符点。

开证行回复称：“由于我们在 12 月 12 日关闭了档案，我们不能在信用证下支付。依你方 12 月 27 日的说明信，你方声称已根据信用证条款进行了相符交单，但请注意信用证下的单据有另一个不符点：‘CMR 中没有使用欧元标明货物总成本（具体金额）。’”

受益人银行的抗辩：由于信用证是一种银行承诺，开证行已关闭相关档案不能成为其不支付的理由，并且没有现象表明不能从申请人处得到偿付。依 UCP600 第 4（a）条，受益人不得利用银行之间或申请人和开证行之间的合同关系。因开证行未在拒绝承付中标明不符点，依第 16（c）条，开证行不能在其后将该不符点作为拒付的原因。[第 16（c）条：必须一次列明拒付的每一个不符点。]

我们希望关于以下问题询问国际商会银行委员会的意见。

1. 若银行拒绝该交单并表明保留单据，它可依UCP600第16（e）条，在任何时间返还单据给交单人，阻碍受益人替换单据吗？

2. 银行是否应将修改后的单据作为新的交单处理？

3. 在开证行的拒绝通知中，关于修改后的交单的说明是否有效？

4. 开证行关于修改后的交单提出的不符点，即“CMR中没有使用欧元标明货物总成本（具体金额）”是否有效？

5. 信用证规定“CMR中标明的货物总成本必须用欧元表示（具体金额）”并未明确要求CMR必须标明货物成本，我们假定这只是意味着，若CMR标明货物总成本则必须是特定金额。我们的观点是否正确？

6. 开证行是否必须承付该交单？

仅供参考：该批设备已被提供给了申请人。

试分析上述案例。

[提示：

国际商会针对上述提出的问题，结论如下。

1. 在交单人进一步指示期间，首次提交的单据被扣留。

受益人在信用证到期日之前须替换或修改单据。依UCP600第16（e）条，扣单银行可在任何时间（at any time）归还单据。在本案中，若开证行归还单据给指定银行，但同时受益人在信用证到期日之前或交单期内修改或替换了不符单据，则开证行应在所有单据随后返还给它之后，负承付责任。

2. 修改后的单据构成新的交单，应依据UCP600第14（b）条审核。

3. 12月9日发送的MT799信息（即申请人拒受单据）不符合UCP600第16（c）条的规定。因此，开证行声明单据构成不符交单不成立。

4. 新加的不符点不被考虑，因为银行对于每次交单只有一次机会提出不符点。

本案中，新加“不符点”若第一次交单时就存在，它应在第一次交单时就被提出并作为首次拒绝通知的一部分。

5. 看起来，信用证未明确规定CMR必须标明货物总成本。若货物总成本被标明，则必须使用欧元表示的具体金额。

6. 开证行必须承付。]

2. 可转让信用证不符点争议案

在转让信用证中，未明确规定第二受益人提交的提单是租船提单，这是否构成不符点？第二通知行（寄单行）是否负有审单义务？转证行是否有权提出不符点并拒付？转证行在第一受益人迟迟不换单的情况下，是否有“义务”将第二受益人的单据直接寄交开证行？作为供货商的第二受益人，应如何处理转让信用证的相关问题？上述问题值得中国贸易商关注。

案情简介①

2010年1月，中国C银行（第二通知行与寄单行）收到突尼斯ATB银行开来的转让信用证，该转让证的第一受益人（中间商）是法国T公司（TASC），第二受益人（供货

---

① 资料来源：陈云兰，《一则可转让信用证下不符点的案例分析》，《对外经贸实务》，2011（1）。

商）是中国D公司。转让证金额174万美元，有效期2010年3月31日，船期2010年2月18日。中国C银行及时将该转让证通知了D公司。后D公司于同年3月23日向C银行交单。

C银行经审核认为，除晚交单外，无其他不符，遂单寄转让行。2010年4月2日，转让行拒付，理由为D公司提交的提单为租船提单，与信用证不符。

D公司得知情况后认为，正是因为C银行没有在第一时间审出不符点，才导致未能及时收汇。另据C银行了解，因为船东的原因，D公司的货物至此也未到达目的港，船舶从2010年2月18日起航后，历时五个月的航程，目前被扣留在阿尔及尔（船东欠款，所以只能绕航）。D公司在船上的货物——铸铁管现已生锈。

C银行查询转让行后，转让行回复称，第一受益人并未换单，单据仍被保留在转让行听候处理，且转让行已向开证行传递了有关单据不符点的信息。

C银行正在考虑是否指示转让行退单，而D公司最大的希望则是：货物还是卖给买方。因为货物是依买方要求的规格生产的。目前，D公司与第一受益人T公司仍有联系，第一受益人还没有明确拒绝此批货物。实际上，买方的工程也急需D公司的货物开工。另外，D公司还表示，若第一受益人明确拒绝此批货物，D公司只能在阿尔及尔找买家（下家）将货物卖掉。当然，无论哪种打算，对D公司而言，损失都是巨大的。

试分析上述案例。[①]

① 案例分析，可详见拙著《国际贸易惯例与规则实务》（第五版）。

第三篇

进口贸易实务

第二十章　选择进口商品及建立贸易关系

进口贸易是出口贸易的相对面，其业务程序也是相对的，所适用的国际贸易惯例、规则及法律则是相同的。

选择进口商品是开拓国际市场的重要组成部分，进口商须综合考虑人力、物力、财力等环境因素以及进口法规和市场消费倾向等可变因素，制定行之有效的进口策略。同时，还应对出口商的信用、服务、商品质量及价格等进行调研后，再与其建立贸易关系。

第一节　进口贸易管理

为适应贸易自由化及经济全球化的发展，中国近年来对进口贸易的管制大为放松，对进口商品的各项管制及限制措施不断减少或简化。目前，中国管制进口类商品逐年减少，免除进口许可证的进口商品则逐年增加，各项进口手续也随之进一步简化和透明。

一、进口商的资格认定

依据中国《外贸法》第 8 条和第 9 条的规定，进口商可分为以下两大类。

（一）依法办理工商登记或其他执业手续的法人、其他组织或个人

此类工商业者可以经营进口业务。因此，依照中国《外贸法》的规定，凡从事货物进口或技术进口的对外贸易经营者，须向商务部或其他委托机构办理备案登记手续。未按照规定办理备案登记的，海关不予办理进口货物的报关验放手续。

向商务部或其他委托机构办理进出口业务备案登记手续的对外贸易经营者，通常为企业、组织或个人，其经营项目凡属于国际货物买卖、技术进出口的，不限制资本额多少。这些企业、组织或个人均可依法办理备案登记手续，成为进出口经营者。

（二）非以进出口为主要经营业务的法人、其他组织或个人

此类法人、组织或个人也可办理特定项目的进口业务。这类进口商是指，不需要办理对外贸易经营备案登记手续的企业、组织或个人。其范围较广，如财团法人、学校、医院、媒体或个人等。这类进口商，应办理特定项目的进口手续，所进口的商品应以与其身份相符且以自用为限。

二、进口商品的管理

中国《外贸法》第 14 条规定：“国家准许货物与技术的自由进出口。但是，法律、行政法规另有规定的除外。”由此可见，中国对进口商品实施的是“原则自由，例外限

制”的管理制度。

根据中国《外贸法》的规定，中国对进口商品的管理分为四大类，即自由进口的货物与技术、禁止进口的货物与技术、限制进口的货物与技术、配额管理及许可证管理的货物与技术。

（一）自由进口商品的管理

依中国《外贸法》第 15 条，商务部可对部分自由进出口的货物实行进出口自动许可并公布其目录。进口商在办理海关报关手续前，提出自动许可申请，商务部或其委托机构应予以许可；未办理自动许可手续的，海关不予放行。进口属于自由进口的技术，应向商务部或其委托的机构办理合同备案登记。

（二）禁止进口商品的管理

依中国《外贸法》第 16 条，凡属于下列情况之一的商品，国家禁止进口：为维护国家安全、社会公共利益或公共道德，需要禁止进口的；为保护人的健康或安全，保护动物、植物的生命或健康，保护环境，需要禁止进口的；为实施与黄金或白银进口有关的措施，需要禁止进口的；根据中国缔结或参加的国际条约、协定的规定，需要禁止进口的；依照法律、行政法规的规定，其他需要禁止进口的。

商务部会同有关部门对禁止进口的商品，依照上述规定，制定、调整并公布禁止进口的货物与技术目录。此外，还可临时决定禁止上述规定目录以外的特定货物与技术的进口。因此，凡属于禁止进口的商品，一律不得进口。

（三）限制进口商品的管理

依中国《外贸法》第 16 条，凡属于下列情况之一的商品，国家限制进口：为维护国家安全、社会公共利益或公共道德，需要限制进口的；为保护人的健康或安全，保护动物、植物的生命或健康，保护环境，需要限制进口的；为实施与黄金或白银进出口有关的措施，需要限制进口的；为建立或加快建立国内特定产业，需要限制进口的；对任何形式的农业、牧业、渔业产品有必要限制进口的；为保障国家金融地位和国家收支平衡，需要限制进口的；根据中国缔结或参加的国际条约、协定的规定，需要限制进口的；依照法律、行政法规的规定，其他需要限制进口的。

商务部会同有关部门对限制进口的商品，依照上述规定制定、调整并公布限制进口的货物与技术目录。此外，还可以临时决定限制上述目录以外的特定货物与技术的进口。制定、调整限制进口的商品目录，应至少在实施前 21 天公布；在紧急情况下，应不迟于实施之日公布。

（四）配额与许可证商品的管理

依中国《外贸法》第 19 条，中国对限制进口的货物，实行配额、许可证等方式管理；对限制进口的技术，实行许可证管理。同时，对部分进口货物实行关税配额管理。因此，进口商凡经营限制进口的商品，应按照商务部及有关部门公布的商品目录，向商务部或有关部门提出配额或许可证申请；经批准后，方可进口。

第二节　市场调研与选择进口商品

目前，国际市场上多数商品处于买方市场，因而进口商在决定进口某种商品之前，应对该商品或不同制造厂商的同类商品，过去及现在的销售状况等相关资讯，进行深入细致的市场调研，作为进口的依据之一。若进口的目的是在国内销售，则应对国内的销售状况进行研究分析，在此基础上，最终选定进口商品。

一、市场调研的主要内容

作为进口商，为选择进口商品，其市场调研的主要内容包括以下几项。

（1）商品及服务。商品的质量及服务能否满足需求？

（2）采购市场。国外供应商或制造商的信誉及供货能力如何？大批购买或分批购买，何者更优惠？

（3）价格政策。供应商或制造商采取何种价格政策？是统一价格政策，还是差别价格政策？

（4）潜在需求。未来，国内市场有多大的潜在需求？

（5）消费者群体。使用该商品的消费者为何人？其消费状况如何？

（6）销售状况。商品在过去几年中的销售量、销售额等。

（7）销售方式。比较直接销售与间接销售的成本、收益和效果等。

（8）广告及促销。广告费及效果预测、促销手段及效果预测等。

（9）其他。市场前景、经济形势、同行或相关企业的经营情况等。

二、市场调研方法

在确定市场调研的主要内容之后，进口商还应选择适当的市场调研方法。常用的市场调研方法有以下几种。

（1）询问调查法。进口商将上述调研内容，以电话、当面询问或书面形式向被调查者提出，以获得所需信息。

（2）观察调查法。进口商对消费者的各种消费行为或市场特征，如消费者的购买倾向、偏好以及市场潮流和趋势等进行仔细观察，从中找到各种商机。

（3）实验调查法。进口商可将市场现象进行“实验”，“求证”后，再决定进口计划。

（4）统计分析法。充分利用各种数据和资料，运用统计方法分析市场及销售情况，得出较为科学的结论。

三、选择进口商品

进口商在选择进口商品时，除了要考虑市场供给与需求、竞争、消费等方面的因素外，还应特别注意前述中国对进口限制的相关规定。除此之外，进口商在决定进口某种商品前，应运用上述各种市场调研方法，仔细评估，最后作出选择，并同时考虑以下因素：本身的财力、人力和物力等条件；国内市场的供应与需求、竞争程度；国内市场的消费状况；国外货源供应状况；进口商品的生命周期；进口商品价格与国内同类价格的比较等。

由于国内消费市场和消费环境与国际市场有较大的差别，若商品选择不当，可能导致进口商经营失效。保险起见，进口商可先争取一定时间的代理权，经销一定时间后，根据国内销售状况，再决定是否进口某种商品。

第三节　建立贸易关系

进口商在选定进口商品之后，应着手与国外供应商、厂商或出口商建立贸易关系。

一、建立贸易关系的方式

贸易商之间建立贸易关系可有多种方式。就进口商而言，与国外供应商、厂商或出口商建立贸易关系，主要有主动方式和被动方式两种。

1. 主动方式

这种方式是指，进口商因自身需求某种国外产品或接受国内用户委托进口国外某种产品，主动与国外供应商、厂商或出口商建立交易关系。采取这种方式时，进口商主动要求国外供应商等报价、寄来样品，与其讨价还价；一旦双方达成一致，则可以确立交易关系。

2. 被动方式

这种方式是指，国外供应商、厂商或出口商，主动向国内相关企业报价、寄来样品并提出与之建立交易关系。若国内相关企业对此感兴趣，即自身对国外产品有需求或接受国内用户委托需要进口，则可以与国外供应商等建立贸易关系。

二、资讯调查途径

无论是采取主动方式还是被动方式与国外贸易商等建立交易关系，进口商都须对其相关资讯有所认识或进一步的了解。为此，在建立交易关系之前，进口商应通过以下途径对国外的贸易伙伴进行资讯调查，以决定最终是否确立交易关系：（1）网络；（2）各种商会或协会；（3）商业银行；（4）中国驻外商务机构；（5）外国驻华商务机构；（6）各种贸易出版物或工商名录；（7）国际会展；（8）与贸易有关的其他渠道。

三、资讯调查重点内容

通过上述途径获取国外供应商、厂商或出口商的相关资讯后，进口商在确定与之建立贸易关系之前，还应对潜在贸易伙伴的信用、产品质量、服务、产品价格等进行更深入的了解和分析，之后再决定是否建立贸易关系。

相关链接

一、中国《货物自动进口许可》

（更新日期：2021 年 8 月）

（一）适用范围

本指南适用于将自动进口许可货物进口到中华人民共和国境内的活动。

自动进口许可货物有 39 种，包括牛肉、猪肉、羊肉、肉鸡、鲜奶、奶粉、木薯、大麦、高粱、大豆、油菜子、植物油、食糖、玉米酒糟、豆粕、烟草、铁矿石、铜精矿、铝土矿、煤、原油、成品油、氧化铝、化肥、二醋酸纤维丝束、钢材、烟草机械、工程机械、印刷机械、纺织机械、金属冶炼及加工设备、金属加工机床、电气设备、移动通信产品、卫星广播电视设备及关键部件、汽车产品、飞机、船舶、医疗设备（详见自动进口许可管理货物目录）。

申请进口上述货物的对外贸易经营者（以下简称申请人），需向商务部或者商务部委托的机构申领中华人民共和国自动进口许可证（以下简称自动进口许可证），凭自动进口许可证向海关办理报关验放手续。

（二）受理机构

1. 商务部。负责受理牛肉、猪肉、羊肉、鲜奶、奶粉、木薯、大麦、高粱、大豆、油菜子、食糖、玉米酒糟、豆粕、烟草、原油、成品油（不含燃料油）、化肥（氯化钾）、二醋酸纤维丝束、烟草机械、移动通信产品、卫星广播电视设备及关键部件、汽车产品、飞机、船舶等货物自动进口许可申请，并实施许可。在京的属于国务院国资委管理企业提出的非机电类货物自动进口许可申请，亦由商务部负责受理并实施许可。

2. 受商务部委托的各省、自治区、直辖市、计划单列市及新疆生产建设兵团商务主管部门（以下简称省级地方商务主管部门）。负责受理肉鸡、植物油、铁矿石、铜精矿、铝土矿、煤、成品油（燃料油）、氧化铝、化肥（氯化钾）、钢材等货物自动进口许可申请并实施许可。

3. 受商务部委托的地方、部门机电产品进出口办公室（以下简称地方、部门机电办）。负责受理工程机械、印刷机械、纺织机械、金属冶炼及加工设备、金属加工机床、电气设备、汽车产品、飞机、船舶、医疗设备等货物自动进口许可申请并实施许可。

（三）决定机构

1. 商务部。

2. 省级地方商务主管部门。

3. 地方、部门机电办。

（四）审批数量

无数量限制。但是申请原油、成品油自动进口许可证且不属于国营贸易企业的申请人，应按所获得的非国营贸易允许量办理自动进口许可手续。

（五）申请条件

1. 申请人已依法办理对外贸易经营者备案登记。

2. 申请人已依法订立货物进口合同。

3. 申请人已获得进口国营贸易经营资格或非国营贸易允许量（适用于原油、成品油进口申请）。

4. 法律、行政法规、规章规定的其他条件。

二、中国《重大技术装备进口税收政策管理办法》

财政部、工业和信息化部、海关总署、税务总局、能源局等五部门于2020年1月8日印发《重大技术装备进口税收政策管理办法》（以下简称《办法》）。《办法》自印发之日起实施，旨在提高我国企业的核心竞争力及自主创新能力，促进装备制造业的发展，贯彻落实国务院关于装备制造业振兴规划和加快振兴装备制造业有关调整进口税收政策的决定。《办法》明确，将对符合规定条件的企业及核电项目业主为生产国家支持发展的重大技术装备或产品而确有必要进口的部分关键零部件及原材料，免征关税和进口环节增值税。

重大技术装备进口税收政策管理办法

第一条 为提高我国企业的核心竞争力及自主创新能力，促进装备制造业的发展，贯彻落实国务院关于装备制造业振兴规划和加快振兴装备制造业有关调整进口税收政策的决定，制定本办法。

第二条 工业和信息化部会同财政部、海关总署、税务总局、能源局制定《国家支持发展的重大技术装备和产品目录》和《重大技术装备和产品进口关键零部件及原材料商品目录》后公布执行。对符合规定条件的企业及核电项目业主为生产国家支持发展的重大技术装备或产品而确有必要进口的部分关键零部件及原材料，免征关税和进口环节增值税。

第三条 对国内已能生产的重大技术装备和产品，由工业和信息化部会同财政部、海关总署、税务总局、能源局制定《进口不予免税的重大技术装备和产品目录》后公布执行。对按照或比照《国务院关于调整进口设备税收政策的通知》（国发〔1997〕37 号）规定享受进口税收优惠政策的下列项目和企业，进口《进口不予免税的重大技术装备和产品目录》中自用设备以及按照合同随上述设备进口的技术及配套件、备件，照章征收进口税收：

（一）国家鼓励发展的国内投资项目和外商投资项目；

（二）外国政府贷款和国际金融组织贷款项目；

（三）由外商提供不作价进口设备的加工贸易企业；

（四）中西部地区外商投资优势产业项目；

（五）《海关总署关于进一步鼓励外商投资有关进口税收政策的通知》（署税〔1999〕791 号）规定的外商投资企业和外商投资设立的研究中心利用自有资金进行技术改造项目。

第四条 工业和信息化部会同财政部、海关总署、税务总局、能源局核定企业及核电项目业主免税资格，每年对新申请享受进口税收政策的企业及核电项目业主进行认定，每三年对已享受进口税收政策企业及核电项目业主进行复核。

第五条 取得免税资格的企业及核电项目业主可向主管海关提出申请，选择放弃免征进口环节增值税，只免征进口关税。企业及核电项目业主主动放弃免征进口环节增值税后，36 个月内不得再次申请免征进口环节增值税。

第六条 取得免税资格的企业及核电项目业主应按照《中华人民共和国海关进出口货物减免税管理办法》（海关总署第 179 号令）及海关有关规定办理有关重大技术装备或产品进口关键零部件及原材料的减免税手续。

第七条 财政部、工业和信息化部、海关总署、税务总局、能源局等有关部门及其工作人员在政策执行过程中，存在违反执行免税政策规定的行为，以及滥用职权、玩忽职守、徇私舞弊等违法违纪行为的，按照《中华人民共和国预算法》《中华人民共和国公务员法》《中华人民共和国监察法》《财政违法行为处罚处分条例》等国家有关规定追究相应责任；涉嫌犯罪的，依法移送司法机关处理。

第八条 工业和信息化部根据本办法另行制定并颁布实施《重大技术装备进口税收政策管理办法实施细则》。

第二十一章 进口交易模式、价格及订约

在经市场调研、选择进口商品以及对供应商的相关资讯进行评估并最终决定与国外贸易商建立交易关系之后，进口商应着手与交易伙伴洽商交易模式、商谈交易价格并签订交易合同。

第一节 进口交易模式

就进口商而言，进口交易模式最常见的有以下几种。进口商可与供应商洽商，选择其中一种或几种作为交易的模式。

一、代理

若进口商不是进口商品的最终用户而是国内销售者，因进口商对国内销售前景无准确把握或被能力与财力等因素所限，或者进口商品为技术复杂的高单价产品，进口商可先争取与供应商达成代理协议，取得该商品的国内代理权，即进口商为中间人、供应商为卖方、国内最终用户为买方，一旦达成协议，进口商只在交易中提供必要的销售协助，成交后，向供应商收取代理佣金。

依委托人的授权范围不同，代理一般分为总代理、一般（普通）代理和独家代理。在国际贸易中，比较常见的是独家代理。独家代理是指，代理人在约定的期限和地域，专门代表委托人从事约定的相关业务，具有独家经营权，如代理销售某种产品。而委托人在该期限和地域内，不得再委派其他人代理同样的业务，自己也不能在该地域同第三人直接达成交易，只能委托独家代理完成交易。独家代理人与委托人的关系表现为：两者是委托代理关系而不是买卖关系；代理人不垫付资金、不承担风险、不负责盈亏，只获取佣金；代理人一般不以自己的名义与第三者签订合同；代理人只居间介绍生意、招揽订单，不承担履行合同的义务。

二、经销

经销是指，经销商（Distributor）与供货商（Supplier）达成协议，由经销商在规定期限和地域内承担购买和销售指定商品义务的贸易方式。在国际贸易中，经销有多种做法，依经销商的权限不同，通常分为一般经销和独家经销。

一般经销又称定销，即国外供应商与国内几家公司（经销商，即进口商）订立协议，在一定期限和地域内，经销商销售国外供应商的产品，但每个经销商无专营权。

独家经销又称包销，即国外供应商与国内一家公司（经销商，即进口商）订立协议，在一定期限和地域内，只由该经销商销售国外供应商的产品且该经销商拥有专营权。专营权有利于调动经销商的经营积极性；国外供应商利用经销商的销售渠道，巩固和扩大市场，可减少多头经营产生的竞争弊端，有利于有计划地组织生产和供货。

经销商与国外供应商，即经销公司与供货商之间属于买卖关系。因此，对于普通消费品或技术性较为简单的国外产品，进口商可与国外供应商订立经销协议，自负盈亏，自行在国内直接销售国外产品。

在国际贸易实务中，进口商经常将代理和经销方式结合，即进口商一方面代理国外厂商向国内市场推销产品，另一方面，又兼做该国外厂商在国内的一般经销商或独家经销商，自行销售国外产品。

三、直接进口

直接进口又称逐笔售定，即进口商以买主的身份与国外供应商、厂商或出口商（卖主）签订买卖合同，卖主交货、买主付款后，双方的交易关系结束，即双方之间属于卖断或买断关系。

若进口商作为国外产品的最终用户，在市场调研、资讯调查并作出评估之后，可选择与国外供应商等订立买卖合同，直接进口国外产品。

第二节　进 口 价 格

一般情况下，进口商依国外供应商的报价加上进口所需的各项费用，再与国内价格进行比较，之后再决定是否订立交易合同。

一、报价

报价也称发盘，这一交易程序与出口程序中的报价没有本质的区别。在进口交易中，同样可由卖方或买方主动报价。

二、进口价格的构成

进口价格通常由商品成本、进口费用、进口杂费和预期利润等构成。①

（一）商品成本（Base Cost）

商品成本，又称购货成本或基本价格，是指国外商品的购货价格，即供应商、厂商或出口商的报价。这一价格最常见的是 FOB 等价格。若国外卖方以外币报价，则应以该外币的银行买入汇率乘以报价金额，得出以本币表示的商品购买成本。

（二）进口费用（Import Expenses）

进口费用主要包括以下项目：（1）运费（Freight）；（2）货物运输保险费（Insurance Premium）；（3）上岸费用（Landing Charges）；（4）检验检疫费（Inspection Fee）；

---

① 张锦源．国际贸易实务详论［M］．17 版．台北：三民书局股份有限公司，2013：205-206；闻顺发．国际贸易实务［M］．台北：五南图书出版股份有限公司，2013：172-174.

（5）清关费用（Customs Clearance Fee）；（6）码头仓租和搬运费用（Harbor Service Fee）；（7）内陆运费和保险费（Inland Carriages Insurance Premium）。

（三）进口杂费（Import Charges）

进口杂费是指向银行买汇清偿货款之外所产生的相关费用，一般有下列项目：（1）银行手续费及利息；（2）通信费用；（3）各种税费；（4）其他费用。

（四）预期利润（Expected Profit）

进口商在计算上述各项费用后，还要加上预期利润。因商品种类、交易数量、供需关系、市场前景、交易条件、销售状况等不同，其利润也不尽相同，大约为3%~20%。

进口商将上述各项相加后，即构成该进口商品的国内批发价格。

三、计算进口价格的方法

计算进口价格是订立购货合同前的必经环节。若计算不准确，则可能影响日后的销售利润或增加购货成本。因此，准确地计算进口价格是进口商从事进口贸易的重要步骤。

在进口贸易中，进口商计算进口价格的方法，依国内外价格顺序的不同，一般有顺算法和逆算法两种。①

（一）顺算法

顺算法是指，进口商将国外供应商的出口报价，加上因进口而产生的各项费用和预期利润，然后将其与国内市场销售价格进行比较，判断国外商品进入国内市场后有多大的竞争力或有多大利润可图；或与国内同类商品价格比较，判断其成本高低。

这种方法是最常用的计算进口价格的方法。计算时，应充分考虑不同货币的换算汇率以及不同度量衡单位的转换，以防计算失误。

（二）逆算法

逆算法又称倒算法，是指进口商将国内市场销售价格减去因进口所产生的各项费用及预期利润，然后将其与国外供应商的报价进行比较，判断国外供应商的报价是否可以接受，进口商有多大利润可图；或判断其进口成本与国内同类商品价格有多大差异。

这种计算方法比较适合估算进口国外商品的价格成本，作为向国外供应商还价的依据之一。

为保证计算相对准确，进口商可同时运用上述两种方法计算进口价格，相互比较，做到心中有数。另外，运用上述两种计算进口价格的方法所获得的价格，通常称为“到岸成本”或“落地成本”（Landed Cost），即进口商品的国内批发价格。

附：“到岸成本”或“落地成本”（Landed Cost）实例②

某公司拟自德国进口100台自动转台，德国报价为USD25 per set FOB Hamburg，每箱装1台，毛重20kgs.，体积为0.5m×0.5m×0.54m。自汉堡至某港口的运费为USD100 per M/T，货物进口税率为33%，商品×税10%，港口费用NT＄19/运费吨，贸易服务费按完税价格的0.04%计算，银行垫款利息8%p.a.（银行垫付90%，预计30天）；即期信用证

---

① 蔡孟佳．国际贸易实务［M］．台北：智胜文化事业有限公司，2001：652.

② 张锦源．国际贸易实务详论［M］．17版．台北：三民书局股份有限公司，2013：208-209.

付款，开证费用 0.25%，Min. NT $ 400；增值税 5%；预期利润为批发售价的 20%。

建议售价计算如下：

Landed Cost Calculation Sheet (for Import)

Commodity: Automatic Turntable
Elac Miracord 650
Seller: Electroacustic GmbH
Germany
Quantity: 100 sets (minimum)
Price: USD25/set FOB Hamburg

Date: March 10, 2013
Packing: in export carton
each one set
Weight: each carton 20kgs., gross
Dimension: 0.5m×0.5m×0.54m
Payment: Sight L/C
Exchange rate: USD1 = NT $ 30

	Item	Explanation	Sub-Total	Total
1	购货成本	FOB Hamburg @ USD25 ×100 = USD2 500 @ NT $ 30 (卖出汇率)	NT $ 75 000	
2	海运费	Hamburg to Keelung @ USD100W/MUSD100 $\times \frac{100\text{sets}\times 0.5\text{m}\times 0.5\text{m}\times 0.54\text{m}}{1\text{m}^3}$ = USD1 350 @ NT $ 30 CFR Keelung	40 500	NT $ 115 500
3	保险费	Rate: 2%, for 110% of CIF Value $I = \text{CFR}\times 115\ 500\times \frac{1.1\times 0.02}{1-1.1\times 0.02}$ CIF Keeling	2 598 (保险费)	NT $ 118 098
4	进口税费 (1) 进口税 (2) 港口费 (3) 商品税 (4) 贸易服务费	DPV (完税价格): CIF = NT $ 118 098 NT $ 118 098 ×33% 0.5m×0.5m×0.54m×100×NT $ 19 (118 098+38 972) ×10% NT $ 118 098 ×0.04% NT $ 75 000 ×90% = NT $ 67 500	38 972 257 15 707 47	54 983 (38 972+257+15 707+47)
5 6 7 8	银行利息 银行费用等 (1) 银行开证费 (2) 银行通信费 到岸费用等 电讯杂费	NT $ 67 500 ×8% × (30/360) NT $ 75 000 ×0.25% = NT $ 188 Min: NT $ 400 估算 估算 到岸总成本	450 400 500 2 000 1 000	(5-8 合计) 4 350 NT $ 177 431 (118 098+54 983+4 350)
9	内陆运费	港口至内地总成本	1 000	

续表

	Item	Explanation	Sub-Total	Total
10	增值税	(118 098+38 972+15 707) ×5%		NT $ 8 639
11	批发售价	Selling Price = $\frac{总成本(177\ 431)+增值税(8\ 639)}{1-预期利润率(20\%)}$		NT $ 232 588
12	建议批发售价/单位	232 588÷100		NT $ 2 326

注：1. 计算进口税的基础是完税价格（duty payment value，DPV），即 CIF 价格

2. 银行垫款利息以信用证金额的 90% 计算，进口商在开证时已付货款 10%，假设银行垫款年利率为 8%，开证至付款期限约 30 天

3. 增值税 =（完税价格+进口税+商品税）×增值税率（5%）

四、进口价格计算

在国际贸易实务中，进口价格的计算依其精确程度，可分为逐算法和概算法两种。①

（一）逐算法

逐算法计算进口价格是指，进口商将上述四项内容逐一计算，其精确程度较高，适用于交易双方通过函电往来洽商交易的方式。

（二）概算法

概算法，顾名思义即“大概计算”法。这种计算进口价格的方法，通常适用于进口商在与贸易伙伴面对面洽商价格时，贸易伙伴作出让步，报出新价格。此时，贸易伙伴也要求进口商当场作出表示。在这种情况下，进口商当然无法使用逐算法进行进口报价的正常计算，而且进口商不能以此为借口而不当场回应。为此，进口商必须对经常接触的商品及概算法有深入的研究，才能抓住商机，达成交易。

第三节　订立进口合同

进口商在完成前述程序后，下一步则应与贸易伙伴订立进口合同。这一程序与出口业务基本相同。

进口合同一般包括进口合同（Import Contract）、购货单（Purchase Note）、订货单（Confirmation of Order，Purchase Order）等。这类进口合同的格式及内容与出口合同基本相同，进口商应争取按自己的进口项目设计合同格式。

与出口贸易一样，在进口交易中，双方一般要经过多次函电往来或面对面磋商，才有可能达成交易。一旦交易成立，应将双方达成的交易条件以书面方式记载下来，作为日后履约的依据。

① 许和荣．国际贸易实务操作［M］．台北：五南图书出版公司，2004：819-820.

附：进口合同格式

CONFIRMATION OF ORDER[①]

Messrs: ______________________ No. ______________________

______________________ Beijing ______________________

Dear Sirs,

We confirm you order of the following goods on the terms and conditions as below:

1. Commodity:
2. Quantity:
3. Quality:
4. Unit Price:
5. Amount:
6. Mark & No:
7. Shipping Date:
8. Destination:
9. Payment:
10. Insurance:
11. Packing:
12. Remarks:
13. Conditions:

(1) We hold no responsibility for delay or failure to deliver the goods contracted or any part thereof, arising from force majeure or from any extraordinary causes which was impossible for us to have foreseen or averted.

(2) An irrevocable Letter of Credit shall be opened by you without delay after the order is booked. In case of your failing to open the same. We reserve the option to cancel any part or the whole of this contract, reserving ourselves full right of recovering from you any loss resulting from disposition of the goods elsewhere.

(3) We have the option of delivering the goods contracted in parts and of shipping 10% more or less than the contracted quantity and or amount unless otherwise arranged.

(4) Any action of the Government in respect of the Tariff, Quota, Import Restriction, Government Imposition, is all at your risk.

(5) The date of shipment shall be final as per the date of Bill of Lading.

(6) Claim, if any, shall be reported to us by cable directly or through our agents within fourteen days after arrival of the goods at the destination. Otherwise no claim shall be entertained.

Accepted by:

Yours very truly,
ABC TRADING CO.

① 许和荣．国际贸易实务操作［M］．台北：五南图书出版公司，2004：825.

进口价格计算实例

一、逐算法实例

中国某进口企业从美国进口一批电子器件。美方报价为 USD20/set FOB Los Angles，数量为 2 000sets，以 90 天远期信用证付款。货物包装为每箱 10sets，每箱毛量为 20 千克、净重为 18 千克，每箱尺码为 12″×12″×36″。经查，自洛杉矶至上海的运费为 W/M USD90/carton；保险费率为 0. 15%。现将该例按逐算法计算如下（表 21-1）。

表 21-1 逐算法实例

进口价格项目	计 算 过 程	小计	合计
购货成本	FOB＝20×2 000＝USD40 000 USD1＝CNY6. 20		CNY248 000
运费	F＝USD90×200×0.02＝USD360	CNY2 232	
保险费	110% of CIF；费率:0. 15% I＝［CFR/（1−1. 1×0.15%）］×0. 15%×1. 1 ＝（248 000+2 232/1−1.1×0.15%）×0.15%×1. 1 ＝CNY413. 57 CIF Shanghai	CNY413. 57	CNY250 645. 57
进口关税	250 645. 57×10%＝CNY25 064. 56	CNY25 064. 56	
港口建设费	250 645. 57×0.3%＝CNY751. 94	CNY751. 94	
各种国内税	（250 645. 57+25 064. 56+751. 94）×10%＝27 646. 21	CNY27 646. 21	
银行费用： 开证费 邮电费 利息	248 000×0.25%＝CNY620 CNY200 248 000×90%×8%×90/360＝CNY4 464	CNY5 284	
各项杂费（卸货、仓储、报关、内运费等）		CNY4 250	
	总成本		CNY313 642. 28
预期利润 国内批发价格	批发价格×15%＝预期利润 批发价格＝总成本+预期利润 ＝CNY313 642. 28/1−15% CNY368 990. 92		
	单价 CNY368 990. 92÷2 000＝CNY184. 50/set		
	国内零售价格：184.50×150%＝CNY276. 74		

二、概算法实例

概算法有一定的规律可循。现以某商品进口为例，先以逐算法计算，再以此为基础，进一步说明概算法的计算方法。[①]

例如，中国从英国进口某商品，数量为 1 000 件，国外报价 FOB，每件 USD25，总价为 USD25 000，包装为每件 6 立方英尺。

逐算法计算：

1. 购货成本（国外 FOB London 报价）

每件：USD25

共计：USD25×1 000＝USD25 000

2. 进口费用

（1）海上运费：由 London 至 Shanghai 的运费为 USD90/40 尺箱，则 1 000 件的运费共计（6 000÷40×90）USD13 500

（2）保险费：［（25 000+13 500）/1−1. 1×0. 5%］×1. 1×0. 5%＝USD212. 92

（CIF Shanghai＝FOB+F+I＝25 000+13 500+212. 92＝USD38 712. 92）

（3）进口关税：38 712. 92×10%＝USD3871. 29

（4）进口报关等费用：USD150

（5）银行费用：USD500

（6）各种国内税费：USD600

3. 总成本：USD43 834

4. 国内批发价格

预期利润（15%）＝国内批发价格×15%

国内批发价格＝总成本+预期利润

＝总成本+国内批发价格×15%

＝43 834+国内批发价格×15%

＝USD51 569

每件单价：51 569÷1 000＝USD52

5. 国内零售价格

51 569×150%＝USD77 354

每件单价：77 354÷1 000＝USD77

（USD77×6. 20＝CNY477. 40）

由上述逐算法的计算，可知购货成本为 USD25 000，计算出进口后的每件国内批发价格为 USD52，每件国内零售价格为 USD77。由此可知，贸易伙伴 FOB 报价的 308%（77÷25）即为国内零售价格。因此，进口商对于此类商品，在任何场合与贸易伙伴洽商 FOB

① 许和荣. 国际贸易实务操作［M］. 台北：五南图书出版公司，2004：820.

报价可否达成交易，即可用 3:1，由国内零售价的倒算公式概算法，随时掌握国内零售价格作为 FOB 报价的洽商基础。例如，国内某商品的零售价格为 CNY480，则可用概算法得出 CNY480÷3＝CNY160（约为 25 美元），即 25 美元是进口商在洽商 FOB 报价时的目标价格。这样，在国内销售才有利可图或不增加进口成本。

第二十二章　信用证操作流程及其申请、开立和修改

若买卖合同约定以信用证作为付款方式，则进口商的主要义务之一是及时申请开立信用证。银行若接受申请，则应按进口商的申请及时开出信用证，通过通知银行（下称“通知行”）将其传递给出口商。本章重点介绍信用证操作流程及其申请、开立和修改等相关问题。

第一节　信用证操作流程

信用证的操作流程有别于其他付款方式。本节主要介绍信用证操作流程的各个环节，以使各方掌握其关联性。

一、买卖合同约定以信用证为付款方式

买卖双方达成交易并约定使用信用证为付款方式后，须在合同中对信用证的相关事项作出明确规定。这些事项包括信用证的种类、开证时间、内容等。

二、申请开证

银行接受申请开立信用证是对买方的一种授信，因此，买方须向其往来银行申请授信额度。在该额度内，银行接受开证申请。

买方申请开证须填写开立信用证申请书，若银行接受申请则与买方成立合同关系，申请书就是双方之间的合同，其内容为规定信用证项下的单据若符合信用证条款，开证行付款后，买方须接受单据并补偿开证行。因此，开证申请书又称“补偿协议”(ReimbursementAgreement)。买方在填写申请书时，须以买卖合同内容为依据。

三、开立信用证

若银行在授信额度内受理买方的开证申请，依授信条件（如开证保证金等)，在收取手续费、邮电费及其他费用后开立信用证。银行开证须遵守 UCP600 及 ISBP 等国际惯例。

四、通知信用证

开证行开立信用证后，通常经由出口地的通知行通知受益人（卖方)。依 UCP600，通知行在通知信用证或修改书时，即表示其确认信用证或修改书的表面真实性。因此，通

知行接到信用证后，应核查信用证的签字或密押，确认其表面真实性之后才可通知受益人。若无法确认其表面真实性，则通知行应尽快告知开证行。此时，通知行若欲通知该信用证给受益人，也应告知受益人，其无法确认信用证的表面真实性。

五、审查、修改及接受信用证

作为受益人的买方从通知行处收到信用证后，首先应审核信用证，即将信用证内容与买卖合同对比，保证两者内容一致。若发现两者冲突、矛盾或有疑问之处，须向买方提出修改要求。许多案例表明，信用证纠纷的主要原因是受益人对信用证审核不严。修改经卖方接受后，才能作为发货的依据。

六、备货、发运及取得运输单据

受益人接受信用证后，则须依据信用证的规定，积极生产、加工或备货，并严格按照信用证规定的发货期限办理出口报关及装运（船）手续；装运后，取得运输单据，如提单等，以备收汇。

七、制单收汇或押汇

卖方取得提单后，制作或取得相关单据（发票、汇票、产地证、检验证书等），到指定银行（寄单行、议付行等）提交上述单据，银行依信用证审核或寄送这些单据给开证行或付款行，要求其付款。若信用证为议付信用证，则议付行审单无误后，向卖方预付货款，或出口地银行向卖方办理押汇款项。

八、指定银行索偿

若信用证为议付信用证或偿付信用证，当议付行向卖方预付货款后，向开证行寄单，凭相符的单据向开证行或指定的偿付行索偿预付的货款。

九、偿付或付款

开证行收到相符的单据后，若为偿付信用证时，则指示偿付行向议付行偿付款项；若为一般信用证时，开证行则向议付行或受益人付款、承兑、承付款项。

十、付款赎单

开证行收到单据或付款后，通知买方付款赎单。若为即期信用证，买方审单无误后，应补偿开证行。若为远期信用证，买方审单无误后，则向开证行办理债权保全手续。此后，买方取得相关单据。

十一、报关提货

买方凭相关单据向海关及承运人办理进口报关手续，之后，办理提货手续。至此，完成整个信用证交易程序。

信用证操作流程，如图 22-1 所示。

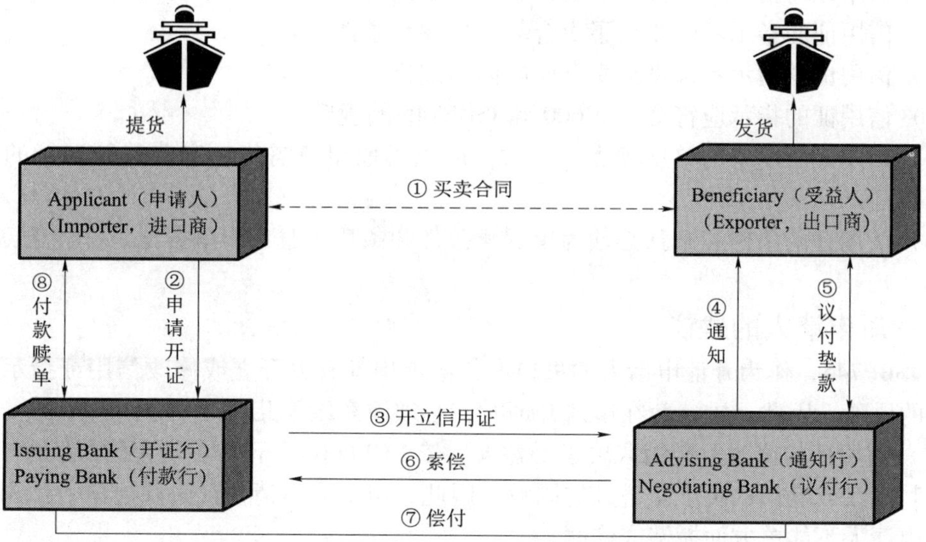

图示说明：

① 买卖合同约定使用 L/C 支付方式。

② 进口商按合同规定，向当地银行申请开证，填写开证申请书。

③ 开证行开出 L/C 并寄交通知行。

④ 通知行核对印鉴或核对密码后，将 L/C 转交受益人。

⑤ 受益人按 L/C 要求，装运后制作有关单据，向议付行议付货款。

⑥ 议付行审单后，按汇票金额扣除利息预付货款给受益人，并将各种单据寄送开证行或付款行。

⑦ 开证行或付款行审单无误后，向议付行偿付。

⑧ 开证行通知申请人付款赎单。

图 22-1　信用证操作流程

第二节　申请开立信用证

若买卖双方在合同中约定使用信用证方式支付货款，当合同签订后，进口商应在合同规定的期限内，向银行申请开立信用证。

一、开证申请

由于进口商向银行申请开证属于银行的一种授信业务，因此，银行将对进口商和出口商的信用及进口商品进行调查与审核，并酌情收取一定的保证金。

若银行接受申请，则进口商须按银行提供的开证申请书格式填写相关内容，且所填内容要与 UCP600 及 ISBP745 等惯例的规定相符。该申请书是开证行与申请人之间的合同，若日后申请人与开证行出现纠纷，则该合同是解决纠纷的法律依据之一。

二、填写开证申请书应遵循的原则

进口商在填写开证申请书时，应遵循以下原则。

（1）信用证的指示应完整、准确，避免使用模棱两可或相互矛盾的语句。

（2）信用证的指示不能违反买卖合同的条款和条件。

（3）信用证的指示不宜将买卖合同的内容细化。

（4）信用证的指示应符合 UCP600 和 ISBP745 的规定。

（5）信用证所要求的单据种类、形式，应以可取得所需货物和确保开证行的债权为原则。

（6）信用证的条件和条款必须为单据化条件和条款，避免非单据化条件和条款。

三、对申请人的建议

依 ISBP745，作为开证申请人的进口商，应承担其有关开立或修改信用证指示不明确所导致的风险。因此，进口商在申请开证时，必须注意以下几点。

（1）信用证的修改及撤销取决于受益人。依 UCP600 所开立的信用证均为不可撤销信用证，其修改或撤销取决于受益人的同意。因此，申请人申请开证必须谨慎，信用证一旦开立，申请人不能单方面撤销或修改。

（2）开证申请书中明确载明买卖合同的主要内容。由于买卖合同与信用证相互独立，申请人应将买卖合同的主要内容及买方的权益并入申请书中，要求开证行据此开立信用证，以确保买方的利益。

（3）充分掌握 UCP600 相关条文的准确含义。依 ISBP745，开证申请人应充分注意 UCP600 的内容，并意识到如第 3 条、第 14 条、第 19 条、第 20 条、第 21 条、第 23 条、第 24 条、第 28（i）条、第 30 条、第 31 条，其对各种条款的界定可能导致意想不到的结果。例如，在多数情况下，要求提交提单且禁止转运的信用证必须排除 UCP600 第 20 条（c）款的适用，才能使禁止转运发生效力。

（4）申请人应充分理解 ISBP745 相关条文的准确含义。ISBP745 是对 UCP600 的进一步细化，对此精准理解有助于减少信用证业务纠纷和争议的发生。

第三节　信用证的开立

信用证的开立方式，有信开信用证（Credit Opened by Airmail）、电开信用证（Credit Opened by Telecommunication）以及 SWIFT 信用证。目前，实务上以 SWIFT 方式开立信用证最为普遍。

一、开证行的责任

UCP600 第 7 条第 2 款规定：“开证银行自开立信用证时起，即不可撤销地受应承付的约束。”因此，依 UCP600 所开立的信用证，自信用证开立时起，开证行的承付责任即开始生效。依 ISBP745，除非开证申请人另有相反的指示，开证行可以必要或适当的方式补充或完善信用证的条款，以使信用证或其后的修改得以使用。开证行应确保其所开立的信用证或修改中的条款和条件不模棱两可或不冲突。可见，开证行在开立信用证时，也应承担其自身的责任。

对开证行而言，其最重要的义务是对受益人的承付义务和对被指定银行的补偿义务。

前者是指开证行对相符单据予以即期付款、延期付款或承兑；后者是指在被指定银行已向受益人承付或议付货款后，开证行有义务对该银行予以补偿。

二、信用证的不可撤销性

UCP600 第 3 条规定："信用证是不可撤销的，即使没有表明不可撤销的意思。"因此，信用证一经开立，在其有效期内，未经受益人及有关当事人（如保兑行）的同意，信用证的条款不能进行任何修改或予以撤销，信用证条款的规定，已构成了开证行对受益人的承诺。

三、信开信用证

信开信用证是指，开证行以信函格式开立信用证后，以邮寄的方式将信用证传递给通知行，由通知行对该信用证的真伪性予以核验，然后，再由通知行将其转交受益人。随着电讯技术的发展，目前，已几乎不使用信开信用证。

四、电开信用证

电开信用证是指，开证行以电讯方式开立和传递的信用证。电讯方式包括加押电报、加押电传和 SWIFT。

电开信用证分为简电信用证和全电信用证。

（一）简电信用证

简电信用证（Issue with Brief Advice Teletransmission）是指，开证行将信用证的主要内容以电讯方式传递给通知行，由其传递受益人，之后再将全电信用证传递给通知行，由其传递受益人。简电信用证又称"预先通知信用证"（Pre-advice Credit）。对此，UCP600 第 11 条第 2 款规定："若开证行准备开立有效的信用证或作出修改时，开证行才能发出开立信用证或作出修改的初步通知（预先通知）。发出预先通知的开证行应不迟延地、不可撤销地承诺以与预先通知不矛盾的条款开立有效的信用证或作出修改。"

依 UCP600 的上述规定，简电或预先通知信用证不是有效的信用证文件，即受益人不能凭以发货，银行不能凭以付款、承兑或议付。开证行在发出简电或预先通知信用证后，须及时地将有效信用证文件寄送通知行，由其转递受益人，凭以发货，银行凭以付款、承兑或议付。对此，UCP600 第 11 条第 1 款规定："经证实的电开信用证或修改将被视为有效的信用证或修改，任何随后的邮寄确认书将不予理会。""若电讯传递中声明'详情后告'（或类似词语），或声明以邮寄确认书为有效的信用证或修改，则该电讯传递不被视为有效的信用证或修改。此后，开证银行须不迟延地以与电讯传递不相矛盾的条款开立有效的信用证或作出修改。"

（二）全电信用证

全电信用证（Issue by Teletransmission）是指，开证行以电讯方式开立完整的、有效的信用证，无须再寄送证实书。多数电开信用证都是全电信用证。有些银行在电文中表明"This cable is the operative credit instrument and no mail confirmation will follow"，以示信用证文件有效。

五、SWIFT 信用证

SWIFT 是英文“Society for Worldwide Interbank Financial Telecommunication”的缩写，中文为“环球银行财务电讯协会”。该组织专门从事传递各国之间的非公开性的国际财务电讯业务，其中包括开立信用证、办理信用证项下的汇票业务等。中国多数银行参加了该协会。凡是利用 SWIFT 系统设计的特殊格式，通过 SWIFT 开立或通知的信用证都称为 SWIFT 信用证，也称为“环银电协信用证”。

（一）SWIFT 的特点及业务种类

SWIFT 电讯不仅具有标准化、格式化和规范化的特点，且传递速度快捷、成本较低。因此，被各国和各地区的银行广泛使用。

SWIFT 电文是格式化的，用 0~9 的数字区别电文业务性质。“0”代表 SWIFT 系统电报，“1”代表客户汇款与支票（Customer Payment & Cheques），“2”代表银行头寸调拨（Financial Institution Transfers），“3”代表外汇买卖、货币市场及衍生工具（Foreign Exchange, Money Markets & Derivatives），“4”代表托收业务（Collection & Cash Letters），“5”代表证券业务（Securities Markets），“6”代表贵金属和银团贷款业务（Precious Metals and Syndications），“7”代表跟单信用证和保函（Documentary Credits and Guarantees），“8”代表旅行支票（Travelers Cheques），“9”代表银行和客户账务（Cash Management & Customers Status）。每一类包含若干组（Group），每一组又包含若干格式（Type），每个电报格式代号由三位数字构成。如 MT700 代表信用证业务，其中，电文第一位数字代表业务，第二、第三位也分别代表不同的意思。

每一类电讯根据业务情况分为若干种格式，每一种格式又由若干个项目组成。每一个项目，可根据业务要求，进行多种选择。

电讯传递安全可靠。每一电讯都得到 SWIFT 的发妥或未发妥证实，在未发妥证实中指出未发妥的原因，同时，计算机对收发电序号进行严格控制。

自动加核密押。SWIFT 密押（SWIFT Authentication Key）独立于电传密押之外，由 SWIFT 计算机自动完成编押、核押工作。SWIFT 密押的组成，不仅根据电文中的货币名称、金额、日期等，而且以电文中的每一个字符作为编押的依据，在每份电讯之后写上自动核押 SAC 字样，即“SYSTEM AUTHENTICATION CORRECT”。

高速度、低费用。SWIFT 的路线速度为普通电讯的 48~192 倍，每份电讯的费用为普通邮件的 2/3 左右、电传的 1/7。

（二）SWIFT 信用证

SWIFT 信用证通常由以下中的几种电文来完成：

MT700/701	开立信用证
MT705	跟单信用证预先通知
MT707	跟单信用证的修改
MT710/711	通知由第三家银行开立的跟单信用证
MT720/721	跟单信用证的转让
MT730	确认
MT732	单据已被接受的通知
MT734	拒付通知

MT740	偿付授权
MT742	索偿
MT747	修改偿付授权
MT750	通知不符点
MT752	授权付款、承兑或议付
MT754	已付款、承兑或议付的通知
MT756	通知已偿付或付款

开立 SWIFT 信用证的格式代号是 MT700 和 MT701（701 格式是在 700 格式不够使用时增添用的）及信用证修改书 MT707。

附：SWIFT MT700 与 MT707 格式

1. MT 700 ISSUE OF A DOCUMENTARY CREDIT（MT 700 跟单信用证开立格式）

M/O	Tag	Field Name
必选/可选	代号	栏目名称
M	27	Sequence of Total（合计次序） 指本证的页次，前后各一位数字，如“1/2”。其中，“2”指本证共 2 页，“1”指本页为第一页。若 L/C 条款能够全部容纳在该 MT700 报文中，则该项目就填写 1/1；若该 L/C 由一份 MT700 和一份 MT701 电文组成，则在 MT700 文的“27”中填写“1/2”，在 MT701 电文中的“27”中填写“2/2”。
M	40A	Form of Documentary Credit（跟单信用证类型） 该项目内容有 3 种填法： （1）IRREVOCABLE（不可撤销的跟单信用证）； （2）IRREVOCABLE TRANSFERABLE（不可撤销的可转让跟单信用证）； （3）IRREVOCABLE STANDBY（不可撤销的备用信用证）。 详细的转让条款应在 47A 中列明。
	40E	（1）UCP LATEST VERSION（统一惯例最新版本） （2）EUCP LATEST VERSION（电子化交单统一惯例最新版本） （3）UCP URR LATEST VERSION（统一惯例及偿付统一规则最新版本） （4）EUCP URR LATEST VERSION（电子化交单统一惯例及偿付统一规则最新版本） （5）ISP LATEST VERSION（《国际备用证惯例》最新版本） （6）OTHER（其他）
M	20	Documentary Credit Number（信用证号码）
O	23	Reference to Pre-Advice（预通知编号）
O	31C	Date of Issue（开证日期）
M	31D	Date and place of expiry（到期日及地点） 指信用证最迟交单日期和交单地点。

O	51A	Applicant Bank（开证申请人的银行） 若开证行与申请人的银行不是一家银行，该项目应列明申请人的银行。
O	50	Applicant（开证申请人）
M	59	Beneficiary（受益人）
M	32B	Currency Code，Amount［信用证金额（货币符号、金额）］
O	39A	Percentage Credit Amount Tolerance（信用证金额加减百分率） 该项目列明信用证金额上下浮动最大允许范围，用百分比表示（如，10/10，即表示允许上下浮动各不超过10%）。
O	39B	Maximum Credit Amount（最高信用证金额） 该项目“UP TO”“MAXIMUM”或“NOT EXCEEDING”（后跟金额）表示信用证金额的最高限额。
O	39C	Additional Amounts Covered（可附加金额） 该项目列明信用证所涉及的附加金额，诸如保险费、运费、利息等。
M	41A	Available with ... By ...（被指定的有关银行及信用证兑付方式） 该项目列明被授权对该证付款、承兑或议付的银行及该证的兑付方式。 （1）银行的表示方法： 当该项目代号为“41A”时，银行用SWIFT名址码表示； 当该项目代号为“41D”时，银行用行名、地址表示； 若信用证为自由议付时，该项目代码为“41D”，银行用“ANY BANK IN ...（地名/国名）”表示； 若信用证为自由议付且对其地点无限制时，该项目代号为“41D”，银行用“ANY BANK”表示。 （2）兑付方式的表示方法分别为： BY PAYMENT（即期付款）； BY ACCEPTANCE（远期承兑）； BY NEGOTIATION（议付）； BY DEF PAYMENT（延期付款）； BY MIXED PAYMENT（混合付款）。 若该证为延期付款，有关付款的详细条款将在“42P”中列明；若该证为混合付款，有关付款的详细条款将在“42M”中列明。
O	42C	Drafts at ...（汇票付款期限）
O	42A	Drawee（汇票付款人）
O	42M	Mixed Payment Details（混合付款指示） 列明付款日期、金额及其方式。
O	42P	Deferred Payment Details（延期付款指示） 列明付款日期及其方式。

O	43P	Partial Shipments（分批装运） 列明是否允许分批装运。
O	43T	Transshipment［转船（转运）］ 列明货物是否允许转船或转运。
O	44A	Place of Taking in charge/Dispatch from .../Place of Receipt（接管地/发运地/收货地）
O	44E	Port of Loading/Airport of Departure（装运港/出发机场）
O	44F	Port of Discharge/Airport of Destination（卸货港/目的地机场）
O	44B	Place of Final Destination/For Transportation to .../Place of Delivery（最终目的地/运往……/交货地）
O	44C	Latest Date of Shipment（最迟装运日期）
O	44D	Shipment Period（装运期间）
O	45A	Description of Goods and/or Services（货物/劳务描述） 贸易条件，如 FOB、CIF 等，应列在该项目中。 若信用证规定了运输单据的最迟出单日期，则该条款应和有关单据的要求一起列入该项目中。
O	46A	Documents Required（所需单据） 若信用证规定了运输单据的最迟出单日期，则该条款应和有关单据的要求一起列入该项目中。
O	47A	Additional Conditions（附加条件） 该项目列明 L/C 的附加条款。但应注意：当一份 L/C 由一份 MT700 电文和一至三份 MT701 电文组成时，项目“45A、46A、47A”的内容只能完整地出现在某一份电文中（MT700 或 MT701），不能被分割成几部分，分别出现在几个电文中。 在 MT700 电文中，“45A、46A、47A”三个项目的代号在 MT701 电文中，应分别为“45B、46B、47B”。
O	71B	Charges（费用） 该项目的出现只表示费用由受益人负担。若电文无此项目，则表示除议付费、转让费外，其他费用均由申请人负担。
O	48	Period for Presentation（提示期限） 该项目列明在出具运输单据后多少天内交单。若电文未使用该项目，则表示在出具运输单据后 21 天内交单。
M	49	Confirmation Instructions（保兑指示：此项只使用代码 CONFIRM（请保兑）/MAY ADD（可保兑）/WITHOUT（不加保兑）
O	53A	Reimbursement Bank（偿付行） 该项目列明经开证行授权偿付 L/C 金额的银行。该偿付行可以是开证行的分行或其指定的另一家银行。
O	78	Instructions to the Paying/Accepting/Negotiating Bank（对付款/承兑/议付银行的指示）

O	57A	"Advise Through" Bank（通知银行）
O	72	Sender To Receiver Information（附言，银行间的通知） 该项目可能出现的代码：/PHONBEN/（请用电话通知受益人，之后加注电话号码）；/TELEBEN/（请用快捷有效的电讯，包括 SWIFT、传真、电报、电传等通知受益人）。 注：M/O 中的 M 指必要项目，O 指任意项目。

2. MT 701 ISSUE OF ADOCUMENTARY CREDIT［MT701 跟单信用证（增添）开立格式］

M/O	Tag	Field Name
M	27	Sequence of Total（合计次序）
M	20	Documentary Credit Number（信用证号）
O	45B	Description Goods and/or Services（货物和/或服务描述）
O	46B	Documents Required（要求的单据）
O	47B	Additional Conditions（附加条件） 注：在 MT700/701 格式中，27、40A、20、31D、59、32B、41M、49 为必选项，其余各项可根据业务性质选用或不用。

3. MT 707 AMENDMENT TO A DOCUMENTATRY CREDIT（MT707 跟单信用证修改格式）

M/O Name	Tag	Field
M	20	Sender's Reference（发电行的业务编号）
M	21	Receiver's Reference（收电行的业务编号） 若发电行不知道收电行的业务编号，可在该项目内填写"NONREF"。
O	23	Issuing Bank's Reference（开证行的业务编号） 若发出此信用证修改的不是原开证行（如通知行），则此项必须填写原信用证号码。
O	52A	Issuing Bank（开证行） 若使用了第 23 项，必须在此项注明开证行名址。
O	31C	Date of Issue（开证日期） 列明原 L/C 的开证日期。
O	30	Date of Amendment（信用证修改日期） 列明开证行修改 L/C 的日期。若此项未填，则此信用证修改电的日期被视为信用证的修改日期。
O	26E	Number of Amendment（修改次数） 不论前几次修改是以何种形式发送的，该数字是依次排列的最后数字。

O	59	Beneficiary（before this amendment）（原证的受益人） 列明修改之前 L/C 的受益人。该项目的出现并不意味着修改受益人。若要修改受益人，其修改内容（即新的受益人名称）应列入“79”中。
O	31E	New Date of Expiry（新的到期日） 列明该 L/C 修改后的最后交单日期。
O	32B	Increase of Documentary Credit Amount（增加的信用证金额）
O	33B	Decrease of Documentary Credit Amount（减少的信用证金额）
O	34B	New Documentary Credit Amount after Amendment（修改后的信用证金额）
O	39A	Percentage Credit Amount Tolerance（修改后的信用证金额浮动上下限） 列明新的 L/C 金额的浮动上下限，其形式为百分比（如 10/10，即表示允许上下浮动各不超过 10%）。
O	39B	Maximum Credit Amount（修改后的 L/C 最高金额） 该项目用“UP TO”“MAXIMUM”或“NOT EXCEEDING”（之后接金额）表示新的 L/C 最高金额。
O	39C	Additional Amount Covered（附加金额） 列明对 L/C 所涉及的附加金额，如保险费、运费、利息等的修改。
O	44A	Place of Taking in Charge/Dispatch from .../Place of Receipt（接管地/发运地/收货地的修改）
O	44E	Port of Loading/Airport of Departure（装运港/出发机场的修改）
O	44F	Port of Discharge/Airport of Destination（卸货港/目的地机场的修改）
O	44B	Place of Final Destination/For Transportation to .../Place of Delivery（最终目的地/运往……/交货地的修改）
O	44C	Latest Date of Shipment（对最迟装运期的修改） 列明对最迟装船、发运和接管期限的修改。
O	44D	Shipment Period（对装运期的修改） 列明对装船、发运和接管期限的修改。
O	79	Narrative（修改详述）
O	72	Sender to Receiver Information（附言，银行间的通知） 该项目可能出现的代码：/BENCON/（要求收电行通知发电行，受益人是否接受该 L/C 的修改）；/PHONBEN/（请电话通知受益人，代码后加注受益人的电话号码）；/TELEBEN/（请用快捷有效的电讯，包括 SWIFT、传真、电报、电传等通知受益人）。

第四节 信用证的修改

信用证由银行开立后，可能由于交易条件的变化、进出口商的信用状况变化、信用证与买卖合同的规定不符、受益人无法在有效期内履行交货义务等原因，需要对信用证进行修改。

一、信用证修改的效力

信用证的不可撤销性并不表示信用证不能撤销或修改，只要其当事人同意，信用证可撤销或修改。

UCP600 第 10 条第 1 款规定：除第 38 条的规定外，信用证未经开证银行、保兑银行（若有）及受益人的同意，既不得修改也不得撤销。由此可见，若信用证需要修改或撤销，须获得三方当事人的同意。但依 UCP600 第 10 条，信用证的修改对三方当事人生效的条件不完全相同。

1. 对开证行的效力

UCP600 第 10 条第 2 款规定：开证行自其开立修改书时起，不可撤销地受该修改的约束。

2. 对保兑行的效力

UCP600 第 10 条第 2 款规定：保兑行可（may）将其保兑扩展至修改，并在通知修改时起将不可撤销地受其约束。但保兑行可选择通知修改而不扩展其保兑责任。此时，它须不迟延地通知开证行并在其通知中告知受益人。

3. 对受益人的效力

UCP600 第 10 条第 3 款规定：在受益人将其对修改的接受告知通知该修改的银行之前，原信用证（或包含先前已被接受的修改的信用证）条款和条件对受益人仍然有效。受益人应（should）作出接受或拒绝修改的通知。若受益人未作出这样的通知，符合信用证的提示以及符合未被接受的修改的提示，将视为受益人已作出接受这种修改的通知，信用证于此时起将被修改。

该款是关于修改信用证对受益人的效力的规定。因此，当受益人接到信用证修改通知之后，是否作出接受或拒绝修改的通知，可按照以下原则处理。

（1）当受益人接到信用证修改通知之后，是否发出接受或拒绝修改的通知，由受益人自己决定，这是他的权利（should）而非其义务（must）。但最好还是发出通知。

（2）在受益人将其接受修改的通知告知开证行之前或受益人明确拒绝修改时，原证条款对受益人仍然有效，即此时信用证的修改对受益人不产生效力。当然，开证行也不再受其修改的约束。

（3）若受益人发出接受修改的通知，则修改生效，受益人受其约束。

（4）若受益人未作出接受或拒绝的通知，即保持沉默，但受益人将符合信用证和尚未被接受的修改的单据提交给指定银行或开证行的行为，视为接受修改的通知，信用证此时起被修改，即对受益人起约束作用。因此，受益人在提交单据之前，可不作任何通知。

（5）UCP600 第 10 条第 5 款规定："对一次修改的部分接受是不允许的，且被视为拒绝修改的通知。"

可见，对于同一修改中的修改内容，不允许受益人只接受部分修改。因此，部分接受修改内容无效。但若各方达成协议，接受同一修改书中的部分修改内容，则应签发一项新的修改书，只包括各方已同意的修改。这样，可防止混乱或误解。

例如，某一次信用证修改书内容为：① 商业发票必须由出口商签字；② 保险单改为正本 4 份；③ 装运期改为 3 月底之前。出口商同意前两条，但不同意第三条。这就等于出口商拒绝了这次修改。开证行应将上述前两条内容以修改书的方式再次发给出口商，即此次修改书中不再包括第三条的内容，出口商再次确认并接受修改。第三条内容又恢复为原信用证的规定。

（6）UCP600 第 10 条第 6 款规定："修改中若规定除非受益人在确定时间内拒绝修改，否则修改生效，这一规定将不予理会。"

在国际结算业务中，有些银行在信用证修改书中规定"Silent Acceptance of Amendment"。这种将受益人的沉默视为接受修改的做法，与多数国家的法律和国际公约的规定不符。因此，UCP600 作出上述规定。

（7）当受益人提示的单据存在不符之处，但开证行接受了这种单据并授权指定银行向受益人承付或议付，这实际上等于受益人修改了不符点，即不符点已不存在了。

另外，若指定银行将不符单据寄交开证行请求其准允付款，或通过电讯方式向开证行提出单据的不符点，要求开证行授权承付或议付，这些做法可视为对信用证的修改。

二、信用证修改的程序

信用证需要修改时，须征得受益人、开证行、保兑行等的同意才能修改。修改信用证大多由受益人提出。受益人若要修改信用证，须向申请人（进口商）提出，然后由申请人向开证行提出修改申请。申请人提出修改信用证时，须填写信用证修改申请书，连同修改手续费送交开证行办理。

三、常见的信用证修改内容

在实际业务中，常见的信用证修改项目，主要有以下几个方面。

（1）延长信用证的有效期和装运期，如：

Shipment and validity extended to July 31, 2019 and September 15, 2019 respectively.

（2）信用证金额与货物数量的修改，如：

This credit increased (decreased) by USD ×× to ×× and quantity of commodities increased (decreased) by ×× to ××.

（3）出口商名址的修改，如：

Beneficiary's name and address change to read ×× instead of previously stipulated.

（4）装运地点的修改，如：

Shipment from ×× to ×× instead of previously stipulated.

（5）分批装运和转运的修改，如：

Partial shipments and transshipment are allowed.

（6）保险险别的修改，如：

Insurance covering All Risks instead of FPA.

（7）有关货运单据的修改，如：

B (s) /L made out (To Order of) ×× instead of previously stipulated.

Documents to be presented within 10 days after the date of issuance of shipping documents instead of previously stipulated.

（8）贸易条件的修改，如：

Trade term amended to be on CIF basis instead of FOB.

MT700 实例

CHINA ×× BANK SWIFT MESSAGE CONTENT 2008-07-02 16:47:37

Message Type	:	700 Issue of a Documentary Credit
FIN/Session/ISN	:	F01. SS. . SEQ.
Priority/Obsol. Period	:	Normal/100 Minutes
Sender	:	CMBCCNBSA201 CHINA ×× BANK BEIJING
Receiver	:	GEBAHKHHXGCG FORTIS BANK, HONG KONG BRANCH HONG KONG (GLOBAL COMMODITIES GROUP)
MUR	:	IS11008070200280

27/Sequence of Total

1/1

40A/Form of Documentary Credit

IRREVOCABLE

20/Documentary Credit Number

110LC0801390

31C/Date of Issue

080702

40E/Applicable Rules

UCP LATEST VERSION

31D/Date and Place of Expiry

080831HONGKONG

50/Applicant

×× IMPORT AND EXPORT CO., LTD. 8/F, CHINATEX MANSION, NO. 20 JIANGUOMENNEI STREET, BEIJING, CHINA

59/Beneficiary

×× TRADING LTD. ROOMS 2003 - 2005, 20/F., GREAT EAGLE CENTRE, 288HARBOUR ROAD, WANCHAI, HONGKONG

32B/Currency Code, Amount

USD1105660

39A/Percentage Credit Amount Tolerance

06/06

41D/Availablewith ... By ...

ANY BANK IN HONGKONG BY NEGOTIATION

42C/Drafts at . . .

90 DAYS AFTER SIGHT FOR 100PCT OF INVOICE VALUE QUOTING DATE AND NO. OF THIS CREDIT

42A/Drawee

XYZCCNBS201 CHINA STREET，×× BANK，BEIJING

43P/Partial Shipments

ALLOWED

43T/Transshipment

ALLOWED

44E/Port of Loading/Airport of Departure

ANY PERUVIAN PORT (S)

44F/Port of Discharge/Airport of Destination

XINGANG，CHINA

44C/Latest Date of Shipment

080731

45A/Description of Goods and/or Services

COMMODITY：PERUVIAN FISHMEAL

SPECIFICATIONS：

PROTEIN：65 PCT BASES

FAT：12 PCT MAXIMUM

MOISTURE：10 PCT MAXIMUM

SALT AND SAND COMBINED：5 PCT MAXIMUM

WITH SAND ALONE：2 PCT MAXIMUM

ANTIOXIDANT：100 PPM MINIMUM AT THE TIME OF LOADING

QUANTITY：1000 METRIC TONS. GROSS FOR NET.

PACKING：PACKED IN NEW POLYPROPYLENE WOVEN BAGS，EACH CONTAINING APPROX. 50 KILOS，GROSS FOR NET. THE BAGS ARE SOUND AND SUITABLE FOR OCEAN TRANSPORTATION. THE BAGS ARE PROPERLY MARKED WITH THE NAME OF COMMODITY，WEIGHT，AND COUNTRY OF ORIGIN AND DATE OF PACKING IN ENGLISH.

UNIT PRICE：USD1, 105. 66 PER METRIC TON，CFR XINGANG，CHINA，GROSS FOR NET.

46A/Documents Required

1. SIGNED COMMERCIAL INVOICE IN QUINTUPLICATE (THREE ORIGINALS AND TWO COPIES) ISSUED BY THE BENEFICIARY INDICATING L/C NO. AND CONTRACT NO. PEFMS808140.

2. FULL SET OF CLEAN ON BOARD OCEAN BILLS OF LADING，CONSISTING OF THREE ORIGINALS AND THREE NON-NEGOTIABLE COPIES，MADE OUT TO ORDER

AND BLANK ENDORSED, MARKED 'FREIGHT PREPAID' AND NOTIFY APPLICANT.

3. ORIGIN CERTIFICATE IN QUINTUPLICATE (ONE ORIGINAL AND FOUR COPIES) INDICATING THE COUNTRY OF ORIGIN PRODUCING THE FISHMEAL ISSUED BY SGS DEL PERU S. A. C. AND/OR OTHER INDEPENDENT SURVEYOR (S).

4. TECHNICAL INSPECTION OF THE PROCESS AND BACTERIOLOGICAL EXAMINATION OF THE PRODUCT IN QUINTUPLICATE (ONE ORIGINAL AND FOUR COPIES) INDICATING THE FISHMEAL IS FREE OF SALMONELLA AND SHIGELLA AND LIVE INSECT PESTS AS WELL AS FREE OF MAMMALBONES AND/OR MAMMALBONE SLIVERS AND ARE IN GOOD AND SOUND CONDITION ISSUED BY SGS DEL PERU S. A. C. AND/OR OTHER INDEPENDENT SURVEYOR (S).

5. CERTIFICATE OF SAMPLING/ANALYSIS IN QUINTUPLICATE (ONE ORIGINAL AND FOUR COPIES), INDICATING THE CONTENT OF PROTEIN, FAT, MOISTURE, SALT AND SAND COMBINED, SAND ALONE, AND THE ANTIOXIDANT AND INDICATING THAT THE FISHMEAL IS NOT CAKING AND MOULDING AT THE TIME OF LOADING ISSUED BY SGS DEL PERU S. A. C. AND/OR OTHER INDEPENDENT SURVEYOR (S).

6. SANITARY CERTIFICATE OF FISHMEAL IN QUINTUPLICATE (ONE ORIGINAL AND FOUR COPIES) ISSUED BY SGS DEL PERU S. A. C. AND/OR OTHER INDEPENDENT SURVEYOR (S).

7. CERTIFICATE OF PACKING IN QUINTUPLICATE (ONE ORIGINAL AND FOUR COPIES) ISSUED BY SGS DEL PERU S. A. C. AND/OR OTHER INDEPENDENT SURVEYOR (S).

8. CERTIFICATE OF WEIGHT IN QUINTUPLICATE (ONE ORIGINAL AND FOUR COPIES), INDICATING THE NUMBER OF BAGS AND THE ACTUAL WEIGHT LOADED ISSUED BY SGS DEL PERU S. A. C. AND/OR OTHER INDEPENDENT SURVEYOR (S).

9. PACKING LIST IN QUINTUPLICATE (THREE ORIGINALS AND TWO COPIES) ISSUED BY THE BENEFICIARY.

10. PRE-SHIPMENT SURVEY REPORT IN QUINTUPLICATE (ONE ORIGINAL AND FOUR COPIES) INDICATING THAT THE CARGO SHIPPED ON BOARD OF THE CARRYING VESSEL HAS BEEN TREATED WITH ANTIOXIDANT, BAGGED AND STORED IN A WELL VENTILATED PLACE ISSUED BY SGS DEL PERU S. A. C. AND/OR OTHER INDEPENDENT SURVEYOR (S).

11. CERTIFICATE OF NON-WOOD PACKING MATERIALS ISSUED BY BENEFICIARY IN QUINTUPLICATE (ONE ORIGINAL AND FOUR COPIES).

12. BENEFICIARY'S CERTIFICATE CERTIFYING ONE ORIGINAL AND FOUR COPIES OF HEALTH CERTIFICATE INDICATING THAT 'THE FISHMEAL IS ORIGINATED FROM FISH CAUGHT IN PERUVIAN WATER AND IT DOES NOT CONTAIN OTHER ANIMAL FEEDS INGREDIENTS FROM THIRD COUNTRIES AND IT WAS NOT CONTAMINATED BY THIRD COUNTRY ANIMAL FEEDS INGREDIENTS' WITH ENGLISH AND CHINESE TRANSLATION ATTACHED ISSUED BY INSTITUTO TECNOLOGICO PESQUERO DEL PERU

- SERVICIO NACIONAL DE SANIDAD PESQUERA AND/OR OTHER GOVERNMENT AUTHORITY (IES), PERU AND ONE ORIGINAL AND FOUR COPIES OF CERTIFICATE OF ORIGIN ISSUED BY LIMA CHAMBER OF COMMERCE HAVE BEEN COURIER TO APPLICANT DIRECTLY.

47A/Additional Conditions

1. BENEFICIARY'S CERTIFICATE ADDRESSED TO ISSUING BANK CONFIRMING THEIR ACCEPTANCE OR NON-ACCEPTANCE OF ALL AMENDMENTS MADE UNDER THIS CREDIT QUOTING RELEVANT AMENDMENT NO. IF THE CREDIT HAS NOT BEEN AMENDED, SUCH CERTIFICATE IS NOT REQUIRED.

2. ONE EXTRA PHOTOCOPY OF INVOICE AND TRANSPORT DOCUMENTS ARE REQUIRED FOR ISSUING BANK'S REFERENCE. IF SUCH COPIES NOT PRESENTED, A FEE FOR USD10.00 OR ITS EQUIVALENCE WILL BE DEDUCTED UPON PAYMENT.

3. A FEE OF USD75.00 OR ITS EQUIVALENCE, AND RELATIVE TELEX CHARGES ARE FOR ACCOUNT OF BENEFICIARY AND WILL BE DEDUCTED FROM THE PROCEEDS ON EACH PRESENTATION OF DISCREPANT DOCUMENTS, IF ANY.

4. ALL SHIPPING DOCUMENTS SHALL BE WRITTEN IN ENGLISH OR SPANISH TOGETHER WITH ENGLISH TRANSLATION ATTACHED.

5. 6 PCT MORE OR LESS IN BOTH QUANTITY AND L/C AMOUNT ALLOWED.

6. THIRD PARTY DOCUMENTS ARE ACCEPTABLE EXCEPT COMMERCIAL INVOICE AND DRAFT.

7. THE ISSUANCE DATE OF ALL CERTIFICATES LATER THAN BILL OF LADING DATE ARE ACCEPTABLE BUT THE INSPECTION DATE/SAMPLING DATE, IF ANY, MUST NOT LATER THAN BILL OF LADING DATE.

8. ANY DEFICIENCY IN PROTEIN BELOW 64PCT SHALL BE ALLOWED AT THE RATE OF ONE TO ONE BASIS PER UNIT OF PROTEIN WITH A PROPORTIONAL ALLOWANCE FOR EACH FRACTION OF A UNIT. FOR THIS PURPOSE THE VALUE OF A UNIT OF PROTEIN SHALL BE DETERMINED BY DIVIDING THE UNIT PRICE BY THE WARRANTED PERCENTAGE OF PROTEIN. ANY SHORT

DRAWING UNDER CREDIT AMOUNT AS A RESULT OF SUCH DEDUCTION IS ACCEPTABLE. PROTEIN CONTENT ON OR ABOVE 64PCT ACCEPTABLE, BUT BELOW 63PCT IS NOT ACCEPTABLE.

9. IF ANY EXCESS OF FAT, MOISTURE, SALT AND SAND COMBINED, SAND ALONE OF THE FISHMEAL SUPPLIED BY THE BENEFICIARY SHIPPED AT LOADING PORT (S) IS ABOVE THE WARRANTIES SPECIFIED IN THE SPECIFICATIONS OF THIS CREDIT, THE BENEFICIARY SHALL MAKE A DEDUCTION OF ONE PERCENT OF THE UNIT PRICE PER EACH PERCENT IN EXCESS FROM THE INVOICE VALUE, FRACTION IN PROPORTION. ANY SHORT DRAWING UNDER CREDIT AMOUNT AS A RESULT OF SUCH DEDUCTION IS ACCEPTABLE. SALT CONTENT ABOVE 5PCT IS NOT ACCEPTABLE.

10. HOUSE BILL OF LADING NOT ACCEPTABLE.

11. APPLICANT'S TEL：86-010-65285077 FAX：86-010-65285021.

71B/Charges

ALL BANKING CHARGES OUTSIDE ISSUING BANK （INCLUDING FINANCING INTEREST） AND ALL RELATIVE.

REIMBURSEMENT/PAYMENT CHARGES ARE FOR BENEFICIARY'S ACCOUNT.

48/Period for Presentation

LATER THAN 21 DAYS AFTER SHIPMENT DATE BUT ANYWAY WITHIN THE VALIDITY OF THE CREDIT ACCEPTABLE.

49/Confirmation Instructions

WITHOUT

78/Instructions to the Paying/Accepting/Negotiating Bank

+EACH DRAWING SHOULD BE ENDORSED ON THE REVERSE OF THIS L/C AND THE PRESENTING BANK MUST EVIDENCE THIS EFFECT ON THEIR COVERING SCHEDULE.

+DOCUMENTS SHOULD BE SENT BY COURIER SERVICE IN ONE LOT TO CHINA MERCHANTS BANK，BEIJING BRANCH，INTERNATIONAL FINANCIAL CENTRE，TOWER A，NO. 156 FUXINGMENNEI STREET BEIJING CHINA 100031 TEL：86-010-6642 ××××.

+UPON RECEIPT OF DOCUMENTS AND DRAFTS AT OUR COUNTER IN COMPLIANCE WITH TERMS AND CONDITIONS OF THIS CREDIT，WE WILL ACCEPT THE DRAFT AND REIMBURSE YOU AS PER YOUR INSTRUCTIONS AT MATURITY.

72/Sender to Receiver Information

/TELEBEN/

案例分析

1. 信用证修改效力纠纷案

案情简介

中国某出口商与国外进口商达成一笔出口合同，合同的包装条款是：“木板或胶合板包装，内部可采用蜡纸或硫酸纸包装。”

出口商接到信用证，包装要求为“采用木板包装，内部采用硫酸纸包装”。于是，出口商依照信用证规定备货。但正当出口商准备装船之际，3 月 5 日，开证行开来修改书，要求对包装条款修改为“采用木板包装，内部采用蜡纸包装”。因此时出口商已没有时间重新包装且更改包装的损失巨大，出口商决定不接受信用证修改。3 月 9 日，出口商仍依原证所规定的包装条款（硫酸纸）包装、装船并缮制装箱单，并于装船后第五天向银行议付，同时将信用证修改书退回。但买方来电提出异议，认为出口商的做法无理，要求赔偿因包装所致的损失，其理由是：“按照国际惯例，出口商收到信用证修改书 3 天内，未提出不接受信用证的修改，应视为默认接受。出口商接到修改书是 3 月 5 日，但在 3 月 9

日才装船出运，时间已超过3天，应视为默认接受了信用证的修改。而出口商仍然按照原证的包装条款装船出运，明显是违反信用证条款，因此，出口商应为此承担赔偿责任。”

试分析出口商是否违反信用证条款并应承担赔偿责任。

[提示：依据UCP600第10条的规定，出口商没有违反信用证条款，无需承担责任。本案中，出口商并未接受信用证的修改（包装改为“蜡纸包装”），原证条款（“硫酸纸包装”）对出口商仍然有效。因此，出口商没有违反信用证规定，无需承担赔偿责任。但出口商的做法不妥。]

2. 超额发票信用证纠纷案

案情简介

中国某粮油公司出口一批商品。国外开出的信用证规定：“... Amount: USD1 232 000. 00... 800M/T（quantity 5% more or less allowed）of ××. Price: USD1 540. 00 Per M/T net, CIF ×× Port. Shipment to ×× port immediately. Partial shipments are not allowed.”

粮油公司依信用证条款，在接到信用证后，立即安排装运出口并与船代公司联系。据船代公司称，至目的港最早的有效船期是4月7日，没有其他更早的船期。粮油公司于4月7日将货装运出口，取得4月7日签发的已装船提单并备妥信用证下所需的其他单据，向议付行交单议付。议付行经审单发现单证不符，不同意议付，因信用证规定总金额USD1 232 000. 00，而发票和汇票金额为USD1 268 960. 00，议付金额比信用证规定总金额超额USD36 960. 00。粮油公司认为不符点不成立，即向议付行申述：信用证规定800公吨货物，又规定装运数量允许增减5%。按800公吨的增减5%计算，即最高可装840公吨；最低可以装760公吨。我们实际只装824公吨，仅增装3%，未超出信用证规定5%的范围。议付行认为，信用证虽规定货量允许增减装，但信用证总金额并未允许增减；即使数量符合信用证规定，而议付的总金额超出信用证总金额限度也是绝对不允许的。

议付行认为，货已装运又无法更改，建议采取部分信用证、部分托收方式，即汇票分两套缮制：信用证总金额USD1 232 000. 00缮制一套，正常议付；超额部分USD36 960. 00，另缮制汇票办理光票托收。最后，于4月9日以部分信用证、部分托收方式办理寄单。

4月10日，买方来电：“你方8日装运通知电悉。关于第××号合同项下800公吨的商品，我方于3月1日开出信用证，要求立即装运，你方实际拖延至4月7日才装运。你方若对立即装运的条款无法执行，应事先通知我方或提出修改信用证。你方对信用证条款未提出异议，应认为接受立即装运。依国际惯例解释，立即装运应理解为在开立信用证日起，最晚不得超过30天内装运。我方实际用户因急需该货，又因你方并未提出异议，所以我方答应实际用户‘保证在3月份内交货’。因你方未立即装运，使我方无法按时向用户交货，造成我方失约，你方应负担我方因此而引起的损失。”

粮油公司根据买方的意见，于4月12日即提出反驳意见：“你方10日电悉。关于第××号合同迟装问题，你方所谓失约者，系贵方与实际用户之间的纠纷。我们合同并未签订立即装运的条款，而且该货于4月7日装运亦未超过你我合同的交货期。立即装运只是你方信用证中的要求。根据UCP的规定，‘迅速地’‘立即地’或‘尽快地’的词语将不予理会。你方所谓国际惯例解释以开立信用证日起算30天内装运，系UCP旧惯例，该规定已经失效。按UCP600规定，类似立即装运的词语用在信用证上，可以不予理会，也就等于无此规定。”

粮油公司发出上述反驳意见后，于4月19日接到议付行转来开证行拒受单据的通知：第××号信用证项下的单据经审核，有如下单证不符：我信用证的总金额规定USD1 232 000.00，你方发票的货值为USD1 268 960.00，这是单证不符之一。发票在金额栏中表示总货值USD1 268 960.00，减超额办理托收部分USD36 960.00，余额USD1 232 000.00。我信用证并没有规定允许在本信用证支付方式下再办理托收，这是单证不符之二。根据上述单证不符情况，我行无法接受。单据仍在我行留存，请告知处理意见。粮油公司认为问题还是在买方，开证行是配合申请人而提出上述单证不符，决定向买方洽商。适逢该商品的市价突然上涨，买方急欲提货，因此，信用证项下的款项，买方按时支付，但对超额托收部分拒付。粮油公司损失以USD36 960.00而结案。

试分析该案例。

[提示：

1. 关于“立即装运”。UCP600第3条规定：除非在单据中要求，如“迅速地”“立即地”或“尽快地”的词语将不予理会。可见，“迅速地”“立即地”或“尽快地”的词语，对受益人没有约束力。

2. 关于“增减幅度”问题。此问题可参见UCP600第30条的规定。粮油公司的主要失误是，在审证时未发现信用证只在数量上规定允许增减装5%，而信用证金额并未有所增加。

3. 关于“超额发票金额”问题。UCP600在第18条规定：b. 指定银行、保兑行（若有）或开证行可接受其金额超出信用证允许金额的商业发票，这一决定将约束所有各方，只要相关银行未对超出信用证允许的那部分金额承付或议付。]

第二十三章 进口报关

进口报关与出口报关有多个类似环节，主要由申报、查验、征税和放行四个基本环节组成，但货物流向不同。其基本程序同样由三个阶段组成。本章主要论述进口商对于一般进口货物报关的基本流程，主要有进口货物的申报与配合查验、缴纳税费和货物的放行及提取货物等内容。

第一节 进口报关的一般流程

进口货物报关的一般流程与出口报关类似，同样有前期阶段、进出口阶段和后续阶段。

一、前期阶段

在前期阶段，对于保税货物，进口货物收货人或其代理人应办理加工贸易合同的备案申请、加工贸易手册的申领等手续；对于减免税货物，减免税申请人按照有关进出口税收优惠政策的规定申请减免税进出口相关货物，应当在货物申报进出口前，取得相关政策规定的享受进出口税收优惠政策资格的证明材料；①对于暂时进出境货物中的展览品，在实际进境以前，进口货物收货人或其代理人应办理举办展览会的备案申请手续；对于加工贸易不作价设备，进口货物收货人或其代理人应在进口之前办理加工贸易不作价设备的备案手续；电子商务企业，应提前将电子商务进境货物、物品的信息向海关备案。

二、进出口阶段

进口业务的进出口阶段，同样由申报、查验、征税和放行四个基本环节组成。从海关的角度来看，相应的业务流程则分别为接受申报、进行查验、征收税费和结关放行这四个环节；而从进口货物收货人的角度来看，这个阶段可分为进行申报、接受查验、缴纳税费和凭单取货等几个环节。

三、后续阶段

进口报关的后续阶段是指，进口货物收货人或其代理人根据海关对进出境货物的监管要求，在货物进境储存、加工、装配、使用、维修后，在规定的期限内，按照有关要求，向海关办理相关货物的核销、销案、申请解除监管等手续。对于保税货物，进口货物收货人或其

---

① 参照《中华人民共和国海关进出口货物减免税管理办法》（海关总署第245号令）。

代理人需要按规定办理申请核销的手续；对于减免税货物，可能需按要求办理解除海关监管的手续；对于暂时进境货物以及其他某些特定货物，可能需要按照规定办理销案手续。

进口报关前期的准备工作，与出口通关类似，主要应从报关单位和报关人员两方面做好准备工作，此处不再赘述。至于其他的报关环节，本章也主要从与出口报关不同之处进行说明。另外，由于一般进出口货物的进口报关程序更具有普适性，本章主要介绍一般进口货物的报关程序。

第二节　进口货物的申报与配合查验

一、进口货物的申报

（一）申报时限与滞报金

中国《海关法》规定，进口货物的收货人或其代理人应当向海关如实申报，交验进口许可证件（如需要）和有关单证。

进口货物的申报期限为自运输工具申报进境之日起 14 日内，由收货人或其代理人向海关申报；超过这个期限的，根据中国《海关征收进口货物滞报金办法》的规定，海关将向进口货物的收货人或其代理人收取滞报金。

征收进口货物滞报金，应当按日计征，以自运输工具申报进境之日起第 15 日为起征日，以海关接受申报之日为截止日。起征日和截止日均计入滞报期间，另有规定者除外。

滞报金的日征收金额为进口货物完税价格的千分之零点五，以人民币“元”为计征单位。不足人民币一元的部分，免予计征。

征收滞报金的计算公式为：滞报金=进口货物完税价格×0.5‰×滞报天数。

滞报金的起征点为人民币 50 元。

进境快件自运输工具申报进境之日起 14 日内，向海关申报。

经海关批准，进口货物的收货人、受委托的报关企业可以在取得提（运）单或者载货清单（舱单）数据后，向海关提前申报。特殊情况下，经海关批准，进口货物的收货人、受委托的报关企业可以自装载货物的运输工具申报进境之日起一个月内向指定海关办理集中申报手续。

海关已接受申报的报关单电子数据，人工审核确认需要退回修改的，进口货物收货人、受委托的报关企业应当在 10 日内完成修改并且重新发送报关单电子数据。

（二）申报地点

在一般情况下，进口货物应由收货人或其代理人，在货物的进境地向海关申报并办理有关进口海关手续。对于进口转关货物，经收货人或其代理人申请并经海关同意，也可在设有海关的指运地申报。以保税货物、减免税货物和暂时进境货物申报进境的，因故改变使用目的从而改变货物性质转为一般进口时，进口货物的收货人或其代理人应在货物所在地的主管海关申报。

经特殊方式输送进境的货物及按电子商务方式成交的货物等，经营单位应按海关的要求定期向指定的海关申报并办理有关进口海关手续。如果货物涉及跨越关区，上一级海关的综合管理部门协商指定其中一个海关管理，经营单位或其代理人可直接与这一海关联系申报。

（三）进口报关申报时的基本业务流程及相关单证的处理

进口报关的业务流程与出口报关业务的流程基本类似，区别主要在于处理的是进口业务，向海关提交的单证相应变为进口单证，如出口货物报关单变成进口货物报关单（如表 23-1 所示）。填制报关单时，同样应严格参照中国《进出口货物报关单填制规范》。其他的随附单证（包括基本单证和特殊单证等），根据该批进口货物的性质、合同的性质以及相关的规定处理即可。这些内容可参照第十二章的论述。

表 23-1 进口货物报关单实例

中华人民共和国海关进口货物报关单

预录入编号：20220000137813576　　海关编号：22002022000067841

<table>
<tr><td colspan="2">收发货人
上海东方龙贸易公司（3122210680）</td><td>进口口岸
上海海关（2200）</td><td>进口日期
2022.01.18</td><td>申报日期
2022.01.19</td></tr>
<tr><td colspan="2">消费使用单位
上海东方龙纺织公司</td><td>运输方式
江海（2）</td><td>运输工具名称
ORIENT/V011</td><td>提运单号
ADF-079</td></tr>
<tr><td colspan="2">申报单位
上海东方龙贸易公司（3122210680）</td><td>贸易方式
一般贸易（0110）</td><td>征免性质
一般征税（101）</td><td>备案号</td></tr>
<tr><td>贸易国（地区）
香港（110）</td><td colspan="2">起运国（地区）
香港（110）</td><td>装运港
香港（110）</td><td>境内目的地
上海浦东新区（31222）</td></tr>
<tr><td>许可证号</td><td>成交方式
FOB</td><td>运费
502/18/2</td><td>保费
0.3/1</td><td>杂费</td></tr>
<tr><td>合同协议号
DFL-07-1</td><td>件数
60</td><td>包装种类
包（125）</td><td>毛重（公斤）
10 032</td><td>净重（公斤）
9 600</td></tr>
<tr><td>集装箱号
COSU3621232＊2（2）</td><td colspan="4">随附单据</td></tr>
<tr><td colspan="5">标记唛码及备注
COSU3617056</td></tr>
<tr><td colspan="5">项号　商品编号　商品名称、规格型号　数量及单位　原产国（地区）单价　总价　币制　征免
01　53092900　麻棉梳织布　30 000 米　香港（110）　2.20　66 000.00　美元（502）
9 600 千克　照章征税（1）</td></tr>
<tr><td colspan="5">税费征收情况</td></tr>
<tr><td colspan="5">特殊关系确认：　价格影响确认：　支付特许权使用费确认：</td></tr>
<tr><td colspan="2">录入员 ×××　录入单位 ××××××

报关员 ×××</td><td colspan="2">兹声明对以上内容承担如实申报、依法纳税之法律责任

申报单位（签章）上海东方龙贸易有限公司</td><td>海关批注及签章</td></tr>
</table>

为贯彻落实国务院“放管服”的改革要求，进一步优化营商环境、促进贸易便利化，海关总署决定在部分海关开展进口货物“两步申报”改革试点。在“两步申报”通关模式下，第一步，企业概要申报后，经海关同意即可提离货物；第二步，企业在规定时间内，完成完整申报。自 2020 年 1 月 1 日开始，进口收货人或其代理人可通过国际贸易“单一窗口”（https://www.singlewindow.cn）或“互联网+海关”一体化网上办事平台（http://online.customs.gov.cn）开展进口货物“两步申报”，也可通过“掌上海关”APP 开展非涉证、非涉检、非涉税情况下的概要申报。境内收发货人信用等级为一般信用及以上，实际进境的货物均可采用“两步申报”。推广“两步申报”改革的同时，保留现有申报模式，企业可自行选择一种模式进行申报。①

二、进口货物的查验

进口货物接受海关查验，与出口报关时的要求基本一致，区别在于接受查验的是进口货物而已。

海关对进口货物进行查验，通过核对实际进口货物与报关单证来验证申报环节所申报的内容与查证的单、货是否一致；通过实际查验发现申报审单环节所不能发现的瞒报、伪报和申报不实等走私违规情况或其他进口问题；通过查验可以验证申报审单环节提出的疑点，为征税、统计和后续管理提供监管依据。

至于查验地点、查验方式、税费的缴纳以及对查验时损坏货物的赔偿等，进口货物检验与出口货物检验时的规定基本一致。

第三节　缴纳税费

一、进口关税税额的确定

（一）进口商品归类

按照商品归类原则对进口应税货物进行恰当归类，确定相应的税号。

（二）确定进口货物的完税价格

进口货物完税价格分一般进口货物完税价格和特殊进口货物完税价格。本章主要论述一般进口货物完税价格的确定。

一般进口货物完税价格的确定，主要有进口货物成交价格法、相同货物成交价格法、类似货物成交价格法、倒扣价格法、计算价格法和合理方法等六种估价方法。这几种估价方法应当依次使用。如果进口货物纳税义务人提出要求并提供相应资料，在海关同意的前提下，倒扣价格法和计算价格法可以倒换使用顺序。海关在审定进口货物的完税价格时，通常以 CIF 价格为基础进行确定。

1. 进口货物完税价格中的运费、保险费计算

进口货物 CIF 价格中所含运费和保险费，在计算时，海运进口货物计算至该项货物运抵中国境内的卸货口岸。若该货物的卸货口岸是内河（江）口岸，则应计算至内河（江）

---

① 参照海关总署官方网站，2019 年 12 月 26 日，海关总署 2019 年第 216 号公告（关于全面推广“两步申报”改革的公告）。

口岸。陆运进口货物，计算至该货物运抵关境的第一口岸为止。若成交价格中所含运、保、杂费计算至内地到达口岸的，关境的第一口岸至内地一段的运、保、杂费，不予扣除。空运进口货物，计算至进入境内的第一口岸。若成交价格为进入关境的第一口岸外的其他口岸，则计算至目的地口岸。

进口货物以境外口岸价格（包括 FOB 境外口岸和 CIF 境外口岸）成交的，应加上该从境外发货或交货口岸运到中国境内口岸以前所实际支付的各段运费和保险费。若实际支付金额无法确定，可按有关主管部门规定的运费率（额）、保险费率计算。

上述保险费的计算公式为：保险费=CIF 价格×保险费率。

成交价格为运抵中国境内口岸的货价加运费价格（CFR）的，其计算保险费的方法也按上款规定办理，即进口货物完税价格=CFR 价格/(1-保险费率)。

陆、空、邮运进口货物的保险费无法确定时，都可按“货价加运费”总额的千分之三计算保险费。

2. 进口货物完税价格中的其他相关费用计算

进口货物的成交价格中未包括下列费用的，应计入完税价格：（1）进口人为在国内生产、制造、出版、发行或使用该项货物而向国外支付的软件费；（2）该项货物成交过程中，进口人向卖方支付的佣金；（3）货物运抵中国关境内输入地点起卸前的包装费、运费和其他劳务费用；（4）保险费。

（三）确定进口货物的原产地

在进出口贸易中，原产地是指进出口货物生产的国家（或地区）。出于本身的需要，在有关国际公约和惯例的框架下，各个国家或地区对于来自不同国家生产的货物可能会采取不同的关税及其他差别待遇。因此，确定商品的原产地是计算进口关税的重要内容之一。

从适用的目的来看，原产地规则分为优惠原产地规则和非优惠原产地规则两类。在认定商品原产地时，会有两种情况：一种是货物完全在一个国家或地区获得或生产，另一种是货物在两个或两个以上的国家或地区获得或生产。根据完全获得标准或实质性改变标准，可以确定某种商品的原产地，据此可以适用不同的关税税率及其他报关条件。

（四）进口关税的计算公式

1. 从价关税的计算

进口商品从价关税以进口货物的完税价格为计算基础，乘以相应的税率即得出从价关税税额。

正常进口关税税额的计算公式为：正常进口关税税额=进口货物的完税价格×法定进口关税税率。

减税进口关税税额的计算公式为：减税征收的进口关税税额=进口货物的完税价格×减按进口关税税率。

2. 从量关税的计算

进口商品从量关税以进口商品的数量、重量和体积等计量单位作为计算关税的基础，乘以相应的税率即得出从量关税税额。

进口商品从量关税税额的计算公式为：进口商品从量关税税额=进口商品数量×进口

商品从量关税税率。

3. 复合关税的计算

复合关税是对某种商品混合使用从价关税和从量关税计算税额，其计算公式为：进口商品关税税额=从价关税税额+从量关税税额=进口货物的完税价格×进口关税税率+进口商品数量×进口商品从量关税税率。

4. 其他关税的计算

其他计算关税的方法还有滑准税等，因使用相对较少，在此略去不述。如需要使用，可参照相关规定。

（五）进口关税的计算

1. 对进口应税货物进行正确归类，归入对应的税号。

2. 确定进口应税货物的完税价格；对于课征从量税及复合税的货物，确定进口应税货物的数量。

3. 确定进口应税货物的原产地，进而明确其适用的税率。

4. 根据有关汇率的规定，将进口应税货物的外币价格折合成本币价格。

5. 根据有关公式正确计算关税税额。

二、进口环节国内税

进口环节国内税是指，海关在对进口货物征收关税的同时，代替国内相关部门针对该批货物征收的国内税费。代征进口环节国内税也是海关征税工作的一个重要组成部分。[①]目前，中国海关对进口货物代征的国内税主要有增值税、消费税和船舶吨税等。通常的进口贸易，进口环节税主要涉及的是增值税，少部分商品需要缴纳消费税。

（一）增值税

增值税是对商品在生产、流通和服务各个环节新增价值课征的一种流转税。货物进口时，由海关依法向进口货物的收货人征收进口环节增值税。计征进口环节增值税的计算公式为：应纳税额=（完税价格+实征关税税额+实征消费税税额）×增值税税率。

若该货物不征收消费税，则不需要计算其消费税税额。目前，我国对进口环节增值税的起征点为人民币50元，不足50元者免征。

（二）消费税

消费税是以消费品或者消费行为的流转额作为课税对象的一种流转税。我国对少数消费品进口时，在征收增值税的基础上，征收消费税。

进口环节消费税的计算公式为：应纳税额=〔（完税价格+实征关税税额）/（1-消费税税率）〕×消费税税率。从量计征进口环节消费税的计算公式为：应纳税额=货物数量×单位消费税税额。

目前，我国对进口环节消费税的起征点也是人民币50元。

（三）船舶吨税

船舶吨税是由海关对从境外港口进入中国境内港口的船舶课征的一种使用税。其计算

---

① 中国《进出口关税条例》第56条规定，进境物品的关税以及进口环节海关代征税合并为进口税，由海关依法征收。

公式为：船舶吨税额=船舶净吨位×适用税率。

三、进口关税的缴纳及退补

进口关税的缴纳及退补，与出口关税的缴纳及退补类似，其针对的只是进口关税及相关税费而已。

根据中国《海关法》和《进出口关税条例》的规定，进口货物的收货人和进境物品的所有人，是进口关税的纳税义务人。

进口货物的纳税义务人，应当自海关填发税款缴款书之日起15日内缴纳税款；逾期缴纳的，由海关自到期的次日起至缴清税款日止，按日加收欠缴税款0.5‰的滞纳金。纳税义务人、担保人超过3个月仍未缴纳的，经直属海关关长或其授权的隶属海关关长批准，海关可以采取相应的强制措施。这些强制措施与出口征税时类似。海关采取强制措施时，对未缴纳的滞纳金同时强制执行。

进口关税退补的规定，与出口关税退补方面的规定基本一致。对于因海关原因误征、多纳税款或海关核准免验进口的货物，在完税后，发现有短卸情事，经海关审查认可的情况，进口人可向海关提出退税申请。海关自受理退税申请之日起，在规定时间内作出书面答复并通知退税申请人。

按规定，进口货物、进境物品放行后，海关发现少征或者漏征税款，应自缴纳税款或者货物、物品放行之日起1年内，向纳税义务人补征。因纳税义务人违反规定而造成的少征或漏征，海关在3年以内可以追征。

第四节　货物的放行及提取货物

一、海关现场放行

进口业务中，海关进境放行是指海关在接受进口货物的申报，经过审核有关报关单据、查验货物、依法征免税费或接受担保后，对进口货物解除海关现场监管的行为。海关在决定放行进口货物后，允许进口货物离开海关监管现场。

二、提取货物

进口货物的收货人或其代理人，在签收海关加盖“海关放行章”的进口提货凭证后，凭此到货物进境地的港区、车站、机场和邮局等地的海关监管仓库，办理进口货物的提取手续；提取货物以后，安排货物的境内运输。

三、申请签发有关证明文件

在确有必要且符合规定的情况下，进口货物收货人及其代理人可以要求海关签发相关的证明文件。过去常用的部分证明文件，如进口付汇证明联等，现在通常将相关的电子数据传递给有关部门，不再签发纸质文件。

相关链接

本章主要内容，可参看出口报关一章中的相关链接，但需要特别注意如中国《海关征收进口货物滞报金办法》等与进口报关业务密切相关的法律法规。

本章主要内容，同样参照中华人民共和国海关总署官方网站（http://www.customs.gov.cn）。

第二十四章　进口付汇、赎单及提货

作为贸易合同的一方当事人，进口商的最主要义务是向出口商支付货款并按时受领货物。为此，进口商在履约时，应依合同或信用证的规定，办理付汇手续，通过银行付款赎单，提取合同货物。在信用证支付方式下，有关银行和进口商依相关的惯例与规则，审核货运单据，向出口商支付货款。若载货船舶早于货运单据到达进口地，进口商可申请电放货物或担保提货。

第一节　审单的基本准则

当开证行、保兑行（若有）、议付行或指定银行收到受益人提示的信用证项下的相关单据后，须对其审核以决定是否承付或议付。开证行或保兑行承付或偿付后，可要求进口商付款赎单。作为信用证的申请人，进口商同样也须遵循信用证条款和相关国际惯例（UCP、ISBP 等）审核单据，以决定是否偿付开证行。银行和进口商在审单时，通常应遵守以下基本准则。

一、独立审核

根据信用证的特点和国际商会的相关惯例（UCP、ISBP），银行及进口商审核单据必须遵守独立审核的准则，即审单与下列事项无关：作为信用证基础的买卖合同或其他合同；申请人和受益人之间的关系；货物、服务和/或行为；审单以外的其他知识和信息。

二、表面相符

UCP600 第 14 条第 1 款规定：按照指定行事的被指定银行、保兑行（若有）以及开证行必须仅仅依据单据审核提示，以决定单据是否表面上构成相符的提示。为此，审核信用证规定的单据，以确定单据在表面上（On their face）是否符合信用证的规定，应从以下几个方面加以解释。

（1）单据必须与信用证条款相符（单证相符）。如信用证规定货物应使用木箱包装（goods packed in wooden cases），而包装单却表明货物装于木条箱（goods packed in wooden crates），这属于单证不符。

（2）单据必须与国际惯例相符。由于规范信用证业务的国际惯例（UCP600 及 ISBP）对信用证的许多问题，包括单据的问题均有规定，因此，审单时判断单据是否在表面上与信用证相符的另一依据是，单据还须与 UCP600 及 ISBP 的规定相符。例如，若信用证未规定单据的最迟提交期限，则晚于运输单据签发日后 21 天才提交的单据属于单证不符。

（3）单据必须与既成事实相符。受益人所制作的单据须与已完成的事实相符而不能完全照搬信用证的文句，否则，就是表面上不符合信用证的规定。如信用证规定 “goods must be packed in cartons which effect to be indicated in the invoice”，而发票仍填写 “goods must be packed in the cartons”，也属于表面上与信用证的规定不符。发票应填写 “goods have been packed in the cartons”。

（4）单据之间表面相符（单单相符）。UCP600 第 14 条第 5 款规定：“除商业发票外，单据中货物的描述、服务或行为（若有）可以使用与信用证中的描述不相冲突的统称。”因此，各种单据的主要内容，如货物名称、数量、金额、包装、唛头等，必须在表面上一致，不得相互矛盾。特别是发票、提单、保险单等单据之间，关于货物的主要内容须保持一致。

（5）单据本身相符。UCP600 第 14 条第 4 款规定：单据中的信息，当联系信用证上下文、该单据本身及国际标准银行实务（ISBP），不必与该单据、任何其他规定的单据或信用证中的信息完全相同，但不得与其冲突。

该款强调，审单的标准是：单证相符、单单相符及单内相符。但单证之间、单单之间及单内的信息无需“完全等同”（identical），仅要求“不得冲突或矛盾”（must not conflict with）即可。UCP600 实施后，受益人所提示的每一种单据本身的相关内容也要彼此相符。

单据表面相符的准则还表明，银行及进口商仅就单据的文义决定是否符合信用证、UCP 及 ISBP，而不需越过单据表面进一步确认其文义的实质内容，更不得以单据之外的理由主张交单不符，如单据的真实性、正确性、有效性等实质问题。

三、审单依据

银行及进口商审核信用证项下的单据，除了依据国际惯例的规定之外，其直接依据是信用证中规定的条款（Terms）和条件（Conditions）。根据国际商会的解释，条款是指必然发生的事件，如信用证规定的装运期、交单期、有效期、单据种类与名称、单据内容等，是业务中必然发生的事情，通常可用独立的单据加以证明。条件是指未来不确定的事件，通常没有独立的单据可供银行审核，但需要一定的单据给予支持。如信用证规定提交已装船的、清洁的提单，“已装船和清洁”是一种条件，通常由提单（属于条款）中的批注或记载加以支持，而没有独立的“已装船和清洁”单据以供银行审核。

四、不理会非单据条件

所谓“非单据条件”是指，虽然信用证规定了某一条件，但并未同时规定需要受益人提交何种单据来支持这种条件。例如，信用证规定货物的产地是中国，但并未要求受益人同时提示产地证明，因此，“产地是中国”是一个非单据条件。若信用证既规定货物的产地是中国，同时要求受益人提示货物的产地证明，则“产地是中国”就不是非单据条件，因为产地证明可以支持货物产自中国这一条件。常见的非单据条件还有：载货船舶的船龄不得超过 10 年；载货船舶不得悬挂某国国旗；装船后，受益人应立即通知申请人等。

UCP600 第 14 条第 8 款规定："若信用证包含一个条件且未规定用来表明与该条件相符的单据，则银行将该条件视为没有规定且不予理会。"

ISBP745 第 A26 规定："若信用证含有某一条件而未列明需要提交与之相符的单据（non-documentary condition），则无需任何规定的单据证明该条件相符。但规定单据中的信息不应与非单据条件冲突。例如，信用证要求'用木箱包装'而未指明该信息须显示在任何规定的单据上，则任何规定单据显示采用了另一种包装方式的表述将被认定为冲突的信息。"

非单据化条件的三个基本特征是：（1）信用证要求满足某种条件，但证内未要求提交证实该条件已被满足的单据；（2）信用证要求满足某种条件，但证内要求的单据的功能并没有显示已满足该条件；（3）信用证要求满足某种条件，证内要求的单据中插入的信息与该条件不冲突。

因此，银行在审单时，对非单据条件视为没有记载。为此，申请人和开证行在开立信用证时，须将非单据条件转化为单据条件。如上述"船龄不得超过 10 年"，应要求提示船舶规范证明复印件；"船舶不得悬挂某国国旗"，应要求提交船籍证明复印件等。

五、不审核未规定的单据

未规定的单据是指信用证中没有提及的单据。在信用证业务中，有时，受益人因种种原因在规定的单据中夹杂信用证并未要求的某些单据。对此，UCP600 第 14 条第 7 款规定："提交信用证未要求的单据将不予理会，可以将其返还提示人。"这一规定表明了银行审单的范围，即银行对此类单据不予审核。同时也暗示，即使审核了这种单据且发现与信用证要求的单据有不符之处，也不应影响信用证的效力。换言之，银行不得以此为理由拒付。银行收到此类单据也可直接转交进口商，但银行应要求受益人将其直接寄给进口商。

六、在规定时间内审单

UCP600 第 14 条第 2 款规定："按照指定行事的指定银行、保兑行（若有）以及开证行均有自提示日次日起最多 5 个银行营业日，以决定提示是否相符。该期限不因在提示当日或其之后，信用证到期日或最迟提示日的到来而被缩短或受到影响。"

国际商会规定银行审单有一个时间限制，其目的在于，若超过 5 个银行营业日仍未作出是否接受单据，银行将失去拒受单据的权利，即使单据存在不符点，银行也只能接受单据；但在 5 个银行营业日内，银行也不能被迫承付或议付。

关于银行审单时间还应注意几点：（1）每一审核单据的银行均有 5 个营业日的时间审单。（2）若某一银行收到受益人的单据，只负责转递或寄单给开证行或保兑行，则该银行不是开证行或保兑行的被指定银行，因而它不享有 5 个营业日的时间。它必须立即将单据寄出，以使单据在信用证有效期内到达开证行或保兑行。（3）寄单指示中，关于寄单次数和方式的规定不是非单据条件。若寄单银行未按寄单指示规定的做法寄单，则视为不符点，开证行或保兑行可以拒受单据。（4）开证行或保兑行拒受单据，发出拒受通知时，若信用证尚未到期，则允许受益人修改有关单据。当开证行或保兑行收到修改后的单据，仍然允许有5个营业日的审单时间；在修改后的单据中发现新的不符点，银行仍有权再次拒受。（5）“5个银行营业日不因在提示当天或其之后，信用证到期日或最迟提示日的到来而被缩短或受到影响”，是指交单时间与审单时间不同。例如，某信用证项下的单据于7月30日提交给指定银行，而信用证的到期日（有效期）或最迟交单期的最后一天是7月31日，该指定银行的审单时间仍然是交单后最长5个银行营业日。

七、遵从其他国际惯例

银行和进口商在审单时，除了须依据信用证中的条款和条件外，还须遵从国际商会制定的与信用证业务有关的所有惯例和规则。这些惯例和规则主要有：eUCP600、ISBP、URR725、Incoterms®2020以及UCP600生效后国际商会关于UCP600的各种出版物等。

第二节　银行审单及瑕疵单据的处理

信用证项下的银行审核单据，包括指定银行的审核单据和开证行的审核单据。在信用证业务中，指定银行、开证行或保兑行（若有）通过审核单据以决定提示（交单）是否相符。若提示相符，则银行须承担承付或议付的责任；若提示不相符（瑕疵单据），则银行可拒绝承付或议付。但银行处理瑕疵单据必须遵循信用证和相关惯例的规定，否则，可能导致银行无权拒付。

一、议付行的审单

依UCP600第12条，非保兑的议付行除非明确表示同意并告知受益人，其对开证行或保兑行的承付或议付授权，并不构成该银行必须承付或议付的义务。因此，该银行只有在同意议付的情况下，收到受益人提示的单据后，依前述的准则审核单据。若单据相符，则应向受益人预付或同意预付款项，并依UCP600第15条，向开证行或保兑行转递单据索偿货款。若开证行或保兑行拒绝偿付，则议付行可向受益人行使追索权，追回其预付的货款。国际商会指出，若汇票上有“无追索权”记载，议付该汇票的银行通常对出票人没有追索权；但在跟单信用证项下，该银行对受益人具有追索权。若保兑行“议付”后，依UCP600第8条，开证行拒绝偿付，则保兑行不得向受益人行使追索权（无追索权的“议付”）。

二、承兑行与付款行的审单

若承兑行与开证行分别为两家银行，当承兑行收到受益人提示的单据后，予以审核。若单据相符，承兑行一方面承兑汇票，另一方面，寄单给开证行要求其在到期日偿付承兑行。一旦远期汇票到期，承兑行应向受益人付款且无追索权，同时，获得开证行的偿付。若承兑行与开证行为同一家银行，当收到受益人提示的相符单据后，先承兑汇票并向受益人发出承兑通知书，汇票到期后，再向受益人付款。

在付款信用证项下，一般由通知行兼任付款行。若通知行履行付款义务时没有表示保留追索权，则该银行不得对受益人行使追索权。但通知行兼任议付行时，对受益人拥有追索权。

三、指定银行处理不符单据

指定银行收到受益人提示的存在瑕疵的单据后，须及时处理，以免给受益人造成损失。指定银行通常采取以下措施处理不符单据。

（1）将存在不符点的单据退还提示人，要求其修改并在信用证有效期内和提示到期日之前再次提示。这是指定银行最常用的方法之一。

（2）将全套单据退还提示人，请其直接寄给开证行。

（3）依提示人的授权，将不符单据以等待批准的方式寄送开证行，请求开证行作出接受或拒绝单据的决定。

（4）依提示人的授权，以电讯方式请求凭不符单据授权承付或议付。这也是指定银行常用的方式之一，俗称“电提”。常用的电文如下：

Documents Presented Under Your L/C No. ××. Bill's Amount USD××. Our Ref No. ××. All Terms Complied with Except：

① No Unique P/L.

② Shipment Date 151122 Late Shipment.

…

Please cable us whether we may negotiate documents.

若开证行同意接受不符单据并授权议付，通常在电文中说明单据在其他方面是相符的（If otherwise in order），以确保开证行在收到单据时不再存在其他不符点。对此，国际商会指出，开证行接受了不符单据并授权指定银行承付或议付，则被视为对单据的不符点进行了修改，从而实现了单据相符的要求。

（5）凭受益人的保证或凭其他保函（Letter of Indemnity）向受益人承付或议付。这种方法是指，指定银行取得了受益人的保证或由其他银行为受益人担保，若开证行拒受单据，指定银行向受益人的承付或议付以及相关利息和费用由受益人或担保人负责偿还。指定银行在向开证行寄单时，一般在寄单面函中说明：“Due to discrepancy（ies），we have negotiated documents against Letter of Indemnity.”

四、保兑行的审单

若信用证为保兑信用证，当保兑行收到受益人或被指定银行提示的单据后，保兑行也须依 UCP600、ISBP 及前述基本准则，对信用证项下的单据予以审核，以决定是否接受单据及承付或议付。审单后，若认为单据相符，则须履行信用证项下的承付或议付义务，并依 UCP600 第 15 条，将单据转递给开证行。

五、开证行审单后承付或偿付

无论是收到受益人直接提交的单据，还是收到被指定银行寄来的单据，开证行都须依 UCP600、ISBP 的规定以及前述基本准则，对信用证项下的单据予以审核，以决定是否接受单据及承付或偿付。审单后，若开证行认为单据相符，则须履行信用证项下的承付或偿付义务。

六、银行处理瑕疵单据是其权利而非义务

为维护银行的权益，提高银行参与信用证交易的积极性，UCP600 第 16 条第 1 款规定："指定银行、保兑行（若有）或开证行确认提示不符时，可拒绝承付或议付。"单据表面上与信用证条款不符，称为有瑕疵的单据或有不符点的单据。

该款明确表明，银行拒绝承付或议付时，使用了"可拒绝"（May Refuse）的措辞而非"必须拒绝"（Must Refuse）。换言之，即使提示的单据有瑕疵，银行仍有权决定是否接受该单据。然而，在国际贸易中，若买卖双方相互信任，具有较好的合作关系，且作为进口商的申请人不论受益人所提示的单据是否存在瑕疵，都准备完成买卖合同，此时，对于性质不十分严重的瑕疵单据，申请人通常向开证行表明"愿意放弃不符点，保证偿付开证行"，进而指示开证行接受这种瑕疵单据，向受益人承付或议付。因此，当受益人提示的单据出现瑕疵，银行认为该瑕疵不会影响申请人接受且来不及修改时，银行有权但不是必须接受并给予承付或议付。

七、开证银行有权寻求申请人接受瑕疵单据

UCP600 第 16 条第 2 款又赋予开证行另一项权利，即当开证行确认提示不符时，它可依据自己的判断与申请人联系，请求其放弃不符点，接受瑕疵单据。

与前述权利一样，该款的规定并未强加给开证行任何义务，因为该款同样也使用了"可以"（May）而非"必须"（Must）的措辞。因此，是否寻求申请人接受瑕疵单据是开证行的自主权利，由其自行决定是否行使。

UCP600 的上述规范隐含了以下几点含义：（1）即使受益人或指定银行请求开证行向申请人寻求其放弃不符点，开证行也有权依据自身的判断决定是否同意这种请求；（2）开证行没有义务主动寻求申请人放弃不符点；（3）无论开证行是否主动寻求申请人，申请人放弃不符点的声明对开证行并无绝对的约束力；（4）若申请人拒绝接受瑕疵单据，开证行向提示人发出拒绝承付通知时，也必须依国际惯例、信用证等相关规定办理。

当然，若开证申请书已约定银行必须将不符点通知申请人、征求其意见，银行则有义务这样做。为此，开证行先征求开证申请人的意见，请求其放弃不符点。但开证行请求开证申请人放弃不符点的行为，并不能延长开证行的审单时间限制。换言之，若在开证行规定的时间内，申请人没有答复是否放弃不符点，开证行必须在 5 个银行营业日内作出接受或拒受单据的决定。

银行放弃不符点的后果，包括以下几种情况。

（1）若开证行自己决定放弃不符点，则它必须接受单据。

（2）开证申请人同意放弃不符点、接受有瑕疵的单据，但开证申请人不能强迫开证行也放弃不符点，即开证行有权决定是否接受开证申请人放弃不符点的意见。对此，国际商会指出：开证申请人放弃不符点，不能约束开证行接受单据。

（3）若开证行决定接受开证申请人放弃不符点的意见，则它必须接受单据，不论单

据的瑕疵是否成立。

八、银行拒受瑕疵单据的操作规范

为使受益人有机会或可能修改单据的不符点以获得信用证款项，UCP600 第 16 条第 3 款和第 4 款严格规范了银行拒受瑕疵单据的操作程序。作为信用证当事人和关系人的贸易商，对此必须有所了解，以维护自身的权益。

（一）银行必须一次性发出拒付通知

依 UCP600 第 16 条第 3 款，当开证行、保兑行（若有）或被指定银行决定拒绝承付或议付时，必须（must）一次性向提示人发出拒付通知（give a single notice）。因此，银行发出拒付通知是义务，其不得保持沉默而不作为。银行发出拒付通知时，必须（must）按照下列程序进行。

1. 银行必须向提示人发出拒付通知

依 UCP600 第 2 条，提示人包括进行提示（交单）行为的受益人、指定银行（如议付行等）或其他人，因而信用证业务中的提示人可能不止一个。若单据由受益人向指定银行（如议付行）提示，指定银行再向开证行提示，那么，开证行究竟应向指定银行还是受益人发出拒付通知？通常情况下，当单据由受益人直接寄交开证行，则受益人是提示人；当单据由议付行寄交开证行，则议付行是提示人；当单据由受益人向议付行提示，则受益人为提示人。

2. 银行仅能发出一次拒付通知

对于同一次提示，无论是开证行、保兑行还是指定银行，只能发出一次拒付通知。换言之，若发出两次以上的拒付通知，除第一次通知中所列明的瑕疵外，提示人对其余通知及瑕疵可以不予理会。当然，若在第一次拒付通知后，瑕疵单据经修改再次提示，而单据原被拒付的不符点仍然全部或部分存在或单据又出现新的不符点，则银行可再次发出拒付通知，这与“仅能发出一次拒付通知”不矛盾。但若不符点在第一次提示中就已存在，而在第一次审单时并未被发现或被拒付，该不符点在再次提示中仍然存在，则不能作为拒绝承付或议付的理由。

3. 银行须在 5 个营业日内发出拒付通知

依 UCP600 第 16 条第 4 款，当银行审单发现不符点并决定拒付时，必须在不晚于自提示（交单）日的次日起，5 个银行营业日结束前发出拒付通知。这一点与 UCP600 第 14 条“银行须在提示日次日起最长 5 个银行营业日内完成审单，以决定是否接受单据”的规范一致，以此维护提示人的权益。

4. 银行须以电讯或其他快捷方式发出拒付通知

依国际金融服务协会的解释，电讯方式包括 SWIFT、传真、电传及电话等。通常，银行在其电信设备中保存的拒付通知，如传送记录、电话录音等都是拒付通知的证据。但依国际商会的解释，以电话方式发出通知时，银行应随附书面确认，以免产生争议。当提示人在银行柜台，即审单现场提示单据，银行可当场以对话的方式表示拒付。这虽然不是电讯方式，但也符合“其他快捷方式”的要求。

（二）拒付通知必须声明的内容

银行拒受瑕疵单据，不仅在发出拒付通知的方式上必须符合 UCP600 的规范，而且其拒付通知的内容也应满足 UCP600 的要求；否则，可能导致拒付无效。依 UCP600 第 16 条第 3 款，银行所发出的拒付通知必须表明以下内容。

1. 表明银行将拒绝承付或议付

这是拒付通知的第一个要素：要有拒付的意思表示。尽管 UCP600 并未强制要求拒付通知必须使用“Refuse”一词，但银行在使用如 MT999 Free Format 或电传等发出的拒付通知中，必须明确表明拒绝接受单据进而拒绝承付或议付，如以“Notice of Refusal/Dishonor”为通知标题，或在文中明确表明“refuse to honor”或“documents not to be accepted”等，以此作为拒付的意思表示。但以 SWIFT MT734（Notice of Refuse）方式发出拒付通知时，无须再有拒付的意思表示。

2. 一次列明银行拒付的每一个不符点

这是拒付通知的第二个要素：一次性列出“每一个不符点”，即全部的不符点，且不符点要明确具体。“invoice not as per LC”“conflicting data between documents”等空洞、模糊的词语，将不视为拒付的明确理由。银行在拒付通知中列明不符点的作用，在于使受益人有机会修改单据而再次提示单据，以维护受益人的权益。对于同一次提示，银行在拒付通知中将每一个不符点一次性列明的规定表明，银行只有一次列明不符点的机会，若还有第二次、第三次等，则均为无效。换言之，只有第一次列明的不符点才是拒付的理由，第二次、第三次等列明的不符点视为已被银行接受，不能作为拒付的理由。若列明的仅仅是一部分的不符点，一旦这些不符点被提示人反驳成功，即不符点不成立，则银行无权再补充其他不符点，它将丧失拒付的权利。

3. 表明银行在获得提示人指示之前代为保存单据

这是拒付通知的第三个要素：表明不符的单据如何处理，这也是银行处理不符单据的方式之一。或者表明开证行代为保存单据，直到收到申请人的放弃通知并同意接受该放弃为止，或在同意接受放弃之前从提示人处收到进一步的指示，这是银行处理不符单据的方式之二。或者表明银行将退还单据，这是银行处理不符单据的方式之三。或者表明银行将按照此前收到的提示人的指示行事，这是银行处理不符单据的方式之四。

（三）银行拒付后退还单据

银行拒受单据后，该单据的所有权仍属于提示人。基于对提示人的尊重，银行在拒付后，应将单据退还提示人。对此，UCP600 第 16 条第 5 款规定：“指定银行、保兑银行（若有）或开证银行，在依第 16 条第 3 款第 3 项 a）或 b）的规定发出通知后，可以在任何时间将单据退还提示人。”

在信用证业务中，通常，当指定银行（如议付行、代付行等）发现单据存在不符点，一般会立即向受益人退还单据，告知其瑕疵所在并提出单据修改或更正的建议。若单据已寄送开证行或保兑行，此时发现单据不符，则银行承付的前提条件未能满足，银行本无保存单据的义务。因此，银行可在任何时间退单。但有时，银行在发出的拒付通知中，同时表明留存单据，等候提示人的进一步指示或申请人的放弃不符点的通知，而提示人或申请人未能在规定的时间或合理时间内予以回应。此时，为减少争议，已按前述规范发出拒付通知的银行可以直接退还单据。

（四）开证行或保兑行发出拒付通知后的权利

信用证规定有偿付银行时，开证行在开立信用证之后，向偿付银行发出偿付授权书，告知其授权付款的金额、有权索偿的银行等内容。出口地的议付行在议付后，一方面将单据寄送开证行或保兑行，另一方面，向偿付银行发出索偿要求。偿付银行收到索偿要求后，核对偿付授权书。若两者相符，则向议付银行付款。由于偿付银行不是信用证的当事人，它并不接受提示人的单据、不审核单据，不与提示人或受益人发生联系，因此，偿付银行对议付行的付款，不视为开证行的付款。有时，开证行或保兑行在没有审核单据甚至还未收到单据时，议付行就已获得偿付。但开证行或保兑行审单后，发现单据存在不符点，此时，开证行或保兑行应如何处理这种瑕疵单据？依 UCP600 第 16 条第 7 款的规定，当开证行拒绝承付或保兑行拒绝承付或议付且已按照本条规定发出拒绝通知，它将有权要求议付行返还已获得的偿付款项和利息。由此可见，只要开证行或保兑行已按照第 16 条的规定发出拒付通知，它仍有权拒绝此项提示，即拒受瑕疵单据，拒绝承付或议付。

九、银行处理瑕疵单据不当的后果

依 UCP600 第 16 条第 6 款，若开证行或保兑行未能依照本条规范行事，它将无权宣称单据不符。换言之，此时，开证行或保兑行无权拒受单据，只能视为单据相符，履行承付、议付或偿付义务。另外，依多数国家法律的规定，在银行接受单据之前，单据的所有权仍归提示人或受益人所有，银行应尽受托人的义务；否则，难免其责。因此，银行若未依照相关规范妥善处理单据或超越其受托权限处理单据，则应赔偿受益人因此而产生的损失。开证行或保兑行处理瑕疵单据不当的情况，通常包括以下几点。

（一）未在规定期限内向提示人或受益人发出拒付通知

依 UCP600 第 16 条的规定，开证行或保兑行拒受单据时，须一次性发出拒付通知；否则，其无权拒受单据。而且该通知必须在自提示单据的次日起 5 个营业日内发出，若超过该时间限制，则表明银行未在规定时间内完成审单工作，则视为银行接受了单据，也就无权再拒付了，即使单据存在瑕疵。

在此应注意，UCP600 第 16 条第 6 款仅针对开证行或保兑行而言而不涉及指定银行，因为指定银行并不因为接受开证行的指定而必须承担与开证行相同的责任。因此，尽管 UCP600 对指定银行在提示瑕疵单据时应采取的处理方式有所规范，但并未要求其在未依规定处理时必须承担与开证行或保兑行相同的责任。

在信用证业务中，指定银行，如议付行等，通常是受益人的往来银行。若该银行发现提示的单据存在瑕疵，基于维护客户的利益，其一般会在现场告知受益人单据的瑕疵所在并提供修改方案，双方之间的沟通不仅及时而且充分，因而争议的可能性很小。

（二）拒付通知内容无效

开证行或保兑行虽然在规定的时间内发出拒付通知，但若该通知的内容不符合 UCP600 的规范，则会导致该拒付通知无效。拒付通知内容无效的情形，一般包括以下几种：（1）拒付通知未表明拒付的意思。银行虽然发出所谓的拒付通知，但其内容并未表达拒付的意思，则该通知无效。例如：“We have found the following two discrepancies in the presented documents：A. The date of presentation exceeds the expiry of the credit；B. The port of loading in the B/L is not the same as that stated in the credit；Meanwhile we are holding the documents at your disposal and risk.”（2）拒付通知未具体列明单据的瑕疵所在。若银行发

出拒付通知，但该通知中未具体列明不符点，则开证行或保兑行同样无权拒受单据。例如："We refuse to pay you due to the following two discrepancies: A. There is conflicting data between documents; B. The commercial invoice does not meet the terms and conditions of the credit. Meanwhile we are holding the documents at your disposal and risk."（3）拒付通知未表明对单据的处理方式。银行虽然发出拒付通知，但该通知中并未表明对单据如何处理，这同样可导致拒付无效。例如："We have found the following three discrepancies in the presented documents: A. In our credit, we required that number of the original (s) issued must be stated. But in the presented insurance policy, it shows No. of policies issued two; B. In our credit 42a, drawee is G Development Bank W sub branch. But the presented draft (s), the drawee is typed as G Development Bank Building YR Floor 1W; C. In the presented packing list, it is stipulated both packing in bulk and gross & net weight of each package."

（三）处理瑕疵单据的方式不当

如前所述，在单据被接受之前，银行有义务为提示人或受益人保管好所收到的单据，即履行其受托人的义务。因此，银行认为单据不符时，应依 UCP600 第 16 条第 3 款所规范的四种方式之一处理。相反，若没有做到上述要求，银行则被视为接受了瑕疵单据，无权再拒受单据，而应履行其承付或议付责任或赔偿受益人的损失。

十、相符单据丢失的后果

依 UCP600 第 35 条，若信用证项下相符的单据，由受益人在信用证或惯例规定的提示期限和地点提示给指定银行，且指定银行确认提示相符并将单据发送开证行或保兑行，但单据在该指定银行寄送开证行或保兑行的传递中丢失，或在保兑行寄送开证银行的传递中丢失，则无论该指定银行是否已承付或议付，开证行或保兑行必须承付或议付或偿付该被指定银行。

第三节　进口付汇赎单

进口商依贸易合同的约定或信用证的规定，向出口商或开证行付款并取得货运单据的行为，称为进口付汇赎单。进口商支付交易货款是其最重要的义务，也是取得货物的前提条件。

一、信用证项下的付汇赎单

上述两节阐述了与信用证相关的银行审单基本准则，银行如何审单及如何处理不符的单据。而进口商在付汇赎单程序中，通常只同开证行或保兑行打交道，即进口商向开证行或保兑行付款赎单。

在付汇赎单前，进口商有权对受益人提示的单据进行审核，其准则与程序同上述银行的审单类似，不再赘述。若单据不符，进口商有权拒绝付汇赎单；若单据相符，进口商应向银行缴付货款，赎出货运单据。

二、进口托收付汇赎单

1. 付款交单（D/P）下的付汇赎单

进口商接到代收行的托收通知书后，应及时向代收行办理付汇手续。进口商缴付货款和手续费之后，代收行则将货运单据及付款收据交付进口商，进口商凭以办理通关提货手续。

2. 承兑交单（D/A）下的付汇赎单

进口商在收到代收行的托收通知书后，应立即到该银行办理汇票承兑手续。进口商承兑汇票后，银行则将货运单据交付进口商，使其凭以办理货物通关提货手续。

通常情况下，经进口商承兑的汇票由代收行保管，待汇票到期时，再提请进口商办理付款、支付利息及手续费等事宜。若国外托收行要求将承兑后的汇票寄还，则代收行将该汇票寄送托收行，待汇票到期时，再由托收行转代收行请进口商付款；或汇票转让后，由持票人要求进口商（承兑人）付款。汇票到期时，若进口商故意拖延或拒绝付款，代收行将向托收行请求处理措施，或依照托收行授权做成拒绝证书，以便出口商凭以提出诉讼。

三、分期付款付汇

在分期付款交易下，出口商一般对进口商开立一份即期汇票作为第一次付款，再开立数张远期汇票，按照交易合同规定的付款时间，确定汇票的到期日，通过银行请进口商对即期汇票付款或对远期汇票承兑。进口商按汇票付款期限分别向银行办理付汇，将货款汇交出口商。

有时，出口商为保护其债权，在分期付款交易合同中订立“加速条款”（Acceleration Clause），即若进口商对任何一期到期货款未予付款，则全部货款视同到期，出口商可要求进口商将未偿付的全部货款立即付款。

四、预付货款及记账

在预付货款（Advance Payment）条件下，进口商以汇入汇款方式向出口商预先支付货款。

所谓汇入汇款（Inward Remittance）是指，进口商通过进口地银行将货款汇给出口地银行，由其转交出口商的一种收汇方式。汇入汇款通常使用电汇（T/T）、票汇（D/D）或信汇（M/T）等方式。

在记账交易条件下，出口商按约定发运货物后，将货运单据直接寄给进口商提货，其货款则在未来一定时期内（如半年）再予结清。

第四节　进 口 提 货

进口商完成付汇后，应立即办理通关手续并缴讫关税、及时提货；否则，可能产生相关费用，导致货物风险和损失。①

---

① 许和荣．国际贸易实务操作［M］．台北：五南图书出版公司，2004：第25章；黄清政，刘正松．国际贸易实务——方法、技巧、效益［M］．台北：前程企业管理有限公司，2003：第19章．

一、进口提货程序

由于海运是国际贸易的最主要运输方式，因此，进口提货程序以海运为主予以论述。

进口商付款赎单，取得提单并签字后交给承运人（船公司）或其代理，以此换取提货单（Delivery Order，D/O，俗称“小提单”）。若为到付运费或有其他应付费用时，进口商应及时向承运人结清；否则，可能影响提货。进口商取得提货单之后，即可报关并缴纳关税；此后，方可提货。

进口提货的方式包括仓库提货、船边提货和集装箱堆场或货运站提货。

进口商在集装箱堆场（CY）提货时，应特别注意提货的时间。CY 通常给予提货人一周的免费期，超过该时间则须支付延滞费。因此，当接到到货通知后，提货人应在免费期内提货。提货时，还应注意货柜上的海关封条是否异常（损坏或不符等）、货柜外表是否损坏。若发现异常或损坏，应申请联合检验以备索赔；否则，货柜运回收货人工厂后，船方对此不再负责。

二、进口担保提货

担保提货（Delivery against Letter of Guarantee，Indemnity；Guarantee Delivery without Bill of lading）是指载货船舶已抵达进口地港口，而货运单据尚未到达开证行，进口商为及时提货而向开证行申请担保的一种提货方式。

在运输距离较短时，经常出现货物先于货运单据到达进口地的现象。进口商为尽早提货，通常在证明该货物确属其所有的情况下，凭承运人或其代理签发的货物到达通知书向银行或其他机构申请担保提货书。进口商凭开证银行等出具的担保书（L/G）向承运人或其代理换取提货单，提前办理通关提货手续。

担保书的内容一般包括以下内容：（1）声明正本提单尚未到达；（2）声明正本提单到达后，立即将其交付船方，绝不拖延；（3）声明若因担保提货导致船方受损，由申请担保提货人及担保银行负连带赔偿责任；（4）声明运费、共同海损及其他因货物而产生的一切费用，船方请求时即照付。

进口商向开证行申请担保提货时，应提交下列材料：（1）船方制定的担保提货书及开证行的担保提货申请书；（2）出口商发来的装船通知、提单副本等相关单据。开证行核对相关信息无误后，在即期信用证进口商结清货款、远期信用证依授信核准条件办理后，在船方的担保提货书上签字，进口商凭以向船方换取小提单，办理报关提货。当银行收到正本提单后，直接将其寄给船公司，换回担保提货书，解除担保责任。

开证行担保后，在收到货运单据时，发现不符而将其退还，则无法持正本提单向船公司换回担保提货书，其担保责任也无法解除。因此，开证行担保后，不得拒付指定银行或受益人；同样，开证行也向进口商表示，办理担保提货后，进口商也不得以单据不符为由拒付开证行。

担保提货对进口商而言，其优点是可以及时提货，不延误商机或避免货损及额外的费用开支。但在办理担保提货手续时，进口商除了需事先付清货款，还放弃了以单据不符为由拒付的权利，即使单据确有瑕疵。根据进口商的保证，若事后发现超押金额，进口商也不得拒付，开证行也有权要求进口商偿还其差额。因此，进口商非不得已时，最好不要申请担保提货。若要办理，此前可依据装船通知，在货物到达后先行看货；必要时，再申请办理担保提货。

三、共同海损的进口担保提货

共同海损的损失应由有关的利益方，按其获救财产价值或获益大小的比例共同分摊。

依据国际运输惯例及海商法，若发生共同海损，承运人（船公司）将指定海损理算师通知收货人（进口商）。进口商须在提供适当的共同海损担保后，才能办理进口提货手续。

共同海损担保（General Average Security）通常包括以下内容：（1）由收货人签署并附有“船货不分离协议条款”的劳合社共同海损担保（Lloyd's Form of Average Bond）；（2）收货人的商业发票副本并载明货物的 CIF 价格；（3）由保险公司签署并附有“船货不分离协议条款”的无限共同海损担保（Unlimited Form of Average Guarantee）。

若遭受共同海损的货物没有投保运输保险，则收货人需要提供相当于货物 CFR 价值 10%的现金作为共同海损担保，以替代保险公司提供的无限共同海损担保，即没有投保任何保险的货物，则收货人应提供：（1）由收货人签署并附有“船货不分离协议条款”的劳合社共同海损担保；（2）收货人的商业发票副本并载明货物的 CFR 价格；（3）由收货人提供相当于货物 CFR 价值 10%的现金担保。若货物已投保，则由承保的保险公司出具保函。之后，收货人取得提货单，报关提货；共同海损理算后，再多退少补。

四、第二份正本提单背书的进口提货

除了上述担保提货方式外，也可使用第二份提单背书的方式办理进口提货。

第二份提单背书（Duplicate B/L Endorsed By Banker）进口提货，是指在信用证中规定，出口商将第二份正本提单（Duplicate B/L，又称“副提单”）及一套其他副本单据在发货后，立即寄送进口商，其余的正本提单由出口商向指定银行提示办理收汇；进口商在收到这些单据后，填写第二份提单背书申请，向开证行申请第二份提单背书，凭以向船公司提货的一种提货方式。

在第二份提单背书提货的情况下，开证行为保护其授信的债权，通常在信用证中规定提单的收货人由开证行指示，所以提单“收货人”（Consignee）一栏应填写“To Order of ×× Bank（开证行名称）”，即须由开证行在该提单上背书后，进口商才能以此换取提货单，办理报关和提货。

若信用证为即期付款，进口商须向开证行结清货款及有关费用，开证行才于提单上背书，进口商即可凭以换取小提单，办理报关提货手续；若信用证为远期付款，开证行通常允许进口商暂缓付款，对提单背书后，进口商办理报关提货手续。

如上述担保提货一样，一旦在提货之后有关单据到达开证行，发现其与信用证不符时，进口商必须无条件接受，即丧失单据不符信用证规定而拒付的权利。

五、电放提货

在进出口地为近距离的国际贸易中，常出现载货船舶早于单据到达目的港的现象。于是，国际贸易运输中产生了“电放”货物的操作。

所谓“电放”货物是指，出口商为配合进口商及时提货，在出口地货物交运后，将正本提单全套缴回船公司或船公司不签发提单，请船公司或其代理以电讯方式要求进口地的船方代理，在不交付提单的情况下，将货物交给进口商。为维护各方的权益，电放货物时，应办理以下手续。

（一）信用证付款方式下的电放提货

出口商在电放提货中的应办理以下手续：（1）向船方提出电放申请，请求船方以电讯方式通知其卸货港代理，将货物交给指定的收货人（进口商）；（2）向船方提交电放保函。船方通常要求出口商向其提交一份保函，由出口商承担电放的一切后果；（3）若承运人已签发了提单，则出口商向承运人缴回全套提单。（4）出口商通知进口商办妥电放手续。

船方办理以下手续：（1）船方收到出口商的电放申请及保函后，以电讯方式通知其卸货港代理放行货物；（2）船方在收回的全套正本提单或副本提单上加盖“Surrendered”字样的标记，将其返还出口商，凭以办理结算货款。信用证中规定“Surrendered B/L acceptance”。这种提单通常称为“电放提单”“电放单”或“电放通知单”，但其已失去提单的性质和作用，不能作为物权凭证。

进口商提货手续：（1）向船方代理出示其为电放提单的指定收货人的身份证明；（2）船方代理确认收货人身份无误后，向收货人签发小提单（Delivery Order，D/O），进口商凭以办理报关手续并提货。

（二）T/T 方式下的电放提货

前 T/T 方式下的电放提货程序：（1）进口商以 T/T 方式向出口商汇出货款；（2）出口地银行通知出口商领取货款；（3）出口商发运货物、提交保函并申请电放货物；（4）出口地船方签发加盖“Surrendered”字样的电放通知单，并以电讯方式通知其卸货港代理放货。（5）出口商通知进口商准备提货。（6）船方代理确认收货人身份无误后，向收货人签发小提单（Delivery Order），进口商凭以办理报关手续并提货。

后 T/T 方式下的电放提货程序：（1）出口商发货、提交保函并申请电放货物；（2）出口商发货后通知进口商付款；（3）进口商以 T/T 方式向出口商汇出货款；（4）出口地船方签发加盖“Surrendered”字样的电放通知单（电放提单），并以电讯方式通知其卸货港代理放货；（5）出口商通知进口商准备提货；（6）船方代理确认收货人身份无误后，向收货人签发小提单（Delivery Order，D/O），进口商凭以办理报关手续并提货。

【附：无单放货及其防范】

无单放货已成为中国出口贸易中一个非常严峻的问题，特别是在 FOB 出口贸易条件下，无单放货给中国出口商造成了极大损失。

目前，在中国出口贸易合同中使用 FOB 条件的占 80% 以上。以该条件达成的交易，依据国际贸易惯例，由买方或其代理以托运人身份向承运人租船订舱。境外货代以承运人身份与中国出口商签订运输合同并签发货代提单，再以托运人身份通知船公司（实际承运人）在无正本提单的情况下，将货物交付提单载明的收货人（买方）。一些境外货代与买方串通，进行无单放货，导致中国出口商在尚未收到货款的情况下，货物被无单提走，最终使中国出口商货、款两空。

一、无单放货的概念及其现状

所谓无单放货是指，承运人在未收回正本提单的情况下，将船载货物交付指定收货人；对收货人而言，是指在未向承运人缴回正本提单的情况下，提取船载货物，即收货人不凭正本提单提货。因此，对承运人而言是“无单放货”；对收货人而言是“无单提货”。这种行为既是违约又是侵权。

在国际贸易实务中，承运人无单放货的情况包括：（1）承运人在装运港收货后，已向托运人（出口商）签发了正本提单，但因某种原因，收货人并没有取得该正本提单，承运人在收货人未提供任何其他文件的情况下，将货物交付收货人；（2）因航程较短或银行结汇单据流转过于缓慢，在提单晚于载货船舶到达卸货港时，收货人在无正本提单的情况下，凭保函要求承运人放货，即承运人凭保函放货；（3）收货人要求托运人“电放”货物，即收货人要求出口商在装运港装运货物后，向承运人或其代理申请办理“电放”手续，并要求承运人或其代理以电讯方式通知其在卸货港的代理，无需正本提单即可将货物交付指定的收货人。

二、海上货物运输中承运人正确放货的方式

依据国际公约、各国法律及国际运输惯例，承运人凭正本提单交付船载货物是现行海上货物运输的最主要交货方式，即载货船舶到达卸货港之后，承运人依据收货人所提交的正本提单将货物交付该收货人；相反，若收货人不提交正本提单，则无权要求承运人向其交付货物。

承运人签发了提单，则必须坚持收货人退回至少一份正本提单才能向其放货。只要承运人在装船后签发或授权签发了提单，就默示船方有责任只交货给退还该份提单的持有人。

提单作为承运人保证据以交付船载货物的凭证，是提单的基本属性之一。因此，承运人在目的港交付货物时，必须遵循这一基本原则，坚持“货随单走”，将货物交付提单持有人，即承运人“认单不认人”。“货随单走”原则的法律意义在于，首先，承运人（包括其代理人）只要做到了凭正本提单放货，则完全可以对抗任何可能对其提出的在放货对象问题上的指控。其次，承运人责任期间（即至卸货港交付货物时止）的论点已经届满，承运人对货物的任何责任均告解除。最后，在记名提单的情况下，尽管强调的是向提单载明的收货人交付货物，承运人有查验收货人身份的义务而不再强调向记名正本提单持有人交付货物，但由于交货对象仍取决于提单已作出的明确记载且具有唯一性，因此，这种情况并不构成对“货随单走”原则的否定，而是该原则在特定情况下的具体表现。

三、承运人对无单放货承担赔偿责任

若承运人对无单放货的责任成立，则要承担赔偿责任。赔偿责任包括责任基础和损失的计算。

在无单放货的情况下，真正的货主常常是收不到货款的卖方。卖方可以侵权为由起诉承运人，而承运人一般无法将货物归还卖方，因为货物已由买方无单提走。因此，承运人只能赔偿货物被侵占那一天的卸装港市场价格，再加上有关损失。同样，卖方也可以同样的理由向买方起诉，因为买方未付货款，其没有货权而占有了卖方的货物，与承运人的无单放货一样，构成侵占他人货物的侵权行为。若货物价格上涨，卖方以侵权为由向买方索赔，甚至不必局限于买卖合同的价格，可以更高的价格索赔。

中国最高人民法院2009年公布了《最高人民法院关于审理无正本提单交付货物案件适用法律若干问题的规定》。该规定明确指出，承运人因无正本提单交付货物造成正本提单持有人损失的，正本提单持有人可以要求承运人承担违约责任或者承担侵权责任。

四、出口商对无单放货的防范措施

作为贸易商的企业，一旦发生承运人无单放货，在未获得进口商付款时，必然会遭受货、款两空的损失，因此，中国出口企业应采取积极主动的预防措施：（1）谨慎使用记名提单；（2）主动要求适用中国法律；（3）事先审核提单及其条款；（4）慎重使用进口商指定的货代公司；（5）作为出口企业，尽可能避免采用FOB条件成交；（6）若进口商坚持采用FOB条件成交并指定船公司、境外货代公司或无船承运人安排运输，出口企业应只接受国内外比较知名的船公司；（7）提单“托运人”栏不应填写中间商名称；（8）对美出口谨慎使用记名提单；（9）了解卸货港的习惯做法。

若发生无单放货，提单持有人（货主或托运人）既可直接向承运人、实际承运人，也可向无单提货人提起侵权或违约诉讼，要求赔偿。中国2009年实施的《最高人民法院关于审理无正本提单交付货物案件适用法律若干问题的规定》及解释可作为中国解决无单放货纠纷的法律依据。

案例分析

1. 假远期信用证争议案

案情简介

申请人（买方）：福建公司

被申请人（卖方）：香港公司

卖方香港公司向买方福建公司出售产地为阿尔巴尼亚的铬矿块，装运港为阿尔巴尼亚都拉斯（DURRES），目的港为上海。交货数量为2 000吨，10%的增减由卖方决定。付款方式为买方按100%货值向卖方开具不可撤销、不可转让即期信用证。

延迟交货 & 罚金规定：若发生此种情况，买方有权取消合同，但需同意给卖方10天的延迟交货宽限期。货物每逾期一日，依信用证总价值2%处罚。

本案合同签订之后，买方委托外贸代理“厦门股份公司”于某年3月30日向中国农业银行厦门分行申请开出了信用证。该证有以下约定：“42C：90 DAYS AFTER SIGHT”；“44C：100425”；“31D：100630 HONG KONG”。

卖方收到该信用证，但并未在合同规定的期限内（收到信用证后25日）发货，在合同约定的10天延迟交货宽限期内也未发货。

双方在合同履行中发生争议，买方遂提请仲裁。

申请人（买方，福建公司）提出以下仲裁请求：

1. 裁决被申请人（卖方）立即支付违约金共计128 000美元及利息，利息自申请仲裁之日起算，按银行同期贷款利率计算至实际付款日（10天宽限期×信用证总金额×2%，即10×640 000×2% = 128 000美元）。

2. 裁决被申请人承担本案的全部仲裁费用。

卖方（香港公司）在答辩中主张：

1. 买方违约在先，无权要求支付违约金。买方根本违约，是导致合同无法继续履行的根本原因。

依合同第7条约定，买方应按100%的货值向卖方开立不可撤销、不可转让的即期信用证。但买方未经卖方同意，开立了远期信用证且远期信用证为90天。买方擅自延长付款时间的行为属根本违约，损害了卖方的利益。

2. 卖方在坚持买方无权主张违约金的前提下，退一步讲，买方主张的违约金，金额超出签订合同之初所预料的因违反合同所造成的损失，此违约金的金额大幅度超出买方的实际损失。

针对卖方的答辩，买方提出反驳意见：

1. 买方开立的信用证虽表面是90天远期的汇票，实际上开证行已经承诺即期支付，只要卖方提供相符的单据，开证行就保证付款，卖方即可全额收回货款。

在国际贸易中，广泛存在一种俗称“假远期信用证”（Usance Letter of Credit Payable at Sight），又称“买方远期信用证”，即信用证规定由卖方开立远期汇票，但开证行对远期汇票予以即期支付，同时向买方收取贴现息，等待承兑到期日才向买方收回本金。其特点是远期汇票、即期付款，即“假远期”只是针对买方的一种融资手段，卖方则可即期全额收回货款，完全符合“即期信用证”的即期支付特征。

该信用证在第15条载明：远期汇票按即期付款，贴现费由买方承担；一旦收到信用证规定的全套单据，即期付款。

2. 本案合同约定的延迟履行违约金具有惩罚性质，不属于可调整范围。

法律并未禁止惩罚性违约金，针对大宗矿产品交易的特性，当事人对特别在意的交货期，自愿达成的延迟惩罚性的违约金条款，对双方具有约束力。

4月至5月期间，铬矿的价格大幅走高，卖方未履行交货义务给申请人造成巨大的损失。因此，本案合同约定的违约金并未高于造成的损失。

香港卖方进一步提出反驳意见：

1. 即期信用证与假远期信用证有本质的区别。

即期付款信用证是开证行收到相符的单据和/或汇票，立即履行付款责任的信用证。其性质属于立即、终局性、无追索权的付款。

而“假远期”信用证实质是开证行对买方提供的融资便利；对卖方而言，因其开出的汇票是远期汇票，开证行系作为贴现行身份对卖方贴现，有关的贴现息由买方支付，而开证行作为持票人，对卖方具有追索权。因此，假远期信用证，可能加大了卖方在远期汇票到期前被追索的风险。

2. 卖方为中间商，其还要为实际出口商开立对背信用证。

对背信用证开立的基础为原证，即买方所开立的信用证。买方未依合同约定开立即期信用证，直接导致卖方无法开立对背信用证。买方的违约行为，直接导致本案合同无法继续履行。

3. 违约金性质具有限制惩罚性和补偿损失的性质，买方主张的违约金，金额过高，违背了公平合理的原则。

中国《民法典》第585条第1款违约金的规定体现了违约金补偿性特点。第2款体现了违约金性质具有限制惩罚性。第3款规定体现的是继续履行债务，是实现合同目的，是合同双方共同利益所在，并非对违约方的扩大惩罚。

试分析该案例。

［提示：

根据上述事实和理由，仲裁庭裁决：

1. 被申请人（卖方）向申请人（买方）支付延迟交货违约金（70%）89 600.00 美元，利息按同期一年 LIBOR 拆借利率为基准利率上浮 1.5%，计算至卖方实际付款日。

2. 本案仲裁费为人民币 41 360.00 元，应由买方承担 30%，即人民币 12 408.00 元；卖方承担 70%，即人民币 28 952.00 元。

本裁决为终局裁决，自作出之日起生效。］

2. 目的港无人提货争议案

案情简介

原告：铁行渣华有限公司（P&O NEDLLOYD LIMITED，简称“P&O”）

被告：上海洪熙国际贸易有限公司（简称“洪熙贸易”）

某年 1 月 1 日，原告 P&O 将 PONLAPP00005150 号提单项下 10 个集装箱的可可壳和可可衣（COCOA SHELL/FINE）运至上海。该提单载明：托运人 TC 公司，收货人为本案被告洪熙贸易，启运港为 APAPA，目的港为上海，CY-CY，运费在上海支付。1 月 14 日，被告洪熙贸易就该提单项下的货物向原告 P&O 出具了弃货声明，声称由于卖方违反贸易合同约定，其不得不放弃货物。被告确认其为涉案提单上的记名收货人，并且收到提单上显示的托运人所交付的提单，但在发现货物质量不符合贸易合同规定之后，又将提单返还。8 月 2 日，上海海关（以下简称“海关办事处”）向原告发出涉案货物的处理通知。通知载明，涉案货物必须按照海关的相关规定处理，由船公司提出申请，海关审核同意后，将指定企业实施处理。8 月 6 日，原告 P&O 就涉案货物向海关办事处提出销毁申请，海关办事处同意销毁。次年 1 月 12 日，上海航天环境工程公司接受上海新元仓储有限公司的委托，将该批货物焚烧销毁。1 月 12 日至 14 日，10 个集装箱还至原告指定的收发集装箱的堆场。2 月 4 日，上海航天环境工程公司向原告 P&O 开具金额总计为人民币 173 348 元的处理费发票，原告于同年 6 月 30 日支付完毕。4 月 1 日，上海丰皓货运代理公司向原告开具金额为人民币 8 000 元的运杂费发票，原告于同年 8 月 17 日支付完毕。4 月 12 日，上海港浦东集装箱物流公司向原告开具金额为人民币 25 598 元的进口包干费发票（指货物卸船后直至处理完毕期间的堆存费、港杂费和港建费），原告于次年 1 月 12 日支付完毕。4 月 12 日，上海新元仓储公司出具情况说明，称其由海关办事处指定，于次年 1 月委托上海航天环境工程公司销毁涉案货物，同时，委托上海丰皓货代公司将集装箱由堆场拖至销毁场所，处理完毕后再将空箱返还堆场。

第二年 1 月 9 日，原告 P&O 以被告洪熙贸易拒绝提货造成原告损失为由提起诉讼，请求判令被告给付集装箱超期使用费 166 233 美元、货物处理费人民币 173 348 元、拖车费人民币 8 000 元、进口包干费人民币 25 598 元以及海运费 10 075 美元。

试分析上述案例。

（提示：被告洪熙贸易是提单上的记名收货人并一度持有涉案提单，与原告之间的海上货物运输合同关系依法成立，有提取货物并支付相应费用的义务。被告拒绝提货的行为已经构成违约，应当承担相应的违约责任，赔偿原告由此遭受的损失。原告 P&O 主张的货物处理费用、拖车费用、进口包干费与被告洪熙贸易的违约行为之间有直接的因果关系，并且已经由原告支付，成为原告的实际损失，被告理应向原告赔偿。原告的超期使用费、海运费请求均超过了一年诉讼时效。依照中国《海商法》、中国《民法典》和中国《民事诉讼法》的规定，法院判决对货物处理费人民币 173 348 元、拖车费人民币 8 000 元及进口包干费人民币 25 598 元予以支持，对原告的其他诉讼请求不予支持。)

第二十五章 入境货物检验检疫

在进口贸易中，为维护国家安全、保护人类和动植物生命健康、保护环境、防止欺诈行为等，中国商检机构和经国家商检部门许可的检验机构通常依据国际惯例和相关法律的规定，对进口货物等实施严格的检疫检验。

第一节 入境货物报检

凡法定检验检疫的进口货物，其货主应当在商检机构和经国家商检部门许可的检验机构规定的时间和地点向报关地出入境商检机构或检验机构报检；未经检验检疫的，不准销售、使用。来自疫区或有可能传播传染病的货物，未经检疫不得入境。对进口的动植物、动植物产品及其他检疫物，未经检疫的，不准卸离运输工具。中国各地海关网站的“办事指南”均设有“商品检验”“动植物检疫”和“卫生检疫”等栏目，进口商可参照执行。

一、入境货物法定检验检疫依据

中国《进出口商品检验法》第3条规定，商检机构和依法设立的检验机构，可依法对进出口商品实施检验；第7条规定，列入目录的进出口商品，按照国家技术规范的强制性要求进行检验。中国《进出口商品检验法实施条例》第4条规定，出入境检验检疫机构对列入必须实施检验的进出口商品目录的进出口商品以及法律、行政法规规定须经出入境检验检疫机构检验的其他进出口商品实施检验。

二、入境货物检验检疫程序

入境货物的检验检疫程序是先放行，通关后进行检验检疫。凡法定检验检疫入境货物的货主或其代理人，首先向卸货口岸或到达站的出入境检验检疫机构报检；检验检疫机构受理报检。货物通关后，入境货物的货主需在检验检疫机构规定的时间和地点到指定的检验检疫机构申请检验检疫。经检验检疫合格的入境货物，检验检疫机构签发入境货物检验检疫证明后放行；经检验检疫不合格的货物，签发检验检疫处理通知书，需要索赔的则签发检验检疫证书。

三、入境货物检验检疫申请材料

进口商办理入境货物检验检疫时，须提交以下材料。

（1）合同复印件1份，电子版或纸质版；（2）发票复印件1份，电子版或纸质版；（3）装箱清单复印件1份，电子版或纸质版；（4）提（运）单复印件1份，电子版或纸质版；（5）代理报关授权委托协议（盖章）原件1份，电子版或纸质版。

以上单证，企业在申报时，可自主选择“有纸申报”或“无纸申报”；可优先选择“无纸申报”，即将上述申请材料扫描后的电子版上传提交。

四、入境货物检验检疫办理流程

进口商办理入境货物检验检疫时，须遵守以下流程。

（1）收货人或代理企业向受理机构提出检验申请并提交有关材料。申请人统一登录“互联网+海关”一体化网上办事平台（平台地址：http://online. customs. gov. cn）或“中国国际贸易单一窗口”，通过“货物申报”模块，按照中国《海关进出口货物报关单填制规范》的要求，向海关传送报关单电子数据及随附单证。海关工作人员根据有关规定审核申报资料，符合规范要求的予以受理，不符合要求的进行退单操作并一次性告知企业进行补正。

（2）实施检验。海关根据有关工作规范、企业信用类别、产品风险等级，判别是否需要实施现场检验及是否需要对产品实施抽样检测。

（3）法定检验。法定检验的进口商品，经检验涉及人身财产安全、健康、环境保护项目不合格的，由海关责令当事人销毁或者退运；其他项目不合格的，可在海关监督下进行技术处理，经重新检验合格的，方可销售或者使用。海关对检验不合格的成套设备及其材料，签发不准安装使用通知书；经技术处理并经海关重新检验合格的，方可安装使用。

（4）当事人申请海关出证的，海关将及时出证。

第二节　进口商的检验权

进口商在接受货物前，有权检验货物。若合同有规定，则依照合同；若合同无规定，则依照适用法律。为明确责任，进出口双方通常都在买卖合同中就买方是否行使和如何行使检验权的问题，作出明确规定，其中的核心是检验的时间和地点。而检验的时间和地点，通常与合同中使用的贸易术语、商品的特性和包装方式以及当事人所在国法律法规的规定等有密切的联系。

在国际货物买卖合同中，关于检验的时间和地点的规定，基本做法有四类，共六种方法。①

一、在出口地检验检疫

此类做法可分为两种：在产地检验检疫；在装运前或装运时，在装运港或装运地检验检疫。

（一）在产地检验检疫

这种检验检疫方法是在货物离开生产地点（如工厂、农场或矿山等）之前，由出口

① 吴百福．进出口贸易实务教程［M］．4版．上海：上海人民出版社，2003：233-234.

商或其委托人或者进口商或其委托人，向检验检疫机构申请对货物进行检验检疫。检验检疫合格后，出口商不再对货物的质量负责，离开产地后的货物风险由进口商承担。

（二）装运前或装运时，在装运港或装运地检验检疫

这种检验检疫方法是以离岸质量、重量（或数量）为准，即货物在装运港或装运地装运前或装运时，经由双方所约定的检验检疫机构对货物的质量和重量或数量进行检验检疫，并由该机构出具的检验证书作为决定交货质量和重量或数量的依据。货物运抵目的港或目的地后，进口商对货物进行复验时，即使发现问题，但已无权再表示拒收或提出异议和索赔。

以上两种检验检疫方法，对进口商不利。

二、在进口地检验检疫

在进口地检验检疫，是指货物运抵目的港或目的地卸货后检验检疫，或在进口商营业处所或最终用户所在地检验检疫。此类做法包括以下两种方法。

（一）在目的港或目的地卸货后检验检疫

这种方法以到岸质量、重量（数量）为准。据此，在货物运抵目的港或目的地卸货后的一定时间内，由双方约定的目的港或目的地的检验检疫机构对货物进行检验检疫。该机构出具的检验检疫证书，作为决定交付货物质量、重量或数量的依据。若检验检疫证书证明货物与合同规定不符属于出口商的责任，出口商应予负责。

（二）在进口商营业处所或最终用户所在地检验检疫

这是指将检验检疫延伸或推迟至货物运抵进口商营业处所或最终用户所在地后的一定时间内进行，并以双方约定的该地检验检疫机构所出具的检验检疫证书作为决定交货质量和数量的依据。这种方法主要适用于对需要安装调试的成套设备、机电仪表产品以及在口岸开件检验后难以恢复原包装的商品进行检验。

以上两种方法，对进口商比较有利。

三、在出口国检验检疫，在进口国复验

这种方法是以装运港或装运地的检验检疫证书作为出口商收取货款的依据，但不作为进口商接受货物的依据。货物运抵目的港或目的地后，进口商有复验权。据此，货物须于装运前由双方约定的装运港或装运地的检验检疫机构进行检验检疫。在货物运抵目的港或目的地卸货后的一定时间内，买方进行复验。若复验后发现货物不符规定，并证明这种不符是由于出口商的责任而不属于承运人或保险公司的责任范围，进口商有权在规定的时间内凭复验证书向出口商提出异议和索赔。

这种做法对买卖双方来说，都比较方便且公平合理。它既承认出口商所提供的检验证书是有效的文件，可作为交接货物和结算货款的依据之一，又保证进口商有复验权。这种做法在国际贸易中已为大多数当事人所接受，因而已成为一条公认的原则，即除非合同另有规定，进口商有权在货物到达目的港或目的地后复验，如复验证明，货物的风险在转移给进口商之前，已存在与合同规定不符的情形，出口商应承担责任。

四、出口装运前预检验，进口地最终检验

在出口地装运前预检验，在进口地最终检验，即在买卖合同中规定，货物在出口地装

运前由进口商派人自行或委托检验检疫机构对货物进行预检验，货物运抵目的港或目的地后，进口商有最终检验和索赔权。采用这一做法，有时还允许进口商或其指定的检验机构在产地或装运港或装运地实施监造或监装。对进口商品实施装运前预检验，是当前国际贸易中较普遍采用的一种行之有效的质量保证措施。在进口交易中，价值较高、技术又复杂的重要进口商品和大型成套设备，多采用这一做法，以保障进口商的利益。

此外，买卖合同中的检验检疫条款，必须明确规定检验检疫的具体方式、具体内容、检验检疫机构、检验检疫标准、检验检疫费用的承担者等。

第三节　进口商品的检验与放行

进口商品检验是国际贸易的重要环节之一，也是国家主权的体现，对保护一国贸易的顺利进行和可持续性发展具有重要作用；对进口商品实施检验可以有效地防止不合格的商品进口，保护进口商和消费者的合法权益。

一、进口商品自验

进口商品自验是指，进口商品的收货人或其代理，按照中国《进出口商品检验法》的规定，向检验检疫机构报检列入《检验检疫商品目录》内的进口商品和其他法律、法规规定，须经检验检疫机构检验的进口商品，和对外贸易合同中指明凭检验检疫机构检验的品质、重量检验结果进行结算的进口商品，由检验检疫机构自行派人执行抽样检验或鉴定，并出具检验证单。

进口商品经检验检疫机构检验、鉴定后，对符合合同、标准及有关法律、法规规定的安全、卫生、健康、环境保护、防止欺诈等要求以及相关的品质、数量、重量等技术条件的，签发“入境货物检验检疫合格证明”；若进口商品经检验检疫机构检验、鉴定后，不符合同、标准规定的，签发检验检疫证书，由对外贸易关系人在索赔有效期内，向责任方提出索赔；对于外贸合同规定凭检验检疫证书结算的进口商品，经检验检疫机构检验后，出具检验检疫证书供买卖双方结算货款用。

二、进口商品共同检验

进口商品共同检验是指，检验检疫机构受理对外贸易关系人提出的对进口商品进行安全、卫生、健康、环境保护、防止欺诈等要求以及相关的品质、数量、重量、残损等项目的检验或鉴定申请后，检验检疫机构确定与有关单位各派检验人员共同执行检验，或者由检验检疫机构指定有关单位承担进口商品的部分项目检验、鉴定，检验检疫机构承担抽样和其余部分项目的检验、鉴定，共同完成该批商品的全部项目检验、鉴定，由检验检疫机构确认有关单位的检验结果，汇总对外出具检验检疫证单。

对进口商品执行共同检验，不论有关单位承担检验项目多少，进口商品的收货人或其代理都要按规定向检验检疫机构办理正式的报验手续，并提交有关单证、资料。进行共同检验时，必须严格按照合同、标准规定，对检验中出现的问题由检验检疫机构按照规定解决，作出最后结论。若有关单位不能按照合同、标准和检验检疫机构的规定要求进行检验、鉴定，检验检疫机构可视情况，将共同检验改为自验。

三、装运前检验

装运前检验（Per-shipment Inspection，PSI）是指，按照进口国或进口商的要求，由第三方检验机构对进口商品在出口国进行发运前的检验，以保证进口商品的质量、数量、包装等符合进口国规定和合同要求。

依据中国《进出口商品检验法》第 14 条，对重要的进口商品和大型的成套设备，收货人在签订合同时，应约定在该合同项下的商品或设备的生产、制造国进行监造或者在装运前进行预检验、监装。收货人应依据贸易合同的约定，组织实施装运前的预检验、监造或监装。检验检疫机构将根据需要和对外贸易关系人的申请，派出技术人员参加该项工作。检验检疫机构派检验人员参与装运前预检验，但这种检验不能代替买卖双方对商品进口后按照合同规定所进行的最终检验和验收，也不能免除卖方按照合同规定和国际贸易惯例所应承担的风险，买方仍保有对外索赔的权力。检验检疫机构派出检验人员出国参与对进口商品装运前检验，不等于免除进口商品或成套设备的法定检验。

根据中国《进出口商品检验法》和《进出口商品检验法实施条例》的规定，国家对进口可用作原料的固体废物的国外供货商、国内收货人实行注册登记制度，国外供货商、国内收货人在签订对外贸易合同前，应当取得海关总署或者出入境检验检疫机构的注册登记。国家对进口可用作原料的固体废物实行装运前检验制度，进口时，收货人应当提供出入境检验检疫机构或者检验机构出具的装运前检验证书。对价值较高，涉及人身财产安全、健康、环境保护项目的高风险进口旧机电产品，应当依照国家有关规定实施装运前检验，进口时，收货人应当提供出入境检验检疫机构或者检验机构出具的装运前检验证书。进口可用作原料的固体废物、国家允许进口的旧机电产品到货后，由出入境检验检疫机构依法实施检验。进口机动车辆到货后，收货人凭出入境检验检疫机构签发的进口机动车辆检验证单以及有关部门签发的其他单证向车辆管理机关申领行车牌证。

四、进口商品的签证与放行

依据中国《进出口商品检验法》和《进出口商品检验法实施条例》的规定，或国际公约的规定，必须经检验检疫机构检验检疫的入境货物，经检验检疫合格的，签发“入境货物检验检疫证明”或“检验证书”等合格证单。依据中国《进出口商品检验法》第 13 条，中国《进出口商品检验法实施条例》第 19 条和第 20 条的规定，必须经商检机构检验的进口商品以外的进口商品的收货人，发现进口商品质量不合格或者残损短缺，需要由商检机构出证索赔的，应向商检机构申请检验出证，以供有关方面对外索赔。

“入境货物检验检疫证明”适用于经检验合格后，同意销售、使用或安装的法定检验目录内的商品，作为入境货物检验合格准予销售或使用的凭证。

“检验证书”适用于经检验不符合要求的入境货物和报检人要求或交接、结汇、结算需要的入境货物。

相关链接

中国《进出口商品检验法实施条例》关于“进口商品的检验”的规定

第十六条 法定检验的进口商品的收货人应当持合同、发票、装箱单、提单等必要的凭证和相关批准文件，向报关地的出入境检验检疫机构报检；通关放行后20日内，收货人应当依照本条例第十八条的规定，向出入境检验检疫机构申请检验。法定检验的进口商品未经检验的，不准销售，不准使用。

进口实行验证管理的商品，收货人应当向报关地的出入境检验检疫机构申请验证。出入境检验检疫机构按照海关总署的规定实施验证。

第十七条 法定检验的进口商品、实行验证管理的进口商品，海关按照规定办理海关通关手续。

第十八条 法定检验的进口商品应当在收货人报检时申报的目的地检验。

大宗散装商品、易腐烂变质商品、可用作原料的固体废物以及已发生残损、短缺的商品，应当在卸货口岸检验。

对前两款规定的进口商品，海关总署可以根据便利对外贸易和进出口商品检验工作的需要，指定在其他地点检验。

第十九条 除法律、行政法规另有规定外，法定检验的进口商品经检验，涉及人身财产安全、健康、环境保护项目不合格的，由出入境检验检疫机构责令当事人销毁，或者出具退货处理通知单，办理退运手续；其他项目不合格的，可以在出入境检验检疫机构的监督下进行技术处理，经重新检验合格的，方可销售或者使用。当事人申请出入境检验检疫机构出证的，出入境检验检疫机构应当及时出证。

出入境检验检疫机构对检验不合格的进口成套设备及其材料，签发不准安装使用通知书。经技术处理，并经出入境检验检疫机构重新检验合格的，方可安装使用。

第二十条 法定检验以外的进口商品，经出入境检验检疫机构抽查检验不合格的，依照本条例第十九条的规定处理。

实行验证管理的进口商品，经出入境检验检疫机构验证不合格的，参照本条例第十九条的规定处理或者移交有关部门处理。

法定检验以外的进口商品的收货人，发现进口商品质量不合格或者残损、短缺，申请出证的，出入境检验检疫机构或者其他检验机构应当在检验后及时出证。

第二十一条 对属于法定检验范围内的关系国计民生、价值较高、技术复杂的以及其他重要的进口商品和大型成套设备，应当按照对外贸易合同约定监造、装运前检验或者监装。收货人保留到货后最终检验和索赔的权利。

出入境检验检疫机构可以根据需要派出检验人员参加或者组织实施监造、装运前检验或者监装。

第二十二条 国家对进口可用作原料的固体废物的国外供货商、国内收货人实行注册登记制度，国外供货商、国内收货人在签订对外贸易合同前，应当取得海关总署或者出入境检验检疫机构的注册登记。国家对进口可用作原料的固体废物实行装运前检验制度，进口时，收货人应当提供出入境检验检疫机构或者检验机构出具的装运前检验证书。

对价值较高，涉及人身财产安全、健康、环境保护项目的高风险进口旧机电产品，应当依照国家有关规定实施装运前检验，进口时，收货人应当提供出入境检验检疫机构或者检验机构出具的装运前检验证书。

进口可用作原料的固体废物、国家允许进口的旧机电产品到货后，由出入境检验检疫机构依法实施检验。

第二十三条 进口机动车辆到货后，收货人凭出入境检验检疫机构签发的进口机动车辆检验证单以及有关部门签发的其他单证向车辆管理机关申领行车牌证。在使用过程中发现有涉及人身财产安全的质量缺陷的，出入境检验检疫机构应当及时作出相应处理。

第二十六章　与进口有关的索赔

一旦发生纠纷，当事人须分清责任，确认索赔对象，提出适当与合理的主张，以弥补其损失。本章从进口商的角度，论述与进口有关的索赔问题。

第一节　索赔的种类及其程序

一、索赔的种类

索赔（Claim）是指主张权利并要求赔偿，即债权人（索赔人）依据合同对债务人（被索赔人）行使债权的请求权。

就进口商而言，索赔的对象（被索赔人）和种类最常见的是：[①]（1）向出口商索赔，又称为贸易索赔，因可归责于出口商的原因而向其索赔；（2）向承运人索赔，又称为运输索赔，因可归责于承运人的原因而向其索赔；（3）向保险人索赔，又称为保险索赔，因属于承保责任范围的损失而向保险人请求赔偿。

以上三种索赔，既可以独立进行，也可以同时进行，视具体案情而定。为此，作为索赔人的进口商除了应掌握贸易知识外，还应具备运输、保险及其相关的法律知识，以便妥善处理纠纷，保护自身的权益。

二、进口索赔程序

进口商对于货物发生灭失、损坏或瑕疵而欲索赔时，须按照一定的程序提起。[②]

（一）验货

进口商提货时，首先对货物的数量予以清点并对货物的外包装进行初步检查。若发现货物有问题，应立即停止提货并通知相关部门，如检验检疫机构或其他公证机构、保险公司、承运人等进行联合检验，由公证机构出具检验报告，确定责任归属。若货物瑕疵不明显且不能立即发现，则进口商在提货后应对其进行检验，一旦发现问题严重，同样应委托公证机构鉴定并出具报告，以作为索赔的依据。

（二）确定索赔对象

进口货物的灭失、损坏或瑕疵，按其责任归属，有些是属于出口商（供货商）负责赔偿的，有些是属于承运人及其辅助人负责赔偿的，还有些是可以向保险公司索赔的。若

---

① 黄清政，刘正松．国际贸易实务——方法、技巧、效益［M］．台北：前程企业管理有限公司，2003：497.

② 蔡孟佳．国际贸易实务［M］．台北：智胜文化事业有限公司，2001：814-817.

责任归属十分明确，则进口商应立即通知责任方并向其提出索赔要求。但有时，可能由多种原因导致货物灭失或损坏，不仅难以查找致损原因，而且要明确哪种原因是致损的最主要原因也非常困难。此时，公证机构的检验报告则是明确责任的重要依据。在这种情况下，进口商也可以先向保险公司索赔，同时，向出口商、承运人发出索赔通知；保险公司赔偿后，再利用代位追偿权向责任方追偿。

（三）发出索赔通知

经验货后，若能明确责任，进口商应及时向责任方发出索赔通知，以免超过时效。但在无法确定致损原因及责任人时，进口商可以同时向出口商、承运人及保险公司发出索赔通知，以保护其索赔权。

（四）收集、整理证据

一旦明确责任并发出索赔通知，进口商应进行相关索赔证据的收集与整理工作。进口商应依据买卖合同和货运单据，收集和整理货物应达到的标准，并将该标准与进口货物相比较，找出货物不符之处。若进口货物表面符合标准却存在瑕疵，则进口商应运用科学手段进行测试，收集不符的证据。

（五）提出适当的救济措施

依据收集和整理的货物不符的证据后，进口商应进一步提出索赔范围、数额及方式，即救济措施。在保险合同、运输合同中，通常都有保险公司和承运人须承担的具体责任、赔偿的金额或其计算方法，因而其救济措施比较明确。但进出口双方所订立的买卖合同，有时缺乏救济措施的具体约定。为此，进口商一旦向出口商索赔，应依据货损情况，提出适当的救济措施，如拒绝付款、要求减价、补交货物等。有关具体措施，详见后述内容。

（六）制定索赔计划，正式提出索赔

完成上述准备后，进口商应制定出详细的索赔计划书，正式向责任方提出赔偿等要求并提交以下文件：（1）索赔函；（2）交易文件，如买卖合同、信用证、商业发票、提单及各种货运单据等；（3）公证机构出具的检验报告或鉴定书；（4）索赔清单，包括损失项目的名称、数量、索赔金额及计算方法等；（5）其他文件或证明。

第二节　进口贸易索赔

根据索赔人与被索赔人所处的不同地位，贸易索赔可分为买方索赔和卖方索赔。本节仅探讨买方向卖方的索赔。

一、索赔的起因及种类

在贸易索赔中，买方索赔（Buyer's Claim）较为常见，即出口商违反合同规定，导致进口商蒙受损失进而向出口商索赔。买方索赔的起因有多种，比较常见的有以下几种。[①]

（1）品质索赔。在买方索赔中，因进口货物品质有问题而导致的索赔案最为常见。如品质不佳、混入杂质、品质达不到合同标准、规格不符、货物变质等，均可导致买方的

① 黄清政，刘正松．国际贸易实务——方法、技巧、效益［M］．台北：前程企业管理有限公司，2003：506-507.

索赔。

（2）数量索赔。进口货物数量不符，如数量过多或过少属于根本性违约，进口商可向出口商索赔。例如，货物数量或内容短少，货物短装、漏装或溢装（超出溢短装范围），卸货数量少于提单所记载的数量等。

（3）包装索赔。因进口货物的包装不全、不良或不牢固而导致的损失，因包装不符合进口地法令而受到的处罚，以及包装标志（唛头）不清、不符或遗漏而导致的损失，进口商均可以此为由向出口商索赔。

（4）装运索赔。出口商在履行交货义务时，出现下列情况之一，进口商可据以索赔：归责于出口商的不交货或延迟交货，非特定物因不可抗力而导致的不交货或延迟交货，合同不允许转运和分批装运而产生的转运或分批装运等。

（5）货款索赔。在进口商预付货款后，若出现进口商溢付货款或出口商不付回佣等情况，进口商可以向出口商索赔。

（6）其他索赔。除上述原因导致进口商的索赔外，贸易中还可能因出口商投保不足（CIF 或 CIP 条件下）、伪造原产地证书、违反进口地的相关法令、侵犯他人的专利权或商标权或著作权等知识产权或秘密技术等，导致进口商蒙受损失，从而使进口商有权向出口商索赔。

二、索赔的内容

进口商向出口商索赔时，其所主张的内容通常可分为金钱索赔和非金钱索赔，视具体情况选择，以补偿其实际损失为限。①

（一）金钱索赔

所谓金钱索赔是指，进口商要求出口商以货币的形式补偿因出口商违约而导致的损失。这种索赔通常包括以下几种形式。

（1）拒付货款。在使用托收、记账、分期付款等付款方式时，在票据或付款期限届满前，若进口商发现货物存在品质问题，可采取拒绝支付货款的方式补偿其损失。

（2）退货还款。在已付货款时，若进口货物无法满足进口商的需求，则进口商可以要求将货物退回出口商而要求出口商返还货款。

（3）支付赔款。支付赔款又称损害赔偿，是指在进口商已支付货款后，若实际进口货物存在问题但损失不大，进口商可提出赔偿金钱的要求。至于要求赔偿多少、损失如何估算，除非合同已有约定，否则，由买卖双方协商解决或依合同所适用的法律决定。

（4）减价（折扣）。这种索赔要求在国际贸易中较为常见且适用于以下情况：进口货物与合同不符，但其使用价值并未受到严重影响；数量短少，但不影响进口商的使用；不按合同要求包装，但未对货物造成损害。发生上述情况之一的，进口商可要求减价。

（二）非金钱索赔

非金钱索赔是指，要求出口商对进口商的损害以金钱之外的方式加以补偿。这种索赔

---

① 蔡孟佳．国际贸易实务［M］．台北：智胜文化事业有限公司，2001：792-793.

通常包括以下内容。

（1）拒收货物。当进口货物存在根本性违约、严重违约或违反条件，导致进口商重大损失时，进口商可以拒收货物并将不符货物退回出口商，同时可要求适当的金钱赔偿。

（2）补交或更换货物。若进口货物短少或不能完全满足进口商的要求，进口商可以要求出口商补交短少的货物或更换不符的货物，以补偿其损失。

（3）修复货物。若进口货物因出口商的原因导致故障或损坏，经修复可以使用的，则进口商可以要求出口商对其加以修复。若修复后的货物性能有所降低，则进口商还有权要求适当的金钱补偿。

此外，进口商还可以依据出口商违约的具体情况，提出解除合同或出口商实际履行交货义务等要求。若出口商的非金钱补偿不能完全弥补进口商的损失，则进口商还可以同时要求金钱补偿，直至完全补偿了进口商的损失。

三、索赔的期限与时效

进口商向出口商索赔时，须在索赔期限或时效内进行；否则，其权利可能会丧失。

索赔期限，是指买卖双方在合同中规定，若有违约事件发生，当事人可以提出赔偿要求的有效时间；若当事人未在该时间内提出赔偿要求，则对方可以拒绝赔偿。买卖合同中通常都约定，进口商受领货物后一定时间内可以向出口商索赔，如一个月或几个月。

索赔时效，是指法律或公约所规定的索赔时间，即某一法律或公约赋予当事人可以提出赔偿要求的时间。若当事人未能在该时间内索赔，则法院等机构不再受理该索赔，违约方可以不承担赔偿责任。若买卖合同中有索赔期限的规定，则进口商应依照该规定，在该期限内索赔；若没有索赔期限的规定，进口商应依照合同适用的法律或公约的相关规定，在时效内索赔。只有这样，进口商的索赔权才能获得法律的保障。《联合国国际货物销售合同公约》规定，进口商的索赔时效为2年。

四、索赔通知及索赔文件①

（一）索赔通知

进口商在提货时，若发现或经公证机构检验后确认货物存在不符之处，应在索赔期限或索赔时效内，向责任方发出索赔通知（Notice of Claim）。若一时难以确定责任方，可同时向出口商、承运人及保险公司发出索赔通知，以使其做好赔偿与否的准备。

索赔通知举例：

Messrs. ABC Co., Ltd.

We beg to hasten to give you a claim notice for the damages by sea water about 15 bags and also the damages by rat of about 10 bags of beans per S/S "HB" which arrived Shanghai on the 20 Inst, against our contract No. 113.

The details and the amount of claim will be submitted as soon as we will obtain Survey Report.

Yours

① 蔡孟佳．国际贸易实务［M］．台北：智胜文化事业有限公司，2001：798-801.

XYZ Co., Ltd.

若收到检验报告，进口货物的损失非常确定，则进口商可向责任方发出正式的索赔通知书。例如：

Messrs. ABC Co., Ltd.

Re: Claim on Beans en S/S "HB"

Referring to our notice of claim to the captioned dated the25 ult we advice you that we cannot accept your invoice as it stands, unless you would make the under mentioned discount of its value.

The statement of claim is as per attached sheet, the total amount of which is USMYM 4 580.

Please acknowledge receipt of this letter, and settle this claim immediately.

Your truly

XYZ Co., Ltd.

Enclosure:

(a) Statement of Claim

(b) Survey Report

(c) Debit Note

（二）索赔清单

索赔清单（Statement of Claim）是进口商详细说明索赔内容的一种文件。例如：

Statement of Claim

Contract No.: HS245

Contract date: 15 Sept. 2019

Article: Beans

Vessel: S/S "HB"

Total Quantity: 1 000Bags, 10 000kgs

Shipping Port: New York

Final Port: Shanghai

L/C No.: BC2567

B/L NO.: HB1247

Nature of Claim: Contact with Fresh Water, Oil Damage

Details of Claim	No. of Bags	Net Weight
wet by Fresh Water	521	5 350kgs
Contact with Oil	40	416kgs
Total	561	5 760kgs

Invoice Value: USD1.00 Per 1.00kgs

Amount of Claim

For Damage: USD1.00×5 760 = USD5 760

For Survey Fee for Total 1 000 Bags:

RMB￥8 240（USD1 = RMB￥6.00）= USD1 373

Total Claim Amount: USD7 133

（三）检验报告

检验报告（Survey Report）是指，由买卖双方之外的公证机构针对货物的损坏或瑕疵检验或鉴定后，出具的书面证明文件。

（四）借项清单

借项清单是指，进口商向出口商出具的要求赔偿的清单。例如：

Debit Note

Messrs. ABC Co., Ltd. are Dr. to Messrs. XYZ Co., Ltd. for the sum of United State Dollars Six Thousand Seven Hundred and Ninety Covering the Claim for Contact With Fresh Water, Oil Damage en "HB", under L/C No. BC 2567 dated 10 August, 2019.

（五）其他文件

每个索赔案件因交易的货物不同，所需文件也有所差别，其他文件通常包括：运输单据、保险单、品质证书、产地证明、数（重）量证书、装箱单、损失证明书等。

第三节　运输索赔

运输索赔（Transportation Claim），是指与贸易有关的进口货物在装卸及运输过程中，因承运人的原因导致的损失，由货主（进口商）直接向承运人、其代理人或辅助人提起损害赔偿要求。

由于国际贸易货物大多采用海上运输，因而运输索赔的被索赔人也以海上承运人为主。但由于国际运输惯例、公约、海商法及运输合同（包括提单）均规定了许多承运人的免责事项，致使运输货物的灭失、损坏等无法获得承运人的赔偿。因此，进口商向承运人因其过失导致的损失提出赔偿常常受到限制，即使承运人应予赔偿也受单位赔偿责任限制。

一、索赔的范围

从理论上讲，除了不可抗力、货物内在缺陷及托运人的原因造成的货物损失外，承运人因自身原因造成的货物损失均应向货主负赔偿责任。但因运输惯例、相关的国际公约、海商法均规定了承运人在一定条件下的免责事项，因此，进口商向承运人索赔的范围大大受限。通常情况下，只有下列原因导致的货物灭失或损坏，进口商才能向承运人提出赔偿要求。

（1）货物装卸时发生的损失。如野蛮装卸致使货物跌落或相撞的损失。

（2）积载不当而致损。如轻重货物不合理堆积、货物串味等致使货物损失。

（3）短装短卸损失。因承运人的过失致使装卸货物短少、数量不足等损失。

（4）照料不当致损。如在运输途中，没有及时、适当通风，没有调节货舱温度导致货物腐烂、受冻等损失。

（5）货物水渍损失。除共同海损外，货物遭受海水浸泡而失去使用价值等。

（6）不合理绕航或变更航程导致的损失。如触礁、沉没、互撞等致使货物损失。

（7）不按规定而将货物装于甲板致损。如承运人擅自将货物装于甲板上导致货物损失等。

（8）其他不能免责的过失导致货物损失。

二、承运人单位赔偿责任限额

承运人若因上述原因造成货物损失，则应向货主负赔偿责任。但依《海牙规则》《汉堡规则》及各国海商法和各船公司的提单条款，即使承运人不能免责，承运人所承担的赔偿责任也不是按实际损失赔偿，而是将其赔偿限制在一定金额之内。换言之，承运人只负责赔偿法定金额内的损失，超出部分不予负责，除非事先申报并加缴一定的附加费用。这就是国际货物运输中的“单位赔偿责任限额”。

三、索赔与诉讼时效

与贸易索赔类似，进口商向承运人索赔时，须在法定时效内提出；否则，承运人可以不承担责任，法院也不再受理索赔案。相关公约、法律或提单一般均规定货主索赔的时效。

依《海牙规则》和中国《海商法》的规定，货主起诉承运人的诉讼时效为自交货或应交货时起一年。因此，货主若向承运人提起诉讼，应在一年内起诉；逾期，则法院不予受理，承运人可能不承担赔偿责任。船公司的提单条款中也规定了货主向承运人索赔或诉讼的时效，进口商对此应特别注意。

第四节 保险索赔

保险索赔（Insurance Claim），是指进口货物在运输途中，因保险单所载明的保险事故所导致的货物灭失或损坏，被保险人（进口商或货主）向保险人提出保险补偿的一种与贸易相关的索赔。

并非每一损失都可以向保险人索赔，如包装不良、短装等损失是出口商的责任，保险人将其作为除外责任。这一损失应按贸易索赔进行。当然，在损失责任归属难以确定，或既属于承运人的责任又属于保险人的承保责任范围时，进口商可同时向承运人和保险人发出索赔通知。一旦确定属于承运人和保险人的责任范围，通常由保险人先予赔偿，再由其代位向承运人追偿。

一、进口货物运输保险

在国际贸易中，除了 CIF、CIP 及 D 组术语下，由卖方投保货物运输保险外，其余所有术语下的保险均由买方办理，且在 CIF 和 CIP 术语下，货物风险也在出口地转移给买方。若买方处理保险事宜得当，则会获得保险人的赔偿；否则，可能无法补偿其货物损失。为此，买方应做到以下几方面。

1. CIF 和 CIP 术语下，买方应在买卖合同中明确要求卖方在投保时，将保险“仓至仓”的最后仓库确定为买方的最终收货地，包括内陆最终目的地；否则，卖方可能只投保到海港的仓库，而内陆运输的风险，保险人不予承保。

2. 在 CIF 和 CIP 术语下，卖方只投保到海港，但货物须运输到内陆仓库。此时，买方须在获得信息后，自行办理陆运险，将其风险转移给保险人。

3. 若国际买卖合同的买方仅为进口商而非实际用户，即进口货物已在进口之前转卖给境内下家用户，此种情况下，进口商与下家用户须明确规定由谁办理进口通关及提货手续。根据中国贸易习惯，此种情况下，通常由下家用户办理该手续。此时，进口商应将提单及保险单背书转让给下家用户并通知保险人。若货物发生损失，也由下家用户向保险人索赔。当然，也可由进口商委托下家用户办理上述手续。此时，提单和保险单不转让，即下家用户不能在提单和保险单上签章，仅由进口商签章。进口商授权（签订委托协议）下家用户办理一切进口手续。一旦发现货物损失，还由进口商向保险人索赔。

4. 若出现上述第 2 种情况且提单和保险单已转让给下家用户，进口商应提醒下家用户自己另行投保陆运险。

5. 在 D 组术语下，若目的地为港口，而买方的最后仓库在内陆，此时的进口商可能须自行或由下家用户投保卸货港至国内最后仓库的陆运险。

6. 在中国的进口实务中，经常出现保险人无法确认进口货物的所有人是进口商还是下家用户，进而产生保险索赔争议。此时的判断依据是，提单是否已经背书转让给下家用户，以此决定谁拥有可保利益并向保险人索赔。

7. 除 CIF、CIP 及 D 组术语外，在其他术语下，进口商应在买卖合同订立后，及时向保险人办理进口保险事宜。依据进口的具体情况，决定签订流动保险合同、预约保险合同或总括保险合同。在获得卖方的发货通知后，进口商要及时向保险人申报，以免漏保。

二、索赔范围

与贸易索赔不同，保险人在承保货物运输险时，都将保险人承保的责任范围，详细、明确地载入保险单内。因此，哪些原因导致的货损应由保险人赔偿，进口商可查看保险单条款的规定。

三、索赔时效

中国与大多数国家的保险法均规定，被保险人向保险人请求赔偿的权利，自其知道保险事故发生之日起 2 年不行使而消灭。因此，货主应特别注意在该时效内主张自己的赔偿请求权。另外，由于承运人责任导致的一些损失，保险人通常也予负责，因此，当货物损失的责任归属于承运人且为保险人承保时，货主更应注意两者的时效不同，即货主应在 1 年内先向承运人行使赔偿请求权，以保护保险人的代位追偿权。

四、索赔的处理

与贸易索赔、运输索赔不同，保险索赔因不同的保险责任范围，保险人所负的赔偿责任也不同。因此，在不同的损失程度下，货主的索赔处理方式不尽相同。

（一）全损的索赔

若在进口商提货前或提货时已获悉货物发生实际全损，则进口商索赔时，应向保险人提交以下文件：索赔通知、借项清单、保险单、商业发票、提单、包装单或数（重）量证明、海事报告、承运人全损证明或船方出险通知书、公证报告、向承运人发送的索赔通知副本或其拒付函等。

若货物发生推定全损，则进口商索赔时，除了提交上述文件外，还应向保险人提出委付（Abandonment）请求，才可要求保险人按全损赔偿。

（二）单独海损的索赔

单独海损的索赔是最常见的保险索赔，其处理较为复杂。货主在获悉货物遭受损失后，应立即向保险人发出索赔通知，然后再计算索赔金额，准备索赔的相关文件，向保险人正式提出赔偿请求。货主通常应提交以下文件或单据：索赔函、索赔清单、保险单、商业发票、提单、包装单、公证报告等。

（三）共同海损的索赔

共同海损的牺牲及额外支出的费用，应由受益方按其价值比例分摊。共同海损发生后，由理算师理算，船方对于共同海损因船长的特别处分而保全的货物主张留置权。但为使货主不因留置权的影响而能够顺利提货，船方通常要求货主提供“共同海损协议”（General Average Agreement）、“共同海损保证金”（General Average Deposit）或“货物保险人共同海损担保”（General Average Guarantee），以便船方放货。对受益的货主（被保险人）来说，只要因所保危险引起的共同海损，均可从保险人处获得赔偿。因此，当货主要求保险人缴纳保证金或出具担保函时，应提交以下文件或单据：船方共同海损通知、商业发票、提单、保险单、包装单、共同海损担保书、索赔函及索赔清单等。

相关链接

承运人的单位赔偿责任限制

国际公约、各国海商法或货物运输法及提单条款都规定了承运人的赔偿责任限制，即一旦承运人对其所运输的货物承担赔偿责任，通常情况下并不是按照货物损失的实际价值赔偿，而是将承运人的赔偿责任限制在一定金额范围内。这一规定就是国际货物运输中的承运人单位赔偿责任限制。在此规范下，若货物实际损失的价值超出法定或规定的限制范围，其超出部分，承运人不予负责。如《海牙规则》规定，不论是承运人或船舶，对货物或与货物有关的灭失或损坏，在每件或每单位超过100英镑或与其等值的其他货币时，在任何情况下都不负责；《维斯比规则》规定，每件或每单位不超过666.67记账单位；《汉堡规则》规定，每件或每单位不超过835记账单位或重量每公斤2.5记账单位；《鹿特丹规则》的规定，每单位875特别提款权或者毛重每公斤3特别提款权；中国远洋运输公司的提单条款规定，每件或每单位不超过700元人民币；中国《海商法》采取与《维斯比规则》相同的规定；美国《海上货物运输法》则规定，每件或每货运单位不超过500美元。

案例分析

海上预约保险合同迟延申报争议

海上预约保险合同范围内的各批次货物一经起运，保险人对该批货物的保险责任即自动开始，直至其运抵最后仓库。被保险人的通知时间或保险人签发保险单证的时间不影响各批次货物的保险责任，即被保险人既可事先通知，也可在货物起运后的合理期限内及时通知，除非被保险人在通知时已知道或应知道保险标的已发生损害，保险人不能仅以被保险人延迟填报保单为由拒赔。“辽宁图越物流有限公司（下称‘图越物流’）诉中国平安财产保险股份有限公司锦州中心支公司（下称‘平安保险’）”一案，对此予以明确说明。①

2016 年 4 月 7 日，图越物流与平安保险签订海上预约保险协议，投保险别为“一切险”，协议有效期为 2016 年 4 月 8 日至 2017 年 4 月 7 日，图越物流支付了保费。2016 年 9 月 4 日，图越物流委托承运人运输的进口大理石装船起运。9 月 6 日，图越物流申报该宗货物的投保事宜，保险金额 100 000 元。9 月 7 日，平安保险出具保单。9 月 18 日，该批货物在卸货拆箱时，发现货物严重破损。图越物流主张，图越物流作为被保险人、平安保险作为保险人，签订了海上预约保险协议。平安保险对于在保险责任期间内发生的货损，依约应履行赔偿义务。平安保险认为，依双方海上预约保险协议约定，图越物流应在货物起运前 5 日申报保险；但在涉诉分合同履行中，图越物流隐瞒事实，在货物起运后才通知保险人，属于延迟申报，违反协议约定，故平安保险拒绝赔付。

在以往的海上预约保险业务中，图越物流有两次在货物起运后通知平安保险的情形，平安保险仍签发保险凭证并在出险后赔付了保险金。

本案当事人之间存在两个保险合同：一个是案涉海上预约保险协议，即总合同；另一个是案涉具体保险合同，即分合同。总合同中并未明确约定“迟延申报”的责任。总合同约定：“投保人于每次货物起运前登陆平安货运保险网进行业务申报”；“投保人必须严格遵守《平安网上货运险投保流程及须知》的要求规范录单，对于投保人未按要求规范录单导致风险增加或影响保险人判断真实风险的，保险人对于损失扩大或者无法核实的部分有权拒绝赔偿”；“投保人及被保险人应如实申报实际运输资料，不得瞒报、漏报或不报”；“保险人有权随时核查被保险人的运输情况”。

一审法院判决，平安保险不能仅以图越物流延迟申报而拒赔。平安保险依法依约无权拒绝赔偿，应在扣除协议约定的免赔额后，支付保险金。

平安保险不服原审判决，向二审法院提出上诉。二审法院于 2018 年 3 月 9 日作出判决，驳回上诉，维持原判。

试分析该案例。

（提示：一审法院认为，图越物流与平安保险签订的海上预约保险协议合法有效，涉案保险事故发生在保险人保险责任期间。案涉货物保险金额 100 000 元，依协议约定保险金额不足 200 000 元，图越物流无需在起运前 5 日通知保险人。图越物流虽延迟申报，平安保险未能举证也未能充分说明图越物流为恶意延迟、该延迟通知行为导致风险增加或影响平安保险判断真实风险并由此造成损失扩大或无法核实损失，这不符合协议约定和中国《海商法》规定的拒赔情形，平安保险应对货损承担赔偿责任。在平安保险和图越物流之前的海上预约保险合同业务中，图越物流两次延迟通知，平安保险仍予签发保险凭证并给以货损赔偿的行为，说明平安保险以默示的方式接受了该做法，也说明双方已形成一定条

① 王永伟，海上预约保险合同中被保险人迟延填报保单保险人能否因此拒赔：图越物流与平安保险海上保险合同纠纷案。一审：大连海事法院（2017）辽 72 民初 474 号民事判决；二审：辽宁省高级人民法院（2017）辽民终 1271 号民事判决。http://dlhsfy. chinacourt. org/article/detail/2018/07/id/3400496. shtml。

件下可延迟通知的交易习惯。对本次保险赔偿，平安保险不能仅以图越物流延迟申报而拒赔。因此，平安保险依法依约无权拒绝赔偿，应在扣除协议约定的免赔额后，支付保险金。

二审法院认为，从双方约定的内容看，其核心意思是投保人必须如实申报运输信息，禁止瞒报、漏报或不报，并未禁止迟延申报。同时，以往两次图越物流延迟通知平安保险，平安保险仍予理赔的事实，可印证双方存在“迟延申报仍予理赔”的交易习惯。鉴于以上情况，图越物流延迟通知并不属于违约，平安保险应予赔偿。

法院依中国《海商法》第 231 条、第 237 条规定，判决被告中国平安财产保险股份有限公司锦州中心支公司于本判决生效后，立即赔偿原告辽宁图越物流有限公司货物损失 18 390 元。)

第四篇

与贸易有关的其他问题

第二十七章　跨境电子商务

经济全球化的发展使得各国之间的商贸往来更加频繁，世界各国向境外出口优势产品并进口所需产品，成为促进本国经济社会发展的重要举措。随着中国经济的不断深入发展，跨境电子商务作为国民经济增长的新亮点，已引起国家和业界的重视。而跨境电子商务在交易方式、货物运输、支付结算等方面，与传统贸易方式有所不同。本章对此予以阐述。

第一节　跨境电商的基本特征、业务分类及主要模式

跨境电子商务（下称“跨境电商”）是指分属不同关境的交易主体，通过电子商务平台达成交易、支付结算，并通过跨境物流送达商品、完成交易的一种国际商业活动。

跨境电商作为推动区域经济一体化、经济全球化的重要方面，具有非常重要的现实意义。跨境电商不仅使国际贸易走向无国界贸易，而且引起了世界经济贸易的变革。对企业而言，跨境电商构建的开放、多维、立体的多边经贸合作模式，极大地拓宽了企业进入国际市场的路径，促进了多边资源的优化配置与企业间的互利共赢；对于消费者而言，跨境电商使其非常容易获取其他国家的信息并购买到满意的商品。

一、基本特征

跨境电商是基于网络发展起来的，网络空间相对于物理空间而言是一个新空间，是一个由网址和密码组成的看似虚拟但客观存在的世界。网络空间独特的价值标准和行为模式深刻地影响着跨境电商，使其不同于传统的交易方式而呈现出自己的特点。[①]

1. 全球性（Global Forum）

网络是一个无边界的媒介体，具有全球性和非中心化的特征。依附于网络发展的跨境电商也因而具有了全球性和非中心化的特征。电子商务与传统的交易方式相比较，其重要特点在于电子商务是一种无边界交易，不存在传统交易所具有的地理因素。互联网用户不需跨越国界即可将其产品尤其是高附加值产品和服务销售到市场。其全球性特征带来的积极影响是信息的最大限度共享，消极影响是用户必须面临因文化、政治和法律的不同而产生的风险。这种远程交易的发展，给当局税收带来许多困难。

---

① 参考资料来源：跨境电子商务，https：//baike. baidu. com/item/% E8% B7% A8% E5% A2% 83% E7% 94% B5% E5% AD% 90% E5% 95% 86% E5% 8A% A1/12747090。

2. 无形性（Intangible）

网络的发展使数字化产品和服务的传输盛行。而数字化传输是通过不同类型的媒介，如数据、声音和图像在全球化网络环境中集中进行的，这些媒介在网络中以计算机数据代码的形式出现，因而是无形的。电子商务是数字化传输活动的一种特殊形式，其无形性的特性使得税务机关很难控制和检查销售商的交易活动，即税务机关面对的交易记录均体现为数据代码的形式，使其无法准确地计算销售所得和利润所得，从而给税收带来困难。

3. 匿名性（Anonymous）

由于跨境电商的非中心化和全球性的特性，很难识别电子商务用户的身份和其所处的地理位置。在线交易的消费者往往不显示自己的真实身份和自己的地理位置。在虚拟社会里，隐匿身份的便利必然导致自由与责任的不对称。人们在此可享受最大的自由，却只承担最小的责任甚至逃避责任。这显然使得税务机关无法查明应纳税的在线交易人的身份和地理位置，也就无法获知纳税人的交易情况和应纳税额。

4. 即时性（Instantaneously）

对于网络而言，传输的速度和地理距离无关。传统交易模式，信息交流方式如信函、电报、传真等，在信息的发送与接收之间，存在长短不同的时间差。而电子商务中的信息交流，无论实际时空距离远近，一方发送信息与另一方接收信息几乎是同时的，与生活中面对面交谈几乎无异。某些数字化产品（如音像制品、软件等）的交易，还可即时结清，订货、付款、交货均可在瞬间完成。

电子商务交易的即时性提高了交往和交易的效率，免去了传统交易的中介环节，但也隐藏了法律危机，尤其是在税收领域。

5. 无纸化（Paperless）

电子商务主要采取无纸化操作的方式，这是电子商务进行交易的主要特征。在电子商务中，电子计算机通信记录取代了一系列的纸面交易文件。用户发送或接收的是电子信息。电子商务以数字合同、数字时间替代了传统贸易中的书面合同、结算票据，削弱了税务当局获取跨国纳税人经营状况和财务信息的能力，且电子商务所采用的其他保密措施也将增加税务机关掌握纳税人财务信息的难度。

6. 快速演进（Rapidly Evolving）

互联网是一个新生事物，尚处在发展时期。网络设施和相应软件协议的未来发展具有很大的不确定性，可能以前所未有的速度和无法预知的方式不断演进。网络的发展不断给各人们带来新的挑战。

二、主要业务分类

就交易模式而言，跨境电商通常分为 B2B 跨境电商和 B2C 跨境电商。

中国跨境电商主要分为：企业对企业（B2B）模式，即企业与企业之间通过专用网络或 Internet，进行数据信息的交换、传递，开展交易活动；企业对消费者（B2C）模式，即企业直接面向消费者销售产品和服务。在 B2B 模式下，企业运用电子商务以广告和信息发布为主；成交和通关流程基本在线下完成，本质上仍属传统贸易，已纳入海关一般贸易统计。在 B2C 模式下，中国企业直接面对国外消费者，以销售个人消费品为主；物流方面主要采用航空小包、邮寄、快递等方式，其报关主体是邮政或快递公司，目前，大多未纳入海关统计。

三、中国跨境电商主要模式

跨境电商的运营，依据不同的标准可分为不同的运营模式。

（一）依据模式的平台不同，跨境电商可分为传统跨境大宗交易平台模式、综合门户类跨境小额批发零售平台模式及垂直类跨境小额批发零售平台模式

1. 传统跨境大宗交易平台模式

这种模式主要为达到一定经营规模的国内进出口贸易企业提供服务，以 B2B 模式展开运营。在平台运营过程中，采用该模式的平台，主要面向与平台达成合作协议的海外商家或国内经营者，为他们提供各方面的资源支持，使他们可在线上渠道进行商品推广，促成跨境商品交易。一般情况下，传统跨境大宗交易平台的营销渠道具有多样化特点，除举办实体活动，还可通过报纸、杂志或利用网络平台进行推广。其主要利润来源是向合作企业收取的会员费用以及营销过程中获得的部分营收，典型代表是中国制造网、环球资源等。

2. 综合门户类跨境小额批发零售平台模式

这种模式的国内经营商借助第三方电子商务平台与其他国家的用户进行沟通，完成商品买卖。经营商与用户之间一般存在国别差异，距离较远。从本质上看，就是利用网络平台完成小额国际贸易。其主要利润来源是收取的佣金，此外，还包括会员费、广告费等增值服务费，典型代表是阿里速卖通、敦煌网以及易唐网。

3. 垂直类跨境小额批发零售平台模式

这种模式下，运营方主动与商品供应企业合作，作为某种商品的唯一经销商，采用 B2C 模式开展平台运营，满足海外用户的商品需求。其主要利润来源是商品的销售所得，典型代表是米兰网、兰亭集势和 DX 公司。

（二）依据商品流向不同，跨境电商可分为跨境进口模式和跨境出口模式

1. 跨境进口模式

跨境进口模式，依履约模式可分为“直购进口模式”和“保税进口模式”。

直购进口模式（也称“一般进口模式”），是指国内个人购买者在指定的跨境电商网站订购境外商品并进行网上申报和计税，商品由快件邮递等渠道直接从国外寄递进境，通过电商服务平台和通关管理系统实现交易的一种跨境电商进口模式。

保税进口模式，是指电商企业以货物申报进入海关特殊监管区域或保税场所，境内消费者网上交易后，区内货物以物品逐批分拨配送，按物品缴纳税费和监管的一种跨境电商进口模式。

这两种模式最大的区别在于，前者是先下单再从境外发货，后者是先从境外发货再下单。

2. 跨境出口模式

跨境出口模式，是指国内电商企业通过电子商务平台达成出口交易、进行支付结算，并通过跨境物流送达商品、完成交易的一种国际商业模式，可分为跨境一般贸易和跨境零售。

（1）跨境一般贸易

跨境一般贸易（也称为跨境 B2B 贸易），是指分属不同关境的企业对企业，通过电商平台达成交易、进行支付结算，并通过跨境物流送达商品、完成交易的一种国际商业模式，已纳入海关一般贸易统计。

（2）跨境零售

跨境零售又分为跨境 B2C 和跨境 C2C。跨境 B2C，是指不同关境的企业直接面对消费者在线跨境销售和服务、进行支付结算，并通过跨境物流送达商品、完成国际商业活动。跨境 C2C，是指不同关境的个人卖方对个人买方开展在线销售活动和服务的一种形式，个人卖方在跨境电商第三方的平台发布产品和服务销售等内容，个人买方进行筛选，然后在跨境电商网站上面完成一系列的流程。

（三）依据服务类型不同，跨境电商可分为信息服务平台模式和在线交易平台模式

信息服务平台主要是为境内外会员商户提供网络营销平台，传递供应商或采购商等商家的商品或服务信息，促成双方完成交易。

在线交易平台不仅提供企业、产品、服务等多方面的信息展示，并且可通过平台完成线上搜索、咨询、对比、下单、支付、物流、评价等全购物链环节。在线交易平台模式已逐渐成为跨境电商中的主流模式。

（四）依据运营方式不同，跨境电商可分为自营模式和第三方开放平台模式

1. 自营模式

自营模式是以标准化理念为支撑，对企业的生产经营产品实现统一采购、模块化生产、电子化交易，利用物流将产品配送到消费者手中。自营模式电商具有较强的品牌影响力、严格的质量管控力、电商交易流程及风险把控体系的特点。中国采用自营模式的成熟跨境电商代表案例是兰亭集势、京东自营等。外贸门槛的提升，在一定程度上催生了企业全球化战略的开展。跨境电商通过构建自营模式的运营体系，构建了一套功能完善的供应链，可满足个性化特定产品的购买需求。在自营模式销售中，产品呈现出两大特色，即货物小型化及产品集中化。自营模式跨境电商的优势在于对生产成本的营销及管控层面，充分发挥小额电商优势，将产品投放至利润率更高的全球化市场，从而培育核心竞争力。

2. 第三方开放平台模式

第三方开放平台模式，是指平台式电商通过线上搭建商城，整合物流、支付、运营等服务资源，吸引商家进驻，为其提供跨境电商交易服务。同时，平台以收取商家佣金及增值服务佣金作为主要盈利模式。

这种模式是目前应用最多的一种跨境电商模式，通过购买产品、共享买卖双方的基本信息并将这些信息提供给用户或供应商来促使交易达成。在该运营模式下，跨境电商仅作为来自不同国度、不同规模的企业或个人的贸易交流平台，主要盈利模式是在交易中收取一定的运营费用。该模式相对于自营模式而言，节省了建立平台的大量成本，规避了成本支出风险。互联网信息化降低了买方或卖方获取信息的成本，提升了成本获取的效率，实现了短期内买卖双方的信息共享。

（五）依据功能的不同，跨境电商可分为企业应用模式和综合服务商模式

1. 企业应用模式

众多加工出口型企业为顺应经济发展需求，逐步开展电子商务交易。代购代销是跨境

电商企业应用模式中的主要手段。它是以平民化消费为核心点，以出国留学或务工人群为主要目标的营销模式。随着经济全球化的不断深入，外出务工或留学人数的增长，他们成为代购代销模式的首选代理人，从初期的情感维护逐步过渡至口碑式营销模式，销量日益上升，利润空间也逐步凸显，产品化模式在这种过程中日渐形成。

2. 综合服务商模式

综合服务商模式是一种功能更趋于完善的跨境电商模式，它汲取了平台式发展的优势，同时弥补了平台式电商的发展短板，拓展了电子支付、物流、产品质量管控等多重功能。作为一种新型的跨境电商模式，综合服务商模式实现了营销通道的多元化及便捷性，凸显了对专业客户的开发，减少了运行中产生的物流、库存等多重环节。

上述模式在盈利方面呈现出典型的差异性，但当前，以平台模式及综合服务商模式为主流。在物流服务层面，企业应用模式与自营模式均需自行确认物流商，但自营模式主要凭借规模化的发货量来降低与物流合作商的合作成本，企业应用模式依靠寻求代理的方式谋求物流合作。平台模式主要在买卖双方信息上实现盈利。

第二节　中国跨境电商的物流模式

跨境电商需要考虑的重要问题之一，是如何选择合适的物流方式将货物发送至国外以及运至国内。通常，规模较小的卖方可通过平台发货，选择国际小包等渠道；但规模较大的卖方或独立平台的卖方，则需要优化物流成本，考虑客户体验，这就需整合物流资源并探索新的物流形式。目前，中国跨境电商国际物流模式一般包括以下几种。

一、邮包模式

据不完全统计，中国出口跨境电商 70% 的包裹均通过邮政系统投递；其中，中国邮政占据 50% 左右。因此，目前的跨境电商物流还是以邮政的发货渠道为主。邮政网络基本覆盖全球。中国卖家使用的其他邮政，包括中国香港邮政、新加坡邮政等。由于邮政有税收补贴，因此，价格比较便宜。互联易专注于跨境电商物流供应链服务，是唯一集全球邮政渠道于一身的企业。

邮政的渠道虽然较多，但也很杂。在选择邮政包裹发货的同时，必须注意出货口岸、时效、稳定性等。另外，以私人包裹方式出境，不便于海关统计，也无法享受正常的出口退税；同时，速度较慢，如从中国通过 E 邮宝发往美国的包裹，一般需 15 天才可到达。

二、国际快递模式

这种模式是指通过四大商业快递巨头，即 DHL、TNT、FEDEX 和 UPS 投递包裹。这些国际快递商通过自建的全球网络，利用强大的 IT 系统和遍布世界各地的本地化服务，为网购中国产品的海外用户带来极好的物流体验。如通过 UPS 寄送到美国的包裹，最快可在 48 小时内到达，其速度快、服务好、丢包率低，尤其是发往欧美发达国家非常方便。但优质的服务伴随着昂贵的价格，一般中国商户只有在客户时效性要求很强的情况下，才使用国际商业快递派送商品且向客户收取运费。

三、跨境专线物流模式

跨境专线物流一般是通过航空包舱方式运输到境外，再通过合作公司进行目的地的派送。专线物流的优势在于其能够集中大批量到某一特定国家或地区的货物，通过规模效应降低成本。因此，其价格一般比商业快递低。在时效上，专线物流稍慢于商业快递，但比邮政包裹快，丢包率也较低；相比邮包模式而言，运费成本还是高一些，且在国内的揽收范围相对有限，覆盖地区有待扩大。目前，最普遍的专线物流产品是美国专线、欧洲专线、澳洲专线、俄罗斯专线等。有些物流公司推出了中东专线、南美专线、南非专线等。

四、海外仓储模式

海外仓储服务，是指由网络外贸交易平台、物流服务商独立或共同为卖方在销售目的地提供的货物仓储、分拣、包装和派送的一站式控制与管理服务模式。商家将货物存储到当地仓库，当买方有需求时，第一时间作出快速反应，及时进行货物的分拣、包装以及递送。这种模式的整个流程包括头程运输、仓储管理和本地配送三个部分。头程运输，即中国商家通过海运、空运、陆运或联运将商品运送至海外仓库。仓储管理，即中国商家通过物流信息系统，远程操作海外仓储货物，实时管理库存。本地配送，即海外仓储中心依订单信息，通过当地邮政或快递将商品配送给客户。

选择这类模式的好处在于，运用传统外贸方式走货到仓，有利于海外市场价格的调配，可降低物流成本；拥有自己的海外仓库，能从买方所在地发货，从而缩短订单周期、完善客户体验、提升重复购买率；可提供灵活可靠的退换货方案，提高了海外客户的购买信心；发货周期缩短，发货速加快，帮助卖方拓展销售品类，突破“大而重”的发展瓶颈；结合境外仓库所在地的物流特点，可确保货物安全、准确、及时地到达终端买方手中。海外仓储模式，是目前流行的跨境电商物流解决方案之一；综合效率成本等因素，是企业在跨境电商方面解决物流问题的最佳选择。但不是任何产品都适合使用这种模式，最好是库存周转快的热销单品，采用这一模式；否则，容易压货。同时，这种模式对卖方在供应链管理、库存管控、销售管理等方面提出了更高的要求。

五、国内快递模式

国内快递主要指 EMS、顺丰和“四通一达”（即申通、圆通、中通、百世汇通和韵达）。在国内快递中，EMS 的国际化业务最完善，其依托邮政渠道，可直达全球多个国家和地区，费用相对四大快递公司要低，中国境内的出关能力很强，到达亚洲 2 至 3 天，到欧美则 5 至 7 天。在跨境物流方面，顺丰的国际化业务比较成熟一些，目前已开通到美国、澳大利亚、韩国、日本、新加坡、马来西亚、泰国、越南等国家和地区的快递服务，发往亚洲的快件一般 2 至 3 天可送达。国内快递由于并非专注跨境业务，相对缺乏经验，对市场的把控能力有待提高，覆盖的海外市场也比较有限。

对于跨境电商的卖方而言，首先，应依所售产品的特点（尺寸、安全性、通关便利性等）来选择合适的物流模式，如大件产品（如家具等）不适合邮政包裹渠道，而更适合海外仓模式；其次，在淡旺季应灵活使用不同的物流方式，如在淡季时使用中邮小包降低物流成本，在旺季或大型促销活动时期采用香港邮政来保证时效；最后，售前应明确向买方列明不同物流方式的特点，为买方提供多样化的物流选择，让买方依据实际需求来选择物流方式。

第三节　中国跨境电商的支付结算及发展前景与政策支持

一、中国跨境电商的支付结算

跨境电子支付结算方式多种多样。跨境电子支付业务发生的外汇资金流动，必然涉及资金结售汇与收付汇。从目前支付业务发展情况看，中国跨境电子支付结算的方式主要有跨境支付购汇方式（含第三方购汇支付、境外电商接受人民币支付、通过国内银行购汇汇出等）、跨境收入结汇方式（含第三方收结汇、通过国内银行汇款、以结汇或个人名义拆分结汇流入等）。

尽管跨境电商及支付业务的迅猛发展给企业带来了利润空间，但若管理不当，同样可能带来风险。目前，中国跨境电商及支付业务的管理缺陷主要体现在以下方面。

1. 政策缺陷

（1）电子商务交易归属管理不清

从电子商务交易形式看，纯粹的电子交易在很大程度上属于服务贸易范畴，国际普遍认可应依服务贸易进行管理。对于只通过电子商务方式完成订购、签约等，通过传统运输方式运送至买方所在地的交易，应归为货物贸易范畴并依货物贸易进行管理。对于特殊的电子商务，既非明显的服务贸易也非明显的货物贸易，如通过电子商务交易的电子类产品（文化、软件、娱乐产品等），究竟归为服务贸易还是货物贸易，国际上仍存在较大分歧。因中国尚未出台《服务贸易外汇管理办法》及跨境电商外汇管理法规，对电子商务涉及的外汇交易归属管理范畴也是难以把握。

（2）交易主体市场准入

跨境电商及支付业务能突破时空限制，将商务辐射到世界的每个角落，使经济金融信息和资金链日益集中在数据平台。一旦交易主体缺乏足够的资金实力或出现违规经营、信用危机、系统故障、信息泄露等问题，就会引发客户的外汇资金风险。因此，对跨境电商及支付业务参与主体进行市场准入规范管理，极其重要与迫切。

（3）支付机构外汇管理与监管职责

首先，支付机构在跨境外汇收支管理中承担了部分外汇政策执行及管理的职责，其与外汇指定银行类似，即为外汇管理政策的执行者与监督者；其次，支付机构主要为电子商务交易主体提供货币资金支付清算服务，属于支付清算组织的一种，但又不同于金融机构。如何对此类非金融机构所提供的跨境外汇收支服务进行管理与职能定位，急需外汇管理部门在法规中加以明确，规范操作。

2. 操作困境

（1）交易真实性难以审核

电子商务的虚拟性，导致外汇监管部门对跨境电商交易的真实性、支付资金的合法性难以审核，这为境内外异常资金通过跨境电商办理收支提供了途径。

（2）国际收支申报存在难度

一方面，通过电子支付平台，境内外电商的银行账户并不直接发生跨境资金流动，且支付平台完成实质交易资金清算常需 7 至 10 天，因此，由交易主体办理对外收付款申报的规定较难实施；另一方面，不同的交易方式对国际收支申报主体也产生一定的影响。如代理购汇支付方式的实际购汇人为交易主体，应由交易主体进行国际收支申报，但依前所述较难实施；线下统一购汇支付方式的实际购汇人为支付机构，可以支付机构为主体进行国际收支申报，但此种申报方式难以体现每笔交易资金的实质，这增加了外汇监管难度。

（3）外汇备付金账户管理缺失

随着跨境电商的发展，外汇备付金管理问题日益突显，而国内当前对外汇备付金管理仍未有明确规定。如外汇备付金是归属经常项目范畴还是资本项目范畴，外汇备付金账户的开立、收支范围、收支数据报送，同一机构本外币备付金是否可轧差结算等无统一管理标准，易使外汇备付金游离于外汇监管体系之外。

上述缺陷及困境有待中国相关管理机构进一步完善体系建设。

二、中国跨境电商的发展前景与政策支持

近年来，以跨境电商为代表的新型贸易发展逐渐加快，并有望成为中国贸易乃至整个经济的全新增长引擎。

从结构上看，跨境出口电商的比例将长期高于跨境进口电商的比例，中国跨境电商的发展将始终以出口为主、进口为辅。近年来，国家力促跨境电商的发展，旨在扶持传统外贸企业借助互联网的渠道实现转型升级。

近几年的跨境电商交易额约占进出口贸易总额的 20%，其中的主导仍是出口电商，占比保持在 80% 以上。预计未来几年，中国出口电商交易规模仍将保持约 20% 的增速。随着跨境物流、支付等环节的进一步改善和跨境电商企业盈利能力的进一步提升，该行业将迎来较好的发展期。

未来，中国跨境电商的重点将从 B2C 转向 B2B，电子商务的 B2B 具有更大的发展潜力。特别是通过推动制造型企业上线，促进外贸综合服务企业和现代物流企业转型，加之生产、销售端共同努力，制造型企业将成为跨境电子商务发展的主流。

自 2018 年 10 月 1 日起，中国对跨境电商综合试验区电商出口企业出口未取得有效进货凭证的货物，同时符合下列条件的，试行增值税、消费税免税政策。

（1）电商出口企业在综试区注册，并在注册地跨境电商线上综合服务平台登记出口日期、货物名称、计量单位、数量、单价、金额。

（2）出口货物通过综试区所在地海关办理电商出口申报手续。

（3）出口货物不属于财政部和税务总局根据国务院决定明确取消出口退（免）税的货物。

2018 年 11 月，国务院决定延续和完善跨境电商零售进口政策并扩大适用范围，以更大地激发消费潜力。

（1）从 2019 年 1 月 1 日起，延续实施跨境电商零售进口现行监管政策，对跨境电商零售进口商品不执行首次进口许可批件、注册或备案要求，而按个人自用进境物品监管。

（2）将政策适用范围从之前的杭州等 15 个城市，扩大到北京、沈阳、南京、武汉、西安、厦门等 22 个新设跨境电商综合试验区的城市。非试点城市的直购进口业务可参照执行相关监管政策。

（3）在对跨境电商零售进口清单内商品实行限额内零关税、进口环节增值税和消费税按法定应纳税额70%征收的基础上，进一步扩大享受优惠政策的商品范围，新增群众需求量大的63个税目商品。提高享受税收优惠政策的商品限额上限，将单次交易限值由目前的2 000元提高至5 000元，将年度交易限值由目前的每人每年2万元提高至2.6万元。今后，随居民收入提高相应调增。

（4）按照国际通行做法，支持跨境电商出口，研究完善相关出口退税等政策。

（5）按照包容审慎监管原则，依法加强跨境电商企业/平台、支付/物流服务商等的责任落实，强化商品质量安全监测和风险防控，维护公平竞争市场秩序，保障消费者权益。调整商品清单，将近年来部分消费需求比较旺盛的商品纳入清单商品范围，增加葡萄汽酒、麦芽酿造的啤酒、健身器材等63个税目商品；根据税则税目调整情况，对前两批清单进行技术性调整和更新。调整后的清单，共1 321个税目。

第二十八章　国际贸易融资

贸易融资是指，银行、金融公司等对进出口商因进出口货物所需的资金予以周转。贸易融资对促进贸易的顺利发展具有重要作用。

第一节　出口贸易融资

出口厂商因生产或采购国内物资以及支付日常运营费用，必须在出口之前付出相关货款和费用。因此，如何融资以补偿自有资金的不足，是出口厂商面临的重要财务管理工作。银行等金融机构通常可提供以下出口贸易融资方式。①

一、出口商业发票贴现

出口商业发票贴现（Discount against Export Commercial Invoice），是指在“货到付款”支付方式（俗称“后 T/T”）下，出口地银行以出口商的发票作为抵押向出口商提供资金融通的一种融资方式。

在此融资方式下，银行在发票全额的本金内，扣除预计利息和有关费用后，将余额贷给出口商。因此，出口商实际获得的金额不足于货款的金额。出口商还款的来源是“货到付款”项下的货款收汇。若出口商不能从进口商处收回货款，出口商须偿还贴现的本金及其利息，或者银行从出口商的账户上扣划贴现金额及有关费用。

二、出口跟单托收押汇

出口跟单托收押汇（Advance against Documentary Collection; Collection Bill of Purchased），是指在跟单托收方式下，出口商发货后将货运单据提交出口地托收行，请求托收行预先支付部分或全部货款，待托收款收妥后，偿还银行垫款的一种出口贸易融资方式。

此种融资方式下，托收行买入出口商开立的以进口商为付款人的跟单汇票和随附的商业单据，将货款扣除利息和有关费用后，余额付给出口商，其还款资金为进口商支付的货款。若出口商无法从进口商那里收回货款，则出口商必须使用自有资金偿还本金和利息。

三、出口打包放款

出口打包放款（Packing Loan），又称打包贷款，是指在信用证结算方式下，出口商

① 庄乐梅．国际结算实务精要［M］．北京：中国纺织出版社，2004：第 8 章第 1 节．

以信用证为抵押向银行申请发货前取得一定资金融通的一种融资方式。

这种融资方式，其融资比例一般不足信用证金额的全额，是以信用证项下的收汇作为还款资金。若出口商无法收回货款，则必须以自有资金偿还打包放款的本金和利息。在中国，打包放款可以使用人民币，也可以使用外汇作为贷款的币种。近年来，由于人民币的利率高于外汇贷款利率，国家允许打包放款结汇成人民币使用。

四、出口信用证押汇

出口信用证押汇（Negotiation Under Documentary Credit），是指在出口贸易中，以信用证方式收汇，出口商（受益人）以信用证项下的出口单据作为抵押，请求出口地银行在收到开证行支付的货款之前，向出口商垫付信用证金额的一种融资方式。

这种融资方式，其融资比例通常为信用证金额的全额，以信用证项下的收汇作为还款资金来源。若出口商无法从开证行获得货款，则必须以自有资金偿还押汇银行的本金和利息。押汇银行在垫付信用证金额时，预先扣除利息和有关费用，将余额贷给出口商。因此，出口商获得的融资金额将低于信用证金额的全额。与其他融资方式相比，这种押汇通常不需要出口商提供担保、抵押或质押或保证金。

第二节　进口贸易融资

进口贸易中，银行也可以向进口商提供一定的资金便利，为进口商解决资金周转的困难。常见的进口贸易融资方式有以下几种。①

一、信托收据

信托收据（Trust Receipt，T/R）是进口商与开证行或代收行订立的处理进口货物的一种合同。依据该合同，进口商在付清货款之前，将代表该货物的所有单据及权益抵押给银行。进口商凭信托收据并办妥有关手续后，在未付清货款前，可向银行借出货运单据（提单）办理报关、提货及销售，取得的货款也归银行所有。付款到期后，进口商向银行付款，赎回信托收据。这种做法实际上是开证行或代收行向进口商提供的一种资金融通便利。在信用证进口押汇、提货担保、D/P 远期等业务中，均可使用这种融资方式。

进口商凭信托收据借单提货，其物权仍属于开证行或代收行，进口商只是被信托人（Trustee）或代保管人（Bailee）。

二、进口开证额度

进口开证额度（Limits for Issuing Letter of Credit）是指开证行对资信状况良好、有充足的清偿能力、业务往来频繁的进口商，在开立信用证时规定一定的金额以供进口商循环使用。进口商在该金额限度内申请开证时，开证行免收或收取较低的保证金，且一定时期

---

① 庄乐梅．国际结算实务精要［M］．北京：中国纺织出版社，2004：第 8 章第 2 节．

内保证金的比例不变。这种做法实际上是开证行给予进口商的一种资金融通便利。

在实际业务中，开证行根据进口商缴纳保证金的比例、担保种类或抵押品的状况不同，其授信额度有所不同，通常有以下两种额度。

（1）一般信用证额度（General L/C Limit）。这是指开证行确定了开证申请人的开证额度后，允许进口商循环使用，而且开证行可以依据进口商的资信变化和业务需要随时调整开证额度。

（2）一次性开证额度（One time L/C Limit）。这是指开证行根据进口商的特定需求，如某项大额进口货物，一般信用证额度不能满足货款的需求或占用一般信用证额度将影响进口商的正常进口，专门为该进口货物所核定的一次性额度。这种特定的开证额度不能循环使用，且须依进口商所提供的担保、抵押等情况而定。

三、信用证项下的进口押汇

信用证项下的进口押汇（Inward Bill Receivables），是指开证行在收到议付行或其他指定银行寄来的信用证项下的单据后，为进口商（开证申请人）垫付货款的一种融资方式。

在信用证支付方式下，开证行收到符合信用证的单据后，本应立即向受益人付款或向指定银行偿付，此后由进口商付款赎单并提货，完成信用证交易。但有时，由于进口商资金周转困难，无法向开证行付款赎单，于是，开证行以信用证项下的单据为质押，并要求进口商提供一定的抵押或担保，由开证行先行对外付款；一定时期后，进口商再付款赎单。这种信用证项下的融资，一般称为进口押汇。

进口押汇的融资比例为国外来单（汇票或发票）金额的全额，而且收取利息的办法不是一般押汇的“预收利息法”，而是采用“后收利息法”，即在还款到期后，押汇银行从进口商的账户上收取利息。这种融资方式的还款资金是进口商的自有资金（企业利润），其押汇货币为信用证的货币，不能兑换成人民币使用。

四、托收项下的进口代收押汇

这种融资是指在付款交单（D/P）支付方式下，进口地的代收行以包括代表物权的提单在内的货运单据为质押，向进口商提供垫款的融资业务。

当进口地的代收行收到出口地托收行寄来的托收项下的货运单据之后，根据进口商的请求并与其订立押汇协议，进口商提交信托收据，由代收行先行对外付款；同时，将货运单据交给进口商办理存仓、保险、转售或加工使用。到期后，进口商向代收行还本付息，赎回信托收据。这种融资的业务与信用证项下的进口押汇类似。

五、提货担保

提货担保，是指在信用证支付方式下，载货船舶早于运输单据到达卸货港时，进口商（开证申请人）请求开证行开立的并凭以向承运人（船公司）办理提货手续的一种保函。由于进口商在向开证行付款之前即取得了代表物权凭证的单据（提单），因此，这种提货担保的本质是开证行对进口商提供的融资便利。

在正常的贸易中，是货运单据早于载货船舶到达进口地，进口商付款赎单后，凭正本提单向承运人或其代理提货，货款结算流程结束。但有时，货运单据晚于载货船舶到达进口地。为了早提货，进口商向开证行提出请求，由开证行出具担保函，承运人凭此放货，进口商保证日后及时补交正本提单，同时保证赔偿承运人因放货而可能遭受的损失及有关费用。

第三节 保付代理

保付代理（Factoring），简称保理，目前已成为一种国际贸易短期融资方式。[①] “Factoring”一词的中文译名还有“应收账款承购业务”“应收账款受让业务”“应收账款收买业务”或“应收账款受让承购业务”等。

一、保理的概念

保理是指在国际贸易中，作为保理商（Factor）的银行买进出口商或销售商或供应商以商业信用［赊销（OA）、承兑交单（D/A）等］出口或销售商品后的发票、汇票和提单等有关单据，对进口商（债务人）的应收账款债权提供销售账务处理、信用销售控制、债务回收、坏账担保和出口贸易融资等综合性金融服务。出口商也可以根据自身的实际需要，要求保理商提供上述全部或部分服务。

二、保理业务种类

保理业务依不同的标准可划分为以下几种类型。

1. 依保理商的不同，保理业务可分为单一保理商模式和双保理商模式

（1）单一保理商模式。这种保理业务是指，出口商与进口地的保理商（进口保理商）签订保理合同，进口保理商再与出口地的一家银行（非保理商）订立协议，出口地银行只负责传递信息和划拨款项，不承担保理商的责任。因此，这种保理业务只有三方关系人：出口商、进口商和进口保理商。

（2）双保理商模式。这种保理业务是指，出口商与出口地的保理商（出口保理商）订立保理合同，出口保理商再与进口保理商订立协议，相互委托代理业务，出口保理商向出口商提供保理业务服务。因此，这种保理业务包括四方关系人：出口商、进口商、出口保理商和进口保理商。由于这种保理业务对各方关系人均有利，因而使用较多。通常所说的保理业务是指双保理商业务。

2. 依追索权，保理业务可分为有追索权保理和无追索权保理

（1）有追索权保理（Recourse Factoring），又称非买断式应收账款收买业务，是指保理商不负责为出口商核定信用额度和提供坏账担保，只提供包括融资在内的其他业务。若进口商因偿付能力不足而形成坏账，保理商有权向出口商追索。这种保理业务，保理商虽然承担记账、债权管理及融资业务，但不承担进口商的信用风险。

---

① 庄乐梅．国际结算实务精要［M］．北京：中国纺织出版社，2004：第8章第4节；苏宗祥，景乃权，张森林．国际结算［M］．3版．北京：中国金融出版社，2004：第5章第1节．

（2）无追索权保理（Non-Recourse Factoring），又称买断式应收账款收买业务，是指保理商负责为出口商核定信用额度和提供坏账担保，在额度内因进口商的资信等问题形成的坏账损失由保理商承担。但保理商所承担的风险只限于进口商的信用风险，并不承担因交易纠纷而产生的风险。如因货物品质不符而遭受进口商拒付时，保理商仍可向出口商追索垫款。

3. 依是否提供融资，保理业务可分为到期保理和融资保理

（1）到期保理（Maturity Factoring），是指保理商根据出口商给予进口商的付款期限计算出平均到期日，在该到期日将应收账款付给出口商。换言之，保理商并不垫付货款，这种业务自始排除融资功能，保理商重点负责账务管理、账务催收及保证到期付款等。

（2）融资保理（Financed Factoring），是指保理商一旦收到出口商的应收账款单据，立即预付不超过90%的发票金额的货款给出口商，其余10%的货款在收妥后结算。至于预付款项是否具有追索权，视合同而定。

4. 依货款支付对象，保理业务可分为公开保理和保密保理

（1）公开保理（Disclosed Factoring），是指出口商必须以书面形式将保理商参与结算的情况通知其进口商，并指示进口商将货款直接付给保理商。

（2）保密保理（Undisclosed Factoring），是指保理商参与结算的事实对进口商保密，进口商直接向出口商支付货款，融资与清算的费用由出口商承担。

三、保理业务优缺点①

对出口商而言，保理业务具有以下优点。

（1）加快资金周转。保理业务可使出口商的应收账款变现速度加快，资金周转更加灵活。

（2）节省人力及费用。出口商的应收账款由保理商负责处理，可使出口商专注于生产和销售，节省了相关的人力与费用。

（3）提高竞争力。因保理业务的融资与服务功能，出口商可以承兑交单、记账等付款条件与进口商交易，进而提高出口商的竞争力。

同时，保理业务对出口商也存在不足之处。

（1）付款期限较长。保理业务主要适用于承兑交单、记账等贸易付款方式，由于这些付款方式一般期限较长，保理商的融资期限也相对较长。

（2）手续费负担。保理业务的手续费通常为1%～1.5%，这些费用要由出口商承担。

（3）资信调查可能贻误商机。保理商在承做保理业务之前，需要对进口商的资信进行调查，核准后，买卖双方才能进行交易。这可能会贻误商机。

对进口商而言，保理业务具有以下优点。

（1）资金周转灵活。进口商利用保理业务以承兑交单、记账等贸易付款方式进行交易，不急于付款，资金周转灵活。

（2）免除提供担保。保理业务中，进口商不需提供担保，其可从保理商那里取得保

---

① 张锦源．国际贸易实务详论［M］．17版．台北：三民书局股份有限公司，2013：816-818.

证信用额度。

（3）增加交易量。进口商利用承兑交单、记账等的保证额度，可向出口商采购更多的商品，增加交易量。

（4）节省交易成本。保理业务中，进口商不需开立信用证，节省了成本；当进口地利率水平高于出口地时，以承兑交单、记账付款方式交易，则进口商可享受其利差，即以出口地的较低利率资金，取代进口地的较高利率资金。

保理业务对进口商也存在以下不足之处。

（1）货价相对较高。出口商因保理业务增加的费用，势必转嫁到货价上。因此，保理业务下的货价一般比信用证付款条件高。

（2）资信调查可能贻误商机。与出口商一样，保理商在承做该业务之前，需对进口商的资信进行调查和评估。若进口商的资信不能获得保理商的认可，也有可能使进口商丧失商机。

为统一保理业务做法，联合国有关机构制定了《国际保理业务公约》（UNIDROIT Convention on International Factoring）；国际保理商联合会制定了《国际保理业务统一规则》（General for International Factoring）。上述公约和规则为在国际贸易中使用国际保理业务提供了统一的业务标准和法律依据，明确了各方当事人的权利和义务，对促进该业务的发展起到推动作用。

第四节 福费廷（包买票据）

一、概念及特性

Forfaiting 一词源自法语“a forfait”，意指“放弃权利”（to surrender one 's rights），通常译为“福费廷”“包买票据”“收买应收账款”“中长期出口票据贴现业务”或“中长期应收票据收买业务”等。

福费廷业务是指，在大型成套设备等资本货物的出口中，当出口商以赊销等方式出口货物后，由贴现商或买断银行（Forfaiter）以固定利率的贴现方式，在无追索权的条件下，买入出口商因出口货物所产生的远期付款票据（如汇票或本票）并预付现金给出口商。远期付款票据不论是由出口商签发（如远期信用证或 D/A 项下的汇票），还是由进口商签发（如分期付款的本票），原则上都先由进口地的金融机构加以承兑或保证。因此，福费廷是一种兼具银行融资、债权管理、收买债权、提供资信调查和规避风险的中长期贸易融资等综合性金融工具。

福费廷业务具有以下特性。

（1）福费廷是在无追索权（Without Recourse）的基础上，向出口商提供贴现贸易融资，即出口商放弃对所出售债权的一切权益，贴现商也放弃对出口商的追索权。换言之，贴现商承担债权的风险和责任。

（2）福费廷不仅可以结合远期信用证操作，也可用在非信用证付款的中长期延付方式下，如承兑交单（D/A）、赊销（OA）或分期付款（Installment）等的贸易融资。

（3）贴现商所贴现的票据，必须先经过进口地银行或政府机构的承兑或保证。

（4）福费廷主要被用于资本货物或技术的出口贸易中，票据的开立均以国际贸易为背景。

（5）福费廷的融资期限多以中长期为主，通常在半年以上，有的长达10年。

二、福费廷业务对出口商的积极作用

如何有效地利用各种贸易融资工具来确保交易债权的安全并提高资金周转的效率，已成为出口商参与国际竞争的重要目标。福费廷业务可以为此发挥积极作用。

（1）增强出口竞争力。通过福费廷业务，出口商可以为进口商提供优惠的付款条件，如远期信用证、D/A或分期付款，争取更多的出口机会，尤其对开拓资金不足的发展中国家更具竞争力。

（2）提高出口商资金运用效率。与一般出口押汇不同，福费廷并不占用出口商在银行的信用额度。通过贴现境外银行承兑或担保的票据、提前取得票款，出口商不仅可以增加资金运用的灵活性、减轻资金周转压力、改善账务结构，而且可以解决信用证押汇额度不足的问题。这对资金不足的出口商更具现实意义。

（3）增强避险功能。出口商以无追索权方式贴现票据，将买方的信用风险、进口地的政治风险转移给贴现商，这使出口商在开拓金融体系不健全或资信程度不高的发展中国家市场时，可以比较放心地进行交易。

（4）控制汇率与利率变动风险。出口商的中长期外币票据以固定利率贴现，可以有效地控制融资期间汇率与利率变动的风险，特别是国际利率处于低水平、本币有升值压力时，福费廷的这一作用更加显著。

（5）帮助进口商争取低利率的国际性通货融资。若进口地的利率水平较高，通过福费廷业务可以帮助进口商取得较优惠的国外融资利率、降低进口利息成本，从而提高进口商的积极性。

三、福费廷对进口商的优缺点①

对进口商而言，福费廷具有以下优点：（1）可以获得中长期融资，缓解资金压力；（2）可获得竞争性利率的国际通货融资；（3）费用固定，不受利率变动的影响；（4）增强进口能力；（5）加速贸易合同的签订。

福费廷对进口商而言，缺点是因贴现息和所有费用都将计入货价中，因此，其进口货价将大幅增加；进口商为寻求银行担保，需要向担保银行支付一定金额的担保费用或提供担保品。

四、福费廷与保理的比较

尽管福费廷与保理都是通过债权转让，由第三者（贴现商与保理商）向进出口商提供融资，但两者在实务操作中还存在不同之处，如表28-1所示。

---

① 张锦源．国际贸易实务详论［M］．17版．台北：三民书局股份有限公司，2013：822-823.

表 28-1　福费廷与保理的比较

比较内容	福费廷	保理
1. 承做的付款方式	远期信用证、承兑交单、分期付款等	非信用证付款方式，如承兑交单、赊账等
2. 承做的商品类别与特性	机械设备等资本货物出口，金额较大、付款期限较长	消费性商品，金额较小、付款期限较短
3. 融资期限	中长期：半年以上至数年不等（大多承做 180 天以内的信用证买断）	短期：通常半年以内
4. 债权形式	以本票或汇票贴现的方式移转	短期应收账款转让
5. 债权确保金额	票据金额的 100%	应收账款的 100%（在无追索权的情况下）
6. 对出口商有无追索权	无追索权	分为有追索权与无追索权两种
7. 融资金额	票据金额的 100%	若有需要，保理商可预付应收账款金额的 80% 给出口商
8. 是否有第三者保证	进口地银行或政府机构对票据担保	无
9. 风险的移转	由贴现商承担：进口商的信用风险，进口地政治风险、汇兑风险，交易币别的汇率风险、利率风险	由保理商承担：进口商的信用风险
10. 承做地区	包含信用风险较高的发展中国家	以金融体系较健全、稳定的欧美国家为主

五、福费廷与信用证出口押汇的比较

福费廷与信用证出口押汇都是购买出口商的债权，向出口商提供融资便利，但两者之间同样存在许多差异，如表 28-2 所示。

表 28-2　福费廷与信用证出口押汇的比较

比较内容	福费廷	信用证押汇
1. 承做的付款方式	远期信用证、承兑交单、分期付款等	即期信用证、远期信用证
2. 融资期限	中长期：半年以上至数年不等（大多承做 180 天以内的信用状买断）	短期：通常为 180 天以内
3. 融资票据	汇票或本票	汇票（有时不须汇票）
4. 融资方式	贴现商对出口商提示的本票或汇票贴现	银行依出口押汇、融资开证、远期信用证、预付信用证、备用信用证等不同方式，给予进出口商融资
5. 融资银行的追索权	买断银行对出口商无追索权	押汇银行对出口商有追索权 开证银行对出口商无追索权

续表

比较内容	福费廷	信用证押汇
6. 货物买卖债权是否转让	是： 出口商将债权转让给贴现商	否： 银行在信用证上的权利义务与贸易合同的债权债务分开而独立
7. 是否占用进出口商在银行的信用额度	出口商：否 进口商：是（因票据要经进口地银行保证）	出口商：是（押汇额度） 进口商：是（开证额度）
8. 付款的保证方式	进口地银行或政府机构对票据担保或在票据上承兑	开证银行在汇票上承兑（有汇票的远期信用证时），或开证银行在信用证上面注明“保证付款”的字句
9. 风险的移转	由贴现商承担： 进口商的信用风险，进口地的政治风险、汇兑风险，交易币别的汇率风险、利率风险	由开证银行附条件承担：进口商的信用风险（以出口商提示的单据符合信用证规定为条件）
10. 融资银行安全考虑的重点	贴现商关注进口地担保或承兑银行的信用	押汇银行关注出口商、开证银行的信用；开证银行关注进口商的信用

第五节 人民币跨境结算

中国自改革开放以来，外向型经济发展迅速，但许多境内企业在“走出去”的过程中，面临较大的汇率风险和汇兑成本；特别是在国际金融危机发生之后，外部经济环境的变化以及美元、欧元等国际结算货币的大幅波动，使得境内企业“走出去”的成本和风险明显加大，同时也产生了以人民币作为贸易结算货币的意愿和市场需求。2009 年，中国启动了跨境贸易人民币结算试点工作。

一、跨境贸易人民币结算的定义

跨境贸易人民币结算，是指经国家允许指定的、有条件的企业，在自愿的基础上，以人民币进行跨境贸易的结算；商业银行在中国人民银行规定的政策范围内，可直接为企业提供跨境贸易人民币相关结算服务。其业务种类包括进出口信用证、托收、汇款等多种结算方式。例如，中国出口企业在与境外买家协商交易过程中，可要求以人民币结算，境外买方则在付款银行开立人民币信用证，随后，中国出口企业才发货和收取货款。

2009 年 4 月，中国在上海和广州、深圳、珠海、东莞开展跨境贸易人民币结算试点；7 月，汇丰银行和东亚银行于香港相继发行人民币债券后，中国人民银行等部门下发了《跨境贸易人民币结算试点管理办法》（下称《试点管理办法》），为跨境贸易人民币结算提供了法律依据。

近年来，中国不断扩大跨境贸易人民币结算试点范围，跨境贸易人民币结算的境外地域由港澳、东盟地区扩展到所有国家和地区；境内地域扩大至全国。

二、人民币跨境结算创新业务

在稳步扩大经常项目项下人民币结算的基础上，中国人民银行等部门又陆续出台政策，启动了跨境人民币境外借款、直接投资项下人民币跨境结算以及个人跨境贸易人民币结算等业务，从而丰富和完善了跨境人民币使用的政策框架。2012 年，国务院发布《关于支持深圳前海深港现代服务业合作区开发开放有关政策的批复》，允许前海探索拓宽境外人民币资金回流渠道，构建跨境人民币业务创新试验区；2012 年底，跨境人民币贷款即在前海启动。2013 年 9 月，上海自贸区挂牌后，扩大人民币跨境使用的相关政策也在自贸区陆续实施，推出了经常项目下跨境人民币集中收付、跨境人民币双向资金池等创新业务。2014 年 6 月，中国人民银行又出台贯彻落实《国务院办公厅关于支持外贸稳定增长的若干意见》的指导意见，对简化跨境贸易和投资人民币结算业务流程、鼓励企业到境外发行人民币债券等作出进一步安排。因此，人民币结算在跨境贸易和投资中的使用范围不断扩大，业务品种不断创新，提升了人民币在境外的认可度和国际地位，促进了外贸和投资的便利化。

三、人民币跨境结算对企业的效益

实施人民币跨境结算，最大的受益者是中外贸易及投资企业。

第一，有利于企业有效规避汇率风险。企业在收款、付款活动中，无需担心汇率的远期波动，也无需通过提前叙做远期交易来规避汇率风险，从而避免了汇率风险。例如，国内某公司向美国公司出口，3 个月之后可收取出口货款 100 万美元并准备结汇为人民币，用以支付境内原材料采购；若 3 个月后人民币升值 2%，则该公司将直接承担 2% 的汇率损失，从而使采购资金产生缺口。为避免风险，公司决定提前办理远期结汇、锁定结汇汇率，但需为此承担部分银行费用。在此情况下，若企业直接以人民币计价结算，则无论远期汇率如何变动，企业所收取的货款都足以支付境内采购的价款并无需为此支付额外的费用。中国与东南亚国家和韩国等的贸易，通常是以第三国货币计价结算，这样一来，中国境内企业与这些国家企业也都要承担汇率风险。当人民币用于跨境贸易结算时，中国和周边国家和地区使用人民币进行国际结算的企业所承受的外币汇率风险，即可部分消除。

第二，有利于企业财务核算。当中国企业以人民币进行跨境贸易结算时，通常其经营成果较为透明，表现为进口企业的成本和出口企业的收益能够较为清晰地固定下来，这有利于企业进行财务核算。

第三，企业的收支活动均采用人民币进行计价结算，无需承担货币兑换成本。例如，国内某公司每月对外支付的进口货款为 100 万美元。若以自有人民币资金通过银行购买美元，则须承担一定比例的兑换费用；若通过银行办理美元贸易融资，则面临融资利率波动幅度大的风险，在国内外币资金流动性紧张时，公司须承担高额的美元融资利息。对于此种情况，若公司直接对外支付人民币，则可以免除货币兑换环节的费用；由于国内的人民币货币市场成熟稳定、资金供给充足、融资形式丰富多样，公司办理人民币融资手续相对简便，也无需担心融资利率的异常波动。

第四，节省企业两次汇兑所引起的部分汇兑成本。中国周边国家和地区与中国之间的贸易大都采用美元结算，而其国内又不能进行美元流通。因此，结算通常要经过本币→美元→本币的两次兑换。这种情况主要发生在公司的内部交易，即子公司与子公司或子公司与母公司的贸易之中。以美元兑换人民币为例，银行按交易金额的1.25%收取汇兑费用。若人民币用于跨境贸易结算，则可减少其中一次兑换并节省有关费用。

第五，跨境贸易用人民币结算可以加快结算速度，提高企业资金的使用效率。减少一次汇兑，本身就减少了资金流动的相关环节，缩短了结算过程，提高了资金的使用效率。同时，由于不需要进行外币衍生产品交易，企业可以减少相应的人力资源投入和相关的资金投入，这也有利于企业加快运转速度。

第六，企业办理人民币跨境结算业务，结算手续相对简化，人民币跨境结算所产生的对外负债不纳入外债指标管理。因此，企业申请对外开立90天以上的远期信用证，无需受到境内银行短期外债指标的限制。

2018年，以人民币进行结算的跨境货物贸易/服务贸易、其他经常项目、对外直接投资、外商直接投资，分别发生3.66万亿元、1.45万亿元、8 048.1亿元、1.86万亿元。2018年，跨境贸易人民币结算业务发生5.11万亿元，直接投资人民币结算业务发生2.66万亿元。2019年，中国GDP总量约为14.22万亿美元，占全球总量的16.3%，位列全球第二。未来，随着中国综合国力的提高及具有潜力的投资市场地位、日益庞大的对外贸易规模、日益完善的跨境人民币结算的政策法规体系等内外部环境成熟，跨境贸易人民币结算乃至人民币国际化将迎来发展的“黄金时代”。

案例分析

（一）非单据化条件争议案①

何谓非单据化条件？UCP600第14条对此规定：银行在审单时，对非单据化条件不予理会并将此条件视为没有记载。ISBP745更予以明确规定。为此，申请人和开证行在开立信用证时，必须将非单据化条件转化为单据条件；银行的拒付通知必须在不迟于自交单之翌日起第五个银行工作日结束前发出，否则，无权宣称交单不符。

涉及法院禁令等信用证法律问题时，国际商会的立场和意见是：法律的效力优先于UCP等国际惯例，但建议相关银行应在严格遵守法律的同时，切实依照国际惯例行事。

案情简介

信用证基本信息：

出口商（受益人）：H公司

进口商（申请人）：R公司

开证行：I银行

议付行：V银行

货 物：鲜姜

付款条件：不可撤销即期信用证，未保兑，凭银行议付方式兑用

某年12月10日，出口商（受益人）H公司在议付行柜台提交信用证下的装运单据。该银行议付并向开证行发送了单据。同年12月13日，开证行签收单据。同年12月27日，即收到单据后的第14天，开证行发送给议付行一份SWIFT999格式（银行与客户账

---

① 资料来源：“非单据化条件、开证行未及时发出拒付通知和法院禁令（案例TA689）”，中国贸易金融网特邀信用证专家交通银行总行张明伟，http://www.sinotf.com/GB/136/1362/2010-08-09/0NMDAwMDA1MzU0Nw.html。

务）的报文，显示“请视该报文为MT734”（拒付通知）并附有不符点如下：

+SWIFT 47A（附加条件），第2句，与信用证不符（注：47A第二点显示“货物必须按出口标准包装出运，在每一包/箱/袋/集装箱上，清楚标记原产国和运输唛头”）

+鲜姜是易腐货物，但受益人通过干箱运输

12月29日，议付行向开证行发送SWIFT报文，告知开证行，其不同意关于单据中不符点的意见：（1）开证行没有依UCP600，在收到单据后最多5个银行日内发送拒付通知。（2）信息中所谓的不符点全部不成立。47A第2句，是银行在审单时，应不予理会的非单据化条件。并且，银行只处理单据而非与单据相关的货物、服务或履约行为（UCP600第5条）。因此，单据符合信用证条款。

此后，议付行不断催促开证行付款。次年1月26日，开证行通知议付行：（1）申请人不能提货。（2）当局已销毁了不适合人类消费的货物（“姜已半腐”）。（3）他们不能付款，因为收到了法院的禁令。5月11日，开证行向议付行发送了一份内容几乎全部使用当地语言的高等法院通知副本。议付行认为，看来在拒付通知发送后的某一时刻，法院出具了禁令。在单据最初被拒付之时，没有不符点，因此，该行应已付款。在禁令日期之前，单据处于相符状态是显而易见的。议付行向国际商会咨询此案。

试分析上述案例。

[提示：

国际商会的分析和结论：

1. 拒付通知是在交单后的第14天发送

依UCP 600第16条D款，拒付通知的发送不得晚于交单次日起第五个银行营业日。由于没有满足上述16条的规定，依UCP600第16条F款，开证行无权宣称交单不符。

2. 无论如何，不符点均不成立

依UCP600第14条H款（若信用证包含一个条件且没有规定用来表明与该条件相符的单据，则银行将该条件视为未规定且不予理会），“货物必须按出口标准包装出运，在每一包/箱/袋/集装箱上，清楚标记原产国和运输唛头”的条件是非单据化条件。假如受益人没有在提交的一个或多个规定的单据中，插入与这项要求相冲突的信息，单据在这方面是相符的（见ICC意见TA644）。可以看出，信用证中没有关于货物不同于在非单据化条件中显示的、应如何包装的具体要求。缺少一项明确反映发运货物易腐特性的要求，依UCP600第14条A款，单据表面上相符。

看得出来，法院禁令是在拒付通知发送后某一时刻出具的（即银行先拒付，禁令后发出的）。在单据最初被拒付时，没有不符点（依上述观点），因此，银行应已付款。因禁令已做出，开证行不能不顾及法院的此项禁令。开证行现在应重新考虑其立场和交单状态，建议法院撤销其禁令，坚守信用证的交易和UCP的原则，尤其是UCP600第5条和14条A款及H款。

结论：

在向开证行交单之时，单据是相符的。依UCP600第7条C款，开证行必须偿付指定银行（议付行）。]

（二）福费廷融资案例①

案例背景

业务类型：福费廷；开证行：I银行；申请人：A公司；受益人：B公司；出口商：G公司；交单行：N银行。

案情简介

B公司是一家设计、制造以及销售各式液晶显示屏产品的企业，产品销往欧美等发达国家并经常成为国内同行追赶及模仿的目标。G公司是一家资本雄厚的专业进出口贸易企业，深谙对外贸易操作流程并与N银行保持良好的合作关系，一直希望拓展有关电子数码产品的出口业务。尽管B公司自身拥有进出口经营权，但因其缺乏对外贸易操作经验，故涉及海关及税务方面的运作，多数情况下均委托G公司办理。为此，B公司与G公司签署了合作协议，B公司将其出口信用证项下的应收账款收款权利全部让渡于G公司，由G公司负责办理货物报关出口以及退税等手续。

某年年初，N银行收到I银行开出的金额为120万美元、付款期限为见票后90天承兑的信用证。其中，信用证申请人为A公司，受益人为B公司。为加快资金周转并享有提前办理出口退税等政策优惠，B公司与G公司商讨后致电A公司，要求A公司将信用证受益人由原来的B公司修改为G公司，但遭到A公司拒绝。在多方努力仍无法得到解决方案的情况下，B公司与G公司向N银行求助。

针对B公司与G公司的业务需求，N银行为B公司与G公司量身定做了一套涉及多重款项让渡关系的福费廷融资方案，具体如下。

（1）B公司按照出口信用证要求生产备货，货物交由G公司办理出口报关手续。

（2）作为出口信用证受益人，B公司向N银行提交信用证项下全套出口单据，由N银行向I银行寄单索汇。

（3）N银行收到I银行有效承兑电文后，G公司作为福费廷业务申请人，在B公司承担福费廷业务连带保证责任的前提下（即B公司为福费廷业务担保人），G公司与B公司双方联名递交福费廷业务申请书。与此同时，B公司将出口信用证项下应收账款收款权利全额让渡给G公司，G公司作为应收账款的受让人，再将应收账款的收款权利转让给N银行。B公司、G公司和N银行三方共同签署福费廷业务协议，G公司与B公司双方签署款项让渡函，明确三方各自的权利与义务。

（4）N银行为G公司办理福费廷业务，融资款项划入G公司账户。

（5）单据到期日，N银行收到I银行付款后用于归还福费廷业务的融资款。

试分析该融资方案的可行性。

[提示：该案例中，五个当事人各自形成的法律关系是如下。

（1）信用证受益人与进口商之间的贸易基础合同关系。

（2）进口商与开证行之间的委托及开立信用证关系。

（3）信用证受益人与开证行之间的信用证关系及债权债务关系。

（4）信用证受益人与出口商G公司之间的款项让渡关系。

（5）出口商G公司与包买商之间的款项让渡关系。

① 原擒龙．国际结算与贸易融资案例分析［M］．北京：中国金融出版社，2010：155-158.

（6）包买商与开证行之间的债权债务关系。

无论应收账款所有权发生了多少次让渡关系，从信用证受益人，即应收账款的原始所有人，直至包买商买入应收账款前最近的前手，这一应收账款让渡的交易链条必须确保其完整性、合法性与连续性，前后手双方必须依法签订款项让渡协议；福费廷业务申请人，必须合法地拥有应收账款所有权且为包买商买入应收账款前最近的前手；所有前手，包括信用证受益人，必须为福费廷业务提供连带责任担保，且相关担保责任必须在与包买商共同订立的福费廷协议中逐一予以明确。]

（三）出口双保理索偿案[①]

案例背景

业务类型：买断型融资性出口双保理；出口商：B公司；出口保理商：F银行；进口保理商：E银行；进口商：A公司。

案情简介

某年5月，中国出口商B公司与意大利进口商A公司签订了摩托车出口合同，约定采用赊销方式结算货款。由于双方是第一次合作，B公司对进口商的信用有所担忧，同时希望在发运货物后，获得银行融资、加快资金周转。F银行了解情况后，主动向B公司推荐买断型融资性出口双保理业务。

7月16日，F银行通过EDI保理系统向进口保理商E银行进行额度申请和确认，最终获得E银行批复买断型保理额度15万美元，额度有效期至11月30日，赊销天数100天，保理费率为发票转让金额的0.6%，担保付款期限90天。同时，E银行要求发票最晚在提单装运日后14天内出具，发票日期后20天内由F银行转让发票。F银行审批后，向B公司出具了额度确认单，B公司按照合同约定备货出运。

9月28日，B公司向F银行递交全套出口单据，包括出口合同、B公司出具的介绍信、正本商业发票、装箱单、全套正本提单、出口许可证。F银行审查出口合同和单据一致，发票日期为9月18日，提单装运日期为9月21日，付款期限为发票日期后100天，均满足出口合同约定和E银行要求。

9月30日，F银行通过EDI保理系统转让发票给E银行并将全套正本单据寄往A公司，发票转让金额14.87万美元，单据到期日为12月27日。10月18日，F银行和B公司签订了买断型融资性出口双保理协议，并向B公司提供了11.8万美元的出口保理项下的融资。

12月27日，应收账款到期，进口商A公司未按期付款，F银行按照国际保理惯例，联系E银行进行款项催收。E银行反馈称，进出口双方已达成延期支付协议。F银行立即向出口商B公司了解有关情况，但B公司称从未同意延期付款。据此，F银行要求E银行继续催收保理款项。

次年1月17日，E银行提出贸易纠纷，理由是延迟装运导致货物未能及时到港和安排销售，要求延期付款。F银行查询单据存档记录，合同约定最迟装运期为9月30日，B公司实际装运日为9月21日，贸易纠纷理由不成立。F银行立即将合同、出口发票、装运提单复印件、进出口双方电子邮件记录等通过邮件方式提交E银行。2月22日，E银

① 原擒龙．国际结算与贸易融资案例分析［M］．北京：中国金融出版社，2010：171-172.

行又提出 A 公司被另一公司收购，因并购手续未完成而要求推迟付款。F 银行推断，进口商是利用纠纷程序故意拖延付款，遂多次通过电子邮件与 E 银行据理力争。3 月 6 日，F 银行通过 EDI 系统正式解决了进口商提出的无理纠纷，重新启动进口保理商担保付款（PUG）程序。

5 月 14 日，进口保理商担保付款日到期。E 银行一度拖延付款，F 银行多次向其施压，催促其付款。6 月 11 日，F 银行收到 E 银行担保付款，保障了出口商的应得权益。

试分析该案例。

（提示：对出口商而言，为防止进口商假借贸易合同纠纷拒付货款从而免除进口保理商的付款责任，在贸易合同中，应就货物装运、货物质量和数量证明、贸易纠纷的解决方案等与进口商达成一致意见。同时，对贸易合同有关条款的修改，必须以双方书面确认为准。出口商应完整保存与进口商之间的往来电子邮件记录，以便保护自己出口保理项下的权利。）

第二十九章　国际贸易纠纷的预防与处理

了解和认识贸易纠纷的原因，分析贸易纠纷的本质，探讨其解决方法，是贸易商面临的一个重要课题。本章从出口商的角度，对此加以论述。

第一节　国际贸易纠纷的预防

一、贸易纠纷发生的原因

国际贸易产生纠纷的可能性，究其原因主要为两大方面：其一是潜在原因，主要包括对方的资信调查难度较大，法律、习惯不同，交易双方的语言不同，市场竞争激烈，交易价格波动较快，市场经营环境容易发生变化，对方政局、政策变动，交易使用的度量衡制度存在差异等；其二是自身原因，主要包括买卖合同的条件或条款不够明确和完整，双方对有关争议问题的理解决不同，当事人不履约或不完全履约，故意欺诈或诈骗等。

二、贸易纠纷的预防

出口商为防止纠纷的产生，应做到以下几个方面。

1. 进行市场行情调研和密切关注市场变动趋势。这一问题此前已有论述，不再赘述。

2. 谨慎选择交易伙伴。这一问题此前已有论述，不再赘述。

3. 熟悉和研究国际贸易惯例及对方的法律。在多数国际贸易中，双方订约时，通常适用某一（些）国际贸易惯例。目前，有关的国际贸易惯例已普遍被接受，因此，贸易商须对此有深入的研究，以便正确使用。若买卖合同约定适用对方的法律，则出口商还须对此有所研究。

4. 合同条款应明确、具体。从众多贸易纠纷案例看，纠纷的原因之一是合同对某一（些）事项无明确的约定。若合同以口头形式达成，须将合同内容以书面形式表达出来。为防止纠纷的发生，贸易商应尽可能将合同内容加以具体规定，具体事项可采用附件形式。必要时，可请公证机构做出公证书。

5. 购货合同与贸易合同衔接。出口商向进口商所交运的货物经常是由国内厂商制造或加工的。为此，出口商应将两个合同，即与厂商订立的购货合同及与进口商订立的贸易合同相衔接，以免使出口商处于两个合同的夹缝中，导致被动局面。

6. 合理运用信用证支付方式。由于信用证具有独立抽象性，出口商能否获得银行付款，关键是出口商能否履行信用证规定的条件和条款。为此，出口商应严格按信用证规定制作各种单据，保证“单证一致”“单单一致”和“单内一致”。若发现信用证含有软条款或与买卖合同不符的条款，应及时提出修改要求。合同中应明确规定进口商开证的时间、信用证的种类。没有收到信用证，出口商不能贸然发运货物。若因市价跌落而进口商拖延开证或拒不开证，出口商应据理力争；否则，可以提出损害赔偿请求。

7. 严把货物质量关。贸易纠纷的另一重要原因是交货品质有瑕疵。若货物品质有瑕疵，进口商提货后，可依据买卖合同向出口商索赔。另外，出口商还应对所交货物承担产品责任。因此，为防止货物品质瑕疵和产品责任纠纷，出口商应对产品的原料、部件及成品严把质量关；同时，在订购合同中订明产品责任的归属；必要时，投保产品责任险，以转嫁该风险。

8. 合理安排规避风险的各种措施。贸易纠纷无论如何是不可能完全避免的，只能将其降低到最小限度。为此，出口商应树立风险意识，采取适当的规避措施。常见的规避风险措施主要包括：（1）规避进口商或进口地的政治风险与商业风险。出口商可适当投保出口信用保险；将应收账款转让给收购商等。（2）规避汇率变动风险。如争取使用“硬币”交易、远期外汇买卖等。（3）规避运输风险。如投保各种货物运保险。（4）规避支付风险。如投保“卖方利益险”、采用即期 D/P 或信用证支付方式等。（5）规避知识产权风险。如在合同中订立知识产权风险归属，投保知识产权责任保险等。

第二节　应对进口商的索赔

就进口商对出口商的索赔而言，有些是基于进口商的权益受到损害所提出的正当索赔，如所交货物的品质有瑕疵；但有些可能是进口商为转嫁损失（如货价跌落）或恶意索赔。因此，就出口商而言，如何应对进口商提出的贸易索赔，是出口商面临的一个重要问题。

一、索赔期限是否过期

索赔期限也称索赔时效，是指受损害的一方有权向违约的一方提出损害赔偿要求的时间限制。依据法律规定，时效期间是权利人向法院提起诉讼，或向仲裁机构按仲裁协议提起仲裁的法定有效期间。在此期间，权利人享有请求法院依诉讼程序或请求仲裁机构依仲裁程序，强制义务人履行义务的权利。此期限届满后，权利人即丧失该项权利。时效期届满的后果是权利人胜诉权的消灭，不能强制义务人履行义务，义务人可以时效期届满为理由拒绝权利人的请求。但权利人的民事权利不因时效期届满而消灭，义务人若主动履行义务，权利人仍有权接受，义务人不得以不知道时效已过为由要求返还。

因此，出口商收到进口商的索赔通知时，首先应关注该索赔的期限是否已超过约定的索赔期限或法定的索赔期限。若已超过，则进口商的索赔权将因此而丧失。

二、不可抗力

国际货物买卖合同成立以后，有时，客观情况会发生非当事人所能控制的重大变化，使原有履行合同的基础消灭。国际公约和各国法律对此均规定，可免除未履行或未完全履行合同一方对另一方的责任。为了防止产生纠纷，国际货物买卖合同中，一般均订立不可抗力条款。

三、审查索赔依据与内容

一方当事人提出赔偿要求时，须拥有充分的索赔依据。索赔依据包括法律依据和事实依据。法律依据是指买卖合同的有关规定和合同适用法律的相关规定；事实依据是指违约的事实、情节及其书面的证据等。

当出口商遇到进口商索赔时，若该索赔没有超过上述索赔期限，则出口商应进一步审查该索赔的依据是否完整、是否符合合同和法律的规定、有关证据是否由规定的机构出具。若索赔依据不符合规定，出口商可拒绝赔偿；若符合规定，则出口商再审查索赔的具体内容。

出口商审查索赔的内容主要包括索赔函的语言措辞、索赔计算方法、索赔金额等。出口商可以从中探究进口商索赔是正当索赔，还是运用讨价还价技巧的索赔，或是为弥补市价下跌损失的市场索赔。

四、寻找致损原因和分清损失责任

经审查后，若进口商索赔的依据与内容成立，则出口商应给予进口商正面答复。但货物致损的原因经常是多方面的，为此，出口商可寻找致损的原因，分清损失的责任，以减轻自己的责任。若货物损失是制造、生产或加工包装方面的缺陷，则应先由出口商对进口商负责，再由出口商向生产厂家追究责任；若货物损失是承运人不能免责的原因所致，则应由承运人负赔偿责任；若货物损失是自然灾害或意外事故所致，则应由保险人在承保责任范围内负责赔偿；若货物损失是货代公司处理不当所致，则应由货代公司负责赔偿；若货物损失是其本身性质所致，通常在免赔率之内的损失由进口商自己承担。找到货物致损的原因，有时可能有一定难度，通常由检验检疫机构出具致损原因证明加以认定。

五、谋求妥善方法解决索赔

在致损原因确定、损失责任划清之后，若出口商应承担赔偿责任，则应本着诚信原则与进口商就索赔问题进行沟通与磋商，就有关的赔偿事项达成合意。出口商不应感情用事，逞一时之快；否则，不仅责任无法免除，极有可能导致贸易关系破裂，从而永远地失去来之不易的贸易伙伴。为此，出口商应寻求妥善方法解决索赔。

（一）恰当与合理

一旦进口商的索赔成立且出口商应承担相应的责任，出口商应依据合同和法律的相关规定，以进口商的实际损失为限给予其恰当与合理的补偿。但若进口商漫天要价、索赔金额远远超出其实际损失，甚至其索赔是不正当的市场索赔或恶意索赔，出口商应减低索赔金额甚至拒绝赔偿，而不应一味地姑息或迁就进口商。

（二）道义补偿

有时，进口商的索赔依据并不成立，出口商完全可以理直气壮地拒绝进口商的索赔。但考虑到进口商的确遭受巨额损失，为了保持与进口商的良好关系、树立出口商的良好形象，出口商也可适当给予进口商一定的补偿。但应注意，这种补偿仅仅是道义上的补偿而非过失赔偿。换言之，出口商应以慰问金（Consolation Money）的名义向进口商支付一定金额，而不能以赔偿金（Indemnity Money）的名义支付。

（三）协商解决

由于买卖双方是贸易索赔的直接当事人，对纠纷内容最为了解，因此，应首先争取在双方当事人之间协商解决索赔事项。只有在双方互不相让或进口商的索赔金额过高且与出口商的认定相差甚远，或双方缺乏贸易知识，若不通过第三方协助无法获得公正解决的情况下，经双方同意，才可将争议提交第三者调解、仲裁或司法解决。

第三节　卖方索赔

卖方索赔（Seller's Claim）是指买方未能履行其合同义务，导致卖方蒙受损失，卖方向买方提出损害赔偿的要求。

买方违约比较常见的是不开立或延迟开立信用证、不修改信用证、不支付或延迟支付货款以及拒绝受领货物等。买方一旦发生这些违约现象，卖方有权提出赔偿要求。

一、损害赔偿

损害赔偿是国际贸易中最常见的索赔方式之一，也是比较容易执行的措施。只要进口商存在违约事实，导致出口商损失，出口商均可要求其负损害赔偿责任，向出口商支付赔偿金额。这一措施可适用于买方所有的违约，但各国法律对赔偿金额的计算有所不同，通常以实际损失为限。

二、要求支付货款

当出口商已将货物交付进口商且货物所有权已转移时，若进口商不付款或延迟付款，则出口商有权索赔货款及延迟付款的利息。

三、不发运货物

若进口商提前违约，如不开立或不修改信用证，或进口商破产、丧失支付能力等，出口商可不发运货物，直至进口商开立、修改信用证或提供担保为止。

四、中止交货

出口商已将货物发运，但尚在运输途中（in Transit）且处于承运人的控制之下，此时，若进口商违约，则出口商有权通知承运人立即停止将货物交付进口商，以便听候处理。这种做法一般称为“停运权”（Stoppage in Transit）。出口商行使停运权主要是针对整船、整批或大批量的货物，若货物量较小，则停运权的行使会受到限制。因为这将给承运人带来不便。

五、转售货物

当出口货物已到达进口地且货物所有权尚未转移给进口商时，若进口商拒绝受领货物、拒付货款，或进口商破产、丧失支付能力等，则出口商可将货物转售他人。

六、解除合同

若进口商违约致使出口商遭受巨额损失，如出口商依合同规定，为进口商特别制造某种商品而进口商拒收货物，出口商无法转售该货物导致出口商巨大损失时，则出口商有权解除合同；同时，可以请求损害赔偿。

出口商的上述索赔权既可独立行使，也可同时行使，其原则是以补偿出口商的实际损失为限。

第四节　国际贸易纠纷的处理方式

在国际贸易中，纠纷是无法避免的；一旦发生，通常可采取以下几种方式处理。

一、协商

如上所述，买卖双方之间协商解决纠纷是谋求妥善解决索赔的一项基本原则。由于当事人对整个交易过程及纠纷的发展最为了解，若双方以友好协商的方式，相互沟通、磋商，不仅可以顾及双方之间的感情、不影响将来的交易发展，而且又不泄露各自的商业秘密。这是一种最理想、最省时、最省力、最省费用的解决纠纷的方式。

二、调解

若买卖双方直接协商无法达成一致，则通过调解来解决纠纷也是一种比较理想的方式。

调解是指由第三方作为中间人，由其提出具体的解决方案，经当事人接受后，据以解决双方之间的纠纷。调解人既可以是自然人，也可以是法人机构，如同业公会、政府组织、法院、仲裁机构等。一般情况下，调解人作出的调解方案不具有法律约束力，即当事人可以不接受调解方案，另行寻求其他解决方法。但由法院和仲裁机构作出的调解方案，通常具有法律约束力。

三、司法诉讼

通过司法诉讼是解决贸易纠纷的最后手段。其他方法无法解决贸易纠纷时，一方当事人可通过向有管辖权的法院提起法律诉讼，由法院依相关规定作出判决。司法诉讼的缺点是程序复杂、时间长、费用高、容易泄露商业秘密、伤害双方的感情等。

四、仲裁

仲裁（Arbitration）是解决国际贸易纠纷的一种最常用方式。它是指买卖双方达成协议，自愿将有关争议提交双方所同意的仲裁机构进行裁决且裁决是终局的，对双方均有约束力，双方须遵照执行。

（一）仲裁机构

目前，世界上很多国家（地区）和一些国际性、区域性组织都设有国际商事仲裁的常设机构。这些常设仲裁机构不少与中国仲裁机构有业务上的联系。中国常设的涉外商事仲裁机构是中国国际经济贸易仲裁委员会，又称中国国际商会仲裁院，隶属于中国国际贸易促进委员会（中国国际商会）。

（二）仲裁协议

当事人采用仲裁方式解决纠纷，应当双方自愿且达成仲裁协议。若没有达成仲裁协议，仲裁机构不予受理。据此，发生争议或纠纷的双方申请仲裁时，须提交双方当事人达成的仲裁协议。

仲裁协议必须是书面的，它有两种表现形式：一是合同中的仲裁条款（Arbitration Clause），即在争议发生之前，合同双方在买卖合同或其他经济合同中订立的仲裁条款；二是双方订立的提交仲裁的协议，此种仲裁协议可在争议发生之前达成，也可在争议发生之后达成。以上两种形式的仲裁协议具有同等的法律效力。

仲裁协议在仲裁中发挥着重要作用：第一，表明双方当事人在发生争议时自愿提交仲裁。仲裁协议约束双方当事人在和解、调解不成时，只能以仲裁方式解决争议，不得向法院起诉。第二，使仲裁机构取得对争议案件的管辖权。任何仲裁机构都无权受理没有仲裁协议的案件，这是仲裁的基本原则。第三，可排除法院对于争议案件的管辖权。世界上绝大多数国家的法律都规定法院不受理争议双方订有仲裁协议的争议案件。

（三）仲裁裁决

中国与国际上大多数国家的做法一样，仲裁裁决是终局的，对双方当事人均有约束力。任何一方当事人均不得向法院起诉，也不得向其他任何机构提出变更仲裁裁决的请求。

（四）仲裁裁决的承认和执行

仲裁裁决一经作出，就具有法律效力，对双方当事人都有约束力，当事人应自动履行裁决。裁决书注明期限的，应在规定的期限内自动履行；未注明期限的，应立即履行。由于仲裁机构和仲裁员本身无强制执行的权力，若败诉方拒绝履行，胜诉方可向法院申请强制执行。

由于国际贸易争议或纠纷的仲裁裁决具有跨国性，各国相互承认和执行仲裁裁决的规定不完全统一。为解决各国在承认和执行外国仲裁裁决问题上所存在的分歧，1958 年，联合国在纽约缔结了《承认和执行外国仲裁裁决公约》（Convention on the Recognition and Enforcement of Foreign Arbitral Awards，简称《1958 年纽约公约》）。现在，该公约已成为有关承认和执行外国仲裁裁决的一个最重要的国际公约。目前，世界上绝大多数国家批准参加了该公约。中国于 1987 年 1 月 22 日批准加入该公约并于 1987 年 4 月 22 日生效。该公约的主要内容是要求所有缔约方承认当事人之间订立的书面仲裁协议（包括合同中的仲裁条款）在法律上的效力，并根据该公约的规定和申请执行地的程序，承认和执行外国仲裁裁决。

（五）中国国际经济贸易仲裁委员会仲裁的优势、特点及受案范围

在中国，通过中国国际经济贸易仲裁委员会仲裁一直是解决商事争议的首选方式，与

其他争议解决方式相比，其优点是：一裁终局；当事人意思自治；仲裁具有保密性；裁决可以在国际上得到承认和执行。其特点是：受案范围宽，程序国际化；独立公正；仲裁程序快捷高效；仲裁费用低廉；仲裁与调解相结合；专业的仲裁管理服务。其受案范围包括国际或涉外的争议案件，涉及香港特别行政区、澳门特别行政区或台湾地区的争议案件，国内争议案件等。

相关链接

DOCDEX 规则简介

国际商会曾于1996年制订《跟单信用证争议解决专家意见规则》（DOCDEX），以解决由于适用UCP500和URR525而引发的争议。随着国际贸易的不断发展及信用证争议和有关结算单据纠纷的大量增加，2002年3月，国际商会对DOCDEX规则进行了修订，将其适用范围由原来的UCP、URR扩大到其他国际商会规则，DOCDEX规则的名称也改为《跟单票据争议解决专家意见规则》，从而使该规则被确定为以专家意见为基础的解决国际结算纠纷的机制。

依DOCDEX规则，信用证交易中，任何一方当事人与其他当事人就信用证的争议可向国际商会设在法国巴黎的国际专业技术中心（International Center for Expertise，简称“中心”）提出书面申请，由该中心在银行委员会提名的一份专家名单中指定3名专家，依据当事人提交的书面材料，经与银行委员会的技术顾问协商后，作出如何解决争议的决议。

与仲裁审理须提交仲裁协议不同，DOCDEX规则规定，当事人之间无须有解决争议的协议，即可将争议提交中心，依该规则解决。无论对方当事人是否同意，中心最后都依DOCDEX规则和程序决定是否对争议案作出决议。

在接到受任专家的决议后，中心即与银行委员会技术顾问或其指定的代表协商，以确定该决议与国际商会规则及银行委员会历年来所作的见解相符。此后，中心将DOCDEX决议结果公布并通知申请人和被申请人。

此外，DOCDEX程序方便快捷。DOCDEX程序因一方当事人提出书面请求而开始，请求应包括必要的内容和书证。中心在收到请求和标准费用之后，将通知对方当事人在规定时间内答辩。全部程序只通过书面进行，无须开庭审理。规则要求专家在收到全部材料后30天内提出专家意见，然后，经国际商会银行委员会技术顾问审核后，作为DOCDEX决定发布。作为一种民间的争议解决方式，参与DOCDEX程序的有关人员，包括中心的工作人员、指定的专家，对争议涉及的当事人负有保密义务。根据规则，国际商会只有在不披露当事人身份的前提下，才可公开DOCDEX决定。

与通过司法途径解决纠纷相比，DOCDEX规则的优势非常明显。

（1）优势之一是效率高。根据该规则，答辩或者补充文件提交到中心的时间及专家小组审理的时间均有严格限制。与动辄几年的司法程序耗时相比，DOCDEX效率高的特点非常突出。

（2）优势之二是低成本。依DOCDEX最新收费标准，金额在100万美元以下的争议，收取的费用是5 000美元，金额在100万美元以上的为1万美元。与高昂司法诉讼成本相比，其低成本优势明显。

（3）优势之三是权威性。尽管规则明确规定“除非另有约定，DOCDEX的裁决对各方当事人无约束力”，但国际商会作为最具专业性的权威机构，其意见对当事人具有很强的说服力；即使裁决不能最终解决争议，但在后续可能发生的诉讼或仲裁程序中，仍可被司法或仲裁机构采纳，继而影响最终判决或仲裁结果。

案例分析

DOCDEX案例①

当中国的出口商和银行遭遇拒付时，通过DOCDEX裁决解决纠纷，是一种值得借鉴的有效途径。国际商会《跟单票据争议专家解决规则》可适用于跟单信用证、信用证下的偿付或托收及见索即付保函等的纠纷，具有快速、经济、权威的特点。中国是信用证业务量最多的国家，为维护自身正当权益，银行和贸易商有必要借此机制解决信用证拒付的纠纷。

案情简介

某年5月，中国银行的客户R公司作为信用证受益人向中国银行提交两套信用证下的单据，出口商品为热轧钢卷，开证行均为越南S银行，信用证申请人均为越南T公司。其中，A套单据金额280多万美元，包括一套汇票、十套发票、十套提单、十套装箱单、十套装运通知和十套受益人证明；B套单据金额400多万美元，包括一套汇票、七套发票、七套提单、七套装箱单、七套装运通知和七套受益人证明。

开证行收到单据后拒付，其理由是：（1）A套单据中有“一套发票显示的船名与提单上显示的船名不符（提单上的船名为‘SHAN DONG HAI DA’，发票显示为‘SHAN DONG DA’）”；（2）B套单据中有“一套发票未显示信用证号码及开证日期”。

经查业务档案，上述问题属实。其中，B套单据在受益人初次交单时，发票并未漏打信用证号码及开证日期，而是在中国银行发现其他不符点后，将单据退回受益人更改后产生的。由于七套单据属于套打性质，审单人员未发现其中一套发票原先正确的内容发生了遗漏。

从受益人处得知，因钢材价格下跌，申请人不愿承担损失，故拒付，而受益人也不接受其过分的减价要求。双方谈判无果。

鉴于两份信用证中的附加条款中均载明“Any minor typing mistake which will not affect quality, quantity, price, value and expiry date and shipment date shall be acceptable（任何小的打字错误只要不影响质量、数量、单价、金额、有效期和装运期均可接受）”，中国银行首先据此对开证行的拒付进行了反驳。开证行立即回复，“A套单据，‘HAI’的缺漏不能被认为是打字错误，单据间存在不符”；“B套单据，信用证要求所有单据须显示信用证号码和日期，发票没有满足该要求”。开证行在回电当日，将单据退寄中国银行。

基于开证行的强硬态度，中国银行积极寻求更为有力的论据支持，参考了国际商会在以往案例咨询中的意见。国际商会R698意见分析和结论：打字错误但能够通过与其他单

---

① 资料来源：连俊，孙宇豪：“利用DOCDEX机制解难”，http://news.hexun.com/2014-09-05/168226406.html。

据一起解读的，不视为不符点。R289 和 R635 的分析和结论：信用证条款要求单据显示信用证号码，只是为将单据归入信用证项下。因此，若开证行已将收到的单据归入相应的信用证项下，单据缺少信用证号码甚至引用错误的信用证号码都不足以构成不符点。

据此，中国银行向开证行发电，要求其参见国际商会的上述意见并指出："A 套单据，除一套发票外，其他所有单据都显示了正确的船名，该套发票中错打的船名可以从其他单据中的相应信息补充获得，并不会引起任何歧义；B 套单据，一套发票缺少信用证号码并不会影响开证行对整套单据的处理。"

对于中国银行的反驳，开证行坚持以单据之间存在矛盾、单据不符合信用证要求为由拒绝接受。7 月，受益人与中国银行共同商议后，决定联合向国际商会发起 DOCDEX 裁决申请。

国际商会结论如下。

根据 DOCDEX 规则，受益人与中国银行作为发起人，向位于巴黎的国际商会专家中心寄送了 DOCDEX 裁决申请。申请中，发起人详细叙述了事件经过及观点，并依据规定提交了信用证、全套单据、银行间来往函电等资料的复印件。发起人提交 DOCDEX 裁决后，开证行作为答辩人也在规定时间向国际商会提交了答辩意见。

10 月，国际商会作出 DOCDEX 裁决，专家给出完全一致的结论，即"两票信用证单据拒付均不成立，开证行应承付"。

试分析上述案例。

[提示：国际商会首先阐明：ISBP681 和 ISBP745 中允许的"拼写或打字错误"并不适用于数据或信息缺漏。因此，未显示信用证号码和开证日期、船名中部分内容的缺漏都不属于"拼写或打字错误"。

对于 A 套单据，国际商会指出："提交的十套单据包括十套发票、十套提单和十套装运通知，除一套发票的船名有缺漏外，都显示了正确的船名。从提交单据的整体看，货物装到了提单所显示的同一条船上。依 UCP600 第 14（d）条，单据中的信息，在与信用证、单据本身及 ISBP 参照解读时，无须与该单据本身中的信息、其他要求的单据或信用证中的信息完全一致，但不得矛盾。其中，一套发票中船名字母'HAI'的缺漏不会引起混淆，从单据整体看，有足够的信息可反映信用证的要求。"

对于 B 套单据，国际商会指出："国际商会 R289 意见已说明了在铁路运单上显示信用证号码这一要求的目的，仅仅是在单据误寄时便于查询。既然开证行已收到这些单据，所以，缺少这一参考号码就其本身而言，既不能增加也不能减少单据的效用，似乎无关紧要，不足以构成有效拒付理由。关于信用证的号码，国际商会曾多次声明不赞成这种做法，特别是在涉及运输单据的情况下；国际商会 R578 意见重申了上述观点；国际商会 R635 意见再次重申了上述观点；国际商会质询 TA774 的意见中，也引用了 R578 的意见。依上述意见，国际商会认为，单据中缺少信用证号码不构成拒付的理由；唯一的例外是：若国家或海关规定在一些单据上显示信用证号码，则以上观点将不适用。"]

第三十章　与贸易有关的独立保函

为避免或减少风险，保障贸易与投资的安全，在国际贸易与投资中，一方当事人经常要求另一方当事人提供一定的担保。

担保分为物的担保（物权担保）和人的担保（信用担保）两大种类。国际贸易中涉及的担保，主要是信用担保。信用担保的主要形式是保函和备用信用证。关于备用信用证，前面已有论述。因此，本章重点讨论与国际贸易有关的独立保函。

第一节　独立保函概述

根据与主合同的关系及保证人的权利和义务，信用担保可分为保证和独立保函。独立保函是一种新型的担保方式，它克服了保证的不足和缺点，可以满足贸易方式多样化、复杂化、金额大、履约期长等现代国际经济发展的需要。因此，独立保函的应用十分广泛。

一、独立保函的含义及其特性

独立保函（Independent Guarantee）又称独立保证、独立担保。国际商会《见索即付保函统一规则》（URDG758）及《联合国独立保函与备用信用证公约》都对独立保函进行了界定。从国际惯例和公约对独立保函的界定可以看出，独立保函是一种不同于传统从属性保函的新型信用担保方式。其含义是指，它是一种与基础合同相分离的，一旦出具后，其效力不依附于基础合同的保证，其付款义务仅以独立保函自身的条款和条件为依据。换言之，为保证债务的履行，保证人依基础合同债务人的请求，向基础合同的债权人作出承诺，只要该债权人提出索款要求并提交合格的单据，保证人不能援引基础合同的任何抗辩理由而必须向债权人支付约定金额。

在独立保函关系中，实际上存在三个合同关系。首先，是保函申请人（主债务人）与受益人（主债权人）之间的基础合同关系。这种关系主要表现为货物买卖、工程招投标、工程承包、预付款的支付、借贷等合同关系。这种合同关系是独立保函关系产生的原因和前提，但两者是相互独立的，即基础合同关系的无效并不影响保证人与受益人之间保证合同关系的效力。其次，是保证申请人（主债务人）与保证人之间的委托合同关系。尽管保函是应申请人的要求并为其利益而出具的，但保函一旦出具，即与申请人和保证人之间的委托合同相互独立。最后，是保证人与受益人（主债权人）之间的独立保证合同关系。这种独立保证合同关系一旦成立，即独立于上述两种合同关系之外，只要受益人提出的索款要求符合保函的条款与条件，保证人就必须履行付款义务。

正是由于独立保函具有上述特性，所以，它可满足国际贸易有关当事人的需求。

二、国际贸易中独立保函的种类

国际贸易中所使用的保函，依不同的标准存在不同的种类。实务中，常见的分类标准和种类一般有以下几种。[①]

（一）依独立保函运作机构的不同，分为直接独立保函和间接独立保函

1. 直接独立保函（Direct Guarantee）。是指受益人直接接受境外银行开立的保函，无需由受益人所在地银行代替境外银行出具保函。这种保函也同样涉及三方当事人和三个合同关系。

2. 间接独立保函（Indirect Guarantee）。是指保函申请人通过委托本地的一家银行作为指示行向保函受益人所在地的一家银行发出开立保函的指示，再由受益人所在地的充当保证人的银行向受益人开立保函。间接独立保函与直接独立保函相比，又多了一对合同关系，即指示行与保证行之间的委托代理关系，使保函的当事人由通常的三个人变为四个人，从而使保函关系更加复杂。

（二）依独立保函的付款条件不同，分为见索即付独立保函、提交第三方单据付款独立保函和提交仲裁裁决或法院判决付款独立保函

1. 见索即付独立保函。在实务中，其表现为两种形式。第一种为简单见索即付独立保函（Simple Demand Guarantee），是指受益人除需向保证人提交一份书面形式的索款要求外，不需任何其他条件，保证人则应毫不迟延地履行付款义务。第二种为附带申请人违约声明的见索即付独立保函，是指受益人在索款时，除了提交一份书面形式的索款要求外，还须提交一份关于申请人违约的声明。

2. 提交第三方单据付款独立保函。这种独立保函是指，受益人只要提交了保函所规定的单据即有权获得保证人的付款。这种独立保函所要求的单据通常有两类：一是要求受益人提交证明申请人违约的某种单据；二是要求申请人提交某种证明自己已履行基础合同的单据。一旦申请人提供了自己已履行基础合同的证明，受益人的索赔权随即终止。

3. 提交仲裁裁决或法院判决付款独立保函。这种独立保函，是指受益人向保证人索款时，需要提交一份证实申请人对受益人负有义务的仲裁裁决或法院判决，作为要求付款的条件。若受益人提交了保函中规定的仲裁裁决或法院判决，则保证人必须付款。

（三）依独立保函的用途不同，可分为付款保函、预付款保函、借款保函、透支保函、补偿贸易保函、履约保函、租赁保函、投标保函、质量保函、维修保函、关税保付保函等

1. 付款保函（Payment Guarantee）。是指银行等机构依申请人（买方）的请求向受益人（卖方）出具的，保证买方在收到符合合同规定的货物后向卖方支付全部货款，若买方违约，则由保证人赔偿卖方损失的一种保函。这种保函适用于进出口贸易，其担保金额为货物的价款及有关费用和利息。

---

① 周辉斌．银行保函与备用信用证法律实务［M］．北京：中信出版社，2003：第1章第2节．

2. 预付款保函（Advanced Payment Guarantee）。是指保证人依申请人（收到预付款的一方）的要求向受益人（支付预付款的一方）开立的，保证若申请人不按合同规定履行义务，也未将受益人预付给申请人的任何金额以其他方式偿还时，由保证人向受益人赔付一定金额的一种保函。该保函适用于国际货物买卖、工程承包和技术贸易中，一切预付款和带有预付款性质的分期付款业务。

3. 借款保函（Bank Guarantee for Loan）。是指银行按借款人的请求向贷款人开立的保证借款人在到期日还本付息，否则由保证人向贷款人予以赔偿的一种保函。这种保函的担保金额，通常为贷款总额及其利息。

4. 透支保函（Overdraft Guarantee）。是借款保函的一种特殊形式，是指充当保证人的银行应申请人的要求向被透支银行开立的，保证借款人到期如数偿还透支金额及相应利息，否则由保证人进行赔偿的一种保函。

5. 补偿贸易保函（Guarantee under Compensation Trade）。是指在补偿贸易下，出口设备、技术的一方，为避免进口设备、技术的一方违约而不按时补偿设备款或技术使用费，而要求进口方提交的一种保函。

6. 履约保函（Performance Guarantee）。是指保证人依申请人的请求向受益人开立的，保证申请人依照合同的规定履行各项合同义务，否则由保证人赔偿受益人损失的一种保函。这种保函的应用范围最广，可适用于各种合同的履行，如国际货物买卖、工程承包、融资租赁等。

7. 租赁保函（Leasing Guarantee）。是指保证人依承租人的请求向出租人开立的，保证承租人按约定支付租金，否则由保证人赔偿出租人损失的一种保函。这种保函比较适合于办理长期、大型、巨额设备租赁的担保，如飞机、船舶、建筑机械、成套设备等。

8. 投标保函（Bid Bond，Tender Guarantee）。是指保证人依投标人（申请人）的要求向招标人（受益人）开立的一种保函。该保函的保证人向招标人保证，投标人在开标前不中途撤标、不片面修改投标条件，中标后不拒绝交付履约保证金、不拒绝与招标人签订合同，并承诺当投标人出现上述违约行为时，由保证人赔偿招标人的全部损失。

9. 质量保函（Quality Guarantee）。通常适用于对商品质量有极高要求的国际货物买卖，即进口商为了确保货物品质符合要求，往往要求出口商提交质量保函。

10. 维修保函（Maintenance Guarantee）。多用于工程项目或大型设备的国际交易。该保函的保证人担保工程项目或设备在使用期内或保修期内出现问题，由承包人或出口商负责维修并承担相关费用，否则，由保证人负责赔偿业主或进口商的损失。

11. 关税保付保函（Customs Guarantee）。又称海关保函，是指承包工程施工过程或举办海外展览的展品进口报关未缴纳海关税时，向当地海关出具的一种保函。该保函保证施工设备或展品在规定的时间内撤离该地，否则，由保证人向该地海关交纳一定数额的关税。

三、独立保函的特点

从上述论述可以看出，独立保函具有以下特点。①

① 笪恺．国际贸易中银行担保法律问题研究［M］．北京：法律出版社，2000：37-39.

（一）保证人担保的独立性

独立性是独立保函最明显的特点，即保证人的担保义务不依赖于基础合同，它本身是独立的，即使基础合同无效，保证人的担保义务也不因此而解除。

（二）保证人担保的单据化

国际惯例与规则和多数国家的法律通常规定，受益人提出索款要求时，应提交一定的单据，即索款要求和/或有关证明必须表现为单据的形式。只要有关单据符合保函的要求，保证人即应履行其付款义务。

（三）单据与担保条款的一致性

保证人在保函项下处理的只是受益人提交的单据，只要该单据与保函中的担保条款相符，即两者具有一致性，则保证人应履行担保义务，除非保证人能证明受益人存在欺诈行为。但两者的一致性因不同国家、不同惯例与规则，其严格程度有所不同。

（四）清偿债务的第一性

保证人清偿债务的义务总是第一性的，即只要受益人满足了保函规定的条件后，保证人必须承担第一性的清偿债务义务。

（五）保证人审查义务的表面性

保证人对受益人所提交的有关单据只负有表面审查义务，即只要表面上符合保函的要求，保证人就应承担其付款义务，保证人没有权利也没有义务对单据的有效性或真实性进行进一步的调查。

第二节　直接独立保函当事人及关系人的权利和义务

在直接独立保函中，保函的当事人为受益人（基础合同的债权人）和保证人（一般为境外银行），其关系人为申请人（基础合同的债务人）。在保函业务中，他们行使各自的权利并承担相应的义务。①

一、申请人的主要义务

申请人的义务主要是向保证人提供反担保义务和偿付保证人的付款。

（一）向保证人提供反担保

在保函业务中，保证人在开立了保函后，即承担了向受益人付款的义务。为了避免因此而遭受损失，保证人一般要求申请人提供以保证人为受益人的反担保，即保证人若向受益人履行了付款义务后，要由申请人向保证人赔偿。反担保既可为物的担保，如抵押、质押等，也可为信用担保，如反保函。

（二）向保证人支付有关费用

申请人还须向保证人支付与保函业务有关的费用。这些费用通常包括手续费、额外费用和可能产生的诉讼费等。

---

① 周辉斌．银行保函与备用信用证法律实务［M］．北京：中信出版社，2003：第5章第1-3节．

二、保证人的主要义务与权利

保证人能否适当地履行其付款义务，直接影响受益人的权益；同时，他还应对申请人承担相应义务。另外，保证人也享有其权利。

（一）严格履行申请人的委托

保证人须严格履行申请人的委托，依申请人的要求开立保函，这一要求被称为保证人的严格遵守委托原则。这是因为保证人开立保函就是为其客户即申请人提供服务，并且保函的类型及内容直接关系申请人的利益。

（二）审核义务

保证人严格遵守申请人的委托原则，并不等于保证人可被动地贯彻申请人的所有委托，只有在申请人的委托清楚、明确、具体的前提下，保证人才有义务遵守这一原则。当申请人的委托含糊不清甚至存在矛盾的情况下，保证人应对委托内容予以澄清。

（三）合理注意义务

保证人在审核受益人的索款请求和所提交的有关单据是否与保函的条款和条件相符时，还应尽到合理注意义务。这一义务的含义是指，尽管保证人在履行审核义务时，采取的标准是表面一致，原则是严格相符，但保证人还应以一个谨慎保证人的态度和责任感来审查受益人的索款请求和有关单据，不应违反最起码的职业责任。

（四）保证人的主要权利

若保证人在遵守前述原则和标准的前提下，向受益人履行了付款义务，则保证人有权要求申请人给予偿付，即申请人对保证人向受益人的付款给予赔偿。

三、受益人的主要权利和义务

受益人是保函的权利人。他所享受的权利是当索款请求与所提交的有关单据在表面与保函条款和条件严格相符后，有权要求保证人履行付款义务。与此同时，他也相应地履行其相关义务。

（一）提出索款请求

对保函提出索款请求的，通常为保函的受益人，但保函也可规定由受益人之外的其他人提出索款请求。如为了确保保函的适当使用，维护申请人的合法权益，也可指定公证人而非受益人对保函提出索款请求。若保函权利被转让，受让人有权提出索款请求，此时，受让人提出的索款请求同样应满足保函条款和条件；若受益人宣布破产并指定了接管人，接管人有权对保函提出索款请求。

（二）提交单据

若保函规定受益人提交第三方出具的单据证明基础合同未被履行，则受益人须提交包括这一内容的单据；否则，保证人可拒付。但有时，保函中并未具体规定单据的内容或只是对单据的内容作了简单的说明。在此情况下，保证人具有一定的自由裁量权，以合理的注意决定具体的单据是否满足了保函规定的索款条件。

第三节 间接独立保函当事人及关系人的权利和义务

在间接独立保函下，申请人要求其境内银行（称为指示行）向受益人所在地的银行

（称为保证人）发出开立保函的指示。因此，在间接独立保函中，其关系人和当事人为申请人、指示行、保证人和受益人。

在间接独立保函中，有两个不同的委托合同，即申请人与指示行之间的委托合同，指示行与保证人之间的委托合同。如同直接独立保函一样，保证人以自己的名义向受益人承担保函义务，接受指示行的委托办事。为了免于因向受益人付款后而遭受损失，保证人一般要求指示行提供反保函，一旦受益人向保证人提出索款请求，保证人履行付款义务后，他有权依反保函向指示行要求赔偿；而指示行在向保证人赔偿之后，再向申请人要求偿付。指示行与受益人之间没有合同关系，因此，受益人不能直接向指示行提出索款请求。

在间接独立保函中，多数情况下，各当事人和关系人是相互独立的。但在有些情况下，这些关系人又是相互关联的。申请人与受益人的主要权利与义务与前述基本相同，不再赘述。在此，仅对指示行与保证人的主要义务进行分析。①

一、指示行的主要义务

虽然出具保函的委托通常是由申请人自己拟定的，指示行只起到向保证人转递该委托的作用，但指示行是以自己的名义向保证人提交委托的，因此，指示行须承担相应的义务。

（一）向保证人转递保函委托

指示行有义务准确无误地转递委托申请。指示行在接受申请人的委托请求时，有义务对委托申请内容进行合理谨慎的审查，以防出现错误或遗漏。依 URDG758，指示行若遵守了诚实信用原则并履行了合理注意义务，其不承担委托在转递中非自身过失而出现的错误的责任。

（二）调查基础保函的付款条件是否满足

从理论上讲，指示行对申请人不承担调查基础保函的付款条件是否得到满足的义务。但在目前的间接独立保函业务中，关于这一问题存在较大的随意性。一般认为，若申请人对基础保函的付款条件得到满足存在疑问，指示行承担对申请人提供一定帮助的义务，即指示行有义务对基础保函项下的付款条件是否已经满足进行一定程度的调查。各当事人或关系人最好在事前对此作出明确的约定。

（三）向申请人通知反保函的内容

在间接独立保函中，申请人面临来自两方面的风险，即关于基础保函的风险和反保函的风险。关于基础保函的风险，与直接独立保函下的风险相同。而反保函的风险则与直接独立保函不同。在间接独立保函下，反保函独立于基础保函，并且，反保函中的付款义务通常以更为简捷的条件加以规定。反保函一般都规定，一旦保证人提出索款请求，反保函项下的款项应立即获得支付；指示行不能要求保证人证明基础保函的付款条件已经满足，他须向保证人支付反保函项下的款项。当指示行履行了反保函的付款义务后，则会转向申请人要求偿付。这意味着即使基础保函的索款请求不符合保函的付款条件，申请人也须向指示行承担赔偿责任，因而又增加了申请人风险发生的可能性。

（四）向保证人提供反保函

指示行在向境外银行提交开立保函委托时，一般明确表明两方面的意思：一是要求保

---

① 周辉斌．银行保函与备用信用证法律实务［M］．北京：中信出版社，2003：第 6 章第 1-2 节．

证人依据一定的文本格式和条件开立保函，二是表明对保证人因开立保函向受益人付款而遭受的损失保证给予赔偿。这种赔偿一般采用反保函的方式加以具体规定。

国际贸易中所使用的保函多为间接独立保函，而其中又往往包含反保函的使用。反保函是否具有独立性质，即保证人从指示行获得赔偿的权利是仅限于反保函的规定，还是要考虑基础保函条款的履行情况，或者要考虑保证人适当地履行指示行委托的义务，尤其是严格遵守委托义务，以及对基础保函付款条件是否满足审查义务。依据国际惯例，原则上均承认反保函具有独立性。

二、保证人的主要义务

在间接独立保函下，境外保证人要同指示行和受益人产生直接的联系，同时，它的作为或不作为也将影响申请人的利益，尽管它与申请人不发生直接的联系。因此，间接独立保函下，保证人是否适当地履行其义务，对间接独立保函的其他关系人具有重要意义。间接独立保函项下的保证人，通常应履行以下义务。

（一）履行指示行的委托

在间接独立保函中，保证人对指示行所承担的义务，类似直接独立保函中的保证人对申请人所承担的义务。但依 URDG758，指示行对保证人是否履行委托及其过失，通常不承担责任。当然，保证人没有履行指示行的委托，往往会导致申请人的损失，一般不会导致指示行的损失。但申请人与保证人之间又不存在合同关系，申请人可能只有以侵权为由，才能要求保证人予以赔偿。依 URDG758，若指示行未尽到谨慎、合理的注意义务，则可能承担相应的责任。

（二）对指示行提出合理建议

在分析直接独立保函当事人和关系人的权利义务时，已论述过银行无义务向申请人提出建议。但在间接独立保函下，由于保函的当事人和关系人分别处于不同国家或地区，其法律、惯例有不同的规定，保证人能否向指示行，尤其是那些从未与境外保证人有过业务关系的指示行提供合理建议，将直接影响保函能否发挥应有的作用。在实务中，一些间接独立保函的保证人，通常会向境外指示行提出一些合理建议，但这种做法只能视为保证人的一项道义责任。

（三）审核索款请求与保函是否相符

保证人应尽合理注意的义务，审核受益人所提交的索款请求是否与基础保函的条款和条件相符，这是保证人的一项重要义务。该义务的主要内容，与直接独立保函中的保证人义务相同。URDG758 和《联合国独立保函和备用信用证公约》并没有将直接独立保函与间接独立保函中，保证人的该项义务加以区分，故保证人若未履行上述义务，有可能无法从指示行那里获得补偿，但这取决于反保函中对此规定的影响，即有此反保函可能免除保证人的这一义务。

（四）提交反保函规定的有关单据

有些反保函可能规定，保证人向指示行要求补偿的前提条件之一，是提交一项基础保函因其付款条件已满足而被履行的声明和有关单据。只有提交了该声明和有关单据，保证人才有权获得反保函项下的款项。反保函的上述规定对申请人的利益具有保护作用。但由于反保函的独立性，指示行对保证人所提交的单据，也只能是在遵守表面一致的标准和严格审核的原则下，审核该单据与反保函付款条件的一致性。

案例分析

履约保函与反保函争议

在处理独立保函争议中，认定是否构成独立保函欺诈而对基础交易进行审查时，应坚持有限及必要原则，审查范围应限于受益人是否明知基础合同的相对人并不存在基础合同项下的违约事实，以及是否存在受益人明知自己没有付款请求权的事实。受益人在基础合同项下的违约情形，并不影响其依独立保函的规定提交单据并索款的权利。认定独立反保函项下是否存在欺诈时，即使独立保函存在欺诈情形，独立保函项下已善意付款的，法院亦不得裁定止付独立反保函项下的款项。

案情简介

在“安徽省外经建设（集团）有限公司诉东方置业房地产有限公司保函欺诈纠纷案”中①，2010 年 1 月 16 日，东方置业房地产有限公司（下称“东方置业”）作为开发方，与作为承包方的安徽省外经建设（集团）有限公司（下称“外经集团”）、作为施工方的安徽外经建设中美洲有限公司（下称“外经中美洲公司”）在哥斯达黎加共和国圣何塞市签订了哥斯达黎加湖畔华府项目施工合同（下称“施工合同”），约定承包方为三栋各十四层综合商住楼施工。外经集团于 2010 年 5 月 26 日向中国建设银行股份有限公司安徽省分行（下称“安徽建行”）提出申请，并以哥斯达黎加银行作为转开行，向作为受益人的东方置业开立履约保函，保证事项为哥斯达黎加湖畔华府项目。2010 年 5 月 28 日，哥斯达黎加银行开立了履约保函（编号 G051225），担保人为安徽建行，委托人为外经集团，受益人为东方置业，担保金额为 2 008 000 美元，有效期至 2011 年 10 月 12 日，后延期至 2012 年 2 月 12 日。保函表明为“无条件的、不可撤销的、必须的、见索即付的”保函。执行此保函，需受益人向哥斯达黎加银行中央办公室外贸部提交一式两份的证明文件，指明执行此保函的理由。另外，由受益人出具经公证的声明，指出通知外经中美洲公司因为违约而产生此请求的日期，并附上保函证明原件和已出具过的修改件。安徽建行同时向哥斯达黎加银行开具反保函（编号 34147020000289），承诺自收到哥斯达黎加银行通知后 20 日内支付保函项下的款项。反保函是“无条件的、不可撤销的、随时要求支付的”，并约定“遵守国际商会 URDG458（《见索即付保函统一规则》）”。

施工合同履行过程中，2012 年 1 月 23 日，建筑师 Jose Brenes 和 Mauricio Mora 出具项目工程检验报告。该报告认定施工项目存在“施工不良”“品质低劣”且需修改或修理的情形。2012 年 2 月 7 日，外经中美洲公司以东方置业为被申请人，向哥斯达黎加建筑师和工程师联合协会争议解决中心提交仲裁请求，认为东方置业拖欠应支付的已完成施工量的工程款及相应利息，请求解除合同并裁决东方置业赔偿损失。2 月 8 日，东方置业向哥斯达黎加银行提交索赔声明、违约通知书、违约声明、项目工程检验报告等保函兑付文件，要求执行保函。2 月 10 日，哥斯达黎加银行向安徽建行发出电文，称东方置业提出赔偿要求，要求支付银行保函（履约保函）项下 2 008 000 美元的款项，哥斯达黎加银行

① 参见最高法院指导案例 109 号“安徽省外经建设（集团）有限公司诉东方置业房地产有限公司保函欺诈纠纷案”；（2017）最高法民再 134 号民事判决书。

进而要求安徽建行须于2012年2月16日前支付上述款项。2月12日，应外经中美洲公司申请，哥斯达黎加共和国行政诉讼法院第二法庭下达临时保护措施禁令，裁定哥斯达黎加银行暂停执行履约保函。

2月23日，外经集团向合肥市中级法院提起保函欺诈纠纷诉讼，同时申请中止支付上述两个保函项下的款项。一审法院于2月27日作出裁定，中止支付上述保函项下的款项，并于2月28日向安徽建行送达上述裁定。2月29日，安徽建行向哥斯达黎加银行发送电文，告知了一审法院已作出的裁定事由，并于当日向哥斯达黎加银行寄送了上述裁定书的复印件。哥斯达黎加银行于3月5日收到上述裁定书的复印件。

3月6日，哥斯达黎加共和国行政诉讼法院第二法庭，判决外经中美洲公司申请预防性措施败诉，解除了临时保护措施禁令。3月20日，应哥斯达黎加银行的要求，安徽建行延长了反保函的有效期。3月21日，哥斯达黎加银行向东方置业支付了履约保函项下的款项。

2013年7月9日，哥斯达黎加建筑师和工程师联合协会作出仲裁裁决，认定东方置业在履行合同过程中严重违约并终止施工合同，东方置业向外经中美洲公司支付1号至18号工程进度款共计800 058.45美元及利息；第19号工程因未获得开发商验收，相关工程款请求未予支持；因履约保函项下款项已经支付，不支持外经中美洲公司退还保函的请求。

法院判决

安徽省合肥市中级人民法院于2014年4月9日作出民事判决：一、东方置业针对履约保函的索赔行为构成欺诈；二、安徽建行终止向哥斯达黎加银行支付银行保函（反保函）项下2 008 000美元的款项；三、驳回外经集团的其他诉讼请求。东方置业不服一审判决，提起上诉。安徽省高级人民法院于2015年3月19日作出民事判决：驳回上诉，维持原判。东方置业不服二审判决，向最高人民法院申请再审。最高人民法院于2017年12月14日作出民事判决：一、撤销安徽省高级人民法院、安徽省合肥市中级人民法院民事判决；二、驳回外经集团的诉讼请求。

[提示：

第一，本案涉及的独立保函争议案件的识别依据、管辖权以及法律适用。

因涉案保函载明适用URDG（《见索即付保函统一规则》），应认定上述规则的内容构成争议保函的组成部分。依中国《涉外民事关系法律适用法》第44条“侵权责任，适用侵权行为地法律”的规定，URDG未涉及的保函欺诈的认定标准应适用中国法律。中国未加入《联合国独立保函与备用信用证公约》，本案当事人亦未约定适用上述公约或将公约有关内容作为国际交易规则订入保函，依意思自治原则，《联合国独立保函与备用信用证公约》不应适用。

第二，东方置业作为受益人，是否具有基础合同项下的初步证据，证明其索赔请求具有事实依据。

法院在审理独立保函及与独立保函相关的反担保案件时，对基础交易的审查，应坚持有限原则和必要原则，审查的范围应限于受益人是否明知基础合同的相对人并不存在基础合同项下的违约事实，或不存在其他导致独立保函付款的事实。否则，对基础合同的审查，将会动摇独立保函“见索即付”的制度价值。

根据最高人民法院再审查明的事实，哥斯达黎加银行开立的履约保函，明确规定了实现保函需提交的文件：说明执行保函理由的证明文件、通知外经中美洲公司执行保函请求的日期、保函证明原件和已出具过的修改件。

项目工程检验报告构成证明外经集团基础合同项下违约行为的初步证据，外经集团提供的证据不足以证明上述报告存在虚假或者伪造，亦不足以证明东方置业明知基础合同的相对人并不存在基础合同项下的违约事实，或不存在其他导致独立保函付款的事实而要求实现保函。东方置业基于外经集团基础合同项下的违约行为，依据合同的规定，提出实现独立保函项下的权利不构成保函欺诈。

第三，独立保函受益人基础合同项下的违约情形，是否必然构成独立保函项下的欺诈索款。

独立保函独立于委托人和受益人之间的基础交易，出具独立保函的银行只负责审查受益人提交的单据是否符合保函条款的规定并有权自行决定是否付款，担保行的付款义务不受委托人与受益人之间基础交易项下抗辩权的影响。东方置业作为受益人，在提交工程质量存在问题的初步证据时，即使未启动任何如诉讼或仲裁等争议解决程序并经上述程序确认相对方违约，都不影响其保函权利的实现。即使基础合同存在正在进行的诉讼或仲裁程序，只要相关争议解决程序尚未作出基础交易债务人没有付款或赔偿责任的最终认定，亦不影响受益人保函权利的实现。进而言之，即使生效判决或仲裁裁决认定受益人构成基础合同项下的违约，该违约事实的存在亦不必然成为构成保函“欺诈”的充分必要条件。

本案中，保函担保的事项是施工质量和其他违约行为，而受益人未支付工程款项的违约事实与工程质量出现问题不存在逻辑上的因果关系。东方置业作为受益人，其自身在基础合同履行中存在的违约情形，并不必然构成独立保函项下的欺诈索款。虽然哥斯达黎加建筑师和工程师联合协会作出仲裁裁决，认定东方置业在履行合同过程中违约，但上述仲裁程序于 2012 年 2 月 7 日由外经集团发起，东方置业并未提出反请求，2013 年 7 月 9 日作出的仲裁裁决仅针对外经集团的请求事项认定东方置业违约，并未认定外经集团因对方违约行为的存在而免除付款或者赔偿责任。因此，不能依上述仲裁裁决的内容认定东方置业构成独立保函司法解释第 12 条第 3 项规定的保函欺诈。

第四，本案涉及的与独立保函有关的独立反保函。

基于独立保函的特点，担保人在债务人之外构成对受益人的直接支付责任，独立保函与主债务之间没有抗辩权上的从属性，即使债务人在某一争议解决程序中行使抗辩权，并不当然使独立担保人获得该抗辩利益。另外，即使存在受益人在独立保函项下的欺诈性索款情形，亦不能推定担保银行在独立反保函项下构成欺诈性索款。只有担保银行明知受益人系欺诈性索款且违反诚实信用原则付款，并向反担保银行主张独立反保函项下的款项时，才能认定担保银行构成独立反保函项下的欺诈性索款。

外经集团以保函欺诈为由提起本案诉讼，其应举证哥斯达黎加银行明知东方置业存在独立保函欺诈情形，仍然违反诚信原则予以付款，并进而以受益人身份在见索即付独立反保函项下提出索款请求并构成反保函项下的欺诈性索款。现外经集团不能证明哥斯达黎加银行向东方置业支付独立保函项下的款项存在欺诈，亦没有举证哥斯达黎加银行在独立反保函项下存在欺诈性索款情形，其主张止付独立反保函项下的款项没有事实依据。]

第三十一章　出口信用保险

在国际贸易中，出口商所面临的最大风险是进口商的拒付。其原因主要是进口商的商业风险或进口地的政治风险。各种出口信用保险可为出口商提供充分的收汇保障。中国已开办了各种出口信用保险，承保各种商业风险和政治风险。①

第一节　出口信用保险的特点及承保风险

出口信用保险（Export Credit Insurance）也称出口信贷保险，是出口信用保险人与作为被保险人的出口商之间订立协议的一种特殊保险。根据该协议，被保险人缴纳保险费，保险人将赔偿出口商因进口商不能按合同规定支付到期的部分或全部货款的经济损失。

该保险对被保险人的出口货物、服务、技术和资本的出口应收账款提供安全保障，以出口贸易中买方信用风险为保险标的，承保出口商因进口商的商业风险或进口地的政治风险而遭受的经济损失。

一、出口信用保险的特点

与一般商业性保险相比，出口信用保险具有以下特点。

（1）出口信用保险承保被保险人在国际贸易中，因进口地或进口商的原因导致的货物发运后不能收回货款的风险，这种风险包括商业风险和政治风险。

（2）出口信用保险是出口地当局鼓励发展本地出口贸易的重要措施，其目的在于由保险人承担国际贸易中的收汇风险，鼓励企业积极开拓国际市场，提高本地产品的国际竞争力，扩大出口。

（3）出口信用保险与出口贸易融资结合在一起，是出口信贷融资的重要组成部分，是出口商获得信贷资金的条件之一。

（4）出口信用保险机构通常由当局出资设立或给予资金支持并提供各种税收优惠政策，同时，当局也是风险的最终承担者。

（5）出口信用保险承保的是一般商业性保险人不愿或无力承保的业务，包括部分短期险业务和大部分中长期信用险业务。

① 本章参考：唐若昕．出口信用保险实务［M］．北京：中国商务出版社，2005。

二、出口信用保险承保的风险

出口信用保险承保的风险主要包括两大部分：商业风险与政治风险。

（一）商业风险

商业风险是指进口商付款信用方面的风险，又称买家风险，包括以下几种。

（1）进口商破产、无力偿付货款或其经济走向崩溃，对所购货物已无能力支付货款。

（2）进口商逾期不付款，即买方收货后拖欠货款。这里是指买方在放账期满后（一般规定 4 个月或半年）仍不支付货款。

（3）进口商在发货前无理终止合同或违约拒收货物。买方拒收货物或拒付货款行为并非因被保险人的过失所致，而是买方丧失信用或有其他不道德意图所致。

（二）政治风险

政治风险又称国家风险，是指与被保险人进行贸易的进口商所在地内部的政治、经济状况的变化而导致的收汇风险，主要包括以下几种。

（1）进口商所在地实行外汇管制，限制汇兑。

（2）进口商所在地实行进口管制。

（3）进口商的进口许可证被撤销。

（4）进口商所在地或支付货款须经过的第三方颁布延期付款令。

（5）进口商所在地发生战争或骚乱等。

（6）进口商所在地或任何有关第三地发生非常事件。

第二节　中国出口信用保险

中国出口信用保险公司（China Export & Credit Insurance Corporation，SINOSURE，简称“中国信保”）是中国为规范出口信用保险运作、加大对出口贸易的支持力度而批准成立的全资国有公司，其主要职能是积极配合中国的外交、外贸、产业、财政和金融政策，采用政策性出口信用保险的手段，全面支持货物、技术、资本和服务的出口，为中国企业积极开拓国际市场提供收汇风险和出口融资的保障。

一、中国出口信用保险的承保领域

中国信保的承保领域不断扩大，其表现有以下几方面。

（一）承保的范围

中国信保在承保传统的货物出口收汇风险的基础上，不断扩大承保范围。其承保范围覆盖货物、技术、服务和资本的全方位出口，陆续开发涉及上述范围的相关出口信用保险新产品，可满足中国企业在“走出去”和“一带一路”建设过程中，应收账款收汇安全的需要。

（二）承保的商品

就投保商品而言，中国信保可承包所有出口商品的信用风险，即出口信用保险是所有出口商品都可运用的政策性工具；出口信用保险在承保所有出口商品的同时，将机电产品、高科技产品、高附加值产品出口作为重点承保对象。

（三）承保的贸易方式

由于出口信用保险主要是确保出口应收账款的安全回收，因此，中国信保重点支持一般贸易方式下的出口。尽管加工贸易不像一般贸易全部收汇，但其中也包括部分增值的收汇（生产增值、税款及工资等），因而加工贸易对出口信用保险也有一定的需求，尤其是进料加工对出口信用保险有较大的需求。

（四）承保的结算方式

中国信保对不同的贸易结算方式提供不同的收汇保障，其重点是承保非信用证结算方式的出口。

采用非信用证结算方式，如托收，手续简便、成本较低，有利于扩大中国商品的出口。但其为商业信用而非银行信用，收汇风险相对于信用证结算方式而言增大，因而非信用证结算方式是中国出口信用保险保障的重点。当然，采用信用证结算方式也可投保出口信用保险。

（五）承保的国别或地区

中国信保支持出口企业向全世界所有国家或地区的出口，无论出口到哪一个国家或地区的商品，均可投保出口信用保险。为推进“市场多元化”，考虑到企业对新兴市场的开拓有一定难度，中国信保重点支持出口企业对非洲、拉丁美洲、中东地区、东欧和俄罗斯等市场的出口。

二、中国短期出口信用保险的种类

目前，中国信保公司开办的短期出口信用保险，凡在中国境内注册的、有出口经营权或对外承包劳务经营权的企业，均可自主选择相关险种而获得保险人提供的风险保障和融资便利。这些险种包括以下几种。

（一）综合保险（Comprehensive Cover Insurance）

该险承保出口商所有以信用证和以非信用证为结算方式的出口收汇风险。出口商依贸易合同或信用证规定，取得并提交合格单据后，因进口地的政治风险或进口商的商业风险而导致的出口收汇损失，由保险人予以补偿。

（二）统保保险（Whole Turnover Insurance）

该险承保出口商所有以非信用证为结算方式的出口收汇风险。承保条件是：① 货物、技术或服务必须从中国出口或转口；② 结算方式为付款交单（D/P）、承兑交单（D/A）或赊账（OA）；③ 付款期限在180天以内，可扩展到360天；④ 已签订明确、规范的出口贸易合同。

（三）信用证保险（L/C Insurance）

该险承保出口商以信用证为结算方式的出口收汇风险。一旦出口商（受益人）依信用证规定提交了“单证相符、单单相符”的单据，由进口地或进口商的政治风险或商业风险导致的信用证受益人无法收汇的损失，由保险人予以补偿。承保条件是：① 货物、技术或服务必须从中国出口或转口；② 结算方式必须是不可撤销的跟单信用证；③ 付款期限是180天以内，也可扩展到360天。

（四）特定买方保险（Specific Buyer's Insurance）

该险承保出口商对一个或几个特定买方，以非信用证为结算方式的出口收汇风险。其承保条件与统保保险相同。

（五）特定合同保险（Specific Contract Insurance）

该险承保出口商在某一特定出口合同项下的应收账款收汇风险。它较适合于金额较大的机电产品及成套设备等产品的出口贸易。与其他险种相比，该险种的承保条件较多，如：① 货物、技术或服务必须从中国出口或转口；② 出口产品必须为机电产品或成套设备等；③ 贸易合同金额超过 100 万美元；④ 货款结算方式必须是付款交单（D/P）、承兑交单（D/A）或赊账（OA）等；⑤ 贸易合同明确、规范；⑥ 付款期限是 180 天以内，也可扩展到 360 天。

（六）买方违约保险（Insurance against Buyer's Break of Contract）

该险承保出口商以分期付款方式订立的合同或其他商务合同（其保险标的是出口的机电产品、成套设备以及对外工程承包或劳务合作）项下，因买方违约而遭受的出运前或出运后的收汇风险而导致的损失。

（七）农产品出口特别保险（Agricultural Products Export Specific Insurance）

该险主要承保中国农产品在出口之后、买方办理进口通关手续之前，因进口地颁布禁止进口令、提高检验检疫标准、增加检验检疫项目或突然变更许可文件等，导致中国农产品无法在进口地入关等遭受的损失。

（八）出口票据保险（Export Bill Insurance）

该险以提供出口融资的银行为被保险人，通过承保出口票据项下付款人的商业信用风险和付款人所在地的政治风险导致的损失，为融资银行贴现或押汇的出口票据提供收汇安全保障，帮助出口商获得银行融资便利。因此，凡从事出口票据融资的各类银行均可投保该险。

三、中国中长期出口信用保险

中长期出口信用保险（Medium and Long-term Export Credit Insurance）是指承保信用期限为 1 年至 10 年（经协商，特殊项目的期限可为 10 年以上），出口商或银行在贸易或投资等对外经济活动中，因境外政治风险或商业风险而遭受损失的一种信用保险。目前，中国信保公司开办的中长期出口信用保险包括出口卖方信贷保险和出口买方信贷保险。

第三节　中国出口卖方信贷保险

出口卖方信贷保险（Supplier's Credit Insurance）是中国信保公司的中长期出口信用保险业务之一。该险对出口商以延期付款方式出口设备等资本货物，并在卖方信贷融资方式下可能产生的出口收汇风险加以承保。

一、出口卖方信贷

出口卖方信贷是指，在大型机械装备与成套设备贸易中，为方便出口商以延期付款方式出卖设备融资，出口商所在地的银行对出口商向境外进口商出售设备、技术和劳务而提供的一种贷款。目前，中国绝大部分出口卖方信贷由中国进出口银行提供，其利率比商业贷款优惠。

二、出口卖方信贷保险承保的风险范围

出口卖方信贷保险是在卖方信贷融资方式下，中国信保公司向出口商提供的用于保障出口商收汇风险的一种政策性保险，对因进口地或进口商的政治风险或商业风险导致出口商在商务合同下应收的延期付款损失承担赔偿责任。

三、投保人资格与投保条件

出口商若决定投保出口卖方信贷保险，必须符合下列资格和条件。

（1）出口项目符合进出口双方所在地的法律法规，而且不得损害中国的国家利益。

（2）投保时，进口地的政治风险应属于中国出口信用保险公司可接受的风险范畴，而且投保金额不超过投保时进口地当局限额的余额。

（3）买方和担保人的信用较好。

（4）投保人是在中国注册的具有相关出口经营权和资质的法人；在与中国出口信用保险公司的合作经历中，不存在不良记录或违约行为。

（5）出口的标的应主要为中国生产的资本性货物、半资本性货物和与之相关的服务。船舶类产品的国产化比例一般不低于 50%，其他机电产品、成套设备的国产化比例一般不低于 70%，海外工程承包项目的中国成分应符合相关规定。

（6）出口项目技术可靠、经济效益较好，而且符合进口地的环保规定。

（7）商务合同金额应不低于 100 万美元。

（8）商务合同应规定有一定比例的现汇付款或预付款。船舶类产品交船前，进口方现汇支付比例不低于合同金额的 20%，其他机电产品、成套设备的预付款比例一般不低于合同金额的 15%。

（9）延付期自商务合同约定的买方第一笔还款日起，至最后一笔还款日止，一般不超过 10 年，大型项目最长不超过 12 年。宽限期为商务合同生效至延付期开始之前的期限，视项目的规模和复杂程度确定，但原则上不应超过建设期或发运期 2 年。项目信用期（宽限期与延付期之和）最长不超过 15 年。

（10）买方延期付款利率应反映市场利率水平，原则上不得低于融资成本。

四、出口卖方信贷保险除外责任

保险人对下列损失不承担赔偿责任：出口商不履行商务合同或违反法律所导致的损失；汇率变更引起的损失；因进口商的罚款或惩罚性赔偿引起的损失。

第四节　中国出口买方信贷保险

出口买方信贷保险（Buyer's Credit Insurance）是中国信保公司的中长期出口信用保险的另一项业务。它是指在出口买方信贷融资方式下，向贷款银行提供的还款风险保障。在出口买方信贷保险中，贷款银行是被保险人。投保人可以是出口商或贷款银行。在该保险

下，贷款银行可以保证按期足额收回贷款本金和利息。

一、出口买方信贷

出口买方信贷是指，在大型机械装备或成套设备贸易中，由出口商（卖方）的银行贷款给境外进口商（买方）或进口商的银行，用于支持进口商以即期付款形式购买出口商的产品、服务或技术的一种贷款。贷款银行可以是出口地银行，也可以是第三方银行。

出口买方信贷包括两种形式：直接贷款给进口商；直接贷款给进口商银行，该银行再转贷给进口商。

二、出口买方信贷保险承保的风险范围

该险承保借款人和担保人因政治和商业原因不能遵守协议规定偿还贷款本金和利息的风险。

但下列情况保险人不承担责任：被保险人违反保险单或贷款协议导致的损失；被保险人的过失导致保险单或贷款协议部分或全部无效。

三、投保人资格和投保条件

在该险下，投保人资格和投保条件与上一节中“出口卖方信贷保险”的标准基本相同。

第五节　中国海外投资保险

一、海外投资保险的概念

海外投资保险（Investment Insurance）又称海外投资保证（Investment Guarantee），是投资母国鼓励、保护本国海外投资的基本措施，是以政府信誉及国家财力为支撑，投资母国政府实施对外经济政策的重要工具，具有明显的政策性。

投资保险承保被保险人的投资项目因投资引进国的政治局势动荡或政府某项法令变动所引起的损失。投资保险承担比较大的责任且属特殊的政治风险，因此，这种保险多由政府办理。

二、中国的海外投资保险内容

中国信保公司开办了海外投资保险业务。该险是为了支持和促进中国企业、金融机构向境外投资，鼓励和促进境外投资者来华投资，为投资者因投资所在地发生战争、禁止汇兑、征用、政府违约等政治风险而造成的经济损失提供风险保障的政策性业务。

（一）投资保险投保人资格

下列投资者可以投保中国海外投资保险。

（1）在中国境内（不包括香港、澳门、台湾地区）注册成立的金融机构和企业。

（2）在中国香港、中国澳门、中国台湾和中国境外注册成立的企业或金融机构，如果其95%以上的股份在中华人民共和国境内的企业、机构控制之下，可由该境内的企业、

机构投保。

(3) 其他经批准的企业、社团、机构和自然人。

(二) 投资保险的种类

中国信保公司目前开办了海外投资保险和来华投资保险。

1. 海外投资保险 (Overseas Investment Insurance)

该险对中国企业在海外的投资及其收益和为该项投资提供贷款的金融机构的贷款本金及应得利息,因投资所在地政治风险所造成的损失予以赔偿。

2. 来华投资保险 (Inbound Investment Insurance)

来华投资保险又称境内投资保险,它对外国及中国香港、中国澳门、中国台湾地区投资者的投资和既得收益以及为中国境内投资项目提供贷款的金融机构贷款本金及利息,因承保风险发生而遭受的损失给予赔偿。

(三) 投资保险承保的投资种类

上述两种投资保险所承保的投资包括三种形式:直接投资 (Direct Investment),其中又包括股权投资 (Equity Investment)、股东贷款 (Shareholder Loans) 等;金融机构贷款 (Loans);其他经批准的投资。

由任何金融机构进行的旨在支持直接投资的贷款和融资交易,都可由该金融机构投保海外投资保险。

(四) 投资保险承保的风险

上述两种投资保险承保下列风险。

(1) 征收 (Expropriation)。这是指投资所在国政府采取批准或授权或同意对投资实行强行征用、没收、国有化或扣押等行为,使投资者无法建立或经营企业或者剥夺、妨碍投资者的权益,至少连续360天丧失上述权益或至少180天影响其货币资产。

(2) 战争破坏和因战争不能经营 (War Damage and inability to operate due to War)。这是指投资所在国参与的任何战争 (无论是否宣战) 和诸如国内革命、内战、叛乱、暴乱、政治性大规模骚乱或恐怖行为等类似战争的行为,造成企业有形财产的损失和因战争行为导致企业不能正常经营至少连续120天造成的损失。

(3) 汇兑限制 (Restrictions on Transfer and Conversion)。这是指投资所在国政府实施的阻碍、限制投资者将当地货币兑换为可自由兑换货币或汇出投资所在国的措施,或者使投资者必须以远高于市场汇率的价格才能将当地货币兑换为可自由兑换货币或汇出投资所在国的措施,至少连续90天不能汇兑或不得不以歧视性汇率汇兑。

(4) 政府违约 (Breach of Contract due to Government Political Incidents)。这是指投资所在国政府非法或不合理地取消、违反、不履行,或者拒绝承认其出具、签订的与投资相关的特定担保或保证或特许权协议等。

第六节 中国出口信用担保

一、中国出口信用担保的概念

出口信用担保业务 (Bond and Guarantees) 是中国信保公司为中国境内出口企业和提供出口融资的银行提供的一种金融服务业务。该项业务是一项为了提升中国出口企业的信用等级，帮助企业解决出口融资困难，支持企业开拓海外市场，向中国出口企业和提供出口融资的银行给予担保所签发的保函业务。

二、中国出口信用担保业务种类

目前，中国信保公司开办的出口信用担保业务，主要有融资担保和非融资担保两大类。融资担保主要是为中国出口企业向境内银行、管理部门等机构融入或申请用于出口的贷款或专项基金提供还款担保。此类担保又分为出口项目贷款融资担保和出口流动资金贷款融资担保。非融资担保主要是为中国企业提供履行出口合同或对外工程承包所必需的保函。

三、被担保人的基本条件

向中国信保公司申请担保的企业（被担保人），应满足以下条件。

（1）符合《境内机构对外担保管理办法》中，对被担保人的规定。

（2）符合国家的外交、外经贸政策，优先支持机电设备、船舶出口和工程承包项目。

（3）产品或项目具有良好的国际市场竞争力。

（4）企业经营状况和财务状况良好，企业履约记录良好，无不良记录。

（5）企业综合效益较高，有偿债能力。

四、融资担保

（一）融资担保的含义

融资担保（Financial Guarantee）是指，担保人直接向为出口商发放出口贷款的银行提供担保，保证在贷款发生损失时，由担保人给予赔偿的一种担保业务。其担保范围限于出口商的融资还款风险，因而称为融资担保。这种担保是无条件的，即无论出口商在出口信用保险中是否存在违约行为，融资银行的贷款损失都可以获得担保人的补偿。

（二）出口项目贷款担保

中国信保的出口项目贷款担保业务，主要是为某一出口或海外投资项目提供的融资担保，担保的资金只能用于出口或投资项目的前期投入，项目收汇或收益用来还贷。该担保的期限通常不超过10年，出口项目的最低合同金额一般不低于50万美元。

根据项目类型的不同，出口项目贷款担保可分为出口卖方信贷项目融资担保、出口买方信贷项目融资担保和海外投资项目融资担保三种。

（三）出口流动资金贷款融资担保

该项担保业务主要为高新技术产品出口、一般机电产品及大宗农产品的出口提供流动资金贷款担保，贷款期限限制在1年，最长不超过3年。该项担保的担保人承担的风险包括出口企业经营风险、收汇风险、还款风险和道德风险等。

五、非融资担保

非融资担保（Non-financial Guarantee）是指，担保人向进口商（受益人）保证出口商按照进出口双方签订的合同履行其义务，因担保范畴不包括出口商的融资需求和还款风险，因而称为非融资担保。

中国信保可直接对外出具非融资担保函，也可通过境内外其他金融机构转开此类保函。目前，中国信保开具的非融资担保函有投标保函、履约保函、预付款保函和质量维修保函等。

案例分析

出口信用保险承保“政治风险”案

案情简介①

国内某出口企业A公司专业经营食品进出口业务。某年9月13日及9月19日，A公司从青岛向印度尼西亚买方出口5柜大蒜，货值合计约15万美元。2009年9月26日及10月5日，货物先后抵港，A公司获悉印尼政府新近出台一项大蒜熏蒸规定，调整了大蒜熏蒸药剂标准，不符合熏蒸规定的大蒜将无法清关进口。

为了避免货物被退回，A公司不得不在当地重新进行一次大蒜熏蒸，使得熏蒸后的大蒜药剂浓度能够符合印尼新规定，以确保顺利通关。重新熏蒸后，印尼买方顺利提货并全额支付货款，但A公司因重新熏蒸产生了熏蒸费用、滞期费、冻柜费用和其他相关杂费等，合计约4 000美元。因投保了出口信用保险，A公司按照“政治风险”向中国信保报损并索赔，要求对因印尼新出台大蒜熏蒸政策而导致额外发生的费用进行赔付。

中国信保调查如下。

接到A公司报损后，中国信保迅速介入调查，发现印尼政府确于11月19日颁布大蒜熏蒸新规定，提高了熏蒸药剂浓度，导致包括A公司在内的众多中国企业的产品不能达标。据互联网上转载印尼《商报》10月21日的报道，因不符合印尼农业部农业检疫机构所规定的质量标准，来自中国的41个货柜白蒜已被退回。

另据调查，中国出入境检验检疫机构曾对A公司出运的大蒜出具了熏蒸/消毒证书与植物检疫证书，证明大蒜出口时，符合印尼当时的植物检疫政策要求。综上，本案很快被认定为政治风险致损，属于中国信保承保责任。中国信保迅速启动赔付程序，对A公司因大蒜熏蒸而产生的各项费用损失进行了足额赔付。

试分析该案例。

[提示：

出口信用保险是政策性保险。在国际贸易中，出口商所面临的最大风险是进口商的拒付风险。各种出口信用保险可为出口商提供充分的收汇保障。中国已开办了各种出口信用保险，承保各种政治风险和商业风险。

（一）“政治风险”凸显了中国信保的“政策性”优势

当今国际贸易环境复杂多变，贸易保护主义不断升级，各国贸易政策常出现调整，还有部分国家政局不稳、社会动荡，这些均可引发政治风险。而政治风险一旦发生，往往涉及面较广，对出口影响巨大。因此，各出口企业应当对政治风险引起足够重视并予以防范。农产品因具有保质期短、易损耗等特点，相关出口企业尤其需提高对政治风险的警

① 资料来源：曹筱雯，《农产品出口应重视“政治风险”》，载《国际贸易与出口信用保险案例集》（第二辑），对外经济贸易大学出版社，2012年，第266-268页。

惕性。

为使上述风险得到有效保障，投保出口信用保险是行之有效的手段。中国信保对货物出口后发生的由于不可抗拒的政府行为或社会事件（即政治风险）导致的损失承担保险责任。对政治风险的承保，充分体现了中国信保的“政策性”特性以及国家对出口企业的大力支持。

（二）海外渠道为中国信保勘查损因提供保障

从举证角度看，出口企业向中国信保通报政治风险时，应提供进口地新旧农产品政策的相关内容予以佐证。然而，因进口地并未公开或者在官方网站上发布该项规定，以致出口商报损时搜集到的证据不够充分，不能有力证明相关政策的真实性及与本案的关联性。对此，中国信保充分发挥海外渠道的优势，在当地调查了解政策调整情况。

本案中，中国信保利用进口地律师资源，迅速了解了大蒜熏蒸新规定的详细情况，为本案定损核赔提供了充分依据。

（三）出口企业主动应变，尽力减损

相对其他中国出口商大蒜被退回的遭遇，本案的出口商自身在处理货物时经验成熟，面对进口地海关变更新标准的突发情况，主动应变，沉着应对，对货物进行及时再处理，使货物达到进口地的新标准，避免了货物被退回而产生的更大损失并最终实现了安全收汇。]

第三十二章　国际贸易中的知识产权保护

随着国际贸易的发展，知识产权保护问题已在越来越高的程度上表现为世界性的贸易问题。国际贸易必然要涉及知识产权制度的内容。贸易商要了解和掌握相关的知识产权法律知识，否则，违反知识产权法而无法进行正常的国际贸易。

第一节　知识产权的定义、内容与法律特征

知识产权属于法律的范畴，但又是国际贸易的主要交易内容之一。研究国际贸易中的知识产权问题，具有重要的现实意义。

一、知识产权的定义

知识产权（Intellectual Property）又称智力成果权、智慧财产权，指自然人或法人在对科学技术、文化、艺术等领域从事智力活动创造的精神财富依法所享有的权利。其主要内容有工业产权、版权、制止不正当竞争权等。

二、知识产权的主要内容

依《与贸易有关的知识产权协定》（TRIPs）的规定，与贸易有关的知识产权包括以下内容。

（1）工业产权。包括专利、商标、应用模型、工业品外观设计、地理标志、育种人的权利等。

（2）版权（或称著作权、文学艺术作品权）。

（3）独立保护（独创的布局设计）。

三、知识产权的法律特征

知识产权通常具有以下特征。

1. “私人”权利（与政府权利比较而言）

知识产权主体为自然人、法人或非法人组织，因此，知识产权属于“私人”权利。

2. 无形财产权

知识产权是通过文字、语言、图形、公式等载体表现出来的。其所有人行使权利时，标的为“所有权”“制造权”“销售权”“使用权”“进口权”等，而非有形标的（如产品）。

3. 专有权（独占权）

知识产权是一种独占权，具有排他性，未经许可，任何人不得使用；否则，构成侵权。

4. 地域性权利

知识产权属于地域性权利，在一国内获得的知识产权，只在该国有效，其他国家一般不承认这种权利，除非在外国申请并获批准。除本国参加的国际公约另有规定，任何国家都不承认其他国家或国际性机构授予的知识产权。因此，知识产权的保护是有地域性的。

5. 时间性权利

法律给予知识产权保护，但有一定期限，该期限届满后，权利自行终止。但有些权利，如商标权可续展。

6. 具有人身权和财产权双重权利

知识产权中的人身权，即精神权，是永久性的权利；财产权，即可因此获得经济利益的权利。

7. 具有可复制性

作为智力劳动的成果，知识产权须通过一定的有形物（载体）表现出来，须通过产品、作品或其他有形物加以体现，这样才能将知识产权作为财产权的性质表现出来。如一项专利技术，须通过产品表现技术本身，说明其价值。

第二节　专利保护

专利是国际知识产权贸易中，最主要的交易标的之一，也是国际贸易中引起纠纷最多的原因之一。掌握专利知识，有助于顺利开展国际贸易。

一、专利的概念及其含义

世界知识产权组织指出，专利（Patent）是指由政府机构或代表几个国家的地区机构，根据申请而颁发的一种文件。该文件说明一项发明并给予它一种法律上的地位，即此项获得专利的发明，通常只能在专利持有人的授权下，才能予以利用（制造、使用、出售与进口）。对专利保护的时间限制，一般为15年至20年。

“专利”一词，从不同的角度看，具有以下不同的含义。

（1）从法律意义上讲，“专利”就是“专利权”的简称，指一种法律认可的权利。

在有效期限内，专利权人对其发明创造享有独占权。换言之，任何单位或个人实施他人专利的，除另有规定，都必须经专利权人许可并支付使用费；否则，属违法（侵权）。

（2）从技术的内容上讲，“专利”就是取得了专利权的发明创造，是指具有独占权的技术。按照大多数国家的《专利法》，取得专利权的发明创造，其内容包括发明、实用新型和外观设计。

（3）从表现形式上讲，“专利”是指专利文献。专利文献包括载有授予专利权的发明创造的说明书及其摘要、权利要求书、表示外观设计的图形或照片等。

（4）从时间上讲，“专利”又是一种有保护时间限制的权利。

概括说，“专利”一词是指在一定时间内受法律保护，具有独占权利并载于专利文献中的发明创造且公开的技术。

二、专利权的权利范围及特点

根据中国《专利法》的规定，专利权的范围包括以下几个方面：（1）实施权；（2）许可权；（3）转让权；（4）标记权；（5）放弃权；（6）请求保护权。

专利权具有以下特点。

1. 专利权是一种财产所有权（知识产权或智慧财产权）

专利权是政府或组织授予的一种财产所有权，若发明人不申请，或申请不符合法律条件，则不能获得专利权。

2. 专利权是一种不完全的所有权

专利权虽然赋予专利发明人以独占权利（所有权），但由于其技术内容是公开的，因此，就其内容而言，已不是他本人所独有的，其他人在法律规定的条件下可以使用。如用于科研、教学、试验等非生产性或非营利性活动中，专利技术可不经所有权人同意而使用。从这一点看，它不具有一般所有权的特点。

3. 专利权是排他性的权利

专利权的排他性表现为两方面：

（1）在一个国家内的一种发明，只能授予一次权利，即第一个发明人或第一个申请人被授予专利权，其他人再发明，则不被授予专利权。发明可能有先后，但谁先申请，谁就有可能获得专利权，即第一个发明人不一定有专利权。后发明、先申请专利权，合法而不合情：鼓励发明人申请专利权并及早推广到同行业生产领域，以免重复研究。

（2）未经专利权人同意，不得随意使用专利技术；否则，构成侵权。

4. 专利权是一种有地域性的权利

在一定的地理或法律范围内，专利权才有效，超出此范围则无效。如外国专利，在中国没有申请，中国法律不予承认，不给予保护。同样，在中国的专利，没有在外国申请，外国法律不予承认，不给予保护。

5. 专利权是有时间性的权利

一项专利权有一定时间限制，不是永久有效的。各国《专利法》对专利权的保护时间各不相同。超出保护时间，专利技术进入公共领域，并且专利保护不得续展。

中国《专利法》规定：发明专利权的保护期限为20年，实用新型专利权的保护期限为10年，外观设计专利权的保护期限为15年，自申请日起计算。保护的条件是缴纳年费。

在国际贸易中，专利权人可以将专利权转让给他人或许可他人使用其专利权。

第三节　商 标 保 护

商标在国际贸易中发挥着重要的作用，拥有驰名商标将会为其所有人带来巨额利润；同时，商标本身具有价值甚至是巨额的无形资产，因而成为重要的交易标的。

一、商标的概念

商标（Trade Mark）是一种工业产权，是由文字、图形或两者的组合等构成的，是商品或服务的生产者、经营者或提供者，在生产、销售的商品或提供的服务上所加的标志，目的是区别同类商品或服务的不同生产者、销售者或提供者。

中国《商标法》第8条规定：任何能够将自然人、法人或其他组织的商品与他人的商品区别开的标志，包括文字、图形、字母、数字、三维标志、颜色组合和声音等，以及上述要素的组合，均可作为商标申请注册。

依中国《商标法》第49条，注册商标成为其核定使用的商品通用名称或者没有正当理由连续三年不使用的，任何单位或者个人可以向商标局申请撤销该注册商标。

二、商标的分类及作用

中国《商标法》第3条规定：“经商标局核准注册的商标为注册商标，包括商品商标、服务商标和集体商标、证明商标；商标注册人享有商标专用权，受法律保护。”

从商标的构成方面看，商标可分为文字商标、图形商标、记号商标、组合商标、立体商标；从商标所标示的内容看，商标可分为商品商标（制造商标、销售商标或商业商标）、服务商标、集体商标和证明商标。

商标在经济生活中，可以发挥以下独特的作用：（1）命名功能；（2）区分商品或服务的不同生产者、销售者或提供者；（3）标示商品或服务的质量；（4）标示企业的信誉；（5）是所有人财产的标志；（6）是无言广告。

三、商标权及侵犯商标权的行为

（一）商标权的内容

1. 专有使用权（或独占使用权）。只有商标注册人（权利人）才能使用注册商标并取得合法利益。但其使用也需满足两个条件：一是只能在商标注册地域范围内享有专有使用权；二是只能在指定商品或服务范围内享有专有使用权，用于其他商品或服务无效。

2. 禁止权。商标所有人可以依法禁止他人侵犯注册的商标并有权向商标主管机构或司法机构，对侵权者提出法律诉讼，要求其停止侵权行为，赔偿经济损失。对商标权利人造成重大损失的侵权行为，可以追究侵权人的刑事责任。

3. 转让权。商标所有人有权将商标有偿或无偿转让给他人，自己完全放弃对注册商标所拥有的一切权利。这种情况在国际贸易中比较少见。

4. 许可使用权。商标所有人有权将已注册的商标有偿或无偿地许可他人在一定条件下使用，同时，自己仍然保留法律所赋予的一切权利。这种情况在国际贸易中最为常见。

5. 续展权。注册商标的所有人向商标管理机构申请延长其保护期限的权利。中国《商标法》规定，注册商标的有效期为10年；有效期届满，需要继续使用的，可以申请续展注册（期满前的12个月申请，在此期间未申请的，可以给予6个月的宽限期），每次续展注册的有效期为10年。次数不限。

（二）侵犯商标权的行为

侵犯他人的商标权是最常见的侵犯知识产权行为，会导致商标权利人巨大的经济损失。为此，各国《商标法》、国际惯例和国际公约均规定对该行为给予严厉打击。

中国《商标法》第57条对侵犯商标专用权的行为作出了规定，并禁止以下侵权行为。

第一，未经商标注册人的许可，在同一种商品上使用与其注册商标相同的商标的。

第二，未经商标注册人的许可，在同一种商品上使用与其注册商标近似的商标，或者在类似商品上使用与其注册商标相同或者近似的商标，容易导致混淆的。

中国《商标法实施条例》第 76 条也规定，“在同一种商品或者类似商品上将与他人注册商标相同或者近似的标志作为商品名称或者商品装潢使用，误导公众的，属于商标法第 57 条第 2 项规定的侵犯注册商标专用权的行为”。

第三，销售侵犯注册商标专用权的商品的。

这属于流通领域的侵权。但中国《商标法》第 64 条规定，“销售不知道是侵犯注册商标专用权的商品，能证明该商品是自己合法取得并说明提供者的，不承担赔偿责任”。

第四，伪造、擅自制造他人注册商标标识，或者销售伪造、擅自制造的注册商标标识的。

非法制作和销售商标标识，同样属于商标侵权行为。

第五，未经商标注册人同意，更换其注册商标并将该更换商标的商品又投入市场的。

这是 2001 年中国《商标法》增加的一种侵权行为，称为“反向假冒”（Reverse Passing-off）。

第六，故意为侵犯他人商标专用权行为提供便利条件，帮助他人实施侵犯商标专用权行为的。

中国《商标法实施条例》第 75 条也规定，“为侵犯他人商标专用权提供仓储、运输、邮寄、印制、隐匿、经营场所、网络商品交易平台等，属于商标法第 57 条第 6 项规定的提供便利条件”。

四、商标权的特点及取得途径

商标权与其他知识产权一样，具有专有性、时间性和地域性的特点。

商标权不是自然产生的权利，最先使用商标的人并非一定能取得商标权。各国法律对商标权的取得都规定一定条件，只有满足条件取得商标权后，其权益才能获得法律保护。

目前，各国对商标权取得的途径主要采用使用、注册或两者混合的制度，因此而产生了商标权取得的三大原则或三大体系。

（一）注册在先原则（Priority of Registration）

该原则是指按照申请注册的先后来确定商标权的归属，即商标权授予商标最先申请注册的人，注册后取得的权利将高于其他任何人的权利，包括商标的最先使用人。注册是取得商标权的必要法律程序。

根据该原则，首先使用商标的人如不及时申请注册，一旦被他人抢先申请注册，有可能无法取得商标权。

中国《商标法》第 4 条规定：“自然人、法人或者其他组织在生产经营活动中，对其商品或者服务需要取得商标专用权的，应当向商标局申请商标注册。”

中国《商标法》第 6 条规定：“法律、行政法规规定必须使用注册商标的商品，必须申请商标注册，未经核准注册的，不得在市场销售。”

通常，必须使用注册商标的商品为人用药品、烟草制品、食品、化妆品等。

（二）使用在先原则（Priority of Use）

该原则是指按照使用商标的先后来确定商标权的归属，即商标权授予商标的最先使用人，即使该商标被他人抢先注册，仍然可以对已注册的商标提出异议，要求予以撤销。

采用这一原则的国家，尽管也办理商标注册申请，但注册手续只是法律上起到申请商标权和告示的作用，而不起确定商标权归属的作用，他人可以随时以使用在先为理由对抗使用在后、注册在先的人，请求有关机构撤销其注册的商标。

（三）无异议注册原则（使用与注册互补原则）（混合制度）

该原则同时采用使用在先和注册在先原则来确定商标权的归属。这一原则一方面保护经过使用已获得市场信誉的未注册商标，另一方面，又保护已注册商标。

按照该原则，只要先使用某商标，即使没有注册，但可以在规定的期限内以使用在先为理由，对抗他人相同或相似的商标。如果他人已将该商标注册，最先使用该商标的人可以对此提出异议，要求宣告该注册无效。

依据该原则，使用是取得商标权的前提，即只有已经使用或正在使用的商标，才可注册申请商标权；未曾使用或准备使用的商标不能注册。

五、国际贸易中的商标

在国际贸易中，商标作为贸易的标的，有两种做法。

（1）商标权的许可使用。商标权人与他人签订许可使用合同，允许他人在指定商品上及在一定地域范围和时间内，使用商标所有人的注册商标，即允许他人行使商标权中的“使用权”，商标权仍然属于许可人所有。

目前，包括中国在内的大多数国家，其《商标法》都规定了注册商标的许可使用制度，又称“商标授权制度”。

（2）商标权的转让。商标权利人放弃对已注册商标的全部权利，将商标及其权利转让给他人。

中国《商标法》第42条规定：“转让注册商标的，商标注册人对其在同一种商品上注册的近似的商标，或者在类似商品上注册的相同或者近似的商标，应当一并转让。”

第四节　驰名商标的保护

驰名商标（Well-known Mark）一词由来已久。1925年修订的《巴黎公约》，将驰名商标一词在国际公约中确定下来并作出相应规定。

中国《商标法》第13条规定，为相关公众所熟知的商标，持有人认为其权利受到侵害时，可依法请求驰名商标保护。

在国际贸易中，驰名商标通常涉及下列问题。

一、驰名商标的认定

驰名商标的认定是对其提供保护的前提。它涉及认定机构、认定标准、认定方式三个方面的问题。

1. 认定机构

大多数国家规定司法部门和行政主管部门是驰名商标的认定机构（行业主管部门及民间调查机构不是法定的认定机构）。在中国，商标局、商标评审委员会及法院和仲裁机构为驰名商标的认定机构。任何组织和个人不得认定或采取其他变相方式认定驰名商标。

2. 认定标准

这是确定某一商标是否为驰名商标的关键因素。关于这一问题，各国法律和有关国际规定并不统一。

TRIPs（第 16 条第 2 款）确定驰名商标的标准："有关公众的知晓程度，包括在该成员地域内因宣传该商标而使公众知晓的程度。"

中国《商标法》第 14 条将下列因素作为确定驰名商标的标准：（1）相关公众对该商标的知晓程度；（2）该商标使用的持续时间；（3）该商标的任何宣传工作的持续时间、程度和地理范围；（4）该商标作为驰名商标受保护的记录；（5）该商标驰名的其他因素。

3. 认定方式

认定方式包括主动认定与被动认定。

主动认定（事前认定）是指，在发生权益纠纷之前，商标所有人主动向有关机构请求对其商标作出认定。

被动认定（事后认定）是指，在发生权益纠纷之后，应申请人的请求，有关机构（法院或行政主管机构）对其商标是否为驰名商标作出认定。

行政主管机构的认定包括主动认定与被动认定两种方式，而法院只采用被动认定的方式。因而，被动认定是一种普通的方式。

依中国《商标法》第 14 条，在商标注册审查、工商行政管理部门查处商标违法案件过程中，当事人依法主张权利的，商标局根据审查、处理案件的需要，可以对商标驰名情况作出认定。（主动和被动认定）

在商标争议处理过程中，当事人依法主张权利的，商标评审委员会根据处理案件的需要，可以对商标驰名情况作出认定。（被动认定）

在商标民事、行政案件审理过程中，当事人依法主张权利的，最高人民法院指定的法院根据审理案件的需要，可以对商标驰名情况作出认定。（被动认定）

二、《巴黎公约》对驰名商标的保护

国际上对驰名商标的保护优于对一般商标的保护，即给予驰名商标较高水平的保护。因此，《巴黎公约》、世界贸易组织的 TRIPs 协议等，均对驰名商标的保护作出了有利于商标所有人的特殊规定，给予特别的保护。中国是《巴黎公约》的成员和 TRIPs 协议的签字方。中国贸易商可利用国际条约的有关规定，运用法律手段保护其驰名商标，维护其合法权益。

《巴黎公约》在第六条之二中，对驰名商标的保护作出以下规定：

（1）本联盟各成员承诺，如本国法律允许，应依职权或依利害关系人请求，对构成商标注册国或使用国主管机关认为在该国已经驰名，属于有享受本公约利益的人所有的，用于相同或类似商品商标的复制、仿制或翻译而易于产生混淆的商标，拒绝或取消注册并禁止使用。这些规定也适用于主要部分显系复制、假冒上述驰名商标并易于产生混淆的商标。

（2）自注册之日起至少五年的时间内，应允许提出取消这种商标的请求。本联盟各成员可自行规定一个对使用欺诈手段取得注册或使用的商标，不设时间限制。

从《巴黎公约》的上述规定可以看出，驰名商标的国际保护须满足以下条件。

（1）商标必须是本国的驰名商标。

（2）驰名商标已被他人使用在相同或类似的商品上（假冒驰名商标商品）。

（3）他人所使用的商标与驰名商标相同或相似（仿冒驰名商标）。

（4）他人已将驰名商标申请注册，或者已经注册于相同或类似的商品上（抢注驰名商标）。

尽管《巴黎公约》对驰名商标给予特殊的保护，但由于历史的原因，该公约还存在不尽如人意之处，其表现是：第一，该公约只适用于制造商标和商业商标的保护，而没有涉及服务商标的问题；第二，该公约所保护的范围仅限于相同或类似的商品，而没有涉及在不同类商品上使用驰名商标的问题。而上述两个问题在现实经济生活中已经存在。

三、TRIPs 协议对驰名商标的保护

TRIPs 协议对各种知识产权的保护都作出了具体规定。其第 16 条第 2 和第 3 项对驰名商标的保护作了如下规定：“《巴黎公约》1967 年文本第六条之二，原则上适用于服务商标。确认某一商标是否为驰名商标，应考虑相关范围的公众对其知晓的程度，包括在该成员地域内因宣传该商标而使公众知晓的程度。《巴黎公约》1967 年文本原则上适用于与注册商标所标示的商品或服务不类似的商品或服务，只要一旦在不类似的商品或服务上使用他人的注册商标，即会暗示该等商品或服务与该注册商标所有人存在某种联系，从而使该注册商标所有人的利益可能因此而受到损害。”

从上述规定可以看出，TRIPs 协议对驰名商标的保护具有以下特征。

（1）扩大了《巴黎公约》对驰名商标的适用范围。

（2）扩大了《巴黎公约》对驰名商标保护的范围。

（3）明确规定了驰名商标的认定标准。

四、中国关于驰名商标的保护

1. 中国《商标法》第 13 条：① 就相同或者类似商品申请注册的商标是复制、摹仿或者翻译他人未在中国注册的驰名商标，容易导致混淆的，不予注册并禁止使用。（同《巴黎公约》）② 就不相同或者不相类似商品申请注册的商标是复制、摹仿或者翻译他人已经在中国注册的驰名商标，误导公众，致使该驰名商标注册人的利益可能受到损害的，不予注册并禁止使用。（同 TRIPs 规定）

2. 中国《商标法》第 45 条：已经注册的商标，违反本法第 13 条第 2 款和第 3 款、第 15 条、第 16 条第 1 款、第 30 条、第 31 条、第 32 条规定的，自商标注册之日起五年内，在先权利人或者利害关系人可以请求商标评审委员会宣告该注册商标无效。对恶意注册的，驰名商标所有人不受五年的时间限制。（同《巴黎公约》）

3. 中国《商标法》第 58 条：将他人注册商标、未注册的驰名商标作为企业名称中的字号使用，误导公众，构成不正当竞争行为的，依照《中华人民共和国反不正当竞争法》

处理。

4. 中国《商标法》第 14 条：生产、经营者不得将“驰名商标”字样用于商品、商品包装或者容器上，或者用于广告宣传、展览以及其他商业活动中。

5. 中国《商标法实施条例》第 72 条：商标持有人依照商标法第 13 条规定请求驰名商标保护的，可以向工商行政管理部门提出请求。经商标局依照商标法第 14 条规定认定为驰名商标的，由工商行政管理部门责令停止违反商标法第 13 条规定使用商标的行为，收缴、销毁违法使用的商标标识；商标标识与商品难以分离的，一并收缴、销毁。

五、中国商标如何获得国际保护

中国出口企业应制定商标战略，根据出口市场进行商标国外注册。商标的国外注册方式包括国外逐一国家注册和国际注册。

（一）中国商标逐一国家注册

商标逐一国家注册是指，中国商标申请人通过委托代理机构，根据出口的需要到某个或某几个国家逐个办理商标注册手续。这种注册方式的优点是针对性强，一般适用于出口商品销往的国家或可能发生纠纷比较集中的国家的注册。因此，若中国企业已将或欲将其商品出口到某个或某几个国家，为防止他人抢注其商标，可有针对性地到进口地申请商标注册。

国外逐一国家注册商标，一般须进行下列程序。

（1）首先在中国提出申请。目前，许多国家规定，外国人在申请商标注册时，须提交该商标在其本国注册的证书，即须在本国办理商标注册后，才能在外国申请注册。

（2）委托代理人。各国《商标法》对外国人申请商标注册，一般都要求委托代理人代为办理。为顺利获准注册，中国企业在办理国外申请注册时，可以委托国外某代理机构，也可以在中国国内选择一个涉外商标代理机构代为办理。如委托中国贸促会、驻港澳地区商务机构或我驻外使馆商务处代理，这些机构均接受中国企业的委托，办理在境外申请商标注册等事宜。

（3）查询。由于各国《商标法》对商标注册的规定不完全相同，若申请注册的商标与其相抵触，则无法获准注册。中国申请人可通过各种途径对申请注册的有关事项进行查询、了解。在此，应特别注意国外《商标法》中的禁用条款和民族忌讳，即各国《商标法》中均详细规定了商标标志不准使用的文字、图形等。若对此不加注意，很有可能造成麻烦。另外，包括中国在内的各国《商标法》一般都规定，县级以上行政区划的地名或公众知晓的外国地名，不得作为商标使用。

（4）准备必要文件。大多数国家均要求申请人提供下列文件：申请书、国籍证明书、企业登记证明书、代理委托书、商标图样、本国商标注册证书复印件以及优先权声明等。

（二）中国商标的国际注册

中国商标进行国外注册的另一种方式是国际注册，是指根据《商标国际注册马德里协定》（简称《马德里协定》）和《马德里议定书》（两者合称“马德里体系”）的有关规定，在该体系成员之间的商标注册。

这种注册方式的优点是：注册手续简便，节省时间，适用于准备在较多个成员境内申请商标注册；具有帮助企业和个人在出口市场上获得并维持商标保护的服务，经济成本低。

中国是该体系的成员之一。若中国的出口商品欲销往或已销往该体系的成员境内，则可以采取这种方式进行商标国外注册。

1. 商标国际注册的特点

（1）成员方商标局直接向世界知识产权组织国际局办理注册事宜，无须委托代理。

（2）填写一份申请书可取得多个商品类别和在多个成员方的商标注册。

（3）使用统一的工作语言，无须将申请书再译成被申请国的语言。

（4）缴纳以瑞士法郎计算的统一费用，无须到每个成员方分别缴费，而且其数额大大低于逐一国家注册的费用。

（5）注册事宜可在自申请之日起的一年内完成。国际局将申请通知被申请国，该国的商标局在一年内不作出驳回的声明，该商标即被视为该国的注册商标，享受其法律保护。

2. 申请商标国际注册的条件和基础

中国企业申请商标国际注册，必须符合下列条件之一。

（1）在中国设有真实、有效的工商营业所。

（2）在中国设有住所或总部。

（3）具有中国的国籍。

（4）申请注册的商标要以中国国家注册为基础，即须在中国已注册或已初步审定的商标，商标要与国内注册的商标完全一样；指定的商品要与国内注册时的商品一样或不超过原注册时的商品范围。

经国际局注册的商标为国际商标。它在被申请的成员方视为在该成员的直接注册因而享受该成员法律保护，其保护期限可为20年，期满后可续展。

在国际贸易中，充分发挥商标战略的作用，及时进行商标国外注册，取得合法的商标权，可以防止他人抢先注册、抑制仿冒活动，有利于在世界范围内创立驰名商标，以及便于诉讼而解决商标纠纷。

第五节　地理标志保护

地理标志（Geographical Indications）被TRIPs作为知识产权保护内容，这在国际知识产权保护史上是第一次。

一、地理标志的定义

TRIPs对地理标志在其第22条进行了定义，这也是TRIPs唯一的对知识产权内容的定义。

地理标志是指，标明某一商品来源于某一成员的领土或该领土的一个区域或一个地方的标志，而该商品的一种特定质量、声誉或其他的特性，本质上可以归于这一地理来源。如法国干邑地区“白兰地”、英国苏格兰“威士忌”等，中国北京“二锅头”、中国北京“烤鸭”、中国“刺绣”、中国“东北大豆”等。

二、地理标志与原产地标志的区别

从 GATT 开始到 WTO，原产地标志一直是贸易问题的焦点之一，且 WTO 的最终文件中包括一个“原产地规则协议”。但地理标志与原产地标志是两个不同的问题。

（一）标志的方式不同

原产地标志，是指商品的制造（生产）国的落款，如 Made in China。而地理标志包含三种可能的标志方式：① 生产国领土，如“法国香水”“中国瓷器”；② 该领土的一个地区，如中国“东北大豆”、英国苏格兰“威士忌”、中国“北京”烤鸭等；③ 该领土某地区内的一个地方，如“庐山云露茶”“潍坊萝卜”等。

（二）标志的意义不同

原产地标志的意义表现在，它仅仅是对商品来源地的标注，如 Made in China，仅说明它产自中国，在贸易统计上具有重要意义，但不含有其他意义。

地理标志的意义则表现为，它是一种商品的特定质量、信誉和其他特性的本质反映。如“法国香水”“法国葡萄酒”，不仅标注了“香水”“酒”的产地是法国，更重要的是，它无形中对该香水、葡萄酒的特殊质量与品位提供了保障。

三、国际贸易中的地理标志及侵权表现

中国加入 WTO 后，依 TRIPs 的规定修改了《商标法》，并将地理标志纳入保护范围。地理标志是国际贸易的交易标的之一，在国际贸易中运用地理标志，可以创造更多的商机。

由于地理标志是商品的质量、信誉和其他特性在本质上的反映，因此，滥用或利用足以使人产生误解的地理标志，则构成对地理标志的侵权。另外，这种侵权还相当于《巴黎公约》第 10 条之二中的“不正当竞争”的手段。按 TRIPs 第 22 条规定，对地理标志的侵权表现有以下两种情形。

（一）对产地来源的侵权

在商品的标示或说明中，指明或暗示该商品原产于一个非实际原产地的区域，从而导致公众对该商品的原产地产生误解的任何形式的使用。例如，不是法国香水却要标明“法国香水”。

（二）不正当竞争行为

《巴黎公约》（1967）第 10 条之二中，构成不正当竞争行为的任何使用。

（1）凡在工商业事务中，违反诚实的习惯做法的竞争行为构成不正当竞争行为。

（2）下列各项特别应予禁止：

① 具有不择手段地对竞争者的营业所、商品或工商业活动造成混乱性质的一切行为；

② 在经营商业中，具有损害竞争者的营业所、商品或工商业活动商誉性质的虚伪说法；

③ 在经营商业中，使用会使公众对商品的性质、制造方法、特点、用途或者数量产生误解的表示或说法。

四、地理标志的保护

依据 TRIPs 第 22 条第 3 款的规定，保护地理标志的措施有以下形式。

（1）成员方根据利益人的请求，对具有构成地理标志侵权行为的商标拒绝注册申请或撤销已经注册的商标。

（2）成员方可以主动依照职权，只要国内法律允许，对构成地理标志侵权行为的商标进行处理。

对地理标志侵权行为的商标施加处理的机关可以是法院或行政机关，它们可以按请求，也可以主动对侵权行为进行处理。

（3）特别保护。TRIPs 第 22 条第 4 款规定："在第 1 款、第 2 款和第 3 款项下的保护应当适用于禁止下列地理标志：虽然该地理标志在文字上表示出该商品原产的真实领土、区域或地方，但向公众欺骗性地表明该商品原产于另一领土。"

第六节　知识产权的海关备案与保护

知识产权海关保护是知识产权保护机制的重要组成部分。中国知识产权海关保护日臻完善，保护力度不断加大。针对近年知识产权海关保护中出现的新情况、新问题，中国《知识产权海关保护条例》（下称《条例》）不断进行修订。目前，实施的是 2014 年 4 月 1 日修订的《条例》。

一、知识产权海关备案的含义

知识产权海关备案，是指知识产权权利人依《条例》的规定，将其知识产权权利人的名称或姓名、注册地或国籍，知识产权的名称、内容及其相关信息，知识产权许可行使状况，知识产权权利人合法行使知识产权的货物名称、产地、进出境地海关、进出口商、主要特征、价格，已知的侵犯知识产权货物的制造商、进出口商、进出境地海关、主要特征、价格等具体信息，以书面形式通知海关总署，以便海关在对进出口货物的监管过程中，能够主动对有关知识产权实施保护。

若贸易企业拥有的知识产权遭受他人侵犯，除向法院或知识产权主管部门请求法律救济外，也可向中国海关申请实施知识产权海关保护。

根据《条例》，中国海关有权在以下三种情况下采取知识产权保护措施：

第一，根据知识产权权利人申请扣留侵权嫌疑货物；

第二，对权利人事先未申请扣留，但海关认为货物涉嫌侵犯在海关总署备案的知识产权的，可依职权予以扣留，在确定属于侵权货物后予以没收；

第三，对个人携带或邮寄的超出"自用、合理数量"的侵权物品，海关可予以没收和罚款。

二、海关备案的意义

对于知识产权权利人而言，尽管备案并非获得保护的必需条件，但备案依然有重要的实际意义。

首先，对已备案的知识产权，除了其权利人可以对进出口中的涉嫌侵权行为进行举报外，若海关在日常监管中发现进出口货物有涉嫌侵犯备案知识产权的，海关有义务立即书面通知该知识产权权利人。若权利人事先没有将其知识产权向海关备案，海关即使发现侵权货物即将进出境，也没有权力主动中止其进出口。

其次，从实践操作流程看，海关能否发现侵权货物，主要依赖海关对有关货物的查验。由于知识产权权利人在备案时，需要提供有关知识产权的法律状况、权利人的联系方式、侵权嫌疑货物情况、有关图片和照片等，给海关提供了更多的信息，更加有利于海关在日常监管过程中发现侵权嫌疑货物并予以扣留。所以，事先进行知识产权备案，可以未雨绸缪，使权利人的合法权益得到及时的保护。

最后，尽早进行知识产权备案，可对企图侵权进出口货物的企业产生警告作用，促使其自觉地尊重有关知识产权。此外，有些并非恶意出口侵权产品的企业也可通过查询备案，了解其加工和出口的货物是否可能构成侵权。

三、海关保护知识产权模式

知识产权海关保护，指海关依法实施禁止侵犯知识产权的货物进境或者出境的措施。国际上，一般将知识产权海关保护称为“知识产权的边境措施”。

中国海关保护知识产权最主要的依据是中国《知识产权海关保护条例》。依据该条例的规定，知识产权海关保护的内容主要包括扣留即将进出口的侵权嫌疑货物、对货物的侵权状况等进行调查、对侵权货物的收发货人进行处罚、没收和处置侵权货物等。

中国海关有权在下列模式下采取知识产权保护措施。

（一）主动申请，被动保护

权利人发现侵权嫌疑货物即将进出口后，可向海关提出申请，海关依该申请扣留侵权嫌疑货物。

海关依申请扣留侵权嫌疑货物的模式与世贸组织 TRIPs 协议的规定一致。知识产权权利人发现侵权嫌疑货物后，可直接向口岸海关申请扣留，不必事先将其知识产权向海关总署备案。因在依申请扣留模式下，海关不会主动采取制止侵权货物进出口的措施，所以该模式被称为海关对知识产权的“被动保护”模式。

在该模式下，权利人应当向海关提供不超过货物等值的担保。海关无权对货物的侵权状况进行调查。海关扣留侵权嫌疑货物后，权利人应向法院申请司法扣押。若法院未能在海关扣留货物后 20 个工作日内通知海关协助扣押，海关将放行被扣留的货物。

（二）主动备案，主动保护

对于已在海关总署备案的知识产权，尽管权利人事先未申请扣留，但海关认为有关货物涉嫌侵犯已备案的知识产权的，可以依职权主动扣留和调查，在确定属于侵权货物后予以没收。

在依职权扣留模式下，海关有权主动采取制止侵权货物进出口的措施，所以，该模式也被称为海关保护知识产权的“主动保护”模式。在该模式下，权利人应当事先将其知识产权向海关总署备案。

海关发现涉嫌侵犯备案知识产权的进出口货物，应中止放行并书面通知有关权利人。权利人要求海关扣留侵权嫌疑货物的，应在 3 个工作日内提出申请并提供不超过货物等值的担保。海关有权对货物的侵权状况进行调查和认定；对不能认定货物侵权状况的，海关应通知权利人向法院申请司法扣押。海关对其认定侵权的货物，有权予以没收并对侵权货物的收发货人给予行政处罚；对构成犯罪的，则移送公安机关；对没收的侵权货物，海关有权依法进行处置。由于事先备案，使得海关可主动保护知识产权，主动保护相对于被动保护，对企业更为有利。

（三）携带或邮寄物品的处置

2010年4月之后，中国海关加大了对携带、邮寄侵权物品的惩处力度。《条例》第31条规定：个人携带或者邮寄进出境的物品，超出自用、合理数量并侵犯本条例第2条规定的知识产权的，按照侵权货物处理。依《海关行政处罚实施条例》第25条的规定，对于侵权货物的处理，不仅可没收，还可处以货物价值30%以下的罚款；构成犯罪的，依法追究刑事责任。

（四）海关放行侵权嫌疑货物

《条例》第24条规定：有下列情形之一的，海关应当放行被扣留的侵权嫌疑货物：

（1）海关依照本条例第15条的规定扣留侵权嫌疑货物，自扣留之日起20个工作日内未收到人民法院协助执行通知的；

（2）海关依照本条例第16条的规定扣留侵权嫌疑货物，自扣留之日起50个工作日内未收到人民法院协助执行通知，并且经调查不能认定被扣留的侵权嫌疑货物侵犯知识产权的；

（3）涉嫌侵犯专利权货物的收货人或者发货人在向海关提供与货物等值的担保金后，请求海关放行其货物的；

（4）海关认为收货人或者发货人有充分的证据证明其货物未侵犯知识产权权利人的知识产权的；

（5）在海关认定被扣留的侵权嫌疑货物为侵权货物之前，知识产权权利人撤回扣留侵权嫌疑货物的申请的。

四、国际贸易中的平行进口

随着知识产权与国际贸易的关系更加密切，在国际贸易和知识产权国际保护交叉领域中产生了许多复杂的问题。平行进口就是一个典型的因知识产权保护而引起的国际贸易问题。

所谓平行进口，是指知识产权权利人或独占被许可人有无权利禁止合法生产的产品从境外进口的问题，即在国际贸易中，合法拥有知识产权产品的一方未经进口地相关权利人同意，将该产品经由合法途径进口至该知识产权受保护的国家或地区并销售的行为。

平行进口问题在本质上集中反映了知识产权贸易与货物贸易之间的冲突，及知识产权保护与国际贸易自由化之间的矛盾。这逐渐成为一个备受关注和争议的热点。

第七节　贴牌生产（OEM）的知识产权保护

一、贴牌生产的定义

贴牌生产（OEM），又称贴牌加工，OEM是Original Equipment Manufacture的缩写，意思为原始设备制造，是指拥有产品品牌的生产者不直接生产产品，而是利用自己掌握的关键核心技术负责设计和开发产品，同时控制销售渠道，为了增加产品的产量和销售、降低新生产线的风险，或为了赢得市场时间，通过合同订购的方式，委托其他具有生产资质和能力的厂家进行生产，之后将所订产品低价买断并直接贴上自己的品牌或商标。这种生产合作方式又称为“OEM 贸易”。

OEM 的核心是知识产权的输出，大型跨国企业的海外扩张，其基本方式就是利用当地的工厂进行 OEM 生产。这种生产方式输出的知识产权，主要包括专利技术、商标等在内的工业产权，其中，以商标为载体的品牌输出最为常见。这也是国际大公司降低生产成本、提高品牌附加值的一种有效的经营方式。

二、贴牌生产的属性

贴牌生产的属性为承揽关系。在贴牌生产中，实际上是承揽方（贴牌生产企业）按照定作方（品牌拥有者或使用者）的要求，为其加工生产某种产品，最终将符合定作方要求的产品交付给委托方并收取加工费。加工生产过程中，所需要的原材料取决双方合同的约定。

（一）贴牌生产企业的权利和义务

依据双方合同的约定，贴牌生产企业按照定作方所要求的时间、技术指标、质量等完成工作；以自己的技术、设备和劳动力亲自完成工作，若需要第三方完成，需特别约定；对定作方提供的原材料负责检验、保管、使用；对定作方提供的原材料的来源、组成等负有保密义务；在加工生产过程中，接受定作方的检查、监督等；按照合同的约定，交付符合质量和数量的产品。

（二）定作方的权利和义务

依据双方合同的约定，向贴牌生产企业提供原材料以及图纸、样稿等技术资料；按约定验收并接受工作成果；配合贴牌生产企业完成对产品的检查和验收；按照约定向贴牌生产企业支付报酬和费用；提供自身拥有商标合法使用权的证明文件等。

三、贴牌生产中商标的特殊性

在贴牌生产中，需要在产品上加贴定作方要求的商标，因此，在加工过程中，使用他人商标的行为，属于商标使用许可范围。在这种关系之下，定作方是许可方，贴牌生产企业是被许可方。许可他人使用注册商标是中国《商标法》规定的商标权人的一项重要权利内容，作为许可方必须是注册商标的所有权人或合法的使用权人。

但在贴牌生产中，商标使用行为与一般的商标使用许可行为有以下不同之处。

（一）费用收取方式不同

在商标使用许可关系中，被许可人和许可人之间是商标权利借用关系，许可人出借给被许可人部分商标使用权后，收取商标使用费。但在贴牌生产中，定作方要向贴牌生产企业支付加工费，一般不涉及商标使用费。

（二）商标权的处分方式不同

在商标使用许可关系中，商标权人许可被许可人使用的是权利人的商标使用权，被许可人可在自己制造或销售的商品上使用该商标，并可对商品及其附着的商标权一并处分。而在贴牌生产中，贴牌生产企业只负责按定作方的要求生产产品，虽然产品上要贴附商标，但商标权属于定作方，加工方不享有贴牌产品上的商标权，因而对商标权没有处分权利。

（三）备案程序和责任主体不同

根据中国《商标法》的规定，商标使用许可合同应向商标局备案。因此，商标许可中，备案是必经程序。被许可方对生产的产品拥有所有权，自主承担因产品产生的商标侵权、产品质量等法律责任。而在贴牌生产中，使用商标的行为是否需要在商标局备案，法律并未明确规定。定作方虽不直接生产产品，但拥有对贴牌产品的处置权，并承担商标侵权、产品质量等法律责任。

四、贴牌生产中常见的知识产权纠纷

（一）定作方不是合法的商标权利人

在贴牌生产中，有些定作方可能既不是商标所有权人，也不是商标使用权人。在这种情况下，贴牌生产企业若缺乏自我保护意识，未对商标合理审查，即没有要求定作方提供商标所有权证书或商标使用权相关证明，则存在侵犯商标权的极大风险，有可能卷入假冒他人商标的侵权行为中。若定作方的行为构成侵权，则贴牌生产企业要承担连带赔偿责任。我国《关于对外贸易中商标管理的规定》第 10 条规定："对外贸易经营者在从事进出口活动中，对他人指定或者提供使用的商标，应当要求对方出具真实有效的商标专用权证明文件或者被许可使用该商标且未超出许可范围的证明文件，并予以核查。"

（二）定作方允许贴牌生产企业生产和销售商品（贴牌变许可）

有时，定作方许可贴牌生产企业使用其商标并收取商标使用费，而不再支付加工费等费用。这种情况下，贴牌生产企业实际上是贴附目标商标产品的生产者和销售者，贴牌生产合同变为商标使用许可合同，加工方实际成为商标的被许可人。一旦双方的合作关系发生变化，贴牌生产企业则应按照商标许可的程序进行备案，否则，易违反法律规定。

有时，贴牌生产企业虽然经过定作方的同意并订立了商标使用许可合同，但在市场上销售该产品时，未在产品上标明其厂名和厂址，也同样违反了相应的法律规定。

（三）贴牌生产企业未经定作方许可，擅自销售贴牌产品

有时，定作方一方面要求贴牌生产企业生产贴牌产品，定作方自行销售，同时，又委托贴牌生产企业销售该贴牌产品，双方另行签订委托销售合同。此时，双方又形成新的生产和销售的关系。贴牌生产企业应在许可范围和销售数量内进行销售活动，否则，不但构成违约，还会构成商标侵权。若没有经过许可擅自销售贴牌产品，也构成商标侵权。

（四）贴牌生产企业未按照规定进行标注

中国《商标法》第 43 条第 2 款的规定，"经许可使用他人注册商标的，必须在使用该注册商标的商品上标明被许可人的名称和商品产地"。因此，贴牌生产企业应标注其名称和商品产地，否则，也会违反法律规定。

五、贴牌生产中的"限制性商业行为"

国际 OEM 合作过程中，经常涉及国际技术转让。品牌所有者将其核心技术转让给生产方，由后者依此生产。

OEM 过程中的技术转让有别于其他形式的技术转让，如生产方可无偿使用、无须单独签订技术转让合同等。那么，什么样的技术可以转让？受让方又应当承担什么样的义

务？受让方所承担的义务，与其获得该技术所带来的效益相比，是否适当？

对 OEM 贸易双方来说，解决这些问题所面临的最大困扰就是对“限制性商业行为”范围的界定。

技术转让中的“限制性商业行为”（Restrictive Practices），是指转让方为了保障其技术垄断和竞争优势，获取高额利润，向受让方施加的违背公平竞争原则的不合理的行为。

作为 OEM 的生产方，其目的是通过该方式提高自身技术水平。然而，“限制性商业行为”的存在，非但不能实现这一目标，而且会给原有的技术进步带来阻碍。

但从转让方（品牌所有者）的角度看，“限制性商业行为”是对 OEM 产品知识产权保护的有力支持。OEM 贸易双方立场的不同，导致双方很难就这一问题达成共识。

解决这一问题的唯一办法是，双方之间通过协商，在保障自身利益不受侵害的前提下，适当考虑对方的利益，最大限度地实现 OEM 贸易双方的利益均衡。

考虑 OEM 中“限制性商业行为”的特点，参照其他国家做法，可对属于和不属于 OEM 贸易中的“限制性商业行为”分别进行规定。属于 OEM 贸易“限制性商业行为”的通常包括：

（1）委托方要求受托方对于受让技术相关的权利不得提出异议（不得反控条款）；

（2）限制受托方就类似或竞争性的技术或产品签订销售、代理的自由（限定销售地区条款）；

（3）限制受托方从事吸收和更改受让技术的研究发展（限制研发条款）；

（4）并非基于技术转让的需要而要求受托方使用委托方指定的人员（搭售条款）；

（5）要求受托方对已失效、被取消或期满的知识产权支付使用费或承担其他义务（非法条款）。

不属于 OEM 贸易“限制性商业行为”的通常包括：

（1）为保证产品质量，规定受托方只能从某个国家购买设备和材料，或规定不得使用辅助技术；

（2）规定受让方，在得到明确同意之前，不得将技术转让给第三方。

六、贴牌生产面临的困局及其因应之道

目前，中国绝大部分 OEM 企业都面临相似的困境，如原材料成本上涨、劳动力成本增加、利润空间不断被压缩等。走品牌道路似乎是摆脱目前困境的唯一选择，但有一个现实情况是，很多企业对于自创品牌所需要的庞大资金、专业人才以及操作经验极为缺乏。

基于上述情况，品牌授权成为很多中小企业继续存活的权宜之计。品牌授权是指，授权者将自己所拥有的品牌或形象以合同形式授予被授权者使用；被授权者按合同规定从事经营活动，并向授权者支付相应的费用；同时，授权者给予被授权者人员培训、组织设计、经营管理等方面的指导与协助以及必要的监督以维护品牌形象。

品牌授权这种模式的好处在于，被授权企业在使用品牌后，会直接介入产品的销售，这样，获得的利润空间较之前简单的代工生产会有很大的提升。企业在跳出原先 OEM 模式中处于价值链最低端的尴尬之后，借助授权品牌经营，不仅可扩张自身业务，还能在较短时间内积累品牌运作的经验，甚至可能借助品牌的影响力，迅速在不同行业中占有市场。但品牌授权模式对于 OEM 企业的发展来说，并非十全十美。通常情况下，一个较为

知名的品牌在进行行业延伸时，极有可能导致消费者产生抗拒心理。更为严重的是，被授权使用的品牌，极有可能存在多个行业共用的局面，这会导致过度使用品牌而产生市场混乱，品牌的信任度极有可能由此降低。一旦这种局面形成，被授权企业可能遭受更为严重的损失。

如此看来，OEM 企业通过品牌授权模式可能会在短时间内渡过难关，扩大市场份额，获取利润。但从长远上看，还是不能解决企业的根本问题。因此，一个企业的发展不应以品牌授权模式为支撑。从 OEM 企业的长远发展而言，尝试自创品牌，才是企业最终应走的道路。自创品牌，分为两种形式。一种是 OEM 企业彻底摆脱以前代工生产的模式，注册自有商标并逐步创立自己的品牌，通过走品牌之路更好地参与到市场竞争中去；另一种是以现有资源为基础，继续以代工生产的形式维持企业的发展，并逐步做成代工生产行业的品牌，建立起一套严密的代工制度。

案例分析

1. 进口商品包装加贴中文名称的商标侵权争议

案情简介

原告：俞某（自然人）

被告：莆田市瑞升公司、晋江市金柏源酒行

在“俞某诉莆田市瑞升公司、晋江市金柏源酒行商标侵权”一案中，俞某是“奥丁格”中文商标的所有权人，该商标核定使用的商品包括啤酒。俞某通过商标许可方式，授权深圳永盛泰商贸有限公司（下称“永盛泰公司”）排他使用“奥丁格”商标。永盛泰公司是 Oettinger International GmbH（中文译名为奥丁格国际酿酒公司，公司注册地为德国）在中国境内（香港和澳门除外）的唯一授权进口经销商。

永盛泰公司所销售的上述进口易拉罐啤酒瓶正面印制有原厂商标（“OETTINGER”字样+图形），酒瓶背面印制有中文产品信息，商品名称为“奥丁格啤酒”。永盛泰公司在中国国内宣传产品时，所使用的该啤酒品名均为“奥丁格啤酒”。

某年 9 月，莆田市瑞升贸易发展有限公司（下称“瑞升公司”）从荷兰进口了 1 872 箱由奥丁格国际酿酒公司生产的啤酒，啤酒品名为 Oettinger Hefe WEISSBEER。

次年 1 月，俞某发现晋江市金柏源酒行（下称“金柏源酒行”）销售印有“奥丁格啤酒”标识的易拉罐啤酒。该啤酒的酒瓶正面印有原厂商标（“OETTINGER”字样+图形），酒瓶背面加贴了一张有关产品信息的中文标贴，商品名称为“奥丁格啤酒”。而金柏源酒行所销售的上述啤酒由瑞升公司供货。

于是，俞某向法院提起诉讼，其认为两被告（瑞升公司和金柏源酒行）在销售的进口啤酒产品上使用了与“奥丁格”商标完全相同的标识作为商品名称，误导消费者，给原告造成巨大经济损失，已构成商标侵权，要求判令两被告立即停止侵权、赔礼道歉、消除影响并赔偿原告经济损失 55 万元。

一审法院判决

一审法院经审理认为，被告从荷兰进口的 1 872 箱啤酒，属通过正规渠道进口的正牌商品而非假冒商品，报关单及检疫证书上“品名”一栏均使用“奥丁格啤酒”字样。因此，本案中的被告对“奥丁格”字样的使用方式并不会导致消费者对商品来源的混淆、误认，其行为不构成侵害原告的注册商标权，遂判决驳回俞某的诉讼请求。但俞某不服一审判决，提起上诉。

二审法院判决

福建高院二审审理后却认为，俞某所拥有的“奥丁格”中文商标，通过俞某及永盛泰公司的使用及宣传，已起到识别商品来源的作用并具有一定的市场知名度。两被告在被控侵权商品上加贴中文标签时，并未尽到合理审慎的义务，将与“奥丁格”商标相同的文字标识作为商品名称不当使用，已构成对俞某商标权的侵害，应承担相应的法律责任，遂撤销一审判决，判决两被告停止侵害俞某拥有的“奥丁格”文字商标的行为；瑞升公司赔偿俞某经济损失及为诉讼支出的合理费用共计人民币 10 万元。

试分析该案例。

（提示：

一、两被告在进口商品上加贴中文标签未尽到合理审慎的义务。

二、标签内容中对“奥丁格”文字的使用构成对原告商标权的侵害。

三、销售商销售侵犯他人商标权的商品亦构成商标侵权，但因能证明其产品来源于进口商，依中国《商标法》的规定，其无需承担赔偿责任。

附：中国《商标法实施条例》第 76 条：

在同一种商品或者类似商品上将与他人注册商标相同或者近似的标志作为商品名称或者商品装潢使用，误导公众的，属于商标法第 57 条第 2 项规定的侵犯注册商标专用权的行为。

中国《商标法》第 64 条：

销售不知道是侵犯注册商标专用权的商品，能证明该商品是自己合法取得并说明提供者的，不承担赔偿责任。）

2. 超越许可范围销售进口商品的商标侵权争议

案情简介

原告：维多利亚的秘密公司（VICTORIA'S SECRET）

被告：锦天公司（中国公司）

在“维多利亚的秘密公司诉锦天公司商标侵权”一案中，原告维多利亚的秘密公司是一家注册于美国的公司且其商标在中国注册，也是 LBI 母公司的全资子公司。原告负责 LBI 公司旗下商标的全球注册、使用、管理以及保护，是涉案“VICTORIA'S SECRET”（维多利亚的秘密）四个注册商标的专用权人，LBI 母公司和其他全资子公司则需经过原告许可，使用包括涉案注册商标在内的“VICTORIA'S SECRET”商标。

原告发现中国境内的锦天公司（被告）向多家百货公司批发销售标有“VICTORIA'S SECRET”标识的内衣商品，认为该行为侵犯了原告的注册商标权；被告在宣传册上宣称其为“美国顶级内衣品牌维多利亚的秘密唯一指定总经销商”的行为属虚假宣传的不正当竞争行为。而被告在庭审中出示证据，证明其销售的商品是从原告的母公司（LBI）进口的，即被告销售的是原告的正牌进口商品。原告指出，虽然被告与 LBI 公司之间就如何销售上述商品签署过协议，但约定上述商品的销售方式只能是自营店零售而非批发销售，因此，被告的行为构成商标侵权。

法院判决

上海二中院经审理认为，被告向百货公司批发销售的被控侵权商品来源于原告的母公司（LBI）。依中国《商标法》第 52 条第 2 项（2014 年中国新《商标法》第 57 条第 3 项），销售侵犯注册商标权的商品的，属于商标侵权行为。而本案中，被告销售的是正牌进口商品，不属于侵犯原告注册商标权的商品，不存在使消费者产生混淆、误认的情形，因此，不构成商标侵权。

但本案中，被告没有证据证明自己确实是“美国顶级内衣品牌维多利亚的秘密唯一指定总经销商”，事实上，被告仅是从原告的母公司（LBI）进口了产品并在国内销售，被告的这种宣传将使消费者误认为被告与原告存在授权许可关系而获取不正当的竞争优势，也将对原告今后在中国境内的商业活动产生影响，致使原告的利益受到损害。因此，法院认定被告存在虚构事实以引人误解的主观恶意，实施了虚假宣传的客观行为，构成不正当竞争，应承担赔偿损失的民事责任。故法院一审判决：被告锦天公司立即停止对原告维多利亚的秘密公司虚假宣传的不正当竞争行为；赔偿原告经济损失人民币 6 万元；赔偿原告合理费用人民币 2 万元。一审判决后，双方当事人均未上诉。

试分析该案例。

（提示：

两种不同观点：1. 被告的销售行为构成商标侵权。2. 虽然被告的销售行为违反了贸易约定，超越授权许可范围销售进口商品，但该销售行为本身并不会导致消费者对于涉案注册商标的混淆、误认，该行为本质上属于违约行为而不属于商标侵权行为。中国法院接受第二种观点。）

主要参考文献

一、中文部分

1. 国际商会（ICC）. 国际贸易术语解释通则2020. ［M］. 中国国际商会/国际商会中国国家委员会，译. 北京：对外经济贸易大学出版社，2019.

2. Incoterms©2020 by the International Chamber of Commerce（ICC）.

3. 姚新超. 国际贸易运输［M］. 3版. 北京：对外经济贸易大学出版社，2010.

4. 姚新超. 国际贸易保险［M］. 4版. 北京：对外经济贸易大学出版社，2019.

5. 姚新超. 国际贸易运输与保险［M］. 5版. 北京：对外经济贸易大学出版社，2020.

6. 姚新超. 国际贸易惯例与规则实务［M］. 5版. 北京：对外经济贸易大学出版社，2020.

7. 姚新超. 国际结算——实务与操作［M］. 3版. 北京：对外经济贸易大学出版社，2014.

8. 姚新超. 国际结算与贸易融资［M］. 北京：北京大学出版社，2010.

9. 吴百福，等. 进出口贸易实务教程［M］. 4版. 上海：上海人民出版社，2003.

10. 苏宗祥，徐捷. 国际结算［M］. 6版. 北京：中国金融出版社，2018.

11. 庄乐梅. 国际结算实务精要［M］. 北京：中国纺织出版社，2004.

12. 王斌义. 报检员业务操作指引［M］. 北京：对外经济贸易大学出版社，2005.

13. 王意家. 执业报关实务［M］. 2版. 广州：暨南大学出版社，2006.

14. 海关总署报关员资格考试教材编写委员会. 报关员资格全国统一考试教材［M］. 北京：中国海关出版社，2013.

15. 黄清政，刘正松：国际贸易实务：方法、技巧、效益［M］. 5版. 台北：前程企业管理有限公司，2003.

16. 蔡孟佳. 国际贸易实务［M］. 台北：新陆书局，2001.

17. 唐若昕. 出口信用保险实务［M］. 北京：中国商务出版社，2005.

18. 王小能. 中国票据法律制度研究［M］. 北京：北京大学出版社，1999.

19. 张燕玲，等. 国际结算业务指南［M］. 北京：中华工商联合出版社，1996.

20. 金赛波，李建. 信用证法律［M］. 北京：法律出版社，2004.

21. 刘舒年，严思忆. 国际贸易结算与融资［M］. 北京：对外经济贸易大学出版社，1996.

22. 施密托夫. 出口贸易：国际贸易的法律与实务［M］. 北京：对外贸易教育出版社，1985.

23. 笪恺. 国际贸易中银行担保法律问题研究［M］. 北京：法律出版社，2000.

24. 周辉斌. 银行保函与备用信用证法律实务［M］. 北京：中信出版社，2003.

25. 阎之大. UCP600解读与例证［M］. 中国商务出版社，2007.

26. 司玉琢，韩立新．《鹿特丹规则》研究［M］．大连：大连海事大学出版社，2009.

27. 刘耀威．进出口商品的检验与检疫［M］．3 版．北京：对外经济贸易大学出版社，2011.

28. 张锦源．国际贸易实务详论［M］．17 版．台北：三民书局股份有限公司，2013.

29. 李淑茹．国贸实务菁华［M］．台北：五南图书出版有限公司，2013.

30. 田运银．国际贸易实务精讲［M］．北京：中国海关出版社，2007.

31. 陈荣昌．国际贸易实务［M］．2 版．台北：新文京开发出版股份有限公司，2013.

32. 黄得炳．信用状交易之陷阱及风险规避［M］．台北：宏典文化出版股份有限公司，2012.

33. 黄得炳．非信用证交易 T/T、O/A、D/A、D/P 操作实务与风险规避［M］．台北：宏典文化出版股份有限公司，2012.

34. 陈贤芬．信用状交易纠纷解决暨最新案例研讨［M］．台北：台湾金融研训院，2012.

35. 闻顺发．国际贸易实务［M］．台北：五南图书出版股份有限公司，2013.

36. 许和荣．国际贸易实务操作［M］．台北：五南图书出版公司，2004.

37. 林建煌．品读 ISBP745［M］．厦门：厦门大学出版社，2013.

38. 国际商会（ICC）．国际商会银行委员会意见汇编（2005—2008）［M］．中国国际商会/国际商会中国国家委员会，译．北京：中国民主法制出版社，2009.

39. 国际商会（ICC）．国际商会银行委员会意见汇编（2009—2010）［M］．中国国际商会/国际商会中国国家委员会，译．北京：中国民主法制出版社，2014.

40. 原擒龙．国际结算与贸易融资案例分析［M］．北京：中国金融出版社，2010.

41. 张建国．国际业务案例分析［M］．北京：中国金融出版社，2002.

42. 国际商会（ICC）．国际商会银行委员会意见汇编（2012—2016）［M］．中国国际商会/国际商会中国国家委员会，译．北京：对外经济贸易大学出版社，2019.

43. 国际商会（ICC）．DOCDEX 裁决汇编（2009—2012）［M］．中国国际商会/国际商会中国国家委员会，译．北京：对外经济贸易大学出版社，2019.

二、英文部分

1. Clive M. Schmitthoff, *Export Trade*, *The Law and Practice of International Trade*, (11th edition), London Sweet & Maxwell, 2007.

2. *Carver's Carriage by Sea*, London Stevens & Sons, 1982, 13th.

3. *Payne and Ivamy's Carriage of Goods by Sea*, ER Hardy Ivamy, 1989.

4. Martin Dockray, *Case and Materials on the Carriage of Goods by Sea*, Professional Books Limited, 1987.

5. A. N. Yianopoulos, *Ocean Bill of Lading*, Kluwer Law International, 1995.

6. P. B. Larson & J. C. Sweeney, *The Treaty on Terminal operator Liability international Trade*, 1994.

7. Paul Todd, *Cases and Materials on Bills of Lading*, BSP Professional Books, 1990.

8. Brooke Wunnicke, Diane B. Wunnicke, Paul S. Turner, *Standby and Commercial*

Letters of Credit, John Wiley & Sons, Inc., Second Edition, 1996.

9. Charles del Busto, *ICC Guide to Documentary Credit Operations*, ICC publication No. 515, ICC publishing S. A., 1994.

10. Charles Debattista, *Performance Bonds and Letters of Credit: a Cracked Mirror Image*, The Journal of Business law, July 1997.

11. Roeland F. Bertrams, *Bank Guarantees in International Trade, second revised edition*, Kluwer Law International 1996.

12. Kevin Patrick McGuinness, *The Law of Guarantee, Second Edition*, Carswell, 1996.

13. Philip R Wood, *Comparative Law of Security and Guarantees*, London, Sweet & Maxwell, 1995.

14. *ICC Uniform Customs and Practice for Documentary Credits*-2007 Revision (UCP600) ICC Publication NO. 600 Paris: ICC Publishing S. A., 2006.

15. *ICC Uniform Rules for Collections A Commentary* (URC522) ICC Publication NO. 550 Paris: ICC Publishing S. A., 1995.

16. *International Standard Banking Practice for the Examination of Documents under Documentary Credits* (*ISBP*) ICC Publication NO. 681 Paris: ICC Publishing S. A., 2007.

17. *International Standby Practices* (ISP98) ICC Publication NO. 590 Paris: ICC Publishing S. A., 1998.

18. William Tetley, *Marine Cargo Claims* (4th edition), Carswell, a Thomson Reuters business, 2011.

19. John F Wilson, *Carriage of Goods by Sea* (7th edition), Longman, 2010.

20. D. Rhidian Thomas, *A New Convention for the Carriage of Goods by Sea-The Rotterdam Rules*, Lawtext Publishing Limited 2009.

21. Gary Collyer & Ron Katz, Collected DOCDEX Decisions 2009-2012, ICC Publication No. 739E. Paris: ICC Publishing S. A., 2012.

22. Gary Collyer, ICC BANKING COMMISSION OPINIONS 2012-2016, ICC Publication No. 785E. Paris: ICC Publishing S. A., 2016.